Schopenhauer,

作为意欲和表象的世界

第1卷

〔德〕阿图尔·叔本华　著　韦启昌　译

上海人民出版社

译者序

叔本华称《作为意欲和表象的世界》第 1 卷和第 2 卷是“主要著作”。第 1 卷是在 1818 年叔本华 30 岁时出版的，自出版之日起就一直无人问津，静静地躺在仓库里二十几年。1844 年，叔本华推出第 2 卷，第 1 卷也就与之合并再版。但这两卷本的旷世巨著，此时仍然乏人注意。直到 1851 年《附录和补遗》两卷出版时，这部增补性的著作通过一个英国人的介绍文章，才开始吸引人们的注意。《作为意欲和表象的世界》第 2 卷在叔本华去世前一年（1859 年）经增补了更多的内容后出版第 3 版。在后来的两次再版时，当初的第 1 卷都没有多少改动。可见，叔本华在出版了第 1 卷以后，余下的时间都是在深化、多方阐明和印证在其天才思想最强旺时的结晶（第 1 卷），而这些就作为增补成了内容更丰富、范围更广泛的《作为意欲和表象的世界》第 2 卷，《附录和补遗》第 1 卷和第 2 卷，以及《伦理学的两个基本问题》等著作。

叔本华不止一处说过他的主要著作就是一个单一的思想：“这世界就是我的表象”，这是以人们先验具备的智力（认识）形式，即以时间、空间和因果律构建起来的世界，但这并不是本来之物或说自在之物（Ding an sich）；这本来之物或说物自体，或自在之物，据康德认为，是人的智力所无法探究的，但叔本华认为这自在之物，就是意欲。“意欲，纯粹就其自身考察的话，是没有认识力的，只是一种盲目的、无法遏止的冲动和欲望，正如我们在无机的和植物的大自然及其规律，以及在我们自己生命中的植物性部分看到其所呈现的那样；意欲通过那添加的、为其服务和进化了的表象世界，而认识了自己的欲求和它所意欲的是什么东西，认识到那不是别的，正是这世界，正是这生命，恰如它这样子。所以，我们把这现象的世界称为意欲的镜子，意欲的客体化；既然意欲始终所意欲的就是生命，也恰恰因为生命不过是呈现给表象功能的对那种欲求的描述，假如我们不说‘意欲’，而说‘生命意欲’，那也是一样的，只是词意堆砌而已。”（《作为意欲和表象的世界》，第 1 卷，§54）

在向读者表达这个单一思想时，叔本华所用的方式是：“把我们的这单一的思想分成多方面的思考虽然是表达的唯一手段，但对于这思想本身却并非一个本质性的方式，只是一个人为的方式。我把其分为四个主要的视角，分为四篇，并把相关的和同质同类的至为缜密地联结起来会有助于更容易地描述和更容易地把握这一思想。但是，那素材根本不允许我以直线铺开，类似于历史那样的方式，进行一种更交织、盘绕的叙述和对此书反复研读就变得必不可少了。也只有这样，书中的每一部分与每一其他部分的关联才会变得清晰，所有的部分才可以互相阐明和清楚明白。”（同上）

那么，叔本华所说的这四篇（“四个视角”）就是从第 1 卷开始的四篇：认识论、本体论、美学和伦理学。

第一篇讨论为意欲而配备的智力及其产物，亦即认识的方式和认识的结果，也称认识论。所以，第一篇是人在认识世界的过程中的一切智力活动及其方式，包括唯心论、唯物论，先验的感觉知识（如时间、空间及因果律）和后验的其他知识，等等。

第二篇阐述所谓意欲的客体显现，在无机的和有机的大自然的显现，动物和人的现象，所涉及的是以意欲为核心的种种大自然和人的现象。

第三篇进一步讨论第一篇所阐释的人的智力认识方式和成果，涉及的是智力更高一级的、客观的，亦即摆脱了意欲以后的认识活动，包括审美、艺术、音乐、造型艺术、建筑艺术、天才的实质，等等。

第四篇进一步阐释意欲的世界，而人是意欲的最高一级的客体化现象，它在各个个体之中的生存意欲都在各自地争取和奋斗，这就构成了人性、个体性格、道德和伦理学的内容，而又因为人是意欲的最高级的客体化现象，其运作虽然与别的大自然现象一样，都是既定的性格通过由因果律所带来的动因而必然活动起来，但由于人有了更高的智力的照明，在似乎有了更多的行动选择之下，人的行为就比简单的大自然现象显得复杂和难以把握。所以，伦理学的真理，比一般的自然现象的真理有更多的含义。而盲目的意欲的发展到了人的级别，就有了解救的可能。由此话题所衍生的宗教、肯定和否定生存意欲的学说，则在此篇展开。

叔本华在这部著作中四篇连成一体的整个论述，一气呵成，各个部分都是其中的有机组成部分，其根本原因是："既然就像所说的，这整部著作只是阐明一个单一的思想，那由此可得出结论：其所有的部分相互之间都有最紧密的联系；不仅每一部分与紧接着之前的部分必然地联系着，并因此不只是假定了读者还记得这之前的部分，就像所有的哲学情形，因为它们都仅仅是由一连串的推论所组成的——而且，这整部著作的每一部分都与其他的每一部分相关，并以那每一部分为前提。"（同上）

另外："我的命题大部分都并非建基于连环推导，而是直接以直观世界本身为基础的；我的体系严格地前后连贯一致，一如任何其他的体系，但我的这种连贯一致通常并不只是通过逻辑的途径而获得。更准确地说，我的各个命题之间那种自然的协调一致是不可避免的，因为全部的命题都是以直观认识为基础的，亦即以对同一个客体持续地从不同方面的直观把握为基础；因此也就是在考虑到意识的情况下（因为现实世界就显现在意识里），以对现实世界的所有现象的直观把握为基础。所以，我从不担心我的命题之间是否连贯一致，就算有时候在一段时间里，在我看来某些命题似乎并不一致。这是因为只要那些命题是全部一起到来的，之后的确就会自动出现协调一致，因为这些协调一致恰恰就是现实自身的协调一致，而现实自身是永远协调一致的。这就类似于我们有时候在首次和从某一个方向观看一处建筑物时，并不会明白这个建筑物各部分之间的关联。但我们相信这之间是不会没有关联的，只要绕过了这部分建筑，其中的关联就会显现出来。这种协调一致，由于其原初性，也因为其总是经受得住实际经验的检验，所以是相当确切的。"（《附录和补遗》，第 1 卷）

也正因为这样，叔本华说："人们阅读我的著作，就会发现我的哲学犹如有一百个门的城邦底比斯：人们可以从任何一处进入，从每一个门都可以直达中心处。"（《伦理学的两个根本问题》"前言"）这也就是为什么人们可以随便从他的某一篇文章读起，都可直接进入他一以贯之地表达的整体中心思想。

叔本华一再强调其哲学："并没有妄称从根本上解释了这世界；相反，我的哲学只停留在每个人都接触到的外在和内在经验的事实，说明这些事实之间的真正和至深的关联，但又不会真的超越这些事实而说起某些外在世界的事情及其与这世界的关系。因此，我的哲学不会对超出所有可能的经验之外的事情作出结论，而只是对在外在世界和自我意识中已有、已知的东西给予解释；因而也就是满足于根据这世界自身的种种内在关联而理解这一世界。所以，我的哲学是康德意义上的内在的、固有的，在经验和知识范围之内的。"

所以，叔本华的眼睛始终盯着眼前的客观世界，并透过这些现象揭示其所称的"形而上学"，亦即："越过了经验的可能性，因而越过了大自然或者事物的既定现象而给出的启示，说明了大自然或事物现象在这个或者那个意义上得以形成的先决之物；或者用大众的话说，就是说明那隐藏在大自然的背后、让大自然成为可能的东西。”而经验中的现实现象，也随时印证着那形而上学的道理。叔本华哲学探讨的方法，暗合于中国的古语“善言天者，必有验于人”。

叔本华这样形容其哲学议论的特色：“我的哲学议论的特色就是要对事情一究到底，因为我不穷追到最终的现实根由是不会罢休的。这是我的天性所致，让我满足于某些泛泛的、抽象的，因此是不确定的知识，或满足于纯粹只是概念，甚至只是字词，对我几乎是不可能的。受这种天性的驱使，我会深究至所有概念和命题的最终基础，直到这些永远是直观的东西赤裸裸呈现在我的眼前为止。然后，我要么以这些作为所要审视的最原初的现象，要么如果可能的话，就把这些原初现象分解为基本组成部分，但不管怎么样，我都最大限度地追求事情的本质。”

德国著名作家托马斯·曼曾在《论叔本华》中这样生动地描绘叔本华的哲学论辩的特色：“叔本华在所有谈到世界的苦难，谈到多重的意志肉身化的悲伤和生存的偏执时（他在这方面谈得很多、很详细），他天生的非凡辩才和他作家的天赋达到了完美的光辉顶点。他在论说中出言尖刻、辛辣，语气中透露出的经验之丰富、知识之全面令人感到震惊，并由于其高度的真实而让读者陶醉于其中。他在某些方面是对生命的一种带有野性的冷嘲热讽：双唇紧闭，两眼射出炯炯光芒，间或说出一段希腊文和拉丁文引语；这是对世界苦难充满怜悯而又毫无怜悯的谴责、认定、清算和解释，——而且，绝不像人们在面对如此精确和严峻的表达天才时所预料的那样感到压抑；相反，由于精神的抗议，由于表现于其中的、从一种勉强压下去的低沉颤声中可听到的人性的愤慨而让人充满一种罕有的深深的满足。每个人都感觉得到这种满足；因为如果说一个进行审判的精神和伟大的作家在从一般意义上讨论世界和苦难，那么他也会说到你的苦难和我的苦难，于是，我们所有的人都将因这种无与伦比的优美语言而感到解了恨，报了仇，最后不禁产生一种得意感。”（引自朱雁冰译）

正如叔本华在这部著作的拉丁文题头语所说的：“谁只想要获得他的同时代人的承认，那他就只是为了很少数的人而活。”叔本华并不理会同时代人，一心“为真理是务”。在其身后他的绵绵不绝的名声，也印证了他这句题头语的正确，那也是叔本华本人及其著作的真实写照。

本译本根据莱比锡 Insel 出版社的《叔本华著作全集》（威廉·恩斯特大公版本，1920）第 2 卷翻译。该版本里面的拉丁文、希腊文、法文、意大利文等引语都没有附上相应的德文译文（英文除外）。其中法文和英文引文，译者直接根据其原文译出；其他语言的引文，则根据德国 Suhrkamp 出版社的《叔本华全集》（1998）中所附的权威德文译文翻译。

韦启昌

2024 年 6 月 26 日于澳大利亚悉尼

目录

第 1 版序言 9

我打算在此向大家说明如何阅读这本书，以便尽可能地理解它。这本书所要传达的，是单一的一个思想。尽管我做了种种尝试和努力，我还是无法找到任何比这整本书还要便捷的传达途径。我认为我的这一思想就是人们在哲学的名义下寻找了相当长时间的东西，也正因此，要找到这样的东西，有历史修养的人会认为是不可能的，就像找到贤者之石是不可能的一样，虽然普林尼已说了：“又有多少东西，在没有完成之前，都被人当作是不可能的呢？”（《自然历史》，7，1）

随着我们从不同的方面审视这个所要传达的思想，这一思想就相应展现为我们已命名为形而上学、伦理学和美学的东西；当然，这一思想也必然就是所有的这些东西——假如这一思想就真的是我所坦诚认为的那样。

一个思想体系必须无论如何具有一种建筑式的关联，亦即在这样的一种关联中，一部分总是承托着另一部分，但后者却也并不承托着前者；基石最终承托着所有的部分而不会由所有的部分所承托；那顶点则被承托着而不用承托其他。在另一方面，单一的一个思想，无论其范围多么的广泛和全面，都必须保留着最完美的统一。但假如这思想为有助于其传达可以拆开成各个部分，那这些部分之间的关联就又必须是有机的，亦即在这样的一种关联中，每一部分都维护着整体，而整体也同样地维护着这每一部分，没有哪一部分是第一，也没有哪一部分是最后，整个思想是通过每一部分而获得清晰的表现；而如果不是预先就已经明白和理解那整体，那就算是最微不足道的部分也无法得到充分的理解。但一本书却肯定有其第一行和最后一行，就这方面而言，与一个有机体始终是非常不相似的，尽管其内容与这有机体其实是多么的相似。所以，形式与内容在此是处于矛盾中的。

不言自明，在这样的情况下，要深入探究这里所陈述的思想，那唯一的建议就是*阅读这部书两遍*，并且在第一遍阅读时要很有耐心，而这耐心的唯一来源，就是读者们能自愿相信：开首几乎是以结尾为前提条件的，正如结尾也是以开首为前提条件的一样；同样地，前面的每一部分几乎是以后面的每一部分为前提条件，正如后面的每一部分几乎是以前面的每一部分为前提条件。我说“几乎”，是因为情形肯定不完全是这个样子，而为了把最不需要通过后面的论述才可以解释的东西放置在前面，我所能做的，以及任何有助于尽量容易地理解这思想和让这思想尽量清晰的事情，我都诚实地和认真负责地做了。的确，这本来可以在某种程度上成功——假如不是因为读者在阅读的时候，并不仅仅是在想着我在那所说的（而这是很自然的事情），而是还想到了从这所说的有可能引出的结论；这样的话，除了许多的确存在的与时代的看法、与我估计读者自己也可能有的看法相反的异议外，还可加上如此之多的其他可预料到的和幻想出来的东西，以致到了那个时候，那还仅仅只是误会了的东西就必然变成了强烈的不赞成和反对。但人们却不大会认清这只是误会而已，因为那艰苦努力做到的清晰描述和清楚用语肯定永远不会让我所说的直接意思还存在疑问，但这些却无法与此同时说出那所说的与所有其他东西的关系。这也就是为什么第一次阅读，正如我说的，需要有耐心，这耐心来自相信在第二次阅读时，许多或者所有的内容都会以相当不一样的眼光让我们重新审视。此外，面对一个相当困难的题材，要认真争取让读者完全地、充分地，甚至轻松地理解的话，作者就有了正当的理由不时地稍作重复。仅仅是那整体有机的、而不是链条式的结构，有时候就让人不得不两次触及同一个点。也恰恰是这一结构和各个部分之间非常密切的关联，不允许我把其分为在一般情况下将是非常重要的章和节，而是迫使我把这分为四个主要部分，就好比是一个思想的四个要点。在这四篇的每一篇里，我们尤其注意不要 11
因为那必然讨论的细节而忽略掉这些细节所隶属的主要思想和忽略掉整个论述的进展。这就是我对那些对哲学家并没有善意的读者（因为这些读者本身就是哲学家）提出的第一个要求，也正如后面接下来的要求一样是绝对必要的要求。

第二个要求是，在阅读这本书之前，先阅读这书的入门书，尽管这入门书并没有包含在这本书里面，而是在 5 年前就出版了，题目是《论充足根据律的四重根——一篇哲学论文》。假如不熟悉这入门和引论，那要真正地理解这部著作是完全不可能的，而上述那篇论文的内容在此在任何情况下都是预先假设了的前提，就好像这入门与这本书已是连在了一起似的。此外，假如这论文不是在这部著作之前的好几年已经出版，那它就不会是这部书的入门了，而是会被纳入这本书的第一篇里面。而现在的第一篇，因为缺少了在那论文中所说的内容，所以由于这些空隙和遗漏而显现出了某些不完美，这些空隙和遗漏始终必须通过援引那篇论文来弥补。然而，我对抄写我自己，或者对已经一次性充分说清楚的东西又再一次非常辛苦和麻烦地用另外的字词表达是那样的抗拒，以致我宁愿采用现在的这一方式，尽管我现在可以就那篇论文中的内容甚至给出更好一些的论述，尤其是我会清理掉一些由于当时太过囿于康德的哲学而造成的概念，例如范畴、外在的和内在的感官，等等。那些概念之所以出现在那论文里，只是因为我那时还不曾真正深入地研究它们，因此它们就只是副产品，与主题是完全无关的。所以，读者只要了解了现在的这部著作，就自动会在头脑中纠正那篇论文中的
12 那些段落。但只有在我们通过那篇论文完整地认识到根据律是什么和意味着什么，其有效性包括哪些方面和不包括哪些方面；认识到那根据律并不是先于一切事物的，也只是由于这根据律和遵循着这根据律才有了这一世界，这世界就好比是从根据律推论出的一个必然结果似的，这根据律其实就只是形式而已——那始终是以主体为条件的客体，不管那是什么样的客体，都是以这一形式为我们所认识的，只要那主体是一个有认识力的个体——只有认识了所有这些，才有可能理解和接受在此第一次尝试的、与所有之前的完全有别的哲学探讨方法。

不过，我对逐字重复我自己的话同样地抗拒，或者对在我已经更好地先说了一些内容以后，却要以其他的和更糟糕的字词第二次说出完全同样的东西的厌恶，还造成了在这本著作的第一篇中的另一个空隙和遗漏，因为我把在论文《论视觉和颜色》第 1 章中所说的在这本书中都略去了——而那些话本来是要一字不漏地放在这里的。因此，读者要熟悉我这更早时候写的小作品，也是阅读这书的前提条件。

最后，第三个要向读者提出的要求可以是心照不宣的，因为那不是别的，而是要了解自两千年以来在哲学中出现的、与我们又是那样接近

的最重要的现象，我指的是康德的主要著作。事实上，我认为康德著作，对其能真正发话的人的头脑思想所产生的效果，正如我已经在此处之外说过的，很可比之于白内障手术之于盲人。假如我们愿意沿用这一比喻，那我的目标就可被形容为旨在给那些成功做了白内障手术的人递上一副眼镜，而要用上这副眼镜，完成白内障手术本身却是最必要的条件。因此，尽管我是在如此大的程度上从伟大的康德所成就的出发，但恰恰是对康德作品的认真研究让我发现了其中重大的错误。我 13
必须把这些错误剔出来并指出是要摒弃的东西，目的就是可以假定和运用其学说中去掉了错误的纯净真理性的、卓越的部分。但为了不至于让针对康德的频繁批评中断和扰乱我自己的论述，我就把这安置在一个单独的“附录”里了。那么，根据以上所说，我的著作既然是在如此大的程度上以了解康德的哲学为前提条件，那我的著作因而也就是在同样大的程度上以了解我的“附录”为先决条件。因此，考虑到这一点，首先阅读这个“附录”是可取的，尤其是这“附录”的内容是与这部著作第一篇确切相关的。在另一方面，由于讨论这话题的特性使然，无法避免的是这一“附录”也得不时地援引这著作本身，而这导致的唯一结果就是这“附录”连同本著作的主要部分都必须阅读两遍。

所以，康德的哲学是唯一要彻底熟悉的哲学——这是理解我这所要阐述的内容的直接了当的前提条件。但除此之外，假如读者还花过时间在神一样的柏拉图的学派，那他就更是准备好了和更易于听取我所要说的。假如读者甚至还领略过《吠陀》的好处——经由《奥义书》向我们打开的入口，在我眼中，是这仍然年轻的世纪所具有的相对于之前世纪的最大优势，因为我估计梵文文学的影响，其深度并不亚于 15 世纪的希腊文艺复兴——我说了，假如读者已经领受和吸收了古老、庄严的印度智慧的话，那么，他就是做了最佳准备倾听我要向他陈述的东西。我这所陈述的就不会让他像不少其他人那样听着觉得陌生，甚至对此是排斥的，因为如果这听起来不是太过高傲的话，那我想要说的是：构成了《奥义书》的每一单句的和只言片语的格言，都可以从我所要传达的思想中作为结果引导出来，尽管反过来，根本不可以说在那里已经有了我的这些思想。

14 但大多数读者已不耐烦地跳了起来，那费劲忍了很长时间的指责终于爆发出来了：我怎么可以胆敢向读者呈上一本书的时候，附带着诸多要求和条件，而其中的前两个又是相当的不谦虚和狂妄？并且是在现在的这一时期：独特思想是如此普遍、多如牛毛，以致单是在德国，这样的思想每年通过印刷机以 3 000 本内容丰富的、原创性的和完全不可缺少的著作，以及除此之外，还以无数的期刊或者每天的日报变成公共财产；在这一时期，尤其是完全原创的和深刻的哲学家，却一点都不缺乏；相反，单是在德国，同时在世的哲学家，比以往连续数个世纪所能有的哲学家还要多。愤怒的读者就要问了，假如我们读一本书要如此繁琐、费事，那这到底还有完没完？

既然我对这样的指责并没有任何一点点可说的，我只有希望这些读者对我有些谢意，因为我及时提醒了他们，好让他们不要浪费时间在这样一本书上，因为通读这本书而又不按我的要求去做，是不会有什么收获的，这本书因此最好就不要读，尤其是此外还可在这方面赌上一个大注：这本书是不会合他们的心意和口味的，这本书其实只是“很少数人的事情”，因此应该坦然和谦逊地静等为数很少的、有可以欣赏这一著作的、不一般思维方式的人。这是因为，除了苛求和麻烦读者付出努力外，这个时代又有哪些受过教育的人——其知识已经接近了将与通常的看法对立的见解和虚假错误视为完全是同一样东西的华丽高度——能够忍受几乎在每一页都碰见与他们早就一次性认定为真实的和确定了的东西直接相抵触的思想？然后，不少人还很讨厌地发现自己搞错了——
假如他们在此并没有碰到任何谈论他们相信恰恰在此必须寻找的东西， 15
因为他们的思辨方式与一个仍然健在的、写出了确实感人书籍的伟大哲学家[1]相当吻合，而这位伟大哲学家的小小不足只是把其在15岁以前所学到的和认可的一切东西，视为人类精神的与生俱来的基本思想。谁又可以容忍所有这些？因此，我的建议就是把这书放到一边去吧。

不过，我担心就算是这样我也难以脱身。那些已读到了“序言”、现在却被拒之门外的读者，是以真金白银购买了本书的。他们就会问拿什么来补偿他们的损失？我最后的一招就是提醒他们：现在买了这本书以后，并不一定就要阅读它，这本书其实也可以派上各式各样的用场。它也尽可以与许多其他书一样填塞他们的藏书柜的空隙。这装订得整洁、干净的书，肯定会显得很漂亮。或者他们可以把这本书放在他们的有文化的女朋友的梳妆台上，或者茶桌上。又或者，他们可以为这本书写书评，而这是对这本书最好的处置方法，也是我所特别建议的。

好了，在我允许自己开过玩笑以后——而在这自始至终都是含义模糊的生活当中，还不至于有某一页纸严肃认真到连玩笑都无立足之

[1] 即弗里德里希·海因里希·雅各比。

地——我真挚、严肃、认真地呈献这本书，坚信这本书或迟或早终将到达唯一可对其发话的人，除此之外，就坦然地听天由命。这一命运也将最大程度地降临在这作品的头上，这一命运是在每一认识之中的、尤其是在最重要的认识之中的真理在任何时候都要遭受的：这真理只会被命运赐予一个短暂的胜利庆祝，就在两段漫长时期之间；而在那两段漫长时期里，这真理就被斥为怪诞的言论和被蔑视为浅薄和没有意义。前一种命运也往往会一并落到这真理的创始者的头上。但生命是短暂的，真理的影响是深远的，其生命力是长久的。让我们谈论真理吧。

1818 年 8 月于德累斯顿

第 2 版序言 16

我现在完成的这一著作，并不是给予我这同时代人的，也不是给予我的同胞的，而是交付给人类的；我深信这本著作对人类并不会没有价值，尽管这本著作，正如每一优秀的东西所必然遭受的命运那样，迟迟才会获得认识和承认。这是因为只能是为了人类，而不会是为了匆匆即逝的、沉迷于其一时幻想的一代人，我的头脑才会几乎是在违背我的意愿的情况下，在长长的生命时间里持续不间断地致力于其工作。在这时间里，就算是无人关注也无法让我对我这工作的价值产生怀疑，因为我总是看到错误的、拙劣的，甚至荒谬和荒唐的东西[1]普遍受到赞赏和敬重，而我也在想：假如那些有能力认出货真价实的和正确的东西的人不是那样的稀有，以致我们要在这二十多年里徒劳地环顾寻找他们，那能够创造出这些东西的人就不会那样的寥寥无几，以致其作品以后在匆匆即逝的尘世事物中成了例外；就是因为这样，我们失去了让我们可以提起劲来的对后世的期望，而这样的期望和前景，是每一个为自己树立起一个崇高目标的人为勉励自己所需要的。谁要是严肃认真地着手从事并不会带来物质用处的事业，就不可以指望得到同时代人的关注和兴趣。但他却大多会看到：在此期间，貌似这事业的东西在这世

[1] 即黑格尔的哲学。

界却产生出效果、引起注意，享受一时的风光，而这就是最正常不过的情形。这是因为为一个事业、目标而奋斗的话，就必须是因为这事业或目标本身，否则，是不会成功的，因为每一个算计都会威胁到认识。据此，正如学术史无一例外所证明的，每一有价值的东西要成功发挥作用和影响，都要花上许多时间，尤其是假如这东西属于教诲的一类，而不是娱乐性的；与此同时，虚假的东西却是闪亮、辉煌的。这是因为把
17 事业与貌似这事业结合起来是困难的，如果不是不可能的话。这也恰恰是这个匮乏和需求的世界的诅咒：一切都必须服务于和迁就于这些匮乏和需求。也正因此，这世界并不就是在这其中，任何高贵、崇高的追求，例如对光明和真理的追求，都可以不受阻碍地展开和由于这追求的缘故而存在。就算是这样的追求能够曾几何时造成了效果和影响并因此推广了有关这追求的概念和看法，物质的利益、个人的目的就会马上绑架了这追求，目的就是把这变成其工具或者面具。所以，在康德让哲学重新获得了声望以后，哲学也很快就变成了为目的——上至国家的目的、下至个人的目的——服务的工具，虽然严格来说，这并不就是哲学，而是酷似哲学、被视为哲学的东西。这甚至不应该让我们感到诧异，因为绝大多数的人依照他们的天性，除了物质的目标以外，是完全没有能力还具有任何其他目标的，他们甚至没有能力理解任何其他的目标。因此，唯独只是追求真理就是太过高级的和太过古怪的追求，我们不可以期望所有的人、许多的人，甚至某些人会对此真心感兴趣。假如我们看到，例如现在的德国，在哲学的事情上人们显现出某种特别的活跃，某种普遍的喧闹、繁忙、写作、演讲，那我们就可以有把握地假定：这些活动的真正原动力、秘密动机——不管所有的那些庄严、隆

重的表情和信誓旦旦——只是现实性的、而非观念性的目标；也就是说，在此，人们所着眼的是些个人的、官方的、教会的、国家的利益——一句话，是些物质上的利益；所以，仅仅是党派的目的就让所谓的哲人挥舞起众多笔杆子；因此，是算计，而不是识见，成了这些喧哗者的指路星辰，而真理确实是在这方面最后才会想到的东西。真理并没有任何党徒，相反，真理可以在这样的哲学喧闹争斗中，如此安静地和不为人注意地走着自己的路子，就像穿过最阴暗的、被最死板的教会信条禁锢起来的世纪中的冬夜——在那中世纪的时候，真理只是作为秘 18
密的学说传播给少数的炼金术士，甚至唯独能托付给羊皮纸。的确，我想要说的是：当哲学遭到可鄙的滥用，一方面成了国家工具，另一方面则成了谋生手段，那这时候对哲学是至为不利的。人们真的会相信，以这样的追求、在这样的嘈杂中，人们一点都不会在意的真理也会附带着得见天日吗？真理可不是妓女，不会用手搂住不要她的人的脖子；真理是一个矜持的美人，就算向她奉献一切，也不一定就能获得她的青睐。

那么，假如政府把哲学当作是为其国家目的服务的工具，那学者们在另一方面就会把哲学教授职位视为一个可以养家糊口的职业，与其他所有的职业无异，他们就会蜂拥而上，争相保证自己有良好的态度，亦即有为国家目的服务的打算。他们也是说到做到：他们的指路明星并不是真理，不是清晰，不是柏拉图，不是亚里士多德，而是他们被指定去服务的目的；而这目的也就马上成了他们判断真正的、有价值的、值得去尊敬的，以及与此相反的东西的标准。因此，凡是与那目的不相符合的东西，哪怕是在其专业中最重要的和非比一般的东西，都要么受到谴责，要么——假如这看上去构成危险的——就采用一致的无视来扼杀。我们只需看看他们对泛神论异口同声的反对：是否会有哪个傻瓜相信这种反对是发自真心确信的？那降格为稻粱谋的哲学，又怎么可能不沦为诡辩？正因为这是不可避免会发生的情形和这一规律“我吃谁的面包，就唱谁的赞歌”一直都是有效的，所以，在古人看来，以哲学挣取金钱就是诡辩者的标志。但还需补充的是这一点：既然在这一世上，无论哪里，除了平庸以外，我们无法还能期待什么、要求什么，
19 或者以金钱购买什么，那我们在此就只能以平庸凑合了。因此，我们在德国的大学看到那可爱的平庸之辈，以一己之力，全力以赴去创立根本还不存在的哲学，并且是依照那预先规定了的标准和目的这样做。对这样的闹剧，再加以嘲笑已是近乎残忍的了。

正当哲学以这样的方式，已长期一贯地作为工具一方面服务于公众目的，另一方面服务于私人目的，我则不为这些所动，自三十多年来一直追随我的思路，恰恰是因为我只能这样做和别无他法，那是发自一种本能的冲动，但却有这一信念的支持：一个人思想出的真实的东西和阐明了的隐藏幽微，也会在某个时候被另一个有思想的人所理解，会向他发话，给他欢乐和安慰。我们就是向这样的人发话，犹如与我们类似的人曾向我们发话，并成了我们在这寂寞、空虚的生活中的安慰一样。与此同时，我们致力于这事业是因为这事业和为了这事业本身。但就哲学思考而言，奇怪的事情却是：恰恰是一个人自为地周密思考出来和探索发现的东西，而不是从一开始就确定是为别人而做的东西，才会在这之后也对别人带来好处和帮助。前者首先在贯彻始终的诚实特征上看得出来，因为我们并不想要欺骗自己，也不想给自己呈上空壳果仁。

这样的话，就会去掉各式诡辩和所有的字词垃圾，其结果就是写下来的每一个句子马上就给费神的阅读者以补偿。与此相应，我的文字在额头上如此清晰地打着“诚实”和“坦率”的印记，仅凭这一点，就与后康德时期的三个著名的诡辩者的文字形成显眼的对照：人们可发现我始终站在反省沉思，亦即理性思考和诚实传达的角度，而永远不会处于灵感的角度——这所谓的灵感被命名为智性的直观或者绝对的思维，但其更正确的名称则是夸夸其谈和招摇撞骗。因此，我就是本着这样的精神而竭尽全力，与此同时，虚假的和拙劣的东西则持续普遍地得到认可，夸夸其谈[1]和招摇撞骗[2]甚至受到了最高的敬重。所以，我早 20
就已经放弃了同时代人的赞许。这同时代的人，在这二十年间，把黑格尔这个精神上的卡利班*声嘶力竭地高声宣布为最伟大的哲学家，那声音简直响彻整个欧洲。这样的同时代人，是不可能让看到了这一切的人贪恋其赞许的。他们也再没有什么荣誉花环可供胡乱颁发。他们的赞许和喝彩是堕落的，他们的指责也毫无意义。我这里所说的是认真的，这可由此得出：我要是真的渴求我的同时代人的赞许和喝彩，那我就不得不删掉二十来个与同时代人的观点完全矛盾，甚至某些部分会引起他们反感的段落。但为了得到他们的赞许，就算是牺牲掉一个音节，我也会认定是犯罪的行为。我的指路明星老老实实就是真理：在追随真理的时候，我首先应该只渴求得到我自己的赞许，完全地避开一个在一切高级的精神追求方面深深沉沦的时代和一个除了极少数例外的

[1] 即费希特和谢林。

[2] 即黑格尔。

* 莎士比亚著《暴风雨》中丑陋凶残的奴仆。

道德败坏的国内文坛——在此，把高贵的字词与低下的情操结合在一起的艺术已是登峰造极。我本性中所必然带有的那些缺点和缺陷，一如每一个人的本性中的缺点和缺陷，我当然是永远无法避免的，但我却不会做出不光彩的迁就而增加这些缺点和缺陷。

至于这第 2 版，我感到高兴的首先是我在 25 年以后，并没有任何东西是我需要收回的。也就是说，我的基本信念至少在我这里经受了考验。对只包括了第 1 版全文的第 1 卷的变动，因此并不触及任何关键性的东西，而只是部分涉及一些枝节性的东西，但其大部分的变动都是简短的、说明性的、加进这里或者加在那里的一些补充。只有《对康德哲
21 学的批判》得到了较重要的修正和详细的补充：因为这些修正和补充在此并不可以弄成一部增补的书，就像表达了我自己的学说的那四篇各自在第 2 卷里都获得了增补的那种形式。对表达了我的学说的四篇，我选择了后一种的增补和修正形式，因为自撰写这部著作之后，已过去的 25 年在描述方式和陈述语气方面都带来了如此明显的变化，把第 2 卷的内容与第 1 卷的内容融为一个整体是说不过去的，因为这样的融合对两者都不利。因此，我就把这两部作品分开呈现给读者；在早年的一卷中，对不少我现在会以相当不一样的方式来表达的地方，我都没作丝毫的变动，因为我想小心避免由于年长以后的挑剔而破坏了年轻岁月的作品。在这方面我想要修正的，在第 2 卷的帮助下，读者头脑中自动就会妥善修正。这两卷相互之间有一种充分意义上的补充关系——亦即只要那是基于人的一个人生阶段（在智力方面）是另一个人生阶段的补充。因此，我们会发现不仅每一卷都包含另一卷所没有的东西，而且每一卷的优点也恰恰就在于另一卷并没有的东西。据此，假如我的第 1

卷胜于第 2 卷的，是只有年轻的火焰和首次构想的能量才能给予的，那么，相比之下，第 2 卷超越第 1 卷的，却是由于思想的成熟和对这思想的彻底、充分的加工整理，而这些只能是经历一段长时间的和勤勉的人生方才获得的果实。这是因为当初我有能力原初地掌握我的体系的基本思想，循着这思想马上分为四个分支，从这四个分支溯源至其统一的根源，然后清晰地展示那整体——但在那时候，我却没有能力对体系中的各个部分予以周全的、彻底的和详细的加工整理，而这只能通过多年的深思熟虑才可以达到，因为我们需要这深思熟虑以便用无数的事实去 22
检验、去说明这体系，以各式不同的证据和证明支持这体系，对其从各个方面阐明透亮，然后把不同的角度观点大胆地相互对照，把其中各种各样的题材纯净地区分开来和井井有条地展示出来。因此，虽然把我的整部著作一气呵成地给出来，而不是像现在那样由两卷本所组成、在应用时要合在一起，那肯定会更受读者的欢迎，但请读者考虑到这一点：要这样做的话，我在一个人生阶段中就必须成就只能在两个人生阶段中才有可能成就的事情，因此，我在一个人生阶段就必须拥有大自然分摊到两个相当不同的人生阶段的素质。据此，我有必要把我的著作分为两个互补的部分，这就类似于我们制作一个消色差的物镜时，因为这是不可能从一块物料中制作完成的，所以，人们只能用冕玻璃的一块凸透镜和燧石玻璃的一块凹面镜组合而成，因为只有其联合作用才能产生出所需要的效果。但在另一方面，读者却可以为同时使用两卷书所带来的麻烦得到某些补偿，即同一个头脑、同样的精神、探究和讨论的是同一个题材，但却是在相当不同的年月所带来的交替式多样化和休息。同时，对于那些还不了解我的哲学的读者，绝对可取的做法就是首先从头至尾读完第1卷而不要请教于增补部分，并且是在通读第1卷两遍以后才阅读它们，因为不这样做的话，读者就会觉得太难掌握那连贯的体系，因为只是在第1卷里才连贯地展示了这一体系，而在第2卷，则是对主要理论逐个更详细地理据说明和充分解释。就算是那些并不打算通读第1卷两遍的读者，也最好是读完第1卷以后才读第2卷，并且就按照章目的顺序通读第2卷本身，因为这些章目在彼此之间
23 可是有着某种连贯性的，虽然这连贯性是松散的，而这其中的空隙，就由他对这第1卷的回忆完美地予以填补——假如读者肯定掌握了第1卷的话。此外，读者会随时发现我回头谈及第1卷中所涉及的段落，而这些段落，我就为了此目的而在第一次出版中仅用了分隔线符号标示，现在在这第2版中则用了段落数字标示了出来。

我在第1版“序言”中已经说明：我的哲学是从康德哲学出发，并因此是以对康德哲学的透彻认识为前提条件的。我在此重申这一点。这是因为康德的学说在每一个掌握了这学说的人的头脑里所造成的根本改变是如此的巨大，以致被视为精神思想的重生也不为过。也就是说，唯有康德的学说才能真正清除掉人的与生俱来的、源自智力的原初使命的实在论，而这是柏克莱和马勒伯朗士都不足以做到的，因为这后两者都太过停留在泛泛的方面，而康德则深入特别的细节，甚至以一种既前无古人也后无来者的方式，并对人的头脑精神有一种独特的，甚至可以说直接的效果。其结果就是人的头脑精神得以彻底地脱离幻象，从此以后就以另一种眼光看事情。也只有以此方式，才可以接受我所要给出的实在的说明。相比之下，谁要是不曾掌握康德的哲学，那无论他致力研究过什么样的东西，他仍就好比是处于幼稚无知的状态，也

就是囿于我们所诞生于自然的和幼稚的实在论之中。这实在论能让我
们胜任任何可能的事情——但就是无法胜任哲学探究。这样一个人与
掌握康德哲学的人相比，就像是一个未成年人与一个成年人相比。至
于这一大实话时至今日听上去相当的离奇——而在《纯粹理性批判》出
现的头30年却完全不是这种情况——则是由于自那时以后，并不真正懂
得康德哲学的一代人成长起来了，因为要真正懂得康德，并不只是匆匆
地和不耐烦地阅读过一两篇东西，或者从二手听过某一个报道，而这又
是因为这一代人受到拙劣的引导，把时间浪费在由头脑平庸的、因而是 24
力不胜任的人，甚至是夸夸其谈的诡辩者所提出的哲学命题和观点上
面，而这些家伙则是人们不负责任地向他们吹嘘和推荐的。因此，如
此教育起来的一代人，在其哲学探讨中，基本概念的混乱和那种难以形
容的粗糙、笨拙，就透过其造作和矫饰的外衣暴露出来了。谁要是误
以为从别人的描述就可了解康德哲学，那他就是犯下了一个糟糕透顶的
错误。我倒是必须就这样的报告和报道，尤其是出自当代的这些东
西，严肃地警告大家；尤其是在这最近几年，我在黑格尔主义者的文章
中看见过那的确已成了天方夜谭的对康德哲学的描述。在清新的青春
时期就已被胡说八道的黑格尔货色扭曲和败坏了的头脑思想，又如何有
能力跟得上康德那些含义深刻的探究？他们早已习惯了把至为空洞的
词语垃圾当成哲学思想，把最蹩脚的诡辩当作洞察力，把幼稚、荒唐视
为论辩才能。从那些疯狂的词语堆砌中，人们绞尽脑汁为要想出些许
内容而弄至筋疲力尽；人们的头脑就由于接纳这些而变得紊乱。对于
他们，任何《纯粹理性批判》都是不适合的，任何哲学都是不适合的；
他们需要的是一种治疗精神的药物，首先，作为精神净化的手段，大概

就是一个有关人的健康理解力的小小课程一类；然后，我们必须再看看是否还可以跟他们谈论哲学。也就是说，人们徒劳地试图从随便某一别的渠道去了解康德学说，而偏偏就是不读康德本人的著作。但康德这些著作却无一例外是有教益的，就算是在康德犯错、在康德出现了失误的地方也是如此。由于康德的原创性，这适用于一切真正哲学家的一点也在最大程度上适用于他：只能通过他们自己的著作，我们才能对其了解，而不是通过别人的报道。这是因为上述出类拔萃的思想家的思想，是无法忍受平庸头脑的过滤的。这些思想诞生在广阔、高耸、呈优美拱形的额头后面，而在这额头之下，闪耀着的眼睛发射出光芒；但假如挪到了四周狭隘、屋顶低下的居所，在一具狭窄、局促、厚壁的头盖骨里面，从里面向外窥视的是呆滞的、投向于个人目标的眼神，那就失去了一切力度和一切生命，看上去就已经不再像是同样的东西。确实，我们可以说这后者的头脑就像是凹凸不平的镜子，在这镜子里面的东西是扭曲的和失真的，那优美的匀称协调失去了，显示出来的是丑陋的怪脸。只有从其原创者那里，我们才可接收到哲学思想。因此，谁要是感受到了哲学的吸引，就要在其宁静的著作圣物中寻找那哲学的不朽导师。每一个这样的真正哲学家，其主要的篇章，与平庸之人对其学说费劲拖拉的和斗鸡眼般的介绍文字相比，前者在其学说中能提供百倍之多的真知灼见；而后者大都还仍深深地受着每一个时期的时髦哲学的束缚，或者囿于他们自己内心的看法。但让人吃惊的是，公众却是多么明确地宁愿去获取出自第二手的描述。事实上，在此，那亲和力似乎在发挥着作用，而由于这亲和力的缘故，平庸之辈就被与其相似的东西所吸引，也因此甚至更宁愿从与其同样的人那里听说一个伟大思想者所说过的话。或许这是基于与相互教学体系同样的原理：根据此体系，孩子们最容易从与其相似的同伴那里学习。

现在，我还要对哲学教授们说多几句。他们精明的洞察力，他们精确和细腻的触觉，是我一直以来不得不佩服的：我的哲学甫一露面，他们就看出了我的哲学是某种大异于他们自己所追求的东西，甚至某种危险的东西，或者用通俗的话说，是与他们的垃圾格格不入的；同样让我佩服的，是他们那稳妥的、精明的策略，基于此策略他们马上就找到唯一正确的应对做法，采取这一应对做法时的步调完全一致；最后，就是他们忠实执行这一做法时的那种坚持不懈。他们这种应对的可取之处还在于其特别容易实施；这做法众所周知就是完全的无视和以此“分泌” 26
掉——根据歌德的恶毒字词，其意思不过就是避而不谈重要的和有意义的作品。这种保持沉默的手段通过科里班特（korybantenlärm）*式的敲锣打鼓而更发挥了作用：那些同样理解力的人的头脑作品，其诞生就在相互之间以这样的敲锣打鼓庆祝，这样的喧闹也迫使读者公众向他们看过去，留意到人们互相煞有介事地就此致意。又有谁会看不出这种做法是与其目的相符的？对这根本原则，首先是生活，然后是探讨哲学，可是提不出任何反对意见的。这些先生想要生活，并且是以哲学来生活：他们及其老婆孩子就都交付给了这哲学，并且尽管彼特拉克说了哲学，你那既贫穷寒酸又赤身裸体的样子，他们还是在哲学方面铤而走险了。但我的哲学却完全不是为以这种哲学谋生的人准备的。这哲

---

* 希腊神话中女神库柏勒的随从之一。随从们经常手持火炬，狂歌狂舞伴女神翻山越岭，以示对女神的崇拜。

学缺少了一样首要的、要成为获酬丰厚的讲台哲学所不可缺少的必备
品，首先就完全缺少某一思辨性神学，而尽管有了那讨厌的康德及其
《纯粹理性批判》，这仍应该是和必须是一切哲学的主题，虽然这因此
也就接受了任务要持续不断地谈论其绝对是一无所知的事情。 事实
上，我的哲学从来就不曾确认过由哲学教授精明想出来的、成了他们必
不可少的虚构故事，亦即有关某一直接和绝对地认知着、直观着或者获
悉着的理性——人们只需从一开始就把这一理性强加在读者身上，以便
此后就进入那由康德完全地和永远地隔绝了我们的认知的领域，进入那
超越了一切经验的可能性的范围，所采用的是这世界最轻松、舒适的方
式，犹如驾着四马车一般；在这里，人们就只会发现那些直接揭示的和
布置得最漂亮的、现代的、犹太化的、乐观的基督教的基本教义。 那
么，我这缺少了关键性必备配件的、无所顾忌和毫不留情的、苦思冥想
的哲学，其北极星唯独就是真理，是那赤裸裸的、没有报酬的、没有朋
27 友的、很多时候受到迫害的真理；这哲学不会左顾右盼，而是径直向着
真理前行——这哲学，与那种“母校”的、善良的、有营养价值的大学
哲学，又有什么关系呢？ 这后一类哲学，背负着千百个目的打算和顾
虑理由，谨慎周到而又巧妙周旋，因为这大学哲学念念不忘的是对主的
惧怕，是部门的意志、国家教会的条例、出版商的意愿、学生们的赞
扬、同事们的亲善友谊、当前政策的走向、公众暂时片刻的潮流及其
他，等等，等等。 或者，我对真理静悄悄的、严肃的探索，与讲台和课
椅那里进行的课堂争论吵闹又有什么共同之处？ 后者最内在的动因始
终不过就是个人的目的。 更确切地说，这两种特性的哲学从根本上是
不一样的。 这也是为什么对我来说，并不会有任何的妥协和任何的伙

伴友谊，人们在我这里不会找到他们所考虑和打算的东西——或许除了
那些只寻求真理的人以外；因此，时下的任何哲学派别都不会找到他们
要找的东西，因为它们都在追求它们的目标，但我则仅有深刻的见解可
以提供，但这些见解并不合乎上述任何人的目标，因为这些见解恰恰不
是按照任何的那些目标而改造成的。但假如我的哲学本身可以在讲坛
讲授的话，那就必须首先形成完全不同的时代。假如这样一种完全无
法让人赖以谋生的哲学得见天日，甚至普遍赢得了重视，那将是多么美
好的事情！所以，这事情是要防范的，所有人都必须团结如一人地予
以抗衡。但反驳和否认可不是轻松容易的游戏，这些也是棘手和尴尬
的手段，因为这会把读者公众的注意力引向这事情，而阅读我的作品就
有可能败坏读者公众对哲学教授学究式的写作的趣味。这是因为谁要
是品尝过认真和诚意，那逗乐玩笑，尤其是无聊乏味的那一种，对其就
不再是美味可口的了。因此，那同心一致的要保持沉默的方法就是唯
一正确的，我也只能建议他们谨守并继续这一手法——只要这还继续行
得通的话，也就是说，直至将来某一天当无视会被认为就是无知的时
候。到了那个时候，要转向的话，还是有时间的。在此期间，我这哲 28
学就任由每一个人随便在这里或者在那处拔取一根小羽毛作自己的用
途，因为在家里备用多余的思想往往不至于太过让人压抑。所以，那
无视和保持沉默的做法仍会持续很长一段时间，至少我仍在世的这段时
期是如此。这样的话，他们就已经赚了不少。即使在这期间不时地会
有某一轻率、冒失的声音让人们听到了，但那很快就会被教授们高音量
的报告所淹没——这些教授很懂得煞有介事地谈论很不一样的事情以娱
乐读者公众。但我却建议要更严格地保持大家都同心一致的做法，尤

其要监察年轻人，因为年轻人有时候是那样惊人地轻率。这是因为就算是这样，我也无法担保那值得称道的做法就能永远持续，也无法保证那最终的结局。也就是说，要驾驭那在总体上善良的和顺从的读者公众，可是一件奇特的事情。尽管我们差不多在任何时期看到高尔吉亚（Gorgiasse）*和希庇阿斯（Hippiasse）**处于上风，荒谬的东西一般都是如日中天，看上去单个的声音不可能穿透那诱惑者和被诱惑者的合唱，但是，每一个时期的货真价实的作品都发挥着独特的、悄然的、缓慢的、强力的作用，并且就像奇迹一般，我们看到其终于从混乱和喧嚷中升起，就像一个氢气球从这地球空间厚厚的大气层中飘升而出，进入纯净的区域——它一旦抵达这里，就会长留在此，任何人都不再有能力把它拉下来了。

1844 年 2 月于美因河畔法兰克福

---

* 古希腊演说家、诡辩家（*为译者注，以下不再标注）。

** 古希腊诡辩家。

第 3 版序言 29

真实的和真正的东西将会更加容易地在这世界上争取到空间，假如那些没有能力创造出这些东西的人，不是与此同时共谋和发誓不让其出现的话。这种情形已经阻碍和拖延了——假如不是窒息了——不少本应给这世界带来好处的东西。对我来说，这情形的后果就是：虽然我在这部著作第 1 版出版时也才 30 岁，但却无法在 62 岁之前亲眼看到第 3 版。尽管如此，我还是从彼特拉克的话语中找到了安慰，一个人赶了一整天的路，到晚上终于到达了目的地，那就不错了。(《真正的智慧》，第 140 页）我也是最终到达了目的地，我也满意地在我的人生旅途的终点看到我的作用开始发挥了，并且希望情形就依照一条古老的规律那样：这作用越迟开始，就相应地持续得越久。

读者在第 3 版里不会发觉丢失第 2 版所包含的任何内容，但所获得的倒是多了很多，因为由于那补充的内容，这著作以同样的字体印刷比第 2 版多出了 136 页。

在第 2 版出了 7 年以后，我还出版了两卷本《附录和补遗》。这书名中所谓的“补遗”，就是为了更系统地阐述我的哲学而补充的内容；这些内容本来应该安排在这一卷著作中的，只不过我在当时不得不尽我所能地找地方安置这些内容，因为我是否会在有生之年见到第 3 版，在当时是相当值得怀疑的。这些补充内容就在《附录和补遗》第 2 卷，读者通过每一章的标题就可轻易地认出。

1859年9月于美因河畔法兰克福

全集的序言 30

我早就已经提出了这一要求：人们如果想要彻底理解我的哲学，就必须读完我不多的著作中的每一行字。现在这一全集版就以让人高兴的方式迎合了这一要求，因为有了这一版以后，就马上凑齐了所有的著作，并可以以合适的次序进行阅读。但阅读的次序是这样的：1，《论充足根据律的四重根》；2，《作为意欲和表象的世界》；3，《论大自然的意欲》；4，《伦理学的两个基本问题》；5，《附录和补遗》。《颜色理论》则是单独分开的。

我相信我有权得到少产作者的荣誉称号，因为这5卷[1]包含了我写出的所有东西，是我73岁生命的全部结果。原因就是：我想完全确保得到我的读者持续的注意，并因此只是在我有话要说的时候才动笔。假如这一原则是普遍实行的话，那文字作品就会大为减少了。

结　尾

由于我对人们卑鄙地肢解德语充满愤慨：成千上万的拙劣作者和没

[1] 叔本华在1858年8月8日和9月22日给他的出版商的信中定下了各卷的顺序如下：第1卷和第2卷：《作为意欲和表象的世界》；第3卷：篇幅小一些的著作，《论充足根据律的四重根》《论大自然的意欲》《伦理学的两个基本问题》《视觉与颜色》；第4卷和第5卷：《附录和补遗》。

有判断力的人之手，多年来带着与无知不遑多让的热情，有计划、有条理和怀着爱意地进行这种破坏行为——所以，我不得不做下面的声明：

> 我诅咒任何一个在将来印刷我的著作时对我的著作故意作出任何改动的人——不管那只是一个套句，或者只是一个字词、一个音节、一个字母、一个标点符号。

1860 年夏于美因河畔法兰克福

第一篇　世界作为表象初论：服从于根据律的表象；经验和科学的客体对象

朋友，走出童年，醒来吧！

——让-雅克·卢梭

§ 1 33

“这世界是我的表象”——这是一个真理，适用于每一个活着的和有认识力的生物，虽然只有人才可以把这引入思考的抽象意识之中。而人假如这样做了，那他就开始有了哲学的深思。然后，他就会清楚和确切地意识到：他并不知道什么太阳和地球，而只是眼睛看见了一个太阳，手感觉到了一个地球；在他周围的这个世界，只是作为表象而存在，亦即完全只是在与另一其他的、头脑有了表象的生物——而他就是这生物——的关系中而存在。假如有什么真理是可以先验说出来的，那就是这个真理了：因为这陈述了和表达了一切可能的和想象出来的经验的那种形式，而那种形式比所有其他的形式，比时间、空间和因果关系都要普遍，因为所有这些后者都已经以那前者为前提条件；并且，假如这其中的每一种形式——所有这些，我们已经认识到就是根据律的如此之多的特别形态——只适用于特别的一类表象，那分为客体和主体就是所有那些表象类别的共同形式；只有在这形式之下，任何一个表象，不管其是何种类，是抽象的还是直观的，纯粹的还是经验的，才有可能和才可以想象。因此，没有什么真理比这一个真理更确切、更独立于所有其他的真理和更不需要某一证明：所有对认知而言的存在，因而也就是整个的世界，只是在与主体的关系中的客体，是直观者的直观，一句话，就是表象。当然了，这真理既适用于现在，也适用于每一段过去和每一段将来；既适用于近的距离，也适用于最遥远的距离，因为这适用于时间和空间本身，而只有在时间和空间那里，所有的这些才会有所分别。任何属于这世界和可能属于这世界的一切，都不可避免地以主体为前提条件，就只是对主体而言的存在。这世界就是表象。

这一真理却一点都不是新的。这真理早就存在于笛卡尔当作出发
34 点的怀疑主义思想。但柏克莱却是把这真理明确说出来的第一人。他也因此为哲学做出了不朽的贡献，虽然柏克莱的其余学说无法经受住检验。康德的第一个错误就是忽略了这一定理，正如我在“附录”中所阐明的。相比之下，这一基本真理很早就已被印度的智者所认识，因为这是在被认为出自毗耶娑的吠檀多哲学中的根本定理——就这一点，W. 琼斯在其最后的作品《论亚洲哲学：亚洲研究》第 4 卷第 164 页中予以了证明：吠檀多派的根本原则并不是否认物质的存在，亦即坚固性、不可穿透性和延伸的外形的存在(要否认这些就是精神错乱)，而是在于纠正对物质的流行看法，在于坚决主张，物质并没有独立于思想感知的本质；存在与可被感知性是可互换的字词。这些话充分表达了经验现实与先验观念论是并存不悖的。

在第一篇中，我们也就只从这所说的一面和从这只要还是表象的一面观察和思考这一世界。但这观察和思考，先不管其真实性，却是片面的、因而是由于某一主观任意的抽象造成的——这是每一个人在接受这世界就只是他的表象时，其内心的抵触和反感向他所作出的宣称。但在另一方面，这种接受却是他永远无法逃避的。这种观察和思考的片面性将在接下来的一篇里通过一个真理得到补足，但这个真理并不像我们在此所出发的真理那样直接确切，而是要经过更深度的探究、更复杂的抽象，把不同的东西分开和同一的东西结合在一起才可以得出的真理；通过一个非常严肃的、并且对每一个人来说假如不是可怕的话，那

就必然是充满疑虑的真理，亦即他也可以和必须说出：“这世界就是我 35
的意欲。”

但在那之前，亦即在这第 1 篇里，我们需要专注地考察我们所出发的世界的这一面，那可被认识的一面，并因此不带任何抵触地把所有存在的客体，甚至把我们自己的身体（正如我们很快就会更仔细的探讨）视为仅仅只称为表象，只是名为表象。我们在此所从中抽象和概括的，正如以后希望每一个人都会确切知道的，始终就只是意欲，因为唯有意欲才构成了世界的另一面，因为这世界，正如其一面彻头彻尾就是表象；同样，其另一面彻头彻尾就是意欲。但一个现实，假如并不是这两者，而是一个自在的客体（康德的自在之物，甚至在其手里轻易地沦为这样的东西），那就是一个梦中的荒谬东西，予以接受的话，就是哲学中的鬼火。

§ 2

那认识一切、但却不被任何客体所认识的，就是主体。这主体因此就是这世界的支柱，始终是一切现象、一切客体存在的普遍的前提条件：因为凡是存在的，那就是对主体而言的存在。每一个人都发现自己就是这一主体——但那却只是在他认识着的时候，而不是在他是被认识的客体的时候。但他的身体已是客体了，因此，从这一角度出发，我们把这身体本身称为表象。这是因为身体是客体中的客体，是受制于客体的规则的，虽然这身体是直接的客体[1]，这身体与直观中的所有

[1]《论充足根据律的四重根》，第 2 版，§ 22。

客体一样，就在任何认知的形式中，就在时间和空间中，经由时间和空间就有了许多性。但那主体，那认知者，而永远不是被认知者，却并不就在这些形式中，我们毋宁说这些形式本身已经以主体为前提条件了：具体地说，许多性既不属于它，许多性的相反——一体性——也不属于它。我们永远不认识它，但恰恰是它认识着所能够认识的东西。

那么，这世界作为表象——我们在此就只是在这表象方面对其考
36 察——有两个根本的、必不可少的和不可分开的部分。一个部分是客体，其形式是空间和时间，以及经此两者产生的许多性。但另一个部分，主体，并不就在空间和时间中，因为那是完整和不可分地存在于每一个有表象能力的生物中；因此，这些生物中的单一一个，一如所存在的数以千百万计的生物，同样完整地与客体一道补足而成为那表象的世界：一旦那单一的有表象能力的主体消失了，那整个作为表象的世界也就不再存在了。这些的对半部分因此是不可分的，就算在思想中也是如此，因为这两者中的每一部分都只是由于和对于另一部分才有了意义和存在，是与另一部分一道存在和与其一道消失的。它们互相直接限定：在客体开始之处，主体就结束了。这界限的共有特性表现在：一切客体的本质性的和因此是普遍的形式，亦即时间、空间和因果性，也可以在没有认知到客体本身的情况下，在从主体出发的情况下，就发现和完整地认识了；用康德的话说，这些形式是先验地存在于我们的意识中的。发现了这一点，是康德的首要功绩，并且是非常伟大的功绩。我呢，除此之外，还断言：根据律表达了所有这些先验就被我们意识到的客体的形式，因此，我们纯粹先验就知道的一切，不是别的，正是那根据律的内容和从这根律所引出的结论；由此可见，这根据律其实说出了

我们全部先验确定的知识。在我的《论充足根据律的四重根》里，我详细地表明任何某一可能的客体都是受制于根据律，亦即与其他客体处于一种必然的关系，一方面被其他客体所决定，另一方面则决定了其他客体。这甚至会达到这样的程度：一切客体的存在，只要它们是客体、表象，而不是其他的东西，那就完全可以还原为它们之间的那种必然的关系，只是由这些关系所组成，因而完全就是相对的。稍后会有更多这方面的讨论。我还进一步表明了：依照客体就其可能性而言所分的种
类，那根据律所泛泛表达了的必然关系就表现在不同的形态上面，从而 37
又再度证明了对那些类别的划分是正确的。我在这里始终假定读者们记得我在那篇作品里所说的一切，因为假如那些不是我在那部作品里已说的，那就肯定要在此占据一席之地了。

§ 3

我们所有的表象之间的主要差别就是直观表象和抽象表象之间的差别。抽象表象就只构成了一类表象，亦即概念，而这在这地球上是唯一为人所拥有的；这种把人与所有动物区别开来的能力，历来就被名为理性[1]。我们以后将单独考察这些抽象表象本身，但现在首先就只专门谈论直观表象。这些表象包括了整个可见的世界，或者全部的经验及其可能性的条件。正如所说的，这是康德的一个非常重要的发现：

[1] 康德唯独把这理性的概念搞混乱了，在这方面，我建议读者阅读本书的“附录”和我的《伦理学的两个基本问题》，§ 6，第 148—154 页。

正是这可见的世界的这些条件、这些形式，亦即在对这世界的感知中最普遍的东西，为这世界的所有现象以同样的方式所独有的东西、时间和空间，即使是单独的和与内容分开的，不仅可以*在抽象中思维*，而且还可以直接察看；这种直观并非某种从经验的重复中借来的幻象，而是如此独立于经验，以致我们其实必须反过来把经验视为依赖于这种直观，因为空间和时间的特性，正如直观先验所认识到的，作为法则适用于一切可能的经验，而无论是在哪里，经验都必须遵循这法则而得出结果。为此原因，我在我的《论充足根据律的四重根》中，把时间和空间——假使它们是纯粹的和不具内容地被直观——视为某一特别的和单独存在的一类表象。那么，尽管这由康德所发现的、直观的普遍形式的特性是多么的重要，以致这些形式可以单独地和独立于经验地直观得到，也
38 可依照其全部符合规则性而被认识——数学及其可靠性就基于此；但时间和空间的另一特性却是同样值得注意的：根据律，那作为因果和动因法则决定了经验和作为判断依据法则决定了思维的根据律，在此以一种相当特别的形态出现。我对此给予的名称就是*存在的根据*，这在时间上就是各个瞬间的次序，在空间上就是其无穷尽地互相规定了的部分的位置。

谁要是阅读了我的入门性的论文并清楚明白了尽管根据律内容的形态各各不同，但这些内容是完全同一的，那他也就会确信要深入了解这根据律最内在的本质的话，认识其最简单的形态是多么重要，而这样的一种形态，我们认识到就是*时间*。正如在时间中，每一刻只有在消灭了它之前的一刻、消灭了它的父亲以后才存在，而它自己也再度同样快速地被消灭；正如过去和将来（撇开其内容的后果不算）那样，如此的

虚无就像梦幻一样，现在不过就只是在过去和将来之间的没有延伸性的
和没有持续性的界线——那恰恰是以同样的方式，我们也在根据律的所
有其他形态中重又认出那同样的虚无，并看清楚：空间如同时间一样，
并且就像空间那样，所有的同时在空间和时间的一切，因而也就是一切
发自原因和动因的东西，只具有一种相对的存在，这存在只是由于、只
是对于另一种与它类似的、亦即同样如此存在的存在而言。这种观点
的实质内容是古老的：赫拉克利特通过这观点哀叹事物的永恒流动；柏
拉图则贬低观点的对象物为永远在成为、但却始终不是存在；斯宾诺莎
把那称为唯独持久长存的唯一物质的偶然；康德把如此认识的东西作为
单纯的现象与自在之物对立起来；最后，印度人的古老智慧说了：“那是
摩耶，是遮蔽凡夫的眼睛的欺骗性纱幕；这纱幕让他们所看到的世界，
人们既不可以说其存在，也不可以说其不存在，因为那就像梦，就像旅 39
行者从远处所看到的、以为就是水的沙漠上的阳光，或者就像人们看过
去以为是蛇一样的掉到地上的绳子。”（这些比喻在《吠陀》和《往世
书》的无数段落中重复。）但所有这些意思和他们所说的，不过就是我
们刚才所考察和思考的、受制于根据律的表象世界。

§ 4

谁要是认识了在纯粹时间中作为根据律显现与以一切计数和演算为基础的根据律形态，那他也就一并认识了时间的整个本质。时间不过是根据律的上述形态，再没有任何其他特质。连续性是在时间中的根据律形态，连续性就是时间的全部本质。此外，谁要是认识了在仅是

纯粹直观的空间里统治的根据律，那他也就一并穷尽了空间的全部本质，因为这空间完全、彻底地只是对其部分之间相互规定的可能性，而这被称为位置。对此详细研究和把由此得出的结果以抽象的概念记录下来方便运用，就是全部几何学的内容。同样，谁要是认识了控制着那些形式（时间和空间）的内容、它们的可感知性，亦即控制着物质的根据律形态，因而就认识了因果关系的法则，那他也一并认识了这样的物质的全部本质，因为物质完全彻底不外是因果性或因果关系，而这因果性是每一个人一旦思考都可直接看到的。也就是说，物质的存在是其作用和活动：物质的任何其他存在就算是想象一下都不可能。物质仅仅只是作为作用和活动着的东西，才能填塞空间、填塞时间：其对直接客体（这本身就是物质）的作用是直观的条件，或说造成了直观，而这作用唯独存在于这直观之中：每一其他物质客体对另一物质客体的作用结果，假使这后者现在是与之前有别地作用于直接客体，才会被认识的，这结果就只在于此。
40 原因与结果因此是物质的全部本质：其存在就是其作用和活动（对此更细致的论述见《论充足根据律的四重根》，§21，第77页）。因此，在德语里，把一切物质性的东西全部名为“现实”“真实”*是至为准确的[1]，远比“Realität”一词说明了特性。物质所作用的东西，也是物质，物质的整个存在和本质因此只在于物质的某一部分对另一部分所造成的合乎规律的变化，所以完全是相对的，是根据某一在其范围之内才有效的关系，因而恰如时间一样，恰如空间

---

* 原文是 *Wirklichkeit*，其词根“wirken”是“作用”“活动”的意思。

[1] “字词与某些事物的恰当吻合是让人惊讶的，古人运用语言以最确切的方式描述了许多事物。”塞涅卡，《书信集》，81。

一样。

但时间和空间，这每一者都可单独地，甚至在没有物质的情况下直观设想，但物质没有了时间和空间却是无法设想的。那与物质不可分离的形式，就已经以空间为前提条件了，而物质的作用和活动——其整个存在正在于此——涉及的始终是某种变化，因此是时间的某种规定。但时间和空间并不仅仅是单独作为物质的前提条件，这两者的结合才构成了物质的本质，恰恰是因为这物质，正如所指出的，就在于作用，就在于因果关系。也就是说，所有可设想的、不计其数的现象和状况，都可以在无尽的空间中，在并不会相互挤压的情况下彼此共存，或者也可以在无尽的时间中，在不会相互扰乱的情况下相继出现；因此，这些现象相互之间的一种必然的关系和某一根据这种关系而规定了这些现象的规则，就根本是不必要的，甚至是应用不上的；所以，在空间中的所有相互共存和在时间中的所有变化里面，只要这两种形式的其中之一是单独地、与另一种形式并没有关联地存在和运行，那就不会有任何的因果关系，而既然因果关系构成了物质的真正本质，那也就再没有任何的物质了。但因果关系的法则获得其意义和必然性，唯独由于本质和变化
并不只是在于状态自身的变换，而是在于在那空间的同样的地点现在是 41
一种状态，然后是一种其他的状态；在某一和同样的时间点，在这里是这一种状态，在那里则是另一种状态。只有这种时间和空间的相互限定和制约，才给予了一条规则以意义和与此同时的必然性，变化也就是据此规则而发生的。那由因果法则所规定了的，因而不仅只是在时间上的相继交替的状态，而且还包括这相继交替的状态是在某一规定了的空间；不仅是这些状态在某一规定了的地点的存在，而且还包括在某一

规定了的时间在这某一地点。变化，亦即根据因果法则而出现的变换，因此总是一起涉及某一特定的空间部分和某一特定的时间部分。因此，因果关系把空间与时间结合了起来。但我们发现，物质的整个本质就在于作用，亦即在于因果关系，所以，空间和时间在物质那里也必然是结合起来的，亦即物质必然在同一时间带有时间和空间的特性——尽管这两者相当的矛盾；并且物质在自身那里必须把单独在其中之一者中是不可能的东西也结合起来，因而是把时间的不具实质的流动与空间的固定不变的状态保持结合，从这两者得到了无尽的可分性。与此相应，我们发现通过这物质首先就有了同时存在，而这既不可能在单纯的时间中，因为这并没有任何并列的存在，也不可能在单纯的空间中，因为这并不知晓什么之前、之后或者现在。但这许多状态的同时存在，实际上就构成了现实的本质，因为只有通过这种同时存在，持久性才成了可能，因为只有在与持久性的东西同时存在的东西那里所发生的变化，才可认出这持久性；但也只有通过在变换中的持久性的东西，这变换现在才获得了变化的特性，这变化也就是在实质，亦即物质[1]保持在一种状态的情况下，素质和形式的变换。假如是在单纯的空
42 间，那世界就会是僵直和固定不动的：就不会有任何的相继出现，不会有任何的变化、任何的作用和活动：但恰恰是与这作用和活动一道，有关物质的表象也就取消了。再者，在单纯的时间里，一切都会是匆匆即逝的，不会有状态的保持，不会有并列的存在，因此不会有任何的同时存在，所以不会有任何的持久性，也不会有任何的物质。只有通

[1] 实质和物质是同样的东西，这在“附录”中已详细阐明。

过时间和空间的结合，才会产生物质，亦即才有可能产生同时的存在和由此的持久性，而又通过这些，才有可能在变化的状态中保持实质。[1]既然物质的本质在于时间和空间的结合，那么，物质就无一例外地带着这两者的印记。物质表明其出自空间的起源，部分地是通过与物质不可分的形式，但尤其（因为变化唯独只属于时间，所以，仅就时间单独而论，并没有什么是永恒的）是通过其恒存（实质），而这恒存的先验确切性因此完全是从空间的确切性推导出来的[2]；但其出自时间的起源则显示在质量和特性（偶然）中，而没有了这质量和特性，物质就永远不会显现了，这质量和特性绝对始终是因果性，是对其他物质的作用和效果，因而就是变化（一个时间概念）。但这作用的规律性却始终同时涉及空间和时间，也只因此而有其意义。规定在这一时间和在这一地点必然会出现什么样的一种状态，是因果性立法唯一涉及的事情。基于物质的这些基本规定——是从我们认知中先验意识到的形式推导出来的——我们先验地赋予了物质某些特性，也就是说占据空间，亦即不可穿透性，亦即作用性、有效性，然后是延伸性、无限的可分性、恒存性，亦即不灭性和最后的可活动性。而重力，尽管是无例外的，但仍要将其列入后验的认识，虽然康德在《自然科学的形而上学基础》第 71 页（罗森克兰茨版，第 372 页）提出这是先验可知的。 43

正如客体完全只是对主体而言的存在，是主体的表象，同样，每一特别的一类表象只是对主体中某一同样特别的目的而言的存在，而这目

[1] 这显示了康德对物质的解释的根据，“那就是在空间中运动的东西”：因为运动只在于空间和时间的结合。

[2] 这并不是如康德所说的，是从对时间的认知推导出来的，这在“附录”中已有详述。

的我们就称为认知能力。时间和空间的主体对应物本身，作为空洞的形式，被康德名为纯粹的感性（或说“感官敏感性”），而这术语，因为康德在此开了先例，所以是可以保留的，虽然这术语并不贴切，因为感性已经是以物质为前提了。物质或者因果性——因为这两者是同样的东西——的主体对应物就是理解力，除此之外，就什么都不是了。认识因果关系是理解力的唯一职能，其唯一的能力，并且是一种巨大的、涵括众多和具有各种用途的能力，其所有的表现让人轻易就可看出。反过来，一切因果性，也就是说，一切物质，因而是那整个的现实，只是对理解力而言的、通过理解力的、在理解力中的存在。理解力首要的、最简单的、始终会有的表现就是对现实世界的直观：这是从结果完全认识到原因，因此，一切直观都是智力（理智）性质的。但假如某一作用效果不是被直接认识的，并由此成为出发点，那是永远不会达致直观的。这样直接认识到的作用效果就是对动物性身体的作用效果。就此而言，这动物性身体就是主体的直接客体：对一切其他客体的直观都是通过这身体而达成的。每一动物性身体所体验的变化是被直接认识的，亦即被直接感受到的，并且通过马上把作用效果与其原因联系起来，就产生了对作为客体的那原因的直观。这种联系不是在抽象概念中的结论，不是经由反省思考而推论之，并不是带主观任意的，这种联系其实是直接的、必然的和确切的。这是纯粹理解力的认知方式，没有了它，就永远不会达致直观，所能有的只是呆滞地、植物式地意识到直接客体的那些毫无意义的、接连的变化——假如这些变化并非苦痛或
44 者快乐并因此对意欲来说还具有某种意义的话。但正如随着太阳的出现，那可见的世界就存在了，同样，理解力通过其唯一的、简单的功

能，一下子把呆滞的、不知所云的感觉转化为直观。眼睛、耳朵、手所感觉到的，并不就是直观：那仅是素材而已。只有在理解力把结果还原为原因的时候，世界才是存在的，才作为直观在空间铺展开来，在形态上则是变换的，在物质上则是在一切时间中恒存的：因为理解力把空间和时间结合在对物质，亦即对作用和效果的表象中。这作为表象的世界正如只是由于理解力才存在，同样也只是对理解力而言才存在的。在我的《论视觉和颜色》第一章，我已经说明理解力是如何从感官所提供的素材制造出直观的；一个小孩是如何通过比较从不同的感官对象所获得的印象中学到了直观的；恰恰只有直观，才可以对如此之多的感官现象提供说明，对以两只眼睛的简单视物，对在斜视时或者对在我们同时眼看着我们各自背后在不同的距离的物体时的复视，对由于感官工具的突然变化所造成的一切假象提供说明。但我在《论充足根据律的四重根》第2版§21中更详细和更透彻地讨论了这一重要的题材。在那里所说的一切在此有其必不可少的位置，因此不得不在此再说一遍：但由于我对抄写我自己有着与抄写别人几乎同样多的反感，我也没有能力给出比在那里更好的论述，所以，我建议读者阅读在那里的论述，而不在此重复了。但我假定读者是熟悉这论述的。

儿童和生来盲眼、但做了手术的人学习视物的过程；以双眼接收到
的单一视像；在感觉工具从其惯常位置挪移了以后的双重影象和双重触
觉；物体在眼睛里的影像是倒立的，但呈现出来的却是端正、直立的现
象；让外在物体着上颜色——而这不过只是一种内在的功能，是眼睛活 45
动的一种偏振分配；最后还有立体镜——所有这些，都是坚实的和无法
反驳的证据，证明了一切直观并不仅仅是感觉的，而且是理智的，亦即

从作用结果得出的对其原因的纯粹理解力认识，因而是以因果关系法则为前提的，一切直观、因此也就是所有的经验——就其最初的和整个可能性而言——都依赖于对这因果关系法则的认识，而不是反过来，对因果关系法则的认识是依赖于经验的。而这后一种认识就是休谟的怀疑主义，这怀疑主义首次遭到这里所说的反驳。这是因为对因果关系的认识是独立于经验的说法，亦即这认识的先验性，唯独从一切经验都依赖于对因果关系的认识而得到阐明，而要这样做，又只能通过在所给出的和在上面所提到的段落来证明：对因果关系的认识已经包含在直观里面，而一切经验都在直观的地盘；因此，涉及经验方面，对因果关系的认识是先验的，这认识是经验的前提条件，而并非经验是这认识的前提条件。但这一说法却无法以康德尝试的方式来阐明，对此我在《论充足根据律的四重根》§23 已给予批评。

§5

但我们要谨防这一重大的误解：因为直观是经由对因果关系的认识促成的，所以，在客体和主体之间就有原因与结果的关系。这是因为更准确地说，那种原因与结果的关系始终只是发生在直接的客体与间接知道的客体之间，因此始终只是发生在客体之间。也正是基于上述错误的假定，才有了关于外在世界的现实性的愚蠢争论：在这争论中，教条主义与怀疑主义彼此对立，而教条主义时而现身为现实主义（或说实在论），时而又现身为观念主义（或说观念论）。现实主义把客体确定为原因，把客体的作用效果置于主体之中。费希特的观念主义把客体说成是主体的作用效果。但因为主体与客体之间并没有任何依照根据律的关系——这一点无论怎么再三提醒都不为过——所以，双方的观点 46
都无法得到证明，怀疑主义对现实主义和费希特的观念主义这两者的攻击就是成功的。也就是说，正如因果关系法则已经作为条件先于直观和经验，因此并不是（如休谟所以为的）可以从直观和经验中了解到的，同样，客体和主体已经作为首要的条件先于一切认识，因此也是先于根据律的，因为这根据律只是一切客体的形式，是客体现象的普遍的方式方法。但客体始终是以主体为前提条件的：因此，在这两者之间，并不可能存在任何原因与结果的关系。我的讨论根据律的论文希望做到这一点：该论文阐述了根据律的内容就是一切客体的本质性形式，亦即一切客体存在的普遍方式，是某些属于如此这般的客体的东西；但这样的客体却始终以主体为前提，主体就是其必不可少的对应物，这主体因而始终处于根据律的效力范围之外。有关外在世界现实性（或说实在性）的争论恰恰基于错误地把根据律的效力扩展至主体那里；从这一错误的理解出发，这种争论是永远连其所争论的本身都无法明白的。一方面，实在论的教条主义把表象视为客体的作用效果，想要把表象和客体分开——但这两者恰恰是同一者——并认为有某一与表象完全不同的原因、某一独立于主体的客体本身。这完全是某种无法想象的事情，因为恰恰是作为客体，才始终是再度假定和预设了主体，并因此始终只是这主体的表象。与此相对立的是怀疑主义——也是作出了这同样的错误的前提假定和预设：我们在表象中只有*作用效果*，而永远没有原因，因而永远没有*存在*，始终只知道客体的*作用和活动*；但这些作用和活动或许与那存在并没有任何的相似之处，人们甚至会相当错误地假

47 定那存在，因为因果关系法则是首先取自经验的，经验的现实性现在又说要依赖于因果关系法则。这样的话，在这方面两者都需要受到批评教育：首先，客体和表象是同样的东西；然后，直观的客体，其存在恰恰是作用和活动，事物的真实性恰恰在于这作用和活动，要求在主体表象之外的客体存在与要求现实事物的有别于其作用和活动的一种存在，是没有任何意义的，是矛盾的；因此，对某一直观所见的客体的作用性质和方式的认识，也恰恰透彻阐明了这一客体本身——只要那就是客体，亦即表象的话，因为除此之外，这客体再没有什么可被认识的了。即，就这方面而言，这在空间和时间中直观到的世界——这世界表明是完全的因果关系——是完全现实和真实的，绝对是它所给出的样子，并且毫无保留地作为表象展现出来，根据因果法则而连贯起来。这就是它的以经验为根据的现实。但在另一方面，所有的因果关系只在理解力中和对理解力而言存在，上述那整个现实的，亦即作用着的世界，其作为如此这般的世界，因此始终是以理解力为前提条件的，没有了理解力的话，那就什么都不是了。但不仅仅是因为这一点，而且还因为没有主体就不可能不带矛盾地设想出任何客体，所以，对那些宣称外在世界的现实性（或说实在性）是独立于主体的教条主义者，我们必须直截了当地否定外在世界的这种现实性。客体的整个世界就是和永远是表象，也正因为这样，是完全地和永远地以主体为条件的，亦即这客体世界有先验的观念特性。但这世界却并不因此就是谎言，也不是假象：它给出了自己作为表象的样子，甚至作为一连串的表象，其共同的纽带就是根据律。这世界作为如此这般的样子对具有健康的理解力的人来说，就算是以其最内在的含义而言，也是可明白和可理解的，它说的是

对健康的理解力而言完全清楚的语言。只有那些头脑被貌似明智、实
质肤浅的论述弄至怪诞、乖僻的人，才会想到要去争论这世界的实在
性，而这些争论都总是因不正确地运用根据律而起，因为这根据律虽然
把所有的、不管其属于何种种类的表象互相连结起来，但却一点都没有
把这些与主体，或者与某种既不是主体也不是客体，而仅仅是客体的根 48
据的东西连结起来；这后者可是一个让人费解的概念，因为只有客体才
可以成为和永远都是客体的根据。假如我们更加仔细地检查这有关外
在世界现实性的诘问的起源，就会发现：除了把根据律错误应用在根据
律范围之外的东西，还特别混淆了根据律的形态。也就是说，那些只
是在概念方面或者抽象表象方面才有的形态，却转移到直观的表象、现
实的客体上去，从那些除了形成的根据以外，别无其他根据的客体那里
要求认知的根据。对于抽象的表象、与判断相连的概念，根据律当然
以这样的方式实施统治：其中的每一个概念之所以有其价值、有其效
力、有其整个的存在——在此名为真实、真理——唯独只是由于判断与
某种在判断之外的东西、与其认知根据的关系，这概念因而必须还原为
这样的关系。相比之下，对于现实的客体、直观的表象，根据律并不是
作为认知的根据律，而是作为形成的、变易的根据律，作为因果关系法
则实施其统治。这现实的每一个客体都已成了这客体、亦即作为出自
某一原因的结果的方式，向根据律还清了欠债。要求认知的根据在此
并没有效力也没有意义；其实，那要求是属于某一类相当不一样的客体
的。因此，直观的世界——只要我们停留在此——并不会引起观察者什
么疑虑和疑惑：在此，既没有错误也没有真理，因为这些东西是限制在
抽象的、反省思考的地盘中的。但在这里，这世界就敞开在我们的感

官和理解力之前，以单纯的真相表现出它的样子，敞开在合乎规律、循着因果关系的纽带而形成的直观表象之前。

正如我们对有关外在世界的实在性的问题至此所作的考察那样，这一问题始终出自对理性的某种偏差理解，而这种偏差理解也已接近误解
49 理性本身了；就此而言，这一问题只有通过厘清其内容和意思才能回答。在检查了根据律的整个本质、客体与主体的关系和感觉直观的既有特性以后，这问题就必然取消了，因为这问题再也没有意义了。不过，这一问题却还另有一个起源，这与至今为止所陈述的、纯粹思辨的起源相当不同，是真正源自实践的，尽管那另一个问题终究是以思辨的目的提了出来，而那另一个问题在这层含义上比上述问题有更容易让人理解的意义。那个问题就是：我们会做梦；整个生活难道不就是一场梦吗？或者更确切一点说：在梦幻与现实之间，在幻象与现实客体之间，是否有某一确定无疑的标准？那些声称人们梦见的东西比现实的直观稍欠生动和清晰的说法并不值得考虑，因为还从来没有人对这两者并排进行过比较，人们只是把对梦境的回忆与此刻的现实情形作比较。康德是这样解决这问题的："表象之间依照因果关系法则的连贯性，把生活与梦境区别开来。"但在梦境中，一切单个细节也同样是依照根据律的各个形态而连贯起来的，而这种连贯性只是在生活与梦境之间和在各单个梦境之间中断了。所以，康德的回答只能是这样的："长梦（生活）本身有依照根据律的一贯的连贯性，但短梦却不是如此，尽管这其中的每一者自身都有同样的连贯性：由此可见，在这些短梦与那长梦之间的桥梁中断了，我们也就以此区别这两者。"但要根据此标准来检查某样事情是梦境抑或真正发生的，却是非常困难的和经常是不可能的，

因为我们根本没有能力去一环接一环地追踪那体验过的事情与现时此刻的因果关系，但我们并不会因此宣称那就是梦境。所以，在现实生活 50
中，要区别出梦境与现实，我们通常并不会运用那种检查方法。那分辨出梦境与真实的唯一可靠的标准事实上不是别的，正是梦中醒来时，那以实践经验为依据的标准——通过这一标准，梦境中的事情与醒着时的生活所发生的事情的因果连贯性就起码明确地和可感觉地中断了。对此一个很好的证明，是霍布斯在《利维坦》第 2 章中所发表的这一意见，即当我们在不经意的情况下穿着衣服睡着了的话，就会轻易在事后把梦境当作真实的情形，尤其再加上某种行动或者某种计划占据着我们的思想，我们无论是在睡梦中还是在醒着的时候都想着这些事情。如果是这样的情形，那我们就不大会留意到是从梦中醒来，几乎跟我们不大会留意到入睡了一样，梦境与现实就融为一体了。在这样的情形下，当然只能采用康德的标准了。但假如在这之后，就像常常所发生的情形那样，那与现实的因果连贯性，或缺乏这种因果连贯性是无法查明的，那这事情到底是梦到的还是真实发生过的，就永远无法定夺了。在此，生活与梦境的极其类似事实上就近在我们眼前显现了，我们也不会羞于坦承这一点，因为许多伟大的思想家也承认和表示过这一点。《吠陀》和《往世书》对有关这现实世界的整个知识——它们将此名为摩耶之幕——除了形容为梦以外，并没有其他更好和运用得更频繁的比喻。柏拉图多次说过：人就只是生活在梦中，只有哲学家才是唯一争取清醒的。品达（Pindaros，第 2 卷，第 135 行）说过：人就是一个影子所做的梦。还有索福克里斯说的话：

我看到，我们活着的人不是别的，

只是具有欺骗性的形体和一匆匆即逝的影像。

——《埃杰克斯》,125

51 此外，还有最可尊敬的莎士比亚说：

我们是构成梦的材料，
我们短暂的生命，
就包裹在一场睡梦中。

——《暴风雨》,第 4 幕,第 1 景

最后，卡尔德隆深受这一观点的触动，他甚至试图在一部某种程度上的形而上学的戏剧——《生活就是一场梦》——中表达了这一观点。

在引用了这许多文学片段以后，或许也可允许我用一个比喻表达我的看法。

生活和梦境是同一本书的书页。连贯着阅读这本书就称为现实的生活。但当每次的阅读钟点（一天）结束和休息时间到来时，我们常常仍旧懒散地翻着书页，没有顺序和没有连贯地时而翻开这一页，时而又翻开那一页：很多时候那是已经读过的一页，或者那一页是我们不知道的，但始终出自那同一本书。这样零星读过的某一页，虽然与前后顺序一致的通读并没有连贯性的联系，但这样的阅读却也并没有差得了多少——假如我们考虑到，就算是整个依照前后一致的顺序阅读，也同样是即兴的，是未经准备就开始和结束的，因此也只能视为阅读更大的单一一页而已。

由此可见，尽管个别、零星的梦在这方面与现实生活是区别开来的：这些梦并不与经验中的连贯性相契合，而这后者是持续贯穿于现实生活的；从梦中醒来则说明了这种区别——但恰恰是经验中的那种连贯性，却是作为现实生活的形式属于这现实生活，而梦恰恰同样在其自身也有一种连贯性。假如我们采取在这两者之外的评价角度，那这两者的本质并没有任何明确的区别；我们也就不得不承认文学家所说的：这生活就是一场大梦。

现在，假如我们从这有关外在世界的现实性问题完全是独自存在 52
的、以经验为依据的起源，回到这问题的思辨性起源，那我们虽然发现这起源首先是由于人们错误地应用了根据律，亦即把这根据律也应用在主体与客体之间；其次是由于把根据律的形态混淆了，因为把认知的根据律也套用在只是形成的根据律才会有效的地盘上，尽管如此，假如这问题完全没有真实的内容，假如这问题的最内在之处并没有某一确切的、真正的思想和意义作为其本质源头，那这问题是很难如此持续地牵动着哲学家们的。所以，就此确切的、真正的思想，我们不得不这样设想：在最初这思想进入思维和寻求表达的时候，就进入了上述那错误的、自身都无法理解的形式和问题框架。依我看来，事情确实如此；而要纯净表达这问题最内在的含义——而这是上述问题形式所无法切中的——这个直观的世界，除了是我的表象以外，还是什么呢？我只是曾经意识到，而且当作是表象的这世界，是否就恰如我自己的身体一样，亦即对这身体，我有双重的意识，一方面是表象，另一方面是意欲？对此问题更清晰的阐释和肯定，将是第二篇的内容，而由此得出的结论将占据这著作的其余部分。

§ 6

现在在这一篇里，我们把一切都只当作表象考察，当作对主体而言的客体。正如所有其他的现实客体一样，我们也仅仅只是从可认知性的角度察看我们自己的身体，察看每个人直观这世界的出发点。这身体因此对我们只是表象而已。每个人的意识本来已反对把其他客体解释为仅是表象，把我们自己的身体竟也说成仅是表象而已，那我们的意识就更加地抗拒了，因为对每个人来说，只要那自在之物显现为他的身体，那他对其就是直接了解的，而只有当自在之物客体化为所观照的其
53 他对象物时，他才只是间接了解而已——虽然这样，我们探究的过程却有必要运用这种抽象，采用这种片面的考察方式，采用这种把本质上合在一起的东西强行分拆开来的做法。因此，人们必须暂时克制住那种抗拒心理，让自己平静下来，因为他们可以期待接下来的考察会弥补目前的片面性并补足对这世界本质的认识。

也就是说，身体对于我们在这里就是直接的客体，亦即构成了主体认知出发点的那个表象，因为这身体本身及其直接被认知到的变化，是先于对因果关系法则的应用的，因此就为这法则提供了最初的资料。物质的一切本质，正如我所指出的，在于其作用效果。但作用效果与原因就只是对理解力而言的，因为理解力不过是那作用效果与原因的主体对应物而已。但假如不是还有某些别的、可让理解力从那出发的东西，那理解力是永远无法达致应用的。这所说的东西就是单纯的感官的感觉、对身体变化的直接意识，这身体也因此是直接的客体。据此，

认识直观的世界的可能性，我们发现就是这两个条件：第一个条件，假如从我们的客观(客体)方面表达，即物体与物体互相之间作用、在彼此间造成变化的能力，因为没有了一切物体所具有的这普遍特质，就算是通过动物身体的感觉，也不可能有任何的直观；但假如我们想要从主观(主体)方面表达这第一个条件，那我们就要这样说：理解力首先让直观成为可能，因为因果关系的法则、原因和结果的可能性只来自理解力，也只是对理解力才有效，因此，直观的世界只是对理解力而言和通过理解力才存在。第二个条件，是动物性身体的敏感性，或某些物体所具有的特质，让其成为主体的直接客体。感官通过来自外在的、专门契
合于这些感官的影响而经受的纯粹变化，虽然已经可以被称为表象—— 54
只要这些影响既不会刺激起苦痛也不会刺激起快乐，亦即对于意欲并没有任何直接的含义，只是被感知了而已，因而只是对认知而言存在着，并且就这方面而言，我说了，只要身体是直接被认识的，那就是直接的客体——虽然是这样，但是，“客体”的概念在此是不能以其最本来的意义去理解的，因为通过对这身体的直接认识（这认识是先于运用理解力的，仅仅只是单纯的感官感觉而已），那身体本身并不真的就作为客体存在，只有那些对身体发挥影响和作用的物体才是客体，因为对某一真正客体的认识，亦即对某一在空间中的直观表象的真正认识，就只是通过理解力的，是对理解力而言的，因而并不是在运用理解力之前，而只是在运用理解力之后。因此，身体作为真正的客体，亦即作为在空间中的直观表象，如同所有其他客体一样，只有间接地通过把因果关系的法则运用在其某一部分对另一部分的影响和作用来认识，因而就是在眼睛看到身体、手触摸到身体的时候。所以，仅是通过一般的感觉，我们自己

身体的形态是不会为我们所知的，而只能通过认知，只能在表象里，亦即只在脑髓里，我们自己的身体才呈现为某一延伸的、划分清楚的、自成一体的东西。一个天生的盲人只是逐渐地通过触觉给予他的资料来获得这一表象；一个没有手的盲人永远不会了解自己的形态，或者顶多是从其他物体作用于他的身体而逐渐推断和构想出自己的形态。因此，假如我们把身体名为直接的客体的话，那是要连同这些限制一并理解的。

此外，根据这所说的，所有的动物性的身体都是直接的客体，亦即直观这一世界的出发点，是对那认知一切、也恰恰因此永远不被认知的主体而言的。认知及以认知为条件随动因而活动，因此是动物的真正特征，正如随刺激而活动是植物的特征。但无机物却没有任何其他活
55 动，除了透过最狭义的原因所造成的运动以外。所有这些，我在《论充足根据律的四重根》第 2 版 § 20、《伦理学的两个基本问题》第一篇和《论视觉与颜色》§ 1 中详细讨论了。我建议各位参阅。

从这上面所说的可得出结论：一切动物都具有理解力，甚至最不完美的动物也是如此，因为它们都认知到客体，而这认识作为动因决定了它们的活动。理解力在所有的动物和所有的人类那里都是同样的，都有这同样简单的形式：对因果关系、对从作用效果到原因和从原因到作用效果的认识，除此之外，别无其他了。但这理解力的锐利程度和其认知范围的延伸程度却是至为不同的，是多种多样的和有许多级别的，从最低级的理解力——即只能认识直接客体与间接客体之间的因果性关系，亦即勉强足以透过从身体所经受的效果转换到其原因，察看到这原因就是那在空间中的客体——一直到更高级的、对仅仅是间接客体与间接客体之间的因果关联的认识，而这级别的认识力甚至可以理解到

大自然中至为错综复杂的因果链接。这是因为甚至这最后一种认识力，也仍旧属于理解力，而并非理性，因为理性的抽象概念仅能够帮助记录、固定和联系起那些直接理解了的东西，但却永远无法产生出理解力。每一种自然力和每一条自然法则，这些东西得以表现出来的每一种情形，都必须首先由理解力直接认识、直观地把握，然后才可以抽象地对理性而言进入反省思考的意识。罗伯特·胡克（R. Hooke）发现了引力法则和把如此之多与如此重大的现象溯源至这一法则，就是通过理解力的直观、直接的把握，而这些发现也在之后得到了牛顿的计算的证实；拉瓦锡发现氧气和氧气在大自然中的重要角色，也是以同样的方式所致，歌德对自然颜色的形成方式的发现也同样如此。所有这些发 56
现都不过是正确地从效果直接追溯其原因，接下来就马上认识到在那同样特性的所有原因中表现出来的自然力及其同一性：这全部的深入认识是理解力同样的和唯一的功能仅就其程度而言的不同表现；通过这理解力的功能，甚至一只动物也能把作用于其身体的原因看出是在空间中直观到的客体。因此，所有那些伟大发现，恰恰如同直观和理解力的每一种表现一样，都是某一直接的认识和瞬间的事情，是一个发现，一个突然产生的想法，而不是长串抽象推论的产物——这长串抽象推论只是有助于把直接的理解力认识通过置其于理性抽象的概念里为我们的理性固定下来，亦即让其清晰，亦即使我们能够向别人解释、说明这一认识。把握间接认知的各个客体之间的因果关系的敏锐理解力，不仅应用在自然科学（这方面的全部发现都要归功于理解力），而且还在实际生活中派上用场——在此，那就被称为精明——因为要是在自然科学中，更应称为有穿透性的理解力和敏锐的洞察力。要精确表达的话，精明（*Klugheit*）唯独标示为意欲服务的理解力。但是，这些概念的界线永远不是清晰划分的，因为那始终是每一只动物作为直观空间中的客体时，其同一种理解力的同样功能；这功能在其至为敏锐的时候，时而会在大自然的现象中，从那特定的作用效果正确地探索出未知的原因，并为理性提供素材以推想出普遍的规律和大自然的法则；时而透过运用已知会造成所要的结果的原因以发明出复杂、巧妙的机械；时而会运用在动因方面，要么看穿和挫败狡猾的诡计，甚至恰当巧妙地提供动因和安排会受这些动因影响的人，随心所欲地让他们活动起来和达到其目
57 的，就像通过杠杆和轮子让机械活动起来一样。缺乏理解力被称为真正意义上的愚蠢，这也恰恰是在运用因果关系法则方面的迟钝，没有能力直接把握原因与结果、动因与行为的链条。一个愚蠢的人无法看出各自然现象之间的联系，无论这些现象是自然而然地出现抑或受到带目的的控制，亦即用于机械方面。所以，他喜欢相信魔法和奇迹。一个愚蠢的人不会注意到表面上似乎彼此独立的不同的人，事实上却是约好了协调行事。因此，他很容易就会受到别人的迷惑和哄骗：他察觉不到别人提供的建议、说出的判断等后面所隐藏的动因。他始终只缺乏一样东西：敏锐、快速和轻便地运用因果关系法则，亦即缺乏理解力。我所见过的一个最突出的和在这方面有启发性的有关愚蠢的例子，就是在一家精神病院的一个大约 11 岁、完全低能的男孩。他虽然有理性，因为他能说、能听，但在理解力方面连不少动物都不如，因为我常到他那里去，他注意到了我脖子上挂着的眼镜和镜片上所反照出的房间的窗户和房间后面的树顶：每次见到这些，他都大为惊奇和高兴，不知疲倦地带着惊讶察看着，因为他并不理解这反照的相当直接的因果关系。

正如在人与人之间，理解力的敏锐程度相当的不同，同样，在不同
种类的动物中，这程度的差异更甚。在所有的动物种类中，就算是那
些最接近植物的，也仍然起码有足够的理解力从发生在直接客体的作用
效果过渡到作为原因的间接的客体，因而足以达致直观，达致对某一客
体的理解：因为正是这一点使其成为动物，因为这给了它们根据动因而
活动起来，并因此寻找食物、起码抓住食物的可能性。而植物呢，则只 58
能根据刺激而活动，只能等待刺激的直接作用和影响，或者忍饥挨饿、
备受煎熬，而无法追踪或者抓住它们。对至为完美的动物，我们会赞
叹其灵性和聪明，例如犬、大象、猿猴、狐狸等，而有关狐狸的聪明和
狡猾，布封给予了出色的描写。在这些至为聪明的动物那里，我们可
以相当精确地测量出在没有理性的帮助下，亦即在没有概念中的抽象认
识的帮助下，理解力能够发挥到多大的程度；在我们自己身上，我们无
法认识到这些，因为我们的理性和理解力始终是相互支持的。所以，
我们经常发现动物的理解力表现时而超出、时而又低于我们的预期。
一方面，我们对大象的灵性和聪明感到吃惊，因为大象在欧洲旅行时已
经走过了许多座桥以后，有一次却拒绝踏上某一座桥，尽管它看到行列
中的人和牲口都一如往常地那样走过桥上，因为这桥看上去太过单薄，
不足以承受它的重量。在另一方面，我们又对此很是惊讶：聪明的猩
猩在所发现的一处火堆旁取暖，但却不会添加木头以保持燃烧。这就
是一个明证，证明这样的行为已经是需要思虑和考量的，而这些在没有
抽象概念的情况下是无法进行的。对原因和结果的认识，作为普遍的
理解力形式，甚至也是动物先验就有的——这一点虽然从这一事实就可
充分确定：这种认识对动物来说，就跟对我们一样，是有关外在世界的

一切直观认识的先决条件，但假如人们还想要这方面的一个特别的证据，那我们只需观察和思考例如这一情形：哪怕是一只幼犬，尽管其很想从桌子上跳下来，但它仍是不敢的，因为它预见到了它的身体重量所导致的结果，而并不需要曾从经验中了解过这种特别的情形。但是，我们在评判动物的理解力时，却小心不要把本能的表现归为理解力的原因，因为本能是一种与理解力和理性相当不同的素质，但本能的作用却
59 常常与理解力和理性的合并作用非常相似。对此讨论在这里并不适宜，我把这方面的讨论安排在第 2 卷中考察大自然的和谐或所谓的目的论那里，而增补的第 27 章就是专门讨论此问题的。

缺乏理解力被称为愚笨，缺乏能力把理性应用于实际事务，我们在稍后认识到就是愚蠢；同样，缺乏判断力就是头脑简单、幼稚；最后，部分地或者全部地缺乏记忆，就是精神失常。但我们会在合适的地方分别讨论这些。经由理性正确认识到的是真理，亦即有其充足根据的一个抽象判断（《论充足根据律的四重根》§29 及后面）；经由理解力正确认识到的是现实，亦即从在直接客体上的作用效果正确地过渡到其原因。与真理相对立的是谬误，那是理性受到了蒙蔽，与现实相对立的是假象，那是理解力受到了蒙蔽。对所有这些的详细讨论可查阅我的《论视觉与颜色》第 1 章。一旦同一个作用效果是经由两个完全不同的原因所造成的，而其中一个作用原因是相当常见的，另一个原因则很少发生作用，那假象就会出现：理解力并没有任何材料可供分辨哪一个原因在此发挥了作用，因为那作用效果是同样的，所以，就总是假定那惯常的原因，并且因为理解力的工作并不是反省思考和推理的，而是直接的，所以，那错误的原因就作为所直观到的客体呈现在我们的面前，

而这恰恰是错误的假象。复视和双重触觉是如何形成的——假如感觉
器官被置于某一个寻常的位置——这我在上面所引用的地方阐明并以此
给出了无可辩驳的证明：直观只是通过理解力和对理解力而存在。此
外，类似的理解力蒙蔽或者假象的例子，就是伸进水里的棍子显得断了
一样；在球面镜里的映像，在凸面镜上显现时好像是在镜面后面似的，
在凹面镜上显现时则显得远在镜面的前面。属于这类的例子还有月亮
在地平面上，其面积显得比在天顶要大，而这不是视觉的原因，因为正 60
如精密测量仪所证实的，眼睛在看视天顶的月亮时比看视在地平线上的
月亮时处于更大的视觉；其实，这是理解力的缘故，因为理解力把在地
平线上的月亮和所有星星的光亮弱小了归因为它们离我们的距离更远，
把它们如同这世上的对象物根据空气透视而作出评估，并因此把在地平
线上的月亮看成比在天顶要大出许多，与此同时，把在地平线上的天穹
看成更广的延伸范围，因而视为扁平的。那根据空气透视而同样应用
错误的评估让我们以为那些非常高的山脉——让我们得见的顶峰处于纯
粹透明的空气之中——距离我们比实际上的要近，而其高度则比实际的
要矮。例如，从萨朗什看勃朗峰就是这情形。所有这些造成错觉的假
象在直接观照之下就呈现在我们的眼前，这些假象是任何理性推论都无
法消除的，因为这样的理性推论只能防止谬误，亦即防止并没有充足根
据的判断，采用的是某一相反的真实判断。例如，我们在抽象中认识
到了并非更远的距离，而是地平线更混浊的烟雾状，造成了月亮和星星
的亮度更弱；但是，假象在一切上述情形里仍旧顽固存在，抗拒一切抽
象的认识，因为理解力与理性是完全和截然有别的：理性只是添加给人
类的认识能力，而理解力本身，就算是在人那里也确实是非理性的。

理性永远只是认识；但唯独属于理解力和不受理性影响的则是直观。

§7

就至今为止的整个考察而言，我们还要指出下面这一点。我们在这种考察中，既不是从客体也不是从主体出发，而是从表象出发，而表象已经包括了那两者，并以那两者为前提，因为表象分为客体和主体是其首要的、最普遍的和最本质的形式。这形式本身因此是我们一开始就考察过的，然后（虽然在此，就其主要的内容，建议读者阅读那篇入
61 门式的论文）是从属于这形式的其他形式，时间、空间和因果关系。这些唯独属于客体，但因为这些形式对这客体本身是本质性的东西，而对于主体本身，客体又是本质性的东西，所以，这些形式也是可以从主体出发被发现的，亦即可以先验地认识，并且就这方面而言，可被视为主体和客体共同的界线。但所有这些形式都可以归结为一个共同的术语“根据律”，正如我在入门式的论文中详细表明了的。

这种做法可以把我们的考察方式与所有曾有过的哲学体系完全区别开来，因为所有的后者都要么是从客体，要么是从主体出发，并因而试图以其中之一者解释另一者，甚至依照根据律这样做，而我们却把这根据律的控制从主体与客体的关系中抽走，把这种控制只留给了客体。人们或许把在我们当今冒起的和已是众所周知的同一性哲学视为并不包括在上述非此即彼的对立方法之中——只要这同一性哲学既不把客体也不把主体作为真正的首要出发点，而是从某一第三者，从通过理性—直观才可认识的绝对本质出发，而这绝对本质既不是客体也不是主体，而

是这两者的同样性。尽管我由于完全缺乏一切“理性直观”而不敢参与谈论上述令人肃然起敬的同样性和绝对本质，但我因为以向所有人，甚至向我们这些世俗的人公开的“理性直观”的详细报告为基础，所以我必须这样说：上述哲学并不可以撇除上面所提出的两种互相对立的错误，因为这哲学尽管有无法想象的、仅仅只是智力观照的，或者通过沉湎于其中而体验到的主体与客体的同一性，但仍避免不了上述两种互相对立的错误；相反，上述哲学只是把这两种错误集于一身，因为这哲学本身分成了两个学科，也就是说：（1）先验的观念论，那也是费希特的“我”的学说，因此，依照那根据律，客体是可以从主体那里产生出来
的，或说从主体瞎编出来的。（2）自然哲学，也同样是从客体逐渐引出 62
主体，所采用的一种方法名为“构建”。对这所谓的构建，我所知甚少，但却足以让我清晰地知道，这是依照各种各样形态的根据律而进行的方法。对这种构建所包含的深厚智慧，我是放弃的，因为我完全缺乏那种“理性直观”，所有那些以此为前提条件的报告，对于我必然是加上了七个封条的天书一样。情形确实如此，以致说来也奇怪：就这些深厚智慧的学说，我除了听到恐怖可怕的和至为无聊的轻率空话以外，永远不会还有其他什么。

从客体出发的各个体系虽然始终是以整个直观世界及其秩序作为其课题，但那些体系用作出发点的客体却并不总是这整个直观世界或者其基本的成分——物质。更准确地说，那些体系可根据在那入门式的论文中所提出的四类可能的客体而作出相应的划分。这样我们就可以说：以上述第一类客体或以现实世界为出发点的，是泰勒斯和爱奥尼亚学派、德谟克利特、伊壁鸠鲁、乔尔丹诺·布鲁诺和法国的唯物论者。从

第二类或从抽象概念出发的，是斯宾诺莎（也就是从仅仅是抽象的和唯独存在于他所定义的有关物质的概念出发）和更早时候的爱奥尼亚学派。从第三类也就是时间，因而是从数字出发的，是毕达哥拉斯学派和《易经》中的中国哲学。最后，从第四类，亦即从通过认知媒介的动因而起的意志行为出发的是经院派，其教导的是经由一个在此世界之外的、以人的形象出现的神灵的意志行为，就可从无中创造出有。

从客体出发的做法是实施得至为前后一致和实施于最广泛的范围——如果这表现为真正的唯物论的话。唯物论把物质及与之相伴的时间和空间视为绝对的存在，并跳过了与主体的关系——但所有这些却唯独存在于与主体的关系之中。此外，唯物论抓住了因果性关系的法
63 则作为前进的主导思想，把这当作自在存在的事物秩序，永恒的真理；其结果是唯物论跳过了理解力——但因果关系却唯独在理解力中，只是对理解力而言的存在。在这种情况下，唯物论就试图找到物质原初的、最简朴的状态，然后由此解释所有其他的状态，从仅是机械论升级至化学论，升级至极性、植物、动物；假设这些目的真的都达到了，那链条的最后一环就将是动物性的感觉、认知。这认知因此现在就只成了物质的一种变体，是由因果关系所造成的物质的一种状态。那么，假设我们紧跟唯物论、伴随着直观表象走到这里，在我们与唯物论一道抵达了顶峰的时候，我们会突然感到一阵抑制不住的奥林匹斯山诸神发出的笑声，因为我们就像是从梦中醒来，一下子就会意识到唯物论最终的、经过如此艰辛所得出的结果——认知——早在一开始的出发点，亦即在单纯的物质那里，就已是必不可少的前提条件；我们与唯物论一道虽然自以为思考的是物质，但事实上我们所思考的不是别的，正是有物

质表象的主体、看见了物质的眼睛、感觉到了物质的手和认识到了物质的理解力。这样就无意中暴露了那巨大的“以待决之问题为论据”：因为那最后一环突然间暴露出的就是最先一环所系的支撑点，整个链条就是一个圆圈；唯物论者就像明希豪森男爵（von Münchhausen）：他骑着马游在水中时，以双腿夹着马往上提，他自己则往上拉着那翻到了前面去的辫子。据此，唯物论的根本荒谬之处就在于唯物论从客体之物出发，把某一客体之物当作最终的解释根据——不管这是在抽象之中的、只是被思维的物质，还是已经进入形式、在经验和实践中既有的东西，亦即大概的化学元素一类的物质材料及其最初级的化合物。唯物论认为这样的东西是自在的和绝对的存在，以便从中产生出有机的大自然和最终出现了带认识力的主体，并以此方法充分地说明大自然和主体。而事实上，所有的客体东西，其作为客体就已经是以认知主体及其认知 64
的多样形式为条件，是以这些为前提的；所以，假如设想主体不存在了，那也就全都消失了。由此可见，唯物论就是试图以间接给予的来解释直接给予的。所有客体的、伸延的、产生作用和效果的东西，因而也就是一切物质性的东西——唯物论认定这些东西是其解释得如此坚实的基础，以致一旦还原为这样的东西（尤其是一旦最终还原为作用与反作用），那就可以全部满足要求了——所有这些，我说了，只是极为间接的给予和带有条件的东西，因此，其存在只是相对的，因为那是经过了脑髓的运行机制和生产过程，因而进入了脑髓的形式，时间、空间和因果关系，而由于这些形式，客体的东西就首先表现为在空间中伸延的和在时间中产生作用效果的东西。那么，通过某样以如此间接方式给予的东西，唯物论就想要解释直接给予的东西、解释表象（那一切东西就在表象中），到最后，甚至还要解释意欲。其实，应该反过来：要以意欲来解释那些遵循着原因、因此合乎法则地表现出来的基本力。对宣称认知是物质的变体，我们也永远有同等的权利提出与之相反的说法：一切物质只是主体认知的变体，是主体认知的表象。但从根本上，一切自然科学的目标和理想就是一种贯彻始终的唯物论。我们认识到这贯彻始终的唯物论在此是明显不可能的，这会得到从我们以后的考察将得出的另一个真理的印证，即所有真正意义上的科学——我这指的是遵循根据律的指引、有系统性的认识——从来就没有达到过一个最终的目标，也从来无法给出一个完全充分的解释，因为这些科学从来没有切中过这世界的最内在本质，从来无法越出表象之外，根本上只不过是让我们理解了一个表象与另一个表象之间的关系而已。

65 每一门科学永远都从两类主要论据和论据事实出发。这其中之一者始终是任何某一形态的根据律，是其研究方法；另一者就是其专门的客体对象，是其课题。所以，例如，几何学把空间作为其课题，而在空间的存在根据就是几何学的研究方法。算术则把时间作为课题，而在时间的存在根据则是其研究方法。逻辑学把概念的连结和结合作为其课题，认知的根据则是其研究方法。历史学把所发生过的、人在总的和大体方面的行为、行动作为课题，而人的动因法则则是其研究方法。此外，自然科学把物质作为其课题，因果关系则是其研究方法。据此，自然科学的目的和目标就是遵循因果关系的指引，把物质所有可能的各种状态互相还原和最终还原为一种状态，并再度从这些状态中互相推导和最终从一种状态推导出各种状态。因此，在自然科学里，两种状态作为两个极端互相对立：物质在其最不是主体的直接客体的状态和物质在其最接近主体的直接客体的状态；即一边是最死气、最粗糙的物质，最原初的材料；另一边则是人的肌体。探索前者的自然科学是化学，探索后者的自然科学则是生理学。但到现在为止，自然科学都不曾达致这两个极端，人们就只是在这两极端之间取得了某些成绩。这前景也是让人相当绝望的。化学家们在假定了物质的质的细分并不像物质的量那样可以无限细分下去的前提之下，试图把其元素——现在还有大约60种——继续缩减。假设他们真的把这些缩减到了两种，他们就想把这两种还原为一种。这是因为同质性的法则引导其假定了物质的一种最先的、先于所有其他状态的化学状态，而这状态也唯独属于这样的物质，因为所有其他的状态对这样的物质而言并不是本质性的，而只是偶然的形式、特性。但在另一方面，我们却无法理解这一最先的状态，在没有另一种状态存在以便对其作用的情况下，是如何能够遭受一种化学变化的。这样的话，在这里，化学上就出现了伊壁鸠鲁在力学上所遇到的窘况，因为他就被迫要告知人们一个原子是如何首先离开了原子 66
运动的原初方向；的确，这一完全是自动形成的、既无法避免也无法解决的矛盾，实际上是可以作为某一化学上的二律背反提出来的。正如二律背反在此出现在自然科学所争取的两个极端中的第一个，那第二个极端也向我们展现了一个与之相应的对立一方。要达到自然科学的这另一极端也同样是没有什么希望的，因为我们越来越看得清楚：某样化学的东西永远无法还原为某样力学的东西，某样有机的东西也永远无法还原为某样化学的或者某样电力的东西。那些时至今日还再度选择走上这条老旧的错误道路的人，很快就会悄无声息地和羞愧地蹑手蹑脚折回头，就像其先行者那样。就此问题，在接下来的一篇，我们将作更详细的讨论。在此只附带提到的困难，是自然科学在其领域中遭遇的阻碍。自然科学作为哲学看，那还就是唯物论。但这唯物论，正如我们所看到的，在其诞生之时就已在其心里带上了死亡，因为唯物论跳过了主体和认知的形式，而主体和认知形式无论是在最粗糙的物质（唯物论就想从这些出发），还是在有机体（唯物论想要达到的目的地），都同样是先决条件。这是因为“并不存在没有主体的客体”的定理，永远让唯物论成为不可能。太阳和星星，没有了看见它们的眼睛和认知它们的理解力，虽然可以用词语言说，但这些词语对表象来说是一种“既是铁又是木”的东西。但在另一方面，因果关系的法则和依照此法则对大自然所作的考察和探究却必然地引导我们得出这一可靠的假定：在时间上，物质的每一个更高级的组织状态只能跟随在一个更粗糙的状态之后；也就是说，动物是先于人类的，鱼类又先于陆地上的动物，植物则先于鱼类，无机体则先于所有的有机体；所以，原初的团块、质量不得不首先经过一长系列的变化，然后才是第一只眼睛能够张开。尽管如
67 此，整个世界的存在却仍然依赖于这第一只张开的眼睛，哪怕是一只昆虫的眼睛，因为认知依赖于这必要的媒介，整个世界的存在唯独是在这认知中存在和对认知而言的存在，而没有了这认知，这世界简直就是不可想象的，因为这世界绝对是表象，并且作为这样的表象，需要认知的主体作为其存在的支柱。是的，那一长长的时间序列本身，充满着许许多多的变化，物质就历经这些变化，从形式上升到形式，直至最终那第一只具有认知的动物的存在——这整个时间本身的确是唯独在同一的一个意识本体中才可以想象，因为其连续的表象，其认知的形式就是这世界，脱离了这些，这世界就彻底失去所有的意义，就什么都不是了。

这样，我们就看到一方面整个世界的存在必然地依赖于第一个具有认知的生物，哪怕这生物是多么的不完美；在另一方面，这第一个具有认知的动物是同样必然地完全依赖于它之前的一长串的原因与结果的链条，而它本身只是这链条中的一个小小环节而已。对于我们这事实上是以同样的必然性所得出的两种相互矛盾的观点，我们确实可以再度称为我们认知能力方面的二律背反，并把这作为在自然科学的那第一个极端所发现的对立一方提出来，而康德的四重二律背反则在本书“附录”对他的哲学的批判中，被我证明为没有根据的对着镜子的搏斗把戏。但在此最终必然向我们表现出来的矛盾，对其的解决就是，用康德的话说，时间、空间和因果关系并不属于自在之物，而只属于自在之物的现象，这些只是现象的形式。而这些说法，用我的语言就是：客体的世界作为表象的世界，并不是这世界的唯一一面，而只是其中的一面，就好比是世界的外在一面；这世界还有完全的另一面，那是其最内在的本质，其内核是自在之物。对此，我们在接下来的一篇会考察，依据其最直
接的客体化而把这名为“意欲”。但作为表象的世界——这是我们在此 68
唯独考察的——确实只是伴随着第一只眼睛的张开而开始的，而没有了这认知的媒介，这世界是不可能存在的，因而是不会在这之前就存在的。没有了那只眼睛，亦即在认知之外，也就不会有“之前”，不会有时间。尽管因此时间并没有开始，一切开始其实都在时间中，但因为时间是可认知性的最普遍的形式，所有的现象就通过因果关系的纽带而融入时间中，所以，随着第一个认知也就有了时间及其朝着两个方向的无尽延伸，而填充了这第一个“现在”的现象，必然是在同一时间被认识到是原初地连接和依赖于一系列无尽地伸展到“过去”的现象，而那

"过去"本身也同样是以这第一个"现在"为条件的，一如反过来，这第一个"现在"是以那"过去"为条件的。这样的话，一如那第一个"现在"，那"过去"（这第一个"现在"就出自那"过去"）都是依赖于认知的主体；没有了认知的主体，就一切都不存在了。但是，那必然性却造成了这样的情形：这第一个"现在"并不表现为第一个，亦即并不表现为没有任何过去和并不表现为时间的开始，而是表现为"过去"的结果，依照的是时间上的存在根据，那填充这第一个"现在"的现象也同样是之前充塞那"过去"的状态的作用效果，依照的是因果关系法则。谁要是喜欢神话式的解释，就可以把克洛诺斯——那最年轻的泰坦神——的诞生，视为对在此所说的、还没有一个"开始"的时间在其出现一刻的描述。由于克洛诺斯阉割了他的父亲，所以，伴随着克洛诺斯一道，天空和大地的那些粗糙的产物也就一并停止了，现在，神和人类就占据了舞台。

我们所得出的这些阐述，是紧随那从客体出发点的、至为连贯一致的哲学体系——唯物论——所致，这些阐述也与此同时有助于让在主体与客体无法消除对立的情况下，主体与客体不可分离的相互依存变得简明易懂。这方面的认知就引导我们不再是在表象的两个元素之一者中
69 去探究这世界最内在的本质、自在之物，而更应该是在某一与表象完全不同的东西，在某一并不带有这种原初的、本质性的和无法解决的对立的东西中探寻。

与这所探讨的从客体出发、以便从这客体中产生出主体的做法相对的，是从主体出发、以便从这主体引出客体的做法。但在所有以往的哲学中，第一种做法是如此常见和普遍，相比之下，第二种做法其实只

有唯一的一个例子，并且是一个相当现代的例子，那就是费希特的假哲
学。因此，在这方面费希特的哲学是必须注意的，尽管其学说自身并
没有多少真正的价值和内涵。那甚至只是对着镜子过招的把戏而已，
但这些货色伴随着至为严肃认真的表情、保持不变的语调和饱满的热情
端到我们的面前，对较弱的对手则以滔滔不绝的争论为其辩护，所以可
以引人注目，看上去就像是一回事似的。但那种真正的严肃认真，那
种不为一切外在影响所动、眼睛只盯着其目的，只盯着真理的严肃认
真，却是这费希特完全没有的，一如所有相类似的安于和顺应其境况的
哲学家。对费希特来说，当然也不可能是另一种情形。也就是说，一
个哲学家之所以是哲学家，永远是因为他有某种他想要摆脱掉的困惑，
而这困惑就是柏拉图的“惊奇”，是他名为“一种哲学感觉”的东西。
但在此把虚假的哲学与真正的哲学家区别开来的是这一点：后者是看到
这世界本身而生发出困惑，前者则只是从一本书，从既有的一种体系生
出困惑。费希特就是这后一种情形，因为他只是有关康德的自在之物
而成了哲学家。要不是这自在之物，他极有可能就去从事别的事情，
并且会取得更好的成绩，因为他有出色的修辞才华。假如费希特对让
他成为哲学家的《纯粹理性批判》的含义能够钻研得稍为深入一些，那
他就会明白其主旨——根据其精神——根据律并不是如所有的经院哲学
家认为的是一个“永恒的真理”，亦即并不具有一种无条件的效力，可 70
以适用于一切世界之前，适用于一切世界之外和超越了一切世界；其
实，这只是一种相对的和有条件的效力，唯独只在现象中才是有效的；
根据律可以作为空间的或者时间的必要联系而出现，或者作为因果关系
的或作为认知根据的法则而出现；因此，这世界的内在本质、那自在之

物，是永远无法循着根据律的引导就能发现的，相反，根据律所导致的一切，本身始终是依赖性的、相对的，永远只是现象；这根据律甚至并没有触及主体，只是客体的形式而已，也正因此并不是自在之物；有了客体就马上一并有了主体，有了主体也就一并有了客体；由此可见，无论是客体之于主体，还是主体之于客体，都不会只是结果之于原因的关系。但对所有这些，在费希特那里都不曾留下一星半点。其中唯一对他有趣的，就是从主体出发。康德挑选了这方法，目的是要指出和展示以往的从客体出发——而这客体以此成了自在之物——是错误的。但费希特却认为这从主体出发是最关键的，并且就像所有的模仿者那样，误以为假如他在这方面做得比康德更甚，那他就会超越康德；这样，他也就在这一方向重复了以往的教条主义往相反的方向所犯下的错误，而正因为那些教条主义的错误，所以促成了《纯粹理性批判》一书；这样，在关键的方面就什么都没有改变，而那旧的根本错误，即认为在客体与主体之间是一种原因与结果的关系，还是一如既往，根据律因此恰如以往那样有一种无条件的效力，而自在之物现在就不再如同平时那样认为是在客体那里，而是搬到了认知的主体，但这两者的完全相对性——显示出自在之物或这世界的内在本质，并非是在这两者那里寻找，而是要在超越这些只是相对存在的东西之外寻找——却还是如以往一般地不为人知。根据律在费希特那里恰如在学院派那里一样，是永
71 恒的真理，就好像康德从来不曾存在过似的。也就是说，正如在古人的神灵之上还统治着永恒的命运，同样，在经院哲学家的神灵之上，还统治着那永恒的真理，亦即形而上学的、数学的和超逻辑的真理，在个别情形里，还有那道德法则的效力。仅仅只是这些真理本身，是不依

赖于任何东西的，但由于这些真理的必然性，无论是上帝还是世界就都存在了。因此，依照根据律——根据律也是这样一个永恒真理——在费希特看来，“我”是这世界的原因，或者是“非我”和客体的原因，而“非我”和客体恰恰就是“我”的结果、“我”的劣制品。所以，费希特小心提防着更进一步查看或者检验那根据律。但假设我要指出费希特从“我”得出“非我”——就像蜘蛛编织其蜘蛛网一样——所遵循的根据律的形态，那么，我发现那就是空间存在的根据律，因为只有涉及这方面，那些折磨人的演绎和推论，那些有关“我”是以何种方式和方法从其自身产生出和制作出“非我”，才有了某种意思和含义，而这些种种演绎和推论就构成了人们所写过的最没有意义的和因此最空洞无聊的书籍的内容。除此之外，根本就是不值一提的费希特哲学，之所以对我们还是有趣的，就是因为它是后来出现的、古老唯物论的真正对立面，而唯物论是从客体出发的最前后一致的理论，正如费希特的哲学是从主体出发的最前后一致的理论。正如唯物论忽略了这一点：以最简单的客体就马上确定了主体，同样，费希特忽略了其以主体（他尽可以随心所欲地给这主体冠以名称）不仅已经确定了客体，因为没有了客体，任何主体都是无法想象的；而且他还忽略了这一点：一切先验的推导，甚至一切论证，都是以某种必然性作支撑的，但一切必然性却唯独只依赖于根据律，因为“必然的”与“从既定的原因根据而得出结果”是可互换的概念[1]；根据律不过就是如此这般的客体的普遍形式，因此，根据律已经是以客体为前提了，而不是先于客体和超越客体之外都

[1] 参见《论充足根据律的四重根》第2版，§49。

72 有效，就可以首先引出客体，就可以让其符合自己的法则出现。因此，总的来说，从主体出发的做法与上述从客体出发的做法都犯了同样的错误：从一开始就预设了一些其声称只是推论出来的东西，亦即预设了其出发点的必不可少的对应物。

我们的做法，总的来说有别于这两种彼此对立的错误处理方式，因为我们既不是从主体也不是从客体出发，而是从表象出发，表象是意识中的第一个事实，其首要的本质性基本形式是分为客体和主体，客体的形式则还是根据律及其不同的形态；其中每一种形态如此牢牢地统治着自己的一类表象，以致正如所指出的，伴随着对那一形态的认识，也就认识了整个类别的本质，因为这整个类别（作为表象）恰恰不是别的，就是根据律的那一形态本身。所以，时间本身不过是在时间中的存在根据，亦即连续性；空间不过是在空间中的根据律，亦即位置；物质不过是因果关系；概念（正如这马上要显示出来的）不过是与认知根据的关系。这世界作为表象的彻头彻尾的相对性，无论是根据其最普遍的形式（主体和客体），还是根据从属于此的形式（根据律），都正如所说的向我们表明：这世界的最内在本质是要在这世界的某一与表象完全不同的方面去寻找。而在下一篇，这将由一个每个生物都同样确切感受到的事实证实。

但我们却要首先考察那一类唯独属于人类的表象，其材料是概念，其主体的对应物是理性，正如我们至今为止所考察的表象，其对应物是理解力和感官感觉一样，而这些，我们认为每一只动物都会有的[1]。

[1]《作为意欲和表象的世界》第2卷前4章增补这前面7节。

§ 8 73

犹如走出太阳的直接光亮而进入从月亮那借来的反射光线，我们从直观的、直接的、自己代表自己和自己担保自己的表象进入反省思维，进入理性抽象的和推理的概念，这些后者只是从那些直观知识和与之相关的方面获得其全部内容。只要我们处于纯粹的直观，那一切就都是清晰的、扎实的、可靠的。在这种情况下，既不会有不解、疑问，也不会有谬误；人们不会想要更进一步，也无法更进一步，人们在直观中得到了安宁，在现时中得到了满足。直观本身已是足够的了，因此，纯粹出自直观和忠实于直观的，就像真正的艺术品那样，永远不会是虚假和错误的，也不会经过某一段时间后就被证明是不正确的，因为直观并没有给出任何看法，而只是给出了事情本身。但伴随着抽象的知识，伴随着理性，在理论方面就出现了疑问和谬误，在实际事务中就出现了操劳和后悔。假如说在直观表象中，假象会暂时歪曲了真实情形，那在抽象中，谬误却可以统治上千年之久，给整个民族套上铁的枷锁，扼杀了人类最高贵的冲动，对那些无法被其欺骗的人，甚至通过受其奴役和欺骗的人而将其戴上镣铐。那是所有时期最有智慧的英才的死敌，后者就与前者持续进行着不对称的战斗，也只有后者从这战斗中所赢得的，才成为了人类的财产。因此，在我们踏进谬误范围的地盘时就马上促使人们注意到谬误，是有好处的。尽管经常有人说了：我们应该探究真理，就算已经预见到这真理并不会带来点点的用处，因为这用处是间接的和出乎人们预料地显现的，但我在此还是要补充这一点：我们也要同样努力去发现和清除每一个谬误，就算看不出这一谬误会带来什么害处，因为这害处也是相当间接的，是有朝一日在人们意想不到的情况下显现的，因为每一个谬误里都带有毒性。假如是思想，假如是知
74 识让人成为了这地球上的主人，那就不会有任何无害的谬误，也更不会有值得尊敬的、神圣的谬误。为了安慰那些以任何方式和在任何方面把力量和生命投入与谬误的高贵的和如此艰难的斗争的人，我不得不在此补充这一点：虽然只要真理还没出现，谬误就可以为所欲为，如同晚间的猫头鹰和蝙蝠；但是，与其预料到那已被认识到的和清晰、完整地表达了的真理会再度被排挤掉，好让旧的谬误能够再一次不受打扰地统治其广大的地域，更有可能的是猫头鹰和蝙蝠把太阳赶回东方那边去。这是真理的力量，其胜利是艰难和辛苦的，但胜利一旦到手，就再不会被夺走了。

我们至此为止所考察的表象，亦即那些就其组成而言，是可以还原为时间、空间和物质的东西的——假如我们往客体上看的话；或者是可以还原为纯粹的感觉和理解力（亦即对因果关系的认识）的东西——假如我们往主体上看的话。除了这些表象以外，在这地球上的居住者中，唯独只有人类还出现了一种别的认知能力，还产生了一种全新的意识，而这相当恰当地和充满准确预感地被命名为*反省思维*。这是因为这事实上就是一种反照、反射，是从那直观认识中派生、推论出来的东西，但却有一种从根本上有别于直观认识的本质和性质，并不晓得直观认识的形式，甚至那控制着所有客体的根据律在此也有相当不一样的形态。唯独就是这崭新的、力度更高的意识，这种在理性的非直观概念中对所有直观东西的抽象反省思维，给予了人类那种深思熟虑和考虑周

到，而这就把人的意识与动物的意识如此截然地分别开来，人在这地球上的整个生活方式也因此显示出与其不具理性的兄弟们是大不相同的。人在能力和受苦方面也同样大大地超出了动物。动物唯独只是活在现时此刻，人却同时活在将来和过去。动物满足瞬间的需要；人却为了 75
他们的将来，甚至为了他们并不会活着看到的时候而做出精心巧妙的准备。动物完全地受制于瞬间的印象、直观动因的作用；人则受到抽象概念的支配，而并不受限于现时此刻的影响。因此，人实施其斟酌好了的计划或者依照准则行事而不会顾及周围环境和瞬间的偶然印象。一个人因此可以，例如，镇静自若地为自己的死亡做精妙安排；可以伪装自己到别人无法知道其真实样子的程度，并把自己的秘密带进坟墓；最后，还可以在多个动因中作出真正的选择，因为这样的动因只能抽象地并排出现在意识中，一一呈送给认知：这些动因相互排斥，这样也就可以测量出各个动因对意欲的力度，然后根据此测量的结果，那占据上风的动因——因为那最终起了一锤定音的作用——就是意欲斟酌以后的决定，这作为一个可靠的征兆也表明了这意欲的本质。相比之下，动物受着现时印象的左右，动物也只是害怕于现时的强制束缚才抑制其欲望，直至那种害怕最终成了习惯，并从此以后作为习惯而决定着动物的行为，这就是驯服。动物感觉和直观；除此以外，人还思考和知道：两者都意欲着。动物通过表情和声音传达自己的感受和心绪，人则通过语言传达给别人自己的思想，或者通过语言以掩藏自己的思想。语言是人的理性的第一个产物和必要的工具：因此，在希腊语和意大利语中，语言和理性是以同一个字词标示的：Ó λογοζ，*il discorso*。理性（Vernunft）来自“获悉”（Vernehmen）一词，而这并不是“听”的同义词，而是表示意识到了用语言所传达的思想。唯有通过语言的帮助，理性才能得出其最重要的成果，亦即多个个体之间的协调行动、数以千计的人按照计划的协同作用、文明、国家；还有科学、对以前的经
76 验的保存、把共同性的东西囊括在一个概念里面、传达真理，传播谬误、思想、诗歌、教义和迷信。动物只是在死亡的时候才了解了死亡；人则意识到随着每一小时，他又向死亡走近了一步，而这一点，甚至让那些从这整个生活中还不曾认识到那种持续不断地在毁灭的特性的人充满忧虑。主要是因为这样，人类有了哲学和宗教，虽然在人的行为方面我们有理由无比珍视的东西，那些自发的正直和高贵的情操，是否就是哲学和宗教的结果是不确定的。但不同学派的哲学家的至为异想天开、至为离奇的意见和看法，以及不同宗教的教士的至为古怪，有时甚至残忍的习俗、习惯，却肯定是和唯独属于以上两者的产物，也是理性沿着这条途径的作品。

所有这些如此多样和范围如此广阔的表现，源自某一共同的原理，源自那让人类胜于动物、我们称为理性、*Ó λογοζ*、*το λογιστιΧον*、*το λογιμου*、*ratio* 的独特精神思想力——这是在所有的时期所有的民族一致的看法。所有人也都很懂得如何认出这一能力的表现，在理性与人的其他能力和素质相对立出现时，能够说出哪些是理性的和哪些是非理性的；最后，能够说出由于动物缺乏理性，那就算是对最聪明的动物，我们也永远无法对其期待些什么。任何时期的哲学家在总体上就理性的普遍性知识发表了一致的意见，并强调了这方面的某些特别重要的表现，例如控制情绪和激情、能够得出结论和提出普遍的原则，甚至那些先于一切经验就已是确切可靠的原则，等等。但是，所有他们有关理

性的真正本质的解释却都是摇摆不定的，并没有清晰的界定、太过广泛、欠缺一体性和中心点，时而侧重于这一表现，时而又侧重于那一表现，因此经常看法并不一致。此外，许多人还从理性与启示的对立出 77
发，但这一对立于哲学而言是陌生的，只会徒增混乱而已。至为引人注目的是，迄今为止，还没有任何哲学家把理性的所有那些多种多样的表现严格地归因于一种简单的功能。这一功能是他们在所有的表现中都可重又认出来的，从这一功能也就可以解释那所有的表现，这功能因此也就构成了理性的真正内在本质。虽然杰出的洛克在《人类理解论》第 2 卷第 11 章 § 10 和 § 11 中非常正确地指出：抽象的普遍概念就是把人与动物区分开来的特征，莱布尼茨也完全赞同，他在《人类理智新论》第 2 卷第 11 章 § 10 和 § 11 中重复了这一观点，不过，当洛克在第 4 卷第 17 章 § 2 和 § 3 中对理性作出真正的解释时，他却全然忘记或忽略了理性这个简单的主要特征，并且在说明和陈述理性支离破碎的和派生出来的表现时，也陷入了摇摆、不明确、有欠完整之中；莱布尼茨在其著作与理性相关的段落中，在总体上也是同样的表现，只是更多的混乱和模糊不清而已。至于康德如何混乱和歪曲了有关理性本质的概念，我在“附录”中详细说了。但谁要是不厌其烦地看一看自从康德以来所出现的这一方面的大量哲学文章，就会认识到：正如君王的错误得要整个民族为此买单，同样，伟大思想家的谬误会将其不利影响扩展至整整一代人，甚至扩展至数个世纪。这些谬误成长和蔓延，最终沦为怪胎一样的东西。所有这些因此都是就像柏克莱所说的，甚少人是有思想的，但所有人都要有他们的看法。

正如理解力只有一个功能：直接认知原因与结果的关系和直观现实

78 的世界，不管那是精明、明智还是发明和创造才能，尽管其在应用上多种多样，但都相当明显地不是别的，正是那一个简单功能的表现——同样，理性也只有一个功能——构建起概念；也由此唯一的功能，非常容易地和完全自动地就可解释所有以上说的、把人的生活与动物的生活区别开来的现象；是应用此功能，抑或没有应用此功能，也就是我们无论何时何地称为“理性”或者“非理性”的意思。[1]

§9

概念组成了独特的一类表象，这一类表象是与迄今为止所考察的直观表象完全不同的，只存在于人的思想里。我们因此对其本质永远无法达到一种直观的、一种真正显而易见的认识，而只能得到一种抽象的和推理性的认识。因此，假如要求这些概念在经验中得到证实——只要所谓的“经验”，就是理解为现实的外在世界，而这现实的外在世界恰恰就是直观的表象——或者像直观所见的客体那样，要被展现在眼前或者展现在想象力之前，那就是糊涂和荒谬的。概念只能被思维，而不能被直观，也只有人们透过概念所取得的结果才是真正经验的对象。这些结果就是语言、深思熟虑以后按计划所采取的行动、科学，以及在这之后从所有这些所得到的结果。言语作为外在经验的对象明显不是别的，而是一部相当完美的电报机：它以最快的速度传达任意的符号和至为细腻的差别。但这些符号表示了什么意思？对其解释是如何发生

[1] 有关这一节，大家可对照《论充足根据律的四重根》第2版§26和§27。

的？ 当别人说话时，我们是否大概马上就把别人的言语翻译成想象中
的图像，根据别人汹涌而来的字词及其语法上的词形变化，让这些图像
闪电般在我们头脑中飞速掠过，让其活动、串连、重新布置和生动描绘
出来？ 假如是这样的话，那在倾听某一演讲或者阅读某一本书的时
候，在我们头脑中将会是怎样的一场混乱和骚动啊！ 其实，根本不是
这样的情形。 言语中的意思，听者直接就可获悉，是精确和明确领会 79
了的，一般来说并不需要幻象掺和其中。 那对理性发话的是理性，就
谨守在其领域，传达和接收的是抽象的概念、无法直观的表象——这些
一劳永逸构建起来的和数量相对很少的东西，却包含、包括和代表了真
实世界的一切无数的客体。 只能由此解释为什么动物永远无法说话和
听得懂说话，虽然动物与我们都共有言语的工具和直观的表象。 但正
因为字词标示的是完全独特的一类表象，其主体对应物是理性，所以，
字词对动物是没有意义的。 所以，语言，一如其他的每一种我们归因
于理性的现象，也一如所有的把人与动物区别开来的东西，都以这个简
单的源头来解释：概念，抽象的和非直观的、普遍的和并非存在于时间
与空间的个体表象。 也只有在个别的情形里，我们才会从概念转为直
观，形成幻象作为概念的直观代表，但这些幻象与概念是永远不相吻合
的。 对这些情形，我在《论充足根据律的四重根》§28 做了单独的探
讨，因此，我就不在这里重复了。 读者可把我在那里所说的，与休谟在
《哲学文集》第 12 篇第 244 页和赫尔德在《纯粹理性批判之元批判》
(除此之外，这本书就是一本拙劣之作）第 1 部分第 274 页所说的进行一
番比较。 柏拉图式的理念——这经幻想和理性的结合才成为可能——是
此书第三篇的主要话题。

尽管概念与直观表象根本上是不同的，但概念与直观表象却有一种必不可少的联系，而没有了这重联系，概念就什么都不是了，这种关系因而就构成了概念的整个本质和存在。反省思考是对直观世界原型的
80 必然的仿制和重复，尽管那是完全独特的一种仿制，采用的是一种完全异质的材料。所以，概念可以相当贴切地称为表象的表象。根据律在此也同样有一种独特的形态，并且与统治那一类表象的根据律形态一样，也总是构成了和详尽阐明了这一类表象的整个本质——只要它们是表象的话——以致正如我们已经看到的那样，时间完全彻底不外乎就是连续，空间完全彻底不外乎就是位置，物质完全彻底不外乎就是因果关系，那么，同样，概念，或者这一类的抽象表象，其整个本质就唯一只在于那根据律在其中所表达的关系；既然这关系就是其与认知根据的关系，那抽象表象的整个本质唯独只在于其与另一个的、就是其认知根据的表象的关系。这一认知根据虽然也同样可以在开始时是一个概念，或者抽象的表象，这抽象概念甚至也同样只有一个类似的抽象的认知根据，但如此情形并非无尽头，而是那连串的认知根据最终必须以一个在直观认识那里有其根据的概念结束。这是因为那整个反省思考之中的世界都是以直观的世界为支撑和基础的。因此，抽象表象的一类与其他表象有这样的区别：在其他表象那里，根据律永远只要求与同一类的另一表象的关系，但在抽象表象那里，却要求最终与出自其他一类的某一表象的关系。

人们尤其把那些正如上文所说的并非直接的、而只是通过一个或者多个其他概念的媒介才与直观认知产生关系的概念，称为抽象之物，而那些直接在直观世界中有其根据的概念，则被称为具体之物。但具体

之物的名称却与用这名称所标示的概念并不那么贴切吻合，因为这些概念总归是抽象的，根本就不是直观的表象。上述命名只是出自相当模糊地意识到抽象、具体所指的含义，但却可以带着在此给出的说明保留 81
下来。第一类——亦即突出意义上的抽象之物——的例子，诸如“关系”“美德”“探究”“开始”等。第二类，或者不贴切地被命名为具体之物，其例子是“人”“马”“石头”等。要不是这比喻太过形象和因此会流于开玩笑似的，那我们可以非常贴切地称后一类概念为反省思考的建筑物的楼房底层，而第一类概念则是这建筑物的第一层或上面一层。[1]

至于一个概念在其名下包含许多的东西，也就是说，许多直观的，甚至是抽象的表象，与这概念是处于认知根据的关系，也就是透过这概念加以思维——那可不像人们通常所说的就是概念的一个本质性特性，而只是概念的一个派生的、次要的特质。这特质甚至并不总是事实上存在的，虽然就其可能性而言这特质必然是存在的。这一特质的由来，是因为概念是表象的表象，亦即概念的全部本质唯独就在于其与另一个表象的关联，但因为这概念本身并不是这一表象，这一表象甚至在大多数时候是属于完全另外一类的表象，也就是说，是直观的表象，所以，这一表象可以有时间的、空间的和其他的规定，以及还有许多的关系，而这些都根本没有在概念中一并思想到。因此，多个在非本质性方面不同的表象就通过那同一个概念而被思维，亦即纳入在那同一个概念之下。不过，这涉及多个事物，却不是概念的本质性的特质，而只是

---

[1] 参见《作为意欲和表象的世界》第 2 卷第 5、6 章。

偶然的特质。因此，会有些概念只能让我们想到单一的一个现实客体，但却因此仍是抽象的和泛泛的，一点都不是单个的和直观的表象。类似的概念是，例如，一个人仅仅只是从地理学中了解到的有关一个具
82 体城市的概念：虽然这概念只让我们想到这个城市，但还是可能有多个在某些方面不同的城市，是与这概念相吻合的。由此可见，并不是因为一个概念是从多个客体中抽象而成的，所以，这概念就有了普遍性，而是反过来，因为普遍性，亦即没有个体的规定，对于这概念作为理性的抽象表象是本质性的，所以，不同的事物就可以通过这同一个概念思维。

从以上所说的可得出这结论：每一个概念，恰恰因为它是抽象的和并非直观的，也恰恰因此不是完全确定的表象，所以，每一个概念就有了我们所称的范围或者圈子，就算是在只有单一一个现实客体与这概念相吻合的情形里，也是如此。那么，我们通常发现每一个概念的圈子与其他概念的圈子有某些共同的东西，亦即在这一个概念中部分想到了在另一个概念中也有的同样的东西，在另一个概念中又同样部分地让人想到了这个概念中也有的同样的东西——尽管假如它们的确是不同的概念，每一个概念，或者起码这两者中的一个概念，就包含某些另一个概念所没有的东西，每一主语与其谓语就处于这样的关系之中。认识这种关系，就称为判断。用空间的图形来描述那种关系，是一个绝妙的主意。戈特弗里德·普洛克奎特（Gottfried Plouquet）是首先有这一想法的，他将正方形用于此目的；兰伯特（Lambert）虽然是在他之后，但用了单纯的线条放在相互之下；欧拉（Worauf）则是首先以圆圈完美地实现了用图形描述那关系的想法。概念的关系与空间图形的关系这种精确的相似性最终是基于什么，我可无法说出来。但对逻辑学来说，

概念之间的所有关系，甚至就其可能性而言，亦即先验地，可以通过这样的图形以下面的方式直观地表现，那是非常有利的事情：

1. 两个概念的含义圈是彼此相同的，例如，必然性的概念和从既定的原因得出结果的概念；类似的是反刍类动物和偶蹄类动物的概念；还有脊椎动物和红血动物的概念（但对此，由于环节动物门的缘故，有人会提出某些反对意见）。 这些是可变换的概念。 这些概念可由一个单 83
一的圆圈表示，既可表示这一个概念，也可表示那一个概念。

2. 一个概念的含义圈完全包含了另一个概念的范围圈：

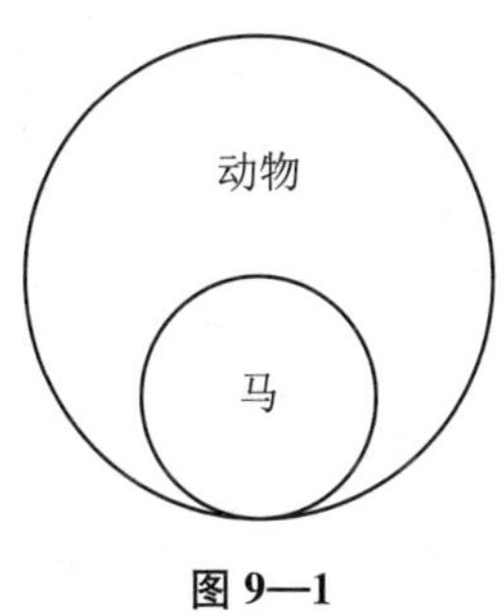

图 9—1

3. 一个含义圈包含了两个或两个以上的含义圈，而这两个或两个以上的含义圈则互相排斥的同时，又充满着这含义圈：

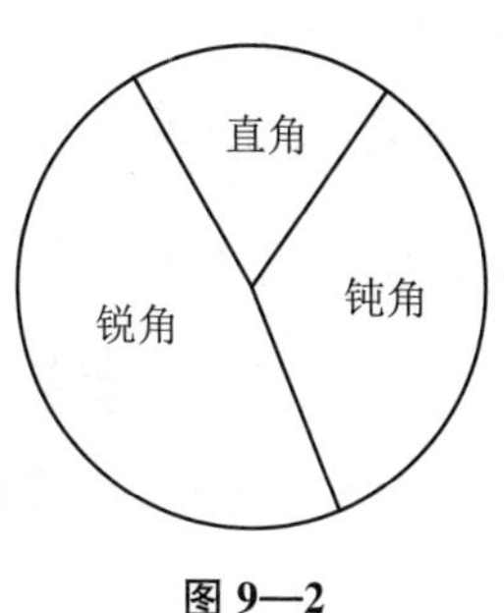

图 9—2

4. 两个含义圈都各自包含了另一个含义圈的某一部分。

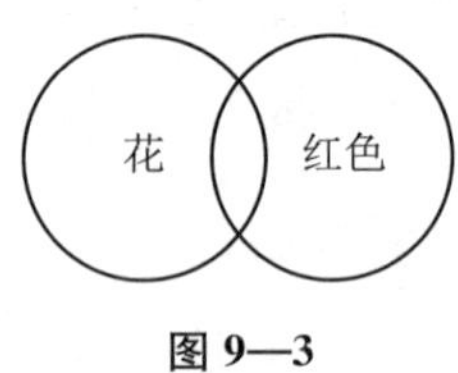

图 9—3

5. 两个含义圈在一个第三含义圈里面，但前者并没有占满后者。

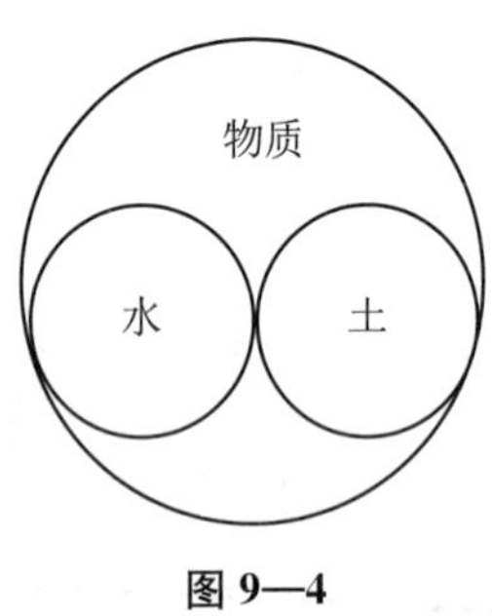

图 9—4

这最后一种情形适用于所有的、其概念圈并没有直接共同之处的概念，因为总会有一个第三概念包含了这两者——虽然那通常是一个大得多的概念。

概念的所有联系都可还原为这些情形，而判断的整个学说，其换位、对照、互换、选言（这是根据图 9—3）都可由此推论出来；同样，判断的属性也可由此推论出来，而康德的所谓理解力的范畴就建基于这
84 判断的属性，但假定的形式则除外，因为假定的形式不再是单纯概念的一种结合，而是判断的一种结合；然后，就是样态除外，这本书的“附录”对样态，一如对判断的每一属性——而这构成了范畴的基础——给予了详细的交代。 至于所指出的可能的概念结合，那还要说明的是这

一点：它们也可以以多种方式互相结合，例如，图 9—4 与图 9—2 结合。只有假如一个完全或者部分包含了另一个含义圈的含义圈，是被一个第三含义圈所包含的，这些才一起表现了在图 9—1 的逻辑推论中，亦即这样的判断结合：通过此结合，就可认识到部分或者全部包含在另一个概念中的一个概念，也包含在一个第三概念中，而这第三个概念同样包含了这第一个概念；或者反过来——否定——也是如此，其形象的表现自然只能是：两个结合的含义圈并不在一个第三含义圈里面。假如许多含义圈是以这种方式包含在一起的，那就会产生长串的逻辑推论。概念的这图解公式——这在多种教科书中得到了相当好的阐明——可被人们用于判断理论和整个三段论的基础；这样的话，对这两者的陈述就非常轻松和简单了。这是因为这方面的所有规则都可由此依照其源头得到认识、引申和解释。但要把这些负担加之于记忆力，却是没有必要的，因为逻辑学从来就没有什么实际用处，而只能对哲学而言具有理论上的兴趣。因为虽然可以说逻辑学之于理性思维犹如通奏低音之于音乐，或者假如我们稍为没那么精确的话，就犹如伦理学之于道德品行，或者美学之于艺术品，但针对这些说法，我们必须考虑到：还从来不曾有过任何艺术家是通过学习美学而成为艺术家的，也不曾有过任何高贵品质的人是通过学习伦理学而成为这样的人的；而早在拉莫（Jean Philippe Rameau）之前，就有人谱出了正确和优美的乐曲；还有，要发觉不调和音，我们并不一定要清楚了解通奏低音；要不被诡辩所蒙骗，我们也同样不必知道逻辑学。但必须承认：尽管通奏低音对 85
评估音乐作品并没有多大用处，但对于从事音乐作品的创作，却是很有用处的；还有美学，甚至伦理学，对实践而言也是有些许用处的，虽然在主要方面这是消极性的用处，在程度上也低很多，因而对其是不能否认一切实践价值的。尽管如此，逻辑学甚至连这些都无法自夸。也就是说，逻辑学不过就是在抽象中知道了每一个人在具体中都知道的东西。因此，正如我们不需要逻辑学才不赞同一个错误的推论，我们也同样不需要求助于逻辑学的规则才作出一个正确的推论；就算是最渊博的逻辑学家，在进行真正的思考时也把逻辑学撇在一边。这可以从下面所说的得到解释。每一种科学都是由一套关于某一种类的对象物普遍的、因而是抽象的真理、法则和规定所组成的。这些真理、法则、规定所涵盖的、在这之后所出现的单个情形，就每一次都根据这些永远适用的普遍的知识而规定，因为如此运用普遍性的认识要比对所出现的单个情形本身又从头开始探究轻松得多，因为一旦获得了普遍性的抽象认识，就总是比对个别情形凭经验进行探究更方便。但逻辑学的情形却与此恰恰相反。逻辑学是对理性的运作方式的普遍知识，是透过对理性的自我观察和抽离了所有内容以后所获得的，并且以规则的形式表达出来。但理性这操作方式对理性是必然的和本质性的，理性因而在任何情况下都不会偏离这操作方式——只要理性是听凭自身而运作的话。所以，让理性在每一个别的情形中依照自己的本质而相应地运作，比起用只是从其运作方式中抽取出来的相关认识，以某一陌生的、外来的法则的形态来告诫理性，要更容易和更可靠。前者的运作更容易，是因为虽然在所有其他学科那里，普遍性的规则会比只探究个别的情形更便
86 捷，但在运用理性时却相反，理性在特定情形里的运作，却始终比由此运作方式所抽象出来的普遍性规则更便捷，因为在我们那里思维着的，其本身的确就是理性。更可靠，是因为在这样的抽象认识中或者在运

用这样的认识时出现谬误，与理性运作出现违背其本质的情形相比，前者容易得多。由此就有了这奇特的事情：假如说在其他学科，个别情形的真理必须在规则中得到检验，那在逻辑学中却是相反的：里面的规则始终必须接受个别情形的检验。就算是最娴熟、最训练有素的逻辑学家，假如他注意到了他在某一个别的情形里推论出了一个有别于规则所说的结论，那他就总是先在规则中、而不是在由他真实作出的推论里找错。想要把逻辑学作为实际的应用，那就等于把我们在个别情形中直接地和最可靠地意识到的东西，极其艰难地从普遍的规则中推引出来，那就恰恰好比我们在运动的时候想先要咨询一番力学，在消化的时候想先要咨询一番生理学。而谁要想学好逻辑学以为实际目的服务，那就好比想要训练一只海狸建造其巢穴。因此，尽管逻辑学并没有实际用处，但逻辑学却仍然必须保留下来，因为它具有哲学上的兴趣，是有关理性的组织和活动的知识。逻辑学作为一门自成一体、单独存在、自身完善和完全可靠的学科，有正当的理由自为和不依赖于任何其他得到科学的对待，也同样要在大学讲授；但逻辑学只在与总体哲学联系起来的时候，在考察认知，甚至考察理性的或者抽象的认知时，才有其真正的价值。因此，对逻辑学的讲授不应太过具备注重于实践的学科的形式，不应只是包含了为校正判断、推论等而定下的赤裸裸的规则，而是要更多地着眼于让理性的本质和概念得到认识，让认知的根据律得到详细的考察，因为逻辑学只是对根据律的改写而已，而且，究其 87
实，逻辑学只是服务于这样的情形：那给予判断以真理性的根据，并不是经验方面的，也不是形而上的方面，而是逻辑性的或超逻辑性的。除了认知的根据律以外，其余三种与其如此密切相关的思维的根本法则，或说对超逻辑真理的判断，因此就要一一列举出来，因为理性的全套技能就是由此逐渐地产生出来的。真正思维的本质，亦即判断和推论的本质，就通过依照空间模式、以上面所简述的方式进行的概念含义圈的结合而展现出来；由此，判断和推论的所有规则也通过公式而推导出来。我们唯一能对逻辑学的实际应用，就是我们在辩论中，对付那对手，与其说是向其指出真正的错误结论，不如说是要指出和证明其故意的谬论，因为人们对其招数直呼逻辑学的术语。通过这样遏制逻辑学的实际目的和突出逻辑学作为哲学的一章与全体哲学的关联，有关逻辑学的知识并不会比今天还要稀有，因为在当今，每一个人，只要他不想在主要事情上仍然与粗糙和无知、与呆滞麻木的大众为伍，那就肯定是研究过思辨哲学的。之所以这样，是因为这个19世纪是一个哲学的世纪。这样说的意思与其说是这世纪拥有哲学，或者哲学在这世纪占据了统治地位，还不如说这世纪是时候接受哲学了，也正因此，无论如何都是迫切需要哲学的。这是文化教育发展到了高等级的一个标记，甚至是时代文明的刻度盘上一个坚实的阶段。[1]

尽管逻辑学并不会有什么实际用处，但无可否认的是，逻辑学是为了实际的目的而发明出来的。对逻辑学的起源，我给出以下解释。正当好辩之风在爱利亚学派、麦加拉学派和诡辩学派中越演越烈，并逐渐
88 几乎发展成了某种病态嗜好时，几乎每一次辩论都会陷入混乱不清。这一定很快就让他们感觉到了有必要准备某一讲究方法的辩论方式作为指引；为此目的，就要去寻求一套科学的论辩术。必须说的第一桩事

[1] 参见《作为意欲和表象的世界》第2卷第9、10章。

情，就是争论双方必须始终对某一命题是意见一致的，在辩论中，有分
歧和争议之处就要援引它来解决。 有条理的辩论方式，其开首就是人
们要宣布这共同承认的命题，并置于探究之首。 但这些命题在开始的
时候只涉及探究中的素材。 人们很快就意识到，就算是人们回到彼此
共同承认的真理，并试图从中推论出其看法，其方式和方法也是遵从某
些形式和法则的，而有关这些形式和法则，人们尽管在这之前并没有达
成一致，但也从来没有争执。 由此可看出：这些形式和法则，肯定是独
特的、存在于理性本质之中的理性行事方式，是探究的形式部分。 尽
管这些并没有遭受怀疑和争执，但某些按部就班得近乎迂腐、刻板的
人，却纠缠于这样的想法：假如一切辩论的这些形式部分，这些始终有
共规则的理性行事本身，也同样是以抽象的命题表达出来，人们可以将
其置于探究之首，就像那涉及探究素材的共同承认的命题一样，成为辩
论本身不可动摇的、人们随时必须回看和援引的准则——那看上去就会
非常的漂亮，就将是完成了有条理的辩证法。 就在人们打算以这样的
方式，将之前犹如心照不宣而遵守，或者犹如出于直觉而行使的协定，
现在就带着意识作为规则得到承认和正式表达出来的时候，人们为逻辑
基本原则逐渐找到了完美程度不一的用语，例如矛盾律、充足根据律、
排中律、全和零原则，然后是三段论的专门规则，例如，从只是单独的 89
或者否定性的前提无法得出任何结论；从结果到根据的推论是无效的，
等等。 至于人们只是慢慢地和非常艰辛地完成这工作，在亚里士多德
之前，一切还都是相当不完备的，我们可以部分从逻辑真理是如何从不
少柏拉图的对话中以笨拙和啰嗦的方式展现看得出来，而从塞克斯都·
恩培多克勒所告诉我们的有关麦加拉学派最容易和最简单的逻辑规则的

争执，以及他们是如何艰难地将这些弄清晰的（恩培多克勒，《对抗数学家》，第 8 卷，第 112 页及后面），则更好地看到这一点。但亚里士多德收集、整理和校正了之前所发现的东西，并将其提升到一个无可比拟的完美高度。假如我们以这种方式注意到：希腊文化的进程如何为亚里士多德的工作做好了准备和导引，那我们就不会相信波斯作家所说的——而这是由非常支持这一说法的琼斯（*Jones*）所传达给我们的，亦即卡利斯提尼（Kallisthenes）在印度人那里发现了一套完善的逻辑学，并把它寄给了他的叔父亚里士多德（《亚洲研究》，第 4 卷，第 163 页）。在可怜的中世纪，对嗜好辩论的经院哲学家来说——其思想在缺乏一切真实知识的情况下只有靠套语和字词来维持——亚里士多德的逻辑学必然是非常受欢迎的；这些逻辑，就算是那支离破碎的阿拉伯文版本，也会被如饥似渴的人们所抓住，并很快被追捧为一切学问知识的中心。这都是很容易理解的事情。虽然自那时以后，逻辑学的威望已经下降，但它直至我们的时代仍然保留着一门独立存在的、实践性的和至为有用的科学的声誉：甚至在我们今天，康德哲学——基石其实取自逻辑学——又再度刺激起了对逻辑学的新兴趣。而这逻辑学，在这方面，亦即作为认识理性的本质的手段，的确是值得人们感兴趣的。

正如正确的推论只有这样才可以进行，即通过精确观察概念含义圈
90 之间的关系，并且只有在一个含义圈是精确地被包含在另一个含义圈里，而这另一个含义圈又完全被包含在第三个含义圈里，才会承认第一个含义圈是完全包含在第三个含义圈里的，那同样在另一方面，说服人的技巧就在于只是表面上考虑到各个概念含义圈的关系，然后就依照其

目的而单一地、片面地确定了这些关系，其手段主要是：假如一个考虑中的概念含义圈只是部分存在于另一个概念含义圈，但另一部分也存在于另一个完全不同的概念含义圈，那人们就将其说成是完全存在于这前者，或者完全存在于后者，就根据说这话者的目的而定。例如，在说起“激情”时，我们可以随意地将之纳入“最大的力量”“这世界最强大的推动力”这一概念之下，或者纳入“非理性”的概念之下，然后将“非理性”纳入“无能”“弱点”的概念之下。人们可以继续这同样的手法，重新将之应用在话语所要引向的每一个概念。一个概念的含义圈几乎总是分属不止一个其他概念，这其他的每一个概念在其各自的含义圈中都有第一个概念范围的一部分，并且还包括了除此之外的更多范围。但在这些后者当中，人们就只强调那将第一个概念纳入的含义范围，而对其余的含义范围却忽略不计，或者隐藏起来。所有的说服人的技巧、所有细腻的诡辩，究其实就是利用这一把戏，因为逻辑的诡辩手法，诸如“说谎”“掩藏”“欺骗”等，对真实应用来说明显是太过笨拙了。因为我不知道至今为止是否还有人对一切诡辩和说服术的本质溯源至其可能性的这一最终原因，并以概念的特有性质，亦即以理性的认知方式证明，所以，既然我的论述涉及了这事情，那么，尽管这种事情很容易就可看得明白，但我还是想通过图 9—5 来图解说明这事情，而这张图会显示出概念含义圈是如何各式各样地进入彼此的区域的，并因此给人留下发挥的空间，可任意从每一个概念过渡到另外的这个或者那个概念。我只是希望人们不会受到此图的误导，而对这小小的、附带给出的讨论给予超出这话题根据其本质所应得的重视。我选了旅行的概念 91
作为说明例子。“旅行”的含义圈伸入了四个其他概念的地盘，诡辩者可

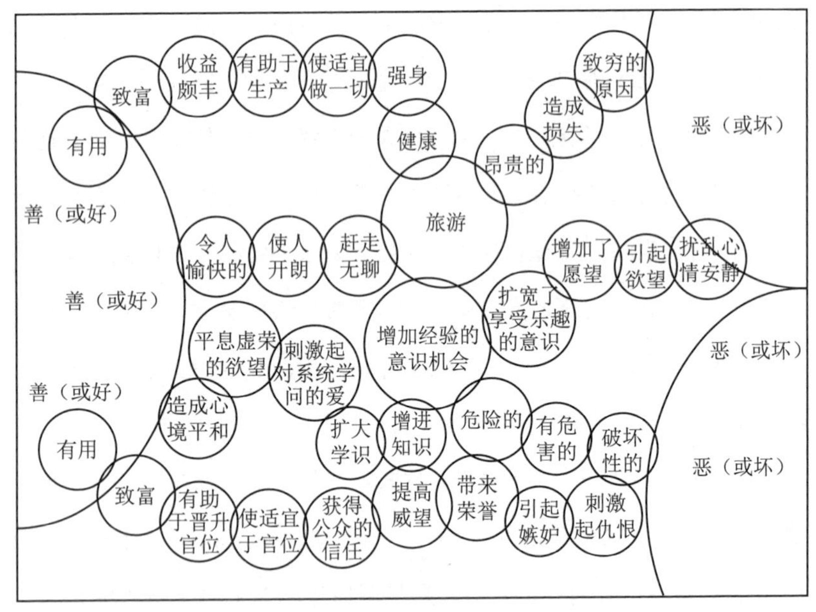

图 9—5

以任意变换这其中的每一个：而这些概念的含义圈同样伸入了其他概念的含义圈，而这其中一些是同时伸入两个或者更多的含义圈。诡辩者就通过这些而随心所欲地选择其路径，犹如那是唯一的路径一样，然后最终就根据其目的而抵达了“好”或者“坏”的结果。但在循着这些含义圈递进的时候，务必要保持从中心（那所给出的主要概念）向外围的方向，而不是往回走。这样的诡辩，其披着的外衣可以是娓娓而谈，也可以是严格的逻辑推导形式，这视听者的弱项而定。大多数的科学，尤其是哲学的证明过程，其本质从根本上与这没有多大的区别。否则，又怎么可能有这许多的东西，在不同时期，不仅被错误地假定（因为错误本身另有其他的根源），而且还得到了演示和证明，但在后来仍然是被证明为根本上错误的，例如莱布尼茨和沃尔夫的哲学、托勒密的天文学、斯塔尔的化学、牛顿的颜色理论，等等，等等。[1]

§ 10

由于所有这些，这一问题就越发逼近了我们：那确切性是如何达到的，如何为判断提出理据，知识（学问）和科学是由什么组成的，因为这些与语言和深思熟虑的行为一道，是我们引以为豪的第三个巨大的、通过理性而获得的优势。理性具有女性的特质：只是在接受了以后才能给予。理性就其自身而言，并不具有什么，除了其无实质内容的运作形式以外。完全纯粹的理性认识，除了那四个我赋予了超逻辑真理的定理以外，甚至就再没有任何其他的了，那也就是同一律、矛盾律、排中律和充足认知根据律。这是因为就算是逻辑的其余部分，也已不 92
再是完全纯粹的理性认识，因为它们已经以概念含义圈的关系和组合为前提条件，而概念根本上只是在有了这之前的直观表象以后才会存在，与之前的这些表象的关联也就构成了概念的全部本质，所以，概念已经以那些表象为前提条件了。但因为这前提条件并不扩展至概念的特定内容，而只是泛泛地涉及概念内容的存在，所以，逻辑从整体上看可以适用于理性科学。在所有其余的科学中，理性从直观表象中获得其内容：在数学中，从先于一切经验就被直观意识的空间和时间关系中获得内容；在纯自然科学中，亦即在我们先于一切经验就知道的有关大自然的进程中，科学的内容出自纯粹的理解力，亦即出自对因果性关系，以

[1] 参见《作为意欲和表象的世界》第 2 卷第 11 章。

及对因果性关系与空间和时间的纯粹直观结合在一起的先验认识。在所有其他科学中，一切并非从上述移植过来的东西，就都属于经验。了解（*Wissen*，或知道）根本上就是这样的意思：在思想上有能力随意地再产生出这样的判断：而这些判断在其之外的某些地方是有其充足的认知根据的，亦即真实的。因此，只有抽象的认识才是了解、知道，这因此是以理性为条件的，而对动物严格来说，我们却不可以称其了解什么东西，尽管动物也有直观认识，为此也有记忆和恰恰因此也有想象力，此外，这一点也由其睡梦得到证明。我们认为动物是有意识的，所以，意识（Bewusstsein）的概念，尽管取自了解一词，但却是与“表象”的概念相吻合的——无论这表象是何种性质。因此，我们虽然认为植物也有生命，但却是没有意识的。由此可见，“了解”是抽象的意识，是把以其他方式认识的东西固定在了理性的概念之中。

93 **§ 11**

那么，在这一方面，了解的真正反义词是感觉，所以我们在此要插入对感觉一词的讨论。感觉一词所标示的概念，完全只具有否定性的内容，亦即现在意识中的一些东西，并不是概念，并不是理性的抽象认识；此外，不管意识中的这些东西是什么，都是在感觉一词的名下，而感觉的无比宽大的含义圈因此囊括了彼此至为不同的东西，而只要我们还没有认识到所有这些东西唯独是在这否定性的方面，在并不是抽象概念的方面是一致的，那我们就永远无从看出这些东西是如何走到一起来的。这是因为至为不同的，甚至极为对立的成分相安无事地排列在

这一概念之下，例如，宗教感，肉欲感，道德感，作为触觉、作为痛
觉、作为对颜色、对音声及其和谐与有欠和谐的感觉的身体感觉，憎恨
感、厌恶感、自我满足感、荣誉感、羞耻感、公正感、不义感，对真理
的感觉，审美感、力量感、衰弱感、健康感、友谊的感觉、爱的感觉，
等等，等等。这些感觉之间，并没有任何共同之处，除了这否定性的一
点：它们都不是任何抽象的理性认识。这一点会让我们的印象至为深
刻——假如把对空间关系的先验认识和完全地把纯粹理解力的认识列在
这一概念之下，并且在谈论那些我们还只是初步直觉意识到的、但却还
没有形成抽象概念的每一点认识、每一个真理的时候，说成我们“感
觉”到这些东西。为了对此说明，我想从新近的一些书里拿来一些例
子，因为这些例子是对我的解释的明显证明。我记得在一本欧几里得
著作德语翻译版的前言中读过这样的说法：我们应该让几何学的初学者
在着手演示图形之前，先画出所有的图形，因为这样做以后，在演示图
形给他们带来完整的认识之前，他们就已经事先对几何学的真理有所感
觉。同样，在F.施莱尔马赫的《道德学批判》中，他谈论了逻辑学和数
学的感觉（第339页），以及对两个公式的一致性或者差别性的感觉 94
（第342页）。还有在滕尼曼（Tennemanns）的《哲学的历史》（第1
卷，第361页）中是这样说的：“我们感觉到了那谬论是不正确的，但却
无法发现错在哪里。”那么，只要我们不是从正确的观察角度考察这一
概念，并没有认清上述那个否定性的特征——而这才是这概念的本质性
特征——那这概念就必然由于其异常广阔的含义圈和它仅仅是否定性
的、相当片面地确定了的和非常之少的内容，而不断地制造机会产生误
解和争拗。既然我们在德语中恰好有差不多一样意思的*Empfindung*

（感觉），那把 *Empfindung* 一词作表示身体上的感觉之用，作为那概念的一个亚种，就会很有帮助的。这一与所有其他概念相比都是不合比例的“感觉”概念，其起源无疑是下面所说的。所有的概念，并仅仅只是概念，是由字词所标示的，只是对理性而言存在的，是出自理性的，因此，我们带着这些概念已经站在一个片面的立场了。但从这个立场出发，接近的东西就显得清晰，并被确定为肯定性的，遥远的东西则汇合在一起，并很快被视为只是否定性的。所以，每一个民族（或国家）都称其他所有的民族为外人；希腊人把其他所有民族称为蛮族；对英国人来说，凡是非英国的或非英国人的，就称为“大陆”或“大陆的”；对信仰者而言，其他所有人都是异端或者异教徒；贵族把其他所有人都视为平民；大学生们视其他所有人为腓力斯人*，等等。对这同样的片面性，对我们也可以说是出于自傲的同样的粗糙无知，理性是难辞其咎的，虽然这听起来相当的古怪，因为理性在感觉这一个概念之下，囊括了意识的每一改变，但这些改变却并不直接属于其理性的表象方式，亦即并不是抽象的概念。理性因为其独特的行事方式并没有通过透彻的自我认识而变得清楚，所以不得不为此而赎罪，所以就在他自己的地盘有了误解和混乱，因为人们甚至还提出了一种特别的感觉能力，并在这种情况下为此感觉能力构建理论了。

95 ## § 12

“了解”或说“知识”，正如已说过的，是每一个抽象的认识，亦即

---

* “市侩”“庸人”的意思。

理性的认识；与其对立和相反的“感觉”概念，我在上面已讨论过了。但既然理性始终只是把以其他方式接受过来的东西再度呈现给认知，那理性就并没有真的扩展了我们的认知，而只是给予了这认知另外一个形式。也就是说，那直觉和具体认识的东西，理性让我们抽象地和普遍地认识。但这一点却比像我们所说的第一眼看上去的重要得多。这是因为对认识的一切可靠保存，对这些认识的一切传达和对这些认识广泛地应用于实践，就取决于这些认识是否被了解，成了抽象的认识。直觉、直观的认识始终只适用于零星、单个的情形，只及于近在眼前的东西并止于这些，因为感官性和理解力实际上每次只能把握一个客体。每一持续的、经安排和按计划进行的活动，因此必须是从准则出发，因而是从某一抽象的知识出发，并以此作指引。所以，例如，理解力所具有的对原因和结果的关联的认识，虽然其本身比就此在抽象方面的思考要完美得多、深刻得多和详细得多，例如，理解力就能独自在直观上直接地和完美地认识某一杠杆、滑轮组、木齿轮的作用方式，某一拱顶的支撑，等等，但是，由于上述直观认识只及于直接、现有之物的特性，那单纯的理解力就不足以设计和构造出机器与建筑物。在这方面，理性就必须介入，要以抽象的概念取代直观，把这些抽象概念作为工作的准则，而假如这些概念是对的，那结果就会出现。同样，我们在纯粹的直观中充分地认识了抛物线、双曲线和螺旋线的本质和规律性，但要把这一认识可靠地应用在现实中，这一认识就必须预先成为抽象的知识。
这样的话，抽象知识当然就会失去了其直观性，但以此换来的却是抽象 96
知识的可靠性和确定性。因此，微分演算其实根本不曾拓宽我们对曲线的认识，其包含的不会多于对曲线的单纯直观所已经包含的东西，但这却改变了认知的特性，把直觉、直观的认知变成了抽象的认知，而这对实际应用将带来至关重要的后果。但在此要谈论的还有我们的认知功能的另一种特性，但只要直观认知与抽象认知的差别还没有完全说清楚，那这另一特性迄今为止大概就无人能够注意到。那特性就是：空间上的比例并不可以直接地和就照这个样子转换为抽象的认识，而只有时间上的量，亦即数字才适合这样做。唯有数字才可以在与其精确吻合的概念中表达出来，空间上的大小则是不可以的。一千的概念与十的概念的不同，恰如这两个时间上的大小在直观中的不同：我们在碰到一千的时候，会想到十的明确很多倍，我们可以为了直观在时间上随意地分解，亦即可以计数。但在一英里的抽象概念与一英尺的抽象概念之间，在没有两者的任何直观表象和没有数字的帮助下，是没有任何精确的、与那量本身相吻合的差别的。在这两者中，我们只会想到某一个空间上的量；如果要把两者足够区别开来，就必须要么求助于空间的直观，即离开抽象认识的地盘；要么必须以数字去思维那差别。因此，如果我们想要有有关空间比例的抽象认识，那这空间的比例就必须先翻译为时间的关系，亦即数字。正因此，只有算术而不是几何，才是量的学说，而几何假如要有可传达性、精确的界定和要应用于实际方面，那几何就必须转化为算术。虽然作为这样的空间比例可以在抽象中思
97 维，例如，“正弦按照角度而增加”，但假如要给出这种比例的量，那就需要数字了。这种必须把有三维的空间转化成只有一维的时间的必要性——假如我们想要对这空间比例有一种抽象的认识（亦即一种了解、知识，而不是任何的直观）的话——正是这种必要性，让数学变得如此困难。假如我们把对曲线的直观与对这曲线的分析计算作一比较，或

者只是比较三角功能的对数表与由这对数表所表示的对一个三角形各部分变化着的关系的直观，那就非常清楚了：直观在此以一眼就充分地和极其准确地把握的东西，例如在正弦增加的时候余弦就会减少，一个角度的余弦就是另一个角度的正弦，两个角度的较少和增加成反比，等等，要抽象地表示的话，那需要多么巨大的一团数字，需要多么辛苦的计算！ 我们也可以说，时间以其一个维度必须有多大的折腾，才能用空间的三个维度表达！ 但这些是必要的，假如我们为了应用而想要拥有以抽象概念记录下来的空间比例的话：那些空间比例是无法直接换成这些抽象概念的，而只能通过纯粹时间的量、数字的媒介，因为唯独这些才可以直接附加在抽象认识那里。 还有一点值得注意：正如空间很适合于直观，并且借助其三个维度，就算是复杂的比例关系也可以轻易让人一目了然，但却无法进入抽象认识；反过来，时间虽然轻易就可换成抽象的概念，但却极少给出直观：我们对数字及其特有要素——单纯的时间——的直观，在没有空间的帮助下，不会超过 10，而超过 10 的话，我们就只有抽象的概念，而不再是对数字的直观认识了；相比之下，我们却可以把精确界定的抽象概念与每一个数目字和所有的几何符 98
号联系起来。

在此附带要说明的是，不少人只能从直观认知中得到充分的满足。直观地展示和阐明空间中的存在，其根据和结果就是他们所追求的。一种欧几里得式的证明，或者对空间的难题的一种算术解决，是不会让他们满意的。 相比之下，其他人则要求那些唯独在应用和传达时才会有用的抽象概念。 他们对抽象定理、公式，对长串推论链条中的论证，对计算——那些计算符号代表了至为复杂的抽象——有耐心和有记忆。

这些人追求的是确切性，而前一种人则追求直观性。这种差别是典型的。

了解或说知识，抽象的认识，其最大的价值就在于可以传达和有可能固定下来保存。也正是因为这样，抽象的认识对实践才变得如此无比的重要。一个人可以仅仅在理解力方面对自然物体的变化和运动的因果联系有一直接的、直观的认识，并在这当中得到充分的满足，但要传达这些认识，就只能把这些认识固定成概念以后才是合适的。就算是要付诸实践，那第一种认识也是足够的——只要这个人是完全独自承担执行和实施的工作，更确切地说，是在直观认识仍然鲜活的时候完成这工作。但假如这个人需要得到别人的帮助，或者他的工作是要在另一个不同的时间才能进行，并因此需要一个思考周详的计划，那第一种认识就不足够了。所以，例如，一个熟练的桌球手可以仅仅在理解力层面、仅仅是对直接的直观而言完整地认识到一个弹性物体对另一个弹性物体的撞击法则，这认识对他而言也就足够有余了；相比之下，只有那掌握了力学科学的人，才具有了有关那些法则的真正知识，亦即对其有了抽象的认识。就算是要建造机器，仅仅是上述直观的理解力认识
99 就足够了——假如机器的发明者是单独完成其工作的话，正如我们经常见到那些很有天赋的手工制作者，其实并不了解任何科学。但一旦需要多个人和由多人组织起来的、在不同的时间点进行的活动，以执行某一机械性的操作、完成某一机器和某一建筑所必不可少的工作，那主持和指导这工作的人就必须在抽象中拟定计划，并且只有通过理性的帮助，才有可能一起合力完成这样的工作。但值得注意的是，在第一种活动中，亦即在一个人必须单独、以不间断的动作来完成某样东西的时

候，理性的知识、理性的运用、反省思考于他而言，甚至在很多时候会
是一种妨碍，例如，在桌球比赛、击剑、给乐器调音、歌唱的时候：在
这些情形里，直观的知识必须直接指挥动作，通过反省思考的斟酌和检
查会使得动作不确定，因为那会分散注意力和扰乱思维。这就是为什
么那些不怎么习惯于思考的野蛮人和粗糙之辈能准确无误和快速地做出
某些身体动作、与动物搏斗、射出箭矢，等等，而这些是反省思维的欧
洲人永远难以企及的，恰恰是因为欧洲人的思虑再三让其摇摆和犹豫不
决，因为他们试图例如在两个错的极端之间找出中间之处，找出正确的
位置或者正确的时间点。但自然人则直接找出这正确的点，而不会反
复思考那些弯路。同样，假如我在抽象中知道如何依照抽象中的度和
分来陈述我要摆正剃须刀的角度，但假如我不是直观地对此有所了解的
话，亦即对剃须刀不是熟练掌握和运用自如的话，那是不会给我任何帮
助的。此外，应用理性也以同样的方式干扰了对一个人的面相的了
解。要了解一个人的面相，也必须直接透过理解力：一个人的表情和
神色，其脸上特征的含义，我们说只能是被人感觉到，亦即恰恰无法进
入抽象的概念中。每一个人都有其直接和直观的面相学和疾病特征
学，但一个人会比另一个人更清楚地看出那“万物的签名”。但要抽象
地教和学一门面相学却是无法做到的，因为那微小差别在此是如此的细 100
腻，以致概念和词语是无能为力的，因此，抽象的知识与之相比，就犹
如镶嵌图案与范·德·沃夫（*van der Werft*）或者丹纳（*Denner*）的油
画相比：正如无论那镶嵌图案是多么的细腻，石头与石头之间的界线却
始终就在那里，因此，从一种色彩到另一种色彩的无缝连接是不可能
的，概念以其僵硬性和泾渭分明的界线也同样如此：无论我们多么细腻地

透过更详细的规定将概念与概念分开，也始终无法达到直观所见的那种细腻变异。而这恰恰就是我们在这用作例子的面相学的关键之处。[1]

概念酷似镶嵌图案的石块的特性——也因为这一特性，直观始终是概念的渐近线——就是为什么在艺术中无法通过概念而创作出优秀作品的原因。假如歌唱家或者演奏高手想要通过反省思考以指导其演出，那他就将是没有活力的。这对作曲家、画家，甚至文学家来说也一样；概念不会为艺术带来什么成果，概念仅能指导技术的部分，其发挥的领域是科学。我们将在第三篇更详细地探讨为什么一切真正的艺术都是发自直观认识的，而从来不会出自概念。甚至在行为举止、社交中的个人魅力方面，概念也只有否定性的作用，是为了收敛自我和兽性的粗野爆发，正如礼貌是其值得赞扬的杰作；但有吸引力的、优雅的、招人
101 喜欢的行为举止，那体贴和友好，却不可能出自概念，否则：

> 我们感觉到了目的，也就觉得没意思了。
>
> ——歌德，《塔索》，第2，1

所有的造假都是反省思考以后的产物，但造假无法持续和长时间地维持：我们无法长期戴着假面具，塞涅卡在《论仁慈》里说。然后，造假大多会被认出，也就无法发挥其作用了。在生活的高压中，需要快

---

[1] 正因此，我的看法是面相学确切所能做的，不过就是给出一些相当普遍的规律，例如，智力的部分要从额头和眼睛上看；道德的部分、意欲的表现则要看嘴巴和脸的下半部；额头和眼睛是互相说明的，这两者之一，在不曾看到另一者的情况下，就只能理解一半而已；天才永远不会没有高耸、宽阔、呈优美拱顶的额头；但这样额头的人却也常常不是天才；一副有思想的神情，其外貌越是丑陋，我们就越有把握推断其有思想；而一副愚蠢的神情，其外貌越是美丽，我们就越有把握推断其愚蠢，因为美丽是与人的典型相配的，美丽就其自身已带有精神思想清澈的标志；丑陋则与此相反，等等。

速地作出决定、大胆地行动起来、迅速和有力地介入其中——这时虽然理性是必不可少的，但假如理性占了上风，扰乱和妨碍了直观、纯粹的理解力去发现和与此同时开始做合理该做的事情，导致举棋不定、犹豫不决，那就会很轻易地败事有余。

最后，美德和神圣性也不是发自反省思考，而是出自意欲的内在深处及其与认知的关系。有关的讨论在这本著作的另一处地方。我只是指出这一点：与伦理学相关的教义可以在整个民族理性中是同一的，但每一个个体的行为都是不一样的，反之亦然：人的行为，就像人们所说的，是根据人的感觉而发的，亦即恰恰不仅根据概念，也就是说，是依据伦理道德的内涵而发的。教条让闲散的理性有事可做，行为（行动）则最终独立于理性而走出自己的路子，通常都不是根据抽象的原则，所依照的其实是不曾说出来的生活准则，而那整个人本身就表达了这生活的准则。所以，尽管各个民族的宗教教条是多么的不一样，但在所有这些民族中，做善事都会伴随着难以言表的满足，做恶行都会伴随着无尽的害怕和恐惧。任何讥笑嘲讽都丝毫不会动摇那份满足，也没有任何赦罪能够除去那种害怕和恐惧。但这不应让我们否认：要过上一种道德的生活，应用理性是必要的，理性只不过不是这道德生活方式的源头而已；其实，理性的功能是一种次要的功能，也就是保存所做出了的决定、
把准则呈现在我们眼前以抵御一时的软弱和保持坚定一致的行为。理性 102
在艺术方面最终也发挥同样的功能：在此，理性在关键事情上是无能为力的，但却为具体实施予以了支持，恰恰是因为天才并不是随时听候呼唤的，但作品却是要完成其各个部分和组成一个整体的。[1]

---

[1]《作为意欲和表象的世界》第2卷第7章补充这里。

§ 13

所有这些对运用理性的好处和坏处的考察，是为了清楚表明：尽管抽象知识是对直观表象的反省思考，并且以这些直观表象为基础，但抽象知识与直观表象根本不是那么的相符一致，以致抽象知识在任何情况下都可以代替直观表象；其实，抽象知识从来都不是完全精确吻合于直观表象的。因此，正如我们所看见的，虽然许多人类工作和事务只有在理性和权衡思考的工作方法的帮助下才能成事，但是，某些事务在没有应用理性和权衡思考的情况下却完成得更好。恰恰是直观认识与抽象认识的不相一致——因为这不相一致，抽象认识与直观认识始终只是接近和差不多，就像镶嵌图案与油画一样——成了一个相当值得注意的奇特现象的原因，而这奇特的现象，正如理性那样，是人的本性所特有的，但人们对此现象迄今为止一直在重新尝试作出的解释却都是不足够的，我指的是发笑。由于发笑的这一起源，我们不得不在此对发笑讨论一番，虽然这再度地耽误了我们的进程。发笑在每一次都是由突然感知到了一个概念与透过这个概念在某一方面所想到的现实客体之间的不相一致而起，而那笑本身恰恰只是表达了这种不相一致。经常有这样的情形：两个或者两个以上的现实客体是通过一个概念来思维的，概念的同一性就转到了这些现实客体那里，但这些现实客体在其余方面的某一完全不同之处就很突出鲜明地显示：这概念只是在某一片面考虑的方面与现实客体相吻合。但同样经常发生的情形是，一个现实客体在
103 某一方面被合理地纳入一个概念之下，但这一客体与这概念的不相一致

被突然感觉到了。一方面，这样的实际情况越是正确地纳入概念之下，那在另一方面，其与概念的不相吻合就越巨大和越刺眼，由此对比所产生出来的可笑效果就越强烈。所有的发笑都是由于某一荒谬的说法和因此是意料不到的概括而起的，不管是通过词语，还是通过行为表达出来。这就是简略地对“发笑”的正确解释。

我不会在此停下来讲述一些轶事作为这方面的例子以说明我的解释，因为这是如此简单和易于理解，以致并不需要这些东西，而读者回忆起的每一令人发笑的事情都同样可作这方面的证明。但我们的解释通过阐明那两类可笑的情形——可笑的情形就分为这两类，这也正如我们的解释所表明的——同时得到讲解和证明。也就是说，要么之前我们已经认识了两个或者多于两个非常不同的现实客体、直观表象，我们就主观任意地通过一个涵盖了这两者的统一概念将这两者视为相同：这种可笑的情形称为*语义双关的笑话*（*Witz*）。要么，反过来，在认知中先有了概念，然后我们就从这概念转到现实和转到对现实发挥作用，转到行为：那些在其他方面是根本上不同的、但却都是采用这概念思维的客体，现在就以同样的方式被一律看待和处理，直至在其他方面的差别引起了行为人的诧异和惊讶。这种可笑的情形就称为*头脑简单或愚蠢*。因此，每一可笑的事情要么是一个一语双关的滑稽想法，要么是一桩愚蠢的行为——这要根据人们是从并不一致的客体到统一的概念，抑或倒转过来而定：一语双关的滑稽始终是主观任意的，愚蠢行为则总是非主观任意的和由外在所强加的。宫廷丑角和戏剧中的小丑所用的技巧就是似乎把那出发点翻转过来，把一语双关装作愚蠢：这丑角或小丑很清楚客体的多样性，他们私底下为要弄出一个语带双关的俏皮话而把这些

104 客体结合在一个概念之下，然后从这个概念出发，在这之后就对所发现的客体的多样性而感到惊讶，而这其实是他们早就准备好了的。从这简略的、但却是充分和足够的有关可笑的情形的理论可得出这一结论：假如我们不要理会后一种开玩笑的情形，那一语双关的滑稽必然显现在词语里，但愚蠢的笑话大都表现在行为上，尽管那也会表现在词语里——假如那只是说出了意图、打算，而并不是真的要实施，或者假如那只是表现在判断和看法上。

属于愚蠢的，还有迂腐的学究气。学究气的产生，是由于人们对自己的理解力并没有多少信心，所以不想把在个别情形里由自己的理解力直接作出正确的判断，因此，他们想要把理解力完全置于理性的监管之下，并且时时处处都要运用理性，亦即总是从普遍的概念、规则、准则出发，精准地照本宣科，在生活、艺术，甚至在道德良好行为方面也是如此。所以就有了迂腐学究气所特有的死守形式、死守方法、死死抓住用语和字词不放，而这些对于他们就代替了事情的本质。那么，在这种情况下，概念与现实的不相一致很快就显现出来了，正如概念永远不会涵盖其下面的每一个别情形，也正如概念的普遍性和僵化的定义规定永远不会精确吻合真实世界中细腻、微妙的差别和各式各样的变化。迂腐的人因此带着他的那些普遍性准则在生活中几乎处处吃亏，显现为有欠聪明、无聊乏味、没有多大的用处；在艺术方面，因为概念是徒劳无功的，所以他们制作出来的是没有生命力的、僵化的、矫揉造作的怪胎。甚至在道德伦理方面，下定决心要做出公正或者高尚的行为，也并不就是要时时处处根据抽象的准则行事，因为在许多情况下，其中极为细腻、微妙的状况，让一个人有必要作出直接出自其性格的合

理选择，因为应用单纯抽象的准则一来会导致错误的结果，因为这些准
则只是部分适用于这些情形；二来不会贯彻始终，因为这些准则对那行
为人的个体性格是陌生的，而这性格是永远不可以完全不承认的。不 105
相一致和不相协调也就由此而来。我们无法让康德完全免于受到造成
这种道德学究气的指责，因为康德认为一个具有道德价值的行为的前提
条件，就是这行为出自纯粹理性的抽象准则，其发生并不夹杂着任何倾
向或者瞬间的冲动。这种指责也是席勒标题为“良心的责备”书信诗
的意思。假如我们谈论起——尤其是在谈论政治事件中——教条主义
者、空谈理论家、学究，等等，那我们所指的就是那些只在抽象中、而
不是具体了解事情的人。抽象就在于在思维中去掉更详细的和更进一
步的定义和规定，但恰恰是这些东西在实际中是非常关键的。

为圆满完成我们的理论，还要提到一种伪滑稽，那种词语游戏、法语的 *calembourg*（双关语）、英语的 *pun*（双关语），此外，还有模棱两可的双关语、法语的 *l' équivoque*（歧义词）——这些主要是用于下流玩笑方面的。正如语义双关的笑话是把两个很不同的现实客体强行置于一个概念之下，同样，词语游戏把两个不同的概念通过巧合置于一个字词之下。那同样的反差也就出现了，但却平淡得多、肤浅得多，因为那并不是出自事物的本质，而是出自偶然性的命名。在语义双关的笑话里，在概念中是同一的东西，在现实中则是不同的；在词语游戏的情形里，在概念中不同的东西，在现实中是同一的，因为那词语是属于现实的。假如我们说词语游戏之于语义双关的滑稽，犹如上面的倒圆锥体的抛物线之于下面圆锥体的抛物线，那就是有点太过造作的比喻。但对于词语的误解，却是并非主观任意的“双关语”，与它的关系恰如愚

蠢之于一语双关的滑稽笑话；因此，那些听觉有困难的人与蠢人一样，必然在很多时候给人以笑料，而差劲的喜剧作者就采用前者而不是后者来引人发笑。

我在此只是从精神心理的角度思考了笑，至于从生理角度的考察，我
106 推荐大家阅读《附录和补遗》第2卷第6章§96第134页（第1版）。[1]

§14

所有这些多方面的考察，是希望把这两者的差别和关系完全清楚地展现出来——一方面，理性的认知方式、理性认识、概念；另一方面，则是在纯粹感官的、数学般的直观中和透过理解力去把握的直接认知。此外，考察我们的这些认知方式的奇特关系，也几乎无可避免地让我们插进了一段有关感觉和笑的讨论。现在，我就从这些考察和讨论中回过头来，更进一步地讨论科学，而科学与语言和深思熟虑的行为一道，是理性给予人类的第三个优势。我们在此对科学所要做的泛泛的考察，一是涉及其形式，二是涉及其判断的理据，最后则涉及其内容。

我们已看到了，除了纯粹逻辑的基础外，所有的知识的根源总的来说并不在理性本身，其实，这些以其他方式所取得的直观认识被存放在了理性那里，因为以这样的方法，直观认识就转换了一种完全不同的认知方式，转换成了抽象的认识。一切知识，亦即提升到抽象意识的认识，与真正科学的关系犹如碎片与整体的关系。每个人都通过经验、

[1]《作为意欲和表象的世界》第2卷第8章补充这里。

通过考察所呈现出来的单个事物而达致对各种各样事物的一定的知识，
但也只有那些以获得有关某一种类对象物的完整的、抽象的认识为己任
的人，才是追求科学的。只有通过概念，他才可以把那一类的题材分
别出来，因此，在每一门科学的开头都有一个概念——通过此概念，我
们就可以思考那从一切事物的整体中抽出来的部分，科学对这部分也允
诺给予我们抽象的、完整的认识，例如，有关空间比例的概念，或者有
关无机体相互之间的作用，或者有关植物、动物的性质，或者有关地球 107
表面接连的变化，或者有关人类在整体上的变化，或者有关一种语言结
构等概念。假如科学想要以这样的方式达致对其对象物的认识，即对
以概念思维的一切逐一个别地探究，直至其逐渐地认识了全体，那么，
一来人的记忆根本无法胜任，二来也根本无法确切达到完整。因此，
科学就利用了上述所探讨的概念含义圈互相包含的特性，主要地面向在
其对象概念里面的更广的含义圈；当科学已经确定了这些含义圈相互之
间的关系时，在所有这些含义圈中所想到和思维到的东西，总的来说也
一并确定了，现在就可以借助于挑选出越来越收窄的含义圈而得到越来
越精确的确定。以此方式，一门科学可能完全包含了其对象物。科学
走的这条获取认识的路子，也就是说，从普遍到特殊的路子，把科学与
普通一般的知识区别开来；因此，有系统、成体系的形式是科学的一个
本质性和典型性的特征。把每一门科学最普遍的概念含义圈结合起
来，亦即把有关这科学的最高定理的知识结合起来，是掌握这门科学必
不可少的条件；至于我们要在多大程度上从这些最高定理走向更多特殊
的定理，是听随人意的，但却不会增加那透彻程度，而只会增加学问知
识的范围。最高定理的数目——其他的所有定理都是从属于这些最高

定理——在每一门不同的科学中是相当不同的，以致在某些科学中有更多的从属关系，而在其他科学中则有更多的并列关系。在这方面，从属的定理对判断力更有要求，而并列的要求得更多的是记忆力。经院哲学家早就知道[1]，因为逻辑推论需要两个前提，所以，任何科学都不能从单一的一个无法作出更多引申的最高定理出发，而必须具有更多
108 的、至少是两个最高定理。真正的分类性科学：动物学、植物学，甚至物理学和化学——只要物理学和化学把一切无机作用都还原为为数甚少的基本力——有最多的从属关系；而历史学事实上根本就没有从属关系，因为历史学中普遍性的东西仅仅只是由主要时期的梗概所构成，但从这些主要时期，我们却无法推导出特殊事件，这些事件只是依照时间而从属于那主要时期和依照概念而与其并列。因此，历史学严格说来虽然是一门知识，但却不是科学。在数学中，虽然依照欧几里得的处理，那些公理是唯独无法演示和证明的最高定理，而所有的演示和证明都是逐级严格从属于最高定理的，但是，这样的处理对数学来说并非是主要的；事实上，每一条定理都再度开始了一个新的空间公式和理论，就其本身是独立于之前的公式和理论的，并且事实上也可以完全独立地、就其本身在对空间的纯粹直观中被认识，而在对空间的纯粹直观中，就算是最复杂的公式和理论也一如公理一样是直接显而易见的。详细的我们后面再讨论。与此同时，每一个数学定理始终是一个普遍真理，适用于无数个别的情形；一个逐级的从简单定理到复杂定理的过程——复杂定理是可以还原为简单定理的——对数学而言也是主要的，

[1] 苏亚雷斯(Suarez),《形而上学论辩集》,论辩 3,第 3 节,3。

数学因而从每一方面看都是科学。这样一种科学的完整性，亦即依照其形式，就在于定理之间尽可能多的从属关系和甚少并列关系。一般的科学才华，据此就是那种把概念的含义圈根据其不同的规定而形成从属关系的能力；这样的话，正如柏拉图所反复建议的，并非仅仅只是一条普遍性的概念和直接在这概念之下罗列出一望无际的多种多样的东西就构成了科学，而是应该让认识逐渐往下，从最普遍的到特殊的，其间经过中间的概念和根据越详细的规定而作出的划分。依照康德的用语，这可称为同等程度地满足归同法则和分异法则。但恰恰因为这构 109
成了真正科学的完整性，所以也就表明了：科学的目标并不是更高的确切性，因为甚至至为断裂的个别认识也有同样高的确切性；其实，科学的目标是通过其形式让知识更简捷和更容易，以及由此为完整的知识提供了可能性。所以，这一看法虽然流行，但却是错误的，即知识的科学性就在于更高的确切性。同样错误的是由此而来的宣称：只有数学和逻辑学才是真正意义上的科学，因为只有这两者，由于其完全的先验性，具有认识的颠扑不破的确切性。数学和逻辑学的这一确切性优势是不可否认的。不过，这并不会给予它们对科学性的任何特殊权利，因为科学性并不在于可靠性，而是在于透过从普遍到特殊的逐级往下所奠定的知识体系形式。这一为科学所特有的、从普遍到特殊的认知方式，导致了在数学和逻辑学那里，许多定理是从之前的定理推导出来的，因而是经由论证而奠定的，这就造成了这个古老的错误看法：只有那被论证了的东西才是完全真实的，每一个真理都需要有一个论证。其实却是相反：每一个论证都需要有一个未被论证的真理，以最终支撑起这论证或者这论证的论证。所以，一个直接奠定了基础的真理远胜于一个通过论证而奠定的真理，犹如源头的活水远胜于从引水渠中过来的水。直观——部分地是纯粹先验的东西，正如数学，部分地是实际经验中后验的东西，正如其奠定了所有其他科学——是一切真理的源泉和一切科学的基础。(逻辑学唯独除外，因为逻辑学是基于非直观的、但却是理性关于其特有规则的直接认识。) 既不是被论证了的判断，也不是其论证，而是从直观中直接得出的，是建基于此直观而不是建基于一切
110 论证的判断，在科学中才是犹如宇宙中的太阳一样的东西，因为一切光都由此而出，其他东西只是被其照亮以后才再度反射出光芒。直接从直观中奠定起这样的首要判断的真理性，从一望无际的众多现实事物中建立起科学的这样的基础——这就是判断力的任务和工作，而判断力是把直观认识的东西正确和精准地转换进抽象意识的能力，也因此是理解力与理性的中介者。只有一个人所具有的突出的和超乎寻常的判断力优势，才可以让科学真正地更进一步，但要从定理中推论、证明和得出定理，则是每一个只要有健康理性的人都可以做到的。相比之下，把直观认识的东西为了反省思维而放置和固定在合适的概念中，一方面让许多现实之物的共同特性透过一个概念，另一方面让这些事物的不同之处透过同样多的概念来思维，因而把不同的东西，尽管其有部分的一致成分，仍然认识到和思想为不同的东西；然后，又把同一的东西，尽管其有某一部分的差别，仍然认识到和思想为同一的东西，这一切都根据当时每一次的目标和考虑而定——所有这些都是判断力所做的事情。缺乏判断力就是头脑简单。头脑简单的人时而无法认出在某一方面同一的东西中那些部分的或者相对的差别，时而又无法看出在相对的或者部分有差别的东西中那同一的地方。此外，康德把判断力划分为反思

的判断力和归纳的判断力，也可以运用在这里对判断力的解释，这视乎
判断力是从直观的客体到概念抑或从概念到直观的客体而定，但在这两
种情形里，理解力始终是在直观认识与理性反省认识之间斡旋和促成。
并不会存在无条件的、仅仅只是通过逻辑推论而得出的真理；其实，仅
仅只是通过逻辑推论而奠定真理的必要性始终只是相对的，甚至是主观
的。既然所有的论证都是逻辑推论，那对于一个新的真理，所首要寻
找的就并非是一个论证，而是直接的显而易见的证据，也只有在缺失这
种证据的时候，才暂时提出这些论证。没有任何科学是可以完全彻底 111
被论证或证明的，就跟一栋建筑物不可以伫立在空气中一样：其所有的
论证都必须还原为直观的东西和因此是不再可以被证明的东西。这是
因为整个反省思维的世界是寄托在和扎根于直观的世界。一切最终
的，亦即原初的、显而易见的证据（*Evidenz*）都是直观的证据：
Evidenz 本身已经透露了这些意思。因此，这证据要么源自实践，要么
建立在对可能经验的条件的先验直观上。因此，在这两种情形里，它
只提供了在经验和知识范围之内的、而不是超验的认识。每一个概念
只是在与某一直观表象相关的情况下——虽然那是非常间接的关系——
有其价值和存在：适用于概念的，也适用于由这些概念所构成的判断，
适用于全部科学。所以，在某一方面或从某一角度，必然有可能甚至
用不着论证和推论就可直接认识每一个通过逻辑推论而发现的和通过证
明来传达的真理。这在不少复杂的、我们只能循着逻辑推导链条才能
得出的数学定理，确实是最困难的，例如，从毕达哥拉斯的定理通过推
论就有关弦和切线与一切弧线的计算；不过，就算是这样一种真理也不
可以本质上和唯独只依靠抽象的定理，那构成其基础的空间关系必然可

以突出展现给纯粹先验的直观，以致其抽象表达的可以直接有所理据。但有关数学的证明，将很快就会详细谈到。

人们可能常常高调地夸赞一些科学：它们完全建立在从可靠的前提所得出的正确推论上，并因此是真实的、颠扑不破的。不过，通过纯粹逻辑的推论链条，不管那些前提是多么的真实，我们所能得出的只是对这些前提的解释和阐述，我们永远不会得到比已经存在于这些前提中的更多内容：因而也就只是明确地展示了在那些前提中含蓄理解的东西。
112 但人们所高调夸赞的那些科学，指的专门是数学科学，尤其是天文学。但天文学的确切性却是因为天文学是以先验给予的、因而是不会出错的对空间的直观为基础；所有的空间关系却是一个关系紧随着另一个关系，伴随的是先验给予了确切性的一种必然性（存在根据），所以可以可靠地从相互间推论出来。除了这些数学的规定外，在此只是另加了唯一的一种自然力——重力——而这重力是与质量和距离的平方精确成比例地发生作用的。最后是那先验确定的惯性法则——因为这是出自因果关系法则的——与一次性施加于这些的每一个质量的运动的经验资料。这就是天文学的全部素材，这些既简单又可靠的素材，导向了坚实的结果，并且由于天文学的对象是庞大的和重要的，这些结果也是非常有趣的。例如，如果我知道一个行星的质量和其卫星与其的距离，那我就可确定地推断出这一行星的公转周期，所根据的是开普勒第二定律，其根据是：在这样的距离中，也只有这样的旋转速度才能同时束缚住这卫星和不让其掉进这行星中去。因此，只有在这样的几何学基础上，亦即通过一个先验的直观，并且在应用自然法则的情况下，逻辑推论才可以走远，因为逻辑推论在此就像一座桥梁，连接起从一个直观看法到另一个直观看法。但仅仅只是采用独有的逻辑方法而进行的纯粹推论却不是这样。首要的天文学基本真理的源头，其实是归纳法，亦即把许多直观所得概括成一个正确的、有直接理据基础的判断。从这一正确的判断，在这之后就产生出假设，并通过经验对此证实，因为那接近于完整的归纳法给出了对那首要判断的证明。例如，行星表面的运动在经验上就可认识到，经过有关运动（行星的轨迹）的空间关系方面的许多错误的假设以后，终于找到了正确的运动，这之后找到了这运 113
动所遵循的法则（开普勒法则），到最后找到这些法则（普遍的引力）的原因；那经验中认识到的所有出现的情形与所有的假设和从这些假设中得出的结论的一致性，亦即归纳法，就给予了那些假设以充分的确切性。提出假设是判断力的事情：判断力正确地理解了既定的事实，并相应地表达出来；但归纳法，亦即多方的直观，证实了其真实性（或说真理）。但这真实性（真理）甚至可以直接地、通过某一单一的经验直观而奠定起来——一旦我们能够自由地穿越太空，并有一双望远镜一般的眼睛。所以，逻辑推论在此并不是认识主要的和单一的源头，而其实永远只是权宜之计。

最后，为了举出第三个不同性质的例子，我们还想要说，所谓形而上学的真理，亦即正如康德在《自然科学的形而上学基础》中所提出的形而上学的真理，其显而易见的证据也不是归因于论证的。先验确切的东西，我们是直接就认识的，那作为一切认识的形式，是我们以最大的必然性意识到的。例如，物质是顽固恒存的，亦即既不会生成，也不会消亡——这是我们直接就知道的消极性真理，因为我们对空间和时间的纯粹直观给予了运动以可能性；理解力在因果法则那里给予了形式和质的变化的可能性。但是，对于物质的生成和消亡，我们却缺乏可以想象的形式。因此，上述真理在任何时候、任何地方和对任何人都是显而易见的，它也并不会遭受严肃、认真的怀疑，而情况是不可能这样的——假如这真理并没有任何其他的认知根据，除了康德的如此困难的一个在针尖上阔步走动的证明之外。此外，我还的确发现（详见“附录”）康德的证明是错误的，并在上文表明：物质的顽固恒存并不是从时间在我们的经验可能性中所具有的份额中推断出来的，而是从空间的
114 份额推断的。所有在这一意义上的名为形而上学的真理，亦即认知的必然和普遍形式的抽象表达，并不可以再度存在于抽象的命题（定理），而只能以对表象形式的直接意识，以透过不容辩驳的和不用担心任何反对意见的先验陈述公布出来。但假如我们仍然想要就此给出证明，这证明只能是这样的：我们要指出，对任何一个并不会遭受怀疑的真理来说，所要证明的东西已经作为一部分或者作为前提条件包含在这真理里面了；因此，我曾表明，例如，所有以经验为依据的直观，已经包含了运用因果法则，对因果法则的认识因此是一切经验的前提条件，所以并不会像休谟所宣称的那样，是由经验所给予的和以经验为条件的。证明根本上更多的是给那些想要争辩的人，而不是给那些想要学习的人。前者顽固地否认直接奠定的见解。也只有真理才可以从各个方面看都是始终一致的，所以，我们必须向这些人表明：他们在一种形态下间接地承认在另一种形态下直接否认的东西，因而是向他们指出所否认的与所承认的之间的逻辑关联。

此外，科学的形式——亦即把所有特殊的都纳入某一普遍概念之下，然后再纳入更普遍的概念之下——却造成了许多定理的真理性只奠

定在逻辑上，也就是说，是通过依赖其他定理，因而是通过逻辑推论，而这些逻辑推论与此同时也就现身为证明。但我们永远不应忘记：这整个形式只是让认知变得简捷的一个工具，但却不是让认知更加确切的手段。从一只动物所属的物种，然后往上从这物种的属、科、目、纲去了解这动物的特性会比每一次都单独地探究每一只动物更轻松，但所有经逻辑推论而来的定理（命题）的真理性，却始终只是有条件的，并最终依赖某一并非以推论为基础、而是以直观为基础的真理。假如这一 115
直观始终与我们很密切，就像通过某一逻辑推导而得出推论一样，那将是绝对更好的事情。这是因为所有从概念得出的推导，由于上文已指出过的概念含义圈的多种多样的相互紧扣和其含义内容常有的摇摆不定的定义，都很难摆脱得了许许多多的假象和迷惑，那各种各样的诡辩论和错误学说就是这方面许许多多的证明。逻辑推论虽然就其形式而言是完全确切的，但由于其素材、概念而变得非常不确切，部分是因为这些概念的含义圈常常并不是足够分明地定义下来的，部分是因为这些概念以如此多种的方式互相横贯，以致某一含义圈部分地包含在许多其他概念里，我们因而可以主观任意地从这一个概念换入另一个概念和从另一个概念再度换入更多的概念，正如我们已经描述过的。或者换句话说，小项和中项总是可以隶属于不同的概念，而从这些概念我们可以随意挑选主项和中项，然后，推导的结论就会不同。所以，不管在何种情况下，直接显而易见的依据是远远优于被证明了的真理的，而这被证明了的真理只是在那直接的显而易见的依据是遥不可及时才被接受的，而不是在它们都是同样的接近或者在比证明了的真理还要接近的时候才是这样。因此，我们在上述就看到了：事实上，就逻辑学来说，在直接认知比推导出来的科学认识距离我们更近的某一情况下，我们都总是只根据我们对思维法则的直接认识而指导我们的思维，逻辑则置之不用。[1]

§ 15

我们确信直观就是一切显而易见的证据的首要源泉，与直观直接或者间接相关的才是唯一的真理；再者，通往这真理最近的途径总是最可靠的，因为通过概念的每一中介都有可能存在许多假象；现在，假如我们带着这样的确信审视由欧几里得创立为科学、并在大体上保持至今的数学，那我们就不可避免地发现数学所走的路子是古怪的，甚至是颠倒的。
116 我们要求每一个逻辑的理据都要还原为一个直观上的理据，但数学则费尽心机地故意摒弃掉其特有的和随处都有的、直观的、显而易见的证据，目的就是要以一个逻辑上的证据取而代之。我们不得不觉得这就好比一个人砍断自己的双腿以便用拐杖走路，或者就像《感伤主义的胜利》中的王子，逃离真实美丽的大自然以便欣赏那仿效美丽大自然的舞台装饰。在此我必须回忆在《论充足根据律的四重根》第6章中说过的话，并假定读者此刻对此是新鲜记得的，这样，我才可以将我的看法与此连接起来，而不至于要重新分析一个数学真理的、在逻辑上可以给出的单纯的认知根据与存在的根据之间的分别，而存在的根据是直接的，唯有在直观上才可认识的在空间和时间上各个部分之间的联系。

[1]《作为意欲和表象的世界》第2卷第12章补充这里。

唯有对此认识才能给予真正的满足和透彻的知识，而那单纯的认知根据
则始终停留在表皮，而且所给出的知识只是情形就是这样子，但为什么
是这样子却无法解释。 欧几里得选择了这后一条明显是对科学不利的
路子。 这是因为，例如在一开始，在他本应一次性地展示在一个三角
形中角和边长是如何互相之间规定和互为原因与结果，所依照的是根据
律在单纯空间的形式，而根据律的这形式，无论在任何地方，都给予了
这样的必然性：一样东西就是如它应该所是的这样子，因为一样与其相
当不一样的东西就是如其所是的那样子；欧几里得并没有给出有关三角
形的本质的一个透彻认识，而是提出了有关三角形的一些支离破碎的、
任意挑选出来的定理和给出了对这些的一个逻辑学的认知根据，通过一
个非常艰难的、逻辑上的、符合矛盾律的程序而获得的证明。 我们得
到的并不是对这些空间关系的一个透彻的认知，取而代之的只是从这些
得出的一些随意传达给我们的结果；情形犹如向一个人展示一部巧妙机
器的不同作用，但这机器的内在关联和装置却不给这个人看。 欧几里 117
得所演示的都确实就是那样子，人们被矛盾律所迫对此是不得不承认
的，但为什么是那样子，人们却是无法知悉的。 人们因此几乎有着看
完魔术戏法以后的那种让人不舒服的感觉。 事实上，大多数欧几里得
的证明都与这样的魔术戏法极其相似。 真理几乎总是从后门进入，因
为那是偶然从某一附带情况中得出来的。 一个反证法的证明经常一扇
接一扇地锁上了所有的门户，就只留下一扇门开着，人们就因为这样而
不得不从这扇门进入。 常常就像在毕达哥拉斯的定理中那样划下了线
条，而人们却不知道为了什么：后来才发现那是绳套，会出其不意地合
拢收紧来俘获学习者的赞成，而那学习者现在就吃惊地必须承认，就内

在关联而言对于他仍是完全不可理解的东西。这个中情形到了这样的地步，以致他尽可以仔细研究全部欧几里得的东西，而又仍然无法获得对空间关系法则的真知，他也就只是凭记忆了解到了其中的某些结论而已。这原本是经验的和不科学的认知，就类似于这样一个医生的认知：这医生晓得什么病对应什么药，但对这两者的关系却是不了解的。但所有这些却都是因为人们怪异地拒绝一种认知方式所特有的理据和证据，取而代之的是强行引入一种与这认知方式本质格格不入的理据和证据而得出的结果。尽管如此，欧几里得做到这些的方式却是配获在这如此之多的世纪中所给予他的一切赞赏；这赞赏达到了这样的程度，人们甚至把他处理数学的方式宣布为一切其他科学表述和说明的楷模，人们甚至努力争取将之当作一切其他科学所要效法的对象。但后来，人们却又折返回头，并不很清楚到底为什么是这样。在我们的眼中，欧几里得在数学中的这种方法就只是一种非常辉煌的颠倒错误。但假如
118 一个巨大的谬误受到人们有目的和有计划的推行，同时还得到了普遍的赞许，不管这谬误涉及生活抑或涉及科学，那其中的原因都总可能被证实就是在那时期占主流地位的哲学。爱利亚学派首先发现了所直观到的与所想到的是有差别的，事实上常常是矛盾的[1]，并将这一点以各式各样的方式用于其哲学命题，也用于诡辩之中。稍后紧随他们的是麦加拉学派、辩证学派、诡辩派、新学院派和怀疑论派。这些人提醒我们注意到假象，亦即注意到感官——或者更准确地说——那把感官资料转化成直观的理解力会有的错觉，而这理解力经常让我们看到的事物，

---

[1] 在此，绝对不要想到康德对这两个希腊词的滥用，我在“附录”的开首已批评了康德的滥用。

其现实性是理性肯定否认的。例如，在水中看上去折断了似的一根棍子等。人们认识到感官直观是不可以无条件信赖的，并且仓促地得出结论：只有理性的逻辑思维才能奠定真理，尽管柏拉图（《巴曼尼德斯篇》）、麦加拉学派、皮浪和新学院派通过例子（以稍后塞克斯都·恩培多克勒所采用的方式）表明：在另一方面，逻辑推论和概念也是会误导人的，甚至产生了谬论和诡辩，而这些东西的产生要比感觉直观中的假象容易得多，也更难以消除。但是，那与经验主义相对立而产生的理性主义却占了上风，欧几里得就以符合这理性主义的方式处理数学，亦即迫不得已地仅将公理以直观的证据为支撑，但其余所有的则以逻辑推论为基础。他的方法历经各个世纪一直占据主流地位，并必然会继续这样——只要先验的纯粹直观不是与经验的直观区别开来的话。虽然欧几里得的注释者，普洛克罗（Proklos），似乎完全认识到了这一区别，正如其著作中的一些段落所展示的，而这些段落，开普勒在《世界的和谐》中翻译成了拉丁语，但普洛克罗并没有足够地重视这事情，太过孤立地提出这看法，一直没受到人们的注意和流传开来。所以，只是在两千年以后，那注定给欧洲人民的一切知识、思维和行为活动带来了如此巨变的康德学说，也在数学领域造成了这样一种变化。这是因 119
为只有在我们从这位伟大的思想家学到了空间和时间的直观是与经验的直观完全不同的，是完全不依赖于感官印象的，是感官印象的条件，而不是以感官印象为条件，亦即先验的，所以根本不会听任感官的欺骗——只有在这之后，我们现在才可以看出：欧几里得对数学的逻辑处理方式，其谨慎是没用的，是给健全双足的一副拐杖；那就像一个人在夜晚误以为一条明亮的道路是一道水流：他小心谨慎地不要踏上去，始终走在其旁边的坑坑洼洼的地上，就满足于毗邻着那误以为水流一段一段地走路。只有到了现在，我们才能够肯定地断言：那在直观中必然向我们呈现为一个图形的东西，并不是来自画在纸上的或许有相当大缺陷的图形，也不是来自我们在这方面所想到的抽象概念，而是直接来自我们先验意识到的一切认知的形式：这在任何情况下都是根据律。在此，根据律作为直观的形式，亦即空间的形式，就是存在的根据律，其显而易见性和有效性与认知的根据律的显而易见性和有效性，亦即与逻辑的确切性，是同样大小和同样直接的。因此，我们不需要和不应该为了仅仅信赖这后者而舍弃数学的独有领域，以便用一种与数学格格不入的方式、一种概念的方式确认数学。假如我们坚守数学所独有的地盘，那我们就有了这巨大的优势：在数学中，有关某样东西就是这样子的知识，现在就与这某样东西为什么是这样子的知识合为一体了；就不再是欧几里得的把这两者完全分开和仅让人认识到前者的方法，而是也让人认识到后者。亚里士多德在《后分析篇》第 1 篇第 27 节中说得很好：那在告诉我们某样东西是这样子的同时也告诉我们为什么是这样子的知识，要比把是这样子与为什么是这样子分开的知识，精确得多和优异
120 得多。但我们在物理学中，只有当那某样东西是这样子的知识与某样东西为什么是这样子的知识连在一起时，我们才会感到满足：单是知道水银在托里拆利管是 28 寸高，但并不知道那是由空气中的平衡力承托在这样的高度的话，那可是差劲的知识。但在数学中，我们就应该对圆圈中的“隐秘属性”，对每一圆圈中两个相交的弦的部分总是包含了相等的直角而感到满意了吗？当然，欧几里得在第 3 卷第 35 条定理中证明了情况就是这样子，但为什么是这样子却仍然没有交代。同样，毕

达哥拉斯的定理教导我们认识直角三角形的一种“隐秘属性”：欧几里得僵硬的、呆板的、确实是狡猾的证明，一到了“为什么”就会舍我们而去，而在一旁已为我们所知的、简单的图形却一眼就给予了比那证明要多得多的对这事情的理解，使我们内在坚定地确信那种必然性和那些属性对直角的依赖：

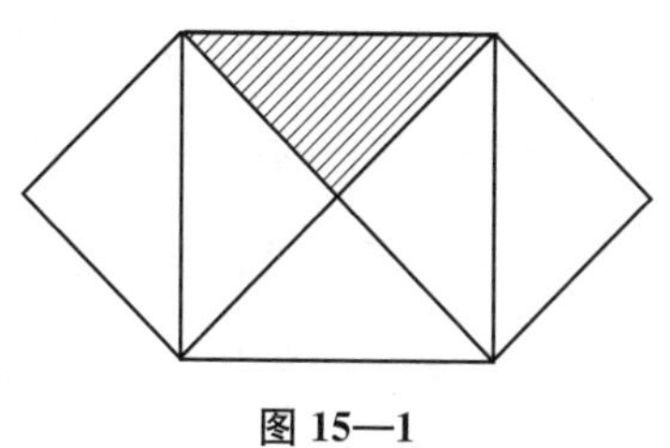

图 15—1

即使在不等的勾股中，正如在每一个可能的几何真理那里，它也让人们有这样一种直观的确信。之所以这样，就是因为这些几何真理的发现，总是出自这样一种直观到的必然性，而那证明只是在这之后才补充想出来的。因此，我们只需分析在最早发现一个几何真理时的思维过程，就能在直观上认识其必然性。根本上，我希望在陈述数学时用的是分析的方法，而不是欧几里得所用过的综合的方法。但在陈述复杂的数学真理时，这当然会有巨大的、但并非不可克服的困难。在德国，人们已经开始偶尔改变对数学的陈述，更多地采用分析的方式。诺德豪森文理中学的数学和物理学教师科萨克（*Kosack*）先生在这方面做得最坚决，因为他为在 1852 年 4 月 6 日举行的学校考试规划附加上根 121
据我的基本原则来处理几何学，做了细致的尝试。

为改良数学的方法，尤其需要人们放弃偏见，不要以为被证明了的真理就是优于直观认识的真理；或者逻辑性的、依赖于矛盾律的真理优于形而上的真理，而后者是直接显而易见的，甚至对空间的纯粹直观也属于后者。

最确切的和在任何情况下都无法解释的，就是根据律的内容。这是因为根据律以不同的形态标示了我们的一切表象和认知的普遍形式。一切解释都还原为根据律，都证明在个别情形中根本上是透过根据律而表现出来的关联。所以，根据律是一切解释的本原，因此对根据律本身无法再有一种解释，也不需要这样的解释，因为每一个解释都已经是以根据律为前提了，也只有通过根据律才获得意义。可是，根据律的任何一种形态都不会优于其他另一种形态，作为存在的根据律，或者变易的（或说形成的）根据律，或者行为的根据律，或者认知的根据律，那都是同等的确切和不可证明。根据与结果的关系，在根据律的这种或者那种形态中，是一种必然性的关系，那事实上根本就是必然性概念的源头和唯一含义。除了假如有了根据（原因），就会有结果的必然性以外，就再没有任何其他必然性了；并不存在任何不会必然带来结果的根据（原因）。因此，正如从前提中已给出的认知根据，就肯定得出结论句子中所表达的结果，那么，在空间中的存在根据也同样肯定地导致其在空间中的结果。假如我直观地认识到了这两者的关系，那这确切性就与任何一个逻辑确切性是同样的大小。但每一个几何定理都与那12个公理中的任何一个一样地表达了这样的一种关系，那是一个形而上的真理，作为这样的一个真理是同样直接确定的，一如矛盾律本身，而
122 矛盾律是一个超逻辑的真理，是一切逻辑论证的普遍基础。谁要是否定在直观中呈现的、透过某一有关空间关系的定理中表达出来的必然性，那就可以以同等的理由否定那些公理，可以以同样的理由否定从前

提得出推理的结果，甚至否定那矛盾律本身，因为所有这些都是同样不可证明的、直接显而易见的和先验可认识的关系。因此，假如人们想要首先通过一个逻辑论证从矛盾律中推导出在直观中就可认识的空间关系的必然性，那就与一块土地的直接主人想要首先从一个别人那里得到这块土地的封地别无二致。但这就是欧几里得所做的事情。他迫不得已只是让他的公理以直接的显而易见性为依据，而所有接下来的几何真理都要得到逻辑上的证明，也就是说，在预设了那些公理的前提下，看其是否与在定理中所做的假定，或者与某一之前的定理吻合一致；或者，看那些与定理对立相反的东西是否与假定、公理、更早之前的定理，甚至与其自身构成了矛盾。但那些公理本身却并不比每一个其他的几何定理有更多的直接的显而易见性，只是由于内容更少且更简朴而已。

我们在审讯一个犯罪者时，会记录下其口供，目的是看其是否一致以判断其真假。但这只是迫不得已的做法，我们假如可以直接单独检验其每一句口供的真实性的话，就不会以检查口供是否一致了事，尤其是这犯罪者可以从一开始就连贯一致地撒谎。但欧几里得就是根据上述第一个方法研究空间的。虽然他在这方面是从这正确的前提出发：大自然时时处处必然是连贯一致的，因而在其基本形式——空间——当中，也必然是一致的，因此，因为空间中的各个部分之间是处于一种根据与结果的关系，所以，任何一个空间规定不会有所改变而又不与其他空间规定发生矛盾。但这是一条非常麻烦的和无法令人满足的弯路，这条弯路宁愿间接地认识更甚于同样确切的直接认识，此 123
外，这把就是这个样子的认识与为什么是这个样子的认识更分开，而这是极不利于科学的。最后，这也让学生完全无法获得对空间法则的深刻认识，甚至让其不习惯真正探究事物的内在联系的根据，而是引导学生满足于一种这就是这样子的历史性知识。人们不住地赞誉此方法会锻炼人们的洞察力，但那不过就是锻炼学生们推导出结论，亦即锻炼运用矛盾律，尤其是要让学生尽其记忆之力去记住所有资料，以比较其是否一致。

此外，值得注意的是这种证明方法仅仅只是应用在几何学和不可以应用于算术。其实，在算术中，人们的确只是用直观来让人明白在此由计数所组成的真理。既然对数字的直观唯独只在时间，并因此不可以用任何感性的图形，如同几何图形那样来代表，那么，在此，就直观只是经验的和因此容易受制于假象的怀疑也就被剔除了，而只有这种怀疑才能够将逻辑证明的方式导进几何学中。因为时间只有一个维度，所以，计数只是唯一的算术运算，所有其他的都可还原为这算术运算，而这计数不是别的，正是人们在此不会有任何犹豫就会援引的先验的直观，也唯有通过这直观才能使所有其他的每一次计算、每一个等式最终得到证明。我们并不证明，例如，$\frac{(7+9)\times 8-2}{3}=42$；而是援引在时间中的纯粹直观，那计数，因而是把每一个别的命题变成公理。因此，算术和代数的全部内容就不再是充斥着几何学的证明，而只是缩写和计数的方法。我们对时间上的数字的直观虽然不超过 10，正如上面所说
124 的，超过了 10 就已经要用一个字将一个抽象的数字概念固定下来以取代那直观；那直观因此也就不再真正发生了，而只是相当确定地标示出来——虽然如此，透过数字次序的重要帮助（更大的数字始终是透过同样的小数字代表），每一次计算的一种直观的显而易见性也成了可能。

就算是在人们如此大的程度上借助于抽象，以致不仅是数字，而且那些不确定的量和整个运作都只是在抽象中思维和在这方面标示出来，例如 $\sqrt{r=^{b}}$，以致人们不再进行运算，而只是予以显示而已，一种直观的显而易见性也是可能的。

人们在几何学中，也能够以与在算术中同样的权利和同样的可靠性，只通过先验的纯粹直观为真理提供根据。事实上，那根据就始终是这与存在的根据律相符的、可直观认识的必然性，而这必然性给予了几何学巨大的显而易见性，也是在每个人的意识中，几何学定理的确切性所依赖的基础；那根据根本就不是大步踩着高跷的逻辑证明，这些逻辑证明对那事情始终是格格不入的、在大多数情况下很快就被忘记了而又无损于确信，是可以完全去掉而并不因此就丝毫减少几何学的显而易见性，因为几何学完全不依赖逻辑的证明，逻辑的证明就永远只证明了我们已经在这之前通过另一种不一样的认识方式充分确信了的东西：在这方面，逻辑证明就像一个胆怯的士兵：他给那已经被另一个士兵打死的敌人补上一道伤口，然后就自夸是自己把敌人杀死了。[1]

根据所有这些，希望我们对这一点不会再有任何疑问了：数学的显 125
而易见性——这成了一切显而易见性的楷模和象征——就其本质而言，

[1] 斯宾诺莎总是自夸以几何学的方式著述，其实他在这方面做得比他所知道的更甚。这是因为对他发自对这世界的本质直接的、直观的理解的东西，对那些肯定的和确凿无疑的认识，斯宾诺莎还是试图不依赖那认识方式进行逻辑示范和说明。但他取得他所预期的和在这之前已肯定的结果，当然只是通过从其随意构想的概念（实体物质、自因，等等）出发，并在证明所有这些随意构想的概念时，让自己听随方便地选用那些广阔概念含义圈的本质所提供的机会。斯宾诺莎学说中真实的和杰出的东西，因此是完全独立于那些证明的，正如在几何学中那样。

并不依赖于证明，而是建立在直接的直观之上；也就是说，这直接的直观，在此一如其在任何地方，是真理的最终根据和源泉。但是，那构成了数学的基础的直观，相比任何其他的直观、因而相比经验的直观，都有更大的优势。也就是说，既然那是先验的直观，因而是不依赖于经验的——而经验的直观总是以部分的方式和连续地给予——所以，一切对于它来说都是同样接近的，我们可以随意地从根据或者从结果出发。那么，这就给了数学的直观一种完全的确凿性，因为在此，可从根据认识结果，而这认识是唯一具有必然性的，例如，从三角形中的角度相等，就可以认定其三边相等；而在另一方面，因为一切经验直观和大部分经验只是反过来，是从结果溯源到根据，而这种认识方式并不是万无一失的，因为必然性唯独属于只要有了根据就会出现的结果，而并不属于从结果溯源到根据（原因）的认识，因为那样的结果是可以出自不同根据（原因）的。这后一种认知方式始终只是归纳法，亦即从许多指向于一个根据（原因）的结果，认定那一根据就是确实的。但既然这各种情形永远不会是完全齐备的，那真理在此就永远不会是无条件确定的。但一切通过感觉直观和通过绝大部分经验而获得的认识却只有这一性质的真理。某一感官的感受会促使理解力从效果推论其原因，但因为从有其原因的结果溯源其原因的推论并不永远是可靠的，所以，感官受骗所致的假象是可能的，并经常是真实发生的，正如上面已说过的。只有当多个或者所有五个感官获得
126 了指向同一个原因的感受，假象的可能性才会减至最小，但却是仍然存在的，因为在某些情形里，例如，在使用假币的时候，所有的感官就都受骗了。一切经验的知识，因此，整个自然科学都是同样的情形，

除了其纯粹的（即康德所说的“形而上的”）部分以外。在此，也是
从效果认识了原因：因此所有的自然学说都是建基于假设之上，而那
些假设常常是错的，然后就逐渐让位于更正确的假设。只是在故意进
行的实验中，认识才是从原因到效果的，因而走的是可靠的路子；但
这些实验本身也只是在有了假设以后才做的。所以，自然科学的任何
分支，例如物理学，或者天文学，都不是突然一下子就被发现的，就
像数学或者逻辑学可以的那样，而是需要许多个世纪专心地比对经
验。只有多方的经验证实才会让归纳法——而假设就建立在归纳法之
上——如此地接近完美，以致在实践中取得了“确切”的位置，以及不
会被认为对那假设的源头不利，正如直线与曲线的不可通约性并不就
对几何学的应用不利，或者对数那无法达致的完美的准确性并不就对
算术的运用不利一样，因为正如人们通过无限的分数而让化圆为方和
对数无限地接近准确性，同样，通过多方的经验，归纳法，亦即从结
果认识根据（原因），虽然不是无限地接近数学的证据，亦即从根据
（原因）认识结果，但却已经与之如此的接近，以致假象的可能性变得
如此之小，足以忽略不计。但这种可能性却是仍然存在的，例如，从无
数的情形推论一切情形，亦即实际上推论出那未知的、一切情形所依赖
的根据，也是一个归纳法的推论。又有什么推论比所有人的心脏都在
左边更可靠？但仍有一些极为罕有的、完全是极个别的例子，即人的
心脏是在右边的。感觉直观和经验科学因而有这同一性质的证据。数 127
学、纯粹自然科学和逻辑学作为先验的知识相对于感觉直观和经验科学
的优势，仅仅只是基于这一点：认知的形式部分，亦即一切先验性的基
础，是全部和同时给予的，所以，在此，总是可以从原因推论出结果，

但在感觉直观和经验科学中，在大多数情况下却只能从结果推论原因。此外，那因果律，或者那形成的（变易的）根据律（其指引着经验知识），就其自身与其他形态的根据律（上面所说的科学先验地遵循着这些形态的根据律）是同样确切可靠的。出自概念的逻辑论据，或者逻辑推论，与透过先验直观的认识一样，有从原因到结果的优势，这样的话，它们就其自身而言，亦即依照其形式，是不会出错的。这就大大有助于这些证据和证明获得很高的声望。不过，这些论据和证明不出差错只是相对的不出差错：那只是在科学的最高定理之下进行概括罢了：但正是这些最高定理，包含了科学的整个真理宝藏，这些东西不应只是同样予以证明了事，而是必须奠定在直观的基础之上。而这直观在上面已说过的少数先验科学中是纯粹的直观，但在其他情况下，直观都总是以经验为依据的，也只是通过归纳法被提升为普遍性。因此，假如在经验科学中，个别的事物从普遍性中得到了证明，那普遍性的东西却也只是从个别事物中获得真理性；那也就只是一个收集和储存的仓库，而不是能出产的土壤。

关于真理的依据说明就谈这么多。对于谬误的起源和可能性，自从柏拉图对此给出了形象的答案以来，即在鸽棚中，人们抓住的是错的鸽子，等等（《泰阿泰德篇》，第 167 页及后面），人们尝试给出了许多解释。我们可在《纯粹理性批判》第 1 版第 294 页和第 5 版第 350 页看到，康德借助于对角线运动的图形对谬误的起源给出了含糊的、不确切
128 的解释。既然真理就是一个判断与其认知根据的关系，那判断者是如何确实相信有这样一个认知根据而其实他并没有这样的根据，亦即谬误、理性的错觉是如何成为可能的，当然就永远是一个问题。我发现

这可能性相当类似于理解力所遭遇的假象，或说理解力的错觉，而这在上文已经解释过了。我的看法也就是（恰恰让此解释安排在这里）：每一个谬误都是从结果溯源其原因的一个推论，而这推论虽然是有效的——假如我们知道那结果有那一个原因而不会还另有任何其他原因，除此之外，就不是有效的了。犯了谬误的人，要么认为那结果有一个根本就没有的原因，这样的话，他就的确表现出缺乏判断力，亦即缺乏直接认识原因与结果之间的关联的能力；要么，更常见的情形是，他为那结果选定了一个虽然是可能的原因，但却给他的从结果溯源其原因的推论的大前提补充了这一点：这所说的结果总是出自从他这所提出的原因。只差一个完整的归纳，就可以让他有理由这样说了。但他却把这完整的归纳当作是前提而又不曾做出完整的归纳：那因而总是一个太过广泛的概念，本应以“有时候”或者“通常”取代之。所以，那种逻辑推论结果就会是大有疑问的，而作为这样的逻辑推论，它却又不会是错的。至于那出错者以上述方式行事，要么太过于仓促，要么对可能的事情所知有限，所以就不知道那所要做的归纳的必要性。谬误因而相当类似于假象。两者都是从结果推论原因：假象是单纯由理解力根据因果法则，亦即直接在直观本身中造成的；谬误则是由理性根据所有的根据律形式，因而是在实际的思维中造成的，而最常见的则同样是根据因果法则，正如接下来的三个例子所证明的，而这三个例子我们可视为谬误的三个类型或者代表：（1）感官的假象（理解力的错觉）造成谬误（理性的错觉），例如，假如一个人把一幅油画当作浮雕，并真的认为是这样，那这谬误是通过从这以下 129
的大前提推论出来的：“假如深灰色局部地透过所有的细微差别进入到

白色，那原因就总是光线：这光线不一样地射到了凸出的部分和凹进去的部分，所以——。”(2)“假如在我的钱箱中并没有钱，那原因就总是我的佣人有一把私配的钥匙，所以——。”(3)“假如那穿过了棱镜，亦即向上或者向下折射的阳光映像，并不是之前的圆和白，而是现在显得长和有了颜色，那原因就总是在光线中藏着有不同颜色的和与此同时不同的可折射的均质同类的光线，这些光线由于其不同的可折射性而被折分开来，现在就显现为长形的和与此同时不同色彩的映像，所以——问题解决了，让我们喝一杯吧！”每一个谬误都必然可以溯源为从一个常常是错误概括出来的、假定的、源自对某一原因造成这结果的猜测看法的大前提所进行的类似的推论；也只有某些计算错误不是这样，而这些计算错误也就恰恰不是真正的谬误，而仅仅只是差错：数字概念所规定的运算过程并没有在纯粹直观中、在计数中进行，所发生的是另一种运算过程。

至于科学的内容，这其实永远是世界的现象与现象之间的关系，所根据的是根据律和由为什么所引领，而这“为什么”唯有透过根据律才有其效力和意义。证明那些关系就称为解释。这解释因此永远只是展示两个表象之间的关系，而无法更进一步——而这关系是那主导着这两个表象所属类别的根据律形式所特有的。假如这解释成功地做到了这一点，那就根本不可以更进一步询问“为什么”了，因为那被证明了的关系，除此关系以外，是绝对不可以想象为别的关系的，也就是说，那关系就是一切认知的形式。所以，人们不会问为什么 2 + 2 = 4；或者为什么在三角形中内角相等就决定了边长的相等；或者为什么在某一既定的原因之后，会接着出现其结果；或者为什么从前提的真实性就会明白

结论的真实性。每一个解释，假如还原到一种就此无法再要求“为什 130
么”的关系，那就是停留在假定的“隐藏的特性”：但每一种原初的自
然力也是这种特性。每一个自然科学上的解释最终都必然停留在这样
一种“隐藏的特性”，因而停留在一种完全的黑暗之中：这因此必然对
一块石头的内在本质是无法解释的，一如其对一个人的内在本质无法解
释一样；对于前者所表现出来的重力、内聚力、化学特性等，一如对后
者所表现出来的认知和行为，也是同样无法给出合理的理由。所以，
例如，重力（重量）是一种“隐藏的特性”，因为这可以在思维中去掉，
因而不是出自认知形式的必不可少的东西，而惯性的法则则不然，因为
那是出自因果性的，因而把这溯源为那因果性就是一个完全充足的解
释。也就是说，有两样东西是无法解释的，亦即并不可以还原为根据
律所表示的关系。首先是那根据律本身及其所有的四种形态，因为它
是一切解释的本原，也只有与这根据律联系起来，那所有的解释才有了
意义；其次是那不为根据律所触及的、但一切现象中原初的东西恰恰由
此而出的东西，也就是自在之物，对其的认识根本不是服从于根据律
的。这自在之物在此还是必然完全无法理解的，因为只有通过接下来
的一篇才可以明白，而在接下来的一篇，我们会再次继续对科学的可能
成就的考察。但在自然科学，甚至每一门科学中，对事物的解释已至
此为止的话——因为不仅对事物的解释，甚至这解释的本原，这充足根
据律，也无法更往前一步了——那也就是哲学事实上重又着手考察这事
物的地方，所依照的是哲学的、与科学方式相当不同的方式。在我的
《论充足根据律的四重根》§51 中，我已经证明根据律中的这个或者那
个形态如何是在各种不同的科学中的主导思想：事实上，或许可以根据 131

根据律的各种形态而对科学作出最确切恰当的划分。但每一个根据那主导思想而给出的解释，就正如所说的，永远只是相对的：它解释了互相关联中的事物，但永远留下了某些不曾解释的东西，而这已经被设为了前提：这些东西，例如，在数学中是空间和时间；在力学、物理学和化学中是物质、物性、原初的力、自然规律；在植物学和动物学中是种属的差别和生命本身；在历史中是人类及其一切思维和欲求特性——在所有的一切，都是根据律在每一种情形所要应用到的形态。哲学有这一特性：哲学根本不会把任何东西预设为已知的；一切对哲学来说，一切都是在同等程度上陌生的和都是一个难题；不仅仅是现象与现象之间的关系，而且这些现象本身，甚至那根据律本身，都是一个难题，而其他的科学将一切都溯源到根据律，然后就感到满足了。但那些科学通过这样的溯源和还原，并不因此获得任何结果，因为在一连串中的其中一环对这些科学就如同另一环一样的陌生；再者，那种关联就如同通过此关联连结起来的东西那样对哲学同样是个难题，而这些连结起来的东西在那连结得到阐明以后，就如同在这阐明之前一样仍是一个难题。因为恰恰是科学所预设为前提并将之当作解释的基础根据和界线的东西，正好就是哲学的真正难题。因此，在这方面，科学止步之处就是哲学开始的地方。显示和论证不可以是哲学的基础，因为这些显示和论证是从已知的定律推论未知的定律，但对哲学而言，一切都同样是未知和陌生的。并不存在这样的定律：只是由于这一定律的缘故，这世界及其所有的现象就形成了；因此，并不会有任何一套哲学，正如斯宾诺莎所希望的，可以从一个坚定的原则推论出来。哲学也是最普遍性的整套知识，其基本定律因而并不可能是从另一个的、更加普遍的定理中

引申出来的结论。矛盾律只是规定了概念之间的一致性，但本身并没
有给出概念。充足根据律解释了现象与现象之间的连结，但却没有解 132
释这些现象本身；所以，哲学并不能以这些为出发点去寻求这整个世界的效果原因或者目的原因。我的哲学起码肯定不是去寻找这世界从哪里来或者到哪里去，而仅仅只是这世界是什么。为什么在此却从属于是什么之下，因为为什么已经是属于这世界的，因为为什么唯有通过现象的形式、根据律才产生出来和只是就这方面有其意义和效力。虽然我们可以说：这个世界是什么是每一个人不需更多帮助都可认知的，因为他是认知的主体，其表象就是这世界，而这说法就此而言会是真的。只不过，那种认知是一种直观的认知，是具体的认知；而把这具体的认知以抽象再现，把连续、不断变化着的观察所见和把总起来说由感觉这一宽阔概念所包含的和形容为单纯否定性的、并非抽象清晰知识的一切东西，提升为这样的抽象清晰的知识，提升为永久的知识，就是哲学的任务。那因此必须是有关这全部世界的本质——无论是整体还是所有的部分——的一个抽象的陈述。但为了不至于迷失于大量无尽的个别判断之中，哲学就必须利用抽象和在普遍性上思维一切个别的东西，对其差异也同样是在普遍性上思维；因此，哲学就要有时候分开、有时候合并，目的就是将这世界的所有各式各样的东西，根据其性质，以并不多的抽象概念来概括，以构成我们在这领域的全套知识。透过那些记录了这世界本质的概念，一如透过普遍性的东西，也必须让我们认识到相当个别的东西；对这两者的认识因而是极其精准地结合在了一起。因此，哲学的能力就是柏拉图所定下的在许多中认识个别，在个别中认识许多。哲学因此是非常普遍的判断的总和，其认知根据直接地就是

这整个世界本身而不会排除掉某些东西，亦即在人的意识中的所有东西：那将是对这世界的一个完整的复制，就好比以抽象概念对这世界的
133 反映，而这只有通过将本质上同一的东西结合在一个概念中和将不同的东西剔除到另一个概念中，才有可能。这一任务已经由培根规定给了哲学，因为他说了：只有这些哲学才是真实的：这些哲学以最忠实的方式重现这个世界，就好比是根据这世界的口授而记录下来似的；那不是别的，恰恰就是这世界的复写和反映，并没有添加任何东西，而只是重复和重现这一世界而已。(《论学术进步》第2卷，第13章）但我们对它的理解，其含义比培根那时所想的还要广泛。

这世界的各个方面和各个部分，恰恰因为其属于那同一个整体，所以，它们之间所具有的一致性也必然出现在对这世界的抽象复印中。据此，在那判断的总和中，一个判断会在某种程度上从另一个判断中引申出来，确切地说，那些判断经常是相互引申的。但是，为此，这些必须是第一存在的判断，也就是说，这些判断在首先提出来的时候，是有着对具体这世界的认识的直接理据的，而一切直接的理据都比间接的理据更可靠。各判断相互之间的和谐——由于这和谐，这些判断甚至融为一个思想的统一体，而这和谐也是源自那直观世界的和谐和统一体本身，而这直观世界就是那些判断的共同的认知根据——因此并不能作为第一存在的判断用作这些判断的理据，各判断之间的和谐只是附带确认那些判断的真理性而已。这一问题本身只能通过问题的解决才能变得完全清楚。[1]

---

[1]《作为意欲和表象的世界》第2卷第17章连接这里。

§ 16

在对理性这一只有人类才具有的特别认识能力和由此理性所带来的、为人性所独有的成就和其他现象作了这整个考察以后，现在余下的，我还要说一说在指导人的行为方面的理性，这种理性因而可被称为实践的理性。不过，在此所要谈论的，大部分已经在其他地方谈论过了，也就是说，在这部著作的“附录”中——在“附录”里，我驳斥了被 134 康德称为实践理性的存在，而这实践理性，康德（当然是非常轻松、不费事地）描述成了一切美德的直接源头和某一绝对的（亦即从天而降的）应然之所在地。在这之后，我在《伦理学的两个基本问题》中提供了对康德的道德学原则详尽和透彻的反驳。所以，我在此对真正意义上的理性对行为的实际影响，仍只有少许要说的。在考察理性的一开始，我们就已经泛泛地提到人在行为和生活方式方面是如何极其有别于动物的，并且这种差别只能被视为在意识中具有抽象概念的结果。这些抽象概念对我们的整个存在的影响是如此有力和巨大，以致这将我们与动物在某种程度上置于能见到东西的动物与没有眼睛的动物（某些幼虫、虫子和植物型动物）那样的关系：后者唯独凭借触觉去了解在它们直接所在的空间与它们发生接触的东西；而能见到东西的动物则认识一个广阔圈子中或近或远之物。同样，动物缺少理性就将动物局限于与它们在时间上直接现在的直观可见的表象，亦即现实的东西。相比之下，我们借助于抽象的认识，则囊括了不仅仅那狭隘的真实现时，而且还有那整个的过去和将来，以及广阔的可能性王国：我们自由地从各个侧面纵览这生活，远远超越了现时和现实。 因此，眼睛之于在空间中的和对感官认知而言的东西，在某种程度上就是理性之于在时间中的和对内在认知而言的东西。 但正如对象物的可视性，其具有的价值和意义只是因为那可视性宣告了这些东西是可被感觉的，同样，抽象知识的全部价值永远就在于其与直观的东西的关系。 因此，自然、朴实的人永远认为直接的和直观的东西比抽象的概念，比仅是想象的、思维的东
135 西具有更多的价值；他们也更喜欢和更宁愿经验的认识甚于逻辑上的认识。 但那些更多地活在言词而不是行动、更多地是在纸页和书本中，而不是在真实世界中看过世面的人，还有那些极度退化、成了书呆子学究和咬文嚼字的食古不化者，却是相反的意向和态度。 唯有这样才能理解为什么莱布尼茨和沃尔夫及其所有的追随者，可以有如此离谱的偏差，以致仿效司各脱的榜样，把直观知识解释为某一混乱无章的抽象知识！ 为向斯宾诺莎表示敬意，我必须提及这一点：他的更准确的思想意识则是反过来，把所有的普通概念解释为直观知识混乱不清所致。[1]那颠倒、错误的意向和态度造成了人们在数学中摒弃那为数学所独有的证据，目的就是唯一接受逻辑的证据；人们根本上把每一个并非抽象的认识包括在感觉的宽阔名下并予以轻视；最后，康德的伦理学宣称：纯粹的、在知悉当时情形以后直接召唤和引导人们做出公正行为和善事的善良意愿（意欲），是没有价值的和不值得赞扬的单纯感觉和冲动，唯有那些出自抽象格言的行为才被承认具有道德价值。

对总体人生从各个方面的概览——这是人通过理性优于动物的地

---

[1]《伦理学》，第 2 部分，命题 40，注释 1。

方——也可以比之于对人生道路的一张几何式的、不带色彩的、抽象
的、缩小了的鸟瞰图。因此，人与动物相比，犹如借助航海图、罗盘和
象限仪而精确知道他的航行和每一次在大海中所在位置的船长，与对这
些一无所知、只看到波浪和天空的船员之比。因此，观察人是如何在
过着具体的生活的同时，一直还过着一种抽象的生活，是很值得的，那
的确就是相当奇妙的事情。在具体的生活中，人承受着现实的一切风
暴和现时此刻的影响，他必须奋斗、受苦、死亡，正如动物一样。但他
的抽象的生活，正如在他的理性思考中所呈现的样子，就是其具体的生
活和他所处世界的静止的反映，就是上述缩小了的鸟瞰图。在此，在 136
冷静思考的领域，那在具体生活中完全占据着他并激烈驱动着他的东
西，在他看来显得冰冷、没有色彩、暂时陌生和不相干：在这里，他就
只是旁观者和观察者。在退回到沉思默想中时，他就像是演完了一景
的一个演员，直至他必须重新上场为止，他就在观众席中坐了下来——
从这位置，他冷静沉着地观看着舞台上无论发生着什么，哪怕那是为他
的死亡做准备（在戏剧里）；但在这之后，他又得重新走上舞台，一如
所需要的那样做事和受苦。从这双重的生活中，人就有了那种与动物
的没有思想大有不同的冷静沉着——伴随着这种冷静沉着，一个人依照
之前的深思熟虑和下定的决心或者认识到的必要性，冷血地忍受或执行
对其最重要的、常常是最可怕的事情：自杀、死刑、决斗、各种各样危
及生命的冒险行动，以及总的来说他的整个动物本性会抗拒的事情。
然后，我们就会看到理性在多大程度上是动物本性的主人，并向强者喊
道：的确，你有一颗钢铁般的心！（《伊利亚特》，24，521）在此，我们
确实可以说理性表现出来的样子是实践的，亦即凡是在行为受到理性的

指引，凡是在动因是抽象的概念之处，在那决定性的因素既非指引动物直观的和个别的表象，也非暂时的印象的时候，那实践理性就展现出来了。但是，这实践理性是完全不同于和独立于行为的道德价值的；理性行为和美德行为是两样不同的事情；理性既可以与极度的恶毒也可以与极度的善良结合在一起，无论是极恶还是极善都会由于理性的加入而发挥出更巨大的作用；理性对于讲究方法地、始终不懈地执行无论是高贵的还是卑劣的打算，实施无论是精明的还是愚昧的生活准则，都是同样便利和有用的，而这恰恰是理性那女性的、接受性的和保存性的、而
137 并非创造性的本质所使然——所有这些，我在“附录”中已经详尽分析过了，并以例子来说明。我在“附录”中所说的本应出现在这里，但由于我要反驳康德据称的实践理性，所以就不得不将其放在了“附录”里面。因此，我建议大家阅读我那里所说的。

对真正意义上的实践理性最完美的发展，人通过单纯应用其理性所能达致的顶峰——在此顶峰之上，人与动物的差别至为清晰地展现出来了——就是在斯多葛派智者那里所表现的理想和典范。这是因为斯多葛伦理学原本和在本质上就根本不是美德学说，而仅是如何过上理性生活的指南，其目标和目的是通过心灵的宁静而达致幸福。道德高尚的生活方式在此出现只是偶然，是作为手段，而不是目的。因此，按照斯多葛伦理学整个本质和观点，是与直接坚决要求美德的伦理学体系根本不同的，这后者就是诸如《吠陀》的学说、柏拉图的学说、基督教和康德的体系。斯多葛伦理学的目的就是幸福：一切美德都是以幸福为目的的，在斯托拜乌斯著作中有关斯多葛学派的描述是这样说的（《希腊文选》，第 2 卷，第 7 章，第 114 和 138 页）。不过，斯多葛伦理学指

出，幸福唯一确实只能从内在的平和与精神宁静中找到，而这内在心境又只能透过美德才可达致。这一句话，“美德是至高的善”，指的只是这意思。但当然了，假如人们逐渐地仅记得手段而忘了目的，而推荐美德的方式暴露了这是出于另一种趣味，而不是为了自己个人的幸福，因为那与个人的幸福是太过清楚地背道而驰的——那么，这只是其中一个不相一致之处，而由于这不相一致之处，在每一体系中，那直接认识的东西，或者正如人们所说的，那感觉到的真理，会让人们得以重回正轨，无视和抗拒那些逻辑推论和结论，就正如我们，例如，在斯宾诺莎伦理学中所清晰看到的这种情形，因为斯宾诺莎伦理学从自私自我地“*寻求自己的利益和好处*”，通过明显的诡辩而引导出纯粹的美德学说。 138
根据我所理解的斯多葛伦理学的精神，其起源就在于这一想法：人的巨大的特权，理性，这通过有计划的行动及由此产生的结果而间接地让生活及其负担大为轻松了的理性，是否也能直接地，亦即透过单纯的认知，让人一次性地要么是全部，要么是近乎全部摆脱掉生活中所充满的各式各样的苦痛和折磨。人们认为这是与理性的优势不相称的：即禀赋了理性的生物，借助于理性囊括和概览了无尽的事物和情势，但仍然由于现时此刻和由于短暂的、飞逝的、不确定的一生中那些寥寥可数的年月所能包含的变故，而承受由于渴求和避害的激烈冲动和压力所致的如此剧烈的苦痛、如此巨大的恐惧和损害；人们误以为恰当地运用理性就应可以让人超越这些东西，可让人无法受到伤害。所以，安提西芬尼说了：*我们必须要么让自己获得理智，要么就要去弄来一条绳子。*（普卢塔克，《论斯多葛的反驳》，第 14 章）亦即生活是如此充满了辛劳和烦恼，以致我们必须要么借助于矫正了的思想超越辛劳和烦恼，要么放弃这生活。人们看清楚了欠缺、痛苦并不是直接和必然地产生于没有拥有，而只是出自渴望拥有而又无法拥有；也就是说，这渴望拥有是必不可少的条件——只有在这条件之下，那没有拥有才成了欠缺，才造成了苦痛。并不是贫穷，而是贪欲引起了苦痛。(爱比克泰德，《手册》，25）此外，人们还从经验中认识到，只是那希望——也就是希冀——产生和滋养了愿望，因此，让我们无法安宁、烦扰我们的，既不是那许多的、所有人都有的和不可避免的倒霉事，也不是那些无法得到的好处，而是那些无关紧要的、多多少少是我们可以躲开的或者可以得到的东西；的确，不仅仅是那些绝对无法得到的东西，而且还有那些相对难得
139 或者相对无法避免的东西也是让我们心安理得的；因此，那些永远与我们的个性连在一起的毛病，或者我们的个性必然是永远无法享受的好处，我们对此都会处之坦然，并且，由于这人性的特质所致，每一个愿望很快就渐渐止息，也就是说，假如不曾得到任何希望提供养料的话，那愿望就再也无法造成任何痛苦了。从所有这些可以得出结论：所有的幸福都只是取决于我们期望得到的与我们实际得到的之间的比例：至于这比例中两种数值是多大或者多小，那是无关紧要的，那比例既可以通过减少前者的数值，也可以通过增大后者的数值而成立。同样，所有的痛苦其实都出自我们所要求的和所期望得到的与实际所得到的之间的不合比例，而这不合比例很明显就只在于认知[1]是可以通过校正了的认识而完全消除的。因此，克利西波斯说过：我们必须根据在大自然中通常所发生的情形的经验而生活（斯托拜乌斯，《希腊文选》，第2

[1] 一切不愉快都源自判断和看法。——西塞罗，《图斯库路姆论辩集》，4，6。

卷，第7章，第134页），亦即我们应该带着对在这世界上事物的进程
应有的知识而生活。这是因为每当一个人失去了镇静，由于遭某一不
幸而一蹶不振，或者由于生气，或者由于气馁和沮丧，那他就恰恰以此
显示了他发现事情并非如他所期待的样子，所以，他就是囿于谬误之
中，并不认识这世界和生活，并不知道没有生命的大自然是如何通过偶
然机会、有生命的大自然则通过对立的目标打算，甚至由于恶毒，而羁
绊着每一单个意欲迈出的每一步；也就是说，他要么并没有运用其理性
对这生活本质获得一个大致上的了解，甚至缺乏判断力——假如他在大
致上知道的道理，在个别事情上却认不出来，并因此而震惊和失去沉着 140
镇定的话。[1]每一强烈的欢乐也是一个错误、一个幻想，因为任何达
成的愿望，都不可以持久地给予满足，也因为每一拥有物和每一个幸福
都只是在某一不确定的时间由偶然所给予，因此会随时在下一刻被索要
回去。但每一个苦痛却都是基于一个这样的幻象的消失。因此，这两
者都是产生于错误的认知。因此，欢庆与苦痛一样，都是远离智者的。

爱比克泰德本着斯多葛的精神和目的而开始，并经常重新提及作为共智慧的核心的一点：我们要考虑和区分什么东西是取决于我们的，什么东西却不是，并因此完全不要想着依赖于后者；这样的话，我们就可以可靠地免除一切痛苦、煎熬和恐惧。但有赖于我们的东西，唯有意欲：在此就逐渐过渡到了美德学说，因为人们看出：正如那并不依赖于我们的外在世界决定了好和坏的运气，同样，对我们自己的内在满足或

[1] 对人来说，这是一切痛苦、祸事的原因：他们无法将普遍的概念应用于个别的情形。爱比克泰德，《语录》，第3，26。

者不满是发自意欲的。但在这之后，有人问到：我们应该把“善和不善”的名称给予前两者，抑或给予后两者？这其实是听随主观任意的，不会对事情有任何的改变。但斯多葛派与逍遥学派和伊壁鸠鲁主义者仍然就此无休止地争论，他们就自娱自乐于将两样完全无法比较的量进行不能容许的比较，并把从中得出对立相反的、悖论般的话语互相扔向对方。西塞罗的《斯多葛悖论》就为我们提供了从斯多葛派角度有关这些争论的有趣汇编。

芝诺，这位创立者，似乎从一开始就走上一条稍许不一样的路子。
141 芝诺的出发点是这样的：人们为了要达致最高的善，亦即透过精神宁静而获得幸福极乐，就应该与自身和谐地生活。（要和谐地生活：那就是依照一条独一无二的原则和与自身达致和谐地生活。——斯托拜乌斯，《希腊文选》，第2卷，第7章，第132页。还有：美德就在于在整个一生中，心理思想状态与自身和谐一致。同上书，第104页。）但只有在人保持完全绝对的理性时，是依照概念，而不是依照变换的印象和心情而决定行为的时候，这才是有可能的，因为只有我们行为的格言准则，而不是行为的后果，也不是外在的情势，是在我们的掌控之中，所以，为了能够坚定不移、始终不懈，那我们就必须唯独把那些格言准则，而不是那些后果和外在情势作为我们的目标。这样的话，那就又要引入美德学说了。

但芝诺的这行为规范原则——和谐地生活——在芝诺的直接追随者看来已经是太过于形式、太过于内容空洞。所以，他们加上了这补充的话以给予其物质内容：与自然和谐地生活，而这，正如斯托拜乌斯（出处同上书）所说的，是由克里安提斯（Kleanthes）首先补充的，这说法就由于概念范围扩宽和表达用语欠缺精确而变得相当宽泛了。这是因为克里安提斯的意思是整个泛泛的大自然，而克利西波斯则特指人的本性（《第欧根尼·拉尔修》，7，89）。最终，据称唯有与人的本性吻合的才是美德，正如对动物本能的满足才是与动物的本性相吻合的。这样的话，又再度强行转向美德学说了，伦理学也就无论说得过去与否都由物理学奠定其基础。这是因为斯多葛主义者时时处处瞄准原则的统一，对他们来说，上帝与这世界完全不是两回事。

斯多葛伦理学，从总体上看，事实上是一种非常值得赞赏和值得注意的尝试，那是要把人类的巨大特权——理性——应用于一个重要的和带来解救的目的，也就是让人超脱每一个生命都会有的痛苦和困厄，所采用的是这一指示： 142

你要轻松地度过一生的话，
就不要受贪欲、永不餍足的压迫，
也不要因对没有多大用处的东西的恐惧和希望而受折磨。

并恰恰以此让其分享作为一个理性生物——与动物恰成对照——应该得到的最高等级的尊严，而谈论在这一意义上的尊严，当然是可以的，但在其他意义上却不可以。我对斯多葛伦理学的这一观点导致必须在这里、在表述理性是什么和理性能够做什么时述及这一观点。但就算斯多葛的那一个目的通过运用理性和通过某一单纯的理性伦理学在某种程度上是可以达致的，也正如经验所展示的，那些纯粹理性的人，那些我们通常称为实践哲学家的人，是最幸福的人（并且这“实践哲学家”的称呼是对的，因为正如真正的、亦即理论性的哲学家将生活转成概念，实践性的哲学家则把概念转进生活中），但是，这与以这种方式实现某些完美，与真正正确地运用理性以让我们摆脱生活中的一切重负和一切痛苦，能够引领我们达到幸福，还差得很远呢。其实，渴望生活而又不受痛苦，这里就有十足的矛盾，因此，那常用的说法，“幸福极乐的生活”，本身就带着这一矛盾。谁要是理解了我接下来直至结尾的整个论述，就肯定会清楚明白这一点。这一矛盾也早就以此方式显现在那纯粹理性的伦理学中：斯多葛主义者不得不在所给予的达致幸福生活（因为他们的伦理学始终就是这样子）的指示中，插入自杀的建议（如同在东方专制者的豪华的装饰品和用品中，还夹杂着这一瓶价值连城的毒药），也就是说，要是出现这样的情形：当身体的痛苦无法透过任何原理和推论哲学性地驱除，当那痛苦是压倒性的和无药可救的，身体的唯一目标——安康——因而的确是无法实现的，那要摆脱痛苦的话，剩下的就只有死亡，而采用这死亡对他们来说就是无所谓的了，正如服用任
143 何其他药物一样。在此，斯多葛伦理学与所有上述那些伦理学强烈的截然对立就显现出来了，后者将美德本身直接地、哪怕是在承受极大痛苦的情况下也作为目标，并不旨在为了逃避痛苦而终结生命，尽管在这些伦理学中，没有任何一种能够说出摒弃自杀的真正理由，而是费劲地搜罗各种各样的表面理由而已。在第四篇里，我会给出与我们的考察联系起来的这方面的真正理由。但上述的截然对立显露和证实了斯多葛主义——这其实只是一种特别的幸福论——与其他那些学说在根本原则上的本质性区别，尽管这两者常常在结果上巧合在一起并有着貌似的亲缘关系。但斯多葛伦理学甚至在其根本思想中所带有的上述内在矛盾，还进一步展现在这一点：他们的理想和典范，斯多葛的智者们，在

他们的表现本身，也永远无法具有生命力或者内在的诗意真实，而始终是木头一样笨拙的、僵硬的假人，我们也不知该如何摆弄这些假人，这些假人也不知该拿其智慧怎么办，其完美的宁静、自我满足、幸福极乐是与人的本质格格不入的，也不会让我们对其有一星半点的直观表象。与其并列、相比的话，那些世界的征服者和自愿的赎罪者，是多么的完全不一样！ 后者由印度的智慧真实地呈现和带给我们，甚至那基督教的救世主，那充满着深厚的生命力、具有伟大的诗意真实和极高含义的杰出形体，带着完全的美德、神圣性和庄严崇高，却是在极痛苦的状态中伫立在我们的面前的。[1]

[1]《作为意欲和表象的世界》第 2 卷第 16 章连接这里。

第二篇　世界作为意欲初论：意欲的客体化

它寄住在我们的身上，而不是在冥界，不是在星空；

活在我们内在的精灵，制作了这一切。

——阿格里帕·冯·内特斯海姆，《书信体诗文》，5，14

§ 17 147

我们在第一篇中只是考察了表象本身，因此只是依照表象的普遍形式对其考察。当然，在有关抽象的表象、概念方面，就其内容而言，我们对其是有所了解的——也就是说，只要这些唯独是因为其与直观表象扯上了关系，才获得任何内容和含义，而没有了直观表象，那抽象的表象和概念也就是没有价值和没有内容了。所以，在完全投向直观表象的同时，我们也就要求了解直观表象展示给我们的内容、更详细的规定和形态。我们尤其关心的是要得到对这些表象的本来含义，对那在其他情况下只是有所感觉的含义的一种说明，而正是由于这含义，这些图像不会像除此情形以外所必然发生的那样，亦即不会完全陌生地和毫无意义地与我们擦身而过，而是会直接向我们发话、被我们所理解，并得到了让我们投入全副身心的兴趣。

我们把目光投向数学、自然科学和哲学，这其中之每一者都让我们希望它会给予我们渴望得到的一部分说明。可是，我们首先发现哲学好像是一只多头的怪兽，每一个头都说着另一种语言。当然，它们就这里所提出的要点，亦即那些直观表象的含义，并不都争执分歧，因为除了怀疑论者和唯心论者（或观念论者）以外，其他哲学在主要的问题上，对构成了表象的基础的一个客体，却是相当一致的；这个客体，虽然就其整个存在和本质而言是与其表象不同的，但在所有方面却与其表象是如此的相似，犹如一个鸡蛋和另一个鸡蛋一样。虽然如此，这对我们并没有多大的帮助，因为我们根本不知道如何把这样的客体与表象分别开来，我们发现两者就只是同样的东西。这是因为所有的客体永远都是以主体为先决条件，并因此仍就是表象，正如我们也认识到了客
148 体的特性属于表象的最普遍形式，而这形式就分为主体和客体。此外，我们在此所援引和引证的根据律，对我们而言同样只是表象的形式，亦即把一个表象和另一个表象有规律地联结起来，但不是把表象所有的、有限的或者无限的排列与某样并非表象的东西，亦即某样根本不可能成为表象的东西联结起来。但至于怀疑论者和唯心论者，我们在上文探讨关于外在世界的现实性的争论时，已经谈论过了。

现在，假如我们在数学那里寻找有关那些直观表象的、更详细的知识——对这些直观表象，我们只是相当泛泛地、依照其形式有所了解的——那数学就只有在那些表象中填充着时间和空间，亦即在它们是数和量的情况下才向我们发话。数学会极其精确地告诉我们多少和多大，但因为这些始终只是相对的，亦即只是一个表象与另一个表象的一种比较，并且只是在偏狭的数和量的一面，所以，这也不是我们主要寻求的解答。

最后，假如我们把目光投向自然科学广阔的、分成许多部分的领域，那我们就可以首先区分出其中的两个主要部分。那要么是对形态的描述，我把这称为形态学；要么是对变化的解释，我称为原因学。形态学考察的是永久的形式、形态，原因学考察的则是变化着的物质，所根据的是物质从一种形式转换到另一种形式的法则。假如不是那么较真的话，形态学就是我们所称的自然历史，在其整个程度和范围之内：自然历史尤其在作为植物学和动物学时，教导我们在个体不停地交替的时候，那永久的、有机的和因此稳固确定的形态，这些形式和形态构成

了直观表象的一大部分：它们由自然历史分类、分开、合并起来，根据自然的和人为的体系而得到整理、纳入到概念之中，让统览和认识这一切成为可能。此外，在那整体和在各部分都展现出一种贯穿一切的、无限细腻的与那些形态的相似之处（计划的统一性，*unité de plan*），而 149
由于这相似之处，那些形态就类似基于某一并不曾提供的主旋律而作出的非常多样的变奏。物质转换到那些形态，亦即个体的生成，并不是考察的主要部分，因为每一个个体是从与其相似的个体那里通过生殖而来的，生殖则无一不是同样地充满了神秘，直至现在为止我们还是无法对此有一个清晰的认识。但就我们所知道的一点点，却安排在生理学那里，而生理学早就属于原因学的自然科学了。属于这原因学的自然科学，还有在主要方面属于形态学的矿物学，尤其是在矿物学成了地质学方面。真正的原因学现在都是自然科学的分支，其要务无一例外都是认识原因和结果。这些自然科学教导我们：根据一条颠扑不破的规律，物质的一种状态是如何必然地紧随另一种确定的其他状态，正如某一确定的变化必然地决定、造成和导致另一种变化。对此的说明就名为解释。从这里面我们可以看到主要是力学、物理学、化学、生理学。

但假如我们专心深入这个说法，很快就会察觉到我们首要寻求的解答，既不会由原因学也不会由形态学给予我们。形态学把无数的、无限多样的、但由于某一明显的家族相似性而有近亲关系的形态展示给我们；对我们来说，以此方式所展现出来的这些表象，将始终是陌生的，并且假如仅仅是这样的考察，那我们眼前看到的就活像不明其意的象形文字。而原因学则教导我们：根据原因和结果的法则，物质的这一特定状态会导致另一状态，以此也就解释了这事情，它的任务也就完成了。可是，它根本上不过就是向我们指出和说明了那有其法则的秩序，而各种状态就据此进入时间和空间；对于所有情形，原因学也教导什么样的现象在这一时间、在这一地点必然地出现：原因学因而规定了这些现象在时间和空间的位置、所根据的法则，而这法则的特定内容是
150 经验教导了的，但这法则的普遍形式和必然性却是独立于经验而为我们
所意识的。但有关那任何某一种现象的内在本质，我们以此方式却得不到丝毫的解释和说明。这被称为自然力，在原因学解释的范围之外，一旦为原因学所知的所需条件存在了，那这种力就会出现，其不变的恒定性，就被原因学称为自然法则。但这自然法则、这些条件、这些力的出现——在涉及特定的地点和特定的时间方面——就是原因学所知道的和所能知道的一切了。那所表现的力本身、根据那法则而出现的现象的内在本质，对原因学来说始终是一个谜，是某一完全陌生的和未知的东西。不仅最复杂的现象是这样，就算是最简单的现象也是如此。这是因为，尽管原因学到现在为止在力学方面最完美地、在生理学方面则最不完美地达到其目的，但是，那种让石头堕落地面的力，或者让某一物体撞上另一物体的力，就其内在本质而言，对我们来说的那种陌生和充满神秘，并不亚于导致某一动物活动和生长的东西。力学就预先假定了物质、重力、不可穿透性、运动通过推撞的可传达性、刚性等是无法深究的，把这些称为自然力，并把这些自然力在某些条件下必然的和有规律的显现称为自然法则。只有在这之后，原因学才开始其解释，而这解释就在于忠实地和数学般精确地陈述每一种力是如何、是在哪里、是在何时表现出来的，就在于把其所遇到的每一现象还原为那每一种力。物理学、化学、生理学在其领域正是这样做的，只不过它

们假定了更多的前提条件和取得的成就也更少。因此，就算是对全部大自然最完整的原因学解释，究其实也不过是列出种种无法解释的自然力的一览表和可靠地陈述那些自然力在时间和空间上出现、相继和为彼此间腾出位置所根据的规律：但这样出现的力，其内在本质肯定是原因学始终无法解释的，因为原因学所遵循的法则并不会引往其内在本质； 151
原因学也就只停留在现象及其秩序。在这方面，这可以比之于一块大理石的截断面，这截断面展示了多种多样的并排的矿脉，但却无法让人看到矿脉从大理石的内里一直到大理石表面的走向。或者请允许我用一个玩笑般的比喻，因为这比喻相当的醒目：面对整个大自然完整的原因学，哲学的探究者都必然会有这样一个人的心情：这个人不知为何进入了一个他不认识的人群聚会中，里面的人依次向他介绍另一个人就是其朋友和远亲，让他充分了解这一点；但与此同时，在他每一次都向所介绍者表示高兴的时候，他本人嘴边却始终挂着这一疑问："但我与这里所有的人又到底是怎样的关系呢？"

因此，甚至原因学也永远无法就我们认识为表象的现象给予我们所希望得到的、超越这些表象的解答。这是因为在给出所有解释以后，这些对我们仍然只是完全陌生的表象，其含义是我们不明白的。原因上的连接所陈述的仅仅只是这些表象在空间和时间出现时所遵循的规律和相对的秩序，却并没有教导我们更进一步地了解它们。除此之外，因果性的法则本身只是适用于表象，适用于某一特定级别的客体，也只有在这前提条件下才有其含义，也就是说，这些表象跟这些客体一样，始终只是在涉及主体时、因而是在一定条件下才存在的；所以，因果性法则既可以从主体出发，亦即先验地去认识；也可以从客体出发，亦即后验地去了解，正如康德所教导我们的。

但现在驱使我们进行探究的，恰恰是我们并不满足于知道我们拥有表象，表象就是这个样子，是根据这个和那个法则而联系起来的，
152 这些法则的普遍表达就是根据律。我们想要知道那些表象的含义：我们诘问这世界是否不过就是这些表象而已——如果是这样的话，那它们必定就像不真实的梦幻一样，或者就像幽灵似的空气产物与我们擦身而过，并不值得我们对其留意；抑或除了表象以外，这世界还是某样别的东西，而这别样的东西又是什么。但这些可是确定的：这所追问的东西，必定是某样与表象完全的和就其整个本质而言根本不同的东西，因此对这样东西而言，表象的形式和法则是完全陌生的；我们因此不可以从表象出发，以一些表象的法则为指引就可成功地探究它们，因为那些只是把客体、表象互相联系起来的法则，是根据律的形态。

因此，我们在此已经看出：事物本质的问题是永远无法从外在解决的：无论我们如何探究，除了一些图像和名称以外，我们将一无所获。我们就像一个人绕着一座城堡走来走去，徒劳地要找到一个入口，在此期间勾画下一些城堡的外墙。但这就是在我之前所有的哲学家所采用的方法。

§ 18

事实上，假如探究者本身除了是纯粹的认知主体外，就再也什么都不是的话（没有身体的带翅膀的天使头），那对我面前的仅仅是我的表

象的世界所要探究的含义，或者从这属于有认识力的主体的单纯表象到
除此之外的、还可能别的什么东西的转换，就会是永远无法发现的。
但这探究者本身现在是扎根于这一世界的，他也就作为个体置身于这一
世界，即他的认知，那承载着整个表象世界的前提条件，却完全是通过
一个身体而促成的，而这身体的感受，正如所指出的，对理解力而言，
就是对这世界的直观的出发点。这一身体对这样的纯粹认知主体来
说，就是一个表象，与每一个其他的表象一样，是众多客体中的一个客
体：他对这身体的运动和行动的了解，就这点而言，与他对所有其他直
观客体的变化的了解并没有两样；而假如这些身体运动和行动的含义不
是以某一种完全另外的方式揭示给他，那于他而言，这些身体运动和行
动将会是同样陌生和无法理解的。如果不是这样的话，他将看到他的 153
行为以一条自然法则的稳定不变性紧随所出现的动因而发生，恰如其他
客体的变化紧随原因、刺激、动因而出现。但他对动因影响的理解，就
止于他所看到的别的每种效果与其原因的关系，而不会比这更进一步。
然后，他将会把他的身体的那些表现和行为的内在的、他无法明白的本
质，也名为一种力，一种性能或者一种特性、性格，这听其尊便，但除
此之外，不会还有任何更深的认识。可实际情形并不是所有这所说的
那样。更确切地说，那谜底是给了以个体出现的认知主体的，这谜底
名为意欲。这意欲，也唯有这意欲，给了他破解他的自身现象的钥匙，
向他揭示了其含义，向他展示了它的本质、它的行事、它的活动的内在
传动装置。这认知的主体透过其与身体的同一性作为个体而出现；对
这认知主体来说，这一身体是以两种不同的方式存在的：一种方式是作
为理解力直观中的表象，作为多个客体之中的客体，受制于这些客体的

法则；此外，在同一时间还有另一种完全不同的方式，亦即作为那种每个人都直接知道的、由意欲一词所标示的方式。他的意欲的每一个真正的行为，都马上和不可避免地也是他的身体的一个活动：他不可能在真正地意欲*那行为的同时，又不会察觉到这行为作为身体的活动出现。意欲的行为和身体的活动并不是两种在客观上看出的不同的情形，是因果性纽带把它们联系起来而已；这两者并不是原因与结果的关系，这两者其实是同一个东西，只是以两种完全不同的方式存在而已，一种是完全直接的，另一种是在直观中呈现给理解力的。身体的活动不是别的，而是客体化了的，亦即进入了直观的意欲行为。在这后面，我们将看到这一点适用于身体的每一活动，不仅是那些随动因而起的活动，而且也适用于随刺激而起的非任意性的活动；事实上，整个身体不
154 是别的，而是客体化了的，亦即成了表象的意欲。在接下来的后续论述中将表明所有这些，这些也将变得清晰。因此，我把在前一篇中和在讨论根据律的论文中，根据当时故意采取的片面角度（表象的角度）而称为直接客体的身体，在此处换了另一个角度以后就称为意欲的客体性。因此，我们也可以在某种意义上这样说：意欲是有关身体的先验认识，身体则是有关意欲的后验认识。与将来有关的意欲决定只是理性对我们将来所要意欲**的思考，而不是真正的意欲行为。只有付诸行动了才会为那决心盖棺定论，而那决心直至付诸行动之前仍然只是可变化的打算和意图，只是抽象地存在于理性之中。意欲和行动，这两者

* “意欲”在此是动词。

** “意欲”在此是动词。

只是在反省思维中才是不一样的。在现实中，这两者是同样的东西。意欲的每一个货真价实的、直接的行为是身体马上和直接表现出来的行为。与此相应，另一方面，对身体的每一个影响也是马上和直接对意欲的影响：这种影响称为苦痛，假如这是违背意欲的；称为舒适、快感，假如这是顺应意欲的。这两者的层级是非常不一样的。但假如我们把苦痛和快感称为表象，那可就大错了：这些根本不是表象，而是意欲在其现象——身体——的直接感受，是这身体所遭受的一种强迫性的、瞬间的合乎意愿（意欲）或者不合乎意愿（意欲）的感觉。也只有某些对身体造成的感觉印象可被直接视为仅仅是表象，并因此有别于上面所说的：这些感觉印象没有刺激起意欲，并且也唯有通过它们，身体才成了认知的直接客体，因为身体作为理解力中的直观，已经是间接的客体了，就像所有其他客体一样。在此所指的是纯粹客观官能、视觉、听觉和触觉的感受——虽然这只是在这一限度之内：这些器官以其特有的、专门的、合乎自然的方式有所感觉和感受了，这些感觉、感受对那 155
提高了和专门改进了敏感性的这些器官部分的刺激是如此的微弱，以致并不会影响到意欲，只是在没有受到任何意欲刺激的干扰情况下向理性提供直观看法的资料而已，而直观也就由此资料而产生。但那些感觉器官得到的每一次更加强烈的或者其他性质的感受，都是苦痛的，亦即违背意欲的，因而也是属于意欲的客体性的。神经衰弱就表现在那些强度只是足够为理性提供资料的感觉印象达到了更高的程度：如此程度的感觉印象就驱使意欲活动起来，亦即刺激起苦痛或者快感——虽然这常常刺激起来的是苦痛，但这苦痛的好大一部分是呆滞的和不清晰的，因此，不仅是个别的声响和强光会让人感到不适，而且总的来说也会造成通常病态的忧郁心境而又不为人所清晰地认识。再者，身体与意欲的同一性也在这方面展现出来了：意欲每一次剧烈的和超出常规的激动，亦即每一次的激情、冲动，都会直接撼动身体及其内在的装置，扰乱了身体关键功能的进行。有关这方面的专门论述，读者可阅读《论大自然的意欲》第2版第27页。

最后，我对我的意欲的认识，虽然是一种直接的认识，但却与我对我的身体的认识无法分开。我并不是在整体上，并不是一体地、就其本质而言完整地认识我的意欲，而只是在个别的行为、活动中认识它，因此是在时间上认识它，而时间是我的身体现象的形式，一如时间是每一个客体的形式：因此，身体是认识我的意欲的条件。据此，对缺少了我的身体的这一意欲，我是无法真正设想的。在讨论根据律的论文里，虽然我把意欲，或更准确地说把意欲的主体，作为某一特别类别的表象或者客体提了出来，但早在那里，我们就已看出这客体是与主体重叠在一起的，亦即不再属于客体了。我们在那里把这种重叠称为"最
156 突出"的奇迹：在某种程度上，现在这整篇东西就是对此的解释和说明的。只要我认识到我的意欲实际上就是客体，那我所认识的意欲就是身体；但那样的话，我就再度回到在那一篇论文里所提出的第一类表象，亦即回到实在客体。我们在接下来的论述中将越来越清楚地看到：那第一类表象只是在论文里所提出的第四类表象中找到其说明和解谜，而那第四类表象并非真正是作为客体与主体相对立的；因此我们必须从那支配第四类表象的动因法则来了解对第一类表象有效的因果关系法则的内在本质，以及依照此法则所发生的事情。

这里暂时描述的意欲和身体的同一性，就只能像在此所做的那样说

明，而这也是首次做出的，以后在讨论中还会更多地说明，亦即从那直接的意识，从具体的认识上升至理性的知识，或者转换为抽象的认识。但在另一方面，这种同一性就其本质而言，是永远无法证明的，亦即无法作为间接的认知从某一别的直接认知那里推论出来，恰恰是因为这同一性本身就是最直接的认知；假如我们无法理解和领会这同一性，那我们期望以某种间接的方式把它作为推论出来的认知去重新把握，就是徒劳的。这同一性是相当独特的一种认识，其真实性也正因此并不可以一劳永逸地纳入那四个类别之一——我在论文《论充足根据律的四重根》§29 把一切真理分为四个类别，也就是逻辑性的、经验性的、形而上的和超逻辑的类别——因为这同一性的真理并不如上述所有其他真理那样，是某一抽象的表象与另一个表象联系，或者是某一抽象的表象与直观的或者抽象的表象的必不可少的形式的联系；这同一性的真理其实是一个判断与这两者的关系的联系：这两者就是一个直观表象——身体——与完全不是表象、而是与表象完全不同种类的一样东西（即意欲）。正因为这样，我想把这真理与所有其他真理区分开来，称这真理 157
为哲学真理（πατ εξοχην）。我们对此可以转换多个不同的表达，可以说，我的身体和我的意欲是同一的；或者我所称为直观表象的我的身体，只要我是以一种完全不同的、与任何其他方式都无法相比的方式意识到它，那我就称为我的意欲；或者我的身体就是我的意欲的客体化；或者除了我的身体是我的表象以外，我的身体也仍是我的意欲，等等。[1]

---

[1]《作为意欲和表象的世界》第 2 卷第 18 章补充这里。

§ 19

假如我们在第一篇里是带着内心的抗拒把自己的身体解释为仅仅是认知主体的表象，就像这直观世界的所有其他客体那样，那现在，我们就已清楚地知道：在每个人的意识中，把自己身体的表象与所有其他除此以外都相当一样的客体区分开来的是这一点：这身体还以相当不同的、与表象完全不是“同一种类”的方式出现在意识中，被我们以意欲一词所形容；恰恰是我们对自己身体所具有的这一双重的认识，给予了我们有关这身体本身、有关这身体的作用和随动因而展开的活动，以及有关这身体由于外在影响而受到的痛苦的说明，一句话，给予了有关这身体并非作为表象，而是除此之外，就其本身是什么的启发，而有关所有其他现实客体的本质、作用和痛苦的这一类启发和说明，我们是不直接具有的。

认知的主体正是由于与一个身体的这一特殊关系而成为个体；这身体对于这认知主体，如果是在此关系之外审视的话，就只是一个表象，与所有其他表象一样。但让认知主体得以成为个体的这种关系，却正因此只存在于他与其所有的表象中那唯一的一个表象之间，因此，对这唯一的一个表象，他意识到的不仅是一个表象，而且同时也以完全另一
158 种方式意识到的是意欲。但是，假如他并不顾及上述那特殊的关系，并不顾及那对同一个东西双重的、性质完全不一样的认知，那上述的一种东西，那身体，就是一个表象，与所有其他表象并没有两样。这样，为了了解这个中的情形，那认知的个体就必须要么假定：让那唯一一个

表象有别于其他表象的仅仅在于他的认知只是与那一表象处于这种双重的关系，只有对这一个直观的客体，他才同时有两种了解的方式，但这并不可以以这一客体与所有其他客体的差别来解释，而只能以他的认知与这一客体的关系和他的认知与所有其他客体的关系的差别来解释；要么就要假定：这一客体本质上是与所有其他客体有别的，是在所有的客体中唯一同时是表象和意欲，而其余的仅仅只是表象，亦即仅是影像而已，他的身体因而是这世界上唯一真实的个体，亦即唯一的意欲现象和主体的唯一直接的客体。至于其他客体，仅作为表象审视的话，那就与他的身体是一样的，亦即如这身体一样（只是作为表象）充塞这空间，也像它那样在空间中活动和发挥作用——这一点，虽然肯定可以从因果性法则中得到证明，而这因果性法则对表象而言是先验确切的，也不会允许没有原因而有结果，但是，先撇开从作用效果上根本只能容许推论出一个原因、却不能推论出一个相同的原因，我们就此仍只是在单纯的表象的领域，因果法则也唯独在此领域有效，是永远不会引往这一领域范围之外的。至于那只是作为表象为个体所知的其他各个客体，是否也仍如他自己的身体一样，是某一意欲的现象——这一点，正如在第一篇已说过的，就是那关于外在世界的真实性的诘问的本意。否认这一点，就是理论上的自我主义的看法。理论上的自我主义也恰恰因此把他自己的个体以外的所有现象都视为幻影，正如实际上自我主义在实际方面刚好做出了同样的事情，也就是只把自己个人视为真实的个 159
人，所有其他人都只被视为幻影和作如是对待。理论上的自我主义虽然永远无法以证明来反驳，但它在哲学里却从来不曾真实可信地被人采用——除了被用作怀疑论者的诡辩以外；也就是说，那只是用来装样子而已。真的对此确信不疑的人，只有在疯人院里才可找到，这样的人需要的与其说是证明，不如说是治疗。因此，我们在这方面不会与其更多地纠缠，而只是将其视为永远是好争论的怀疑论的最后堡垒。也就是说，我们那始终束缚于个体性、也正因此具有其局限性的认知，必然地造成了每一个人都只能是一，但却可以认知所有其他的东西，而事实上恰恰是这样的局限性产生了对哲学的需求；正因为这样而要通过哲学争取拓宽认知的界限的我们，就要把理论上的自我主义的那种在此阻挡我们前路的怀疑论调视为一个小小的边界堡垒：这边界堡垒虽然是永远无法攻克的，但其里面的驻防部队也一定是无法出击的，所以，我们就可以从旁边过去而不会有腹背受敌之虞。

我们因此更进一步地应用那现已变清晰了的、我们每个人对我们自己身体的本质和活动都会有的双重的、以两种完全不同的方式所获得的认识，把这当作一把钥匙以了解大自然的每一个现象的本质，对所有并非我们身体的、因此并非以双重的方式，而只是作为在我的意识中的表象而存在的客体，根据与我们自己身体的类似性来评定和判断，并因此做出这样的假定：正如所有这些客体一方面完全就像我们的身体一样是表象，在这方面是类似的；那在另一方面，假如我们将其作为主体的表象的存在撇在一边，那所剩下的，根据其内在的本质，就必然与我们在我们身上的、我们称为意欲的是同样的东西。这是因为，不然的话，我
160 们认为此身以外的物体世界又该具有什么样的存在或者现实性？是从哪里取得组成要素，以组合成这样一个世界的？除了意欲和表象以外，根本没有什么是我们已知的，也没有什么是我们能想象出来的。假如我们想要认为那只在表象中直接存在的物体世界具有我们所知的最

大的真实性，那我们就赋予这物体世界每一个人对自己的身体都具有的真实性，因为那真实性对每一个人来说是最真实的东西。但假如我们分析一下这身体及其行动的真实性，就会发现：除了那就是我们的表象之外，就只是意欲而再别无任何其他了，其真实性也就此说完了。所以，我们无从另找到某一别样的真实性赋予这物体世界。因此，假如这物体世界应该是某样不仅仅是我们的表象的东西，那我们就必须说：这物体世界除了是表象之外，因而就其自身而言和根据其最内在的本质，那就是我们在我们自身直接发现就是意欲的东西。我说根据其最内在的本质，但这本质是我们必须首先要去更仔细了解的，这样我们才会懂得如何把意欲与并不属于这意欲、而已是属于意欲的具有许多层级的现象的东西区别开来，类似例子，例如就是那伴随着意欲的认知和以此为条件由动因所决定的情形，因为这些情形，正如我们在更深入讨论的时候将会看出，并不属于意欲的本质，而只属于意欲的最清晰的现象（作为动物和人）。因此，假如我要说：那驱使石头降落地面的力，根据其本质、就其自身而言和在一切表象以外的就是意欲，那么，人们可不要认为我这命题表达了这疯狂的看法：那石头是根据一个已知的动因而活动的，因为意欲在人那里就是这样显现的[1]。但从现在开始，我们将对到此为止暂时和泛泛所描述的东西作出更详细和更清晰的证明，
为其提出理据和阐明其整个范围。[2] 161

[1] 由此可见，我们一点都不能赞同培根，假如他（在《论科学的增进》第1，4的最后）的意思是物体所有机械的和自然的运动都只是在这些物体那里先有了观念以后才随之发生的，尽管是培根对真理的某种预感导致了他的这一错误的命题。开普勒在他的《论火星》一文的这一声称也是与此同样的情形：星球肯定是有认知的，这样才能踏入其正确的椭圆轨道和测量出运动的速度，好让其轨道面积的三角形始终是与它们穿过其基础的时间相称。

[2]《作为意欲和表象的世界》第2卷第19章补充这里。

§ 20

就像所说的，首先在身体的自主的运动中表明了意欲就是自己身体的自在本质，就是这身体除了直观的客体、除了表象以外之所是——只要这些身体运动不是别的，而是可视的个别意欲行动，而这些身体运动是与这些意欲行动一道直接地和完全同时地出现的，这两者是同样的东西，只是因为身体运动换上了可被认识的形式，亦即由于成了表象，而把这两者区别开来。

但意欲的这些行为却仍有在其自身之外的某一根据，有其动因。这些动因所决定的，却永远不过就是我在这一时间、这一地点、这一情形之下所意欲做的事情，但并不是决定了我根本要意欲*，也不是决定了我所要意欲的东西，亦即不是决定了我的所有意欲活动的特有规范原则。因此，我的意愿（意欲），就其整个本质而言，并不能从动因那里得到解释，这些动因仅仅决定了意欲在既定的时间点的表现，仅仅是机会，让我的意欲得以展示，而我的意欲本身却是处于动因法则的范围以外的：只有它在那一时间点上的现象是由这动因法则所决定的。只是有了我的验知性格的前提条件以后，动因才是我的行事的充足解释根据。但假如我撇开我的性格不论，然后问道：为什么我根本上是意欲这和不是意欲那，那对此是不可能有任何回答的，因为受制于根据律的恰恰只是意欲的现象，而不是意欲本身，就这方面而言，意欲可称为没

---

* “意欲”在此是动词。

有根据的。在此，我是假定了康德关于验知性格和悟知性格的学说，还有我在《伦理学的两个基本问题》第一章第48—58页和第178页及后面所做的这方面的论述；另外，我将在第四篇就此详细地讨论。现在， 162
我只能提请各位注意这一点：以另一种现象来奠定一种现象的理据，在此也就是以动因来为行为奠定理据，并不会与这行为的自在本质就是没有根据的意欲这一事实相矛盾，因为根据律及其所有的形态，只是认知的形式而已，其效力只及于表象、现象和意欲的可视性方面，而不会及于那后来变得可见的意欲本身。

那么，假如我的身体的每一行动都是某一意欲行为的现象，通过这一意欲行为，在某些既定的动因之下，我在总体上的意欲本身，因而也就是我的性格，再度地表达了出来，那意欲的现象就必然是每一行动的必不可少的条件和前提，因为意欲的显现不会是取决于某样并非是直接的和只能通过它的东西，因此并不会是取决于对它而言只是偶然的东西，因此，它的显现本身并不只是偶然的：那条件却是整个的身体本身。所以，这身体本身必须已是意欲的现象，其与我们的整体的意欲，亦即与我的悟知性格（在时间上的现象是验知性格）的关系，就必须犹如身体的个别行动与个别的意欲行为的关系。因此，那整个身体必然不是别的，而是我的已可见的意欲，必然是我的意欲本身——只要这直观可见的客体是第一类别的表象。作为对此的证明，我已经提到：对我的身体的每一作用都马上和直接影响我的意欲，并在这方面称为苦痛或者快感，在稍低程度上则称为舒服的或者不适的感觉；反过来，意欲每一次剧烈的活动，亦即冲动和激情，都会动摇身体和扰乱其运作进程。虽然我们可以对我的身体的生成在原因论方面给出一个相当不完美的解释，或者对我的身体的发育和维持给予稍稍好一些的解释——而这也就是生理学——但是，生理学对其课题的解释，恰恰如同以动因解
163 释行为。因此，通过动因和从动因所必然引出的结果来为个别行为给出的理据，并不会与这一说法相矛盾：行为根本上和根据其本质，只是一个意欲的现象，这意欲本身是没有根据的；就如同生理学对身体功能的解释并不会与这一哲学真理相矛盾一样：这身体的整个存在及其全部一系列的功能只是那一个意欲的客体化，这意欲在那身体的外在行动中是根据动因而显现出来的。假如生理学试图把甚至这些外在行动、这些直接受意欲支配的运动归因于机体的原因，例如，试图把肌肉的运动解释为体液注入的结果（“就像绳子潮湿了以后的收缩”，赖尔在他的《生理学文献》第6卷第153页这样说），那就算我们真的可以给出这一类的一个透彻解释，也永远不会取消了这一直接确切的真理：每一个受意欲支配的运动（动物性的功能）都是某一意欲的现象。同样，对植物性生命（自然的生命功能）的生理学解释，无论其有了多大的发展进步，也同样取消不了这一真理：这整个如此发育、形成的动物性生命本身就是意欲的现象。正如上面所讨论的，每一种原因论的解释根本上不过就只能说明一个单个现象在时间和空间必然确定了的点和这一单个现象根据一条固定规则而必然在那里出现；而采用这一条途径，那每一个现象的内在本质都始终是无法识破的，都始终是每一种原因论解释的预设前提，并只是用“力”，或者“自然法则”，或者假如所谈论的是行为，用“性格”“意欲”等名称标示出来。也就是说，尽管每一单个的行为，在确定的性格的前提之下，必然紧随所出现的动因而起，并且尽管在动物性身体中，那生长、那营养程

序和全部的变化依照必然发挥作用的原因（刺激）而自动进行，但那 164
整个一系列行为，从而那每一单个的行为，还有那行为的条件、那实施行为的整个身体本身，从而也包括这身体以此得以存在的程序，都不是别的，而是意欲的现象，是意欲变得可见和意欲的客体化。也正是因为这样，人的和动物的身体与人的和动物的意欲是完美的契合，这种契合与那种带目的性制作完成的工具与制作者的意欲之间的契合性是相似的，但前者远胜于后者，并因此显现为符合其目的，亦即显现为对那身体的目的论解释。身体的部分必须因此完美对应意欲借以显示其自身的主要的渴望；就必须是那些渴望的表达：牙齿、咽喉和肠道就是客体化了的饥饿，生殖器就是客体化了的性欲，那要攫取的手、那急匆匆的脚步就对应了其所表达的、意欲那些已更间接的追求。正如那普遍的人的形态与普遍的人的意欲是相吻合的，同样，那个体的身体也与个别形成的意欲、个别人的意欲是相吻合的，那个体的身体因此也是完全地和在各个部分都是独特的和富于表达的。非常值得注意的是，巴门尼德在下面的由亚里士多德（《形而上学》，第3，5）所引用的诗句中表达了这一点：

> 正如每一个人都拥有那屈伸自如的四肢，
> 在人那里也寄住着与此相应的感官，
> 因为精神和四肢，对每一个人是同样的，
> 因为思想意识是决定性的。[1]

[1] 《作为意欲和表象的世界》第2卷第20章补充这里。还有，在我的《论大自然的意欲》“生理学”和“比较解剖学”两章里，在此只是简述的东西将得到详细的阐述。

165 § 21

谁要是通过所有这些考察，也在抽象中、因而是清晰地和确定无疑地获得了每个人在具体中直接地，亦即作为感觉所拥有的这一认识：他自身现象的自在本质就是他的意欲，这自在本质作为表象既通过他的行为，也通过这行为保持不变的基础——他的身体——展现给他；他的意欲构成了他的意识中最直接的东西，但作为这样的东西却并没有完全进入表象的形式——在此形式中，主体与客体是相对立的——而是以一种直接的、我们无法完全清晰区分主体和客体的方式显示自己，但这也不是从整体上，而只是以其个别的行为让个体本身知悉——我再说一遍：谁要是与我一同获得了这一确信，就会自动掌握了认识全部大自然的最内在本质的钥匙，因为他现在可以将之转换和套用到所有其他的现象：这些现象并不像他的自身现象那样，是他既直接又间接认识的；相反，这些现象仅仅只是他间接认识的，那仅仅只是片面的、表象的现象。他并非仅仅只是在与他自己的现象相似的现象中，在人和动物那里认可那同样的意欲是其最内在的本质；他持续的反省思考会引导他认识到：甚至那让植物发芽和生长的力，那水晶借以结晶的力，那让磁石朝向北极的力，那让他从不同的金属接触中所受到的闪击的力，在物质材料的亲合力中那显现为排斥和吸引、分开和结合的力，最后还有那在一切物质中如此强力地争取、那牵引石头往地球方向和牵引地球往太阳方向的重力——所有这些只是在现象中才会被视为不同的东西，但根据其内在的本质，却被认识到就是同样的东西，就是他所直接了解和熟悉程度甚于其他任何他所知悉的东西，就是在其最清晰出现时被称为意欲的东西。只有这样运用反省思考，才可以让我们不再停留于现象，而是把我们引往自在之物。现象就称为表象，此外别无其他了：所有的表象， 166
不管其种类为何，都是客体，都是现象。唯独意欲才是自在之物：作为自在之物，意欲完全不是表象，而是在种类上与表象不同的；意欲是所有的客体、现象、可视性、客体性所由出。那是每一单个事物和同样是总体事物的最内在的东西、核心：它显现在每一种盲目作用着的自然力，也显现在人的深思熟虑以后的行为中，而这两者的巨大差别只涉及所显现的等级，而与显现者的本质无关。

§ 22

这一自在之物（我们愿意保留康德这个术语作为约定俗成的用语）作为自在之物就不再是客体了，恰恰是因为任何客体已经再度是自在之物的现象，而不再是自在之物本身；假如要客观思考这自在之物的话，那就必须从某一客体，从某些客观既定之物，因而是从它的某一现象那里借取名称和概念：但为了可用作理解和沟通的点，这不能是别的，而只能是自在之物的所有现象中最完美的，亦即最清晰的、展示得最充分的、由认知所直接阐明的现象。这恰恰是人的意欲的现象。但我们还是要补充说明这一点：我们在此确实只是依照“对某种东西的命名，要根据其比较优秀的特质”的格言，也正因此，“意欲”的概念有一个比它至今为止所具有的更加扩大的延伸含义。在不同的现象中认识到同样的东西和在相似的现象中认识到不同之处，正如柏拉图经常说的，恰恰是哲学的条件。但人们到现在为止却不曾认识到在大自然中任何某一在争取着、作用着的力与意欲在本质上是同一的，并因此不曾把各式各样只是不同的种、但其实是相同的属的现象作如是观，而是把它们视为异质异类的东西。也正因为这样，就不可能还存在任何字词以形容这“属”的概念了。所以，我就以我们最优秀的“种”来命名“属”，而
167 对这“种”的更接近、更直接的认识会导致对其他一切间接的认识。因此，谁要是没有能力对这概念进行所需的延伸，而是把意欲一词始终仍只理解为这词至今为止唯一所指的那一“种”、只理解为由认知所指引的和唯独依照动因，并且事实上只是依照抽象动因的意欲，因而只理解为在理性指引下所表现出来的意欲——而这，正如所说的，就只是意欲最清晰的现象——那他就始终囿于一种持续的误解。这现象的我们所直接了解的、最内在的本质，我们必须在思想中纯净地分别开来，然后把这本质转换和套用到一切较弱的、较不清晰的、但却是同一个本质的现象；由此，我们可以把“意欲”的概念按要求延伸开来。但我可能受到相反角度方式的误解，会有人认为不管我是用“意欲”一词还是用任何其他一个词来形容所有现象的那种自在的本质，最终都是一样的，是无所谓的。假如那自在之物，其存在仅仅是我们推论出来的，所以仅仅是间接的和只在抽象中认识，那情形的确会如此。那样的话，我们就确实可以随心所欲地命名它：那名字只是某一未知的数值的标记而已。但现在意欲一词，这个就像一个魔咒一般的、会为我们吐露大自然中每一样事物的最内在本质的词，却根本不是某一个未知的数值、某一样通过推论而得出来的东西，而是一种完全直接认识的和非常熟悉的东西，以致我们对意欲是什么，比起任何其他不管什么东西都理解和知

道得多。至今为止，人们把意欲的概念归并于力的概念，但我却采用与此恰恰相反的做法：我把大自然的每一种力都理解为意欲。我们可不要以为这是抠字眼，或者这是无所谓的事情。这其实是具有极高含义和异常重要的事情。这是因为力的概念，如同所有其他概念一样，最终都是以对这客体世界，亦即对现象、表象的直观认识为基础，这概念也就是从中汲取出来的。这力的概念是从由原因和结果统治的领域，亦即从直观的表象那里抽象出来的，也恰恰只是表示了力作为原因 168
的存在，就用在原因论对力完全无法作更进一步的解释、在所有的原因论解释都恰恰只是以这力为前提条件之处。相比之下，意欲的概念，是在所有可能的概念中唯一的这样一个概念：其起源并不在现象，并不在单纯的直观表象，而是出自内在、出自每个人最直接的意识；在这意识里面，每个人都依照其本质直接地、不带任何形式地，甚至不带主体和客体形式地认识到他自己的个体性，与此同时，他也是这个体性本身——因为在这里，认识者和被认识者重合了。因此，假如我们把力的概念还原为意欲，交由意欲来说明，那我们事实上就是把一样未知的东西还原为一样我们熟悉得多的东西，并且的确就是交由那唯一是我们真正直接和完全熟悉的东西来说明，我们的认识也就非常广阔地拓宽了。但假如就像之前所做的那样，把意欲的概念纳入力的概念，那我们就放弃了对这世界内在本质的唯一直接的认识，因为我们让这认识湮没和消失在一个从现象中抽象出来的概念；因此，以这样的一个概念，我们是永远无法超出现象以外的。

§ 23

意欲作为自在之物与其现象是完全不同的，是完全不受现象的一切形式约束的。意欲只是在显现为现象时，才进入这些形式；因此，这些形式只涉及意欲的客体性，对意欲来说是陌生的。一切表象的普遍形式，那对主体来说的客体形式，是与意欲无关的；隶属于这些形式的、其全部都以根据律共同表达出来的形式就更是如此，而时间和空间也众所周知地属于这后者，众多性也唯独借助于后者才得以存在和成为可能。在这众多性方面，我要借用古老的真正经院哲学家的术语，把时间和空间称为个体化原理，也请大家一劳永逸地记住这一点。这是因
169 为唯有通过时间和空间，那依照其本质和概念本来是同样的东西，才会并排着和相继着显现为不同的东西和显现为许多的东西：时间和空间因此就是个体化原理，是经院哲学家诸多苦想的对象和无休止争辩的题材，而有关这些的结集，读者可在苏亚雷斯（Suarez）的《形而上学论辩集》5，第 3 节中找到。根据上面所说的，意欲作为自在之物处于根据律所有形态的范围之外，因此是绝对没有根据和理由的，尽管意欲的每一现象都完全受制于根据律；再者，意欲也是不受一切许多性制约的，尽管意欲在时间和空间上的现象是数不胜数的：意欲本身就是一，但并不是像一种客体（物体）那样的“一”，因为一种客体（物体）的一体性只是在与可能的许多性相对应时才为我们所认识；也不是像一个概念那样的“一”，因为一个概念只是通过抽象从许多性中产生。其实，意欲的“一”，是作为某种处于时间和空间、个体化原理之外的，亦即

处于许多性的可能性之外的东西。只有通过下面对意欲的现象和不同显现的考察而对所有这些完全清楚了以后，我们才会完全明白康德学说的含义：时间、空间和因果性并不属于自在之物，而只是认知的形式。

我们在意欲作为人的意欲显现得至为清晰的地方，的确认识到了意欲是没有原因和根据的，而人的意欲就被称为自由的、独立的。但在认识到意欲是没有原因和根据的同时，人们就忽略了意欲的现象却时时处处都是受制于必然性的，行为就被称为自由的，但事实并不是这样，因为每一个别的行为都是动因伴随着严格的必然性对性格发挥作用所产生的结果。一切必然性，正如已经说过的，完全不是别的，只是结果与原因（根据）的关系。根据律是一切现象的普遍形式，人及其行为，都必然像每一个其他现象一样受制于必然性。但因为意欲是在自我意识中被我们直接和就其本身认识到的，所以，在这自我意识中我们就意识到是自由的。不过，人们却会忽略了这一点：个体、个人，并不是作为 170
自在之物的意欲，而已经是意欲的现象，并且作为这样的意欲现象，已是被规定了的和已是进入了现象的形式，进入了根据律。所以就有了这一奇妙的事实：每个人都先验地认为自己是完全自由的，甚至在个别的行为中也是如此，并误以为可以在任意一刻开始另一个不一样的人生，亦即成为另一个人。只不过，后验地通过经验，他才惊讶地发现：他并不是自由的，而是受制于必然性；尽管他下定了各种决心和做出了反省思考，他仍然改变不了他的行为，从他生命之初直到其结束，都在贯彻着那让自己也感到厌恶的同一个性格，就好比是必须把接下来的角色扮演到底。我无法在此更深入地进行这些考察，因为这些作为伦理学方面的考察应该放在这著作的其他地方。在此我只想指出这一点：

那本身没有原因、没有根据的意欲，其现象作为现象而言就受制于必然性法则，亦即受制于根据律；这样，我们就不会因为在大自然的伴随着必然性而发生的现象那里认出意欲的显现而大惊小怪。

至今为止，我们只把那些别无其他根据原因的，只是因为有某一动因，亦即某一表象而引起的变化，视为意欲的现象，所以，我们在大自然中只认为人或许还有动物，才是有意欲的，因为认知、表象，确实正如我在另一处所提到过的，是动物界典型的和专有的特征。不过，意欲也会在没有任何认知指引的情况下发挥作用，我们在动物的本能和遗传的建造本领中就可最近距离地看到这种情形[1]。至于它们也有表象和认识，在此根本不在考虑之列，因为它们如此努力争取的目标——这
171 目标就好像是它们所知晓了的动因——却是完全不为它们所知的。因此，它们的行为在此是在没有动因的情况下发生的，是没有得到表象的指引的，这些行为也向我们首先和至为清晰地展示了意欲在没有任何认知的情况下也是活动着的。一岁的鸟儿在为鸟卵建巢的时候头脑中并没有鸟卵的表象；幼小的蜘蛛在编织蜘蛛网的时候并没有有关猎物的表象；蚁狮在第一次挖掘坑穴的时候也没有蚂蚁的表象；锹形虫的幼虫在木头里啃咬出一个洞，好让其在那里挺过其变态期，但假如那幼虫是将要成为雄性甲虫的，那啃咬的洞穴就会比如果它将成为雌性甲虫的大出一倍，因为雄性甲虫需要地方放置其尖角——但此时的幼虫还不曾有任何这些想法。但在这些动物的类似行为中，就如同这些动物的其他行为那样，意欲很明显是在活动的：但那意欲是在盲目地活动着——虽然

[1] 《作为意欲和表象的世界》第2卷第27章专门讨论此问题。

那活动伴随着认知，却不是由认知所指导的。假如我们一旦认识到：表象作为动因并不是意欲活动必然的和根本的条件，那我们就会更容易在这没有那么明显的情形里再度认出意欲的作用。然后，例如，就不会把蜗牛的“屋子”归因于对蜗牛而言某一陌生的、却由认知指导的意欲，正如我们不会认为我们自己建造的屋子，是由某一有别于我们的另一意欲所造成的。相反，我们就会看出这两个屋子是客体化在两种现象的意欲的作品。这意欲在我们那里根据动因而活动，在蜗牛那里则仍是盲目地、依照方向朝外的形态生长的本能而发挥作用。甚至在我们身上，那同一个意欲也是盲目的居多：在我们身体的所有没有任何认知指导的功能里，在身体所有至关重要的和植物性的、无意识的作用的过程中，在消化、血液循环、分泌、生长、生殖中，都是如此。不仅是身体的行动，而且还有那身体本身，正如上面所证明的，也完全是意欲的现象，是客体化的意欲，是具体的意欲：所有在身体上发生的，因此必然是通过意欲而发生的，虽然在此，这意欲并没有受到认知的指导，并不是受到动因的规定，而是盲目地、根据在这种情形里所称的刺激而发挥作用。

我把物质的这一状态——在其以必然性引起物质的另一种状态时， 172
本身也遭受了与其所引起的变化同样大小的变化——称为最狭义上的原因：这以“作用与反作用是大小相等的”规律表达。再有，在真正原因的情形里，作用效果与原因是精确同等比例地增大、增多，其反作用效果同时也是如此，以致假如那作用方式一旦为我们所知，从原因的强度就可以测量出作用效果的程度，反之亦然。这样名副其实的原因，在力学、化学等一切现象中，一句话，在无机物体的一切变化中发挥着作用。相比之下，我把这样的原因称为刺激：这些原因本身并没有遭受与其作用效果相应的反作用效果，而这反作用效果的强度，就其程度而言，也完全不能与其作用效果的强度相匹配，因此，这作用效果也就无法根据前者而测量出来。相反，刺激稍为增加一点点，就会造成非常大的效果，或者反过来，就会完全消除了之前的效果，等等。所有对有机物体的作用都是这类性质：也就是说，在动物性身体所发生的真正器质性的和植物性的变化都是基于刺激，而不是基于原因。但刺激，正如每一个原因、动因一样，所决定的永远不过是每一种力在时间和空间表现的进入点，而不是那所表现的力的内在本质，而这内在本质，根据我们这之前的推论，我们认识到就是意欲，因此把身体的无论是无意识的还是意识到的变化都归因于这意欲。刺激则居间成了动因——动因就是经过了认知而达成的因果性——与最狭义上的原因之间的转换。在某些个别的情形中，这刺激时而更靠近动因一些，时而又靠近原因一些，但仍始终是与这两者有所区别的。例如，在受到刺激以后，植物里
173 的汁液就升高了，而这是无法仅仅以原因、仅仅依照水力学或者毛细管的法则可以解释的，但肯定是得到了这些支持的，从根本上是与纯粹原因引起的变化相当接近的。在另一方面，舞草和含羞草的活动，虽然仍随着刺激而发生，但已与随动因而活动非常相似了，并且看上去几乎是要达成转换了。在光线增加时，瞳孔变窄小是因刺激而发生，但已转换到因动因而活动了，因为这瞳孔变窄小，是因为太强烈的光线会给视网膜以痛苦的刺激，而我们为了避免这些就收缩瞳孔。引起勃起的是一个动因，因为那是一个表象，但这表象却是以刺激的必然性发挥作用，亦即这一表象是他所不能抗拒的，我们要让其无法发挥作用的话，

就只能去除这一表象。对于那些会让我们作呕的令人厌恶的东西，也
是如此。我们刚刚把动物的本能视为一个具有相当不一样性质的真正
的中间环节，其联结起来的是受到刺激而展开的活动与根据一个认识到
的动因而做出的行为。我们也很想把呼吸视为这一性质的另一个中间
环节，也就是说，人们争论过这呼吸属于任意的，抑或属于非任意的活
动，其实也就是争论呼吸是随动因而发生，抑或随刺激而发生；据此，
呼吸或许可以被解释为介乎这两者的中间环节。马歇尔·哈尔
（*Marshall Hall*）（《论神经系统的疾病》，§293 以下）表明这是混合
的功能，因为这部分地受到脑髓（任意的）、部分地又受到脊髓（非任
意的）神经的影响。但我们最终仍必须把呼吸列入随动因而发生的意
欲表现：因为其他的动因，亦即仅仅是表象，可以决定要延缓抑或加快
呼吸，并且呼吸如同每一其他的自主、任意的行为，我们似乎可以完全
放弃和自由窒息而死。人们事实上也可以做到这点，假如某一其他动
因是如此强烈地决定性影响了意欲，以致压倒了想要呼吸空气的迫切需
求。第欧根尼据称就是以这种方式结束生命的（《第欧根尼·拉尔
修》，6，76）。黑人据称也做了这样的事情（《论自杀》，F. B. 安西安 174
德，1813，第 170—180 页）。假如是这样的话，那我们在此就有了一个
强有力的有关抽象动因影响的例子，亦即有关真正的理性愿望压倒了只
是动物性愿望的例子。支持呼吸至少是以脑髓活动为条件的，是这一
事实：氰化氢首先是因为麻痹了脑髓并因此间接地阻碍了呼吸而致人死
亡的，但假如呼吸被人为地维持，直至对脑髓的麻醉过去了，那就不会
有死亡发生。与此同时，顺便一说，呼吸在此给了我们一个最明显的
例子：动因带着与刺激和最狭义上的原因一样巨大的必然性发挥作用，

也只能以相反的动因，一如作用力与反作用力，才能够消弭其作用：因为在呼吸的例子里，那可以放弃呼吸的假象要比其他随动因而动弱得多，因为动因在呼吸的情形里是非常紧急的、迫在眉睫的，其满足则由于完成呼吸的肌肉是永不疲倦的而变得非常容易，一般来说，也并没有什么会对其起到阻碍作用，并且那整个运作经由个体的最老的习惯而得到支持。但所有真正的动因都是以同样的必然性发挥作用的。认识到那种必然性是随动因而运动和随刺激而运动都共有的，就会让我们更容易明白：甚至在有机的身体里随着刺激、完全有其规律地进行的东西，根据其内在的本质，仍然就是意欲；意欲虽然就其本身是永远不会受制于根据律的，但在其所有现象中却都是受制于根据律，亦即受制于必然性的。[1]因此，我们不要只局限于认识到动物——无论是其行为，还是其整个的存在、形体和构造——是意欲的现象，而是要把我们这些唯一
175 直接拥有的认识，这些有关事物的内在本质的认识，也套用在植物那里，而植物的全部活动都是随刺激而发生的——在这方面，缺乏认知和缺乏以这认知为条件的随动因而活动，才唯一构成了动物与植物的本质性差别。我们因而就要把在表象中显现为植物、显现为单纯的营养体生长、盲目的冲动力的东西，依照其自在的本质视为意欲，认识到正是这东西，构成了我们自己的现象的基础，正如这东西在我们的行为中和早在我们身体的整个存在本身就已经显露出来了。

我们只剩下迈出最后的一步，把我们的考察方式扩展至大自然所有

[1] 这一认识已由我的《论意欲的自由》完全确定了；在《伦理学的两个基本问题》第30—40页，原因、刺激和动因之间的关系也得到了详尽的探讨。

的力：这些力在大自然遵循着普遍的、不变的法则而发挥作用，而依照这些力，所有完全没有感觉器官、对刺激没有任何感受能力、对动因没有任何认知的物体就运动起来。因此，我们必须把用于理解事物的自在本质的钥匙——这样的钥匙也只有对我们自己的本质的直接认识才能够提供给我们——也应用在这些与我们距离最远的无机世界的现象方面。假如我们现在就以探询的眼光考察它们，假如我们看到水流奔往深处的那种强力的、不可阻挡的冲动，看到磁石顽固地坚持一再转向北极、铁投奔磁石的那种渴望、电极对重新结合的激烈追求——而这电极的追求恰似人的愿望，越是遇到障碍就越强烈；假如我们看到水晶快速和突然涌现时那如此之多的匀称形态——这明显就是一种僵化了的和被记录下来的、朝向各个方向的相当明确和精确确定了的追求；假如我们留意到形体在透过液体状态而得到了自由和躲开了僵化的束缚以后，形体所做出的互相追求和排斥、结合和分开的选择；假如最后我们完全直接地感觉到一个重负，其向地球团块的追求如何妨碍我们的身体，如何 176
不停地挤压着这身体而听命于其唯一的努力——假如是这样，那就用不着我们怎么发挥想象力，我们也能从如此大的距离重又认出我们自身的本质；那在我们的自身、在认识力的照明之下谋求其目标的同样的东西，在这里，在其最弱的现象中，却只是盲目地、呆滞地、片面地和不变地争取；但是，因为这无论在哪里都是同样的东西，所以，正如晨曦也与正午的阳光分享着太阳射线的名字一样，在此也必须带上意欲的名衔，而这名衔标示的就是这世界上的每种事物的自在存在和每种现象的唯一核心。

但无机大自然的现象与被我们感知为我们内在本质的意欲现象，这两者之间的距离，这两者甚至看上去完全不同，主要是因为前者的完全合乎规律性与后者似乎没有规律可言的主观任意性所构成的反差。这是因为在人那里，个体性强力地突现：每个个体都有其自身的性格，因此，就算是同一个动因，也并不是对所有的个体有同样的威力，那存在于这一个体的广阔认知范围里面的、却是不为其他个体所知的千百种附带情况，会修改和缓和这动因的作用。所以，仅仅只是从动因并不可以预先确定那行为，因为还缺少了另外的因素，亦即缺少了对那个体性格和对与此个体性格相伴的认知的精确了解。相比之下，自然力的现象在此却展现出了另一个极端：这些现象依照那普遍的法则，没有偏离、没有个体性，就依照那明白、公开展现在那里的情势，被至为精确地预先确定下来；那同样的自然力精确地以同样的方式显现在千百万种的现象上面。为了查明这一点，为了证明在意欲的所有如此不同的现
177 象中——不管是最强的还是最弱的——那一个不可分的意欲的同一性，我们就必须首先考察那意欲作为自在之物与其现象的关系，亦即作为意欲的世界与作为表象的世界的关系。这样的话，就将为我们敞开一条最好的途径，以更深入地探索在第二篇中所讨论的对象。[1]

§ 24

我们从伟大的康德那里了解到：时间、空间和因果关系，就其全部

[1] 参见《作为意欲和表象的世界》第2卷第23章；同样，在我的《论大自然的意欲》中"植物生理学"一章和对于我的形而上的核心至为重要的一章"物理天文学"。

的规律性和一切可能的形式而言，存在于我们的意识之中，是完全独立
于客体的，客体就显现在这些形式之中，构成了这方面的内容；或者换
句话说，无论是从主体出发，还是从客体出发，都可以发现这时间、空
间和因果关系，因此，我们可以同样正确地称其为主体的直观方式，或
者客体的特性和状况——只要这是客体（康德的说法就是现象），亦即
表象的话。我们也可以把上述形式视为客体与主体之间不可分的界
线：因此，虽然所有的客体必然以这些形式显现，但主体——独立于作
为现象的客体——也完全地占有和纵览着它们。但假设以这些形式显
现的客体并非空洞的幻影，而是具有某一含义，那它们肯定指示着某样
东西，是某样东西的表达，这某样东西就不会像它们那样是客体（物
体），是表象，只是一样相对的、也就是对一个主体而言存在的东西；
相反，这样东西并不依赖于某样作为其关键条件的和作为其形式的东西
而存在，亦即恰恰不是任何表象，而是某一自在之物。据此，我们至少
可以提出这一问题：那些客体，那些表象，除了是主体的表象、客体以
外，是否还是某样别的东西？那它们又将会是在这意义上的什么东
西？那与表象全都不一样的另一面是什么？自在之物是什么？——就 178
是意欲：那就是我们的回答。但现在我先对这一点存而不论。

不管那自在之物是什么，康德很正确地得出了推论：时间、空间和因果关系（这我们在后来认识到就是根据律的形态，这是现象形式的普遍表现）并不是有关自在之物的规定，而只是只要自在之物成为表象和成为表象以后才归之于它，亦即只属于自在之物的现象，而不属于自在之物本身。这是因为既然主体全凭自身、在不依赖任何客体的情况下就能完全认识和构筑起这些东西，那它们必然是与如此这般的表象存在

联系在一起的，而不会与要成为表象的东西相关。它们必然就是如此
这般的表象的形式，但却不是采用了这些形式之物的特质。它们必然
已经与主体和客体的相对立（不是在概念中，而是在事实上）一并存在
的，所以，就只是对那根本的认知形式的更进一步的规定，而对这认知
形式的最普遍的规定就是主、客体的对立本身。那么，在现象中，在客
体中，再度是以时间、空间和因果性为条件的东西——因为也只有借助
于这些才能成为表象——也就是说，通过并存和先后存在而成为的许
多，通过因果法则的变化和持续，以及只有在因果关系的前提条件下才
可成为表象的物质，最后，所有只借助于这些才可以成为表象的东
西——所有这些，根本上不是那要显现为现象、那进入了表象形式的东
西自身所独有的，而只是与这形式本身相连。反过来，那些在现象中
并不是以时间、空间和因果性为条件的东西，那些也并不是可以还原为
时间、空间和因果性的东西，那些不是根据这些来解释的东西——恰恰
是在这其中直接显现的、表明为自在之物的东西。那么，根据这一点，
最完美的可认知性，亦即最清晰、最清楚和最详尽透彻的可探究性，必
然属于为这样的认知所独有的东西，亦即属于认知的形式，但却并不属
179 于那本身不是表象、不是客体，而只有通过进入这一形式才可被认知，
亦即才成了表象、客体的东西（而不是依赖那要被认识到的和首先成了
表象的东西的东西），亦即无差别地属于所有被认识到的东西，也正因
此无论我们从主体出发抑或从客体出发都会发现的东西——只有这些东
西，才会毫无保留地给予某一充分的、相当详尽阐明的、从根本上清楚
透彻的认识。但这不是别的，正是我们先验意识到的一切现象的形
式，而这可共同表现为根据律，它与直观认识（我们在此唯独讨论这

些）相关的形态就是时间、空间和因果关系。全部的纯粹数学和先验的纯粹自然科学唯独建基于这些东西。因此，也只有在这些科学里面，知识是没有任何模糊之处的，并不会碰上无法解释的东西（没有根据和原因的东西，亦即意欲），不会碰上无法作进一步推导的东西。在这方面，这些知识，正如我已说过的，康德是想要将其首要地，甚至唯一地与逻辑学一道称为科学。但在另一方面，这些知识展现给我们的不过是某一表象与其他表象之间的比例、关系，是没有任何内容的形式。它们所得到的每一份内容，填充那形式的每一个现象，已经包含了某些就其整个本质而言不再是可以被完全认识的、不再是通过其他就完全可以解释的东西，亦即某些没有根据和原因的东西。因此，那些知识也就马上失去了其显而易见性，丧失其完全的透明性。但这种无法被探究的东西恰恰是自在之物，就是那本质上不是表象、不是认知的客体的东西，而只是进入了那认知的形式才变得可被认知的东西。那形式对这自在之物而言本来就是陌生的，这自在之物也永远不会与那形式完全合为一体，永远不会被还原为单纯的形式，并且既然这形式是根据律，那这自在之物就不可能得到彻底探究。所以，假如所有的数学 180
给予我们有关现象中的大小、位置、数字，一句话，有关空间和时间的关系详尽透彻的认识；假如所有的原因论充分地告知我们那有规律性的条件：只有在这些条件下，有关现象及其所有的规定才进入到时间和空间，但与此同时，所教导我们的仍然不过是在每一次某一特定的现象恰恰是此时此地和恰恰是此时此地必然出现——那我们在有了这样的帮助以后，却仍然永远不会深入事物的内在本质，始终还有某些东西是任何解释都不敢直面的，这某些东西就始终被当成了前提条件，也就是大自然的力、事物的特定作用方式、每一现象的性质和特征、没有根据和原因的东西，某样并不依赖于现象形式、并不依赖于根据律的东西。这东西与现象形式本身是不相干的，但这东西因为进入了这些形式，现在就根据这些形式的法则而呈现了。但这法则也只是决定了那东西的出现，而不是决定了出现的东西；只是决定了现象的“如何”，而不是决定了现象的“什么”；只是决定了形式，而不是决定了内容。力学、物理学、化学教导各种力所依照的规律和法则以发挥其不可穿透性、重力、刚性、液体性、内聚性、弹性、热、光、亲和力、磁性、电，等等，亦即这些力每次在时间和空间上出现时所遵循的法则和规律：但无论我们如何使出浑身解数，那些力仍旧是些“隐藏的特质”。这是因为那恰恰就是自在之物，在其显现的时候，就表现出与其自身完全不同的奇特现象；虽然在其现象中完全受制于作为表象形式的根据律，但其本身却永远不会还原为这些形式，因此不会在原因论上得到最终的解释，永远不会得到充分、完整的探究；虽然只要其接受了那种形式，亦即只要那就是现象，就是完全可理解的，但就其内在本质而言，却一点都不会因为上述的可理解就能得到丁点的解释。因此，某一认识带有越多的必
181 然性，那这认识里就带有越多根本不可以另作别的想象和表象的东西，例如，空间的比例、关系越是清晰和充分，里面就越少纯粹客观的内涵，或者越少真正的实在性；反过来，在这认识里面越多必须被理解为纯粹偶然的东西，越多我们不由得认为只是经验中存在的东西，那在这样的认识里面，就越多真正客观的和真实实在的东西，但与此同时，也就越多不可解释的东西，亦即无法更进一步从别样的东西推论出来的东西。

当然，无论何时，某种错误认识了自己的目标的原因论，都努力把

所有的有机生命还原为化学或电，把所有的化学，亦即品质特性，又还原为力学（透过原子形态的作用），然后又一部分还原为运动学的对象，亦即把时间和空间结合起来作为运动的可能性，另一部分则还原为单纯几何学的对象，亦即空间中的位置［大约就类似于我们正确地根据距离的正方（平方）和杠杆的理论以纯粹几何的方式递减其效果］：几何学最终也化为算术，而算术，由于其尺寸、范围的统一，所以是根据律中最容易理解、最可让人统览，也至为透彻的形态。在此泛泛描述的这种方法，其例证就是德谟克里特的原子论、笛卡尔的旋涡、勒萨热（*Lesage*）的力学物理，而最后这力学物理，在上一世界的末尾，就试图通过撞击和压力来解释化学的亲合力和引力，正如从《牛顿式的卢克莱修》所更详细见到的。还有雷尔以形式和混合作为动物性生命的原因也是向着这个方向的。属于这完全同样形式的，最后还有在 19 世纪中叶重又有了热度的、由于无知而自以为有独创性的粗糙的唯物主义。唯物主义在愚蠢地否认生命力的情况下，首先以物理的和化学的力来解释生命的现象，而这些物理和化学的力则又说是出自物质、位置、形态和想象出来的原子运动的力学作用；这样，唯物主义就希望把大自然的所有的力都还原为撞击和反撞击，这些就是唯物主义的“自在之物”。 182
据此，光就是某一想象出来的和为此目的而假设的以太的力学震动或者波动，而这以太抵达和敲打视网膜时，例如在一秒钟里，敲打 483 兆次就给出了红色，敲打 727 兆次就给出紫色，等等。那色盲者就是不会算敲打的数目了，是不是？如此粗糙的、机械的、德谟克里特式的、笨拙和疙疙瘩瘩的理论，与这些人是般配的：他们在歌德的颜色理论出现了 50 年以后仍然相信牛顿的单色光，并且是毫无羞耻地说出来的。他们会亲身体验到：对一个小孩（德谟克里特）可以容忍的东西，在一个成年人那里却是不可以原谅的。他们可能在将来落得个可耻的收场，但真到了那时候，每个人就都会蹑手蹑脚地开溜，就好像这事与他无关似的。有关这种把原初的力互相还原的错误做法，我们很快还会再谈论，现在就只说这些。假定这理论是真的，那当然所有一切就将得到解释和有了理据，甚至最终还原为一道算术题；然后，这道算术题就会是放置在智慧殿堂的至圣之物，是根据律最终把我们顺利带到这里的。但那现象的所有内容就会全消失了，剩下的只是形式：在那显现的是“什么”，就会被还原为是“如何”地显现，而这“如何”就会是先验可认识的，因此是完全依赖主体的，因此是唯一对主体而言的，因此最终完全彻底地只是幻影、表象和表象的形式，自在之物是无人能够诘问的了。假定情况真的是这样，那整个世界就会的确是从主体推导出来的，那事实上所做出的成就，也就是费希特以其轻浮吹嘘似乎做出了的成就。但实情并不是这样：人们以那方式搞出了些幻想、诡辩、空中楼阁，却从没有促成任何科学。只要人们成功地把大自然许许多多五花
183 八门的现象还原为个别原初的力，那就是真正取得了进步：人们把多个的、开始时被认为是不同的力和特质，从相互之间推导出来（例如，从磁推导出电）并减少了数目。假如原因论认识到并提出大自然所有如此这般的原初的力，把其作用的方式，亦即规律确定下来——依照这规律，这些自然力的现象就在因果关系的指引下出现在时间和空间，并规定互相之间的位置——那原因论就达到了其目的。但总还是剩下原始自然力，总还有现象中的一部分内容，就像无法解决的余数一样无法还原为它们的形式，因而无法依照根据律以某样别的东西来解释。这是

因为在大自然的每种事物中，都有某些东西是无法给出任何根据的，是不可能有任何解释的，是没有任何可进一步寻找的原因的：这就是其特定的作用方式，亦即恰恰是其存在的方式、本质。虽然对于事物的每一个别的作用，都可以证明其某一原因，而因为这一原因，这事物就必然恰好是现在、恰好是在这里作用，但至于这事物根本上和恰恰是如此作用的原因，则是永远找不到的。假如那东西并没有任何其他的特性，假如那是太阳的尘粉，那它起码会作为重力和不可穿透性而展现为那无法解释的某种东西。但我要说的是，这无法探究的某样东西之于太阳的尘粉，就是一个人的意欲之于这一个人，并且就像这人的意欲那样，就其内在本质而言，是不会服从于解释的，事实上，这无法探究的某样东西本身与这人的意欲是同一的。对于意欲的每一个表现，对于意欲在这一时间、在这一地点的每一个个别行为，我们尽管可以证明其有某一动因，而由于这一动因，在人的性格的前提下，这一意欲行为就必然地出现——但是，至于他具有这性格，至于他从根本上意欲[*]，至于在众多的动因中，恰恰是这一动因而不是任何其他动因和事实上竟还有某一动因可以驱动他的意欲，那都是无法给出任何根据和理由的。对人来说，他那无法解释的性格，在对这人的行为以动因做出任何解释时作为前提的东西，恰恰是对每一无机物体来说，它的本质性特质、它的作用方式，其表现是由外在的影响所引起的，其本身却不受在它之外 184
的任何东西的规定，也就是说，对其是无法解释的。它的个别的现象是受制于根据律的，也唯一通过这现象，我们也才看见这性格或本质性

* “意欲”在此作动词。

特质。这性格本身是没有根据的。经院哲学家已经从本质上认识到了这一点，并以“实体性形式”形容（关于这一点，参看苏亚雷斯《形而上学论辩集》，辩论第15，第1部分）。

一个很大的、同时又很普遍的谬误是：那些最常见的、最普遍的和最简单的现象是我们最理解的。这只是因为这些现象是我们最常见到和对此最习惯于一无所知。一块石头向地面下坠，与一只动物活动起来，对我们而言是同样无法解释的。我们误以为，就像上面所说的，从最普遍的自然力（例如，引力、内聚力、不可穿透性）出发，就可以用这些来解释更少见的和只有在结合的情形之下才能发挥作用的力（例如化学的特性、电、磁），并最终以这些来理解动物的机体和生命，甚至理解人的认知和意愿。人们也就默默地听从和接受了，就从纯属“隐藏的特性”出发，完全放弃了要弄清楚这些东西，因为人们的计划是打算在这之上建造，而不是要去侵蚀这一基础。这样的打算，正如说过的，是不会成功的。除此以外，这样的建造物也就永远是空中楼阁。那些最终还原为某个与所探究的难题同样是未知东西的解释，又能有什么帮助呢？到最后，我们对那些普遍自然力的内在本质的了解，就会多于对动物的内在本质的了解吗？难道这两者不是同样的还没被探究出个所以然？无法给予解释，是因为那是没有根据和原因的，因为那是现象的内容，是现象的“什么”，那是永远不可以还原为形式、还原为“如何”、还原为根据律的东西。但在此我们这些着眼于并不是原因学，而是着眼于哲学的人，亦即不是着眼于对这世界本质的相对的认识，而是着眼于无条件的认识的人，走的是相反的路子，是从我们那直
185 接的、我们最全面了解的、我们最信任的、与我们最接近的东西出发，

目的是去了解我们只是远距离地、片面地和间接地知道的东西；从最有力的、最具含义的、最清晰的现象出发，我们想要了解那些更欠完美的、更微弱的现象。对我来说，除了我的身体以外，对一切事物，我都只是了解其一面，表象的一面：其内在本质对我而言是密封的，是一个深藏的秘密——哪怕我知道了其变化所遵循的所有原因。只有通过比较在我身上所发生的，亦即假如在某一动因驱动我以后我的身体所实施的某一行动，与我自己的由于外在原因而导致的变化的内在本质，我才可以对那些没有生命的东西由原因而导致变化的方式方法获得深入的认识，也才明白它们的内在本质是什么；而有关其现象，知道了这现象的原因，就仅仅只是说明了那些现象进入时间和空间的规律而已，此外就别无其他了。我之所以可以这样做，是因为我的身体是唯一的这样一个客体：我不仅可以从一面，从表象的一面了解它，也可以从第二面，从被称为意欲的一面了解。因此，我就不会以为只要我把我自己的机体，然后是我的认知和意欲及我由动因所引起的运动，还原为由原因所引起的运动，是经由电，经由化学，经由力学而进行的，那我就会更好地理解所有的它们。相反，只要我是追求哲学而不是原因论的话，我就必然是反过来的：对于无机体最简单的和最普遍的活动，对这些我所看到的是随着原因而出现的活动的内在本质，我要首先从我自己的随着动因而引发的运动去理解；对于表现在大自然所有物体的无法解释的各种力，对其性质，我就会认出与在我那里就是意欲的东西是同一的，只是在等级上不同而已。这意思是：在我有关根据律的论文中所提出的第四类表象，对我来说必须成为认识第一类表象的内在本质的钥匙；我们必须从动因法则去了解因果关系法则的内在含义。

186 斯宾诺莎（《书信》，第62封）说过：一块由于受到某一撞击而在空气中飞行的石头，假如这石头是有意识的，就会认为自己是出于自己的意愿而飞行的。我只补充这一点：这石头是对的。这撞击之于石头就是动因之于我，在石头的某一假定的状态中显现为内聚性、重力、惯性的东西，就其内在本质而言，我在自己身上认识到就是与意欲同样的东西，石头也会认识到就是意欲的东西——假如这石头也有了认知的话。在上面提到之处，斯宾诺莎把注意力放在了石头飞行的必然性，也很合理地想要把这必然性转换在一个人的某一个别的意欲行为。而我则把那内在的本质——这赋予了一切真实必然性（亦即由原因导致效果）以含义和有效性——视为这些的前提条件；在人那里就是性格，在石头那里就是物性，但在这两者中却是同样的东西：在其被直接认识之处，就名为意欲；在石头那里，有最微弱程度的可见性、客体性，在人那里，则有着最强程度的可见性、客体性。甚至圣奥古斯丁也以准确的感觉认识到了这在一切事物的争取中与我们的意愿（意欲）是同样的东西。我也忍不住把他对这事情的质朴的说法放在这里：假如我们是动物，那我们就会热爱这肉食生活和与它们的感觉方向相符的东西，并对这些好处感到满意；如果我们这方面都还不错，那我们就别无更多的要求。同样，假如我们是树木，那我们虽然不会感觉到任何东西和不会通过摇动来追求，但我们就会追求结出果子和果实累累。假如我们是石头，或者云朵、风、火和其他类似的，假如并没有什么意识和生命，那我们仍不缺乏追求对某种适合我们的地位和位置的追求。这是因为物体的引力运动就好比是没有生命的物体的爱，不管它们是由于这体重而向下追求，抑或由于体轻而向上追求：因为物体由于其重量恰如精神由于其热爱而被驱

往它要被驱往的地方。(《上帝之城》，11，第 28 章)

还有值得一提的是，欧拉早就已经看出：引力的本质肯定最终可溯源为某一物体所独有的“倾向和欲望”（也就是“意欲”，《致公主的 187
信》，第 68 封）。甚至恰恰这一点，使他厌恶牛顿所理解的引力的概念；欧拉也倾向于尝试根据早些时候笛卡尔的理论对牛顿的力的概念做出一些修正，因而是从某一以太作用于物体的素材推导出引力，因为这“更有理性”和更适合于“热爱明亮的和可以理解的原理的人”。欧拉想把吸引作为隐藏的特性逐出物理学。这恰恰只是与那寿终正寝的、但在欧拉的时期所流行的自然观（作为非物质的灵魂的对应物）相符。不过，值得我们注意的是，在我所提出的基本真理的方面，也就是说，在那时候，这一敏锐的头脑就已经从老远隐隐约约看到了这一真理。他及时地匆匆倒转方向，在恐惧地看到所有那时候的基本观点都受到危及时，甚至试图采取古旧的、已经受到轻蔑对待的荒谬观点以逃避之。

§ 25

我们知道众多性根本上是以时间和空间为条件的，也只有在时间和空间中才可想象，我们在这方面称为个体化原理。但我们已认识到时间和空间是根据律的形态，我们所有的先验认识都是以这根据律表现出来的；但这样的认识本身，正如我们在上面所分析的，只属于事物的可认识性，而不属于事物本身，亦即只是我们认知的形式，而不是自在之物的特质。自在之物本身是不受认知的一切形式约束的，也不受最普遍的、对主体而言的客体存在形式的约束，亦即与表象是完全不同的东西。假如这自在之物，正如我相信已经充分证明和说得清楚明白了的，就是意欲，那么，意欲作为这样的东西和被视为与现象分开的，就是处于时间和空间之外的，因此是不晓得任何众多性的，所以也就只是一。但是，正如我已经说过的，那“一”并不是一个个体，也不是一个概念的那个“一”，而是如同这样的某种东西：对这样东西而言，众多性的可能性的条件、个体化原理是陌生的。事物在空间和时间的众多
188 性——这是意欲的全部的客体性——因此并没有触及意欲；而意欲本身，尽管这样的众多性，仍然是不可分的。根本就不是在石头里面有更小一部分的意欲，而在人那里则有更大的一部分意欲，因为部分与整体的关系唯独属于空间，一旦人们脱离了这直观形式，就不再有任何的意义；而且那更大和更少只涉及现象，亦即只涉及可见性、客体化；意欲的可见性和客体化程度，在植物那里是高于石头的，在动物那里则又高于植物。的确，意欲在可见性中的显现、意欲的客体化，有着如此无穷的等级，正如从最昏暗的光线到最灿烂的阳光、从最强烈的声音到最轻微的回响之间的无数级别。我们在后面将回过头来继续考察意欲这种程度的可见性，而这属于意欲的客体化，属于意欲本质的映像。意欲客体化的等级已不会直接触及意欲本身，在这些等级中的许多现象，亦即每一形式的许多个体，或者每一种力的个别表现，就更不会触及那意欲了，因为这许许多多是直接以时间和空间为条件的，而意欲本身是永远不会进入这时间和空间的。意欲在一棵橡树里的显现，完完全全一如其在千百万棵橡树里的显现：它们的数目、它们在时间和空间中的复制，从意欲方面看是没有任何意义的，而只是涉及在时间和空间中许

多认识着的个体和本身在这其中复制和分散开的个体方面才有其意义，但这在个体方面的众多性本身又只是与现象有关，与意欲无涉。所以，我们也可以宣称：假如（虽然这是不可能的）仅仅是某一生物——尽管其至为渺小——完全毁灭了，那与其一道，这整个世界就必然地沉沦。有感于此，伟大的神秘主义者安吉奴斯说了：

> 我知道：没有了我，上帝就片刻也无法活下去，
> 我若毁灭，他也不得不放弃灵魂。

人们曾多方尝试让每个人更好地理解宇宙难以测量的浩瀚无涯，于是就抓住机会给出开导性的看法，例如有关地球，甚至人的相对渺小； 189
然后，与这所说的对照谈起在这如此渺小之人的身上，那头脑精神的伟大，因为这头脑精神能够弄清楚、理解，甚至测量那宇宙之大，等等，等等。这一切都没问题！但对我来说，在考察这无法测量的世界时，最重要的是这一点：那自在的本质——这世界，也就是这自在本质的现象——无论这本质是什么，都不可能把其真正的自身以如此方式在无尽的空间中拉开和分散；这种无尽的延伸唯独只属于其现象，意欲本身却是完整地、不曾细分地存在于每一个大自然中的事物，存在于每一个生命体。因此，假如我们只停留在某一单个个体，也不会失去任何东西，要获得真正的智慧也不是依靠测量出那无边的世界，或者采用更实用的方式，依靠亲身飞越那无尽的空间，而是要通过完全探究出任何一个个体，因为我们要力求完整地认识和了解这一个体的真正本质。

据此，接下来的，亦即在此每一个柏拉图的学习者都早已自动在头脑中接受了的东西，将是下一篇详细考察的目标，即意欲的客体化的那

些不同级别，就在无数的个体那里反映出来，作为这些个体不曾达致的典型或者作为事物的永恒形式而存在，其本身是不会进入时间和空间这个属于个体的媒介中的，而是固定不变，不会受制于任何变换，是始终存在的，永远不是变成的；而那些个体则是在生生灭灭，始终是在成为，永远不是常住——而我的意思是：意欲客体化的那些级别，不是别的，正正就是柏拉图的理念。我在此暂时就说这些，以便从此以后，我就可以在这意义上运用“理念”一词。因此，在我这里，“理念”一词就要始终理解为其真正的和原初的、由柏拉图所给予它的含义，在这方面，是绝对不能设想为经院的教条化理性的那些抽象产物——而康德则
190 既不恰当也不合法地滥用了柏拉图这已经采用了的、并且很恰当地应用了字词来形容这些东西。所以，我所用的“理念”一词是指意欲客体化的每一个明确的和固定的级别，只要它是自在之物，并因此与众多性是不相干的；那些级别之于单个的事物，当然就犹如其永恒的形式或者其典型。对那著名的柏拉图教义最简明和最扼要的表达是由第欧根尼·拉尔修（3，12）给我们的这段话：柏拉图教导说，大自然的理念就好比是模范、典型，其余的事物只是与其相似，只是作为其复制品而已。有关康德对“理念”的误用和滥用，我不再理会了，我对此需要说的已在“附录”中说了。

§ 26

大自然最普遍的力呈现为意欲最低一级的客体化，这些力一部分是不分例外地显现在每一种物质上，例如重力、不可穿透性；一部分则在

相互之间瓜分了现存的物质，以致某些自然力控制着这些物质，另外一
些自然力则控制着那些物质，并恰恰以此方式控制着各种独特而不同的
物质，例如刚性、液体性、弹性、电力、磁性、各种各样的化学特性和
特质。这些力本身是意欲的直接现象，跟人的行为差不多；这样的自
然力是没有根据、原因的，与人的性格一样，只是它们的个别现象才受
制于根据律，与人的行为一样；而这些自然力本身却永远既不可以称为
结果，也不可以称为原因，而是先于一切原因和结果的前提条件；透过
这些原因和结果，它们自身的本质就表露和展现出来了。所以，询问
重力、电力的某一原因就是不明事理：重力、电力是原初的力，其表现
虽然依照原因和结果而发生，以致其每一个个别的现象都有一个原因，
而这个原因本身只是又一个类似的个别现象和规定了这种力要在这里表
现，必须在时间和空间中显现出来，但是，这力本身根本不是某个原因 191
的结果，也不是某个结果的原因。因此，这样的说法是错的，“重量是
石头下落的原因”；更准确地说，在此靠近地球才是原因，因为地球吸
引着石头。没有了地球以后，石头就不会下落了，尽管那重量仍在。
力本身是完全处于原因和结果链条的范围之外的，而原因和结果是以时
间为前提条件的，因为原因和结果只是涉及时间时才具有了含义，但力
却是处于时间之外的。个别的变化，其原因永远是同样一个个别的变
化，而不是那力；那变化就是那力的外现。这是因为那赋予原因以有
效性的，不管这原因出现多少次，始终是一种自然力，而作为自然力，
它是没有根据、原因的，亦即完全处于原因链条和根据律的地盘之外；
在哲学上，自然力则被认为是意欲的直接客体化，是全部大自然本身；
但在原因论里——在此也就是物理学——这自然力却被证明为原初的

力，亦即隐藏的特性。

在意欲客体化的更高一级，我们看到个体性突出显现了，尤其是在人那里，个体性格的巨大差别，亦即完整、充分的人格特性，已经通过刻画明显的、一并包括了全部身体构成的个人相貌从外在表达出来了。任何动物都远没有如此程度的个体性，也只有高等的动物才有这方面的某些痕迹，但种属的特性却完完全全地盖过了这些个体性，也正因此，动物只有很少的个体化的相貌。越是低级的动物，就越是在种类的普遍特性中更多地失去了个体性格的每一痕迹，所剩下的只是种属的相貌。我们了解了种属的心理性格的话，由此精确地知道可以期待个体做出些什么；但相比之下，对于人类，就必须研究和探究每一个个体，
192 而这，为了能有几分把握预先确定个体的行事，由于那与理性一道出现的伪装的可能性而变得极其困难。这或许跟人类与所有其他动物的这一差别相关：脑髓的沟、回是鸟类完全没有的，在啮齿目动物那里也极为薄弱，甚至在高等动物中，这些沟、回与人类的相比较，也是在脑髓两边对称得多和在每一个体那里更加地保持同一。[1]再者，这一奇特的现象也被视为把人与所有动物区别开来的真正个体特性所致：动物在追求满足其性欲时是没有特别选择的，但人在这方面的选择——更确切地说，那是一种独立于一切思考的、本能方式的选择——竟折腾到如此夸张的程度，那已提升为强烈的激情。因此，每个人都被视为意欲的一个特定的和有其特定性格的现象，甚至在某种程度上被视为意欲的一

---

[1] 温泽尔，《论人和动物的脑部结构》，1812，第3章；居维尔，《比较解剖学课程》，第9课，第4条和第5条；维克·达兹尔，《巴黎科学院的历史》，1783，第470和483页。

个独特的理念，但相比之下，在动物那里，这一个体特性总体上是缺乏
的，因为只有动物的种才有某一特有的意义；与人拉开的距离越远，个
体特性的痕迹就越消失；而植物最终不再具有任何其他的个体特性了，
除了那些完全可以用土壤和气候，以及其他偶然因素所施加的有利或者
不利的影响来解释的特性以外；到最后，在大自然的无机王国，一切个
体性全都消失了。 只有水晶还可以在某种程度上视为个体，因为水晶
是一个向着特定的方向追求的、被凝固了的统一体，其追求的痕迹也就
得以保留了下来。 水晶同时也是由其核心形态组成的集合体，由一个
理念统一起来，正如树是由单个发展的纤维组成的集合体，这发展着的
纤维就表现在叶子的每一叶脉、每一张叶子、每一根树枝中，不断地重
复着，并在某种程度上让这些其中的每一组成部分看上去就是一个独立 193
的植物，寄生似的从更大的部分得到供养，以致那棵树就类似于水晶
体，是由细小的植物所组成的一个系统性的组合体——虽然只有那整体
才完整表现出一个不可分的理念，亦即意欲的这特定一级的客体化。
但属于同一种类的水晶的个体，除了外在偶然所引致的差别以外，不能
还有任何其他差别，我们甚至可以随心所欲地让每一种类的水晶结为或
大或小的水晶体。 但如此这般的个体，亦即带有个体特性痕迹的，却
一定不会在无机的大自然出现。 无机大自然的所有现象就是普遍自然
力——亦即意欲的这类等级的客体化——的外现：这些自然力一定不会
（就像在有机大自然那样）通过个体性差别（这些个体性差别以部分的
方式表达出整体的理念）客体化自身，而是唯独将自身表现在物种那
里，并且在其每一个别的现象中都完整地和没有任何偏离地表现出这物
种。 既然时间、空间、多样性和以原因为条件都不属于意欲，也不属于

理念（意欲客体化的等级），而只属于这些个别现象，那么，在这种自然力——例如，重力或者电力——的所有千百万计的现象中，这种自然力必然是以精确同一的方式表现出来的，也只有外在的情势才可以对这些现象有所更改。这种在其所有现象中的本质统一性，这种在因果关系的引导下一旦条件存在，现象就会出现的不变的恒定性，就称为自然法则。从经验中一旦知晓了这条自然法则，就可以精确预先确定和计算出那自然力的现象，因为那自然力的特性被这自然法则记录了下来，就透过这自然法则表现出来。但正是因为意欲低等级的客体化现象合乎法则和具有规律性，所以就让这些现象另有一种样子，与同一个意欲在其客体化的更高、也更清晰等级的现象，亦即与动物、人及其行为大
194 为不同，因为在后者，个体的性格和受动因驱使会或强或弱地展现出来，而因为动因是在认知里面的，对旁观者来说常常是隐藏的，所以，导致人们至今为止完全认识不到上述两种现象在内在本质上是同一的。

如果我们从对个别事物的认识出发，而不是从对理念的认识出发，那自然法则的准确不差的特性就具有某种让人惊讶，甚至有时候具有某种几乎让人毛骨悚然的东西。我们感到惊奇的是大自然一次都不会忘记其法则，例如，假如根据自然法则，某些材料在具体确定的条件之下碰到了一起就会发生某一化学结合、造气、燃烧；还有，假如多个条件碰巧在一起，不管是经由我们的安排，还是完全偶然（在这偶然中，那种恰好准时是由出人意料的因素所致，也就更让人吃惊）所致，今天一如千年之前，那具体确定的现象就会马上和不带延误地出现。我们对这种奇妙特性的感受至为强烈，是稀有的、也只有在组合非常复杂的情形之下才会发生的事情，并且这些事情是在此之前已告诉我们在这些情

形之下就会发生的。例如，假如某些金属交替带有一种酸性的液体并相互接触，那银箔放在这一串的两端之间，就必然会突然化为绿色的火苗；或者在某些条件下，硬的钻石就转为碳酸。那在这些情形里让我们吃惊的，是自然力的鬼魂似的无所不在；我们在日常生活中不再想到的东西，在此我们就注意到了，亦即原因与结果之间的关联是多么的神秘，一如我们所杜撰的在某一咒语与由这咒语所必然召唤出来的精灵之间的关联。在另一方面，假如我们深入到这样的哲学认识：一种自然力就是意欲——亦即我们认出就是我们最内在本质的东西——的客体化一个特定等级；这一意欲，就其自身和有别于其现象及其形式，是处于 195
时间和空间之外的，因此，以这些为条件的众多性并不属于它，也不直接属于意欲的客体化等级，亦即理念，而只是属于这些现象，但因果法则只是在时间和空间方面有其意义，因为因果法则在时间和空间中规定了不同的理念——意欲就显现在理念中——的那些以倍数增加的现象的位置，安排和调节好众多现象所必须出场的顺序——假如我说了，我们在这一认识中明白了康德的伟大学说的内在含义，亦即空间、时间和因果关系并不属于自在之物，而只属于现象，只属于我们认知的形式，并不是自在之物的性质特性，那么，我们就将看出：对某种自然力作用的合乎规律性和准时性，对其所有亿万个现象的完美一致性，对这些现象准确不差地出现等感到惊讶，其实就类似于一个小孩或者一个野蛮人：他在第一次透过一块有许多侧面的玻璃观看一朵花时，对所看到的无数完全相同的花朵而感到惊讶，并逐个细数每一朵花的花瓣。

因此，每一普遍的、原初的自然力，就其内在本质而言不是别的，而是意欲在一个低等级的客体化：我们可以把每个这样的等级称为在柏拉图意义上的一个永恒的理念。但自然法则却是理念与其现象形式的相互关系。这形式就是时间、空间和因果性，这些互相之间有必然的和不可分的内在关联。通过时间和空间，理念复制出无数的现象，但这些现象据以进入多种多样性的那些形式的秩序，却是由因果关系的法则牢固确定了的，这因果关系的法则就好比是不同理念的那些现象的临界点的标准和规范；根据这标准和规范，空间、时间和物质就分摊给了
196 这些现象。这标准和规范因此必然与同一性的全部现有物质相关，而这物质是所有那些不同的现象的共同基质。假如这些现象不是都分配给那共有的物质——而为了占有这些物质，这些现象不得不分散开来——那就不需要一个这样的法则以规定其主张和需求了，这些现象可以同时和并排填充在无尽的空间中，历经无尽的时间。因此，只是因为永恒理念的所有那些现象是分配给同样的物质，所以必须有某一进、出现象的规则，否则，它们就不会给任何其他现象挪出位置。因此，因果法则本质上是与实体物质恒存的法则结合在一起的：两者仅从相互间获得了含义，但时间和空间与实体物质也处于同样的关系。这是因为对同样物质的相反规定的单纯可能性就是时间，而同样物质在所有相反规定之下的恒存的单纯可能性就是空间。这就是为什么在前一篇里，我们把物质解释为时间和空间的结合，而这结合就表现为在实体物质恒存的情况下偶然性的变换，而这变换的普遍可能性，就是因果关系或“成为”。我们因此也曾说过物质就是彻头彻尾的因果性。我们说明了理解力是因果关系的主体对应物，并且说了物质（亦即作为表象的全部世界）只是对理解力而言的存在，理解力是其条件、其承载者，是作

为其必要的对应物。这里说的所有这些只是顺便回忆起在第一篇里所说明和解释的东西。重视这两篇的内在和谐一致，对完整理解这两篇是必要的，因为在真实世界中不可分地结合在一起、作为其两面的东西，亦即作为意欲和表象的东西，在这两篇中被分开了，目的是要更清晰地单独认识这每一者。

或许通过一个例子以更清晰地说明因果关系的法则只是如何与时间和空间相关的方面和与由这两者组成的物质相关的方面才有其意义，并不会是多余的，因为这规定了自然力的现象在占有物质时分散开来所遵 197
循的界线和范围，而原初的自然力本身，作为意欲（而意欲作为自在之物是不服从于根据律的）的直接客体化，是处于那些形式之外的。每一个原因论的解释唯独在那些形式的范围之内才有其效力和意义，也恰恰是因为这样而永远不会达至大自然的内在本质。为了上述目的，就让我们想象某一台根据力学法则而建造的机器。铁的重量通过其重力而开始了运动，铜制的轮子通过其僵硬性而抗拒，互相之间碰撞和抬起，也由于杠杆的不可穿透性而抬起了杠杆，等等。在此，重力、僵硬性、不可穿透性是原初的、无法解释的力，力学指出的仅是一些条件：在这些条件下，那些力又以什么样的方式方法表现出来和控制住特定的物质、时间和地点。现在，假如一块很强的磁石作用于有重量的铁，并克服了其重力，那机器的运动就停了下来，物质马上成了另一种完全不同的自然力的游戏场。对此，原因论的解释也同样不过是除了给出这自然力出现的条件以外，别无其他。或者现在就把那机器的铜制垫圈放在锌板那里，并把酸性的湿度引到它们之间：马上，那机器的同样的物质就归于另一种原初的力，归流电所有。流电现在就依照自己的法则控制住这物质，通过其现象在这物质上表露出来，而对此，原因论所能提出的，仍然不过是这原初的力在展现时所处的环境和所依照的法则。假如我们现在提高温度，添加纯氧，那整个机器就会燃烧，亦即一种完全不同的自然力、化学力再一次在这一时间、在这一地点对那物质有了不可拒绝的权利，并在那里表现为理念、表现为意欲客体化的特定等级。由此产生的金属钙现在就与一种酸连接在一起：一种盐也就产
198 生了，水晶结出了：这些是另一个理念的现象，这理念本身又是完全无法解释的，而这理念的现象的出现依赖原因论所知道和所提出的那些条件。水晶风化了，与其他东西混合在了一起，一种植物就开始出现了：那又是一种新的意欲现象。这样，同样的恒存物质就可以循环往复、没完没了，也让我们看到如何一会儿是这一种自然力，一会儿又是另一种自然力争取到了对这物质的权利并不可避免地抓住了这一物质，目的就是要显现出来和表露其本质。因果法则给出了对这权利的规定，给出了其会产生效力的时间点和空间点；但是，基于这因果法则的解释也只能到此为止了。力本身是意欲的现象，这样的力并不受制于根据律的各种形式，也就是说，是没有根据、理由的。它是在所有的时间之外，是无所不在的，似乎永远在等待着合适情势的出现，然后它就可以现身和制服某一特定的物质，排斥掉至今为止控制这物质的力。一切时间只是为其现象而存在，对这力本身却是没有意义的。化学力在某一物质那里沉睡数千年，直至与试剂接触而获得自由，它们也就随之出现。但时间只是为这些现象而设，并不是为那些力本身而存在。数千年来，流电沉睡在铜与锌那里，它们静静地与银并存着；而一旦所有这三者，在所需要的条件下相互接触，就肯定会燃起火焰。就算在有机

王国，我们一颗干瘪的种子在长达三千年里仍保存其沉睡的力，直至最终有利环境出现，就会长成植物。[1]

那么，假如我们通过这些考察已清楚地意识到自然力与其所有现象 199
的差别；假如我们认识到自然力就是意欲本身在这一特定等级的客体
化；通过时间和空间的众多性，唯独属于现象，而因果性法则不是别
的，恰恰是对个别现象在时间和空间的位置的规定——假如是这样，那
我们也将认识到马勒伯朗士有关机缘原因（*causes occasionelles*）学说中
的全部真理和深刻意义。很值得我们花工夫去比较一番马勒伯朗士在
他的《真理的探寻》中，尤其是在第 7 篇第 2 部分第 3 章和在后面所附
加的对此章说明中所陈述的这一学说与我现在的这些阐述，去感知这两
种学说的完全一致——虽然这两者的思路是如此的大不相同。的确，我
不由得为此赞叹：马勒伯朗士虽然完全受困于他的时代不可抗拒地强加
于他的实在的、具体的教义，但在受到这样的束缚、背负这样的重压的
情况下，仍然如此幸运地、如此准确地找到这真理，并懂得如何与那些 200

[1] 1840 年 9 月 16 日，在伦敦城的文学和科学学院，佩迪格鲁先生(Herr Pettigrew)在一场有关古埃及的讲课中，出示了一些由 G.威尔金森爵士在底比斯的一处坟墓发现的小麦种子。这些种子躺在那里肯定有三千多年了。它们是在一个密封的花瓶中发现的。佩迪格鲁先生种下了 12 粒种子，而由此长出了一株 5 英尺高的植物，其种子现在也已完全成熟了(根据《泰晤士报》1840 年 9 月 21 日报道)。同样，在伦敦的医学—植物学会，1830 年，侯顿先生拿出了一块可能是出于某一宗教考虑而放在一个埃及木乃伊的手中的根茎。这一块根茎因此至少有两千年了。侯顿先生把它种植在一个花盘里，植物也就马上生长和发芽了。这引自 1830 年 10 月《大不列颠皇家学院杂志》第 196 页的 1830 年《医学杂志》。“在伦敦海格特的格里姆斯通先生的植物标本花园里，现在的一株豌豆植物已经结果了。那是出自佩迪格鲁先生和大英博物馆的官员从一个埃及石棺中的花瓶里发现的一颗豌豆。这颗豌豆躺在那里肯定有 2844 年了(根据 1844 年 8 月 16 日《泰晤士报》)。事实上，甚至在石灰岩中发现的活着的癞蛤蟆也让人们假定：甚至动物生命也可以有这样千年之久的暂停——假如这暂停是通过冬眠开始并经由特别的情形所维持的话。”

教义——起码是与那些教义的语言——结合起来。

这是因为真理的强大力量是难以置信的，其坚持不懈也是难以形容的。我们处处都会发现真理的频繁痕迹，就算是在不同时期和不同地方至为古怪的，甚至至为荒谬的教条里面，而且很多时候伴随着怪异的东西，与其他东西奇特地混杂在一起，但我们仍可认出真理。真理就像在一堆大石头下面发芽的一株植物，这植物仍旧攀往挨近光亮的地方，虽然经过许多迂回曲折而费劲地钻过去，弄得伤痕累累、形容枯槁，但始终朝往光亮的方向。

马勒伯朗士确实是对的：每一种自然的原因都只是机缘原因，只是提供了机会，让那个不可分的意欲得以成为现象，而那意欲就是一切事物的自在本身，其各等级的客体化也就是这可见的世界。只是在这地方、在这时间的呈现和成为可见，才是经原因所引致的，也只就此而言才是依赖于原因的，但现象的整体、现象的内在本质并不是原因所致和依赖于原因。这后者是意欲本身，根据律对其是派不上用场的，意欲因此是没有根据和理由的。这世界上没有任何一种事物有其存在的一个绝对的和根本的原因，而只有着某一个这样的原因：由于这一原因，这事物恰恰是在这里和恰恰是现在出现了。至于这石头为什么一时展现出重力、一时又展现出刚性，一时则是电力、一时又是化学的特性，那取决于原因，取决于外在的作用和影响，是由这些来解释的。但上述那些特性本身，亦即其由此所构成的和因此以所有上面所说的方式表现出来的整个本质，还有这本质根本上就是如此这般，这本质根本上的存在——这些都是没有根据和理由的，这些就是没有根据的意欲变得可见而已。由此可见，一切原因都是机缘原因。我们在没有认识力的大自然就已发现这一点，但在不再是原因和刺激，而是动因决定了现象的进入点的地方，亦即在动物和人的行为那里，情形也同样如此。这是因为在这两种情形里，呈现的是同一个意欲：这意欲在其表现的等级里 201
呈现出至为不同的现象，在这些等级的现象中增多，并在这方面受制于根据律。但是，就其自身而言，这意欲是不受所有这些束缚的。动因并不决定人的性格，而只是决定了这性格的现象，亦即决定了行为、其人生道路的形态，而不是决定了其内在的含义和内容。这后者出自性格，而这性格是意欲的直接现象，因而是没有根据和理由的。为何一个人是卑劣的，而另一个人是善良的，并不是取决于动因和外在的作用与影响，诸如理论学说和布道所教一类，在这一意义上是绝对无法解释的。但至于一个坏人是将其坏处展现在其周围狭隘圈子里的不公正的微小事情、阴险的诡计、下三烂的流氓行径，抑或他作为一个征服者压迫人民、把一个世界置于惨痛之中，让数以百万计的人民血流成河——这是他这现象的外在形式，是非本质性的部分，是取决于命运将其所置于的情势，取决于他的周围环境，取决于那外在的影响，取决于动因；但他根据动因所作出的决定却永远不可以从这些动因上解释：因为这决定出自意欲，其现象就是这个人。有关这些，在第四篇将作讨论。一个人的性格展现其素质、特性的方式方法，很可以与不具认知的大自然中的某一物体展现其特性的方式相比较。水连带其内在的素质和特性仍旧是水，不管其是映照着湖岸的宁静湖泊，抑或泛着泡沫冲下山岩，抑或经过人工安排以长条水柱状喷向高空——这些都取决于外在原因，这些对水来说都是自然的；但根据不同情形，水就会表现出这个或者那个样子；它一视同仁，可以随时是所有这些样子，但在每一种情况下，都是忠实于自己的性格特性的，只显露出这一性格特性。每个人的性格也是在所有情形下表露出来的，但由此性格特性产生的现象，却是根据当时的情形而定的。

202 § 27

假如我们从所有前面的对自然力及其现象的考察已清楚意识到：以原因进行解释可以走得有多远和这必须止步在何处——假如不想沉迷于愚蠢地追求把所有现象的内容都还原为单纯的形式的话，因为这样的追求到最后，所剩下的不过就是形式而已——假如是这样，那我们从现在起就能够在大致上确定对所有的原因论要有什么样的要求。原因论必须在大自然的所有现象中找出其原因，亦即在什么样的情形下，这些现象就一定会出现；然后，原因论必须把在各种各样的情形下多个形态的现象还原为在所有的现象中都发挥作用的和被原因当作是前提条件的东西，还原为大自然的原初之力；正确区分出现象中的某样差别是由于力的某种差别，抑或只是由于这力在外现时所在的情形的差别；原因论也同样要非常小心不要把某一种同样的力的表现当作是属于不同的力的现象，同时，也不要反过来，把原初属于不同的力的表现只当作一种力的表现。这直接属于判断力的事情了；这就是为什么有能力在物理学上扩展识见的人少之又少，而所有其他人则只是在扩展经验而已。惰性和无知让我们倾向于太早就援引原初的力，这带着某些讽刺夸张表现在经院哲学家的“实体”和“实质”那里。我完全不想要向人们重新引荐这样的做法。我们除了给出某一物理学的解释以外，并不可以援引意欲的客体化，正如不可以援引上帝的创造力一样。这是因为物理学要求的是原因，但意欲却永远不是原因：意欲与现象的关系完全不是依照根据律的；意欲的自身，在另一方面作为表象而存在，亦即现象，而作为现象，它遵循着构成了现象形式的法则。例如，每一运动，尽管其始终是意欲现象，却都肯定有着某一原因：以此原因，就可以对这一运动 203
在有关特定的时间和地点方面来解释，亦即并非依照其本质泛泛而论，而是就其作为个别的现象来解释。这原因在石头那里是某一力学的原因，在人的行动那里则是一个动因，但原因是永远不会缺席的。在另一方面，某一特定种类的所有现象，其普遍的、共有的本质——要不是以这本质为先决条件，从原因所给出的解释就既不会有意思也没有意义——就是普遍的自然力，而这在物理学上始终是“隐藏的特质”，恰恰因为这里是原因论的解释到了尽头和形而上学开始之处。但因果链条却永远不会因我们不得不求助于某一原初的力而中断，并不会回归到这原初的力，就好像是要回归到因果链条的第一个环节似的；其实，这因果链条的最近一个环节，就和最遥远的那个环节一样，都已经以原初的力为前提条件，否则，就解释不了任何一样事情。一系列的原因和结果可以是不同的力的现象，这些不同的力是在因果的引导下相继呈现出来，正如我在上面通过某一金属机器的例子所说明的。但这些原初的、并非从相互间推导出来的力，却一点都没有中断那因果链条的统一性和所有其环节之间的联系。大自然的原因论与大自然的哲学是永远不会互相拆台的，而是并排着前行，从不同的视角考察着同一样的对象物。原因论说明了必然导致所要解释的现象的原因，指出了作为其所有解释基础的、在所有这些原因与结果当中发挥着作用的普遍的力，精确地界定了这些力及其数目、差别和作用效果——在作用效果中，每一种力依照不同的情形而有所不同地显现出来，始终根据其独有的特性，而这特性是原因论依照一种永不出差错的规律而展示出来的。这规律
204 就称为自然法则。一旦物理学在各方面都完美地做到了所有这些，那物理学也就达致圆满了，因为那样的话，在无机的大自然，就再没有任何力是不为我们所知的，也再没有哪一种作用效果不曾被证明就是某一种力在确定的情形之下、依照某一自然法则的现象。但是，一条自然法则仍仅是从大自然那里察觉和记录下来的规律：在特定的情形之下，只要这些情形出现，大自然就总是会依照此规律行事。因此，我们确实可以把自然法则定义为一个普遍表现出来的事实，“一个普遍的事实”（“un fait généralisé”）；据此，完整罗列出所有的自然法则就就只是一张完整的事实登记表而已。然后，对全部的大自然的考察就以形态学而终结：这形态学一一列举、比较、整理和归类有机大自然的所有永久、持续的形态，对个别存在物的出现原因则说得很少，因为所有一切这方面的原因就是繁殖，而繁殖的理论则是单独分开的，在一些稀有的情形，则是“自然生成”。但属于这形态学的，严格来说，就是意欲的所有低级别的客体化方式，亦即物质的和化学的现象如何分别地显现，而给出这些显现的条件恰恰就是原因论的任务。相比之下，哲学考察的则始终只是普遍性的东西，对大自然的考察因而也是如此：原初的力本身在这里是哲学的考察对象，哲学在这些力当中认出意欲不同等级的客体化，而这是这世界的内在本质、这世界自身；假如撇开那意欲不计，那这世界就会被宣布为只是主体的表象。但假如原因论不是为哲学做出准备工作和为其学说透过证明而提供运用，而是以为它的目标

就是否定掉所有原初的力——或许除了那最普遍的一种外，例如不可穿透性——并且自负地以为是从根本上了解了这不可穿透性的，因此就试图把一切其他的力都强行还原为不可穿透性——假如是这样，那原因论就脱离了自己的根基，能够提供的也就只是谬误而不是真理。大自然的内容现在就会被形式所挤掉，一切都归因于发挥着作用的环境，没有 205
任何东西归因于事物的内在本质。假设这条路子真的可以成功，那正如已经说了的，最终一道计算题就可解开这世界的谜语了。但假如人们以为所有的生理性的结果应该还原为形式和混合，因而是还原为大概电的一类，而这电的一类又被还原为化学，然后，这化学又还原为力学，那人们走的正是这一条路子。例如，这也就是笛卡尔和所有原子论者所犯的错误。他们把地球体的运动还原为某一液体的撞击，把那性质还原为原子的关联和形态，并力图把大自然的所有现象解释为单纯是不可穿透性和内聚性的奇特现象。尽管人们已从这条路上折回头，但在我们今天，那些电力的、化学的和力学的生理学家，那些顽固想要以有机体的的组成部分的“形式和混合”对有机体的整个生命和一切功能作出解释的人，却做着同样的事情；我们仍可在梅克尔的《生理学档案》1820，第 5 卷，第 185 页中看到这样的说法：生理学的解释就是把有机体生命还原为物理学所考察的普遍的力。甚至拉马克在《动物哲学》第 2 卷，第 3 章中宣称生命就只是热和电的作用效果：“热和电的物质就完全足够组合有关生命的这关键原因。”（第 16 页）照此说法，热和电就会是自在之物了，动、植物的世界就会是其现象了。这种看法的荒谬之处在这部著作的第 366 页及后面显得特别刺眼。人们都知道：在最近时期，所有的那些已经常被戳穿和驳倒了的观点重又放肆大胆地露面了。假如我们对其仔细检视，其基础说到底就是这一假定：有机体不过就是物理的、化学的和机械的力的现象集合体；这些力在此偶然地走在了一起并造成了那有机体，而这有机体就是一个并没有更多
206 其他意义的自然界的奇妙现象。据此，一只动物或者一个人的机体，从哲学的角度看，就不是一个独特理念的表现，亦即不是意欲在某一更高等级上的直接客体性；在这机体上显现的只是那些在电、在化学、在机械学把意欲客体化的理念：那有机体因此就会是由这些力巧合在一起而偶然吹胀起来的，一如人和动物的形态是由云或者钟乳石所形成的，因此，就其本身而言并不比这些更令人感兴趣。但与此同时，我们将马上看到这种物理学的和化学的解释可在多大程度上、在某些界限之内被允许应用和可以应用在有机体上面，因为我将阐明：生命力当然是利用和应用了无机大自然的力，但却一点都不是由这些力所组成的，这就犹如铁匠并不是由铁锤和铁砧所组成一样。因此，甚至最简单的植物生命也永远无法能够以这些力、例如以毛细管力和内渗解释得过去，更遑论动物生命了。接下来的考察为我们的相当困难的探讨铺垫了道路。

根据所有这所说的，如果自然科学想要把意欲更高等级的客体性还原为更低的等级，那就是误入歧途，因为并没有认识到和否认原初的和独自存在的自然力，如同看到我们已知的一种特别现象发生时，毫无根据地认定那就是特殊的力一样，两者都是错误的。因此，康德说得对：希望会有一个草茎的牛顿是不理智和荒谬的，亦即希望会有人可以把草茎溯源为物质的和化学的力的现象，而这个人就是这些力的偶然的结合实体，他也就只是大自然的奇妙现象：在这一现象中，并没有显现任何独

特的理念，亦即意欲并没有在一个更高的和特别的等级上直接显露出自身，而是就像在无机大自然的现象那样偶然地进入了这一形式。经院哲学家可根本不会允许类似的东西，他们会非常正确地说这是完全否认 207
“实体性形式”和把这实体性形式降格为“偶然性形式”。这是因为亚里士多德的“偶然性形式”精确标示了我所称为意欲在一样事物的客体化程度。但在另一方面，可不要忽略了这一点：在所有的理念，亦即在无机大自然的所有的力和有机大自然的所有的形态中显露出来的，是一个同样的意欲，也就是说，这意欲进入了表象的形式、进入了客体性。这意欲的一体性因此肯定会透过在其所有现象之间的一种内在的亲缘关系而让我们认得出来。这种一体性在意欲的更高等级的客体化中显露出来了：在此等级，整个现象更加的清晰，也就是说，在植物和动物的王国，这意欲的一体性透过所有形式当中普遍贯穿着的相似性、透过在一切现象中重现的基本类型而变得更加清晰。这基本类型正因此成了由法国人在这世纪所提出的、很了不起的动物学体系中的指导原则，并在比较解剖学中被至为充分地证明为“计划的统一性、解剖的因素的一致性”。把这种基本类型找出来也就成了谢林学派的自然哲学家的首要工作，这也确实是至为值得称道的追求。这些自然哲学家在这方面做出了不少成绩，虽然在许多情形里，他们对那相似性的追猎最终沦为了笑话。他们甚至要在无机大自然的理念中，例如，在电和磁之间，还有在化学的吸引力和重力之间等去证明那种普遍的亲缘关系和家族性的相似性，却是不无道理的，而电和磁的同一性是在后来得到查明和确认的。他们特别让人们注意到：极性，亦即把一种力分为两种性质上不同的、相互对立的和要争取重新结合的活动，而这活动大多也在空间中通过往相反的方向分散而显露出来——这极性，是大自然几乎所有现象（从磁体和水晶体一直到人）的一个基本类型。但在中国，这种认识自
208 远古以来就已广为流行，就包含在“阴”和“阳”对立的学说中。的确，正因为这世上的所有事物就是那同一个意欲的客体化，因此，这些事物就其内在本质而言是同一的，所以，不仅在它们之间有那显而易见的相似性，在每一稍欠完美的事物中，就必然已显现出与其紧邻的更加完美的事物的痕迹、暗示和结构；而且因为所有的形式都只属于作为表象的世界，所以，我们甚至可以设想：在表象的最普遍的形式中，在现象世界的这真正基本框架中，亦即在时间和空间中，就已可找到和证实填充这形式的一切东西的基本类型、暗示和结构。似乎是朦胧地对此有所认识，给犹太教的神秘学说、毕达哥拉斯门徒的所有数学哲学家，还有中国人的《易经》提供了起源。在谢林学派，我们也发现在其多方努力揭示所有现象中的相似性时，也有不少——虽然那是不幸的尝试——是从单纯的空间的法则和时间的法则推导出自然法则。可是，我们却无法知道将来的某一天一个天才的头脑在多大程度上会实现这两种努力。

尽管我们要永远密切留意现象与自在之物的差别，因此永远不要把客体化在所有理念中的意欲的同一性（因为这有其客体化的特定等级）扭曲成个别理念本身（意欲就在这些理念中显现）的一种同一性，例如，永远不要把化学的或者电力的相吸引还原为经由重力的相吸引，虽然它们之间的内在相似性还是可以看得出来的，前者就可被视为仿佛是后者的更高一级的能力；同样，也尽管所有动物在建构上的内在相似性并不就此让我们有理由把各物种混在一起和同一起来，并宣称更完美的

物种就是更欠完美的物种的变种；最后，尽管生理学的功能永远无法还原为化学的或者物理学的过程——尽管所有这些，我们仍可以为了给上 209
述做法作辩护，在某些界限之内，设想下面所说是很有可能性的。

假如在意欲的更低级客体化的现象中，亦即在无机大自然中，多个现象陷入互相的争斗——因为每一个现象在因果关系的引导下都想要夺取现存的物质——那么，从这现象的争斗中就会产生出某一更高的理念，而这一更高的理念就会制服和控制在此之前的更欠完美的一切，但采用的方法却是让这些的本质以一种从属的方式延续下去，这一更高的理念就从这些本质那里吸收某一相类似的东西。 这事情和过程，也只有考虑到在所有理念中显现的意欲的同一性和考虑到意欲永远在追求更高一级的客体化，才可以理解。 我们因此，例如，在骨头变硬中看到与结晶定型的明显的相似之处，因为后者原初是控制着石灰的，尽管骨化是永远不可以还原为结晶的。 这相似之处在肌肉变硬那里展现得微弱一些。 在动物性身体里面，体液的混合和分泌也与化学的混合和析出相似，这后者的法则也甚至体液的混合和分泌中仍继续作用，但却是从属的，也相当缓和并改变了的，被一种更高的理念所制服了的；因此，仅仅是化学的力，在有机体之外的话，是永远不会产生出这样的体液的，而是

化学把它名为“自然的处置”，

那也是自我解嘲，并不知道其所以然。

那通过战胜更多更低级的理念或意欲的客体化而产生的更完美的理念，也正是通过其从每一被制服的理念中接纳了更高能量的相似性而获

得了一个全新的性格、特性：意欲以新的、更清晰的方式客体化了。它原初是透过自然生成而形成的，然后是透过吸收现存的种子、有机汁液、植物、动物、人。也就是说，从低级现象的争斗中，产生出吞噬了那一切的、更高一级的现象，但这现象也在更高等级上实现了所有低级
210 现象的追求。据此，在这里，普遍存在着的是这一法则，“蛇只有吃掉了蛇，才能成为龙。”

我希望通过清晰的表述，能够解决和消除这些思考中与此话题相连的模糊之处；不过，我很清楚地知道：读者自己的思考肯定会给我很大的帮助——假如我仍是无法让人明白或者仍是让人误解的话。根据我所给出的观点，人们虽然会在机体里指出和说明化学的和物理的作用方式，但永远无法以这些作用方式解释这机体，因为这机体根本不是一个由诸如此类这些的力的联合作用，亦即由偶然所造成的奇特现象，而是一个更高级的理念，其通过制服性吸收征服了更低的理念，因为那在所有理念中客体化的一个意欲，在追求最大可能的客体化的时候，在与其低级的现象的争斗以后，在此就放弃了这些低级的现象，目的就是在某一更高的级别更有力地显现出来。没有斗争就没有胜利：因为更高的理念，或说更高的意欲客体化，只有通过制服更低级的才可以出现，所以，这高级的理念就会承受这些更低级的理念的反抗，而这些后者，虽然被制服了，但仍争取要独立地和完整地表现其本质。正如那吸起了一块铁的磁石与重力持久地争斗，因为重力，作为意欲的最低级的客体化，对那铁块的物质有着更原初的权利。在那持续的争斗中，磁石变得更强，因为那阻力仿佛刺激着磁石作出更大的努力。同样，每一个意欲现象，甚至在人的机体中表现出来的意欲现象，也与许多物理的和

化学的力持久地争斗，而这些物理的和化学的力，作为更低级的理念，
对那物质有更早的、更优先的权利。因此，我们在把手臂举起来、在克
服了重力一会儿后，就会放下来；因此，那种舒服的健康感觉表达了具
自身意识的机体的理念赢得了对物质的和化学的法则（这些法则原先是 211
统治着身体的汁液）的胜利——但那种健康的感觉却常常如此地被打
断，这感觉甚至是始终伴随着某种大大、小小的不舒服，而这种不舒服
就是来自于那些物质的和化学的力发起的反抗，也因为这样，我们生命
中的植物性部分就持久地与一种轻微的苦痛结合在一起。也因此，消
化压制了所有的动物性功能，因为消化需要全部的生命力透过吸收以制
服化学的自然力。身体生命的重负、睡眠的必要性和最终死亡的必要
性根本上就由此而来，因为到最后，到情势有利的时候，那些被制服了
的自然力就会从机体（机体由于不断要取得胜利已被弄至疲惫不堪了）
那里再度赢回从它们那里被夺走的物质，以便不受阻碍地表现其本质。
我们因此也可以说：每一个机体只是在减去了机体所要花费在制服与其
争夺物质的低级理念的力量以后，才表现出其理念，而这机体就是这理
念的映像。这一思想似乎曾经萦回在雅克布·伯默的头脑里，因为他
在某个地方说过：人和动物，甚至植物的一切身体，其实都是半死亡
的。根据这机体是否或多或少地成功制服那些表达了意欲更低级客体
化的自然力，这机体也就相应更加完美地或者并不那么完美地表达了其
理念，亦即更近地或者更远地靠近其种属中属于美的样板和典型。

所以，我们看到在大自然到处都是争吵、争斗和胜利的胜败轮换，也正是从这些，我们在后面将清楚看出意欲本质上的那种自身不和。意欲在每一级的客体化都与其他等级的客体化争夺物质、空间、时间。

恒存的物质必须持续地变换着形式，因为在因果性的引导下，力学的、自然的、化学的和机体的现象，贪婪地争先恐后要显现，互相之间抢夺
212 物质，因为每一种现象都想要显露其理念。整个大自然，都是这种争斗，事实上，大自然就是透过这争斗而存在和延续，如果争斗不是存在于事物之中，那所有的一切就仅是一，就像恩培多克勒所说的（亚里斯多德，《形而上学》，B，5），这争斗本身只是暴露了意欲本质上的自身不和。这种普遍的争斗在动物世界中变得至为清晰可见。动物有植物世界作为其食品，但在动物世界本身，每一只动物也会成为别的动物的猎物和食物，亦即被这动物借以表现其理念的物质，必须让位给另一理念去表现，因为每一只动物只能透过不断结束另一其他的动物来维持其存在，以致生存意欲普遍就是消耗其自身，以不同的形态成了自己的食物，直至最终到了人的级别，因为人制服了所有其他的动物，把大自然视为供其使用的制品；而人类本身，正如我们在第四篇就要看到的，在其身上就至为可怕和清晰地暴露出那种争斗、意欲的那种自身的不和、人之于他人就是狼。与此同时，我们也在意欲低等级的客体化中认出同样的争斗、同样的制服。许多昆虫（尤其是姬蜂科）把卵子产在其他昆虫的皮肤，甚至在其幼虫的身体上，而那些幼虫的慢慢毁灭就是那孵化出来的幼子的首次杰作。年轻的水螅是从老的水螅那里作为一个分支生长出来的，然后就与其分离，在仍黏在老螅的时候就与其争抢猎物，以致一只水螅会从另一只水螅的口中抢走食物（特朗布莱，《多足动物》，第 2 卷，第 110 页；第 3 卷，第 165 页）。但澳大利亚的犬蚁在这方面给我们提供了至为鲜明的例子，因为人们在把其砍为两段以后，其头与尾巴就展开了一场搏斗：头部用牙齿咬住了尾部，尾部则勇敢地以

尖刺保卫自己。整个搏斗历时半个小时，直至它们的死亡，或者两者被其他蚂蚁分开为止。每次都会发生这样的事情（根据霍威特登载在 213
《W 周报》上，后来重印在 1855 年 11 月 17 日《加利尼亚尼信使报》上的一封信）。在密苏里的河岸上，人们有时候会看到一株巨大的橡树在树身和枝杈上被极大的野生葡萄枝蔓缠绕、束缚和捆住，以致就像被窒息了似地枯萎了。这同样的事情甚至展现在最低的级别，例如，透过有机的吸收，水和碳转换成植物的汁液，或者植物或者面包转换成血液，以及凡是在伴随着把化学的力压缩在某一从属的作用方式之下动物性分泌发生的情形，也都是同样如此。然后，在无机大自然也是一样，例如，结晶的水晶相遇、交错和相互扰乱到这样的程度，以致它们无法显示纯粹的结晶了的形态，因为几乎每一晶洞就是意欲在如此低级的客体化级别上的这样一种争斗的写照；或者一块磁石把其磁性强加在铁那里，以便在此也好表达其理念；或者，电镀制服了亲合力，分解了最牢固的结合，消除了化学的法则到如此的程度，以致在负极被分解了盐的酸必须奔赴阳极，而又不会与其在中途所通过的碱结合，甚至不会把其碰到的石蕊纸变红。在宏观方面，这种争斗显现在恒星与行星的关系上：这行星虽然是明确处于依赖关系的，但却仍然在抵制和反抗，恰似有机体中的化学力；由此就产生了向心力与离心力之间的持久的紧张关系，而这种紧张关系就让宇宙保持运行，其本身就已是表达了我们现正考察的那种普遍的、对意欲现象而言是本质性的争斗。这是因为既然每一个物体都必须被视为某一意欲的现象，但意欲却必然表现为一种争取，那每一个成了球状物的天体，其原初的状态就不可能是静止的，而应该是运动的，是向前往着无尽的空间争取，没有歇息也没有目标。

214 对此，不管是惯性法则还是因果法则都不会阻扰，因为依照惯性法则看来，这样的物质对静止还是运动是无所谓的，所以，其原初状态既可以是静止的，也可以是运动的。因此，假如我们发现其是在运动的，那我们就没有什么理由假定在这运动状态之前是静止的状态，并探询运动出现的原因；就正如反过来，假如我们发现那是静止的状态，我们同样没有理由假定在这之前是运动的状态，并探询静止出现的原因。因此，并没有什么对向心力的首次推动，是我们要去探究的；这在行星的情形里，根据康德和拉普拉斯的假说，其实是恒星的原初自转所留下来的东西。那些行星在收缩的时候，就与这恒星分离了。但对这恒星来说，运动是本质性的：它始终在旋转，与此同时也飞往无尽的空间，或者或许是围绕着一个更大的、我们所看不见的恒星旋转。这一观点与天文学家有关一个中心太阳的猜测是完全吻合的，也与我们所看到的整个太阳系的移开相符，或许也与我们的太阳所属的整个星群的移动相符。由此我们最终得出结论：所有的恒星连带那中心太阳有过一次普遍的移动，而这当然在无尽的空间中是失去一切意义的（因为在绝对的空间中的运动是与静止没有区别的），并恰恰因此，正如已经直接透过那没有目的的追求和飞驰，表达了那种虚无性、那种缺乏某一最终的目的，而这些，在本篇的结尾处，我们不得不归于意欲在其所有的现象中的追求。因此，那无尽的空间和无尽的时间也再度必然是意欲的总体现象的最普遍的和最本质性的形式，而这形式就是为表达其整个本质而设的。最后，我们甚至可以在单纯的物质中再度认出我们正在考察的所有意欲现象彼此之间的争斗——也就是说，只要物质的现象的本质就是
215 康德所说的排斥力和吸引力，以致这物质就已是只在力与力之间的相互

争斗中才有其存在。假如我们不考虑物质的所有化学差别，或者在因果链条上尽量地上溯，到了还没有任何化学差别存在的时候，那我们所剩下的就是单纯的物质、攥紧成了球体的世界，其生命，亦即意欲的客体化，现在就由吸引力和排斥力的争斗所构成，前者作为重力从各个方面向中心挤去；后者则作为不可穿透性——不管是僵硬性还是弹性——与前者对抗，而这种始终持续的压力和对此的反抗就可以被视为意欲在最低级别的客体化，并在此已经表达了意欲的特性。

所以，我们在此就看到了在最低的等级上，意欲表现为一股盲目的冲动，一种昏暗的、呆滞的驱动，远不是可以直接认识的。那是意欲最简单的和最微弱的一种客体化。但这作为如此盲目的冲动和没有认识力的争取，却显现在整个无机大自然，显现在所有原初的力，而找出这些力和了解其法则，则是物理学和化学的工作；这每一种原初的力就在数以百万计相当一样的和有规律性的现象中展现给我们，并没有表露出任何个体性格的痕迹，而只是通过空间和时间——亦即透过个体化原理——以复制和增加，犹如一幅图画透过一块玻璃的菱角和侧面以复制和增加。

逐级向上越发清晰地客体化的意欲，也作用在植物王国，但在此，就不再是真正的原因，而是刺激，成了意欲现象的纽带，因为意欲仍是完全不具认知的，就只是作为昏暗驱动着的力；最后，意欲也作用在动物现象的植物性部分，在每一只动物的创造和形成及其内部系统的维持中发挥作用——在此，意欲的现象仍旧是由单纯的刺激所必然确定。意
欲客体化的越来越高的等级最终来到了这样一级：那表现出理念的个 216
体，不再能够透过根据刺激而活动来获得其所要吸收的食物了，因为这

样的刺激是必须等待的，但在此，食物是某一专门规定的，并且在越发变得繁杂和多样的各个现象中，拥挤和纷乱是如此的厉害，以致现象之间互相打扰，对那些单纯透过刺激而获得食物的个体而言，其偶然机会就更少了。因此，之前在蛋卵中或者在子宫中不带认知地植物性生长的动物，从其脱离了蛋卵或者子宫以后，就必须去寻找、挑选食物。这样的话，在此，随动因而动和由于动因之故那认识力就成了必不可少的。也就是说，认识力作为在意欲的客体化的这一等级所需的辅助工具出现了，目的就是为了维持个体和繁殖种属。认识力的出现，是以脑髓或者更大的神经节为代表，就正如客体化了的意欲的每一其他的争取和规定都以某一器官为代表，亦即对表象而言显现为某一器官[1]。不过，伴随这一辅助工具，这一作为表象的世界就一下子存在了，以及其所有的形式、客体和主体、时间、空间、许多性和因果关系。这世界现在就展现了第二面。到现在为止仅只是意欲的世界，现在却同时也是表象，是有认识力的主体的客体。那到此为止在黑暗中、至为稳妥和准确地追随着自己的本能的意欲，到了这一级别就点燃了一束光亮——这对于消除由于意欲现象的拥挤的和复杂本质而产生的、就算是最完美的现象也而无法幸免的不便之处是必不可少的。意欲至今为止在无机的和单纯的植物性大自然中的作用，其分毫不差的确定性和合乎规律性，是因为意欲是独自地以其原初的本质、作为盲目的冲动、意欲
217 而活动，并没有得到帮助，但同时也没有受到来自第二个完全不同的世

[1] 参看《作为意欲和表象的世界》第2卷第22章；我的著作《论大自然的意欲》第1版第54页及后面和从第70—79页，或者第2版第46页及后面和第63—72页。

界、一个表象的世界的干扰。这第二个、表象的世界虽然是其自身本质的反映，但却是相当不同的性质，现在介入到了其现象的关联。这样的话，意欲现象的那种分毫不差的确定性就到此结束了。动物已经是容易接受假象、错觉的了。但它们仅有直观的表象，并没有任何的概念、没有任何的反省思维，因此是束缚于现时此刻的，并没有能力去考虑和计划将来。这种没有理性的认识力，似乎并非在所有情况下都足以实现其目的，有时候就好比需要某种辅导。这是因为这让我们看到了相当奇特的现象：意欲的盲目作用和得到了认识照明的作用，以两种现象和以某一至为让人惊奇的方式，互相伸入到了对方的地盘。也就是说，一种情形是：我们发现在动物受直观认知和它们的动因指引下的行为当中，有一种行为是没有受这些直观认知和动因指引而做出的，即这种行为是伴随着意欲盲目作用的必然性完成的。那就是遗传的工艺本能：这并没有受到动因的驱动，也没有得到认知的指引，但看上去却像是受到了抽象、理性动因的推动而完成那工作。另一种与此相反的情形则是：那认知的光芒透进了盲目作用的意欲的作坊，照亮了人的机体的植物性功能：那就是催眠中的透视（及遥视、预知）功能。最后，在意欲达到其最高一级的客体化，在动物那里产生的理解力认知（感官感觉就给这理解力认知提供素材，由此产生了与现时连结在一起的单纯的直观）就不敷应用了：那复杂的、多面的、可塑的、极多需求的和极容易受伤的生物——人——为了能够生存，就必须得到双重的认知的照明，就好比除此之外还需要添加更高能量的直观认识、一种对那直观认识的反省思考，即作为抽象概念能力的理性。与这理性一道出 218
现的是深思熟虑、对将来和过去的囊括性统览，及由此造成的忧心、斟酌思考、在不受现时此刻影响的情况下预谋行动的能力及完全清楚地意识到自己这样的意欲决定。假如由于伴随着单纯的直观认识，出现了假象和欺骗的可能性，而之前在意欲没有认识力的活动中的确实可靠性也就由此消除了，所以，本能和遗传的工艺本领作为不具认知的意欲表现，必须混杂在受到认识指导的表现中予以援手——那么，伴随着理性的进入，意欲表现（这意欲表现在另一个极端，在无机大自然，甚至显现为严格地合乎规律性）的那种确切性和确凿无疑就会完全消失了：本能完全退场了，那据说现在已取代了一切的斟酌思考造成了（正如在第一篇中所解释的）摇摆不定和不确定性。谬误就变得有可能了，在许多情形里就通过行为妨碍了意欲的恰如其分的客体化。这是因为虽然意欲在性格那里选中了确定的和不变的方向，意欲活动本身就遵循着这一方向，等待动因机会而出现，但是，谬误会歪曲意欲的表现，因为虚妄的动因就像真实的动因那样会进入头脑并取消了真实的动因[1]：例如，假如迷信思想把臆想出来的动因强加给人，这些动因就迫使人们表现出了某些与他们的意欲在现有情况下本来的表现方式正好相反的行为方式：例子有阿伽门农杀死了自己的女儿；一个吝啬的铁公鸡纯粹出于自我和自私而施以了救济，希望将来会有百倍之多的回报，等等。

也就是说，认知，不管是理性的还是单纯直观的，根本上都是原初
219 出自意欲本身，属于意欲在更高级别的客体化的本质，是为维持个体及其种属的一种手段，与身体的每一个器官并无二致。认知原初的使

[1] 所以，经院哲学家说的很好，“目的因并非根据其实质而作用，而是根据其被认识的实质而作用”。参看苏亚雷斯，《形而上学的辩论》，23，第7和8节。

命，就是为意欲服务，帮助实现意欲的目标；认知也几乎是自始至终都为意欲效力，在所有的动物和几乎所有的人那里都是如此。但我们将在第三篇中看到在某些个别人那里，认知如何摆脱了这种服务、挣脱了其桎梏，不再受意欲的任何目标的束缚而纯粹独自存在，就作为这世界的一面纯净的镜子，由此就产生了艺术；最后，在第四篇中，我们将看到这一种的认知点反过来影响意欲时，是如何可以出现对意欲的消除，亦即死心断念，而这是一切美德和神圣性的最终目的，甚至其最内在的本质，是从这世界得到的解救。

§ 28

我们考察了现象的多种多样的差别，而意欲就将其自身客体化在这些现象中；我们也看到了这些现象互相之间无尽的和不可调和的争斗。但是，根据我们迄今为止的整个考察，意欲本身，作为自在之物，根本就没有被包含在那多样性和变换里面。(柏拉图的）理念的差别，亦即客体化的各个等级，这每一个理念借以展现自身的众多个体，形式为夺取物质而进行的争斗——所有这些都不曾触及意欲，这些只是意欲的客体化的方式方法，也只有通过这客体化才与意欲有了间接的关系，而由于这一关系，这些就属于对表象而言的意欲本质的表达。正如一个魔幻灯笼展示着许多各种各样的画面，但所有那些画面能让人看见的只是同样的火苗，同样，在所有各种各样的现象中，在并排充塞着这世界或者一个接一个作为事件的现象中，却只是那一个呈出现象的意欲，而这所有的一切，就是其可视的部分、其客体性。这意欲在那些变换中岿然不动，只有它才是自在之物，所有的客体是显现，是可感知的现象——
220 用康德的话说。尽管在人那里，作为（柏拉图的）理念，意欲得到了最
清晰的和最完美的客体化，但人却无法单独表达出意欲的本质。人的理念，为了恰如其分地呈现其含义，就不可单独和中断地表现，而必须伴随着一系列往下的级别，通过动物的所有形态，通过植物王国直至无机的大自然：所有这些也才互补而成了意欲的完整客体化；它们是人的理念的前提条件，正如树的叶、枝、茎、根是树的花朵的前提条件：它们组成了一个金字塔，其顶端就是人。假如喜欢比喻的话，那我们也可以说：它们的现象是如此必然地伴随着人的现象，正如白天十足的光亮是由逐级的半影所伴随——光亮就透过这些而没入黑暗。或者我们也可以称那些现象为人的余音和回响，并这样说：动物和植物是人的下降的五度音和第三音，无机王国就是低八度音阶。真要清楚地意识到这后一个比喻的全部真理性，只能在读完接下来的第三篇以后，因为我们将要探究音乐的深层意味，并将向各位表明：那透过轻盈活动的高音而连贯进行的旋律，是如何在某种意义上可被视为表现了人通过反省思维而获得了连贯性的生命和奋斗，相比之下，那没有连贯的协奏声音和沉重移动的低音——对于完整和完美的音乐所必不可少的和音也就由此产生——则是动物性的和不具认知的大自然的写照。但这些在后文适当时再讨论，因为到了那时候，这些听起来就不再会是那么的离奇和怪诞了。但我们也发现，那种内在的、与意欲的恰如其分的客体化无法分开的意欲现象的等级顺序的必要性，在这些现象整体本身，由一种外在的必要性表现了出来；由于这样的必要性，人就需要动物以作食物，
221 动物则一级一级地以其他动物和植物作食物，而植物则需要土壤，需要

水、化学成分及其混合、星球、太阳、围绕着太阳的旋转、黄道的斜度，等等。从根本上说，这些是由于自在的意欲必须吞噬自身，因为在它之外并不存在任何东西，而它就是一个饥饿的意欲。因此，就有了追猎、恐惧和苦难。

正如认识了意欲作为自在之物在现象的无尽差别和多样性中的统一性，才唯一可以就大自然的一切出品中那种奇妙的、显而易见的相似性，那种家族式的类似（这种类似让我们视那所有的出品是同一的、但不是一并给出的主旋律的变奏）给出真正的解释，同样，通过清楚和深刻地认识到那种和谐一致、世界的各个部分的本质性联系、我们在上述考察过的其各个等级的必要性，才会让我们对一切有机的大自然作品那种无可否认的目的性及其内在本质和含义，得到某种真正的和充分的洞察，而这个目的性，在考察和评判那些作品时，甚至我们先验地就假定了。

这个目的性是双重的：一重是内在的，亦即某一单个机体的各个部分是如此的有序和协调一致，以致对这机体及其种属的维持就由此产生，这种维持因此表现为如此安排的目的。另一重则是外在的，也就是无机大自然与有机大自然的一种关系，或者有机大自然的单个部分彼此之间的关系——这些关系让维持全部有机大自然或者单个动物种属成为可能，并因此在我们对其评判时，就表现为服务于这一目的的手段。

内在的目的性与我们的考察有了关联是因为接下来所要说的。假如根据迄今为止所说的，大自然中形态的各种差别和个体的众多并不属于意欲，而只属于意欲的客体性及其形式，那就必然得出这一结论：意 222

欲是不可分的，意欲在其每一个现象中都是完整存在的，虽然意欲客体化的等级、(柏拉图的）理念，彼此是非常不同的。我们可以为了更容易地理解而把这些不同的理念视为单一的和就自身而言是简单的意欲活动，意欲在这些意欲活动中或多或少地表现和表达了自己的本质：但个体却又是理念的现象，也就是意欲活动在时间、空间和众多性中的现象。那么，在客体性的最低级，这种意欲活动（或说一种理念）也在现象中保留着其统一性，而意欲活动在更高的等级为了显现出来，就需要有在时间上的一整系列的状态和进展，而所有这些加在一起才圆满完成其本质的表达。所以，例如，那在任何某一普遍的自然力所显示出来的理念，总是只有一种简单的表现——虽然这表现根据外在情形而样子有所不同——否则，其同一性就将根本无法证明了，而这证明其同一性恰恰是通过去掉那些单纯出自外在情形的不同之处来进行的。同样，水晶只有一种生命表现、它的结晶，而这生命表现在之后就在那僵硬了的形状上，在那瞬间生命的遗骸里，得到完全充分和详尽的表达。植物在表达理念时——这植物就是那理念的现象——已经不是一下子和通过一个简单的表现来进行，而是通过在时间上其器官的连串形成和发展来表示的。动物不仅以同样的方式，经常以一连串非常不同的形态（变态）来形成和展示其有机体，这形态本身，尽管已是意欲客体化在这样的级别里，却仍不足以充分展现其理念，而是要通过动物的行为来补充完成，因为动物的验知性格——这在整个物种中都是同一的——就表达在动物行为里，也只有这样，才是对理念的完整显现，同时这完整
223 显现是以特定的机体为基本条件的。在人那里，在每一个个人，那验知性格已是一个特有的性格（的确是特有的性格，正如我们在第四篇中

将要看到的，甚至到了要完全消除种属性格的地步，也就是说，通过自我消除整个意欲活动来做到这一点）。那通过在时间中必不可少的发展和形成、并以此为条件分为单个的行为被我们认识为验知性格的，抽离掉现象的这一时间形式以后，根据康德的用语，就是悟知性格。康德在证明这两者的区别和表述自由与必然性的关系方面，亦即在表述作为自在之物的意欲与其在时间上的现象的关系方面，尤其精彩地展现了其不朽的功绩。[1]也就是说，悟知性格与理念是重叠的，或者更准确地说，是与显现在理念上的原初的意欲活动相重叠的，因而就这方面来说，不仅每一个人的验知性格可被视为一个悟知性格的现象，其实，每一个动物种属的性格，甚至每一种植物种属的性格，乃至无机大自然的每一种原初的力，都可被视为一个悟知性格的现象，亦即可被视为一个在时间之外的、不可分割的意欲活动的现象。顺便一说，我想在此提请大家注意每一株植物的那种天真和单纯：一株植物仅仅通过形态就毫无隐秘地表现和表达了其整个性格，显现了其整个存在和意欲；也由于这一点，植物的外观是那样的饶有趣味。相比之下，要认识动物及其理念，就得观察动物的所作所为。至于人，则必须对其完整地探究和检验，因为理性让人有能力高度地伪装自己。动物比人更天真单纯，正如植物在同等程度上比动物更天真朴素。在动物那里，与人相比，我们看到生存意欲仿佛更加的赤裸裸，因为在人那里，生存意欲裹着如此之多知识的外衣，此外也被伪装能力所遮蔽，以致其真正本质几乎只 224

[1] 参见《纯粹理性批判》中“关于世界事件的全部推论的宇宙论理念的解析”，第 5 版，第 560—586 页；第 1 版，第 532 页及后面；《实践理性批判》，第 4 版，第 169—179 页；罗森克兰茨版，第 224 页及后面。比较阅读我的有关根据律的论文，§ 43。

是偶然地和零星局部地显露出来。在植物那里，生存意欲则是完全赤裸地、但也是微弱得多地展现，就作为单纯的、盲目的对存在的渴望，并没有目标和目的。这是因为植物让我们一眼就看到其整个本质，并且伴随着十足的清白、无邪，并不会因为其生殖器表露在顶部而受到任何影响，而在所有动物那里，生殖器都是置于最隐蔽之处的。植物的这种无邪是因为其没有认识，罪疚并不在于欲求，而是在于伴随着认知的欲求。每一株植物讲述的首先是其家乡、家乡的气候和生成这植物的土壤的本质。因此，就算是缺乏经验者也可轻易认出一株来自异域的植物是属于热带抑或温带地区，这植物是生长在水中、沼泽地里、山上抑或荒原。除此之外，每一株植物也还表达了其种属的特殊意欲，说出了一些无法用任何其他语言表达的东西。但现在，我们就把这所说的应用在对有机体的目的论方面的思考，只要其涉及有机体内在的目的性的范围。假如在无机大自然，那无论在什么情况下都被视为一个单一意欲活动的理念，只是在一个单一的和永远同一的表现中显露出来，我们因此可以说：在此，验知性格直接地共有了悟知性格的统一性，就仿佛是与悟知性格重叠了，所以，在这里，并没有任何内在的目的性展示出来；假如，相比之下，所有的有机体表现理念通过一个接一个的连串形成和发展，而这是以多种多样并存的不同部分为条件——也就是说，其验知性格的全部表现只有在总括起来后才表现了悟知性格——假如是以上这样，那各个部分的这必要的并存和接连的形成和发展并不就是取消了所显现的理念和所表现出来的意欲活动的统一性。更准确地说，这种统一性通过那各个部分的必不可少的关系和联结和通
225 过各个部分依照因果法则的发展而表达了出来。既然在整个理念中，

一如其在一个行为中所显露的，是那单一的和不可分割的、也因此是与其自身和谐一致的意欲，那这意欲的现象，尽管分开为各个不相同的部分和状态，却必然在一种贯彻始终的和谐中重又展现出那种统一性：这是通过所有部分之间的一种必要的关系和相互依存而发生的，而理念的统一性由此就在现象中恢复了。所以，我们现在就认出机体那些不同的部分和功能互为彼此的手段和目的，但那机体本身却是一切最终目的。因此，一方面，那本身是简单的理念分开在机体许多的部分和状态；另一方面，那理念的统一性则通过那些部分和功能的必要的联结而恢复，而那些部分和功能因此就是彼此之间的原因和结果，亦即手段和目的——所有这些，并不是显现的意欲本身和自在之物所特有的和本质性的东西，而只是其在空间、时间和因果关系（只是根据律的形态、现象的形式）中的现象所特有的和本质性的东西。它们属于表象的世界，而不属于意欲的世界：它们属于意欲成为在这一客体化等级的客体、亦即表象的方式方法。谁要是深刻理解了这里所探讨的或许有点难明的道理，那从此以后就事实上明白了康德的这一理论：不管是有机体的目的性还是无机体的规律性，最初都是由我们的理解力引入大自然的，因此，这两者就只属于现象，而并非属于自在之物。上面所提到的那种对无机大自然中的永无差错地合乎规律的恒定性所感到的惊讶，在本质上与对有机大自然中的目的性所感到的惊讶是一样的：因为在这两种情形里，让我们惊讶的，只是看到了理念的原初的统一性，而这理念的统一性则为了呈现为现象而采用了许多性和差别性的形式。[1] 226

[1] 参见《论大自然的意欲》中“比较解剖学”的结尾处。

那么，至于根据上面划分的第二种的、外在的目的性——这并非展现在机体的内在经营，而是表现为机体从外在、既从无机大自然也从相互之间所得到的支持和帮助——总的来说，也同样可以从上面所给出的探讨中得到解释，因为事实上，那整个的世界及其所有的现象，就是一个不可分割的意欲的客体性，就是理念——其之于所有其他理念，犹如和声之于个别的音声。因此，那意欲的统一性也必然展现在其所有现象互相之间的和谐一致。假如我们更仔细地研究那外在目的性的现象和大自然的不同部分彼此之间的和谐一致，那我们就能够清晰得多地理解这一观点，而对此观点的探讨，与此同时也会反过来阐明之前所说的。但通过思考下面的类比，我们将最能达到这一目的。

每一个人的性格，只要那是绝对个体性的和不包括在种属的性格里面，就可被视为一个特别的理念，与意欲的某一独特的客体化行动相当。这一行动本身将会是他的悟知性格，他的验知性格就是这悟知性格的现象。验知性格是完全、彻底由悟知性格所规定的，而悟知性格则是没有根据和理由的意欲，亦即作为自在之物是不会受制于根据律（现象的形式）的。验知性格一定在一生的进程中反映出悟知性格，也只能得出这悟知性格本质所要求的结果。但这种规定只及于据此显现的人生进程的本质性方面，而不涉及非本质性的东西。属于这非本质
227 性东西的，是对事件和行为更为详细的规定，而这些就是验知性格赖以展现出来的素材。这些东西是由外在情形所规定的，外在情形给出了动因，性格依照其本质而相应地做出反应。既然外在情形可以非常的不同，那验知性格现象的外在形态，因此也就是人生历程明确的事实或者历史的形态，就不得不依赖于外在的影响。这可能会得出相当不同

的结果，虽然这现象、其内容的本质性方面是一样的。所以，例如，一个人游戏赌的是坚果抑或克朗是非本质性的，但这人在游戏时是作弊的抑或诚实的则是本质性的：这本质性的东西是由悟知性格所决定的，而非本质性的东西则是由外在的影响所决定的。正如同一个主旋律可以以百多个变奏表现出来，同样，同一个性格可以有百多条相当不同的人生道路。但无论外在的影响是多么的千变万化，不论人生历程显现出什么结果，那在人生历程中表现出来的验知性格，都必然把悟知性格精确地客体化，因为悟知性格会让其客体化适应于实际情况的已有素材。

假如我们愿意想象一下：意欲是如何在其客体化的原初行动中确定它要客体化在其中的不同理念，亦即意欲要将其客体化分布在各种各样大自然存在物的不同形态，并因此在现象中必然有一种相互之间的关联——那么，我们就不得不假定和相信：对于在本质上由性格决定了的人生历程，有着某样类似于外在环境影响的东西。我们不得不假定和相信在一个意欲的所有那些现象中，有某种普遍的互相适应和配合，但同时，正如我们很快就可更清楚地看到的，一切时间的限定都是排除掉的，因为理念是在时间之外的。据此，每一现象都必须适应于其进入的环境，但这环境也必须适应于这现象，虽然这现象是发生在时间上晚许多的一个点上。无论哪里，我们都可看到这种大自然的和谐。这就是为 228
什么每一株植物都与其土壤和地带、每一只动物都与其环境和要成为其食物的猎物相适合，也以某种方式得到保护、免受其天敌的侵害；眼睛适合于光线及其可折断性，肺部和血液适应于空气，鱼鳔适合于水，海豹的眼睛适合于其媒介的变化，骆驼胃中盛水的隔间适合于干枯的非洲沙漠，鹦鹉螺的帆壳适合于驱动其小船的风，等等，等等，直至最特别的和最让人惊讶的外在目的性。[1]但在此，我们必须放弃考虑所有的时间关系，因为这些时间关系只是涉及理念的现象，而不涉及这些理念本身。与此相应，那种解释方式也要反过来使用，而不能只是认为每一物种是根据已有的环境而作出适应，其实，这在时间上走在物种之前的环境本身，对于将要到来的生物有同样多的考虑。这是因为那客体化在这整个世界的确是同一个意欲：这意欲不晓得时间这回事，因为根据律的这种形态并不属于意欲，也不属于意欲原初的客体性，亦即理念，而只属于被本身就是短暂的个体认识这些东西的方式方法，亦即属于理念的现象。因此，我们现在对意欲的客体化是如何分布于理念的考察，时间顺序是完全没有意义的；那些理念，因为其现象依照其作为现象所服从的因果关系性法则而在时间顺序中更早出现，并不因此就比其现象更晚出现的理念有优先权，而后者其实恰恰是意欲的最完美的客体化，更早的现象也同样必须适应更晚的现象，正如后者要适应前者一样。也就是说，行星的运行、黄道的倾斜、地球的自转、陆地和海洋的
229 分布、大气层、光、热和一切类似的现象，这些在大自然中就是和声中的基本低音，充满预感地顺应着即将到来的生物物种，成为这些物种的承载者和赡养者。同样，土壤顺应着供养植物，植物顺应着供养动物，动物顺应着供养其他动物，恰如反过来，所有这些又供养土壤。大自然的各个部分相互迎合和迁就，因为显现在它们那里的是一个意欲，但时间顺序对于意欲原初的和唯一恰如其分的客体性（在下一篇对此用词作出解释）、理念是完全陌生的。甚至现在，因为物种只需要维护自

[1] 参见《论大自然的意欲》,《比较解剖学》。

身，而不再是要生成，所以，我们有时就看到大自然的这种延伸至将来的、的确仿佛脱离了时间顺序的未雨绸缪，那是对现状所作出的调节和适应，是根据将要发生的事情做准备。所以，鸟儿就为还没见到的雏儿建造鸟巢；海狸筑起巢穴的目的是海狸所不知道的；蚂蚁、土拨鼠、蜜蜂会收集和储存食物，为它们并不知晓的冬天作准备；蜘蛛和蚁狮就像密谋诡计似的为将来的、它们所不知道的猎物设下圈套；昆虫把卵子下在其将来孵出的幼儿可以找到食物的地方。在开花时节，雌雄异株的欧亚苦草的雌株会把在此之前还在水底里的茎柄的螺旋展开，并因此往上升至水面，恰恰在这之后，在水底中从以短小的茎柄长出来的雄株会脱离了这茎柄，并以牺牲自己生命的方式抵达水面——在这里，这雄株就四周漂游着寻找雌株。而雌株在授粉发生了以后，就重又通过收缩其螺旋而返回到水底，并在那里结果。[1]在此，我必须再一次提到
雄鹿角虫的幼虫：它们为了蜕化变形而在木头里啃出了一个比雌性虫大 230
一倍的窟窿，以便为其将有的鹿角留下空间。动物的本能总的来说也向我们就大自然的目的论给出了最佳的说明。这是因为正如本能类似于依照一个目标概念而进行的行为，但其实又完全没有这样一个目标概念，同样，大自然的一切形成和构成类似于依照一个目标概念，但其实又完全没有这一目标概念。这是因为无论是在大自然外在的还是大自然内在的目的论中，我们不得不设想为手段和目的的东西，在任何情况下，对我们的认知方式而言，都仅仅只是一个大体上与自身和谐的意欲的统一性在空间和时间中分散开来的现象。

---

[1] 沙坦，《论豹纹水兰》，《法兰西科学院周刊》，1855，第13期。

但是，出自这一统一性的现象之间的互相配合和顺应，并不能消除上面所说的在大自然普遍争斗中显现的意欲本质上的内在矛盾冲突。上述自身的和谐只是达到了让这世界及其存在物有可能持续下去的程度，所以，没有了那种自身的和谐，这世界及其存在物就早已消失了。因此，那种和谐只扩展至物种和普遍的生命条件的持续，而不涉及个体的持续。据此，假如由于那种和谐和适应，有机大自然的物种和无机大自然的普遍自然力相安并存，甚至相互扶持，那相比之下，以所有的理念客体化了的意欲，其内在的矛盾冲突就展现为那些物种个体之间的永不停歇的消灭战争和那些自然力的现象之间的永恒斗争，正如上面所阐明的。这些争斗的场所和对象物就是物质：它们都在相互争抢物质，还有空间和时间，而由因果关系的形式把这空间和时间结合起来其实就是物质，正如在第一篇中所证明了的。[1]

231 **§ 29**

在此结束我的第二个主要部分的论述。我希望在这首度传达一个还从来不曾出现过的思想的时候——这思想也正因此无法完全摆脱个性的痕迹，因为这思想首先是在个体中产生出来的——我是尽可能成功地传达出了这清晰、肯定的事实：我们在这其中生活和存在的世界，根据其全部的本质，彻头彻尾就是意欲，与此同时也彻头彻尾就是表象；这表象本身已以一种形式为先决条件了，即客体和主体，这表象因而就是

[1] 与此相关的是《作为意欲和表象的世界》第2卷第26和27章。

相对的；假如我们要问：在取消了这形式和一切隶属于这形式的、表达了根据律的东西以后，还剩下些什么，那回答就是这作为与表象完全不同种类的东西，不可能是别的，而正是意欲，因此是自在之物。每一个人都发现自己就是这一意欲——而世界的内在本质即在于此——正如他也发现自己是具有认知的主体，其表象是这整个世界，而这世界也只是在与他的意识相关方面才有其存在，而他的意识就是这世界的必不可少的承载者。因此，每一个人在这双重的方面就是这整个世界本身，是微观的世界，他发现这世界的两面完全和完整地就在其自身。他所认识到的自身的本质，因而也透彻阐明了整个世界的本质、那宏观世界的本质；这整个世界如同这个人一样完全彻底就是意欲，完全彻底就是表象，剩下的再别无其他了。所以，我们看到考察宏观世界的泰勒斯的哲学与考察微观世界的苏格拉底的哲学重叠在一起了，因为这两种哲学的对象显示出是同样的东西。但在前两篇中传达的知识，会通过接下来的两篇补充完备，并因此而变得更可靠。在接下来的两篇里，那在至今为止的考察中或清晰或不清晰地可能提出过的不少疑问，我希望都会得到足够的解答。

与此同时，一个类似这样的问题却应该特别地探讨一番，因为只要人们并没有完全参透至今为止的论述的含义，就会提出这一问题；对这 232
问题的探讨就此而言也可以帮助阐明之前的论述。这问题如下：每一个意欲都是争取某样东西的，都有其意欲的对象、目标。那这意欲最终要意欲什么呢？或者向我们表现为这世界的自在本质的意欲，追求的是什么呢？这一问题如同许多其他问题一样，就在于混淆了自在之物与现象。根据律——动因法则也是其形态——仅仅只是涉及这现象，而不涉及自在之物。在任何情况下，我们只能就这样的现象，就个别的事物，给出一个根据、原因，但就意欲本身和意欲借此恰如其分显现自身的理念，却是永远无法给出根据、原因的。所以，就每一个别的运动，或者就自然界总体上的变化，是可以找出一个原因的，亦即找出必然导致这一运动或者变化的一种状态，但显露在那现象和在无数类似现象中的自然力本身，是永远无法找出某一原因的。因此，假如要查询和探究重力、电等的一个原因，那就是真正的愚钝，是欠缺思考所致。只有假如人们证明了重力、电并不是原初、特有的自然力，而只是一种更普遍的、早已为人所知的自然力的现象方式，那才可以查询和探究让这自然力在这里造成了重力、电的现象的原因。所有这些在上面不厌其烦地分析了。同样，一个具有认知的个人（这个人本身只是意欲作为自在之物的现象）的每一个别的意欲行动都必然有一个动因，而没有这个动因的话，那一个别的意欲行动就不会发生了；但正如物质性的原因仅包含了这样的规定：在这时间，在这地点，在这物质上必然有这一种或者那一种自然力的表现，同样，动因也只规定了一个具有认识的人在这一时间、这一地点，在这样的情形下做出相当个别的意欲行动。但是这动因却一点都没有规定那个人根本上是意欲的和以这种方式意
233 欲——而这，就是他的悟知性格的表现，而悟知性格，作为意欲本身，是自在之物，是没有根据、原因的，是处于根据律的地盘之外的。因此，每一个人都有据以指导自己的行为持续的目标和动因，也总是晓得如何给出理由以解释他每一个别的行为，但假如人们问他为什么根本上意欲，或者为什么他根本上意欲存在，他就不会有任何回答；相反，在他看来，这问题会显得让人摸不着头脑，而在此，那意识其实就是表

示：他本身除了意欲以外，什么都不是，其意欲活动是理所当然的，也只是在其单个的行为中，在每一时间点上，需要由动因更具体地规定。

事实上，没有任何目标、没有任何止境，就属于自在的意欲的本质特性，而意欲就是一种无尽的争取和追求。这在上面提到离心力的时候有所触及，也在意欲客体化的最低级，即在重力那里至为简单、朴素地显露出来，而重力在明显不可能有任何一个最终目标的情况下的永恒的争取就展现在我们的眼前。这是因为假如所有存在的物质根据其意欲都结为一团，在这一团里面的内在，重力仍然会往中心点争取，仍然会与作为僵性或者弹性的不可穿透性做斗争。物质的争取因此始终只是受到阻碍，但却永远不曾也从来不会被实现或者得到满足。但意欲的所有现象的争取恰恰是这样的情形。每一个达到了的目标就再度成为一段新的轨迹的开始，就这样以至无穷。植物提升其现象，从种子到茎部，到叶子，到花朵和果实，而这又只是一颗新的种子的开始，是一个新的个体，又得再一次跑一遍旧的轨迹，就这样历经无尽的时间。动物的生命历程也是同样如此：繁殖就是其生命历程的高峰，在达到这高峰之后，那首位个体的生命就或快或慢地走下坡，而一个新的个体就向大自然保证维护种属和重复那同样的现象。的确，每一个有机体的物质持续不断的翻新，也只能视为这种持续渴望和变换的现象，生理学 234
家现在也不再将这种不断的物质翻新视为对在运动中所消耗的材料的必要补偿了，因为机器有可能受到的磨损完全不能等同于持续的营养输入：永恒的变化、无尽的流动属于意欲本质的显露。这同样的事情最后也表现在人的追求和愿望中：这些追求和愿望迷惑和欺骗我们说：实现它们永远是意欲活动的最终目标。然而，一旦追求和愿望实现了，这些东西看上去就不再像是原来的样子，因此很快就被忘记了、过时了，并事实上永远当作消失了的错觉而被抛到了一边——虽然这一点，人们是不会承认的。假如人们还仍有某些愿望和追求，那就是幸运的，因为那就可以维持那种从愿望到满足和从满足到新愿望的持续不断的摇摆的游戏，而这过程快速的就称为幸福，而过程缓慢的就称为痛苦；就不会陷入那种停顿之中，而那停顿就表现为可怕的、生命凝固了的无聊，表现为没有明确对象的黯淡渴念、致命的倦怠。根据所有这所说的，当意欲得到了认知的照明，意欲就总是知道它现在，它在此要意欲什么，但却永远不知道它根本上要意欲什么：每一单个的行为都有一个目标，但整体的意欲却没有任何目标，正如每一单个的自然现象出现在这一地方，在这一时间，是由一个充分的原因所规定的，但在此自然现象上显现出来的力却根本上没有一个原因，因为这样的力是自在之物的、没有根据的意欲的现象等级。意欲的唯一的自我认识在总体上，是总体上的表象，是全部的直观世界。这是意欲的客体化、意欲的显露、意欲的镜子。意欲以这一身份所说的，就是我们更进一步考察的对象。[1]

[1]《作为意欲和表象的世界》第 2 卷第 28 章补充这里。

第三篇　世界作为表象再论：独立于根据律的表象；柏拉图式的理念；艺术的客体对象

那永恒存在、没有任何起源的东西是什么？那生生、灭灭，却从不曾真正存在的东西，又是什么？

——柏拉图

§ 30 237

我们在第二篇从这世界的另一面考察了在第一篇里被表现为仅仅只是表象、仅仅只是主体的客体世界，并发现了这另一面就是意欲，这世界除了表象以外就只是意欲了。在这考察之后，我们根据这一认识把那作为表象的世界——无论是在整体上还是就其部分而言——名为意欲的客体性，这意思是意欲成了客体，亦即成了表象。此外，我们还记得：意欲这样的客体化有许多的、但却是确定的等级，意欲的本质在这些等级里逐级往上更清晰和完美地进入表象，亦即表现为客体。在这些等级中，我们已经再度认出了柏拉图的理念——也就是说，只要那些等级恰恰是明确的物种，或者是所有自然物体（无论是无机体还是有机体）原初的、而不是变换着的形式和特性，以及根据大自然的法则而显露出来的各种普遍的力。这些理念因而全都表现在无数的个体和个别部分，这些理念与这些后者的关系，是样板与复制品的关系。许多这样的个体只有通过时间和空间才可设想，这些个体的产生和消亡也只有通过因果性才可想象；在所有这些形式里，我们只认识到根据律的不同形态，而根据律是一切有限性、一切个体化的最终原则，是表象进入到个体认知的普遍形式。相比之下，理念却不会进入那一原则，因此，多样性和变换都不属于理念。理念显现于其中的个体是无数的，并且不可阻挡地生成和消亡，但与此同时，理念却是始终如一、保持不变的，根据律对理念而言没有任何的意义。但既然这根据律是主体的一切认知所从属的形式——只要这主体是以个体去认知的话——那理念也就完

全处于这样的个体认知的范围之外。因此，假如理念要成为认知的客
238 体对象，就只能在认知主体那里消除了个体性以后才会发生。对此现在我们首先要做的事情是更仔细和更详尽的解释。

§ 31

但首先要说的是下面这非常关键的简短看法。我希望在之前的一篇里已成功地让读者确信这一点：那在康德哲学中名为自在之物的，在康德哲学中作为一种如此饶有深意、却晦暗和似非而可能是的学说出现的东西——这尤其是由于康德介绍这学说的方式所造成的，也就是说，康德的那种从要以根据去奠定的东西到根据的推论方式，让他的这一学说成为一块绊脚石，并的确成为他的哲学的弱项——这样的东西，假如我们是从我们所走的完全不同的路子所得出的，那不是别的，正是意欲，正是在我所陈述的这概念扩大了的和规定了含义范围的意欲。此外，我还希望经过我的说明以后，读者就不会再有疑虑，而能在那组成了自在世界的意欲的客体化特定等级中，再度认出柏拉图所名为“永恒的理念”或者不变的形式的东西——这些被承认是柏拉图学说中最主要的、但同时又是最晦暗和最似非而可能是的教义，在这许多世纪中，在许多和不同的思想头脑中，成了耐人深思的、引起争论的、饱受嘲笑的、获得尊崇的对象。

那么，如果我们认为意欲就是自在之物，而理念则是那意欲在一个特定等级的直接客体性，那我们就会发现康德的自在之物和柏拉图的理念——理念对柏拉图来说是唯一“真实的存在”——这出自西方两个最

伟大的哲学家的两个伟大的和晦暗难明的、似非而可能是的说法，虽然不是完全的一致，但却是非常的近似，也只有通过某些界定才能区别。这两个似非而可能是的说法，恰恰是因为尽管其内在的一致性和相似性，但由于其原创者异常不同的个性而听起来是如此地大不一样，甚至相互成了对对方的最好的注解，它们也就类似于通往同一个目标的两条完全不同的道路。这可以几句话就说得清楚。也就是说，康德所讲 239
的，就其关键部分而言，是以下这些话：“时间、空间和因果关系并不是对自在之物的规定，而只属于其现象，因为这些不是别的，而是我们认知的形式。但既然一切众多性和一切生灭只是通过时间、空间和因果关系才成为可能，所以，这些也就只是与现象相关，与自在之物则是一点关系都没有。但因为我们的认知是以那些形式为条件的，所以，全部的经验就只是对现象、而不是对自在之物的认识，因此，现象的法则并不可以适用于自在之物。这所说的甚至也包括我们的自我，我们就只认识作为现象的这个自我，而不是认识其本来可能的样子。”就所考察的重要方面而言，这就是康德学说的意义和内涵。而柏拉图则是这样说的：“我们的感官所感知的这世界上的事物，并不具有任何真正的存在：它们始终是在生成和变化着，但却永远不是存在着：它们只有一种相对的存在，全都只在和通过其互相之间的关系中存在：我们因此可以称其全部的存在为非存在。所以，它们也不是某种真正认识（*επιστημη*）的客体对象，因为只有就其自身和独自存在的和始终以同样的方式存在的东西，才能提供一种真正的认识；而它们只是通过感觉所造成的一种认为的客体对象。只要我们局限于事物的感知，那我们就好比是坐在昏暗洞穴里被牢牢绑定的人：他们甚至无法转过头来，也一无所见——除了在他们身后的一处燃烧的火堆的映照下，在他们所面对的墙上看到真实事物的影像以外，而那些真实事物则处于他们与火堆之间；甚至对于他们互相彼此、事实上对于他们自己本身，那也就只是在那墙壁上的影子。但他们的智慧就在于预先说出了从经验中了解到的那些影子的次序。不过，那些可以称为唯独真实存在的东西，因为其
240 始终存在，永远不会是在生成和变化，也不会消亡，却是那些影像的原型：这些是永恒的理念，一切事物的原初形式。众多性并不属于它们，因为每一个理念根据其本质只是一，因为这本身就是原型，所有与其同一名字的、个别的和同一种类的匆匆即逝的事物，都是其复制件或者影子。任何生成和消亡也不属于它们，因为它们是真正存在的，永远不是在生成和变化，也不是在消亡，就像其消失的影子那样。(在这两个否定性的规定中，却必然地包含了这样的前提：时间、空间和因果性对于这些理念既没有意义也没有效力，理念并不存在于这些东西中。）因此也只有从这些理念，才能提供某一真正的认识，因为这种认识的客体对象只能是永远和在每一方面（亦即就其自身而言）都存在的东西，而不是根据我们所看到的，一会儿是存在的，但一会儿又不再是存在之物。”这就是柏拉图的学说。这一点是很清楚的，也不需要任何更多的证明：这两种学说的内在含义是完全一样的；两者都把可见的世界解释为一种现象，这现象本身什么都不是，也只有通过在这现象中表达出来的东西（这对康德是自在之物，对柏拉图则是理念）才具有了含义和所借来的现实性，但对这自在之物或理念，对这真正存在的东西来说，根据这两种学说，现象的一切形式，甚至最普遍的和最本质性的形式，都是不相干的。康德甚至为了排斥这些形式而直接用上了抽象的用语表

达，并直截了当地认为时间、空间和因果关系仅是现象的形式，并不属于自在之物。相比之下，柏拉图则没有达到最高一级的表达，只是间接地认为那些形式并不属于他的理念，因为他否认理念具有唯有通过那些形式才成为可能的东西，亦即同种、同类东西的众多性、生成和消亡。虽然已是多余的了，但我还是想通过一个例子形象地说明上述那值得注意的和重要的一致性。假设我们面前有一只活蹦乱跳的动物。柏拉图会说："这动物并没有任何真正的存在，而只有一种表面上的存在、一种持久的变化、一种相对的存在，这可称为存在的同时，也可以称为非存在。只有塑像在这一只动物那里的理念，或者那自在的动物 241
本身，那并不依赖于任何东西，而是就其自身而存在的东西，那并不会变化、也不会结束，而是永远以同样的方式存在的东西，才是真正的存在。那么，只要我们在这只动物那里认出其理念，至于我们现在眼前看到的是这只动物抑或其千年之前的活着的祖先；再就是在这里抑或在遥远的地方，这动物是以这一方式抑或以那一方式、姿势、动作显现出来，或者最终是这动物种类的这一个体抑或另一个体——这些都是无意义的，并只是与现象有关：唯有动物的理念才是真正的存在，才是真正认识的对象。"——柏拉图是这样说的。而康德大概会这样说："这只动物是在时间、空间和因果关系上的一道现象，那时间、空间和因果关系就在我们的认知功能中，是经验可能性的先验条件，并不是有关自在之物的规定。因此，这动物，正如我们在特定的时间、在特定的地点看到其作为一个在经验的关联中，亦即在因果的链条中所成为的、也同样必然地要消亡的个体，并不是自在之物，而是一个只适用与我们的认知相关的方面的现象。要根据其自身可能的样子，因而独立于所有在时间、空间和因果关系的规定去认识它，那就需要另一种认识方式，而不是我们唯一可能的、透过感官和理解力的认识方式。”

为了让康德的用语更接近柏拉图的用语，我们也可以这样说：“时间、空间和因果关系是我们智力的装置，由于这些装置，每一种类中真正唯一存在的一个存在物就向我们展现为许多的、同种同类的、始终重新生成和消亡的存在物，永远接连不断。借助和根据上述装置对事物的理解，是*内在的*（在经验和知识范围之内的），而意识到这个中
242 的情形的对事物的理解，则是*超验的*。后者是我们在抽象中通过纯粹理性的批判所获得的，但在一些例外的情形中，这也可以直觉地出现。这最后一点是我的补充，也正是我要在第三篇中尽力去说明的。”

假如人们真正领会和理解了康德学说，假如人们自康德以后真的领会和理解了柏拉图的学说，假如人们忠实和认真地深思这两位大师学说的内涵和内在意义，而不是乱用一个大师的术语和模仿另一个大师的风格，那早就不难发现这两位伟大的智者是多么的一致，两种学说的纯粹含义、目的完全是同样的。那么，人们不仅不会总是拿柏拉图与莱布尼茨比较——柏拉图与莱布尼茨在精神上绝对是格格不入的——或者也根本不会与一位仍在世的著名先生[1]相比较，就好像人们想要嘲笑古老思想家的亡灵；而且，人们就会比现在进步了许多，或者人们就不会如此可耻地大幅退步，就像人们在过去四十年间那样；人们就不会今天被这一个、明天又被另一个夸夸其谈者牵着鼻子走，也不会以在康德坟

[1] 即F.H.雅各比(F.H. Jakobi)。

前上演的哲学闹剧（一如古人有时候在他们的逝者的葬礼上所做的那样）来为德国宣称的非常重要的 19 世纪开锣，并招来其他民族理所当然的讽刺，因为这些东西与严肃的，甚至僵硬的德国人是最不相称的。但真正哲学家的读者群却是如此之小，就算是理解这些哲学家的弟子、门生，历经多个世纪也只是寥寥可数。许多人都背着酒神杖，但极少数人成为了酒神。所以，哲学就变得声名狼藉，因为人们并没有带着哲学应有的尊严从事哲学，因为研究哲学的人不应是其私生子，而应该是其合法的继承人。(柏拉图)

人们探究这些字词，例如，“先验的表象，独立于经验而意识到的直观和思考形式，纯粹理解力的原初概念”，等等，然后问到柏拉图的理念——这些也是原初概念，此外，据称也是出自在生命之前对真正存在的事物某一直观道德回忆——是否与康德的直观和思考形式、这些先验存在于我们的意识中的东西，大概就是同样的东西；这两种完全不同的学说，康德有关形式（这些形式把个体的认知局限在现象）的学说，与柏拉图的有关理念（对此认识正好直接否定了那些形式）的学说——这些就这方面来说正好是相反的学说，因为在其表达用语上有少许的相似，所以，人们就聚精会神地相互比较，就其是否一样进行讨论和争辩，然后终于发现它们其实并不是同样的东西，并得出结论：柏拉图的理念学说与康德的理性批判根本没有相同一致的地方。[1]但关于这些，也已说够了。 243

---

[1] 参见《伊曼努尔·康德，一座纪念碑》，包特维克著，第 49 页；布勒，《哲学史》，第 6 卷，第 802—815、823 页。

§ 32

根据我们到此为止所做的考察，在我们看来，尽管康德与柏拉图的学说，内在是协调一致的，那浮现在他们面前的目标与那刺激和引导他们探讨哲学的世界观是相同的，但是，理念和自在之物本身却绝对不是同样的东西。其实，对于我们，理念只是自在之物直接的和因此是充分的客体化（客体性），而自在之物本身就是意欲——只要其还没有被客体化，还没有成为表象。这是因为恰恰根据康德，自在之物据称是没有所有与这样的认知相关的形式，那只是康德的一个错误（正如“附录”中所指出的），让他并没有首先把客体之于一个主体的形式列入这些形式中，因为这是一切现象，亦即一切表象最首要和最普遍的形式，
244 因此，他应该明确地否认自在之物的客体存在。这样就会让康德免去了那巨大的、很早就被发现了的前后矛盾的地方。相比之下，柏拉图的理念则必然地是客体，是一样被认识的东西，一个表象，并恰恰通过这一点、但也只有通过这一点与自在之物有别。它只是把现象的从属形式放在一边——而所有这些我们都包括在根据律的名下——或者更准确地说，它还没进入这些形式中，但保留了首要的和最普遍的形式，表象的根本形式、成为主体的客体形式。是从属于这形式（这些形式的普遍表达和表现就是根据律）将把理念更多地复制于单个的和短暂的个体那里，而这些个体的数目，对理念而言完全是无所谓的。根据律因此再度是理念进入的形式，因为理念是进入到作为个体的主体的认知。那个别的、遵循根据律而出现的事物因而只是自在之物（即意欲）的间

接客体化，在那事物与自在之物之间的还有理念（作为意欲的直接客体
化），因为理念并没有取得任何其他为如此这般的认知所特有的形
式——除了表象的根本形式以外，亦即除了对主体而言的客体形式以
外。因此，只有理念才是意欲或自在之物的最有可能的充分的客体
性，甚至整个自在之物，只不过是在表象的形式之下：而柏拉图和康德
的伟大一致的根据就在于此，尽管最严格地说，两人所说的并非同样的
事情。但个别的事物并不是意欲的完全充分的客体性，这客体性在此
其实受到了那些形式的模糊，而那些形式的共同表现就是根据律，但那
些形式却是如此个体所可能有的认知的条件。假如我们可以从一个不
可能的前提去推论，事实上我们就不再会认识个别的事物，也不会认识
事件、变化和许多性，而只会在纯粹的、没受到模糊的认知中理解理
念，只会理解那一个意欲、那真正的自在之物的等级系列的客体性，我 245
们的世界因而是一个“永恒的当下”——假如我们不是作为认知的主
体，与此同时也是个体的话，亦即假如我们的直观不是经由一个身体媒
介所促成，不是从这身体的感受出发，而这身体本身就只是具体的意
欲，是意欲的客体性，因此是多个客体中的客体，并作为这样的客体、
一如这样的客体进入我们的认知意识，而这就只能是以根据律的形式，
因此以根据律所表现的时间和其他形式为前提条件和以此方式引入了它
们。时间仅仅只是一个个体生物对于在时间之外的，因而是永恒的理
念所具有的分散开的和分割了的观点，因此，柏拉图说了，时间就是有
关永恒的活动图像。[1]

[1] 参见《作为意欲和表象的世界》第2卷第29章。

§ 33

那么，既然我们作为个体并没有任何其他的认知——除了听命于根据律的认知以外，而这种认知形式又排斥对理念的认知，那么，可以肯定的是：假如我们从对个别事物的认知提高到对理念的认知是可能的，那这就只能以此方式发生：在主体那里发生了某一变化，这一变化是与客体的整个性质的巨大变化相吻合和相类似的；由于这一变化，那主体，只要它认知到一个理念的话，就不再是个体了。

我们还记得上一篇所说的：认知本身根本上是属于意欲在其最高等级的客体化，感受能力、神经、脑髓，像有机体生命的其余部分一样，只是意欲在其客体化的这一等级的表现，因此，那透过它们所产生的表象也同样是注定为意欲服务的，是为实现意欲现在已变复杂了的目的、为保存一个有多方面需求的生命的工具。 由此可见，认知在其原初和根据其本质，就是完全彻底为意欲服务的，正如那直接的客体一样——这直接的客
246 体借助于因果关系的应用而成了其出发点——只是客体化了的意欲，同样，所有遵循着根据律的认知都与意欲有某一或近或远的关联。 这是因为个体发现自己的身体就是多个客体之中的一个客体，他这身体的客体与所有各个客体之间有依照根据律的各式各样的关系和联结；因此，对这些关系和连结的考察始终会以或近或长的途径溯源至他的身体，因而溯源至他的意欲。 既然是根据律把各客体与身体拉上了关系，并以此与意欲拉上了关系，那为这意欲服务的认知也就唯有努力了解那由根据律在各客体之间所设定的关系，因而就是查明各客体在空间、时间和因果关系

中的各式各样的关联。这是因为只有通过这些关联，那个客体才会对那个个体是“有趣的”，亦即与其意欲有了关联。因此，那为意欲服务的认知对客体所认知的，其实不外乎就是它们的关系，所认知的客体不过就是它们在这一时间、这一地点、这些情势下、出于这些原因、伴随这些结果而存在——一句话，所认知的是个别的事物。假设去掉了所有这些关系，那些客体对这认知而言也就消失了，恰恰是因为这认知除此之外在它们那里就认识不到任何东西了。我们也不可以隐瞒这一事实：科学在事物中所考察的东西，本质上也同样不是别的，而是所有上述那些东西，亦即事物的关联、与时间和与空间的关系、自然变化的原因、形态的比较、事件的动机，因而是纯粹的关系。把科学与平常的认知区别开来的，只是科学的形式，那系统性的形式，那借助于纳入概念之中的摘要所有的单个事物，把其变成普遍性的东西，并以此获得更完整的知识，从而也让知识更容易。一切关系本身只有某一相对的存在，例如，在时间上的一切存在也就是一种非存在：因为时间恰恰只是这样的东西：通过这时间能够给予同样的事物以相反的规定；因此，时间上的每一个现象恰恰也会再度不存在的，因为把这现象的开始与结尾分开的，恰恰只是时间，本质上 247
一样是消逝的、没有持续性存在的和相对的东西，在此就称为“延续”。但时间是在为意欲服务的认知中一切客体的最普遍形式，是这认知的其余形式的原型。

认知一般来说都是听命于意欲的，正如其生成是为了服务意欲，甚至就好比是源自意欲，正如头之于身躯。在动物那里，认知这种从属于和服从于意欲是永远不会取消的。在人那里，认知这样的从属性，其取消只能是例外的发生，正如我们马上就会更仔细地考察。人与动物之间的差别就通过头与身躯的比例而从外在表现了出来，在低级动物中，头和身躯都仍然是长在一起的：所有这些低等动物都是头朝着地面的——它们意欲的对象就在那里。就算是更高级的动物，其头和身躯比起人类仍是浑然一体得多，而在人那里，人的头似乎是自由地安放在人的身上，只是交由身体携带着，而不是服务于身体。人的这种优势由贝尔维德尔的阿波罗雕塑在最大程度上表现了出来：缪斯之神那环顾四处远方的头部是如此自由地置于肩膀之上，以致头部就像是完全挣脱了身体似的，不再屈从于照料身体。

§ 34

从对个别事物的一般认识转换为对理念的认识（正如所说是可能的，但只能视为例外的情形），是突然发生的，因为那认识力摆脱了为意欲服务，也恰恰因此，那主体就不再是一个单纯的个体，现在成了纯粹的、不带意欲的认知主体。这认知主体对所呈现的客体，不再是依照根据律追查客体的关系，而是驻足于凝视这客体，超然于它与任何其他东西的关联而融合于其中。

要清晰明白这一点，有必要对此作一番详尽的分析，不得不暂时把
248 对此的诧异放在一边，直到总括了在这本书中所传达的整个思想以后，
这诧异就会自动消失。

假如我们由于精神力的提升而放弃了常规思考事物的方式，不再只是在根据律的各种形态的指引下追究事物相互之间的关系，而这些关系的最终目的始终是其与我们自己的意欲的关系。也就是说，在事物那里，我们不再考察“在哪里”“在什么时候”“为什么”和“目的何在”，

而是唯一只关注“这是什么”，我们也不会让抽象的思维、理性的概念占据意识，而是以全副精神力量投向直观，完全地沉湎于此，让整个意识充满着对眼前的自然对象物的静观，不管那是一道风景、一棵树木、一处山崖、一栋建筑物或者任何其他的东西，像一句意味深长的德国成语所说的，因为人们完全消失在了这对象物里，甚至忘记了自己的个体、自己的意欲，只是作为纯粹的主体，作为客体的一面清晰的镜子而存在，以致好像唯一就这对象物存在着，并没有对其感知的人，人们因而也再无法把那直观者与直观区分开来，这两者已成一体了，因为那整个意识完全被唯一的一个直观图像所占据和充满了；假如那客体因此以这样的方式脱离了与其自身以外的某样东西的一切关系，那主体脱离了与意欲的一切关系——那么，如此被认识的东西，就不再是如此这般的个别事物，而是理念、永恒的形式，是意欲在这一等级的直接客体性；也正因为这样，与此同时，那沉浸在直观中的就不再是个体了，因为那个体已经消失在这样的直观中；他已是纯粹的、没有意欲的、没有痛苦的、没有时间的认知主体。 这里所说的现在听起来是如此的惊人［我知道得很清楚，这证实了托马斯·佩恩（Thomas Paine）最先引用的说法：从崇高到滑稽，只有一步之遥］，通过接下来的论述就会逐渐变得更清晰和越少引起人们的诧异。 这也是在斯宾诺莎写下这些话的时 249
候，脑子里所想到的东西：精神是永恒的，只要这精神是从永恒的角度理解和把握事物的。(《伦理学》，第5部分，命题31，附释）[1]在这样的静观中，那单个的事物一下子成了其种类的理念，那直观的个体就成

［1］ 我也推荐各位阅读斯宾诺莎在《伦理学》第二部分，命题40，附释2；以及第五部分，有关第三种认知或者直观认知的命题25至命题38中所说的，以解释在这里所谈论的认知方式，尤其要阅读命题29及附释；命题36及附释和命题38及证明和附释。

了认知的纯粹主体。个体所认识的只是个别的事物；但认知的纯粹主
体则只认识理念。这是因为个体是与意欲的某一特定的单个现象相关
的认知主体，并为此意欲的单个现象服务。这单个的意欲现象本身是
服从于根据律的各个形态的，所有与这单个的意欲现象相关的认知因此
都会遵循这根据律，而要服务意欲的话，那就没有什么比这始终以关系
为客体对象的认知更有价值的了。这样的认知个体和被其认知的单个
事物始终是在某地、某时和因果链条上的环节。认知的纯粹主体与其
对应物，理念，走出了根据律的一切形式：时间、地点、那认知的个体
和被认知的个体，对它们来说并没有任何的意义。只有当一个认知的
个体以这所描述的方式提升为认知的纯粹主体，当那被考察的客体也同
时提升为理念的时候，作为表象的世界才会全部和纯粹地显现，意欲的
完整客体化才会发生，因为唯有理念才是意欲的充分客体性。这理念
以同样的方式包括了客体和主体，因为这些是理念的唯一形式：但在这
形式里，两者是完全同等分量的，正如客体在此不过是主体的表象，同
250 样，主体也是因为完全融入所直观的对象物中而成了这对象物本身，因
为那整个意识除了是这最清晰的图像以外，再别无其他。而恰恰是这
意识，在我们透过这意识依次想到了全部理念或意欲的客体性的等级
时，事实上就构成了整个表象的世界。任何时间和空间中的单个事物
不是别的，而是经由根据律（个体本身的认知形式）所复制和增多的、
因此在其纯粹客体性中变得模糊不清的理念。正如在理念出现的时
候，在理念中再也无法区别主体和客体，因为只有在它们彼此完全充满
和浸透，那理念、那意欲的充分客体化、那真正的表象的世界才会产
生，同样，在这期间，认知的个体和被认知的个体，作为自在之物，也

是无法区别开来的。这是因为假如我们完全忽视和不考虑这表象的世界，那所剩下的不过就是作为意欲的世界。意欲是理念的“自在”部分，而理念则把意欲完全地客体化：意欲也是单个事物和认知此事物的个体的自在部分，而这些单个事物和认知的个体并没有完整地把意欲客体化。作为意欲，在表象及其所有的形式之外，它在那被静观的客体和正在静观的个体（这个体意识到自己升腾为纯粹的认知主体）那里是同一个意欲：那两者因此就其自身是没有差别的，因为就其自身而言，那就是在此认知到了自身的意欲，只是这意欲得到这认知的方式、方法，亦即只是在现象中，由于其形式，由于根据律的缘故，也才有了众多性和差别性。正如我在没有客体、没有表象的情况下无法成为认知的主体，而仅仅只是意欲；同样，在没有我作为认知的主体的情况下，那被认知的东西也无法成为客体，而仅仅是意欲，仅仅是盲目的欲望。这意欲就其自身，亦即在表象之外，与我的意欲是同样的东西，只是在表象的世界——其形式起码总是主体和客体——我们才作为被认知的和认知的个体而分开。一旦那认知、表象的世界被取消了，所剩下的不过就是单纯的意欲、盲目的欲望。假如这意欲获得了客体化，成了表 251
象，马上既确定了主体也确定了客体；但假如这客体性是意欲纯粹的、完美的、充分的客体性，那就确定了客体是理念，是摆脱了根据律的形式，确定了主体就是认知的纯粹主体，是摆脱了个体性和为意欲服务的。

谁要是像上述那样如此深深地沉浸于和消失在对大自然的直观中，那他只是纯粹的认知主体，他就会由此直接意识到：这样的他就是这世界和一切客体性存在的条件，因而是承载者，因为这一切现在表现为依赖于他的存在。因而他把大自然拉进自身，以致他感觉到那就是他的本质的偶然附属而已。拜伦说的就是这层意思：

> 高山、大浪和天空，难道不就是
> 我和我的灵魂的一部分，正如我是它们的一部分？

但谁要是感觉到了这些，又怎么会对照着那永不消逝的大自然，认为自己是绝对短暂、倏忽的？这样的人毋宁说会因意识到《吠陀》中的《奥义书》所说的而受触动：我就是所有这些创造物，在我之外别无他物。(《奥义书》(拉丁文本)，第1，122) [1]

§ 35

为获得对世界本质的一个深刻见解，不可避免地需要我们学会区分作为自在之物的意欲与其充分的客体性，然后区分这客体性越发清晰和完整地显现出来的不同等级，亦即把这些理念本身与仅仅只是理念的现象区分开来，后者处于根据律的形态中，而根据律则是个体的受局限的认识方式。然后，我们就会同意柏拉图所说的：柏拉图认为只有理念才是真正的存在，而在空间和时间的事物，这些对个体来说的现实世界，则只是一种表面的、梦幻般性质的存在。然后，我们就会理解那同

252 一个理念是如何显露在如此多的现象，只是将其本质一点一点地、一个方面接着一个方面地呈现给认知的个体。然后我们就会把理念本身与理念成为个体观察的现象的方式方法区别开来，认识到前者是本质性

[1] 参见《作为意欲和表象的世界》第2卷第30章。

的，后者则是非本质性的。 我们打算通过最渺小的例子，然后是最伟大的例子来考察。 在云层移动时，形成的轮廓、形状并非云本质性的东西，这些对云而言是无关重要的，但云作为有弹性的雾气，受风的推动而紧缩、驱散、伸延、撕碎——这可是云的本性，是客体化在云那里的力的本质，是理念。 只有对个体的观察者而言，云才是每一次所呈现的轮廓和形状。 对翻过石头往下淌的溪流来说，让我们看到的漩涡、波浪、泡沫形象是无关重要的和非本质性的；至于这溪流追随着重力，表现为不具弹性的、完全可移动的、不具形状的、透明的液体——这可是溪流的本质，这是其理念——假如是直观的认识到的话。 只有当我们作为个体去认知，我们就只看到那些漩涡、波浪、泡沫的形象。 窗玻璃上的冰会根据结晶的法则而结成晶体，这显露了在此所出现的自然力的本质、展现了理念，但在同时所形成的树木和花朵图案，却是非本质性的，也只是对我们而存在。 那显现在云层、溪流和水晶中的东西，是那意欲的最弱的余音；这意欲更完美地显现在植物那里，而在动物身上，这又显现得更完美，而到了人的一级，这意欲则至为完美地显现出来。 但只是意欲在所有客体化等级中的本质性的东西才构成了理念，而这理念的展开，因为在根据律的形态中拉开来成为多种多样和多面的现象，所以，这些东西，对理念而言是非本质性的，只是在个体的认知方式里，只是对这认知方式的个体而言才有其实在性。 同样的道理也必然适用于人的理念——亦即意欲的最完美客体性——的展开：所以，
人类的历史、拥挤的事件、时代的变迁，人类生活在不同的地方和不同 253
世纪的多种形态——所有这些只是那理念的现象的偶然形式，并不属于这理念本身，而意欲的充分客体性唯一只在于这理念；其实，那些偶然

形式只属于进入个体认知的现象，对理念本身而言是如此的陌生、非本质性和无关紧要，如同云所展现出的轮廓和形状之于云，如同溪流的漩涡和泡沫形状的形态之于溪流，如同冰的树木和花朵形状之于冰。

谁要是很好地领会了这一点和懂得把意欲与理念、把理念与其现象区分清楚，那对他而言，世界事件就只是在像字母那样可让人由此读到有关人的理念的时候才是有意义的，那些时间仅就自身而言是没有意义的。他不会与大家一样相信：时间真的会带来什么新的和有意义的东西；通过时间和在这时间里，某样绝对真实的东西就会达至存在；或者这时间本身作为一个整体，有其开始和结束，有其计划和发展，其最终的目标大概就是这最近的生活了三十年的一代人达到极致的完美（根据他们的看法）。因此，他就不会与荷马一道指定整个奥林匹斯山神祇操纵那些时间事件，正如他也不会与奥西恩（Ossian）一样把云的形状当作个体的生物，因为正如我说过的，时间事件和云的形状就其中所呈现的理念方面，有同样多的含义。在人生的多样形态和世事的不停变换中，他只把理念视为持久的和本质性的，在这理念中，生命意欲有了最完美、最充分的客体性，这理念也在人类的素质、情欲、谬误和优点中展示了生命意欲的不同方面，还有人的自私、恨意、仁爱、恐惧、勇敢、轻率、麻木、狡猾、机智、天才，等等，等等——所有这些汇聚和凝结成千上万种形态（个体），持续不断地上演着大大小小的世界历史。就其自身而言，推动这些世界历史的是傻瓜还是王公，都是无关紧要
254 的。他会最终发现：在这世上，就像在戈齐（Gozzi）的戏剧中一样，出场的始终是同样的人物，有着相同的打算和相同的命运：动因和时间当然在每一个剧中是不一样的，但事件的精神是同样的。一部剧中的人

物并不晓得另一部剧中的事情，虽然他们也在另一部剧中扮演角色。因此，经过之前的戏剧的一切经验以后，潘大龙（Pantalone）并没有变得更灵活敏捷和更慷慨大方，达达利亚（Tartaglia）也没有变得更认真仔细，布里盖拉（Brighella）也没有更勇敢，科伦拜恩（Kolombine）* 也没有更谦虚规矩。

假设我们得到允许能够对可能性的王国有更加清晰的一瞥和纵览一切原因与结果的链条，那土地神灵就现身了，并用一幅图像向我们展示那些至为杰出的个人、世界的启蒙者和英雄：他们在发挥作用之前就被偶然毁灭了；然后，那些会改变世界历史与带来至高文明和启蒙时期的伟大事件，但由于盲目的偶然和最微不足道的意外而受阻于萌芽之时；最后，伟大个人的那些会推动地球史上一个年代的雄伟力量，却受到谬误和激情的误导，或者为情势所迫，而毫无用处地浪费在没有价值的和没有结果的事情上，或者荒废在玩乐方面。假设我们目睹所有这些，就会不寒而栗，就会叹息整个历史年代所痛失了的珍宝。但那土地神灵会微笑着说："那些个人及其力量所出自的源泉，是永不枯竭的和无限的，就像时间和空间一样：因为那些个人及其力量，正如一切现象的这些形式一样，也只是意欲的现象、意欲的可见性而已。并没有任何有限的程度和分量可以耗尽那无限的源泉，因此，对于每一个在萌芽之中就被扼杀掉的事件或者事业，丝毫没有受损的无限仍永远为其重来敞开着大门。在这现象的世界，并没有什么真正损失的可能性，正如没有什么真正收益的可能性。意欲才是唯一存在的：那是自在之物，是

* 这些都是戈齐的戏剧《图兰朵》中的人物。

255 一切现象的源泉。”它对自身的认知和在此基础上对意欲的自我肯定或者自我否定，其实才是唯一的大事。[1]

§ 36

历史学跟随着事件的线索：它是根据事实的——如果历史学是根据动因法则来推断那些事件的话，而动因法则是在意欲得到了认知照明的时候决定着所显现的意欲。在意欲客体化的更低等级，在意欲还不具认知地发挥作用之处，考察这些现象变化法则的，是自然科学中的原因学；考察这些现象中持久不变的东西的，则是自然科学中的形态学。这些科学借助于概念让几乎是无穷尽的课题变得更轻松、简单，因为概念囊括和概述了普遍性的东西，以便从普遍性的东西推断出特殊的东西。最后，考察单纯形式的，亦即考察时间和空间的，是数学；通过这些形式，理念向作为个体的主体认知显现为分散开来的许许多多。所有这些学科共同的名字就是科学，其遵循的因而是根据律的不同形态，它们的课题始终是现象及其法则、联系和由此产生的关系。但又是什么样的认知方式，考察那些超越和独立于所有关系而存在的、这世界唯一真正本质性的东西；考察这世界现象的真正内容、那并不受制于任何变化和因此永远都以同等真实性被认识到的东西，一句话，考察理念，即自在之物、意欲直接的和充分的客体化？那就是艺术，天才创作的作品。艺术复制了通过纯粹静观所把握了的永恒理念、世界一切现象

[1] 这最后一句话，如果不是了解了接下来的第四篇，是无法明白的。

的本质性和持久性的东西，并且根据复制这理念所用的材料而成了造型艺术、文艺或者音乐。这些艺术的唯一源泉就是对理念的认识，艺术的唯一目的就是传达这种认识。科学紧随着四重形态的根据（原因）与结果的无休止的和并非持久存在的洪流，每到达一个目标，就总又被指示更远之处，永远无法到达一个最终的目的地，也无法找到充分的满 256
足，就像我们永远不会通过奔跑而到达云层所触及的地平线；相比之下，艺术却处处都抵达其目的地。这是因为艺术把其静观的对象从世事发展的洪流中拽了出来，孤立地置于静观面前。而这个别的东西，这在那洪流中某一转瞬即逝的渺小部分，对艺术来说却是整体的代表，等同于在空间和时间中无穷无尽的许许多多。艺术因此停留在这个别之物：它停住了时间之轮：种种关系在其眼里消失了，只有那本质性的东西，那理念，才是其客体对象。所以，我们可以直截了当地把艺术形容为独立于根据律的对事物的思考和考察方式，与恰恰是遵循根据律的、经验和科学所采用的思考和考察方式形成对照。这后一种考察方式可以比之于一条无穷尽的、地平线走向的线条；但第一种方式却是随时在某一点切割这条线的垂直线。遵循根据律的是理性的考察方式，在实际生活中，一如其在科学中，这是唯一适用和有用的；那并不考虑这根据律内容的考察方式则是天才的考察方式，这是在艺术中唯一适用和有用的。第一种是亚里士多德的考察方式，第二种是柏拉图的考察方式。第一种方式像风暴，没有开始和没有目的，把一切都吹得弯折、动摇和随风暴而去；第二种方式犹如宁静的阳光，穿过这风暴的路径而丝毫不为其所动。第一种方式类似于瀑布的无数强烈运动着的水滴，总是变换着、一刻也不消停；第二种方式则类似于在这咆哮、熙攘之上静止的一道彩虹。只有通过以上所描述的、完全融入客体对象之中的纯粹静观，才可以把握理念，而天才的本质恰恰就在于具有更强的能力进行这样的静观；那么，既然进行这样的静观要求人们完全忘记了自身及其关系，那天才的特性不是别的，而是最完美的客观性，亦即精神思想的客观倾向，与主观性的、只关注自身个人，亦即意欲的倾向恰成对
257 照。据此，天才就是这样一种能力：进行纯粹的直观，在直观中忘掉了自己，让原初只是为服务意欲而存在的认知摆脱了这种服务，亦即对他自己的利益、他的意愿、他的目标（目的）完全地视而不见，因此暂时对他自己个人完全放弃不顾，目的就是剩下作为纯粹的认知主体、清晰的世界之眼而存在。并且不是在暂时瞬间做到这一点，而是持续地和伴随着深思熟虑以便把所把握的东西通过再三斟酌以后的艺术复制出来，把“在摇摆不定的现象中飘忽的东西，固定在持久的思想里面”。情形似乎就是为了让天才出现在一个个体那里，这个体就必须获得一份大大超出了为一个个体的意欲服务所需的认识力，而这自由了的超额认识力现在就成了不带意欲的主体，成了反映这世界本质的明亮镜子。由此解释了在天才个人那里甚至达到了躁动不安程度的活跃性，因为现时此刻极少能够满足他们，因为现时此刻填充不了他们的意识：这一点给了他们那种永不止息的雄心追求，那种对新的和值得考察的客体对象的无休止的追求，然后还有对与他们相似的、与他们旗鼓相当的、他们能与之沟通的一类人的几乎是永远不会满足的渴望，而平常的、被平常的现时此刻所完全占据并对此感到满足的凡夫，却与现时此刻融为一体，也处处找到与其同气相通者，在日常生活中有着天才人物所无法得到的安逸和舒适。人们也认识到想象力是天才的一个组成部分，想象

力有时候甚至被视为与天才是同一的：这前一个说法是对的，后一个说法则是错的。既然天才的客体对象是永恒的理念，是这世界及其所有现象的恒存的本质性形式，但对理念的认识又必然是直观的，而不是抽象的，那么，天才的认识就将会局限在真实出现在天才本人眼前的客体对象中的理念，就会依赖带来这些客体对象的连环情势——假如那想象
力不是扩展其眼界远远超出了个人的经验现实生活，让其得以从实际进 258
入他的统觉中的少数东西中，构建出所有其余的部分，并让几乎所有可能的生活图像一一出现在他自己面前。除此之外，现实的客体几乎总是在它们中表现出来的理念的充满缺陷的样品；因此，天才需要有想象力，目的就是不在事物中看到大自然已经真实造成的东西，而是要看到大自然所争取塑造的、但由于在前一篇中所提及的那些形式之间的竞争而无法成功造出来的东西。我们在下面考察雕塑艺术的时候将回头谈论这问题。想象力因而扩展了天才的视野，让其超越了个人在现实中所能见到的客体，无论是从质量上还是从数量上而言。也正因为这样，异常强烈的想象力是天才的伴侣，甚至是天才的条件。但具备想象力并不可以反过来证明具备了天才，因为甚至极没有天才的人也可以具想象力。这是因为正如我们对一样真实客体可以从两种彼此相反的方式审视：一种是纯粹客观的、天才的、把握其理念的方式；另一种是平常的、只看到其遵循根据律与其他客体和与他自己的意欲的关系，同样，我们也可以对某一幻想的东西以这两种方式直观：以第一种方式审视的话，是认识理念的一种手段，而艺术作品就是要传达这理念。以第二种方式审视，那所幻想的东西是用来构造空中楼阁以投合自我私欲和古怪念头，暂时地欺骗和愉悦自己，但同时，对于如此联系在一起的

幻想东西，我们永远只认识这些其中的关系而已。沉迷于这种游戏的人是幻想家；这样的人轻易就把他们独自陶醉自己所用的图像与现实混淆在一起，并因此无法适应现实生活。他们或许会记录下他们幻想中的假象，这些也就成了各种类型的庸俗小说，娱乐了与他们一样的人和大量的公众读者，因为读者们幻想自己处于那些主角的位置，然后觉得那些描述非常的"惬意"。

259 普通的人，大自然每天都成千上万产生出来的这些工厂的大批量产品，正如所说的，并没有能力，起码没有能力持久地、在每一意义上都完全不涉及利益地审视和考察事情——而这样的审视，也就是真正的静观。他们只能把注意力投向与其意欲有某些的、虽然是相当间接的关系的事物。既然在这方面只要求认识到关系，而有关事物的抽象概念已足够有余，在大多数情况下甚至更有用，那么，普通人就不会流连于单纯的直观，因此就不会把眼光长时间盯在某一对象物那里，而是在一切眼前所见的东西中，只快速找出可以囊括这些东西的概念，正如一个懒散的人想要找到一把椅子，找到后就不会对这椅子感兴趣了。因此，他们对一切都仓促了事，对艺术品、美丽的自然对象物，对到处都有的各个生活场景中真正意味深长的景象，都是如此。他们是不会驻足、流连的，只是寻觅他们生活中的门路而已，或顶多也寻觅一切在将来某一时候可能成为他们的门路的东西，因而会做些最广泛意义上的地形记录，但考察这生活本身，他们可是不会在这方面浪费时间的。相比之下，天才之人，由于其认识力超常盈余而在某一部分时间里摆脱了为意欲的服务，他就会流连于观察和思考生活本身，力图把握每一事物中的理念，而不是这事物与其他事物的关系：这样，他就经常会疏忽照看自己的生活之路，这样的人因此在其人生之路上走得是够笨拙的。对普通人来说，他们的认知功能就是为他们的路途照明的提灯，而对天才来说，认知功能却是揭示这世界的太阳。这如此不同的察看生活的方式，很快，甚至反映在这两种人的外在方面。在有着活泼天才特性的人那里，其目光轻易就将这样的人标示出来，因为那种目光既活跃又坚定，带着悠闲、静观的特征，一如我们在数量极少的天才的肖像中所看到的，而这极少数人是大自然在无数的百万人中不时偶尔才会产生出来的。相比之下，其他人的眼神，假如不是通常那种呆滞或者枯燥乏 260
味，就可轻易看出是与静观真正相反的，即窥视。据此，一个人的“天才表情”，就在于从这表情中可清晰看出认知活动明确地压倒了意欲活动，所以，这表情所表现的认知，是与意欲没有任何关系的，即一种纯粹的认知。而在头脑思想一般的人那里，欲求的表情是占据上风的，我们也看到认知总只是在受到欲求的推动以后才活动起来，因而就只是取决于动因。

既然天才的认知，或说对理念的认知，就是认知并不追随着根据律，而在另一方面，追随着根据律的认知在生活中给予我们精明和明智，就会成就科学，那么，天才的个人就会带有因忽视这后一种认知方式而来的缺陷和不足。但在此，却是要注意这一限度：我在这方面所要谈及的，只是在他们真正处于那种天才的认知方式和状态的时候才适用于他们，但这种认知状态可一点都不是生活中每一瞬间的情形，因为不带意欲地理解理念所需要的相当大程度的、虽然是不由自主地发生的紧张和劳累状态，必然会重又减弱下来。在这很长的间隙中，天才的个人，无论是在其优势还是在其缺陷方面，都与普通人差不多。由于这一原因，人们一向把天才的活动和作用视为一种灵感、一种闪念，并且正如“天才”的名称（Genius）*所标示的，视为与这个人本身有别的某一超人生灵的作用和效果，这超人生灵只是周期性地占据这个个体。天才的个体并不喜欢把注意力转向根据律的内容，这首先在根据律方面表现为对数学的厌恶，而数学所考察的就是现象的至为普遍的形式，空
261 间和时间，而这些本身就只是根据律的形态，是与那只是追寻现象的内容、追寻在现象中表达出来的理念而不考虑一切关系的考察方式恰恰相反的。此外，数学的那种逻辑性做法也是与天才格格不入的，因为这种做法堵死了真正的深入见解，不会让人得到满足，而是提供了依照认知根据的定律的一连串推论，对所有精神力中的记忆力提出了最大的要求，以便始终记得人们要援引的所有之前的定理。经验也证实了：伟大的艺术天才是没有任何数学能力的，也从来不曾出现一个在这两方面都出色的人。阿尔菲耶利（Alfieri）说：他从来都无法理解哪怕是欧几里得的第四定理。歌德总是被反对他的颜色理论的无理性对手指责为缺乏数学知识。当然，在此，重要的不是根据假定的事实所作的计算和测量，而是对原因与结果的直接理解认识，所以，那样的指责是如此的反常和搞错了地方，发出这样的指责，就如同他们的其他米达斯王名言一样，都充分暴露了他们欠缺判断力。时至今日，在歌德的颜色学说出现了几乎半个世纪以后，甚至在德国，牛顿的胡说仍不受干扰地占据着教席，人们还在蛮认真地谈论七种单色光及其不同的可分解性。这会在将来某一天被列为人类的、尤其是德国人的巨大的智力特性。

* Genius一词，原意是“守护神”“精灵”。

以上面所给出的同样原因，可以解释这同样知名的事实：反过来，杰出的数学家对优美艺术的作品也极少敏感性，这在那位法国数学家的一则著名轶事中尤其直白地表现了出来——他在通读完拉辛的《伊菲革涅亚》以后，耸耸肩问道：“那证明了什么呢？”再就是，既然敏锐把握到依照因果和动因法则的关系，事实上就是精明，而天才的认识力却不关 262
注关系，那么，一个精明人，只要他是一个精明人的时候，就不会是天才；而一个天才，只要他是一个天才的时候，就不会是精明的。最后，直观的认知——理念完全在其范围——根本上是与理性的或抽象的认知恰恰相对立的，而这后者是由认知的根据律所指导的。人们也都知道伟大的天才是极少与理性、明智为主导的思想结伴的，而更多的是相反的情形：天才的个人常常受制于激烈的感受和非理性的情欲。这个中的原因并不是理性薄弱，而是因为：第一，天才的个人，亦即那整个意欲现象具有不寻常的能量，这能量通过激烈的意欲行动表达出来；第二，那通过感官和理解力的直观认知压倒了抽象认知，因此明确倾向于直观之物，而直观之物在天才个人那里造成了极具能量的印象，让缺乏颜色的概念更显暗淡，以致不再是概念，而是那些鲜明的印象指导着这些人的行为。这恰恰因此成了非理性。据此，现时此刻的印象对这些人是非常有力的，把他们拽往未经考虑周详的行动、拽往激情之中。因此，总起来说，因为天才个人的认识力部分地摆脱了为意欲的服务，所以，他们在与他人的谈话中，想着的与其说是他们与之谈话的对象，还不如说是他们在谈论的、活生生浮现在他们眼前的事情。因此，他们太过客观地判断或者叙述而罔顾自己的利益，对于一些假如他们是精明的话就会对其保持沉默的东西，并不保持沉默，等等。因此，他们最终倾向于自说自话并会展示出多种实际上接近于精神失常的弱点。人们常常留意到和看出天才的特性与精神失常有着互相接壤，甚至互相交汇的一面，诗歌和文学热情甚至被人称为某种精神失常：贺拉斯把这名为“迷人的胡思乱想”（《颂歌集》，第3，第4），维兰德则在《奥伯伦》的开头称这为“可爱的精神错乱”。甚至亚里士多德，根据塞涅卡所引（《论心灵的平静》，15，16），据称说过这样的话：“还不曾有过
263 任何并不会混杂着某些精神错乱的天才。”柏拉图在上面所提过的有关昏暗洞穴的神话（《理想国》，7）中也表达了这一点，他说：那些在洞外看到了真正的太阳光和真正存在的事物（理念）的人，因为他们的眼睛不习惯黑暗了，所以，在这之后在洞里面就无法再看清东西，不再辨别出洞穴里的影子图像，并将因为这一原因，在出错的时候遭到那些还没有走出过洞穴和影子图像的其他人的嘲笑。柏拉图在《斐德罗篇》（第327页）也直截了当地说：没有一定程度的精神失常，就不会有真正的诗人和文学家；确实（第327页），每一个在倏忽的事物中认出了永恒理念的人，看上去都是精神失常的。西塞罗也引用过这一句话：“因为德谟克里特宣称：没有精神错乱的伟大诗人是不可能存在的，柏拉图也如是说。”（《论预言》，1，37）最后，蒲柏说：

伟大的头脑智慧肯定是与疯癫相连的，
薄薄的间隔成了彼此的界线。

在这方面，歌德的《托尔夸托·塔索》尤具教育意义。在这剧中，歌德不仅把天才的痛苦和本质性的受难，而且还把天才经常过渡到精神失常显现在我们的眼前。最后，天才特性与精神失常直接有所触及的事实

也一部分通过相当具天才的人物的传记——例如卢梭、拜伦、阿尔菲耶利等的传记——和透过其他天才人物的生活轶事而得到证实；另一部分的证明，我必须从另一方面略说几句：在频繁到访精神病院的时候，我发现零星个别者显而易见有杰出的才华，其天才特性透过精神失常也能让人看出一二，只不过精神失常在此完全占据上风而已。这些是不可以归之于偶然的，因为一方面，精神失常的人的数目在比例上非常小；另一方面，一个天才的个人是一个比所有常规估计都更少见的例子，仅是大自然的极其例外的现象而已。我们要对此确信无疑的话，就唯有把这两者的数目作一比较，亦即把整个文明的欧洲在整个古老和近代时 264
期所产生出来的真正伟大的天才——但算进这里面的只是那些创造出了历经任何时候仍保有对人类而言持久价值的作品的天才——与2.5亿的、每隔30年就更新一批的生活在欧洲的人作一比较。事实上，我也不妨提及这一点：我认识的某些具备了虽然不是很杰出、但却是相当明显的思想优势的人，与此同时也显露出了某种轻微的疯癫气质。据此，情形似乎是智力超出了常规的话，那作为一种反常情形，就已经是有了精神失常的倾向。与此同时，我想就天才特性与精神失常的亲缘关系的纯粹智力原因，尽可能简短地说出我的看法，因为这些探讨确实有助于解释天才特性的真正本质，亦即那种唯独可以创造出真正艺术作品的精神特性的本质。但这就有必要对精神失常本身作一番简短的探讨了。[1]

有关精神失常本质的一个清晰的和完整的见解，有关把精神失常与

[1] 参见《作为意欲和表象的世界》第2卷第31章。

精神健康区别开来的特质的清楚概念，据我所知还不曾被人发现。我们既不可以否认精神失常者具备理性，也不能否认他们具有理解力，因为他们能说话也懂人话，也常常推导出非常正确的结论；他们一般来说也能完全准确地察看此刻的情形，看出原因与结果的关联。幻觉，如同高烧时的谵妄一样，并不是精神失常的习惯性症状：谵妄歪曲了直观，精神失常则歪曲了思想。也就是说，在大多数情况下，精神失常者完全不会在认知直接的现时此刻的东西上犯错，他们的胡说八道总是与不在场的和以往的人事有关，就只是因此与以往的事情与现在此刻的事
265 情的结合有关。因此，在我看来，精神失常者的毛病尤其牵涉记忆，虽然这并不是说他们完全缺乏记忆力，因为他们许多人凭记忆知道许多事情，有时候能重又认出他们很久不曾见过的人；我的意思其实是那记忆的线索断了，记忆按顺序的联系没有了，对过去的任何均匀连贯的回忆变成了不可能。过去的个别场景准确地留在这些精神失常者的记忆中，一如单个的现在此刻，但在对这些的回忆里却有不少空隙，而他们就以虚构的东西填塞这些空隙：这虚构的要么是始终同一的东西而成了固定不变的意念，然后，就成了偏执的臆想、忧郁；要么每一次都是不一样的东西，是瞬间才有的念头，然后，就称为愚蠢、傻瓜。正因此，在一个精神失常者进入精神病院时向其询问之前的履历是非常困难的。真真假假的东西在他们的记忆中越发混杂不清。虽然他们会正确地认识直接的现时此刻，但这认识却会由于与某一臆想的过去的虚构关联而被歪曲：他们因此会把自己本人和其他人当作是其虚构的过去中的人物；不少熟人是他们根本认不出来的；尽管对现时的个别人事有其正确的表象认识，但对其与不在眼前的人事的关系，却全然搞错了。假如

这精神失常达到了较高的程度，就会导致完全的失忆，因此，精神错乱者到了这时候就彻底没有能力回忆起任何某些不在眼前的或者过去了的人事，而唯独只听任瞬间的念头结合着他用以填塞头脑中的过去的虚构东西的摆布。那样的话，与这些人在一起，假如我们不是始终让他们看清某一强力的存在，那我们就一刻都无法确保免受他们的虐待或者谋杀。精神失常者的认知在这一点上与动物的认知是共通的：两者都局限于现时此刻的东西，但把这两种认知区别开来的却是这一点：动物根本没有任何有关过去本身的表象，虽然过去会透过习惯的媒介对动物产生作用，因此，例如，一条狗甚至在多年以后仍能再度认出过去的主 266
人，亦即在看到旧主人时会获得那习惯了的印象，但对自从它上一次见他以后过去了的时间，那狗是没有任何回忆的。相比之下，精神失常者却在其理性中始终有着某一抽象中的过去，但那却是虚假的、只是对他才存在的过去，其要么是任何时候都存在的，要么只是现在才存在：这虚假过去的影响甚至妨碍了他们像动物那样依照正确认知的现时此刻来行事。至于剧烈的精神痛苦、突如其来的可怕事件会常常造成精神失常，我的解释如下。每一种这样的痛苦总是局限于现时此刻的真实事件，也就是说，那痛苦只是暂时的，是会过去的和倘若那还不至于过分强烈的话。只有那持久存在的痛苦才是超巨大的痛苦。但也唯有一个念头才会是如此的痛苦，这一念头因此就在记忆之中。那么，假如这种忧伤、这种苦痛的意识或怀念是如此地折磨人，以致绝对的无法忍受，那个体就会被击垮——到了这个时候，受到了如此程度惊吓的大自然就用上了精神失常作为最后的救命一招：那受到了如此异常折磨的精神现在就仿佛扯断了它的记忆的线索，以杜撰的东西填塞空隙，逃离了远远压倒了它的承受能力的苦痛而变成精神失常，犹如我们截掉坏死的肢体，用义肢取代。至于这方面的例子，我们可看看狂怒的埃阿斯、李尔王和奥菲莉亚，因为真正天才的创作，即我们在此唯一可以援引的、普遍为人所知的例子，与现实中的人物在真实性上并无二致；此外，这方面经常发生的现实情形也显示出同样的东西。一个稍微类似这类从苦痛变为精神失常的情形是：当我们突然想起某一折磨人的记忆的时候，我们所有人常常都会机械似的试图大声喊叫一下，或者做出某一动作以赶走那一记忆，让自己从那记忆中转移开来，强行分散我们的注意力。

267 那么，正如我们这所说的，假如我们看到精神失常者对个别现时此刻的和对过去的不少个别人事有正确的认识，但对其中的关联、关系却认识有误，并因此犯错和胡言乱语，这一点恰恰是精神失常者与天才个人的相通之处：因为天才个人既然放弃对关系的认识——而这是一种遵循根据律的认识——目的是只在事物中看到理念，只寻求把握其直观表现出来的真正本质，而在这方面，一样事物就代表其整个类型，因此就像歌德所说的以一知千，那么，天才个人也是一样不会留意对事物之间关联的认识，因为天才个人所观照的单个客体事物，或者被天才所把握的异常生动活泼的现时此刻，呈现在如此明亮的光线之中，以致就好像其所属链条的余下环节，因此退隐至昏暗之中，而这所造成的不寻常现象，人们早就看出是与精神失常者的不寻常现象相似的。那在单个存在的事物中只是不完美的和由于改头换面而弱化了的东西，被天才的观照方式提升至理念和完美：天才因此总是看到极端，也正因此他们的行为是陷入极端的。他们不懂得把握恰当的尺度，也缺乏那种清醒冷静，而结果就是上面所说的。他们完美地认识到理念，但却认识不到个体。所以，正如人们所指出的，一个诗人、文学家可以对人有深度的和彻底的了解，但对具体的人却很欠缺了解：他很容易受骗和沦为狡猾之人手里的玩物。

§ 37

虽然根据我们所述，天才就在于一种独立于根据律的认知能力，因此那并不是认识个别的事物——个别的事物只在关系中有其存在——而是认识到事物的理念的能力，一种在面对这些理念的时候，其本身能够成为理念的相关对应物，亦即不再是个体而是成为认知的纯粹主体的能力，但是，这种能力肯定是所有人都或多或少具备的，因为假如情况不 268
是这样，那人们就没有能力欣赏艺术作品了，正如他们没有能力创作出艺术作品一样；人们对于优美和崇高的东西根本上就完全不具备任何的敏感性，事实上，这些字词对人们来说不会有任何意义了。因此，我们必须认为那种在事物中认识事物的理念、并因此暂时摆脱了自己的个人性的能力，是存在于所有人的——虽然的确有那么一些人是完全没能力感受美的愉悦的。天才相对于他们的优势只是具备了程度高许多和维持更长久的那种认知方式。这优势让天才在认知到理念的时候能够保持深思熟虑和考虑周全，而要把所认识的东西复制于任意的某一作品的话——这样复制出来的就是艺术作品——那就需要这种深思熟虑和考虑周全。通过这一艺术作品，天才把所把握到的理念传达给其他人。这一理念在这期间保持不变，仍然是同样的东西：因此，那美学的愉悦本质上是同样的东西，无论那是由某一艺术作品抑或直接由直观大自然和生活所引发。艺术作品只是让认识理念变得更轻松容易的手段，而我们的那种愉悦就在于那一认识。至于在艺术作品中，与直接的大自然和真实世界相比，理念更容易显现在我们面前，那是因为艺术家只认识理念而不再是真实的世界，在其作品中也只是纯粹地重现那理念，把这理念从真实中分离出来，省略掉了一切扰乱作用的偶然性。艺术家让我们通过其眼睛看到了这世界。至于他有这样的眼睛，他能认识到事物在一切关系之外的本质性东西，恰恰就是天才所具有的禀赋，是与生俱来的；至于他也能够把这一禀赋借给我们，让我们带上他的眼睛，这可是要学习掌握的，是艺术的技术性部分。因此，我在这前面描述了审美认识方式的内在本质及其最普遍的基线以后，现在接下来对优美和崇高更仔细的哲学考察会同时探讨大自然和艺术中的这两者，而不会更
269 进一步地分开这两者。一个人在受到美、崇高的触动时，在他那里发生了什么，是我们首先要考察的：至于他是直接从大自然、从生活中获得这种触动，抑或通过艺术的媒介获得触动，并不会构成本质性的差别，那只是外在的差别而已。

§ 38

我们在审美的思考方式中发现了两种彼此不可分的成分：对客体不是作为个别事物、而是作为柏拉图的理念的认识，亦即对事物作为这一整类事物的常驻形式的认识；然后，是那认知者——不是作为个体，而是作为纯粹的、不带意欲的认知主体——的自我意识。这两种成分经常

结合着一起出现的条件，就是抛弃与根据律相联结的认知方式，但这认知方式对无论是为意欲服务还是为科学服务都是唯一有用和适宜的。再者，我们会看到由于观赏美所引起的愉悦，出自以上两种成分，更确切地说，时而更多地出自这一成分，时而又更多地出自另一成分，这根据美的观照的对象物而定。

一切欲求都是源自需要，亦即源自匮乏，亦即源自痛苦。满足了这欲求也就终结了这欲求，但是，满足了一个愿望以后，至少还留下十个愿望不曾得到满足。再者，渴求维持很长的时间，要求是无穷无尽的；所予以的满足是短暂和少得可怜的。但总算得到了满足本身也只是表面上得到了满足：因为那实现了的愿望马上就让位给了一个新的愿望；前者已认识到是个错误了，后者则是一个还没认识到的错误而已。所获得的欲求之物，没有一样可以给予持久的、不再消退的满足，那只是跟扔给乞丐的施舍差不多，只够勉强维持乞丐今天的生活，以便延长其苦恼到明天。所以，只要我们的意识充满着我们的意欲，只要我们听任愿望的冲动及其持续不断的希冀和恐惧的摆布，只要我们是欲求的主体，那我们就永远不会有持久的幸福，也不会得到安宁。至于我们 270
是追逐还是逃避，是忧惧祸害还是追求快乐，从本质上都是一回事：为那不断提出要求的意欲（无论这要求以何种面目出现）而操心，会充塞和持续动荡我们的意识，而没有了安宁，真正的幸福是根本不可能的。这样，欲求的主体就被绑在永远旋转的伊克西翁的车轮上面，不停地灌水进达那伊得斯的无底桶，就是永远都在渴求的坦塔洛斯。

但当外在的机缘或者内在的心绪突然提升了我们并脱离了欲求的无尽洪流，使认知摆脱了意欲的奴役，注意力就不再集中于欲求的动因，而是在把握事物的时候并不理会其与意欲的任何关系，因而不带利害关系地、没有主体性地、纯粹客观地观察事物，完全地投入到事物中去——只要这些事物是单纯的表象，而不是动因。然后，在欲求的第一条途径始终在追求的、但始终无法得到的安宁，就一下子自动出现了，我们也感到了相当的惬意和舒服。那是无痛苦的状态，是伊壁鸠鲁赞叹为至善和神灵的状态，因为我们在那一刻摆脱了可怜的意欲渴望，我们庆祝在刑罚劳动中所获得的安息日，伊克西翁的车轮停止转动了。

但这种状态恰恰是我上面所形容为要认识理念所必不可少的状态，是纯粹的静观、与直观融为一体、消失在客体当中、放弃那种跟随根据律和只是把握关系的认知方式；在这状态中，那所观照的单个客体对象提升为它那种类的理念，而那认知个体就提升为不带意欲地认知的纯粹主体——这两者是同时和不可分开地发生的。现在，这两者就不再处于时间和一切其他关系的洪流之中。到了那时候，人们是从一个牢房抑或从一座宫殿看着太阳下沉，其实是一样的。

内在的心绪、认知压倒了欲求，可以在每一种情况下都造成这种状
271 态。那些杰出的荷兰艺术家就向我们展示了这一点，因为他们把这种纯粹客观的直观投向毫不起眼的对象物，并在静物画那里树立了有关他们的客观性和精神安宁的丰碑。有美感的观赏者看到他们的静物画都不无触动，因为那些静物画让观赏者具体想象到了艺术家的安宁、平和、不带意欲的心境，而要如此客观地直观、如此专心地观察如此微不足道的事物和如此深思熟虑地复制这种直观，这种心境是不可缺少的。又因为那图画也要求观赏者参与到这样的状态中，那观赏者所受的触动更常常有增无减，因为这样的状态与他们自己的不安、被激烈的欲求所

烦扰的心绪构成了鲜明对照。秉持同样的精神，风景画家，尤其是鲁伊斯达尔（Ruisdal），常常描画了至为不起眼的东西，从而以让人更愉悦的方式营造了同样的效果。

尽管一种艺术心境的内在力量就能独自取得如此之多的成绩，但那纯粹客观的心绪会由于迎合此心绪的客体，由于邀请我们对其观赏的，甚至强加于人们的丰富的、美丽的大自然而变得更容易和得到来自外在的助力。每当大自然突然一下子呈现在我们的眼前，那就几乎总是成功——尽管那只是一瞬间——让我们摆脱掉主观性、摆脱掉意欲的奴役，让我们处于纯粹认知的状态。这也是为什么那饱受情欲或者困厄和忧虑折磨的人，只要对大自然自由地看上一眼，就会顿时神清气爽，愉快和振作起来：情欲的风暴、愿望和恐惧的驱迫，以及欲求的一切折磨然后就马上以一种奇妙的方式平静了下来。这是因为我们在挣脱了意欲、投入纯粹不带意欲的认知的瞬间，犹如进入了一个别样的世界：在此，一切鼓动我们的意欲并因此如此强烈震撼我们的东西，都不再存在了。认知所获得的自由是那样完全和有力地让我们脱离了所有的一切，犹如睡眠与梦一样：快乐和不快乐消失了，我们不再是那个体，那已被忘记了；我们只是认知的纯粹主体，只是作为世界之眼而存在，这 272
世界之眼从所有的具有认知的生物出发而张望着，但唯独在人那里可以完全摆脱了为意欲的服务——以此方式，个体性的一切差别就完全消失了，以致这直观的眼睛属于一个有威权的国王，抑或属于一个受苦的乞丐，都是不重要的了。这是因为无论是幸福还是悲伤，都无法与我们一道越过那条界线。这样一个境界经常距离我们咫尺之遥——处于此境界，我们就完全逃脱掉我们所有的悲伤；但是，谁又有能力长时间处于这种境界呢？一旦那被纯粹直观的客体与我们的意欲、与我们的个人的任何某一种关系，重又进入我们的意识，那种魔力也就此告终了；我们也就重新陷入那种由根据律控制的认知，不再认知理念，而只是认知个别的事物，认知我们也所属的链条中的一环；我们又再一次陷入我们的悲惨景况中去。大多数的人，因为他们完全缺乏客观性，亦即缺乏天才的特性，所以几乎总是呆在这一立脚点。因此，他们并不喜欢单独与大自然在一起，他们需要有社交，起码有一本书。这是因为他们的认知始终听命于意欲，所以，他们在对象物那里寻找的只是与他们的意欲的某些关联，而对于没有任何这样的关联的一切东西，他们的内心就总会发出这样令人沮丧的话音——犹如某种基本低音——“这对我没有任何的用处”。因此，在他们孤身一人的时候，就算是最优美的环境，在他们看来，也是乏味的、昏暗的、陌生的和带有敌意的。

最后，也是那种不带意欲的直观所带来的幸福，让过去和遥远蒙上一种如此奇妙的魅力，通过某种自我欺骗让这些在如此异常美丽的光线中展现给我们。这是因为我们在具体想象着在某一遥远的地方，那早已过去了的日子的时候，我们的想象力所唤回的仅仅只是客体，而不是意欲的主体，不是那无论是在当时还是在现在都随身携带着无法解决的苦痛的主体。但这些苦痛都已被忘掉了，因为这些苦痛自从那以后通
273 常已经让位给其他的苦痛了。现在，那客观的观照对回忆所造成的效果，就如同假如我们能做到不带意欲地投入客观观照所感受到的效果。所以，就会出现这样的情形：尤其是在某一困境比通常更让我们焦虑的时候，我们脑海中会突然掠过对过去的和遥远的场景的回忆：那仿佛就是某一失去了的乐园。我们的想象所唤回的，仅仅只是客体的东西，

而不是个人主体的东西；但我们不符合事实地臆想那客体的东西在那时候恰恰是如此纯净地、不受与意欲任何关系扰乱地存在，就像现在我们想象中的图像一样。但其实，那客体的过去与我们欲求的关系在那时候也造成了痛苦折磨，情形一如现在这样。我们可以通过现时的客体，一如我们通过遥远的客体，摆脱一切苦痛——只要我们上升至对客体的东西做纯粹客观的审视，并能产生出这样的幻象：现时存在的唯独只有客体，而没有我们自己；然后，我们解脱了不愉快的自己，就作为认知的纯粹主体与那些客体完全合一了，我们的困厄是与其无关的，正如在这样的时刻与我们自己也是无关的。然后，唯一仍留下来的是作为表象的世界，而作为意欲的世界则消失不见了。

通过所有这些思考，我希望清楚表明了在美感愉悦中，主体条件是什么样的性质和起着多大的作用，而那主体条件也就是认知不需再为意欲服务、忘掉了作为个体的自己本身和意识提升为纯粹的、不带意欲的、没有时间的、独立于所有关系的认知主体。与美感观照的这主体的一面一道，美感观照的客体一面、那对柏拉图的理念的直观把握，就作为必不可少的对应物总是同时出现。但在我们转而更仔细地考察这一点和与这相关的艺术成就之前，更适合的做法是多花一点时间在美感愉悦的主体一面，探讨唯一依赖于这主体一面和经由这主体一面的变体而形成的崇高的印象。这样，我们就可以结束对美感愉悦的主体一面 274
的考察了。在这之后，我们对美感愉悦的探究，就通过对其客观一面的考察而完全补充完整了。

但下面所说的仍首先属于我至今为止所作的讨论。光是最让人愉悦的东西：光是一切善良美好和吉祥降福的象征。在所有宗教里，光标示着永恒的解救，黑暗标示着诅咒。奥尔穆兹德就居住在最纯净的光之中，阿里曼则活在永恒的夜晚。在但丁的《天堂篇》中，看上去就跟伦敦的沃克斯豪尔区差不多，因为所有享有极乐的精灵在那里都作为光点而出现，而这些光点就排列成匀称的外形。缺少了光亮直接让我们感到悲哀、难过，重见光亮则让人愉快。色彩直接刺激起强烈的愉悦，假如那色彩透着光亮，那愉悦就达到了最高级。所有这些都只是因为光亮是最完美的直观认知方式的对应物和条件，而这一认知方式是唯一完全不会直接刺激意欲的。这是因为视觉根本不会像其他感官感受那样能够就其自身、直接地和通过感官作用在器官上造成舒适的或者不舒适的感觉，亦即视觉与意欲没有任何直接的关联；也只有源自理解力的直观才会有这种存在于客体与意欲的关系中的关联。听觉的情形已是另一回事了：音声能够直接刺激起痛苦，也可以在无关和音和旋律的情况下直接在感官上造成舒服的感觉。至于触觉，这与整个身体感觉合为一体的感觉，是更屈从于对意欲的直接影响的；但也还有一种触觉是没有苦痛也没有快感的。气味却始终是舒服的或不舒服的：味觉更是如此。这最后两种感官感觉因而是最常与意欲搭上关联的，因此它们是最不高贵的，也被康德称为主观的感官感觉。对光亮所感受的欢乐因而事实上就只是为最纯粹的和最完美的直观认知方式的客观可能
275 性而感到的欢乐，而这样的欢乐可以从这一事实推导出来：那纯粹的、摆脱了一切意欲活动的、自由的认知是最让人愉快的，这样的认知在美感享受中占有很大的份额。再有，从这有关光的观点，可以推导出为何我们对客体的东西在水中的照映感受到如此巨大的美感。物体对物体所产生的那种最轻盈的、最快捷的、最细腻的影响作用，我们那完美

得多和纯粹得多的感知所要归功于的东西，亦即那种透过反射的光线所产生的作用——这些在此就完全清晰地、完整和一览无余地、连带原因和结果地，甚至以很大的程度和范围展现在我们的眼前：我们对此的美感愉悦就由此而来，而这种美感愉悦，就其最主要的方面而言，是完全根植于美感愉悦的主体原因，是对纯粹认知及其途径的欢乐。

§ 39

所有这些考察和思考，意在突出和强调审美愉悦中的主体部分，亦即这种就单纯的、直观的、与意欲相对立的认知所感受到的愉悦；与这些思考紧接着的，与此有着直接关联的，是以下对我们称为崇高、壮美感觉的那种心境的解释。

在上面已经说过，我们很容易就会进入那种纯粹观照的状态——假如那对象物迎合那纯粹的观照的话，亦即假如通过其多种多样的，同时也是明确、清晰的形态轻易地成为其理念的代表，而美，在客观（客体）的意义上正在于此。美丽的大自然尤其具有这一特质，也因此为那些哪怕是最没有感觉的人争得某一刹那短暂的美感愉悦。的确，让人如此印象深刻的，是那植物世界尤其邀请我们对其审美观赏，就好像强迫我们欣赏它们似的，以致我们可以说这种迎合是与这一点相关的：
这些有机存在物本身，并不像动物性身体那样是认知的直接客体，因 276
此，它们需要别的有理解力的个体，以便脱离那盲目意欲的世界而进入表象。这就是为什么它们仿佛是渴望进入表象，以便至少间接地得到它们被直接拒绝了的东西。我就尽管将此大胆的和或许接近奇思的想法存而不论吧，因为只有对大自然有某种非常亲密的和全情投入的观察才会刺激起这想法，或者才能为此想法辩护。[1]那么，只要是大自然的这种迎合、大自然的意味深长和清晰的形式——在这其中个体化了的理念就从这些形式中轻易地向我们发话——让我们脱离了只是听命于意欲的、就只是涉及关系的认知，将我们置于审美观照的状态，并恰恰以此将我们提升为摆脱了意欲的认知主体——那在这时候，作用于我们的就只是美，所刺激起来的就是美感。但假如那些有着意味深长的形态，邀请我们对其纯粹观照的对象物，与客体化和呈现在人身上的人的意欲根本上是处于一种敌对的关系，与人的意欲格格不入，并且以其可消除掉一切反抗的优势威胁着这人的意欲，或者在其难以测量的巨无霸体量面前，人的意欲缩小为无物——假如是这样，那观看者却仍然没有把注意力投放到这与人的意欲的那种强加于人式的敌对关系上面，尽管他已感知和承认这些，却仍然带着意识地转过身去，强行挣脱自己的意欲及其关系，唯独只投入到认知中去，作为纯粹的不带意欲的认知主体，安静地观照那对意欲来说恰恰是可怕的对象物，唯独只把握那与任
277 何关系都不相干的理念，因此很高兴地流连于对其观照和考察，也恰恰以此超越了自身、超越了自己的欲求乃至一切欲求——到了这时候，他就充满了崇高、庄严、壮美的感觉，他就处于超然的状态，这也就是为什么人们把造成这样的状态的对象物名为崇高的、庄严的、壮美的。把崇

[1] 在我如此小心翼翼地和犹豫地写下了上述想法以后四十年的今天，我非常高兴和惊讶地发现圣奥古斯丁早就说出过这样的想法："树木向我们的感官展现和让我们感知其多样的形式——这世界的可见结构通过这些而得到美化——其目的是：既然它们无法认知，它们似乎就想要被认知。"《上帝之城》，第11卷，27。

高、庄严、壮美的感觉与优美的感觉区分开来的是这一点：在优美那
里，纯粹的认知不用经过一番争斗就占据上风，因为客体的美，亦即这
客体让人更容易认知其理念的性质，把意欲和一心为意欲服务的局限于
对关系的认知，在没有遭遇反抗和因此让人觉察不到的情况下从意识中
移除了；意识中剩下的只是纯粹的认知主体，以致并没有任何对意欲的
记忆还留在意识之中。 相比之下，在崇高、庄严、壮美的感觉那里，要
取得纯粹认知的那种状态只能通过有意识地和强有力地挣脱那同样的客
体与意欲的那种已被认识到不友善的关系，通过一种自由的、伴随着意
识的、对意欲及与之相关的认知的超然。 这种超然必须不仅伴随着意
识争取而来，而且还要保持，因此伴随着对意欲的持续记忆。 但这记
忆却不是有关一个单个的、个人的欲求，例如害怕或者愿望，而是有关
人的总的欲求——只要那是通过其客体性、人的身体普遍表达出来的。
假如由于真实的个人窘境和对象物所带来的危险，某一实际的单个意欲
活动进入到意识之中，那如此真实地被活动起来的个人意欲马上就占据
了上风，宁静的观照也就变得不可能，崇高、庄严的印象也就消失了，
因为那让位给了恐惧；处于这恐惧中，个人为自救所做的努力赶走了所
有其他的想法。 一些例子会大为有助于厘清这美学的崇高感理论，让
其变得毫无争议；与此同时，这些例子将说明这种崇高、庄严和壮美感
的不同程度。 这是因为既然这种感觉大致上与优美感，与纯粹的、摆 278
脱了意欲的认知和与此认知必然出现的对在根据律所规定了的一切关系
之外的理念的认识，是同一的，也只是由于某一附加物，亦即由于超然
于那所认识到的所观照之物与意欲的敌对关系，把这崇高感与优美感区
别开来，那么，根据这附加物是强烈的、喧闹的、迫切的、近距离的，

抑或微弱的、遥远的、仅仅只是有所暗示的，而相应产生了多个等级的崇高感和事实上从优美感到崇高、壮美感的过渡。我认为更适合我的叙述的做法，是把这种过渡和总的来说程度更微弱的崇高、壮美印象首先通过例子生动再现出来，虽然那些对美的接受感觉总的来说并不是非常强，想象力也不是那么活跃的人，仅仅能理解后面所举出的等级更高、更清晰的那种印象的例子。这些人因此只留意这些例子好了，而对最先举出的、有关非常微弱程度的上述印象的例子，尽可置之不理。

正如人既是激烈的和阴沉的意欲冲动（这由作为其焦点的生殖器的一极标示出来）的同时，又是永恒的、自由的、喜悦的纯粹认知主体（这由脑髓的一极标示出来）；同样，与这种对照相应，太阳既是光明的源泉——而光是最完美的认知方式的条件，也正因此是最令人愉快的事物的条件——同时也是温暖的源泉，而温暖则是一切生命，亦即意欲在更高现象等级中的一切现象的首要条件。因此，温暖之于意欲，就是光之于认知。光也正因此是美的王冠上的最大钻石，对认识每一美的对象物都有决定性的影响：光的存在根本上是必不可少的条件，即使是最美丽的东西，也会因为光线处于有利的位置而更添光彩。建筑艺术的美则尤其因为光线的帮助而得到提升，而就算是最微不足道的东西
279 也经由光亮而变成美丽的对象物。假如我们在严冬，在大自然普遍冻僵的情况下，西下太阳的光线从石头团块上反射过来——在此，太阳是照亮了，但却没有温暖，因而只是有利于最纯粹的认知方式，而不利于意欲——那么，观看光亮投在这团块中的美丽效果会一如一切美的东西那样，把我们置于纯粹认知的状态。但这纯粹的认知在这种情况下却恰恰由于那光亮让人轻易回忆起缺少了温暖，因而缺少了活跃、有生气

的本原，而这已经要求我们在某种程度上超然意欲的利益，包含了保持那纯粹的认知和背弃一切的意欲活动的一个小小的要求；但也正因此是从优美感到崇高感、壮美感的过渡。这是对优美所感受到的最微弱的一丝崇高感、壮美感，而优美本身在此只是以轻微的等级出现。下面是一个几乎同样微弱的例子。

假如我们置身于一个非常孤寂的地方，一望无际的地平线，天空没有一丝云彩，树木和植物在没有流动的空气中，没有任何动物，没有任何人，没有任何流动的水域，一片最深沉的宁静——这样的环境犹如呼唤我们严肃起来、对其静观，伴随着挣脱一切欲求及其贫乏。但恰恰是这些让这样一处只是孤寂的、死一般寂静的环境涂上了一抹庄严、壮美的色彩。这是因为这环境并没有为总是需要争取和获得的意欲提供任何不管是有利的还是不利的对象目标，所以，这剩下的只是纯粹观照的状态，而谁要是没有能力如此地观照，就带着羞愧的自卑遭受意欲无所事事的空虚（无聊的根源）之苦。就此而言，这给出了测量我们自己的智力价值的尺度，总的来说，我们忍受孤独，或者喜爱孤独的能力就是这方面的一个不错的标准。上面所描述的环境因此给了我们一个等级较低的崇高、壮美的例子，因为在这例子里，纯粹认知的状态及其宁静和俱足，作为对比，是与回忆起那需要持续活动的意欲的依赖性和可
怜性混杂在一起的。这是北美洲内陆一望无尽的草原景象所享有盛誉 280
的那一类壮美。

但现在我们让这样的地方甚至去掉植物，就只是展示出光秃的岩石，然后，由于完全缺少了我们生活和存在所需的有机物，意欲就已经马上害怕了：沙漠有一种可怕的特性。我们的心境变得更悲哀了。

超然成为纯粹的认知就与明确挣脱了和意欲利益的关系而一并发生；在我们保持着纯粹认知状态的时候，那崇高感、壮美感就清晰出现了。

更高等级的崇高感和壮美感由下面的情形所造成。大自然在激烈地运动；由于黑压压的吓人的雷雨云，天空若明若暗；巨大、裸露的悬崖由于交叠在一起而挡住了远观视线；汹涌澎湃、泛起泡沫的流水；完全、整片的沙漠；呼号着掠过沟壑的大风。我们对有敌意的大自然的依赖，我们与其争斗，我们在其中受到了挫折的意欲，现在就直观地重现在我们的眼前。但只要个人的窘境并没有占据上风，只要我们仍处于审美的观照中，那纯粹的认知主体就会看穿大自然的争斗，看穿那受挫意欲的图像，安静、不为所动地在那些威胁着意欲和对意欲而言是可怕的对象物那里把握其中的理念。崇高感和壮美感恰恰存在于这种鲜明的对照之中。

假如我们眼前看到的，是愤怒的自然力的大规模争斗；假如在那环境中，那飞流直下咆哮着的瀑布震耳欲聋，或者假如我们处于广阔的、在风暴中怒吼的大海之中：那小山一样的大浪升起又下落，强力地拍打在陡峭的海岸岩石，把水沫喷向高空，风暴在吼叫，大海在沸腾，闪电划过黑压压的云层，轰隆的雷鸣盖过了风暴和大海的音声——假如是这
281 样，那所造成的印象就会更加的强而有力。这时候，在不为所动地观看这景象的旁观者那里，他那意识的双重性达到了最高的清晰度：他既感觉到自己是个体，是个虚弱的意欲现象，上述那些自然力的丁点的一击就可以粉碎他，他面对强力的大自然是无能为力的，是依赖性的，只听凭偶然性的支配，在巨无霸力量面前是一个正在不断消失的无物；但

在此期间，他又同时感觉到自己是永恒宁静的认知主体，而这作为一切客体的条件是这整个世界的承载者，大自然的那些可怕的争斗则只是他的表象，这认知主体本身在宁静地把握理念的时候挣脱了一切欲求和一切匮乏。这就是对崇高、壮美的完整印象。在此，目睹某种威胁着要毁灭这个体、完全无法比拟地优于这个体的力量，促成了这崇高、壮美的印象。

这崇高感、壮美感可以相当不同的另一方式产生出来，即具体想象在空间和时间中的某一巨无霸，其无法测量之大、之久让个体化为渺小无物。我们可以保留康德的命名及其正确的分类，把上述第一种称为动力的崇高、壮美，第二种称为数学的崇高、壮美——虽然我们对那些壮美印象的内在本质的解释与他是完全不同的，我们也不同意道德上的内省和源出于经院哲学的本质参与到这过程里面。

假如我们在观照空间和时间中无限之大的宇宙时迷失了自己，思考那流逝了和将要到来的千万年；或者假如夜空真实地把无数的星球呈现我们的眼前，世界难以估量之大就这样渗进我们的意识，那我们就会感觉自己变得渺小至无物，感觉我们作为个体，作为有生命的肉身，作为暂时的意欲现象，就像汪洋中的一个水滴一样流逝和化为无物。但与此同时，面对我们自己这虚无的幽灵，面对这骗人的不可能性，奋起反抗的是我们的这一直接的意识：所有这些星球只存在于我们的表象之中，只是作为纯粹认知的永恒主体修改过的形式，而一旦我们忘了那个 282
体性，就会发现自己其实是这样的认知的永恒主体，即所有星球和所有时间的必要的，是作为前提条件的承载者。在这之前让我们如此不安的浩瀚世界，现在就安顿在我们的身上：我们对其的依赖就被其对我们的依赖取消了。但所有这些并不会马上进入我们的反省思维中，而是显现为一种仅仅只是感觉到的意识：我们在某一意义上（这一点，唯独哲学才可以厘清）与这世界是一体的，因此，就并不因为这世界的不可估量之大而灰心丧气，而是因此感到振奋。正是在意识中有感于此，《吠陀》中的《奥义书》以如此多样的用语反复表达了这层意思，尤其是在上面已经引述的引言中：*我是所有的这些创造物，在我之外，并没有任何他物。*（《奥义书》法文版，第1卷，第122页）这是超越了自身个体，是崇高、壮美的感觉。

我们以一种相当直接的方式，通过某一空间就已经可以获得这种数学的崇高感，这空间虽然与宇宙相比是小的，但却因为那是我们可直接感知的、是依照所有三维及其全部之大作用于我们，这足以让我们自己的身体变得几乎无限的渺小。一个对感知来说空洞的空间是永远无法造成这效果的，因此一个敞开的空间是不行的，而只能采用一个通过其边界可以从所有维度都直接感知到的空间，亦即一个相当高耸和巨大的拱顶，就像罗马的圣彼特教堂或者伦敦的圣保罗教堂那样。在此之所以产生崇高、壮美的感觉，是由于察觉到我们自己的身体在这宏大、壮伟面前缩小为无物；另一方面，这宏大、壮伟本身又只是在我们的表象当中，而我们作为认知的主体则是其承载者；因而在此，一如在任何情况下，是由于这两者的对比：我们自身作为个体、作为意欲现象的渺小和依赖性，与我们作为纯粹的认知主体的意识。甚至那布满星空的天穹，假如人们对其不加思索地观照的话，也发挥着与那石头的穹顶同样的作用，并不是以其真实之大，而只是以其表面看上去之大作用于我
283 们。我们直观中的一些对象物刺激起我们的崇高感和壮美感，是因为

不仅由于其空间上的巨大，而且还由于其年代的久远，亦即其时间上的持久；与之相比，我们感觉到自己缩小为无物，但仍然沉浸于欣赏其景象。这一类的对象物就是巍峨的高山、埃及的金字塔、年代久远的巨型遗址。

确实，我们对崇高的解释也可套用于伦理学方面，也就是说，可套用于我们所说的崇高的性格。这种性格的产生，是由于意欲不会因为那确实很容易刺激起意欲的对象物而受到刺激，相反，认知在此期间占据上风。一个具有这样性格的人，因此会纯粹客观地看待别人，而不是根据这些人与他的意欲可能有的关系而定。例如，他会留意到人们的缺点，甚至人们针对他的恨意和不公正，但自己却不会因此被刺激起恨意；他会看到别人的幸福而不会产生嫉妒；他会承认别人的优良素质而不会想要与这些人更紧密的联系；他会感知到女人的美丽而不会对其起了欲望。他个人的幸福或者不幸，并不会对他有什么强烈的影响，他就像哈姆雷特所形容的霍拉旭：

> 你像是这样一个人：
> 在感受这所有的痛苦的同时，又感受不到任何痛苦，
> 对命运的打击和奖赏，
> 都以同样的谢意接受。
>
> ——《哈姆雷特》，第 3 幕，第 2 景

这是因为在其一生和变故中，他所看到的更多的是人类的命运，而不是他自己个人的事情，因此，他在此更多地表现为认知的人，而不是受苦的人。

284 ## § 40

因为相反的东西可以相互说明，所以，在此适宜指出这一点：崇高的真正对立面，就是这某样我们第一眼看去并不会认为就是崇高的对立面的东西，亦即诱人的、刺激性的东西。所谓诱人的东西，我的意思是其通过直接向意欲诱之以满足以刺激起意欲。假如崇高感的产生，是由于某一完全不利于意欲的对象物成了纯粹观照的客体，然后这观照只能通过某种持续地背弃意欲和超脱于意欲利益而维持，而这恰恰构成了崇高的心境——那么，相比之下，诱人的东西把观照者拖离纯粹的观照（而纯粹的观照对理解每一个美的东西都是必需的），因为这诱人的东西通过那直接迎合他的意欲的对象物，必然地刺激起他的意欲。这样的话，观照者也就不再是纯粹的认知主体了，而是成了欲求的贫乏和依赖性的主体。至于我们习惯性地把每一让人喜悦性质的美称为诱人的、刺激性的，那却是一个由于缺乏精确区分而失之于太过空泛的说法，我对此是完全不予理会的，甚至是必须反对的。但在我所给出的和解释了的意义上，我发现在艺术领域就只有两种诱人的、刺激性的东西，而这两种东西是不配称为艺术的。一种是相当低级的，表现在荷兰人的那些傻乎乎地要表现食物的静物画中：画中所表现的食物，由于其以假乱真的描画必然地刺激起人们对这些食物的胃口，而这恰恰是意欲的激动，会终止对这对象物的审美观照。绘画中的水果仍是允许的，因为水果是花朵的进一步成长和形成，通过其形状和色彩而呈现为美丽的大自然产品，而又不至于直接迫使人们想到其可被食用。但遗憾的是，我们时常看到人们以逼真的自然手法再现被烹饪好、端上了餐桌的菜肴，还有牡蛎、鲱鱼、海蟹、牛油面包、啤酒、葡萄酒，等等。所有这些都是完全要不得的。在历史题材绘画和雕塑中，那所谓的诱人和刺激性东西就在于那些裸露的形态，其姿势、半遮半掩的服饰和整个处理手法，都旨在观赏者那里刺激起好色欲望——这样的话，纯粹的 285
审美观照也就马上烟消云散了，因而这也是与艺术的目的背道而驰的。这种错误与我们刚刚对荷兰人的批评完全吻合。古人们在表现美和完全裸露的形态时，几乎完全没有犯下这些错误，因为那些艺术家本人是带着纯粹的客观、秉承理念中的美创作其作品的，而不是带着主观的、可鄙的欲望而创作。因此，“诱人的”“刺激性的”在艺术中是无论如何都要避免的。

还有一种否定性的“刺激性”东西，比起上述探讨的肯定性的“刺激性”，更加地要不得，而这就是令人恶心的东西。就像真正刺激性的东西那样，它在观者那里唤起了意欲，并因此扰乱了纯粹美学的观照。但这由此刺激起来的，却是一种强烈的反感，一种抗拒：它唤起了意欲，因为它向意欲展现了让其反感的对象物。因此，人们向来都认识到这些东西在艺术里面是绝对不允许的，虽然在艺术中就算是丑陋的东西，只要其不是让人恶心的，如果合理的话，也是可以容忍的，正如我们在后面的讨论中所看到的。

§ 41

我们的考察进程使得我们有必要在此插入对崇高、壮美的讨论，而对美的探讨在此则只进行了一半，只完成了审美中从其一面、主体的一面的讨论。这是因为恰恰是这主体的一面的一种特别的改变造成了崇高（壮美）与优美的差异。优美与崇高，或说壮美的差异在于：那纯粹的、不带意欲的认知状态——这是任何审美观照的前提条件和要求——在客体邀请和吸引其进行美学观照的时候，是没有抗拒地、只是由于意欲从意识中消失和就像自然而然地发生；抑或这纯粹的认知状态只是通过自由的、带意识的超然于意欲才可获得的，而那所观照的对象物本身与意欲处于一种不友善的、带敌意的关系，而放任于这种关系的话，就会取消和终止那审美观照。在客体那里，优美与崇高并非在本质上有
286 所差别，因为在每一次的情形中，审美观照的客体都不是单个的事物，而是在那些单个事物中争取表现出来的理念，亦即意欲在某一确定级别的充分客体化：其必不可少的、就像这客体本身一样都摆脱了根据律的对应物，是认知的纯粹主体，正如单个事物的对应物是认知的个体一样，而这后两者都是处于根据律的领域。

我们称一样东西美的时候，也就此表示这东西是我们审美观照的客体，而这本身包含了两重含义。也就是说，一方面，看到这东西会让我们变得客观，亦即我们在观照这东西时，不再意识到自己是一个个体，而是意识到自己是认知的、纯粹的、不带意欲的主体。另一方面，我们在对象物那里并不是认识到个别的事物，而是认识到一个理念，而这种事情的发生，只能在我们对这东西的审视并不是听命于根据律、并不是紧随这对象物与这对象物以外的任何其他东西的关系（这些关系最终都与我们的欲求有关），而是只审视那客体本身的时候。这是因为理念和认知的纯粹主体，永远是在同一时间作为必不可少的两个对应物进入意

识中。在其进入意识的时候，所有的时间差别也就马上消失了，因为这两者与各个形态的根据律是完全不相干的，是处于由这根据律而来的关系之外的，是可以比之于并没有参与到那些下落水滴的持续运动和交替中的彩虹和太阳的。因此，假如我，例如，对一棵树进行审美观照，亦即带着艺术的眼光审视，因而并不只是认识这棵树，而是认识其理念——假如是这样的话，那所审视的是这棵树抑或这棵树千年之前就已开花繁盛的祖先，或者那是这个观照者抑或随便某个活着的、在随便某一个时候和随便某一处地方的个人，就都马上没有意义了；与根据律一道，个别的事物和认知的个人也就一并消除了，除了理念和认知的纯粹主体以外，再没有什么留下的了，而理念和认知的纯粹主体在一起构成了意欲在这一级别的充分客体化。理念不仅被免除了时间，而且还被 287
免除了空间，因为真正的理念并不是那浮现在我眼前的空间中的形态，而是这形态的表达，这形态的纯粹含义，是向我发话和向我倾诉的这形态的内在本质；尽管形态的空间状况差异巨大，但理念可以是完全同一的。

既然一方面每一存在的事物都可以纯粹客观地和脱离一切关系地被我们观照；再者，既然另一方面在每一事物中，意欲都显现在某一等级的客体性，这一事物因而表达了一个理念——那么，每一样事物就都是美的。至于最微不足道的东西也允许纯粹客观的和不带意欲的观照，并因此证明是美的，上文（§38）在这方面所提到的荷兰人的静物画中已经说了。但一样事物会比另一样事物更加的美，因为这一样事物使那种纯粹客观的观照变得更容易，会迎合这纯粹客观的观照，甚至犹如强迫人们对其作纯粹客观的观照似的。因此，我们称这一事物非常美。这种情况部分是因为那作为个别的东西，通过其各个部分非常清晰的、完全明确的、绝对是重要的比例，纯粹地表达了有关其种属的理念，也通过在那里集合了的、其种属可能有的完整的表现而完美地显示了理念，以致对观照者来说，从个别事物到理念和恰恰以此到纯粹观照状态的过渡变得容易很多；一样客体特别美，另一部分原因则在于这其中向我们发话的那理念本身，是意欲的高等级的客体性，因此是绝对意味深长和含义丰富的。所以，人比起任何其他一切都要美，揭示其本质是艺术的最高目标。人的形态和人的表情是造型艺术最重要的对象，一如人的行为是文艺的最重要的对象。但每一样事物都有其独特的美，并非只是有机的和在某一个体的一体性上表现出来的东西才是美的，其实，每一无机的、没有形状的，甚至每一人工的制品都有其独特
288 的美。这是因为所有这些都显现了理念，而通过这些理念，意欲就将自身客体化在最低的等级，好比给出了大自然最深沉的、回响着的低音。重力、僵硬性、液体性、光，等等，就是在岩石、建筑物、水流那里表达出来的理念。优美的园艺和建筑艺术所能做的，不过是帮助它们清晰、多方和充分地展现其素质特性，给予它们机会纯粹地表达自己，并由此邀请人们对其进行美学的观照和使得这样的观照更加的容易。相比之下，受大自然薄待或者遭艺术败坏了的拙劣建筑物和地区，却很少或者根本不会做到这一点；就算单看这些东西，大自然那些普遍的基本理念也并不是完全消失了。这些理念在此仍旧向那些寻求理念的观照者发话，就算是拙劣的建筑物等，也仍可对其进行审美观照：这些建筑物的材料的至为普遍特性的理念，仍可在它们那里认得出来，只不过人为赋予这些材料的形式并没有使得美学观照更容易，反倒

构成了障碍，让美学观照增添了难度。人工制品因而也有助于表达理念，只不过它们所表达出来的并不是人工制品的理念，而是被人们赋予了人工形式的这些物质材料的理念。用经院哲学家的语言，可以很方便地以两个词表达，即在人工制品那里，表达的是其实体形式的理念，而不是其偶然形式的理念。偶然形式不会导向任何理念，只会导向一个人为的概念，而这偶然形式就出自这人为的概念。不言自明，在此所说的人工制品，指的并不是造型艺术的作品。此外，经院哲学家所理解的实体形式，事实上是我所称的在一种事物中的意欲的客体化等级。我们马上就会在考察优美建筑艺术时回头再说材料的理念表达。根据我们的观点，我们无法同意柏拉图（《理想国》，第 10，第 284—285 页）的这一说法：桌子和椅子表达了桌子和椅子的理念。我们的说法是：桌子和椅子表达了在其单纯作为桌子和椅子的材料中已经表达了 289
的理念。根据亚里士多德（《形而上学》，第 11，第 3 章），柏拉图本人却认定只有自然存在物才有其理念：柏拉图教导说，我们有多少自然存在物，就有多少理念。还有第 5 章也说了：根据柏拉图主义者，并不存在什么有关屋子和圆圈的理念。无论如何，柏拉图最早的弟子，正如阿尔奇诺斯（Alkinoos，《柏拉图哲学入门》，第 9 章）告诉我们的，已经否认存在人工制品的理念。他是这样说的，但他们把理念定义为自然事物的一个没有时间的原型。这是因为柏拉图的大多数追随者并不承认还有艺术作品的理念，例如，有关盾牌或者古琴的理念；也不承认有违大自然的事物的理念，例如发热和霍乱的理念；也不会承认单个人的理念，如有关苏格拉底和柏拉图的理念；也不会承认有微不足道的事物如零零碎碎东西的理念；也不会承认例如更大的和更高的关系一类的理念，因为理念是神灵的永恒思想。借这个机会，或许还可以说一下，我们的理念或观念理论与柏拉图的观念理论相当不一致的地方。柏拉图（《理想国》，第10，第288页）教导说，优美艺术旨在表现的东西，绘画和文艺的样板，并不是理念，而是那个别的事物。我们到此为止的讨论，说的却是与此恰恰相反的，柏拉图的看法不会让我们在此犯错，因为那是导致这个伟大人物犯下其中一个最大的和已得到承认的错误的根源，即他对艺术，尤其是诗歌文学的轻视和摒弃。他对这些的错误判断是与所引用的那一章节直接相连的。

290 **§ 42**

现回到我们就美感印象的讨论。对美的认知虽然始终确定了认知的主体和作为客体的被认知的理念是同一时间的和两者不可分开的，但是，美感愉悦的源头时而更多的是在对所认知的理念的把握，时而更多的是在获得了解放的纯粹认知的喜悦和精神平静，而这些是摆脱了一切意欲活动，并因此摆脱了一切个体性和由此个体性产生出来的苦痛所致。确切地说，到底是这美感愉悦的这一部分抑或那一部分占据上风，取决于那直观所把握到的理念是意欲在更高一级的抑或在更低一级的客体化。所以，在对无机的和植物的美丽大自然，以及对优美建筑艺术的作品的审美观照（在现实中，或者通过艺术的媒介）中，纯粹的、不带意欲的、认知的愉悦占据着上风，因为在此所把握的理念只是意欲在低等级的客体化，因此并不具有很深和很丰富含义的现象。相比之下，假如动物和人是美学观照或美学描绘的题材和对象，那种愉悦更多的是在对这些理念的客观把握方面——而这些理念是意欲最清晰的显现——因为这些理念展示了最多种多样的形态，展示了现象中最丰富的和最深刻的含义，并向我们最完整地揭示了意欲的本质，不管所揭示的是其激烈性、可怕性、所得到的满足或者所遭受的挫折（后者在悲剧性的描述中）还是最终意欲的转折或者自我消除——而这尤其是基督教绘画的主题，正如历史题材的绘画和戏剧根本上是以得到了认知的完全照明的意欲作为题材和对象的。我们从现在开始将要逐一讨论这些艺术，并以此让所提出的有关美的理论变得完整和清晰。

§ 43

物质本身不可以是某一理念的表达。这是因为物质，正如我们在
第一篇中所了解到的，完全彻底就是因果关系：其存在完全就是作用。 291
但因果关系是根据律的形态，而对理念的认知根本就排除了根据律的内容。我们在第二篇里也了解到物质是理念的一切个别现象的共同基质，因而是理念与现象或个别事物之间的连接环节。由此可见，无论是出于这一理由还是出于那一理由，物质自身都是无法表现理念的。这可以后验地以此方式得到证实：对这样的物质，是没有任何直观表象的，可能有的只是对此的抽象概念。也就是说，在直观表象那里，唯独只表现出形式和特性，物质是其承载者，理念就在所有这些中显现出来。这一点也与这一事实相吻合：因果关系（物质的整个本质）是无法单独直观表现出来的，唯独某一确定的因果连结才可以这样。相比之下，在另一方面，一个理念的每一个现象，因其作为现象已进入根据律

或者个体化原理的形式，所以在物质那里就作为物质的特性表现出来。因此，就这方面而言，正如已说过的，物质是理念与个体化原理的联系环节，而个体化原理则是个体的认知形式，或者就是根据律。因此，柏拉图的做法很正确：除了理念和理念的现象，即单个的事物以外——这两者在其他情况下包括了这世界的一切事物——柏拉图只把物质作为与上述两者有别的第三样东西提了出来（《蒂迈欧篇》，第 345 页）。个体作为理念的现象始终是物质。物质的每一特性也始终是一个理念的现象，并作为这样的东西也可供审美观照，亦可让人认知其表现出来的理念。这甚至适用于物质最普遍的特性——而没有了这些特性，也就永远不会还有物质——其理念也就是意欲的最微弱的客体性。诸如此类的理念就是重力、内聚力、僵硬性、液体流动性、对光的反应，等等。

假如我们现在把建筑艺术仅仅作为优美艺术考察，并不考虑其为了
292 实用目的的用途——在这方面，建筑艺术是为意欲而不是为纯粹的认知服务的，因此不再是我们意义上的艺术——那么，我们无法认为其除了要更清楚地呈现给直观若干的理念，亦即意欲的最低等级的客体性以外，还另有任何其他的目的，而那意欲的最低等级的客体性就是重力、内聚力、僵硬性、坚硬性、石头的这些普遍特性，意欲的这些最初的、最简单的、最呆滞的可视性，大自然的基本低音；然后，与这些一道的是光，而光在许多方面却是其对立面。就算在意欲这些低等级客体性那里，我们也已经看到意欲的本质显露出不和，因为事实上，重力与僵硬性之间的争斗是优美建筑的美学方面的唯一素材：把这争斗以多种多样的方式清楚、完美地显现出来，就是建筑艺术要思考的课题。解决方式是把那些无法消灭的力的最短的满足途径去掉，通过一种迂回的路

径以保持这些力的状态，这些争斗也就因此延长了，两种力的无尽追求就以多种方式变得可见了。建筑物的整一总体和质量就听任其原初的倾向而展现出单纯的一大团块，尽可能有力、坚固地与地球体连结在一起，重力（意欲在此以重力显现）则不间断地挤压这一团块，而僵硬性（这同样是意欲的客体性）则做出抵抗。但正是这一倾向、这一追求，由于建筑艺术的妨碍而无法取得直接的满足，只能获得间接的、迂回方式的满足。例如，屋梁架构只能通过柱子压向地面；拱顶必须自己支撑着自己，也只能透过柱石的中介才满足了其向着地球体的追求，等等。正是在这些勉强的迂回曲折里，正是通过这些阻碍，寄居在那些粗糙大块石头里的力，就最清晰地和最多种多样地展示出来，而建筑艺术的纯粹美学目标也就不过如此而已。因此，一栋建筑物的美确实就在于其每一部分都明显地符合其目的——那并不是符合人的外在主观任意的目的（就这方面来说，那属于实用的建筑艺术），而是直接符合整 293
体稳定的目的，而每一部分的位置、大小和形式与这整体稳定都必须有必要的比例，以致可能的话，假如随便某一部分抽走的话，整体就会坍塌下来。因为正是通过每一部分都尽其合理所能地承托，每一部分也恰恰在其必须得到如此力度的承托的地方得到了承托，在僵硬性与重力之间的那种相互抵制、争斗——这些构成了石头的生命，构成了其意欲的表现——才会最完整可见地展开，意欲的这些最低级别的客体性也才清楚地暴露了出来。同样，每一部分的形状都必须由其目的和与整体的比例关系来决定，而不是由人的主观任意决定的。柱子是最简单的支撑形式，纯粹是由目的所决定的。卷绕的柱子是难看的、不美观的，四角形墩柱事实上并不如圆柱那样简朴，虽然后者碰巧比圆柱更容易制作。中楣、屋梁、拱形结构、穹顶的形状是完全由其直接目的规定了的，并以此得到解释。那柱头（柱顶）的饰物等则属于雕塑，而不属于建筑，这些东西作为添加上去的饰物是建筑艺术允许的，也是可以剔除掉的。根据以上所说，要理解和在美学上欣赏一件建筑作品，那对这建筑作品的物质材料就其重量、其僵硬性和内聚性方面有某一直接的、直观的知识，是绝对必要的。我们对这样的作品的欣赏会因获知那建造材料是浮石而突然大为减少，因为那建筑作品在我们看来就会像某种虚假的建筑。假如有消息说，我们本以为是石头造成的建筑物，其实只是木头做的，那也会发挥几乎同样的作用，这恰恰是因为那僵硬性与重力之间的关系与因此各个部分的含义和必要性现在就改变和更动了，因为那些自然力在木制建筑物中的显现大为减弱了。因此，根本不会
294 有任何优美建筑艺术的作品是由木头做成的，尽管其有着所有的形式。这一道理只能用我们的这理论才可以解释。但假如人们还告诉我们：那建筑物虽然外观让人愉悦，但是由完全不同的、其重量和硬度非常不对等的物质材料所建造的，这些却又是肉眼无法分辨的——假如是这样，那这整个建筑我们就会觉得变了味道，好比一首诗歌换成了一种我们所不知晓的语言。所有这些都证明了：建筑艺术并不仅仅是以数学的方式作用于我们，其实，其作用方式是动力的；透过建筑艺术向我们诉说的不仅是形式和对称，而更多的是大自然的那些基本力、那些首要的理念、意欲的那些最低等级的客体化。建筑物及其各个部分的匀称、和谐，部分是通过每一环节都直接符合整体稳固性的目的而建造的，这些也部分有助于让我们更容易地、一目了然地理解那整体，最后也部分地由那些匀称的造型通过其揭示了空间中的如此合乎规律性而增

进了美感。但所有这些都只具有次一级的价值和必要性，根本不是首要的事情，因为就算是对称性也不是必不可少的要求，因为事实上就算是废墟，也是美的。

建筑艺术的作品还与光有一种特别的关系：它们在充足的阳光照射中，以蓝天为背景获得了双倍的美；而在月光之下，则又展现出另一种完全不同的效果。因此，在实施建造一件建筑艺术的优美作品时，始终要特别考虑和顾及光线与方位的作用效果。所有这些理由虽然大都在于只有明亮和清晰的光照才会让所有的部分及其之间的关系清楚可见，但是，除此之外，我认为建筑艺术的使命是在揭示重力和僵硬性的同时，也揭示光与这些完全相对立的本质。也就是说，在光线受巨大的、不透明的、边界分明的和多种多样形态的团块的阻挡、妨碍、反射的时候，光至为纯粹和至为清晰地展示了其本质和特性，并给予观赏者 295
巨大的乐趣，因为光是事物中最让人愉悦的东西，是最完美的直观认识方式的条件和客观对应物。

那么，因为通过建筑艺术而产生出的清晰直观的理念，是意欲的最低级别的客体化，建筑艺术向我们揭示的客观含义因此是相对较小的，所以，在看到一栋美丽的和照明良好的建筑物时，所感受到的那种美感乐趣，与其说理解了那理念，还不如说与这理解一道所进入的那理念的主体对应物状态，因而主要在于这一点：在目睹这建筑物时，观赏者挣脱了个体的、为意欲服务的和追随着根据律的认知方式；他被提升为纯粹的、不带意欲的认知主体，因而进入了纯粹的、摆脱了一切欲求和个体性的苦痛的观照本身。在这方面，建筑的对立一面和排在优美艺术系列中的另一端就是戏剧。戏剧把最重要、含义最深长的理念带给认知，因此，在这方面的美学欣赏中，对象客体的一面一定是占有压倒性优势的。

建筑艺术与造型艺术和文学艺术的区别在于：建筑艺术并非给出事物的复制品，而是给出了事物本身：建筑艺术并不像上述其他艺术那样复制所认识的理念，以此方式，艺术家把自己的眼睛借给了观赏者；相反，建筑艺术家在此仅把客体很好地摆在观赏者面前，让观赏者更轻松容易地把握理念，所用的方式是让真实的个别客体清晰和充分地表达其本质。

建筑艺术的作品极少像优美艺术的其他作品那样，是为了纯粹的美学目的而建造出来的。更确切地说，这些纯粹的美学目的是从属于其他的与艺术不相干的、有实际用途的目的的。在这种情况下，建筑艺术家的巨大贡献在于：在屈从于那些不相干的目的的情况下，仍贯彻和达致纯粹美学的目的，因为他们运用多种手段让美学的目的巧妙符合那
296 些主观任意的目的，正确判断哪些美学—建筑学的美是可以与一座庙宇、一座宫殿、一处军械库等相容和相结合的。一处地方寒冷的、严苛的气候越是增加那些需求上的和实用方面的要求，这些要求越是必不可少，对这些要求的具体规定越死板，那建筑艺术的美的发挥空间就越少。在气候温和的印度、埃及、希腊和罗马，迫切性的要求要少很多，具体的规定也更松散，建筑艺术可以最大自由地追求其美学目的。在北方的天空下，这些美学目的却大为萎缩：在此，所要求的是箱型屋子、尖顶和尖塔，建筑艺术既然只能在非常狭窄的框架下发挥其自身的美，所以必须更多地从雕塑那里借来装饰而替代，就像在哥特式优美建筑艺术中所看到的。

这样的话，建筑艺术由于必要性和功利性的要求而不得不受到极大的限制；但在另一方面，也恰恰由于这些要求而得到了有力的支撑，因为建筑艺术以其作品的规模和高昂耗费，以及其美学发挥的狭隘范围，建筑艺术作为单纯的优美艺术是根本不可以支撑下去的——假如它不是与此同时作为有用的和必要的行业在人类手工艺中占有稳固的和有尊严的一席的话。正是欠缺了这后者，才妨碍了另一种艺术作为建筑艺术的姐妹艺术与其并肩在一起，虽然这另一种艺术从美学方面考虑，本来可以作为建筑艺术的对应物而与其并列：我指的是优美的水利艺术。这是因为建筑艺术为重力的理念（亦即在重力与僵硬性结合在一起显现的时候）所做的，也就是优美水利艺术为那同样的重力理念（亦即在其与液体性，亦即不具形状性、至为容易的可移动性和透明性结伴的时候）所做的。咆哮着、泡沫四溅地冲下山岩的瀑布，安静地喷射出雾状的流水，向上喷涌的喷泉，明镜般清澈的湖泊，无不展露出液体重力物质的理念，恰如建筑艺术的作品展现出固体物质的理念。优美的水利 297
艺术在功利性水利工程那里没有得到任何支撑，因为这后者的目的一般来说无法与前者的目的结合起来，只有在一些例外的情形中，两者才会结合，例如，在罗马的特雷维喷泉。[1]

§ 44

这所述的两种艺术为意欲的最低等级的客体性所做的，是优美园艺

[1] 参见《作为意欲和表象的世界》第2卷第35章。

在某种程度上为更高等级的植物大自然所做的。某一处地方的自然景色的美大多是因为这里面聚在一起的自然景物是多种多样的，然后因为这些景物是完全分开、清楚显现的，却又表现出相互配合的联系和变化。这两个条件是优美园艺要助其一臂之力的，但园艺却无法主宰其材料，就像建筑艺术主宰其材料那样。因此，园艺的作用是有限的。它所拿出来夸耀的美，几乎完全属于大自然，它本身为此所能做的并不多。在另一方面，它在大自然不作美的方面所能补救的，也少之又少；在大自然并不是有利于、而是阻碍了园林艺术的方面，园艺能做的微乎其微。

由此可见，只要那未经人为技巧而给予人们美感享受的植物世界是艺术的客体对象，那它就首要属于风景画一类。在这领域中，与其一道的还有全部其他的不具认知的大自然。在静物和仅是有关建筑物、遗址、教堂的内部等画作中，美感欣赏中的主体一面是占据优势的，亦即我们对此所感受到的愉悦并不主要在于直接理解所表现的理念，而更多地在于在这种理解中的主体对应物，在于那纯粹的、不带意欲的认知；因为在画家让我们通过其眼睛看事物的时候，我们与此同时一同感
298 受回味到了精神的深度平和与意欲的完全安静，而这些，要把认知完全投入那些没有生命的东西中，要带着如此的爱意，亦即在此带着如此的客观性去理解它们的话，可是必不可少的。真正的风景画的作用效果虽然在总体上也是这同一类的，但是，因为风景画所表现的理念，作为更高等级的意欲客体性，确实更具有内涵和深意，所以，美感愉悦的客体（客观）一面更凸显，并与主体（主观）的一面取得均势。这样的纯

粹认知已不再是最主要的了，那所认知的理念、那在意欲客体化的一个重要等级的表象世界，以同样的力度发挥了作用。

但动物画和动物雕塑则显现出一个高得多的等级。至于动物雕塑，我们有重要的古典遗留作品，例如，在威尼斯、蒙特·卡瓦洛、埃尔金浮雕，还有在佛罗伦萨的青铜和大理石上的骏马；在那里，还有古典的公猪、怒吼的狼。在威尼斯的军械库还有狮子；在梵蒂冈还有一整个大厅大多是古典的动物，等等。看着这些刻画，美感愉悦的客体一面获得了相对主体一面的一个决定性的优势。认识这些理念的主体方面的平和、那平息了自身意欲的宁静虽然是存在的，就像在每一次美学观赏时那样，但是，其作用却是感觉不到的，因为那所展现出来的意欲的不安和激烈牵动着我们。正是这些欲求也构成了我们的本质，而这样的本质在此就在我们的眼前、以这样的形态呈现出来：在这些形态中，其现象并不就像在我们的形态中那样由于深思熟虑而得到克制和缓和，而是以强烈的特色和几近奇异、怪诞的清晰表现出来。在这方面，甚至没有半点的伪装，一切都是坦荡荡、公开和自由地大白于天下，我们对动物的兴趣正在于此。种属的性格已经在表现植物时凸显出来了，但那只显现在形式、形态方面；在此意涵却丰富得多，不仅在形态上，而且也由动作、行为、姿势、表情表达出来，虽然那表现的始终只是种属的性格，而不是个体的性格。这种对更高等级的理念的认知，299
我们在绘画中通过别人的中介所接受的认知，也可以经由对植物的纯粹观照和对动物的观察——更确切地说，是在动物处于自由、自然和舒适状态时对其观察——而直接获得的。对动物的多种多样的、奇妙的形态及行为和活动的客观考察，是从大自然的巨书中所得到的富有教育意义的一课，是对“万物的签名”[1]的解读：我们在其中看到了意欲表现的多种程度和方式，而这意欲在所有生物中都是同样的，所意欲的都是同样的东西；这意欲作为生命、作为存在客体化在如此无尽的变换中，客体化在如此不同的形态中，而这些都是针对不同的外在条件而做出的调适，可以比之于在同一个主题上的变奏。假如我们要向观察者传达有关其内在本质的解释和说明，应用反省思维和一言以蔽之，我们最好采用在印度圣典中常常看到的、并被称为真言的简明梵文语句：塔特，塔阿姆，阿西，意思是“这些众生，就是你”。

§ 45

把意欲在其中达到了最高程度客体化的理念直接和直观地表现出来，最终是历史绘画和雕塑的伟大课题。审美愉悦的客体一面在此是完全占据上风的，主体的一面则退居次要的地位。此外，需要注意的是，在这等级的往下一级，在动物画里，典型性格的东西与美是完全一体的：那最典型性格的狮子、狼、马、绵羊、公牛，也总是最美的。这
300 其中的原因是，动物只有种属的性格，而没有个体的性格。在表现人的时候，种属的性格与个体的性格是分开的，种属的性格被称为美（完全是在客观的意义上而言），但个体的性格却获得了“性格”或者“特

[1] 雅各布·伯默(Jokob Böhm)在《万物的签名》第1章，§15、16、17中说：“大自然中没有任何事物不是将其内在的形态显露于外在的，因为内在的东西始终在争取显露出来，——每样事物都有嘴巴揭示自己。——那就是大自然的语言，每样事物以此说出自己的特性，永远在揭示和表现出自己。——这是因为每样事物都揭示出其母亲：这母亲因此赋予了这形式以本质和意欲。”

征”之名。那么，新的困难就出现了，即如何把这两者同时在同一个个体那里完美地表现出来。

人的美是一个客观用语，所标示的是意欲在其可被认知的最高一级的最完美的客体化，是充分表现在直观可见形式中的人的理念。但在此，无论美的客体一面是如何突现出来的，主体一面却始终与其相伴。也正因为没有任何客体能像最美的人的容貌和形体那样如此快速地吸引我们纯粹的审美观照，一看到这些容貌和形态，我们瞬间就感受到了无法言说的愉快，马上就超越了我们的自身和所有烦扰我们的一切，所以，这种情况成为可能就只能是由于这最清晰的和最纯粹的可被认知的意欲，也是最容易和最快捷地让我们处于纯粹认知的状态中，而在这一状态中，只要那纯粹美感愉悦仍在持续，那我们的个性、我们的欲求连带其持续的苦痛就都消失无踪了。因此，歌德说过：“谁要是一睹人的美，就会百害不侵：他感觉与自己、与这世界是和谐一致的。”至于大自然成功造出如此这般的美丽人体，我们必须以此解释：意欲在这最高的等级客体化为一个个体时，由于幸运的情形和其力量，完美地克服了更低等级的意欲现象所发起的一切抵抗和阻碍；诸如此类的更低等级的意欲现象就是自然力，而从这些自然力中，意欲必须总是首先赢得和夺走属于所有这些自然力的物质。此外，高等级的意欲现象总是有其多样性的形式，树就已经只是由无数重复生长出的纤维所组成的系统性集合体：这种拼合与组成越是在高等级就越是有增无减，而人的身体则是 301
一个至为复杂的系统，由相当不同的部分组成，而这其中的每一部分都有着从属于那整体的、但也是其独特的“自己的生命”。至于所有这些部分都以恰如其分的方式从属于整体，相互之间都协作以和谐地促成表现出整体，既没有过度也没有不及——所有这些是稀有的条件，其结果就是美，就是充分显露出来的种属性格。大自然就是如此。那艺术又是如何做的呢？人们会认为艺术是通过模仿自然。但艺术家应在哪里认识成功了的和需要去模仿的作品，又从哪些失败的作品中找出已成功的呢？——假如不是在经验之前就已经对美有所预期？除此之外，大自然可曾产生过一个其各个部分都是完全美丽的人？在这方面，人们猜想艺术家肯定是在许许多多的人当中，去搜罗个别、零星分配到的美的部分，并以此组合成一个美的整体。这是一个荒谬的、根本欠缺思考的看法。因为假如他们再问一下自己：艺术家又是在哪里认识到恰恰是这些形式（形状）是美的，而另外的形式（形状）是不美的？我们也可以看看旧德国画家通过模仿大自然在美的方面又能走得了多远。我们只需看看他们画出的裸体人形就清楚了。纯粹后验地和单纯地从经验出发，是不可能有任何对美的认识的：这美始终是、起码部分是先验的，尽管那是完全另一种性质、有别于我们先验意识到的根据律的形态。这根据律的形态涉及如此这般现象的普遍形式，正如其根本上奠定了认知的可能性，奠定了那现象普遍的、没有例外的如何，而从这种认知就产生了数学和自然科学。但另一种的、先验的、让美的表现成为可能的认知方式，所涉及的不是现象的形式，而是现象的内容，不是现象的如何，而是现象的什么。至于我们所有人都会认出人的美，假如我们看到这美的话，而在真正的艺术家那里，这种认出却是如此的清
302 晰，以致他会将他从来不曾实际见过的人的美展现出来，并在他的表现和刻画中更胜大自然一筹，那就只有在这情形下才有可能：意欲，在其最高等级的充分客体化就是我们在此所要鉴赏和发现的，而这意欲确实就是我们自身。唯有如此，我们才在事实上对大自然（这的确恰恰就是构成了我们自身本质的意欲）费力要表现出的东西有所预期；而这种

预期在真正的天才那里还伴随着如此程度的慎思明辨，以致天才因为在个别事物中认出其理念，就好比是通过大自然的只言片语理解了大自然，他现在真正地说出了大自然只是说得结结巴巴的话，所以，他就把大自然千百次都失败和无法表现的美的形式，表达在了坚硬的大理石上，与大自然相对照，就好像是冲其喊着："那就是你想要说的！"而"对，的确如此！"就是从鉴赏家那里得到的共鸣。 也只有以这样的方式，天才的希腊人才会找到人体的原型，并把这设定为雕塑训练的规范和准则；也只有借助于一种这样的预期，我们所有人才都有可能认出大自然在个别例子里的确成功塑造的美。 这种预期就是典范（Idee）：也就是理念——只要这理念是先验认识的，起码一半是先验认识的；并且这样的理念，在与经大自然所给予的后验的东西增补性相互契合时，成了对艺术而言实际的、具体的东西。 对美的这样的预期之所以有可能先验存在于艺术家那里，正如对美的赏识有可能后验地存在于鉴赏家那里，就在于艺术家和鉴赏家自身就是自在的大自然本身，是自身客体化了的意欲。 这是因为，正如恩培多克勒（Empedokles）所说的，只有同样的人才会互相了解，只有大自然才会理解自身，只有大自然才会探究其自身，也只有精神思想的人才会感知到精神思想。[1]

除了这一错误的看法以外——尽管据色诺芬所言这是由苏格拉底说 303
出的看法[2]，亦即希腊人是完全以经验为依据发现其所提出的人体美

[1] 最后一句是翻译自爱尔维修的 *il n'y a que l'esprit qui sente l'esprit*（有精神思想的人才会感知到精神思想）。这在第 1 版中并不需要对此说明。但自那时以后，由于黑格尔的伪智慧所造成的愚昧影响，时代变得如此的败坏和粗糙无知，不少人甚至有可能误以为这所说的是影射"精神和自然"的对立。因此，我被迫要明确反对把这样的群氓哲学观点强加在这里。

[2] 斯托拜乌斯，《文论》，第 2 卷，第 384 页。

的典范，是通过收集个别美的部分，在这个人那里裸露出和被注意到一只膝盖，在另一个人那里则是一只肩膀——在文学艺术方面，也有与之完全相类似的另一看法，亦即认为，例如，莎士比亚戏剧中那些如此各式各样、如此真实、如此有分寸、如此深刻挖掘出来的人物性格，是他从自己在这世事的经历中留意和复制出来的。这种看法是如此的荒谬和不可能，是不需要任何分析的：很明显，正如天才只是通过对美的预感和预期而创作出造型艺术的作品一样，文学作品也只能通过同样的一种对典型性格的预感和预期而创作出来，虽然两者都需要现实经验作为一个格式——也唯有以这样的格式，那先验朦胧意识到的东西才会清晰地召唤出来，那经过深思熟虑的表达才从现在开始有了可能。

人的美在上文被称为意欲在其可被认知的最高等级的最完美的客体化。人的美通过形式表达出来，而这形式唯独就在空间，与时间并没有必然的关系，并不像运动那样与时间有一种必然的关系。就这点而言，我们可以这样说：美，在客观的意义上，是意欲通过一个单纯的空间现象的充分客体化。植物不是别的，正是意欲的一种这样的单纯的空间现象，因为表现其本质并不需要任何运动和因此不需要与时间的任何关系（除了植物的生长以外）：仅仅是植物的形态就已表达其整个本质和把这公开展示出来。但动物和人，要完全暴露在其身上显现的意欲的话，则还需要一连串的行为，其身上的现象因此就与时间有了一种直接的关系。所有这些已经在上一篇里探讨过了，与现在所考察的联
304 系了起来是由于这接下来的论述。正如意欲的单纯空间现象可以将这意欲完美地或者不完美地客体化在每一特定的等级，而这恰恰构成了美或者丑，同样，意欲在时间上的客体化，亦即行为（行动），而且是直

接的行为（行动），因而也就是动作，是与自身客体化在此的意欲完全和绝对相符的，并没有不相干的添加物，没有多余的也没有不足的东西，就只是恰好表达那确定了的、每一次的意欲活动；或者与所有这些相反。在这前一种情形里，那动作是伴随着优雅而发生的，在后一种情形则并没有伴随着优雅。因此，正如美是意欲通过其单纯空间的现象的相应表现，同样，优雅是意欲通过其时间上的现象的相应表现，亦即每一个意欲活动通过那将其客体化为动作和姿势所作出的完全准确的和恰如其分的表达。既然动作和姿势已假定了身体为前提条件，那温克尔曼所说的就是非常确切和中肯的："优雅是行为者与行为的独特的比例关系。"（《著作》，第1卷，第258页）不言自明，植物虽然可说是美丽的，但却不可以称为伴随着优雅，除非那是用在一种比喻；但动物和人却美丽和优雅两者兼备。根据以上所述，优雅就在于每一次的动作和姿势都是以最轻松、最恰如其分和最舒服的方式完成的，并因此是最纯净、最贴切地表达了其目的或者那意欲活动，并没有多余的、表现为有碍于目的的、没有意义的操作或者扭曲的姿势，并没有带缺陷的、表现为木头一样僵直的东西。优雅的前提条件是各个肢体的正确比例，一副匀称、协调的身架子，因为只有借助于这些，那所有姿势和动作中的完美轻松与明显的合乎目的性才有可能。因此，优雅是永远不会没有某种程度的身体的美与之相伴的。这完美的两者结合在一起， 305
就是意欲在其最高等级的客体化的最清晰现象。

正如上文所提到的，人类的一个突出之处，就是人类的种属性格与个体性格是分开的，以致就像上一篇中所说的，每一个人都在某种程度上表现出一个相当独特的理念。因此，目的旨在表现人的理念的艺术，其任务除了表现作为种属性格的美以外，还要表现尤其应被称为“性格”的个体性格；但也只有在这个体性格并非被视为某种偶然的、完全为这个别人所独有的东西，而是被视为恰好在这个人身上尤其显现出来的人的理念的某一面的时候，才是这所说的情形。而表现此个体性格是合乎揭示人的理念的这某一面的目的。因此，虽然这性格本身是个体的性格，但却必须在理念典型上理解和描述，亦即必须也一并突出和强调其在人的理念方面（对此理念的客体化，个体性格以其方式作出了贡献）的意义。除此之外，那表现和描绘就是那单个个体本身及其所有偶然性东西的肖像、复制。但就算是肖像，也应像温克尔曼说的那样成为个体的典范。

那要在理念典型上理解的性格，其突出了人类理念的独特一面，现在就肉眼可见地呈现出来，一部分是通过不变的面相和体型，另一部分则透过短暂的感触和激情，通过认知和欲求相互之间的影响。而所有这些就显露在表情和动作上面。既然个人永远属于人类，而在另一方面，人类永远是在个人那里，甚至与这个人独特的理念意义一道显露自身，那么，美就既不会被性格、性格也不会被美所消除，因为被个体的性格消除了种属性格的话，就只能得出滑稽可笑的形象，而被种属性格
306 消除了个体性格的话，那就成了没有意义。所以，那种表现和刻画，因为其旨在美的呈现——雕塑就主要是这样——所以总是以某种方式透过个体的性格而对这（亦即种属的性格）有所修改，并且是以一种确定的、个人的方式，以突出这人类理念的某一专门一面来表现人的理念，因为这样的人类个体在某种程度上有某一独特理念的尊严，而对人的理念而言，在具独特意义的个体那里表现出人的理念是至为关键的。因

此，我们在古人的作品里发现那由他们所清晰把握的美，并不是通过唯一的一种性格，而是通过那些带着许多不同性格的人物表达出来，就好比始终是从另外某一面去把握，并因此在阿波罗表现的是不一样的方式，在巴克斯又是不一样的方式，在赫拉克勒斯、安提诺乌斯那里也都是不一样的方式：的确，独特性格的东西可以局限了美，并最终发展为丑：例如酒醉的西勒诺斯、农牧神，等等。但假如那独特性格的东西走到了真正消除了种属性格，亦即走到了非自然的一步，那他就成了漫画式的可笑形象。但优雅与美相比，并不怎么受到独特性格带来的负面影响：性格的表达无论要求哪些姿势和动作，这些都必须以与那人物最相称的、最合乎目的的、最轻便的方式完成。不仅雕塑家和画家要谨守这一点，甚至每一个优秀的演员也要做到这一点；否则，就会产生扭曲、走样的可笑形象。

在雕塑中，美和优雅始终是首要的事情。精神思想的真正特征，突出表现在冲动、激情、认知和欲求的相互影响，也只有通过脸上的表情和手势动作才可表现出来的东西，尤其专属于绘画艺术。这是因为尽管在雕塑范围之外的眼睛和色彩，非常有助于表现美，但对性格来说却重要得多。此外，从多个视角观赏，美可以展现得更全面；而表情和性格，从一个视角也可以完整地把握。 307

因为美明显是雕塑的首要目的，所以，莱辛试图就拉奥孔并没有大喊大叫的事实来这样解释：大喊大叫与美是无法结合在一起的。既然这话题成了莱辛的一本书的题材或者起码是切入点，在莱辛之前或者在他之后就这话题也有了大量的文章，那也请允许我在此附带说一下我的看法，尽管一个如此专门的讨论与我们完全着重于普遍性东西的考察并没有真正的关联。

§ 46

拉奥孔在那著名的群雕中并没有喊叫是很明显的，人们普遍和一再对此感到诧异肯定是因为若在他那种处境的话，我们所有人都会喊叫，大自然也要求我们这样做，因为在遭受最剧烈的身体苦痛和突然出现了身体上极大的恐惧时，可能让我们沉默忍受的一切考虑就都被完全逐出意识之外，大自然通过喊叫来舒缓一口气，并以此在同一时间表达了苦痛和恐惧、唤来解救者和吓走袭击者。因此，温克尔曼早就因拉奥孔没有喊叫的表现而感到惋惜，但他在试图为艺术家找出正当理由的时候，其实把拉奥孔变成了一个斯多葛主义者：率性大喊大叫是有失斯多葛主义者的尊严的，他除了承受痛苦以外，还毫无用处地强迫自己抑制住不要把此痛苦表现出来。温克尔曼因此在拉奥孔那里看到了“一个伟大人物的精神经受着考验，他在折磨中挣扎，并试图强压住不表现出其感受，将此封闭在自己的内心：他不会发出大呼小叫，就像在维吉尔作品中那样，只是从他那发出一声不安的叹息”，等等（《著作》，第7卷，第98页；在《著作》第6卷第104页及后面还有更详细的说法）。对温克尔曼的这一说法，莱辛在《拉奥孔》中提出了批评，并以上述方式改进：莱辛去掉了原来的心理方面的原因，取而代之的是纯粹美学方
308 面的根据，亦即美，古老艺术的原则，并不允许表现大呼小叫。他所补充的另一个论据——即在不动的艺术作品中不可以表现一个完全转瞬即逝的，并不会有延续时间的状态——却遭到了百十来个优美的雕像例子

的反对：这些雕像造型都是在相当短暂的运动，在跳舞、摔跤、捕捉等中的记录。的确，歌德在一篇有关拉奥孔的文章中——这是《神殿入口》的创刊词（第 8 页）——认为选取这样完全短暂飞逝的瞬间是完全有必要的。在我们当代，赫特（*Hirt*，《时序三女神》，1797 年，第 10 期）把所有一切都归因于表情的最高真实性，并对这桩事情作出了这样的裁决：拉奥孔并不喊叫，是因为他已经快要窒息死亡了，无法再喊叫了。最后，费尔瑙（*Fernow*，《罗马研究》，第 1 卷，第 426 页及后面几页）探讨了那所有的三种看法，但却无法补充任何新的东西，而是调和与结合了那三种看法而已。

我不禁感到奇怪：如此深思和目光敏锐的人费力地从大老远搬来并不充分的理据，逮住了那些心理学的，甚至生理学的原因和根据以解释这样的事情，但这些事情的理据其实近在眼前，对不带偏见的人来说是一目了然的。我尤其感到奇怪的是莱辛。他已经很接近正确的解释了，但还是完全没触及真正的要点。

在对一切有关拉奥孔在其处境中喊叫与否（我对此的回答完全是肯定的）的心理学和生理学探究之前，需要就这群雕而言明确判定这一点：喊叫在此是不应表现出来的，其唯一理据是：表现这样的东西，完全超出了雕塑的范围。我们无法在大理石上制作一个大喊大叫的拉奥孔，只能搞出一个嘴巴张开和徒劳地想要喊叫的人，一个声音堵在了喉咙里面，“喉咙堵着声音”的拉奥孔。那喊叫的实质和因此对旁观者所产生的效果，完全在于那声音，而不在于张大的嘴巴。这张大的嘴巴， 309
必然伴随着喊叫的现象，必须首先有以此所发出的声音作为动因和合理理由；只有这样，张开嘴巴作为这行为的特征才是可允许的，甚至必要的，虽然这会有损于美。只有在造型艺术中——在此，表现大声喊叫本身是相当陌生的和不可能的——把那大声喊叫的勉强手段，那扰乱了所有特征和余下表情的大张着嘴巴表现出来，是的确不智的；因为这样做的话，我们是把那不得已牺牲了许多其他东西的手段呈现出来了，但这手段的目的，那大声喊叫本身，连同其对情绪的作用，却是阙如的。还有，人们以此方式产生出这种竭力喊叫却又徒劳无功的样子，每一次看了都让人发笑。这情景的确可以与那喜爱戏谑胡闹的家伙所开的玩笑相比：他在值夜人睡着了以后，把他的号角以蜡堵塞住了，然后大喊起火，把他弄醒，看着他拼命要吹响号角而不果来取乐。相比之下，由于表现喊叫是在表演艺术的领域范围，所以，表现喊叫是完全允许的，因为这有助于表达真实，亦即充分、完整地表现理念。在文学艺术中也是如此，因为这艺术为了直观的表现需要读者发挥想象力：因此，在维吉尔的作品里，拉奥孔就像一只挨了斧砍以后挣脱了的公牛；因此，荷马（《伊利亚特》，第2，48—53）让战神马尔斯和智慧女神密涅瓦相当可怕地喊叫，但这既无损其天神的尊严，也无损其天神的美丽。在戏剧艺术中也同样如此。在舞台上的拉奥孔绝对要大声喊叫，索福克勒斯也让菲罗克忒忒斯大呼小叫的，而菲罗克忒忒斯在古老舞台上肯定是真的呼叫过的。这有一个完全类似的例子，我记得在伦敦看过著名演员肯宝在一出从德语翻译过来的、名为《皮萨罗》的戏剧中，表演美洲人罗拉，一个半野蛮、半开化的但具相当高贵性格的人。当他受伤后，他就在那儿大声地和激烈地吼叫，而这产生了巨大的和很不错的效果，
310 因为那作为极为典型性的东西极大地有助于表现真实的情形。相比之下，表现一个发不出声音的喊叫者的绘画或者雕塑，却比表现音乐的绘

画（这做法在歌德的《神殿入口》杂志中已遭批评）更加的可笑，因为喊叫比音乐更有损于其余的表情，更有损于美，因为表现音乐大都只涉及手和臂，可被视为一个刻画人物性格的行为动作，并且就这方面而言，的确可以有理由地描画，即只要不要求身体做出任何猛力的动作，或者嘴巴不作出扭曲的口型。所以，例如《弹风琴的圣塞西莉亚》，在罗马夏拉画廊有拉斐尔的《小提琴演奏者》，等等。那么，由于艺术的局限，因为拉奥孔的痛苦并不允许通过喊叫表达出来，所以，艺术家不得不动用每一个其他的对这痛苦的表达手法，这一点他是做得极为完美的，正如温克尔曼（《著作》，卷 6，第 104 页及后面）所出色形容的。温克尔曼的杰出描述因此保留着其全部价值和真理，只要我们不予理会那潜在的斯多葛主义思想观点就行了。[1]

§ 47

因为美丽连同优雅是雕塑的主要目标，所以，雕塑喜欢裸体，也只有在衣服并没有遮蔽形态的情况下才会容忍衣服。雕塑所用的织物的皱纹并不是作掩饰之用，而是借此间接表现那形态，这表现形式是非常吸引理解力的，因为理解力要达致对原因，亦即对那身体形状的直观，只有通过那唯一直接给出的效果，那衣服上的装饰褶裥。因此，在雕塑中，褶裥在某种程度上就是绘画中按照透视法的缩短。两者都是暗示和勾画，并不是象征性的，而是一些手法：一旦其成功，就能直接迫

[1] 对这一插曲的增补见《作为意欲和表象的世界》第 2 卷第 36 章。

使理解力直观那所暗示的东西，似乎那已是真实给出了似的。

请允许我在此顺便插入一个与现正谈论的艺术相关的比喻，即正如美丽的体型在穿着很少的衣物，甚至在不穿衣物时最容易看得清楚，因
311 此一个俊美的人，假如他同时也有审美趣味，并可以依循其趣味形式，就会更宁愿几乎赤裸着身体走动，只是依照古人的方式穿着——那么同样，每一个有优美和丰富思想的人，总是会以最自然、最直截了当、最简朴的方式表达自己；会争取——哪怕是稍有可能——把他的思想传达给别人，并以此减轻他在这个世界所必然感受到的孤单。反之，思想贫乏、头脑混乱、乖僻者，就会披上最造作的字词和最晦暗不清的套话外衣，用难懂的和最豪华的空话来掩盖自己渺小的、索然寡味的，或者平平无奇的想法，正如一个人缺乏高贵的美丽，就想透过衣服打扮来弥补，肆无忌惮地穿上华丽服装、闪光饰物、大衣、羽毛、卷发、衣服上蓬松的皱裥来掩饰其渺小或者丑陋的个人。正如这些人，假设他们要赤裸身体走动的话，就会非常狼狈，同样，不少作者，假如我们迫使他们将他们如此的浮华、晦暗的书籍，清楚地改写成渺小的内容，那也同样的狼狈不堪。

§ 48

历史绘画的主要题材除了美与优雅以外，还有性格，而这所说的性格，就是对意欲在其最高等级的客体化的描绘和表现，而在这方面，个体突出和强调了人的理念的某一特别一面，因而有独特的意义，并且并不只是单纯通过其体型让我们认识，而且还通过其各种行为，通过造成

和伴随这些行为的认知和欲求的变体，而后者在脸部表情和手势动作上面都可看得出来。因为人的理念必须在这一范围内表现，所以，就要把这理念的多面性在含义丰富的个体那里的展现摆在人们的眼前，而这些个体及其含义又只能通过各式各样的场景、事件和行为才能让我们的肉眼可见。历史画解决这一没完没了的任务所采用的方法，就是把每一种生活场景，不管其含义大小，都呈现我们的眼前。并没有哪个个
人，也没有哪个行为是没有含义的：人的理念是在所有一切和通过所有 312
一切愈发展现出来的。因此，绝对没有任何人类生活事件是可以排除在绘画艺术之外的。所以，人们对荷兰画派的杰出画家是不公平的，假如人们只是欣赏他们纯熟的技巧，除此之外，却看不起他们，因为他们大都在画里展现平凡生活中的东西，而人们却认为只有世界历史的或者《圣经》历史中的事件才是有意义的。我们应该首先考虑到：一种行为（行动）的内在含义与其外在含义是相当不同的，并且这两者常常是彼此分开的。一种行为的外在含义是这一行为在涉及其后果方面对于这一真实世界和在这一真实世界的重要性，因而是依照那根据律的。那内在的含义则是那行为所透露出来的对人的理念的深度认识，因为那行为把那理念甚少显现的一面也暴露出来了，所采用的方式是让清楚和明确表达出来的个性，通过为了目的而安排的情景来展现其特性。只有内在的含义才是在艺术中有价值的，外在的含义则在历史中有其价值。这两者都是完全彼此独立的，它们可以一道出现，也可以单独出现。对历史而言，某一相当重要的行为（行动），在内在含义上可以是一件司空见惯、非常平常的事情。反过来，平常生活中某一情景可以具有重大的内在含义——假如在这情景中，人之个体与人的行为和欲

求，连带其最隐藏的褶痕都显现在明亮的和清晰的光线之下。再者，那些外在含义非常不同的场景，其内在含义却可以是同样的，所以，例如，部长大臣对着地图就国家和民族问题而争论，或者农夫们在小酒店里，在纸牌局上，或者掷色子游戏上伸张自己的权利，这两者对内在含义来说都是一样的，正如人们用金子做的棋子抑或用木头做的棋子下
313 棋，其实并没有什么区别。除此之外，那由亿万人的生活所组成的场景和事件，他们的所作所为，他们的忧伤、快乐，因此变得足够的重要，足以成为艺术的题材和对象，并由于其丰富的多样性而必然提供足够的素材，以展示人的多面的理念。甚至由艺术在一幅这样的图画（这在今天被称为“风俗画”）中所固定下来的瞬间，也会引起一种轻微的、特别的感动：因为把那流逝的、不停变换的世界，通过某一单一的但代表了全体的事件，固定在一幅经久不变的图画之中，是绘画艺术的成就——以此，绘画艺术似乎让时间静止了，因为绘画把单个之物提升为其种属的理念。最后，绘画那些历史的和具有外在含义的原型常常有这样的缺点：恰恰是这些原型中重要的东西无法直观表现出来，而必须联想。在这方面，那幅画名义上的含义就要与其实际含义区分开来：前者是外在的含义，但只是作为概念添加上去的；后者则是人的理念的一面，通过画面揭示给人的直观。例如，一幅画名义上的含义据说是摩西被埃及公主发现，这对历史而言是至为重要的一个时刻；而这幅画的实际含义，让我们真实直观到的却是一个弃婴被一个贵妇人从漂流中的摇篮救了出来：一件可能是不时发生的事情。在此唯有那服饰才可以让有学问者认出这是那一具体的历史事件，但那服饰只是对名义上的含义有用，对图画的实际含义却是无所谓的，因为后者只认如此这

般的人，而不认任随人意的形式。取自历史的原型，相对于仅仅只是取自可能性的形象，因此也就是非个体的、只是称为普遍的形象，并没有优势：因为在历史原型中真正有意义的并不是个人的，并不是这样的一个个别事件，而是在这原型中普遍性的东西、通过这原型所表达的人的理念的一面。但在另一方面，特定的历史题材绝对不可以因此遭摒 314
弃；不过，有关这些题材的真正艺术观点，无论是在画家还是在观赏者那里，都永远不在意个体的东西——这些真正构成了历史性的东西——而是在意在这其中所表达的普遍性的东西，在意理念。并且，也只能选用那些能真正表现其主要意涵，而不是必须联想补充进去的历史题材；否则，那名义上的含义就会距离实际的含义太过遥远，看到这画时只是联想到的东西就成了最重要的东西，并损害了直观所见。假如说在舞台上这种做法已不合适，即（正如法国的悲剧那样）主要的事情是在幕后进行的，那在绘画中，这显然是一个更大的错误。历史原型，只有是在把画家局限在一个人为任意的，并不是根据艺术的目的，而是根据其他目的而挑选的范围，才会明显发挥不利的作用，尤其是当这一范围缺乏画意的和有价值的题材，例如，假如这是一个较小的、隔绝的、执拗的、有等级制度的，亦即受臆想控制的、被同一时期东方的和西方的伟大民族所鄙视的偏僻、不起眼的民族，例如犹太民族。既然曾经的民族大迁移就发生在我们与一切古老的民族之间，正如海洋底部过去的变化就在现在的地表与过去的地表之间（后者的有机体现在只是向我们展现为石化的样子），那么，根本上可被视为巨大不幸的事情是：这民族——其过去的文化要特别充当我们的文化基础——并不是例如印度人，或者希腊人，或者哪怕只是罗马人，而偏偏是这些犹太人。但对

15 和 16 世纪的天才意大利画家来说，运气尤其不济的是他们被人为地
规定在一个狭隘的圈子里挑选其画作的原型和题材，不得不在一个狭隘
的圈子里采用各种各样糟糕和不利的事件和情形：因为《新约》，就其
历史部分而言，比《旧约》几乎还要不适合于绘画艺术，而在这之后的
315 殉道者和基督教早期神学家的故事，甚至是让人沮丧的题材。但是，
我们必须很小心地把以犹太人的和基督教的历史或者神话的东西为题材
的画作，与通过刻画充满基督教精神的人向人们直观展示了基督教真正
的，亦即伦理精神的画作区分开来。这些刻画事实上是绘画艺术最高
的和最值得赞叹的成就，也只有这一艺术最伟大的大师，尤其是拉斐尔
和柯勒乔——特别是柯勒乔的早期画作——才成功取得了这些成就。这
类绘画本来根本不能划入历史画一类，因为它们大多数都不会表现什么
事件，不会表现什么行为，只是单纯把圣者、救世主本身——很多时候
当其还只是孩子的时候——与其母亲、天使等凑在一起。在他们的脸部
表情，特别是他们的眼睛里，我们看到了那种完美认识的反映，也就是
说，那种认识并不指向个别的事物，而是已经把握了理念，因而是完美
理解了世界和生命的整个本质；他们的这种认识在回过头来作用于意欲
的时候，并不像其他的认识那样是给意欲提供了动因，而是相反，成了
欲求的镇静剂，由此产生了完全的死心断念，这也就是基督教和印度智
慧最内在的精神，放弃一切欲求、意欲及连带这世界的整个本质的回
转、消除，亦即解救。那些永远值得称颂的艺术大师就这样通过其杰
作直观地表达了至高的智慧。在此就是一切艺术所达致的高峰，这是
艺术追踪在其充分客体性中的意欲，追踪意欲在各个等级的理念的结
果：先是从其最低的等级（受着原因的驱动），然后是受刺激驱动的等

级，最后则是受动因的多方驱动的等级，而意欲受到这些驱动就展现出自己的本质。现在，艺术以描绘意欲自愿地自我消除而告终，而这自我消除是通过那出自对其自身本质最完美认知的巨大镇静剂所致。[1]

§ 49

316

我们至今为止就艺术所做的所有思考，其基础始终是这一真理：艺术的客体对象——表达这客体对象是艺术家的目标，对其认识因此必须先于艺术家的作品，是其作品的种子和源头——即一个理念，一个柏拉图意义上的理念，而绝对不是其他别的；不是单一的事物，即一般所要把握的客体对象；也不是概念，即理性思维和科学的客体对象。尽管理念和概念在这方面有某些共同的特性，亦即两者作为统一体代表了许多真实事物，但两者之间的巨大差别，从第一篇中关于概念和这篇中关于理念的讨论中，已经足够清楚和明白易懂了。但至于柏拉图是否已经纯粹把握了这区别，我肯定不想断言；更准确地说，柏拉图有关理念的不少例子和他对这些例子的探讨，只能套用在概念上面。我们现在暂且对此置之不论，只管沿着我们的路子继续前行；每当我们发现某一伟大和高贵的思想者的足迹就会高兴，但不是追随他的脚印，而是向着我们的目标前进。概念是抽象的、推理的，在其范围之内是完全不确定的，只是就其界线而言是确定的，每一个人只要有理性就都可领会和理解，可以通过字词而不需更多的中介就可传达，通过其定义就可完全

[1] 理解这一章要以理解接下来的第四篇为前提。

详尽地阐明。但相比之下，理念或许可以定义为概念的适当代表，但完全是可以直观的，并且尽管代表了无数的单个事物，却无一例外是确定的：理念永远不会被个体本身所认识，只有那些超越了一切欲求、超越了一切个体性而成了纯粹的认知主体的人，才会认识到理念，因此，也只有天才，然后是那些大多通过（而这大都是由天才创作的作品所引致）提升自己的纯粹认识力而进入某种天才心境的人，才可认识理念。因此，理念并不是肯定可以传达的，而是有条件的，因为那所把握的和
317 在作品中重现的理念，只能根据每个人的智力水平而对其发话，这也恰恰是为什么每种艺术最出色的杰作、天才人物最高贵的成果，对呆滞的大多数人而言，只能是永远合着的书本，是他们所无法接近的，他们被一道巨大的鸿沟分隔开来，就像平民大众难以靠近君王的周围。虽然就算是最肤浅的人也会听从权威而认可那些获得了承认的伟大作品，以便不要暴露出自己的弱点，但他们始终静静地准备着，一旦让他们抱有希望可以诋毁这些作品，同时又不会让自己出丑，他们就会把他们对一切伟大的和美的作品，对那些从来就不曾向他们发话并因此让他们感到屈辱的东西，对这些作品的创作者所怀有的压抑已久的仇恨快乐地宣泄出来。这是因为要心甘情愿地认可和承认别人的价值，那我们就必须自身有价值。正是基于这一点，做出了任何成就的人都有必要表现出谦虚，这一美德也才享有不成比例的响亮声誉，而每一个胆敢赞扬某一个在某一方面表现出色的人时，都会从所有的姐妹美德中挑出这一美德，将其加在赞语中，目的就是要宽慰和平息没有价值之辈的怒气。这样，谦虚如果不是佯装的谦卑，还能是什么呢？借助于这佯装的谦卑，在这一充满着卑鄙嫉妒的世界，人们就因为其长处和成就而希望乞

求那些并没有任何这些的人的原谅。这是因为谁要是并不自认为有什么能力和资格，因为他确实没有这些东西，那他就不是谦虚，而是诚实而已。

理念是借助于我们直观的时间和空间形式而分散为许多方面的统一体；相比之下，概念则是借助于我们理性的抽象，从许多方面又重新构建起来的统一体，后者可以被形容为事后的统一体，前者则是事前的统一体。最后，我们把概念与理念之间的差别以比喻的方式表达出来：概念就像是无生命的容器，人们放进里面的东西的确并排着就在那里，但从这容器中并不会拿出（通过分析的判断）比人们放进去的（通过综合的思维）更多。相比之下，理念却在把握了理念的人那里发展出了 318
表象，这些表象从与之同名的概念方面看是新的东西：好像是一个活的、自我发展的、被赋予了繁殖能力的有机体，能够产生出并不曾放进去的东西。

那么，根据所说的这一切，概念虽然在生活中有如此的用处，对科学是如此的适用和必不可少，但对艺术而言，始终是徒劳无益的。相比之下，那所把握的理念却是每一真正艺术作品真正的和唯一的源头。这理念以其强有力的原初性只是汲取于生活本身，汲取于大自然和这世界，而且也只有真正的天才或者瞬间被激发出天才思想的人才可以这样做。只有这样的直接受孕，才会产生出带有不朽生命的真正作品。正因为理念是直观的，并且永远是这样，所以，艺术家并不是在抽象中意识到其作品的意图和目的；浮现在其脑海里的并不是某一个概念，而是一个理念，因此他对自己的所为无法给予合理的解释。就像人们所说的那样，他仅仅出于感觉和无意识地，甚至的确是本能地工作。相比之下，模仿者，矫揉造作者，总是模仿别人的、盲从的大众，在艺术中则从概念出发：他们留意和记住真正艺术作品中那些愉悦和予人感触的东西，把这些搞清楚明白，将其用概念、因而抽象地表达出来，然后或公开或隐藏地、带着精明的意图进行模仿。他们像寄生植物一样，从别人的作品中吸吮养分；像珊瑚虫那样，身上带着其食物的颜色。的确，我们可以将这比喻更进一步：他们像是这些机器：虽然能够把人们放进去的东西弄得非常细碎并将其搅拌混合，但永远无法消化这些东西，以致要在那混杂物中翻找和分开的话，仍可重又看到那些放进去的成分。而只有天才，才会类似于有机的、能够吸收、转化和生产的身体。这是因为他虽然受到了前辈及其著作的教育和熏陶，却通过直观所见的印
319 象，只是直接从世事和人生中怀胎受孕。因此，即使最高级的教育，也永远不会有损他的独创性。一切模仿者、一切矫揉造作者都是在概念中领会别人的典范作品的本质，但概念是永远无法给予某一作品以生命的。时代，亦即每一时期的呆滞大众，只知道概念和死抓住概念不放，以高亢的喝彩声迅速地接纳那些造作的作品。但这些作品过不了几年就已经让人无法忍受了，因为时代的精神，亦即那占主流的概念已经改变了，那些作品只是根植于那些主流概念。只有那些直接取自大自然、取自生活的真正作品，才会就像大自然和生活一样永葆青春和始终充满活力。这是因为它们并不属于任何时代，而属于全人类：正如它们恰恰因为这样而受到了它们不屑于去逢迎的时代的冷落，也因为它们每每间接地和负面地揭露了其时代的过错，所以较晚才得到人们并不情愿给予的承认，但是，作为补偿，它们是不会过时的，而是历久弥新。此后，它们就再不会遭受忽略和误解，因为它们已获得了认可和加冕，

而这是得之于少数几个在数世纪中零星和罕有出现[1]的有判断力的人的赞许。这少数人投下了他们的一票，其数量缓慢增加而最终奠定了权威。这也就是我们在诉诸后世时所指的唯一的法官。那些持续出现的个别人才是唯一的法官，因为后世的大众也始终如同现时代的大众一样，过去是、现在是、以后都始终是那样的乖张和呆滞。我们读一下每个世纪的伟大思想者对其同时代人的抱怨，这些抱怨听起来始终就像说的今天，因为那人类始终是同样的人类。在每一个时期和每一门艺术中，空洞的模仿代替了精神思想的位置，而精神思想始终只是属于个别人的财产，但空洞的模仿是上一次有过的和获得了承认的精神思想现象
所脱下的旧衣服。与所有这些相吻合的是，一般来说，后世的赞许不 320
是别的，而是以这现世的赞许为代价所获得的，反之亦然。[2]

§ 50

如果一切艺术的目的是传达所把握的理念，而这理念利用这样的中介经由艺术家的头脑思想——在这艺术家的头脑思想中，这理念被去除了一切杂质单独地显现了出来——就让哪怕是接受能力较弱的和没有任何创造性的人也可领会和理解；如果进一步说，在艺术中，从概念出发是非常要不得的做法，那么，假如人们故意地和直言不讳地把艺术作品用于表达某个概念和想法，就像在寓意画中所做的那样，那我们是不会赞同的。一幅寓意画是一件想要表达某种有别于其所表达意思的艺术

[1] “他们是个别的出现，游泳在荒凉的波浪之中。”维吉尔，《埃涅阿斯纪》。

[2] 《作为意欲和表象的世界》第2卷第34章补充这里。

作品。但直观的东西，因此也就是理念，却是直接地和完全充分地表达，并不需要某一其他的中介给予暗示。因此，以这样的方式、用某种完全不一样的东西来暗示和代表，因为其本身无法呈现给直观，那肯定是一个概念。因此，通过寓意画来表达的，始终是一个概念和想法，结果就是观者的头脑思想从所表现的直观表象中被引导至一个完全不一样的、抽象的、并非直观的东西，这东西完全在艺术作品范围之外；在此，那图画或雕塑据说取得了文字所取得的效果，只是完美得多而已。那么，我们所说的艺术的目的，仅仅表现直观把握的理念，在此就不是目的了。对于在此想要达到的目的，并不需要艺术作品多么的尽善尽美，只要能让人们看出那据说所要表现的就足够了，因为只要人们看出了这一点，那目的就达到了；人们的头脑思想现在就被引往另一相当不同的表象，引往一个抽象的概念，而这就是预先计划好的目的。因此，
321 寓意画在造型艺术中不过是象形文字：寓意画另外作为直观的表现所可能有的艺术价值，并不属于作为寓意画的它们，而是属于它们的其他方面。至于柯勒乔的《夜晚》和安尼巴莱·卡拉奇的《名声的守护神》，以及普桑的《时序女神》都是非常美丽的画作，是与这些寓意作品分开而言的。作为寓意作品，它们所成就的不会多于一篇铭文，甚至更少。我们在此要再度回忆起上面对一幅画作的实际含义和名义上的含义所作的区分。名义上的含义是这里所寄寓的含义本身，例如，《名声的守护神》；实际的含义是画中所确实表现出的东西，在此是一个俊美的带翅膀的年轻人，周围是俊美的男孩。这些表达了一个理念，但这实际的含义却只有在我们忘掉了那名义上的、寄寓的含义时，才会产生效果；在想到这些名义上的、寄寓的含义时，我们就离开了直观，一个抽象的概念就会占据我们的头脑。从理念过渡到概念始终是一种降格。事实

上，那名义上的含义，那寓意的企图，常常会有碍于实际的含义，有碍于直观的真理。例如，在柯勒乔的《夜晚》中那种不自然的光，尽管创作得很美，但只是出自寓意的动机，在实际中是不可能的。因此，假如一幅寓意画还有艺术价值，那这艺术价值是与其作为寓意画所成就的截然分开的，是独立的：这样的一件艺术品在同一时间服务于两个目的，也就是既表达一个概念也表达一个理念；只不过表达理念才可以是艺术的目的，而表达概念则是与艺术不相干的目的，是一种有趣的游戏，亦即把一幅画同时作为象形文字，提供一篇题词或铭文的服务，更多的是为那些无法领略艺术的真正本质的人而发明的。这情形犹如一件艺术作品与此同时也是一件实用的器具，那艺术作品也同样服务于两个目的，例如，一座塑像同时也是一个枝形烛架或者一个女像柱；或者一个浅浮雕同时也是阿基里斯的盾牌。纯粹的艺术爱好者既不赞同前者也不赞同后者。虽然一幅寓意画也可以作为寓意画对情感造成强烈的印象，但在同样的处境下，一段铭文也会造成同样的效果。例如，假如对 322
名声的愿望已经持久地和牢牢地扎根于一个人的心里——因为他甚至已视名声为自己的合法所有物，而名声之所以还没有给予他，只是因为他还没能出示其所有物的文件证明而已——那么，现在，“名声的守护神”及其月桂花环出现在这个人的眼前，他的整个心绪就会受到刺激，整个人的活力都会唤醒和活动起来。但假如这个人突然在墙上清晰看到“名声”这两个大字，也会发生上述情形。或者假如一个人公布了一条真理，无论是作为对实际生活的看法还是作为科学的发现都是重要的，但还没有什么人相信这一真理，那么，一幅表现时间揭起了纱幕、让人们看到了赤裸裸真理的寓意画，就会对他造成强力的效果，但“时间终将揭露真相”的格言也会造成同样的效果。这是因为在此真正发挥作用的，始终只是抽象的概念，而不是直观所见的东西。

那么，假如根据这所说的，造型艺术中的寓意画有一个带缺陷的、为了一个与艺术并不相干的目的的追求，假如它太过转向了，以致表现那牵强的和生硬的附会到了幼稚可笑的地步，那就完全让人无法忍受了。类似的例子是，一只海龟暗指女性的隐居；复仇女神对她的衣服的胸襟的俯视，暗示她也看到了隐藏的东西；贝洛里对安尼巴尔·卡拉奇用一件黄色的外衣包裹肉欲，因为卡拉奇想暗示那欢娱很快就会枯萎，就像麦秆一样变成黄色。假如在所表现的东西与以此所暗示的概念之间并没有任何基于在那一概念概括之下的联系，或者基于联想的关联，那些符号与符号所指其实完全是约定俗成地经由具体的、偶然所造成的规定而连在一起的，那我就会把寓意的这一变种称为象征。这
323 样，玫瑰是缄默的象征，月桂是名声的象征，棕榈叶是胜利的象征，贝壳是朝圣的象征，十字架是基督教的象征。属于此类的还有所有通过单纯颜色的直接暗示，例如黄色是虚伪的颜色，蓝色是忠诚的颜色。诸如此类的象征可能在生活中常常有其用处，但其价值与艺术却是无关的。它们完全被视为象形文字，或者如同中文文字一样，并的确与徽章、指示一处乡村餐馆的灌木丛标志、让人识别出是管家或侍从官的钥匙标志，或者与矿工的皮革标志是同一类别的。最后，假如某些历史或神话中的人物，或者拟人化的概念，通过一些一劳永逸定下来的象征标识出来，这些象征严格说来就要称为标志。此类标志就是代表《福音书》作者的动物，密涅瓦智慧女神的猫头鹰，帕里斯的苹果，代表希望的铁锚，等等。与此同时，人们所理解的标志，大都是那些象征的、简单的和以一句格言加上说明的图示，而据称这就形象、直观地阐明了一个道德真理。约阿基姆·卡梅拉里乌斯、阿尔西亚图斯和

其他人收集了大量这方面的标志。这些标志构成了到文艺上的寓言的过渡，这些在下文将继续讨论。希腊雕塑注重于直观，所以，希腊雕塑是符合美学准则的；印度的雕塑则注重概念，因此，印度雕塑是象征性的。

这些有关寓意画的结论是基于我们到此为止对艺术的内在本质所作的思考和考察，并与之丝丝入扣；所得出的结论与温克尔曼的观点是恰恰相反的，因为温克尔曼远非像我们那样把寓意画解释为某种与艺术的目的毫不相干的，并且经常干扰艺术目的的东西，他处处着力为寓意画说话，甚至（在《全集》第 1 卷，第 55 页及后面）认为艺术的最高目的是“表现普遍的概念和非感性的事物”。每个人都尽可以赞同这个或者那个观点，但从温克尔曼的这些和类似涉及美的形而上学的观点中，我非常清楚地感受到了这一真理：一个人尽管对艺术美有极大的感受力和能够得出至为正确的判断，但仍可以没有能力就美和艺术的本质给出抽 324
象的和严格意义上的哲学说明和解释，正如一个人可以道德非常高尚，有非常温柔的良心，在个别情形中能够非常精确地作出裁定，但却并不因此就有能力在哲学上探究出他的行为的伦理道德方面的含义，并将其抽象地描述出来。

但寓意与文艺却有一种完全有别于其与造型艺术的关系，并且虽然寓意在造型艺术中是要不得的，但在文艺中是可允许的和能为目的服务的。这是因为在造型艺术中，寓意引导人们从直观给出的、从一切艺术的真正对象转移到抽象的思想；但在文艺中，却是相反的情形：在此，那用字词直接说出的是概念，接下来的第一个目标一定是引导人们从这些概念到达直观的东西，把这些直观的东西显现出来的工作必须交由听者的想象力去完成。假如在造型艺术中，我们从直接给出的东西被引导到其他的东西，那其他的东西始终是一个概念，因为在此只有抽象的东西是无法直接给出的；但一个概念永远不应该是一件艺术作品的源泉，传达这一概念也永远不应该是这艺术作品的目的。相比之下，在文艺中，概念是材料，是直接给出的东西，因此我们很可以离开这些概念材料以便召唤出完全不同的直观性的东西，而文艺的目的也就达到了。在一部文学作品的内在关联和框架中，不少概念或者抽象的思想是不可缺少的，但这些概念和抽象思想本身却无法直接让我们直观，这些经常只能通过其所概括的一个例子让人得以直观。这也就是每一个比喻说法，每一个暗喻、明喻和讽喻所做的事情，所有这些只是在其表达的长短和详略方面有所区别。所以，在语言艺术中，明喻和寓言会产生上佳的效果。关于睡眠，塞万提斯说得多美啊，他要表达的是睡
325 眠让我们脱离了一切精神上的和肉体上的痛苦，“那就是一件覆盖了整个人的大衣”。克莱斯塔在这一诗句中多么优美地以比喻表达了这一想法：哲学家和探究者启蒙了人类：

> 他们夜间的灯火照亮了整个地球。

荷马又是多么有力和直观地描绘了带来祸患的阿忒[*]：“她有柔软的双足，因为她并不踩在坚硬的地板上，只是踏步在人的头上。”（《伊利亚德》，第19篇，91）梅尼纽斯·阿格里帕有关肚子和四肢的寓言给那些要分离出去的罗马市民留下了多么强烈的印象。我已提到过的柏拉图在《理想国》第7章开首有关洞穴的比喻，多么优美地表达了一个至为抽象的哲学教义。同样，关于珀耳塞福涅的寓言也可被视为一个意

---

* 引诱人或神失去理智而发狂的女神。

涵深刻、带哲学意味的寓言，因为珀耳塞福涅在阴间品尝了一个石榴就陷入了阴间。这种含义，经过歌德对这寓言无论怎样赞叹都不为过的处理（歌德把这作为插曲写入《感伤主义的胜利》）而变得尤其明白易懂。据我所知，有三部详尽的寓言式作品：一部是开诚布公的寓言作品，即由巴尔塔扎尔·格拉西安写的无与伦比的《批评家》。这部作品是由多个彼此相接的、极富含义的寓言组成的巨大和丰富的篇章，在此，这些寓言就是包裹道德性真理的轻松愉快的外衣，他恰恰以此给予了那些道德性真理以直观性，并以其丰富的构思和创作而让我们惊讶。两部含蓄的寓言式作品是《堂·吉诃德》和《格列佛游记》中的《小人国》。前者寓意了每一个这样的人：他并不像其他人那样一心只关注自己个人的安逸，而是追随一个客观的、理想中的目标；这一目标占据着他的思想和欲求；这样，在这一世上，这个人当然就显得稀奇古怪了。至于格列佛，我们只要把所有身体上的东西从精神上看，就可看出哈姆雷特会称这种人为刻薄鬼，指的是什么意思。所以，既然在文学寓言中所给出的始终是概念，文学寓言就是要通过一幅图像把这概念直观地
表现出来，那这文学寓言有时候还可以通过一幅绘画来表达，或者支 326
持。但这样的绘画因此不能被视为造型艺术的作品，只能被当作标示出特征的象形文字；并不能说具有绘画的价值，而只有文学的价值而已。属于这一类的有拉瓦特的一幅优美寓意性装饰图案：这样的图案对每一个高贵地捍卫真理的人都必然会发挥出激励人心的作用：一只拿着烛光的手，被一只马蜂蜇刺，蚊子在上面的火苗中燃烧，下面则是这样的警句：

虽然烧焦了蚊子的翅膀

炸碎了它们的颅骨和脑浆，
光明仍是光明，
尽管恼怒至极的马蜂蜇刺着我，
我也不会放手。

属于这一类的还有刻着被吹灭了、冒着烟的蜡烛图案的墓碑和圈形碑文：

当烛火熄灭，就可清楚地看出
那燃烧的到底是油脂还是蜜蜡。

最后，这一类的还包括一幅古老德国的家谱图：这源远的家族的最后一个子孙，以此方式表达了决心要完全禁欲和贞洁直至此生终结，并因此让其家族灭绝：他描画自己在那长有众多枝杈的大树的根上，用剪子剪掉了上面的树干。上面所提及的、一般名为标志的象征画——这些也可称为带有明显教诲寓意的短小图画寓言——根本上也属于此类。这一类寓言始终归于文艺而不是绘画一类，也恰恰因此在这方面有了合理的解释：在此，图像的安排和处理始终是次要的事情，对其所要求的不过是把关键性的东西表现得让人识别出来。但在文艺中，正如在造型艺术中那样，假如在所直观展示的与以此所指示的抽象东西之间并没有除了主观任意以外的任何其他联系，那寓言就会成为象征。因为所
327 有象征性的东西归根到底都建立于约定俗成，所以，象征的其中一个缺点是其含义会随着时间而被人遗忘，然后完全湮没。假如不是已经知道的话，谁又会猜到鱼为什么成了基督教的象征？只有一个商博良而已，因为那鱼完全彻底是一个语音学的象形文字。所以，约翰的启示作为一个文艺方面的寓言，现在大约就跟刻着伟大的太阳神米特拉的浮

雕差不多了，人们仍在不断地对后者给出各种解释。[1]

§ 51

现在，假如我们带着到此为止对艺术泛泛的思考，从造型艺术转到文学艺术，那我们就不会怀疑文学艺术的目的也在于揭示理念，揭示意欲客体化的等级，并且是以当初诗意的情怀，在把握这理念的清晰和生动时，把这理念传达给读者。 理念本质上是直观的；因此，假如在文艺里直接通过字词传达的只是抽象的概念，那目的很明显是让读者通过这些概念的代表而直观到生活中的理念，但这只能借助于读者自己的想象力才可以发生。 为了让这想象力符合这目的地活动起来，那抽象的概念，亦即无论是诗歌还是最枯燥干巴的散文的直接材料，就必须得到如此这般的安排，好让它们的含义圈相互交错，以致没有什么概念得以保持其抽象的普遍性。 取而代之的，出现在想象力面前的，是一个直观的代表，而这直观的代表就根据文学家的目的由文学家的词语而不断地调节和修改。 正如化学家从完全清晰和透明的多种液体中通过其合并、结合而得到坚固的沉淀物，文学家也懂得从概念抽象的、透明的普遍性中，通过其把它们连结起来的方式，仿佛沉淀出具体的、个别的、直观的表象。 这是因为理念只能直观地被认识，而认识理念则是一切
艺术的目的。 文艺中的高超技艺，一如化学中的高超技艺，就是让人 328
们总是可以得到恰恰是那目标中的沉淀物，文艺中的许多形容词就是为此目标服务的。 通过这些形容词，每一个概念的普遍性就越来越多地

[1]《作为意欲和表象的世界》第2卷第36章补充这里。

受到限制，直至成了直观的东西。荷马给几乎每一个主词都加上一个修饰词，这修饰词的概念裁剪了主词的含义圈，并马上显著地缩小了主词含义圈的范围，这主词概念也就以此大幅地接近直观，例如：

> 太阳神的灿烂光芒沉入了海洋
>
> 拉着黑夜覆盖了生产食物的大地。
>
> ——《伊利亚特》,8，485

还有：

> 温和的风从蓝天吹来，
>
> 桃金娘静立着，高耸的是月桂。

从那寥寥几个概念，就为想象沉淀出南方气候的喜悦。

文艺的一种相当特别的辅助手段是节奏和韵律。对其令人难以置信的强烈效果，我除了给出这一解释以外，更无法给出别的任何其他解释：我们那本质上与时间连结在一起的表象能力，因此也获得了一种特性，而由于这一特性，我们的内在深处就会跟随每一种有规律性重复的声响，仿佛要一起加入合唱似的。这样的话，那节奏和韵律就部分地成了吸引我们注意力的东西，因为我们自愿地追随着这吟咏；也部分地通过这吟咏让我们对所吟咏的东西产生了一种盲目的、先入为主的唱和，而这就让所吟咏的东西获得了某种独立于一切根据理由的、加强性的令人信服之力。

由于文艺借以传达理念的素材——亦即概念——所具有的普遍性，所以，文艺领域的范围是非常广阔的。整个大自然、所有等级的理念都可以由文艺表现，因为文艺根据所要传达的理念，所采取的方式时而

是描述性的，时而是叙述性的，时而又是直接戏剧化表现的。假如在 329
表现意欲客体化的较低等级时，造型艺术大都优于文艺，因为没有认识力和仅仅只是动物性的大自然在某一独特的、被很好地抓住了的瞬间就已显露出了几乎全部的本质，那么，相比之下，只要人不是仅仅通过其体型和面部表情来表达自身，而是通过连串的行为、行动及与此相伴的思想和激情这样做，那人就是文艺最主要的题材，在这方面，任何其他艺术都无法与文艺比肩，因为在这方面，文艺有进展、变化的优势，而这优势是造型艺术所没有的。

揭示意欲客体化的最高等级及其理念、把人及其连贯的一系列追求和行为表现出来，因此是文艺的重大课题。虽然经验和历史都教导我们认识人，但那更多的是认识人们，而不是认识人，亦即它们更多的是给予我们有关人与人之间的行为、举止的经验记录——由此产生出有关自己行为、态度的规则——而不是让我们对人的内在本质有了深刻的洞察。然而，经验和历史并未完全排除人的内在本质，但是，每当在历史中，或者在自己的经验中，透露给我们的是人的本质本身，那我们对自己的经验、历史学对其历史的把握，就已带着艺术的眼光，就是带着诗意，亦即把握了那理念，而不是那现象；这种把握是根据其内在本质，而不是根据其关系。我们自身的经验是理解文艺和历史必不可少的条件，因为那就好比是这两者所说的语言词典。但历史与文艺相比，其实就犹如肖像画与历史画之比：前者在个体中、后者在大体上给出了真实的东西。前者具有现象的真实，能够以现象证明；后者则具有理念的真实，这种真实无法在任何某一单个现象中找到，但却是从所有的现象中表达出来的。文学家有选择和有目的地把在意味深长的处境中的意

味深长的性格人物表现出来。历史学家则把所出现的处境和人物记录
330 下来。确实，对于事件和人物，历史学家并不可以根据事件和人物内在的、真实的、表达出理念的意义和重要性对其观察和选择，其实，他的观察和选择要根据事件和人物外在的、表面的、相对的、与内在联系相关的、与其后果相关的重要性。他不可以就事情本身、根据其本质特性和表达来考虑，而是要根据其关系、所在的环节、对后果的影响，尤其是对其时代的影响来考虑一切。所以，历史学家不会忽略一个君王的一桩没有什么意义、其本身的确是平凡普通的事情，因为这桩事情是有后果和影响的。相比之下，出类拔萃的个别人，其含义至为丰富的行为，假如并没有任何后果、没有任何影响，就不会被这历史学家所提及。这是因为历史学家的考察紧随着根据律，所抓住的是现象，而根据律就是现象的形式。但文学家把握的是理念，是人类的本质，是在一切关系之外，在一切时间之外，是自在之物在最高等级的充分客体化。虽然采用历史学家的那种必需的考察方式，现象的内在本质和含义、那所有外壳的核心也永远不会完全丢失，起码那些要寻找这些东西的人还是可以发现和认识它们的，但是，就其本身而言重要的东西，而不是只在关系之中才是重要的东西，亦即理念的实际展示，在文学中要比在历史中准确得多和清楚得多。因此，虽然这听起来非常的离奇，但可以认为文学比历史学有更多的、真正的、内在的真实。这是因为历史学家必须根据生活精确地追踪个别事件，留意其循着多方盘绕的因果链条在时间上的进展，但历史学家却不可能掌握有关这方面的所有资料，一切都被看到，或者一切都被查明。他每一刻都会失去其图像的原型，或者某一虚假的图像会取而代之，这种事情是如此的习以为常，

以致我认为可以认定：在所有的历史学中，虚假的东西比真实的东西还
要多。相比之下，文学家却是从某一确定的、恰恰是要表现出来的一 331
面把握了有关人类的理念，那在此向他的客体化展现的，就是他自己的本质本身。他的认识，正如上面在讨论雕塑时所分析过的，是半先验的，他的范本就在他头脑里，扎实、清晰、明亮，是不会弃他而去的。因此，文学家在其精神思想的镜子里向我们清晰和纯粹地展现了理念，直至个别细节的描绘都是真实的，如同生活本身。[1]那些伟大的古代历史学家因此在欠缺资料的细节上，例如，在他们的英雄或主人公的演说中，就变身成文学家；事实上，他们对素材的整个处理方式已接近史诗式的：这恰恰给予了他们的叙述以统一性，就算在他们无法接触到外在的真实情形，或者在真实情形遭到歪曲的情况下，也能让其叙述保持内在的真实性。假如我们刚才把历史比之于肖像画，与文艺相应于历史画恰成对照，那我们发现温克尔曼的名言，即肖像应该表现出个体的

---

[1] 不言自明，我这说的始终只是那如此稀有的、伟大的、名副其实的文学家，而绝对不是那些索然无味的平庸诗人、蹩脚诗人和无稽之谈的杜撰者。后者在当今德国可谓疯长起来，人们应该从四面八方冲着他们的耳朵不停地喊道：

神灵也好，凡人也罢，甚至广告柱子，

都不允许诗人是个平庸之辈。

这一点本身是颇值得我们严肃考虑的，即这一大帮平庸文人浪费了自己和别人的多么大量的时间和纸张，造成了多么有害的影响，因为读者公众一来总是追逐新的东西，二来从本性上更倾向于肤浅的和颠倒的东西，因为这些东西与他们更同气相通。因此，那些平庸之人的著作把读者公众从真正的杰作引开，挡住他们，让他们无法通过阅读这些杰作得到教益，所以是在直接对抗天才所产生的有利影响，变本加厉地败坏人们的趣味，并妨碍时代的进步。因此，文艺批评和讽刺性作品本应毫不宽容和毫无怜悯地鞭挞那些平庸文人，直至他们为了自己的好而更宁愿把闲暇花在阅读好的作品，而不是写出坏的东西上。这是因为假如连温和的缪斯之神也被能力不逮的拙劣之作搞得如此恼火，以致他可以剥了马耳叙阿斯的皮，那我就更不明白平庸文艺基于什么样的理由可以要求得到人们的容忍。

332 典范，也是古老的历史学家所遵循的，因为历史学家是以如此的方式表现那些个体的，以致在其中所表达的人的理念的一面凸显出来了。相比之下，现代的历史学家，除了极少数以外，大都只是给出了“一个垃圾圆桶和一个废物间，顶多是对某事情的小题大做”。因此，谁要想依照人的内在的、在一切现象和发展中都是同一的本质，依照人的理念而认识人，那他们就会发现伟大的、不朽的文学家比起历史学家更有能力向我们呈现一幅真实得多和清晰得多的图画，因为就算是历史学家中最好的，作为文学家也不是第一流的，也不是可以自由放开手脚的。在这方面，我们可以把历史学家与文学家的关系以这一比喻来说明。纯粹的、单纯的、只是根据资料而工作的历史学家，好比是一个没有数学知识的人：通过测量来探究他偶然发现的图形之间的关系，这以经验为依据的陈述因此带有制图中的一切缺陷。相比之下，文学家就像数学家：他在纯粹的直观中先验地构建了那种关系，然后表达出来，并不按制图中真实的样子来陈述，而是一如其在理念中的样子，这就是那描画应该让我们感知到的。所以，席勒说了：

> 那从来和在任何地方都不曾发生过的，
> 是唯一永远不会变老和过时的。

在认识人的本质方面，我必须承认传记，尤其是自传，比真正的历史——起码是惯常所处理的历史——更具有价值。因此，这部分是因为在自传中，资料比在历史中更准确和更完整地收集在一起；部分则因为在真正的历史中，活动的与其说是人，不如说是民族和军队，而那些登场的个别人，是在如此遥远的距离中显现，伴随着如此之多的环境、人

事，同时还被僵硬的国家外衣或者沉重、僵硬的盔甲所遮蔽，以致很难
透过所有这些认清人的活动。 相比之下，那忠实描绘出来的个人生活
却展示了在狭隘范围中人们行为方式的各种细腻微妙之处和形态、个别 333
人的出众之处、美德，甚至圣者特性，以及大多数人的颠倒、可怜、狡
猾和不少人的卑鄙下流。 再者，在我们这里唯一所考察的方面，也就
是在涉及那显现之物的内在意义方面，那行为（行动）所围绕的对象，
到底是微不足道的事情抑或事关重大，是农家院落抑或君主王国，从相
对的角度看，确实是无关宏旨的，因为所有这些东西，其本身是没有意
义的，也只有在意欲受到其鼓动的情况下，这些东西才获得了意义：仅
仅只是通过与意欲的关系，动因才具有了意义；相比之下，动因作为事
物与其他这样的事物的关系，却一点都不会考虑的。 正如一个直径 1
寸的圆圈与一个直径 4 千万里的圆圈都完整地具有几何学的特性，同
样，一处乡村的事件和历史与一个帝国的事件和历史在本质上是同一
的，我们既可以通过前者也可以通过后者研究和了解人类。 人们也错
误地以为，自传是充满谎言和伪装的。 其实，说谎（虽然无论在哪里这
都是可能的）在自传中或许比在任何其他地方都要更困难。 伪装在单
纯的谈话中是至为容易的；的确，这听起来像是怪论，但伪装在一封书
信中根本是更困难的，因为在书信中，写信人沉湎于自己，看到的是自
身而不是外在，陌生的和遥远的东西都难以靠近他，对其他人所造成的
效果的程度，又并非就在他的眼前。 而这些其他人，冷静、泰然，处于
一种写信者所不知道的心境，反复多次地和在不同的时间里读信，所以
轻易就会发现那隐藏着的目的。 我们也最容易从一个作者的书里了解
作者的为人，因为所有上述条件在此更强有力地和更持久地发挥作用。

在一本自传里伪装自己是如此的困难，以致或许没有一本自传的真实性会在总体上输于任何一本以其他方式写出来的历史。那记录下自己的一生的人，在总体上和大致上纵览自己这一生，个别的细节变小了，近
334 的东西变远了，遥远的东西又变近了，个中的顾虑也减少了。他是坐下来忏悔的，并且是自愿这样做的。撒谎的精灵在此并不容易抓住他，因为在每个人那里也有一种对真实、对真相的倾向，而这倾向在撒谎时是必须首先克服的，这倾向恰恰在此占据了一个非常强有力的位置。传记与民族历史之间的关系可以通过下面的比喻而变得直观易懂：历史向我们展示的人类，犹如一处高山的风景向我们展示的大自然：我们可以一下子看到许多东西，延绵宽阔的平原、雄山峻岭，但没有什么东西是清晰的，也无法让人认识其整个真正的本质。相比之下，对个人生活的描述给我们所展示的，犹如我们在漫步和流连于大自然的花草、树木、岩石和流水时所认识的大自然。正如通过风景画——艺术家在此让我们通过其眼睛看到了大自然——让我们对其理念的认识和获得为此所必需的、没有欲求的、纯粹是认知的状态就变得更容易，同样，对表现我们在历史和传记中能够寻找的理念来说，文学艺术远远优于这两者，因为在此，天才把一切都映照得清楚明白的镜子放在我们的面前，在这面镜子里，所有关键性的和意味深长的东西都聚集在一起，在最明亮的光线下摆在我们的面前，一切偶然的和不相干的东西一概排除在外。[1]

要描述人的理念，要完成文学家的责任和义务，文学家可以要么采

---

[1]《作为意欲和表象的世界》第38章补充这里。

用被描述者同时也是描述者的方式，这就是抒情诗、真正的歌谣的情
形。在抒情诗里，诗人只生动地直观和描述自己的状态，这样的话，由
于其题材，这类诗歌本质上就带有某种程度的主观性。要么那被描述
者与描述者是完全不同的，一如所有其他的、描述者多多少少隐藏在被
描述者后面并最终完全消失的诗歌类别。在叙事曲谣里，描述者仍大 335
致上通过整体的语调和态度来表达其自身的状态。因此，虽然叙事曲
谣要比歌谣客观得多，但叙事谣曲仍有某些主观成分，这些主观成分在
田园诗中已经更多地消失了，在小说中则消失更甚，在真正的史诗中几
乎完全消失，在戏剧中则消失殆尽了，而戏剧是最客观的，在不止一个
方面是最完美，也是最困难的文学种类。抒情诗一类也恰恰因此是最
容易的，并且假如说艺术在其他情况下只是稀有的真正天才的事情，那
就算总体上并不是非常杰出的人，假如他事实上受到了来自外在的强力
激发，由于某一热情和兴奋而提升了他的精神思想力，那他也会写出一
首优美的歌谣，因为这所需要的只是对自己在兴奋瞬间的状态有一种鲜
活的观察。证明这一点的是，许多单首歌谣是由在其他方面并不知名
的个人所创作的，特别是德国的民间歌谣。这些民间歌谣的优秀合
集，我们可在《魔法号角》中找到。还有，在所有语言中不计其数的
爱情和其他民间歌谣。这是因为逮住瞬间的心绪并形之于歌谣是这一
类别诗歌所做出的成就。但在真正诗人的抒情作品里，所反映的是整
个人类的内在；并且数以亿万计以往存在过的、现在的和将来存在的
人，在同样的、因为总是重复的处境中所感受过的和将要感受到的一
切，都会在这些作品中找到与其对应的表达。因为那些处境，由于其
不断重复，恰如人类一样，都是恒久的存在，总是召唤起同样的感

受，所以，真正诗人的抒情诗历经数千年，仍然是精确、有力和新鲜的。但假如诗人根本是一个一般的、普通的人，那所有能够感动人心的东西，人的本性在随便任何一种处境所能够发泄出来的东西，寄居和笼罩在人的胸中某一角落的东西，就是他的主题和素材，一如此外其余的整个大自然。因此，诗人既可以歌吟情欲，也可以赞美神秘主
336 义；既可以是阿那克里翁，也可以是安吉奴斯·西勒修斯；既可以写出悲剧，也可以写出喜剧；既可以表现崇高、庄严，也可以表现一般、庸俗的情操——这都根据心境和内心的使命感而定。据此，任何人都不可以向一个诗人规定要高贵和庄严，要虔诚，要有道德，要符合基督教教义，要这样做或者那样做，也更不可以指责他是这个样子而不是那个样子。诗人是人类的一面镜子，并且把人类的所感和所做引入意识之中。

假如我们现在更仔细地考察真正的歌谣的本质，并把杰出的和纯粹的范本，而不是那些已经在某些方面接近于另一类别的诸如叙事歌谣、哀歌、喜歌、箴言诗等作为例子，那我们就会发现歌谣的独特本质，在最狭隘的意义上就是我在下面所说的。塞满歌唱者的意识的是意欲的主体，亦即歌唱者自己的欲求，那常常作为一种被解除了、得到满足了的欲求（欢乐），但更常见的却是作为受到阻碍的（悲伤）欲求，而始终作为情绪、激情和动荡的心境。除此之外和与此同时，由于看到了周围大自然的景色，歌唱者意识到自己就是纯粹的、没有了意欲的认知主体，其沉着的幸福宁静，现在就与欲求永远受着压抑、永远感到不足所造成的压力形成了对照：对这种对照，对这种交替变换的感受，实际上是歌谣总体上所表达的和根本上构成了这歌谣状态的东西。处于这

种歌谣状态中，那纯粹认知就好像走近了我们，要把我们从欲求及其压
力中解救出来，而我们也就顺从了，但却只是片刻的时间，因为欲求、
念念不忘我们个人的目的，总是再度夺走我们的宁静直观；但又总是再
度吸引我们脱离欲求的，是下一个优美环境景色——在这美丽环境中，
那纯粹的、不带意欲的认知就在我们身上出现了。所以，在歌谣和抒
情的心境中，欲求（目标的个人利益）和对周围景色的纯粹直观奇怪地
混杂在一起：人们探索和想象着这两者间的关系；那主体的心境，意欲 337
的感受，传给了所直观的环境，而环境又再度反射性地把其色彩传给了
主体心境。真正的歌谣就是这整个如此混合和分开的心境状态的写
照。为了以例子更好地让我们明白对这远非抽象的状态的抽象分析，
我们可以拿来歌德的任何一首不朽的歌谣，但特别清楚地可作此用途
的，我仅推荐这几首：《牧羊人的哀歌》《欢迎和再见》《致月亮》《在湖
上》《秋感》；在《魔法号角》里真正的歌谣也是出色的例子，尤其是以
“啊，布鲁门，我现在就要离开你”开首的歌谣。在我看来，沃斯的一
首歌谣，作为具有抒情特性的、滑稽性的、确实贴切的模仿作品是值得
留意的。在这首滑稽作品里，沃斯描绘了一个喝醉酒的屋顶工从钟楼
栽下来时的感受：他在下坠过程中简短地说了与他当时的状况很不相干
的话，这句话也属于他那摆脱了意欲束缚的认知：钟楼的钟恰好指示 11
点半。谁要是对抒情状态持有与我一样的上述观点，就也会承认：那
同样的观点其实是对在我的关于根据律的论文中所提出的，在这部作品
中也提到过的这一定律的直观和诗意的认识，亦即认知的主体与欲求的
主体的同一性，可以称为神奇至极的事情，以致歌谣的诗意效果最终实
际上建基于那一定律真理。在生命进程中，上述两个主体，或者通俗

地说，头和心是越来越彼此分离的：人们越来越多地将主体的感觉与客体的认知分离开来。在孩提时，这两者仍是完全融合在一起的：小孩并不怎么晓得把自己与周围环境区分开来，会与其环境变得模糊难分。到了少年，一切感知都首要促成了感觉和情绪，并事实上把自己与这些
338 混合在一起，正如拜伦非常优美的表达：

> 我并不活在我自身，我成为了
> 我周围的一部分；对我而言，
> 高山就是一种感觉。

正因此，青少年是如此执着于事物的直观外在一面；也正因此，他们只适合抒情诗、抒情文学，只有成年人才适合戏剧文学。至于老者，我们顶多可以想象其为史诗诗人，就像奥西恩、荷马，因为叙述属于老年人的特性。

在更客观的文学种类中，尤其是长篇小说、史诗和戏剧类，揭示人的理念的目的，则尤其是通过这两种手段达成的：通过准确和深刻表现出重要的人物性格和通过创作出饶有意味的场景以方便那些性格的展开。这是因为正如化学家的责任不仅在于把简单的材料及其主要化合物纯粹地和真实地展示出来，而且他们也有义务把这些东西置于一些试剂的影响之下，好让它们的特性在这些影响下变得清晰可见——同样，文学家的责任不仅在于把饶有意味的人物性格真确、忠实地展示给我们，就像大自然本身所做的那样，而且还要为了让我们认识那些人物性格，必须将那些人物性格置于能让其性格特性悉数展开的处境，将这些性格清晰地、轮廓分明地表现出来，而这些处境因此被形容为有意义的

或重要的。在真实生活和历史中，偶然性非常罕见地带来这种特性的情景，这些情景个别单独地存在，消失和湮没在众多没有意义的、不重要的情景中。情景的普遍性含义，一如对人物性格的安排和选择，把长篇小说、史诗、戏剧与真实生活区别开来。但情景和性格这两者，其最严格的真实性却是其产生效果的必不可少的条件，而性格中缺乏统一性、性格自身的矛盾或者与人的本质的根本矛盾，以及事件的不可能性，或者已接近不可能的不合情理，哪怕只是在枝节情景中，都会在文 339
学中造成损害，正如画错了的体型，或者不准确的透视，或者错误百出的光线在绘画中所造成的损害，因为我们在文学和绘画中所要求的是一面忠实反映生活、人类和这一世界的镜子，就只是通过那表现而清晰起来和通过安排而变得饶有意味。既然一切艺术的目的只有一个，即把理念表现出来；而这其中的区别只在于所要表现的理念是在意欲客体化的哪一个等级，而据此就规定了表现所用的材料——那么，甚至彼此相隔极远的艺术，都可以通过比较而互相阐明。所以，例如，为完整理解在水中所表达的理念，只是看到在平静的池塘和均匀流淌的溪流中的水是不够的，水的理念只有当水在各种情形和障碍下显现时才会完整展示，而这所有的情形和障碍作用于水，让水有机会表现其所有的特性。这就是为什么每当水奔腾而下、怒吼澎湃、泛起泡沫、重又迸发向高处，或者在瀑布般喷射往下，或者最后经过人工处理，迫使水流往上喷射出水柱时，我们会发现水是美的。这样，水在不同的情势下，就表现出不同的样子，却永远真实地保持着自己的性格特性：对水而言，往上飞溅与平躺如镜都是同样自然的；一旦情势出现，那水也就随时成为这个或者那个样子。那么，水利艺术家在液体物质方面所成就的，也就是建筑师在固体物质方面所成就的，是史诗和戏剧文学家在人的理念方面所成就的。展开和说明在每一种艺术对象中所表达出来的理念和在每一等级客体化的意欲，是所有艺术的共同目标。人的一生，在真实生活中大都展现得像水在池塘和河流中展现的样子；在史诗、长篇小说和悲剧中，所挑选出来的人物性格会被置于这样的处境，以致他们的所
340 有特性都会发挥出来，人们内心深处就会展现，在不同寻常的和饶有意义的行为中让人看出来。文学艺术就是这样客体化了人的理念，而人的理念的特别之处就在至为个体性的人物性格中表现出来。

悲剧应被视为文学艺术的顶峰，无论是在作用效果的大小方面，还是在成就的难度方面，都获得了如此的承认。下面这些对我们总体的考察是非常有意义的，也是值得我们重视的：这至高的文学成就，其目的就是表现出生活可怕的一面；人类无可名状的苦痛和悲伤、恶毒者的成功和胜利、偶然带着嘲讽的统治、公正者和无辜者无可挽救的失败，都在此一一展现给我们，因为这里有对世界和存在的本质某一意味深长的暗示。那可怕地显现出来的，是意欲与自身的矛盾和冲突——在此是在意欲客体化的最高等级上至为充分地展示出来的。这从人类的痛苦就可看出来，而造成这些痛苦的，一是由于偶然和错误，因为偶然和错误现身为这世界的主宰，玩弄那些看上去就像是故意的恶作剧而化身为命运；二是这些痛苦出自人类自身，是由于各个个体的意欲追求互相交错或互相对立，是由于大多数人的恶毒和颠倒所致。在他们所有人身上活着的和显现的，是同一个意欲，其现象却是在互相争斗和互相撕咬。在这一个体里，意欲显现为强大的；在那一个体里，意欲则显现为弱小的；在这更多一些，在那更少一些地达到思想和意识，并透过认知

之光而得到缓和，直至最终在个别者那里，这种认知透过痛苦本身而得到了纯净和提升，然后达到了这样的程度：那现象、摩耶之幕再也无法将其蒙蔽；那现象的形式、个体化原理被其识穿，那建基于此的自我和利己也就随之渐渐消失。这样的话，在这之前如此强有力的动因现在就失去了威力，取而代之的是对这世界本质的完美认识发挥了镇静剂的 341
作用而导致死心断念，不仅放弃生活，而且还放弃那整个生存意欲本身。所以，我们在悲剧里看到了最高贵的人，经过长时间的争斗和痛苦以后，最终永远地抛弃了其一直以来狂热追求的目标和生活中所有的乐趣，或者心甘情愿和高兴地放弃生活本身。卡尔德隆的坚毅的王子就这样做了，还有《浮士德》中的格雷琴、哈姆雷特（他的赫瑞修也宁愿追随他，但哈姆雷特吩咐他忍受苦痛在这寒冷的世界多呼吸一会儿，向人们讲清哈姆雷特的命运和净化对他的纪念），还有奥尔良的少女、墨西拿的新娘。他们都是经过痛苦得到了净化而死亡，亦即他们的死亡是发生在他们身上的生存意欲死亡了以后。在伏尔泰的《穆罕默德》中，甚至以那垂死的帕尔米拉向穆罕默德喊出的结束语逐字表达出来："这世界是暴君的，你就活下去吧！"相比之下，那种对所谓文学的正义的要求，是建基于对悲剧的本质，甚至对这世界的本质完全错误的认识。这种要求大胆地以其陈词滥调出现在塞缪尔·约翰生（Samuel Johnson）博士对莎士比亚的个别戏剧所作的批评中，因为他相当天真地哀叹其那些剧作完全忽略了文学的正义，而这种忽略确实是存在的，因为欧菲莉亚、苔丝狄蒙娜、考迪莉亚又犯了什么过错？只有那肤浅的、乐观的、新教—理性主义的或这种犹太教的世界观，才会提出这对文学的正义的要求，并以此找到满足。悲剧的真正意义就是这一深刻的领悟：剧中主人公所赎的，并不是他个人单独的罪孽，而是原罪，亦即存在的罪：

人最大的罪，
就是他诞生了。

正如卡尔德隆直截了当所说的。

342 有关悲剧的处理手法，我只说出这一看法。表现某一巨大的不幸是悲剧唯一根本性的任务。但文学家完成这一任务的许多不同的途径和方法，却可以分成三个下位概念。也就是说，这不幸可以因为一个人物性格异常的、已经接近可能性极限的恶毒而发生，这成了那不幸的策动者。属于这一类的例子是理查德三世，《奥赛罗》里的伊阿古，《威尼斯商人》中的夏洛克、弗朗兹·摩尔，欧里庇得斯剧中的菲德拉，《安提戈涅》中的克瑞翁，等等。此外，不幸也可以因为盲目的命运，亦即偶然或错误而发生，这一类的真正典范是索福克勒斯的《俄狄浦斯王》，还有《特拉基斯妇女》，而古人的大多数悲剧根本上也都属于此类。在现代悲剧中，例子是《罗密欧与朱丽叶》、伏尔泰的《坦克雷德》和《梅西那的新娘》。但不幸也可以最终仅仅是通过人们互相之间的位置，通过其关系而导致的，以致这既不需要某一惊人的错误或者某一闻所未闻的偶然变故，也不需要某一个在人性上达致恶毒的人物，而只需要道德方面很平常的人，在常常出现的情形下，相互之间处于如此的位置，以致其处境迫使他在明知道和在睁着眼睛看着的情况下给予对方最大的伤害，而在这过程中过错并不单独属于任何某一方。最后一类悲剧，在我看来远胜于其他两类，因为这类悲剧向我们表明：最大的不幸并不是例外的情形，并不是经由稀有的情形或者经由怪异、可怕的性格所造成的，而是某些轻而易举地和自动地发自人的行事和性格、几乎就是其本质性的东西，而这些东西也正因此可怕地发生在我们身边。假如我们把在另外两类悲剧中的残忍命运和骇人力量看作是恐怖的、令人吃惊的，但只是从在离我们很远的距离威胁着我们的力量，我们本身还可以躲过这些力量而用不着逃亡、放弃和断念；那么，最后一类悲剧 343
则向我们表明：那些破坏幸福和生活的力量，也是随时通过各种途径给予我们的，那最大的痛苦是经由错综交织的关系所致，其本质性的东西是我们的命运甚至能够接受，并通过我们或许会做得出来的行为造成的，所以，我们不应对不公有所抱怨。然后，我们就不寒而栗地感觉自己已经身处地狱了。最后一类悲剧的写作是最为困难的，因为人们在这些剧里所用的手段和驱动原因很少，仅仅只是通过人物所处的位置和人物的分派而取得最大的效果。所以，就算在许多最优秀的悲剧中也是绕过这一困难的。但可以举出一个作品作为这一类悲剧的完美典范，虽然在其他方面，这悲剧被同一个大师的其他作品所远远超越，即《克拉维戈》。《哈姆雷特》在某种程度上属于这一类——也就是说，假如我们只是考虑哈姆雷特与莱尔提斯、与欧菲利亚的关系的话。《瓦伦斯坦》也有这一优点。《浮士德》完全就是这一类悲剧——假如只把与格雷琴和其兄弟相关的事件作为主要情节考虑的话。高乃依的《熙德》也是同样的情形，只不过这剧欠缺了悲剧性的结局，而麦克斯与特卡拉的类似关系则有了悲惨的结局。[1]

---

[1]《作为意欲和表象的世界》第2卷第37章补充这里。

§ 52

到现在为止，我们对所有的优美艺术进行了与我们的视角相吻合的、泛泛的考察，从优美建筑艺术开始并以悲剧结束：优美建筑艺术本身的目的是阐明意欲在其可见的最低等级的客体化，而在这最低的等级，意欲展现为大块组织的、呆滞的、没有认识力的、有其规律性的争取和追求，并已显露出自身的不和与争斗，那也是重力与刚性之间的争斗；悲剧则是在意欲客体化的最高等级，把意欲与自身的冲突及其骇人
344 的程度和范围清晰地展现在我们的眼前。经过所有这些考察以后，我们发现还有一种美术是排除在我们考察之外的，并且也不得不如此，因为在我们的系统性相互关联的表述中，并没有适合这艺术的位置，那就是音乐。音乐与所有其他艺术是完全分开的。我们在音乐中认识不到有关这世界本质的任何某一理念的复制和重现，但音乐是一种如此伟大和极其精彩的艺术，它是那样有力地作用于人的最内在深处，也在这内心深处得到了人们如此完全的和如此深刻的理解，它作为一种相当普遍的语言，清晰性甚至超过了直观世界本身。因此，我们在音乐中肯定可以找到更多的内容，而不只是莱布尼茨所认为的音乐就是：在算术中的一种无意识的练习，但与此同时，人们头脑中却不知道是在算数。[1]但莱布尼茨也是完全有道理的——如果他考察的仅仅是音乐直接的和外在的含义、音乐的外壳的话。假如音乐不外如此，那音乐所产生的满足肯

[1]《莱布尼茨书信集》，科尔托蒂版，第 154 封书信。

定相似于我们在正确除尽一道算题时所感受到的满足，而不可能是我们在看到我们的本质最深层内在得到表达时所感受到的那种真挚的喜悦。因此，从我们的审视角度看——在此，我们所注目的是美的效果——我们必须认定音乐有一种严肃得多和深沉得多、与这世界和我们自身的最内在本质相关的含义，而在这方面，音乐那可化为数的关系，就不是表现为符号所标示之物，而是首先表现为符号本身。至于音乐肯定是与这世界在某一意义上相关的，犹如描绘与被描绘之物、复制件与原件的关系，那我们可以从与其他艺术的类似性中推论出来：这种特性是为所有其他艺术所特有的，而音乐对我们的作用效果与其他艺术在总体上是一样的，只不过音乐的作用效果更强烈、更快捷、更必然和肯定。并且音乐与这世界的那种复制、模仿式的关系肯定是一种非常真挚的、极度真实和确实恰到好处的，因为音乐马上就能为每一个人所理解，并让人看出其中某种不会出错的特性，因为音乐的形式可以还原为完全确定 345
的、以数字表达出来的规则，而音乐是根本不可以偏离这些规则的，否则，那就不再是音乐了。但是，音乐与这世界之间的对比之处，音乐与这世界在模仿和复制关系方面，却是隐藏非常之深的。人们在任何时代都从事过音乐，但无法就此方面给出说明和解释。人们满足于音乐直接就可理解，所以就放弃了对这直接理解本身有一种抽象的把握。

经过我全神贯注于音调艺术的印象及其千变万化的形式，然后又再度仔细思考和回到我在这部著作中所陈述的思路以后，我有了对音乐的内在本质，对音乐与这世界的复制式关系的性质的说明和解释，而后一种复制式关系，就其类似性而言，肯定只能是假定的。这一说明和解释虽然对我自己是完全足够了，对我的探究来说是让人满意了，对那些追随我到此为止的思想和赞成我对这世界的观点的人来说，也同样是明白易懂了，但是，要证明这说明和解释，我知道根本上是不可能的，因为我要假设和确定音乐作为表象与某样本质上不可能是表象的东西的一种关系，音乐要被视为某样原件的复制品，而那原件本身却是永远不会直接成为表象的。所以，我所能做的只能是在主要考察各种艺术的第三篇的结尾处，陈述那对我来说是满意的对音调的奇妙艺术的解释，至于是赞同还是否定我的观点，只能听任音乐和我在这部著作中所传达的整个思想对每个读者所产生的作用效果而定。除此之外，我认为，要能够真心确信地赞同我将在此给出的关于音乐含义的表述，人们就有必
346 要经常带着对这表述的不断思考而听音乐，为此目的，人们又需要对我所阐述的整个思想非常的熟悉。

（柏拉图的）理念是意欲的充分客体化；通过描述个别事物而启发和增进（这只能是在认知主体那里产生某一相应的变化后才有可能）对理念的认识（因为艺术作品本身永远是这样的东西），是所有其他艺术的目的。因此，这些艺术品都只是间接地，也就是通过理念将意欲客体化，而既然我们的世界不是别的，而是理念的许许多多的现象，是借助于进入个体化原理（对如此个体而言的可能的认知形式）而成的，那么，音乐既然越过了理念，那也就是完全独立于现象的世界，是全然地无视它，在某种程度上，就算这世界不存在了，音乐也仍可存在，而对所有其他艺术而言，我们却不可以这样说。也就是说，音乐是整个意欲的一种如此直接的客体化和写照，一如这世界本身，甚至一如理念那样，而理念复制和增多了的现象就构成了个别事物的世界。音乐因此根本不像其他艺术那样是理念的写照，而是意欲本身的写照，而意欲的

客体化就是理念。也正因为这样，音乐的作用效果要比其他艺术有力得多、有穿透性得多，因为其他艺术说的是影子，但音乐说的是本质。既然那客体化在理念与客体化在音乐中是同一个意欲，只不过在这两者中，客体化的方式是相当不同的——那么，音乐与理念（其许许多多的和有欠完美的现象就是这可见的世界）之间必然有某种虽然不是绝对的直接相似性，但却是某种对应性、某种类似性。把这种类似性展示出来，会作为例证和解说有助于理解我的因话题晦涩的缘故而变得难懂的解释。

我在和声的最低音阶，在基本低音里重又认出了最低级别的意欲的客体化、无机的大自然、星球的团块。大家都知道，所有的高音阶，活 347
动轻盈而更快地减弱和消失，都被视为通过深沉的基本低音的谐振而产生出来的。在基本低音共鸣时，高音始终在同一时间轻声地相伴偕振，而和音的规律就是一个低音只有那些的确已经自动地通过谐振与其在同一时间响起来的（它的和音）高音相伴。这就类似于大自然全部的物体和组织都必然被视为通过星球的团块逐级演化而产生出来的，星球的团块既是前者的承载者，也是其源头，而高音阶与基本低音也是同样的关系。音的低度有一个界限，超过了这一界限，音声就再也听不到了，这是与这一事实相吻合的：物质没有了形式和质量是无法被感知的，亦即在物质那里，没有了某一再也无法解释的力的表现——理念就在这些表现中表达出来——是无法被感知的；更一般地说，并不存在完全不具意欲的物质。因此，正如这样的声音是与某一程度的音高分不开的，那同样，物质是与某一等级的意欲表现分不开的。因此，和音中的基本低音，对于我们犹如这世界中的无机大自然、最粗糙的团块，那是一切的基础，一切都源自此和从此发展出来的。再就是从产生出和声的全部协奏音里面，在低音和那引领的、唱出曲调的声音之间，我再度认出了理念的全部等级序列——而意欲就客体化在这里面。那些更接近低音的是那些理念等级中更低级的、仍然是无机的、但已经以不同的形式把自身表现出来的物体；那些处于更高音的，在我看来，则代表了植物世界和动物世界。音阶中的各个明确音程是与意欲客体化的明确等级、与大自然的明确物种并行的。偏离了音程中的算术准确性——这是由于某一调频或者由于所选择的乐调所致——就类似于个体偏离了
348 种属的类型；事实上，那并不会给出音程的不纯净的杂音，可以比之于两个不同种属的动物生出的怪胎，或者由人与动物生出的怪胎。但是，构成了和音的所有这些低音和协奏音，却缺少了前进中的那种关联、连贯性，这是唯独高音阶的、唱出旋律的声音才会有的，也唯独是这些声音才是快捷和轻盈地在转调和曲调、旋律中移动，但所有其他声音只能较慢地移动，并没有一种在每种声音中独自存在的关联。沉低音的移动是至为迟缓、笨拙的，那是最粗糙的团块组织的代表，其升、降只发生在大的音阶，在多个第三音、第四音、第五音，是永远不会围绕一个音调中发生的，除非那是通过双重对位而移位了的低音。这种缓慢移动对低音来说，在自然、物理上也是本质性的：在沉低音中的快速曲调、节奏或者颤音，甚至是无法想象的。更高的协奏音移动得更快捷，但并没有和谐的连贯性和有意义的前行，与之平行的是动物世界。一切协奏音的非连贯的进程和所受到的合乎规律的规定类似于：在整个缺乏理性的世界中，从水晶一直到最完美的动物，并没有任何生灵具有一种真正连贯性的意识可让其一生成为一个有意义的整体，

也没有任何一种生灵体验到连续的精神发展和通过教育完善自己。相反，这所有的生灵在任何时候都是划一地依照它们的式样而存在，受到固定、有力的法则的规定。最后，在曲调那里，在表现了一个整体的高音那里，即在由高音唱出的、引领整体和伴随着不受束缚的、任性的、在一个思想从开始到结束的前行中连续、充满意义的连贯性中，我再度认出了意欲客体化的最高等级，即人的深思熟虑的生活和追求。正如唯独只有人，因为其天赋理性，所以才会永远是瞻前和顾后其现实的和无数可能性的道路，并因此走完其深思的、理性的和因此成一连贯性整体的人生历程，与此相应，唯独只有曲调才从头到尾具有丰富意义的、 349
带目的的连贯性。所以，曲调叙述经深思和理性照明了的意欲的历史，而这在现实中的印痕就是它的一系列行为；但曲调说出了更多的东西，曲调叙述了意欲的秘密历史，描画了意欲每一次的激动、每一次的追求、每一次的活动、理性在“感觉”的广泛和否定性概念之下所概括的和无法更进一步抽象理解的一切。因此，一直就有人说了，音乐是情感和激情的语言，正如字词是理性的语言。柏拉图早就称音乐为：曲调的运行，模仿着灵魂的激动。(《法律篇》，7) 亚里士多德也说了：那些节奏和曲调，那些简单的音声，是如何成功地呈现了灵魂的状态的？(《问题集》，第 19 条)

那么，正如人的本质在于其意欲展开追求、得到了满足，然后又重新展开追求，就这样不断地持续；事实上，人的幸福和舒适只是这一点：那种从愿望到满足，然后又从这满足再度到新的愿望的转换能够快速地进行，因为不曾得到满足就是痛苦，对新的愿望的空洞的渴望就是无聊——同样，与此相对应，曲调的本质就是随时偏离主调音，通过千百条的途径不仅变到和声的音阶，变到第三音阶和自然音阶的第五级音；而且还要变到任何一个音，变到不协调的第七音和变到过度的音程，但随后始终是最终回到主调音；通过所有那些途径，曲调表达了意欲多样的追求，但也总是通过最终找回一个和音的音阶，甚至找回主调音而表达了满足。曲调的发明、在曲调中披露人的欲求和感受的所有深层秘密，是天才的工作，其作用效果在此比任何别处都要更明显，是
350 远离任何反省思考和有意识的打算的，并可被称为灵感。概念在此，一如在艺术方面，是不会带来有益的结果的。作曲家揭示了世界最内在的本质和说出了最深的智慧，所用的语言是他的理性所不理解的；他像一个受催眠的梦游者就事情给出了启示和说明，但在清醒以后对此却一无所知。因此，在作曲家那里，比起任何其他艺术家，人与艺术家都更加完全的分离和有所区别。甚至在解释这奇妙艺术的时候，概念就显示了其贫乏和局限。但我想继续完成我们的类比。正如幸福和舒适是从愿望到满足，然后从这满足又到新的愿望的快速转换，同样，快速的曲调并没有大的偏离，就是欢乐的；缓慢的、陷入痛苦的不谐和音，只有通过许多拍子才再度回到主调音的曲调，则类似于拖延了的、艰难得到的满足，是悲哀的。新的意欲激动的拖延，亦即倦怠，除了在那持续保持的主调音再也无法找到其他的表达，而那持续保持的主调音的效果，很快就变得让人无法忍受。非常单调的、空洞无物的曲调已接近这种效果了。快速舞蹈的短小、易把握的乐章似乎只是说着轻易就可达到的、平庸的幸福；相比之下，那大乐章庄严的快板，以其长音距和宽远的变音，标示了对某一长远目标更大的、更高贵的追求和最终这目标的实现。柔板讲述了一种伟大的和高贵的追求所要承受的痛苦，这

种追求蔑视一切渺小的幸福。 但小调和大调的效果却是多么的奇妙！那么让人惊讶的是：一个半音的变化、小第三音阶而不是大三音阶的进入，某一恐惧不安的痛苦的感觉就马上和不可避免地强加于我们，大调也同样瞬间就把我们从这感觉中解救出来。 柔板在小调中达到了至高痛苦的表达，成了最震撼人心的悲叹。 舞曲在小调中似乎标示了、错过了我们本应蔑视的小小的幸福；似乎谈论着几经辛苦艰难和繁重劳作达到了一个低下的目标。 永不枯竭的各种可能的曲调，对应着大自然 351
中永不枯竭的不同个体、外相和人生轨迹。 从一个音调到一个完全不同的音调的转换，因为这完全取消了与在这音调之前的连贯性，所以与死亡相似，因为个体在死亡中终结了，但在这个体中显现的意欲，却一如既往地存活，在另一个个体的身上显现，但这另一个体的意识与之前的个体的意识却是没有任何关联的。

在指出所有这些展示的类似性时，我们永远不要忘记：音乐与这些是没有任何直接关系的，那种关系只是间接的，因为音乐从来不会表现现象，只是表达一切现象的自在自身和意欲本身。 因此，音乐不会表达这种或者那种个别的、确定的欢乐，这种或者那种忧伤、苦痛、惊惧、欢腾、兴高采烈或者平心静气；而是表达那欢乐、忧伤、苦痛、惊惧、欢腾、兴高采烈或者平心静气本身，在某种程度上是在抽象中表达了这些东西，并没有任何附属之物，因而没有引起这些的动因。 但是，我们完全明白这是提取出来的精华。 由于这一原因，我们的想象这么容易被音乐刺激起来，现在就尝试去塑造那完全是直接向我们发话的、目不可视的、却如此生动活泼的精神世界，赋予其骨和肉，亦即让音乐以某一类似的例子体现出来。 这就是词语歌唱和最终的歌剧的由来，而这些歌词也正因此应该永远不要脱离其从属地位而喧宾夺主，把音乐当成表达它的一个手段，因为这是极大的失策和糟糕的本末倒置。这是因为无论在哪里，音乐表达的只是生活及其事件的精髓，而永远不是这些生活及其事件本身，这些东西的差别因此并不一定侵入到那音乐中去。恰恰是这为音乐所独有的普遍性，在最精确的确定性之下，给了音乐作为我们的一切痛苦的万应灵丹所具有的价值。因此，假如音乐太过想要为自己补充上歌词和根据事件作出改
352 编，那音乐就是想要说出一种并不属于自己的语言。没有人能像罗西尼那样完全摆脱这种错误做法。因此，罗西尼的音乐是如此清晰和纯净地说出了自己的语言，以致其根本不需要字词，并因此单是用乐器就造成其全部效果。

根据所有这里说的，我们可以把现象世界或大自然和音乐视为同样东西的两个不同的表达，那同样东西本身因此是这两种表达的类似性的唯一中介；要看出这种类似性，就需要对那同样的东西有所认识。因此，音乐假如被视为对这世界的表达，那音乐就是一种普遍性程度最高的语言，其之于概念的普遍性大概犹如概念之于单个的事物。但音乐的普遍性一点都不是抽象中的空洞的普遍性，而完全是另一种，是与一种无例外的清晰确定性联系在一起的。在这方面，音乐与几何学的图形和数字相似，后者作为经验中一切可能的客体的普遍形式和可以先验地应用于一切，却不是抽象的，而是直观的和无一例外是确定了的。意欲的一切可能的努力、兴奋和表现，在人的内心所发生的，理性将之投入“感觉”的广泛、否定性概念中的一切事情，都可通过无限多的可能曲调来表达，但始终是以单纯、普遍性的形式，并没有内容，只是根

据自在之物而不是根据那现象，就仿佛这是那现象的不带形体的最内在的灵魂。音乐与一切事物的真正本质的紧密关系，也可解释这一点：假如与某一场景、行为、事件、环境贴切的音乐响起，这音乐就似乎向我们透露那些场景、行为等的最秘密的意义，所给出的是对这些最准确和最清楚的注解；同样，谁要是完全投入一部交响乐所造成的印象中，他就宛如看到了世事和人生一切可能的事情在从他身边掠过，但假如他 353
回想一下，他却又无法给出那声响游戏与浮现在他脑海里的事物之间的任何相似性。这是因为音乐，正如我已说过的，是在这一方面区别于所有其他艺术的：音乐并不是现象的写照，或说得更准确一点，并不是意欲的充分客体化的写照，而是意欲本身的直接写照，因此给这世界的一切物质、有形的东西表达了形而上的东西，给一切现象表达了自在之物。因此，我们既可以把世界称为形体化了的意欲，也可称为形体化了的音乐。由此也就可以解释为何音乐让每一幅图画，并的确让现实生活和这世界的每一场景都马上显现出更高一级的含义；当然，那曲调与那既定的现象的内在神韵越类似就越如此。正是基于这个原因，我们可以为一首诗谱上音乐成为歌曲，或者为某一直观的表现谱曲成哑剧，或者为这两者谱曲而成了歌剧。人类生活的这些单个图像，被谱上音乐的普遍性语言以后，就再也不是永远以无一例外的必然性与音乐连结在一起，或者与这音乐相对应；其实，这些单个图像之于音乐，只是某一任意举出的例子之于一个普遍的概念：这些概念在现实的确定性中所表述的，就是音乐在单纯形式的普遍性中所说出的。这是因为曲调在某种程度上就像普遍概念那样是对现实的一种抽象概念。也就是说，这现实，亦即个别事物的世界，提供了直观的、特殊的和个体的东西，以及个别的情形，既为概念的普遍性，也为曲调的普遍性。但这两种普遍性之间却是互相对立的，因为概念包含的只是首先从直观中概括的形式，仿佛是从事物中剥下的外壳；因此，概念其实就是抽象物；而音乐却给出了最内在的、在一切形态之前的内核或事物的核心。这种情形可以很好地用经院哲学家的话表达，因为人们说概念是“事后的共
354 相”，但音乐给予了“事前的共相”，现实则是“就共相而论”。对为一首诗歌谱写的曲调的普遍意义来说，其他的同样是任意挑选出来的带有这曲调所表达的普遍性的例子，是在同样程度上与之相吻合的。因此，同样的乐曲可以适合许多首歌词，这也就是轻舞歌剧的由来。但总的来说，一首谱曲与一种直观的描述之所以是可能的，是因为正如所说的，这两者只是这世界的同一个内在本质的完全不同的表达。那么，当在某一个别情形里，这样一种关系的确存在的话，也就是说，当那作曲家懂得用音乐的普遍语言表达了构成一件事情的内核的意欲激动，那歌谣的曲调、那歌剧的音乐就是富于表现力的。但被作曲家发现的上述两者间的类似性，却必须出自对世界本质的直接认识，而这种认识是不为其理性所意识的，并且不应是带着有意识的目的、通过概念而达成的模仿，否则，那音乐就不是说出了意欲本身的内在本质，而只是不及格地模仿了意欲的现象，正如一切真正模仿性的音乐所做的那样，例如，海顿的《季节》和他的《创世记》的许多段落——在那里，音乐直接模仿了直观世界的现象；还有在所有的战斗段落里也是如此。这些都是要完全摒弃的。

一切音乐中无法言说的内在真挚感受——正因此，音乐作为一个如此完全熟悉的、但又始终遥远的天堂与我们擦身而过——是如此的完全

易懂，但又如此的无法解释，这就在于音乐再现了我们最内在的本质的所有波动，但又完全没有现实性，也远离现实性的痛苦。同样，音乐本质上的严肃性——这种严肃性把可笑的成分从其直接的地盘完全排除掉——可由此得到解释：音乐的客体并不是表象，也只有在表象方面才有可能发生错觉和可笑的事情；其实，音乐的客体直接是意欲，而意欲本质上是至为严肃的，因为一切都取决于它。音乐的语言是多么的内容丰富和意涵深长，甚至可由那重奏符号，以及“返始”符号得到证
明，因为这样的重复在词语作品中将是无法忍受的，但在音乐作品中， 355
却是非常恰如其分和让人感觉非常舒服的，因为为了完全把握它，我们必须听上两遍。

假如我在这整篇有关音乐的阐述中致力于清楚地表明：音乐以一种至为普遍的语言说出了这世界的内在本质和自在的东西（而这些，我们根据其至为清晰的表现以“意欲”的概念思维），所用的是一种独特的材料，亦即单纯用音声，并且伴随着极大的确定性和真实性；再者，根据我的观点和追求，假如哲学不外是完整地和准确地重现和表达出这世界的本质，所用的是非常普遍的概念，因为只有以如此的概念才有可能对那整个的本质获得一个无论如何都是足够的和适用的概览——那么，谁要是理解我和融入我们的思维方式，就会发现我所说的这句话并不是那么的离奇：假设人们成功地给出了有关音乐的完全准确、全面和巨细无遗的解释，因而可以用概念透彻再现音乐所要表达的东西，这也就马上成为运用概念的、对这世界的充足重现和解释，或者至少是与此相同的东西，也就成了真正的哲学；我们因而可以对上面所引的莱布尼茨的话——在一个较低的角度看是完全正确的——在

我们对音乐的更高级观点的意义上讽刺性模仿为下面的说法：音乐是在形而上学中的练习，但头脑却不知道其在哲学中谈论哲学。因为知道（*scire*）一词，无论如何，意思都是已经沉淀为概念了。再者，既然由于莱布尼茨关于音乐的那句话是得到多方证实的真理，所以，不考虑音乐美学上的或者内在的含义，只是单纯从外在和纯粹从经验上看的话，音乐不外是手段，以此直接地和具体地把握更大的数字和集合一起的数字关系，而后者，我们一般只是间接地、通过概念上的把握才能认识——既然这样，那么，我们就可以通过把关于音乐的上述两种
356 如此不同的、但准确的观点结合起来，对一种数字哲学的可能性有了一个概念，诸如此类的数字哲学就是毕达哥拉斯的哲学，还有中国的《易经》的哲学；然后，依照这意涵来解释被塞克斯都·恩培多克勒（《反对数学家》，第7篇）所引用的毕达哥拉斯的那句话，一切都可与数相配。假如我们最后把这观点套用于上面对和音和曲调的解释与说明，那我们就会发现一种并没有解释了大自然的道德哲学，就像苏格拉底想要引进和推广的那种，很类似于没有和音的曲调——这也是卢梭唯独想要的；而与这相对应的，是与此形成对照的一种并没有伦理学的单纯物理学和形而上学。除了这些附带的思考，请允许我加上一些就音乐与现象大自然的类似性相关的看法。我们在之前的一篇里发现意欲的客体化的最高等级——人——并不可能是单独和割裂地出现的，而是以在人以下的等级为前提条件的，而这些又以更低的等级为前提条件。同样，正如这世界一样，音乐直接客体化了意欲，只有在完整的和音中才是完美的。曲调中的引领高音，要发挥出其全部效果的话，需要所有其他声音的伴奏，直至最低的低音，因为最低音可被

视为一切声音的起源：曲调本身是作为和音的不可缺少的一部分而参与到那和音中去的，也一如和音参与到曲调中去。也只有这样，以诸音具备的整体，音乐才能表达出旨在表达的东西，那个在时间之外的意欲也只有在其客体化的所有等级的完整结合中找到其完美的客体，而这些等级在提高了清晰性的无数程度上显露了其本质。下面这一类似性也是值得我们注意的。我们在之前的一篇中看到，尽管一切意欲现象在物种方面彼此适应，这引发了目的论的思考，但是，在那些作为个体的现象之间仍然存在一种无法消除的冲突和矛盾。这种冲突和
矛盾可见于那些个体的各个等级，把这世界弄成了那同一个意欲的所 357
有现象的一个永远的战场，而这个意欲与自身的内在矛盾也就以此变得肉眼可见了。在音乐中，也存在与此相对应的某样东西。也就是说，一个完美、纯粹和谐的声音系统不仅在自然物理上是不可能的，甚至在算数上也是不可能的，那些数字本身——通过这些数字，音声得以表示出来——就有无法解决的无理数：并没有任何音阶甚至只是可以计算出来——在这音阶里面，每一个五度音与基音的关系就跟 2 与 3 一样，每一个大三音与基音就跟 4 与 5 一样，每一个小三音与基音就跟 5 与 6 一样，等等。这是因为，假如音声与基音的关系是准确的，那它们互相之间的关系就不会是准确的，例如，五度音必须是小三音之于第三音，等等，因为音阶中的音声可以比之于演员，一会儿要扮演这一角色，另一会儿又要扮演另一角色。所以，一套完美、准确的音乐根本是无法想象的，更不用说要成为现实了；因此，每一种可能的音乐都偏离于完美的纯净性，仅仅只是通过将其本质性的不协和音分摊给所有的音声，亦即通过调频而掩盖那些不协和音而已。有关这

一点，大家可阅读克拉尼的《声学》§30，他的《音响学概览》第2页。[1]

我本来就音乐被感知的方式还有不少东西要说的，亦即音乐唯独只在时间中，通过时间，是完全排除掉空间的，也不受对因果关系的认知，亦即不受理解力的影响，因为音声已经作为结果造成美学的印象，用不着我们追溯产生这效果的原因，就像我在直观时所做的那样。但我不喜欢再更多地延长这方面的思考，因为我或许在第三篇里已经就不少问题讨论得太详细，或者太钻进了个别的事情。我的目标需要我这样做，并且人们也并不怎么反对——假如我们具体想到人们甚少足够认
358 识到艺术的重要性和极高的价值，考虑到根据我的观点，假如那总体可见的世界就只是意欲的客体化、镜子，是伴随着意欲为其自我认识之用，并的确是——这我们很快就可看出——为了其获得解救的可能性；与此同时，也考虑到世界作为表象，假如我们将其视为分离的——因为此时我们摆脱了意欲，唯独让其占据着我们的意识——那就是生活中最令人愉快的和唯一天真无邪的一面，那我们就必须把艺术视为所有这些的更高提升、更完美的发展，因为艺术本质上所成就的，恰恰是那同一个可见的世界本身，只是更浓缩、更圆满、伴随着周详的计划而已，而这因此可被命名为完整意义上的生活之花。假如这整个世界作为表象只是意欲的可见一面，那艺术就是对这可见一面的清楚说明，是把影像投在荧幕上的暗箱（这让对象物更纯净地显现和更好地让人一览无遗），是戏剧中的戏剧，是《哈姆雷特》的舞台中的舞台。

---

[1]《作为意欲和表象的世界》第2卷第39章补充这里。

一切美所提供的乐趣，艺术所给予的慰藉，艺术家的热情（这让艺术家忘记了生活中的劳苦），天才相对于其他人的这一优势（这是对他因为清晰的意识而在同等程度上感受的痛苦和对他在与其格格不入的种属中感受的寂寞孤独所给予的唯一补偿）——这所有的一切都是因为，正如稍后就会展示给我们的，生活的自在本身、意欲、存在本身，是一种持续的痛苦，有时候是悲惨的，有时候则是可怕的；相比之下，这些唯独作为表象、纯粹是直观或者通过艺术重现的话，那就是不带痛苦的，所提供的是一出意味十足的戏剧。世界这纯粹可认识的一面和以任何一种艺术对其的重现，是艺术家的基本特点。对意欲客体化戏剧的观赏把他吸引住了：他流连于此，不知疲倦地察看、思考这些东西和把这些东西描绘并重现出来，与此同时，自己承担了上演那些戏剧的费用，亦即事实上他自己是那客体化了的意欲，并持续地受苦。那种对 359
世界的本质纯粹的、真实的和深刻的认识，现在对于他成了目的本身，他就止步于此了。因此，那种认识在他那里，并不像我们在接下来的一篇中，在达到了死心断念的圣者那里所看到的那样，成了意欲的镇静剂，并没有从此永远地、而只是短暂瞬间地摆脱了生活；所以，对于他，那仍然不是走出生活的路途，而只是在生活中的暂时安慰，直至他那因此而提升了的力量最终厌倦了这游戏而去抓住严肃的东西。我们可以把拉斐尔的《弹风琴的圣塞西莉亚》视为这种转变的象征。这样的话，我们就在接下来的一篇中转向严肃吧。

第四篇　世界作为意欲再论：在达致对自我的认识时，对生命意欲的肯定和否定

认知一旦出现，爱欲和手段就开始抬头。

——杜伯龙，拉丁文版《奥义书》，第2卷，第216页

§ 53 363

我们考察的最后一部分可申明为最严肃的部分，因为这涉及人的行为，是与每个人都直接相关的话题。对此话题，人们是不会感到陌生或者漠不关心的；事实上，把所有的事情都与这话题联系起来，是如此符合人的本性，以致对所有系统连贯性的探究，人们都总是把与行为相关的部分视为所探究的全部内容的结果——起码只要这部分让他们感兴趣的话；人们因此会严肃认真地把注意力投入这一部分，尽管对除此之外的其他部分并不会感兴趣。在这所说的方面，我们可以依照惯常的表达方式，把我们现在接下来的考察部分称为实践哲学，与到现在为止所讨论的理论哲学相对应。但我的看法是：一切哲学都是理论性的，因为对哲学来说，不管探讨的题材是什么，关键是要始终对其纯粹地考察、思考，而不是写出要如何如何去做的规定。相比之下，哲学要成为实践性的，要指导行为，要塑造性格，那这些都是古旧的要求，随着更成熟的见解，这些要求最终是要放弃的。这是因为在此，所涉及的是一种存在的价值或者没有价值，所涉及的是获得解救或者被罚入地狱，所以，起关键性作用的并不是死板的概念，而是人自身的最内在的本质，是那指引着人的守护神，是那并非选择了人、而是人所选择的守护神，正如柏拉图所说的：是他的悟知性格，正如康德所形容的。美德是教不会的，正如天才也是教不会的一样。的确，对哲学来说，概念是不会有结果的，只是工具之用而已，正如概念对艺术也是一样的。因此，期望我们的道德体系和伦理学会唤起具有美德的、高贵的和神圣的人，

364 就如同期望我们的美学会唤起诗人、雕塑家和音乐家一样愚蠢。[1]哲学所能做的，不过是说明和解释现存之物，以具体的，亦即作为感觉让人人都能明白的方式，把世界的本质形之于理性的清晰、抽象的认识，但却是在每一可能的关系和从每个视角出发做到这一点的。正如我在这之前的三篇，以哲学所特有的普遍性，从不同的视角力图做到这一点，在这一篇里，我们将以同样的方式考察人的行为。而世界的这一面，不仅根据主观的判断，正如我之前所说的，而且根据客观的判断，都是被认为在所有的一切中是最重要的。在这方面，我将完全谨守到现在为止的考察方式，以到现在为止所表述了的前提作基础，并的确只是将那构成了这整部著作内容的单一的一个思想，一如到现在为止通过的所有其他题材的方式，现在就通过人的行为来继续阐明，并以此做出我为尽可能完美地传达这一思想所能做的最后的事情。

那所给出的视角和所申明的阐述方式已经告诉人们：在这篇伦理学中，人们不要期待有任何的规章、任何的义务学说，这一篇也不会指出有助于产生任何美德的某一普遍的道德原则，某一仿佛是万应验方一样的东西。我们也不会谈论任何“无条件的应当”，因为这些东西，正如在本书的“附录”中所阐明的，包含了自相矛盾；也不会谈论任何“自由的法则”，因为这也是同样的情形。我们根本不会谈论应当的问题，

[1] 假如情形不是这样，那历史随着基督教的出现就会显示人类有了明显的道德上的改进，而基督教因为早就宣扬了爱，所以，其伦理学是高于古代的伦理学的。但实情却相差无几。古人的道德水准与现代人起码是不相上下的，而中世纪的残忍却大大地超过了古代，并且还恰恰是经由基督教所引起的，例如十字军东征、宗教战争、宗教裁判庭和处决异端、对美洲绝大部分土著的种族灭绝，等等。（德文版编者注：这是《作为意欲和表象的世界》1819 年第 1 版便携本上的眉批。）

因为我们只是跟儿童和处于儿童期的人民才谈论这些东西，而不会向掌握了一个已成熟时代的完整文化的人这样说话。把意欲称为自由的，365
却给意欲规定了要如何展开欲求的法则——这的确是明显矛盾的。“应该这样欲求”，那就是“木制的铁”！根据我们的整个观点，意欲不仅是自由的，而且是万能的：从意欲不仅引出其行为，而且引出其世界；意欲是什么，它的行为就显现为什么，它的世界就显现为什么；这两者就是它的自我认识，此外再没有任何东西了。意欲决定自己，并恰恰以此决定这行为和世界两者，因为意欲之外不存在任何东西了，这些就是意欲本身。只有这样，意欲才是真正自主自决的，但依照所有其他观点，意欲并非是自主自决的。我们这哲学上的努力仅仅可以做到对人的行为、对人的行为所活生生表达的如此不同，甚至互相对立的行为准则予以说明和解释，根据其最内在的本质和内涵，与我们到此为止的思考联系起来，恰如我们在这之前对世界的其他现象那样尝试说明，将其最内在的本质整理成清晰的、抽象的知识。在这个过程中，我们的哲学将保持在整个到现在为止的考察中所保持的那同样的（在经验和知识范围之内的）内在性：这哲学不会违背康德的伟大学说而把现象的形式——根据律是这形式的普遍表现——作为撑杆，以此飞跃那唯独给予这形式含义的现象本身，降落在空泛虚构的漫无边际的区域。相反，这可认识的真实世界——我们就存在于这世界，这世界也存在于我们之中——始终是我们考察的素材，也是我们考察的界限：这世界的内涵如此丰富，就算我们能够做出最深刻的探究，也无法透彻阐明。因此，因为这真实的、可认识的世界对我们的伦理学考察是从来不乏素材和事实的，就像对之前的考察那样，所以，我们一点都不需要求助于内容空洞

的、具否定性质的概念，然后甚至让我们自己信以为真、眉飞色舞地谈
366 论“绝对的”“无限的”“超感官的”及其他类似的否定性陈述的时候，
我们真的就说出了点点东西（那不过是否定性的词语，相连着一个个含混不清的意思。尤利安，《演讲集》，第5）；我们可以简短一些，以“幻境”“仙境”代替之，我们用不着端上这种盖着盖子的空盘子。最后，我们在此也一如到现在为止那样，用不着讲述历史和故事，并把这些冒充为哲学。这是因为我们认为，谁要是误以为这世界的本质可以通过某种历史的方式来把握——无论这方式掩饰得多么巧妙——那他距离对这世界的一种哲学认识，还是天一般的遥远。而一旦在他对世界的自在本质的观点里出现任何某一“生成”“成为”，或者“将要成为”，任何某一“更早”或“更迟”有着点点的含义，并因此清晰或隐藏地寻找和找到这世界的一个开始和一个结束的点，连带这两者之间的路径，而那在作哲学论辩的个人，甚至认出了在这路径上他自己的位置——都是这所说的情形。这样的历史式哲学思考，在大多数情况下，会提供一种允许许多变种的宇宙起源和进化学说，要么就提供一种万物源自最高神的体系，一种堕落学说，或者最后，假如由于在上述途径徒劳无功而感到绝望，被迫采用了最后的路径，那就反过来提供一种关于从昏暗、从幽暗的原因，从原始的原因，从无原因向着光亮持续的生成、萌芽、形成、出现，以及诸如此类的胡扯。对这些瞎说，我们可以至为简短地用这一句话打发掉：那整个的永恒，亦即直至现在一刻为止的无尽的时间，已经结束了，所以，一切可以成为和应该成为的，必然早就成为了。这是因为这样的历史哲学，无论装出多么了不起的一副样子，它就是当康德不曾存在过似的，仍然把时间视为对自在之物的一

种规定，并停留在康德所说的现象，亦即停留在与自在之物相对立的东
西；停留在柏拉图所称的一直在成为但永远不是长驻存在的东西，与其
相对立的则是长驻存在而永远不是一直在成为之物；或者最后，就是停
留在印度人名为“摩耶之幕”的东西，而这恰恰属于根据律所控制的认
识；而以这样的认识，我们是永远不会抵达事物的内在本质的，只会没 367
完没了地纠缠于现象，没有终点也没有目标地随波逐流，与踏着轮圈的
松鼠差不多；直至人们终于困倦了，就在或上或下的顺便某个点上停
住，并想要软磨硬泡地从其他人那里取得一些敬意。对世界的真正的
哲学思考方式，亦即能向我们表明这世界的内在本质，并能以此引领我
们超越这现象的，恰恰不会追问从何而来、到何处去和为什么，而是时
时处处只是追问这世界是什么，亦即考察事物，并不是根据某一关系，
并不是其作为正在成为的和正在消逝的东西——一句话，并不是依照根
据律的四种形态之一种来考察事物，而是相反，其考察的对象物，恰恰
是在剔除了这整个跟着根据律走的考察方式以后所剩下的、那显现在所
有的关系之中但其自身却不会受制于这些关系的东西，这世界永远一样
的本质，这世界的理念。哲学，一如艺术，就从这样的认识出发，事实
上，正如我们将在这一篇中所看到的，甚至那唯独把我们引往神圣性和
引往解救的心境，也是出自这种认识。

§ 54

此书前三篇但愿已经引致这样清晰和确切的认识：意欲意识到这表象的世界就是它的一面镜子：在这镜子里面，意欲认出了自身，伴随着

的是逐级增加的清晰度和完美度，而到了其中最高级的就是人，其本质也只有通过人连贯的一系列行为才能得到完美的表现；而理性，那让意欲始终在抽象上浏览总体的理性，则把这些行为的自我意识到的连贯性变成了可能。

意欲，纯粹就其自身考察的话，是没有认识力的，只是一种盲目的、无法遏止的冲动和欲望，正如我们在无机的和植物的大自然及其规
368 律，以及在我们自己生命中的植物性部分看到其所呈现的那样；意欲通过那添加的、为其服务和进化了的表象世界，而认识了自己的欲求和它所意欲的是什么东西，认识到那不是别的，正是这世界，正是这生命，恰如它这样子。所以，我们把这现象的世界称为意欲的镜子，意欲的客体化；既然意欲始终所意欲的就是生命，也恰恰因为生命不过是呈现给表象功能的对那种欲求的描述，假如我们不说“意欲”，而说“生命意欲”，那也是一样的，只是词意堆砌而已。

既然意欲就是自在之物，就是这世界的内容、本质性的东西；既然生命、那可见的世界、那现象只是意欲的镜子，这些就与意欲不可分离地相伴随，如影随形。假如意欲在那存在，那生命、世界也将在那存在。所以，对生命意欲来说，生命是肯定的，只要我们充满着生命意欲，就不应忧心忡忡于我们的存在，在看到死亡的时候也不必这样。虽然我们看到个体的生、灭，但个体只是现象，其存在只是对囿于根据律、受到个体化原理束缚的认知而言；当然，对这种认知来说，个体接受其生命犹如接受一样礼物，是从无中产生出来的，然后通过死亡而失去了那一礼物，又重归于无。但我们想要从哲学，亦即根据生活的理念来考察生活，这时候，我们将发现无论是意欲、那在所有现象之中的

自在之物，还是认知的主体、那对所有现象的旁观者，都不会受到出生
和死亡的影响。出生和死亡恰恰属于意欲的现象，因而是属于生命
的；生命必须将自身表现在个体那里，而个体的生、灭，作为转瞬即逝
的、进入时间形式的现象，其实质本身并不认识任何时间，但却必须恰
恰以我们所说的方式表现出来，以便客体化其真正的本质。出生和死
亡以同样的方式属于生命，并且互为条件而保持平衡，或者假如我们喜 369
欢换一个说法，那就是全部生命现象的两极。最有智慧的神话，印度
神话，以这样的方式表达了这一点：他们恰恰是给予象征着破坏、死亡
的神祇（正如梵天，这三相神中最邪恶的和最低下的神祇，象征了生
殖、生成和维护神毗湿奴），给予湿婆以死人头骨项链的同时，也给予
湿婆以阴茎象征——这一生殖的象征——作为标志，而这生殖的象征在
此出现就是作为死亡的弥补和平衡，以此方式暗示了生殖和死亡是根本
的对应物，两者互相中和与抵消了。也就是这完全一样的观点和意
识，驱使希腊人和罗马人装饰其昂贵的豪华石棺，其方式恰如我们仍可
见到的那样，饰以庆典、舞蹈、婚礼、狩猎、斗兽、酒神狂欢，因而也
就是表现最强劲的生命渴望，而他们不仅以这样的联欢活动，而且还以
色情群体活动，甚至以森林之神萨蒂尔与山羊的交配向我们展现这一
点。这个中的目的明显是从所哀悼的个体的死亡，极为有力地指向大
自然的不朽生命，并以这样的方式——虽然在此不无抽象的知识——显
示这一点：整个大自然就是生命意欲的现象，也是生命意欲的实现。
这现象的形式就是时间、空间和因果性，而通过这些就是个体化，这个
体化所一并带来的个体必然是生和灭。但这并没有影响生存意欲（个
体好比是这生存意欲的现象的某一样品），正如大自然的整体并没有因

为一个个体的死亡而受到伤害。这是因为并不是这个体，而唯独种属才是大自然所关心的；大自然为了维护种属是极其严肃认真的，因为大自然为此通过极其大量的种子和通过繁殖授精冲动的巨大力量而做出了如此挥霍的安排。相比之下，个体对大自然是没有什么价值的，也不可能有价值，因为无尽的时间、无尽的空间和在其中无尽数目的可能的
370 个体，就是大自然的王国，因此，大自然随时准备好了让个体倒下。这些个体因此不仅以千百种的方式、通过至为微不足道的偶然而遭受死亡，而且本来就是注定要死亡的；从这个体为维持种属而服务的一刻起，就由大自然本身领向死亡。大自然以此方式率直地说出了这一伟大的真理：只有理念，而不是个体，才具有真正的现实性，亦即意欲完美、充分的客体化。那么，因为人就是大自然本身，而且达到了最高程度的自我意识，但大自然只是客体化了的生命意欲，所以，假如人领会了这一观点并保持这一观点，那就当然和有理由地通过回看大自然的不朽生命（而他自己就是这大自然），就他和他朋友的死亡得到安慰。因此，湿婆与那阴茎象征是要这样理解的，一如那些古老的石棺——那些石棺及其至为炽热的生命图画向悲泣的旁观者喊道：大自然是不会悲哀的。

至于生殖和死亡要被视为某些隶属于生命的东西和对意欲这一现象来说是本质性的，也出自这一点：生殖和死亡，在我们看来，只是构成了全部其余生命的东西的加强表现。也就是说，这两者不是别的，而完全是在固定恒存的形式之下物质的一种持续不断的变化而已；而这恰恰是在种属的永恒之下个体的生灭。那持久不断的营养和再生只是在程度上与生殖有别，而持久不断的排泄只是在程度上与死亡不同。前

者至为简单和至为清晰地显现在植物那里。植物完全彻底只是那同一种本能的持续重复，即植物最简单的纤维围绕着成为叶子和枝丫；是连贯地、有计划地把同种同类的、互相依托的植物集合起来，其持久不断的再生就是其唯一的本能。为了充分满足这一本能，植物借助于变态的阶梯而上升，直至最终的开花和结果，那也是其存在和追求的框 371
架——在此框架之中，它们经由某一捷径，达到它们唯一的目标：达到这目标时，也就一下子完成和实现了在此之前在各个细节上所要促成的：即这植物的自身重复。植物努力要结出果实与所结出的果实的关系，犹如书写文字与印刷的关系。在动物那里，这很明显是同样的事情。营养的程序是持续的衍生（生殖），衍生（生殖）的程序是一种加强了的营养；生殖行为（性行为）的快感是生命感觉加强了的惬意。在另一方面，排泄，那持续地呼出和扬弃物质，就是在死亡中加强了的、与生殖相对应的同样的东西。正如我们总是满足于保留那形式，而并不哀叹扬弃了的物质，假如在死亡时，那每天每时在单个个体那里，在排泄过程中自动发生的同样事情——这些事情发生时，我们可是一副无所谓的样子——以加强了的能量和在整体上发生时，我们也应持同样的态度，对这后一种情形，我们也不应该畏惧。因此，从这一角度看，要求那被其他个体取代的自己的个体性能够延续下去，就显得与要求他的身体不断被新物质所取代的物质能够持久存在是同样地荒谬；为尸体涂抹防腐材料看上去就跟小心保存其咳出的痰一样愚蠢。至于那与个体身体固定在一起的个体意识，可是每天都被睡眠完全中断。深沉的睡眠与死亡，对睡眠延续着的当下而言，是根本没有区别的，而深沉的睡眠每每持续地过渡到死亡，例如冻僵的情形；只是对将来而言，也就是在醒来的方面，才与死亡有所区别。死亡是个体性被忘记了的睡眠，所有其他睡眠都会再度醒来，或者毋宁说是一直醒着的。[1]

372 首先，我们必须清楚地认识到：意欲现象的形式，因而也就是生命的或者现实的形式，其实只是现时此刻，而不是将来，也不是过去：过去和将来只在概念中，只在认识的连贯性中——只要认识跟随着根据律的话。没有任何人曾经活在过去，也永远没有任何人将活在将来，只有现时此刻才是所有生命的形式，这也是生命可靠拥有的、永远不会夺走它的东西。现时此刻是长驻的，包括其内容：这两者是固定在一起的，不会动摇，如同在瀑布之上的彩虹。这是因为生命之于意欲、现时此刻之于生命，都是可靠和确切的。当然，假如我们回想已经逝去了的千百万年，回想起在那时候生活过的千百万人，然后我们提出这样的问题：那时候他们是什么？他们后来变成什么了？我们只需回忆一下我们自己过去的生活，在想象中生动地重温其中的情景，并再问一次：所有的那些是什么？那些都变成了什么？我们过去的那些遭遇了什么，那千百万人也就遭遇了什么。或者我们是否应该认为那过去，在被死亡认证了以后就获得了一个新的存在？我们自己的过去，甚至最近的和昨天的日子，也只是幻想中的一个无意义的梦，对于那所有的千

[1] 下面所说的也可以帮助那些并不觉得这些太过复杂难懂的人明白这一点：个体只是现象，而不是自在之物。每一个个体一方面是认知的主体，亦即可能的整个客观世界的补足条件；另一方面，是意欲、那客体化在每一事物中的同一个意欲的个别现象。但我们本质的这两重性并不是基于一种独自存在的统一体，否则，我们在我们的自身与独立于认知和欲求的客体，就能意识到我们的自身。但这一点是我们绝对不可能做到的。相反，一旦我们为了探索而深入我们自身，让认知朝向内在，想要充分意识到这其中的情形，我们就会迷失于某一缺乏实地的虚空里，就会发现自己像一个空的玻璃空心球，某一声音从其虚空中说话，但其原因却无法在里面找到；在我们想要抓住我们自身的时候，我们毛骨悚然地捕捉到的，只是一个并不存在的幽灵。

百万人，也同样如此。过去的是什么？现在的是什么？那就是意欲，而生命就是其镜子；那就是不受意欲束缚的认知，在那镜子中清楚地瞥见了意欲。谁要是还不曾认识到这一点，或者不想认识到这一点，那 373
就必须除了上面所提出的有关过去的一代代人的命运的问题外，还要加上这一问题：为什么恰恰是他，这发问者，是如此幸运，能够拥有这一宝贵的、匆匆即逝的、唯一真实的目前此刻，而那千百代人，还有那时候的英雄人物和圣人，都沉没于过去的黑夜并因此化为了虚无，而他，他那无足轻重的“我”，却真实地存在？或者更简单地问，虽然这一问很古怪：为什么这现在，他的现在，却恰恰是现在而不是在早就过去了的以前？在如此古怪地提问的时候，他是把他的存在和他的时间视为彼此独立和分开的，他的存在只是被投进了时间中：他其实是假定了两个“现在”，一个属于客体的“现在”，另一个属于主体的“现在”，然后对这两者幸运地碰到一起而感到惊奇。但事实上，只是客体（时间是其形式）与主体（这并没有以根据律的任何形态作为形式）的连接点构成了（正如在《论充足根据律的四重根》中所指出的）现时此刻。但是，所有的客体都是意欲——只要那些客体成了表象；而主体就是客体的必要的对应物；但真实的客体只是在现时此刻：过去和将来所包含的仅仅是概念和幻影，因此，现时此刻是意欲现象的根本形式，是与这现象密不可分的。只有现时此刻才是永远和坚定不移的存在。这从经验上理解是至为短暂的东西，以超越经验直观形式的形而上的眼光看，却表现为唯一坚持留驻的东西，是经院哲学家们的“永恒的现在”。其内容的源泉和承载者就是生存意欲，或自在之物，而我们就是这样的东西。那不断在成为和消逝的东西，因为其要么曾经存在，要么将要出现，是借助于让其生成和消逝得以成为可能的现象形式，所以属于这样的现象。据此，我们会想：那存在的，在过去是什么？那在过去存在的，将会是什么？并且会严格按照字词的意义去理解它们，因而不是理解为
374 相似的东西，而是同样的东西。这是因为生命对意欲、现时此刻对生命都是确定的。因此，每个人都可以说："我就是现时此刻的主人，这现时此刻将历经永恒与我相伴，就像我的影子一般。据此，我不会惊讶于现时此刻从何而来，为何恰恰就是现在。"我们可以把时间比之于一个没完没了地旋转的圆圈：那始终下沉的一半就是过去，始终上升的一半则是将来，但在切线接触的、上面的、不可分的点，就是那没有广延的现时此刻。正如切线并不会一并转动，那现时此刻也同样不会一并转动——这现时此刻就是客体与主体的连接点，客体的形式是时间，而主体则是没有任何形式的，因为这主体并不属于可认知的东西，而是所有可认知的东西的条件。或者时间就像一条不可阻挡的河流，现时此刻则好比一块岩石，河流在此反弹，岩石却不会随着河流一并流走。意欲，作为自在之物，与认知的主体那样并不会受制于根据律，而认知的主体最终在某一方面不过是意欲本身，或者是意欲的外现；并且正如对意欲而言，生命、意欲自身的现象是确定的，同样对生命而言，现时此刻、真实生命的唯一形式，也是确定的。据此，我们不需探寻在生命之前的过去，也不需探寻在死亡之后的将来，相反，我们要去认识意欲表现自身的唯一形式：现时此刻[1]；它不会逃离意欲，但意欲也不会真的逃离

[1] "经院哲学家教导说，永恒并不是没有结束也没有开始的连续次序，而是一个'永恒的现在'，亦即我们所拥有的现在，也就是亚当所拥有的现在，亦即'现在'和'那时'，并没有任何的差别。"——霍布斯，《列维坦》，第46章。

它。因此，谁要是满足于这样的生命，谁要是以各种方式肯定它，那他就可以怀着信心把它视为无穷尽的，视死亡的恐惧为错觉而祛除掉，因为对死亡的这一恐惧让他莫名其妙地害怕失去“现时此刻”，给他映照出某一并没有“现时此刻”的时间：这在时间方面的一个错觉，犹如在空间方面的另一个错觉：由于这一错觉，每个人在其幻想中，都会认为 375
其在地球上恰好占据的位置就是高处，而所有其他人都在下面；同样，每个人都会把现时此刻与其个体性联系起来，并误以为所有的现时此刻都与这个体性一道熄灭，过去和将来则是没有这现时此刻的。正如在这地球上各处都是在上面，同样，一切生命的形式也是现时此刻，而害怕死亡，因为死亡会夺走我们的现时此刻，并不比害怕我们会从幸好所站的圆形地球上滑落下来更聪明。意欲客体化的实质性形式就是现时此刻，这现时此刻作为没有广延的点，把那向着两边无限伸展的时间切断了，并始终不动地固守在那里，像是一个没有阴凉下午的持久不断的中午，犹如真实的太阳不间断地燃烧、照亮，虽然太阳只是看上去沉没于黑夜的怀抱。因此，假如有人害怕死亡就是其毁灭，那就犹如他以为太阳在晚上会抱怨：“哎哟，糟糕了！我就要沉没于永恒的黑夜之中！”[1]相反地，谁若受到生活重负的压迫，谁若虽然想要生活和肯

---

[1] 艾克曼的《歌德谈话录》第2版第1卷，第154页。歌德说：“我们的精神是一种无法摧毁的实质；那就是一样从永恒到永恒持续发生作用的东西。那酷似一个太阳：仅仅是在我们俗世的眼里下沉了，但其实并没有下沉，而是不间断地继续照耀着。”歌德是从我这里得到了这一比喻的，而不是我从他那里取得的。他在1824年进行的谈话中用上了这一比喻，毫无疑问，是由于或许无意识的、依稀记得的上述一段文字，因为与这里同样字词的一段文字就印在了这著作第1版第401页；在同一版书第528页、本版§65结尾处也重复了与这里一样的文字。那第1版著作是在1818年12月寄给他的，而在1819年3月他通过我妹妹用书信告知了当时身在那不勒斯的我，他对此著作的赞赏，并附上一张纸条，上面写着他尤其喜欢的几页的页码。因此，他是读过我的著作的。

定生活，却又厌恶生活的痛苦，尤其是再也无法忍受那恰恰降临在他头上的残酷命运——那这样的人，并不会有从死亡中获得解脱的希望，也不可以通过自杀而得到解救；那阴凉的冥府只是以宁静港湾的虚假
376 外表来诱惑他。地球从白天翻转为黑夜，个体在死亡，但太阳本身却是不间断地燃烧着永恒的中午。生命对生存意欲是肯定的，生命的形式就是没有终结的现时此刻，不管个体、理念的现象在时间上如何生生灭灭，好比转瞬即逝的幻梦。因此，自杀在此已向我们显现为一桩徒劳的和因此是愚蠢的行为；假如我们更进一步深入我们的考察，那自杀就更显现出不妥的样子。

教条会变化，我们的知识也是欺骗性的，但大自然却不会有错：大自然的步子是可靠、准确的，也不会有所隐瞒。每种事物都完全在大自然那里，而大自然也完全在每种事物中。在每一动物那里，大自然都有其中心点：它能稳妥地找到进入其存在的路子，也将稳妥地找到退出其存在的路子。在这期间，面对着毁灭，它无惧无虑地活着，由这样的意识所支撑：它就是大自然本身，并且就像大自然那样是永远不灭的。唯独只有人才会在其抽象的概念中带着其要确切死亡的念头；但这念头却非常奇怪地只是在某些瞬间让他忧虑和害怕，亦即只是在有了某一机会让其活生生呈现给想象力的时候。与大自然的强大声音相比，人的反省思考能做的并不多。在人那里，如同在不会思考的动物那里一样，那发自其最内在意识的感觉，即他就是大自然，就是这世界本身的确切感觉，成了占主导地位的持久心境，而由于这一心境，人们就不会想到那肯定的和永远不遥远的死亡而被弄得明显不安；相反，人们照样生活，好像他们会永恒生活下去一样。甚至达到了这样的程

度，以致我们可以说没有任何人真的生动地确信他是肯定要死亡的，因为否则的话，他的心境就与被判了死刑的罪犯的心境没有多大区别了。相反，每个人虽然在抽象中和理论上认识到那死亡是确凿无疑的，却都置之不理，并不会把这纳入他的活生生的意识之中，就像对其他理论性的、派不上实际用场的真理一样。谁要是仔细注意人的这种气质特性，就会看出以习惯、以只能接受不可避免的事情作解释的心理学解释 377
方法是完全不足够的，其中的原因要比所给出的解释藏得更深。从那同样的事实，也可以解释为什么在各个时期、各个民族那里都会有有关个体死亡以后有其某种延续的信条，并且这些信条也会受到尊重，因为支持这些的证据必然总是极不足够的，而相反的证据却是有力和无数的。但事实上，这并不需要任何证据证明，健康的理解力可以认识到这就是事实，而这一事实更由于我们相信这一点而得到了加强：大自然既不撒谎也不犯错，其做事和本质都是坦荡荡的，甚至率直地表达出来，只是我们自己因为臆想才会去模糊这些东西，以便以此解释迎合我们的狭隘观点。

但我们现在引入了清晰意识中的这些——即虽然意欲的个别现象在时间上开始和在时间上结束，但意欲本身，作为自在之物，却不受此影响；一切客体的对应物，即只是认知，却永远不被认知者，也不会受此影响；对生命意欲来说，生命是肯定的——可不能算是上述的生命永恒延续的学说。这是因为无论是恒存还是消逝，与被视为自在之物的意欲，与纯粹的认知主体、永恒的世界之眼都是格格不入的，因为这些东西都唯独适用于时间的限定语，但意欲和纯粹的认知主体是存在于时间之外的。因此，个体（这一由认知主体所照明了的单个意欲现象）的自我，要保持一段无尽时间的愿望，无法从所阐述的观点中取得养料和安慰，正如从认识到在他死后，其余的外在世界将会在时间上继续，他也无法取得养料和安慰一样，后一种认识恰恰是前一种观点的表达，但是在客观上和因此在时间上看而已。这是因为虽然每个人只是作为现象时才会消逝，而作为自在之物则是没有时间的，亦即没有尽头的，但
378 是，这个人也只是作为现象时才会不同于这世界的其余事物，作为自在之物，他就是意欲而显现于一切，死亡则取消了把他的意识与其余意识分别开来的错觉。这就是所说的延续。他只是作为自在之物才不为死亡所触及，这在现象上与其余的外在世界的延续不朽巧合在一起了。[1]因此，这就是为什么对我们刚刚提升为清晰认识的道理真挚的、仅仅是感觉到了的意识，虽然就像所说的，阻止死亡的念头毒化了甚至有理性之人的生活，因为这样的意识是那生活勇气的基础，这生活勇气让一切有生命之物抬起头来和生气勃勃地生活下去，就好像没有死亡这回事一样，亦即只要他们眼中看到生命，目光朝着生命方向的话；但是，当死亡在个别情形，在真实中，或者只是在幻想之中向个体走来，当个体不得不眼看着这死亡、目光朝着这死亡的方向的时候，这意识却阻止不了个体被死亡的恐惧所攫住和想尽办法逃避死亡。这是因为正如只要个体的认知朝向这样的生命，那个体必然会在这生命中认出

[1]《吠陀》的表达方式是这样的：据说，在一个人死亡的时候，他的视觉与太阳合而为一了，他的嗅觉与大地合而为一了，他的味觉与水合而为一了，他的听觉与空气合而为一了，他的说话与火合而为一了，等等(《五十奥义书》，第1卷，第249页及后面)；再有，在一个专门的仪式中，那垂死之人把感官感觉和全部能力单独地交付给他的儿子，现在据说他就在儿子那里继续活下去(同上书，第2卷，第82页及后面)。

那永恒性，同样，当死亡出现在其眼前，个体就会认出死亡的真实面
目，即个别的在时间上的现象在时间上的终结。我们所惧怕死亡的并
不是苦痛，因为一是这苦痛明显地在死亡前的这一边，二是我们常常为
逃避苦痛而走向死亡，恰恰如与此相反的情形那样：我们有时会承受最
强烈的苦痛，只是为了躲避死亡一会儿。因此，我们分得清楚苦痛和
死亡是两种截然不同的祸害：我们害怕的死亡事实上是个体的消亡，因
为这是死亡所不加掩饰表明的，而既然个体是生存意欲本身在某一个别 379
之中的客体化，那它的整个本质就会反抗死亡。在我们受到这感觉如
此的摆布而无助的时候，理性可以介入，并克服其大部分的不利印象，
因为理性会把我们置于一个更高的视角——处于这一视角，我们不再只
是看到了个别，而是看到了整体。这就是为什么对这世界的本质的一
种哲学认识，就算只是达到了我们现在所处的视角而不再继续深入了，
那处于这一视角就已经可以克服死亡的惊骇了，所克服的程度根据具体
个人的反省思维相对于他的直接感觉的优势而定。一个人，如果他的
思想观点已经吸收了至今为止所陈述的真理，与此同时，并没有通过自
身的经验，或者通过某一更深入的观点认识到对于一切生命，持久的痛
苦是本质性的；相反，这个人在生活中找到了满足，并乐在其中；这个
人经过平静的思考，希望至今所经历的一生可以了无尽期，或者永远可
以重新再来，其生活勇气是如此之大，以致他为了生活的乐趣而甘愿容
忍生活中的疾苦和创痛——一个这样的人，会“以坚实有力的骨头，站
在滚圆、永恒的地球”上，一无所惧：他装备了我们给予他的认识，冷
漠、无所谓地看着张开着的时间翅膀迎面匆匆而至的死亡，把它视为一
副假象，一个无能的幽灵，只能吓唬弱者，但对他这样一个人来说是无

能为力的，亦即这个人知道自己的确是那一个意欲，而那整个世界就是这意欲的客体化或写照；意欲在任何时候都肯定有着生命，也有着现时此刻，而现时此刻就是意欲现象的真正唯一的形式。因此，他不会被无尽的过去或者被他将不存在于其中的将来所吓倒，因为他把这过去和
380 将来视为虚无的幻觉和摩耶纱幕；因此，他不会对死亡感到害怕，犹如太阳不会害怕黑夜。在《薄伽梵歌》中，克里希纳将他正在培养的学生阿周那置于这样的视角，因为阿周那在看到准备打仗的军队时感到了忧伤（类似于薛西斯的情形），气馁之下想要放弃战斗以避免千万人因此而死亡。克里希纳将其置于上述视角，那千万人的死亡就再无法拦得住他了，他发出了开战的信号。歌德的《普罗米修斯》也描述了这一视角，尤其是当歌德这样说：

> 我就坐在这里，以我的样子
> 塑造人类，
> 一种与我相似的生物，
> 会受苦、哭泣，
> 会享受和快乐，
> 而我，却不会在意你们的这些！

布鲁诺和斯宾诺莎的哲学也会引导那些并不曾被他们的错误和不足而扰乱了或者削弱了信念的人进入这一视角。布鲁诺的哲学并没有某种真正的伦理学，而斯宾诺莎哲学中的伦理学也根本不是出自其学说的本质，只是借助软弱无力的和明显是诡辩的东西而附加上去的，虽然就其自身而言，那是优美的和让人赞叹的。许多人会最终采用上述视

角——假如他们的认知与他们的意欲是同步的，亦即假如他们能够摆脱每一个臆想，能够清楚、清晰地成为自己。这是因为对认知来说，这完全是肯定生命意欲的立场。

意欲肯定自身，意思是在其客体性中，亦即在这世界和生活中，意欲自身的本质作为表象完整和清晰地呈现给意欲——在这期间，认知一点都没有妨碍其欲求；相反，如此被认识的生活正是那认知者所欲求的，一如在这之前，在没有认知的情况下，那是作为盲目的冲动，而现在这是加上了认知以后带着意识和思考的欲求。与此相反，否定生命意欲表现为在得到那认知以后，欲求就结束了，因为在那之后，那被认 381
识到的个别现象再无法作为欲求的动因而发挥作用了；那整体的、通过把握理念而产生的对世界本质的认识，那映照出意欲的认识，就成了意欲的镇静剂，这样，自由的意欲就消除了自身。这些完全不为人知的和以这样泛泛的用语很难理解的概念，我希望在接下来的对那奇特现象的叙述中会表达清楚。那奇特现象在此就是人的行为方式：通过这些行为，一方面表达了不同程度的肯定，另一方面表达了否定。因为这两种行为方式虽然都是出自认知，但不是出自一种抽象的、以字词表达出来的认识，而是出自某一鲜活的、只有通过行为和做事才能表达出来的、独立于教条的认识，而教条作为抽象的认识所涉及和牵动的是理性。把这两种行为方式展示出来和形成理性的清晰认识，只能是我唯一的目的，而不是要规定或者推荐这种或者那种行为方式。这既愚蠢又毫无意义，因为意欲自身是绝对自由的，是完全单独自主的，对于意欲也根本不存在任何要遵循的规则。这自由及其与必然性的关系，却是我们必须在着手进行所说的深入阐明之前首先要探讨和精确定义的；然后，就生命——对其肯定和否定是我们的课题——我们还必须给出一些泛泛的、与意欲及其客体相关的思考。通过所有这些，我们让所要认知的行为方式，让其根据最内在本质所包含的伦理学含义变得更容易理解。

既然就像所说的，这整部著作只是阐明一个单一的思想，那由此可得出结论：其所有的部分相互之间都有最紧密的联系；不仅每一部分与紧接着之前的部分必然地联系着，并因此不只是假定了读者还记得这之前的部分，就像所有的哲学情形，因为它们都仅仅是由一连串的推论所
382 组成的——而且，这整部著作的每一部分都与其他的每一部分相关，并以那每一部分为前提。所以，这要求读者不仅只是记得之前紧接着的东西，而且还要求他们想得起来之前的每一要点，这样，他们才可以把每次正在读的东西与之前的那些要点联系起来，哪怕这中间已有了许多东西。柏拉图也向读者提出这一苛求，因为他的对话多方缠绕，只是经过长长的插入部分以后才重又回到主题思想；但恰恰是以这样的方式，那主题思想才能得到更清楚的说明。在此，这一苛求是有必要的，因为把我们的这单一的思想分成多方面的思考虽然是表达的唯一手段，但对于这思想本身却并非一个本质性的方式，只是一个人为的方式。我把其分为四个主要的视角，分为四篇，并把相关的和同质同类的至为缜密地联结起来会有助于更容易地描述和更容易地把握这一思想。但是，那素材根本不允许我以直线铺开，类似于历史那样的方式，进行一种更交织、盘绕的叙述和对此书反复研读就变得必不可少了。也只有这样，书中的每一部分与每一其他部分的关联才会变得清晰，所有的部分才可以互相阐明和清楚明白。[1]

---

[1]《作为意欲和表象的世界》第 2 卷第 41—44 章补充这里。

§ 55

至于这样的意欲是自由的，已经可以从这一事实推论出来：根据我们的观点，意欲是自在之物，是一切现象的内容。而现象，我们了解到无例外地受制于根据律的四种形态；并且既然我们知道必然性是与从既定的原因得出结果完全同一的，这两者是可互换的概念，那么，所有属于现象的东西，亦即对作为个体的认知主体而言的客体，一方面是原因，另一方面是结果；而作为结果，是无一例外地被必然决定的，因此不可能在任何方面有别于现在的另外一副样子。大自然的全部内容，其所有的现象，因此也一定是必然的，并且每一部分、每一现象、每一 383
事件的必然性，都是可以得到证明的，因为那必然性作为结果所依赖的原因是肯定可以找到的。这不会允许有任何例外：这是从根据律的无限有效性中得出的结论。但在另一方面，这同一个世界以其所有的现象是意欲的客体化，因为意欲本身并不是现象，并不是表象或者客体，而是自在之物，并不受制于根据律，并不受制于这一切客体的形式，因此并不是由某一原因所确定了的结果，因而并不知晓任何的必然性，亦即是自由的。因此，自由的概念其实是一个否定性的概念，因为其内涵只是否定了必然性，亦即否定了依照根据律的结果与原因的关系。在此，那巨大矛盾的统一点，即把自由与必然性统一起来之处，最清楚地呈现在我们眼前。这一话题在近代人们常常谈起，据我所知，却从来不曾谈论得清晰和透彻。每一样事物作为现象、客体都无一例外是必然的，那事物本身就是意欲，而这意欲是完全自由的，永远都是如此。现象、客体在其因果链中是必然地和不变地被决定了的，而这因果链不会有任何中断。但这些客体的总体存在和存在的方式，亦即显示出来的理念，或者用其他的话说，它的性格是意欲的直接现象。因此，依照这意欲的自由，它可以根本不存在，或者也可以在原初和本质方面成为相当不一样的存在；但若如此，那整个链条——它是此链条中的一环，那链条本身也是同一个意欲的现象——就会是相当不一样了。一旦它存在了，它就进入了因果系列，在这因果系列中始终是必然被决定的，并据此既不可以成为另一种存在，亦即改变自己，也不可以退出这因果系列，亦即消失。人就像大自然的每一其他部分，都是意欲的客体化，因此这里所说的也都适用于人。正如大自然的每一事物都有
384 它的力和特性：这些力和特性在特定的作用下会以特定的方式反应，并构成了其性格；同样，人也有他的性格；动因从这性格中以必然性引发出性格的行为。这行为方式本身，显示了人的验知性格，但在这验知性格中，又显示出他的悟知性格、自在的意欲，而他就是这自在意欲被决定了的现象。但人是意欲的最完美的现象，为了存在，正如第二篇所指出的，人必须得到如此高度认知的照明，以致在人那里，甚至有可能在表象的形式之下，有了对这世界本质的某一完全足够的重现，而这就是对理念的把握，是这世界的纯粹镜子，正如我们在第三篇已经了解到的。因此，在人那里，意欲可以达到充分的自我意识，对反映在整个世界的自己的本质达到清晰的和详尽透彻的认识。从真实存在的这种程度的认知，正如我们在前一篇所看到的，就生发出艺术。在我们的整个考察的结尾也会显示：透过那同一个认知，在意欲把这认知联系到意欲本身时，取消和自我克制在其最完美的现象之中的意欲就成了可

能。因此，在其他情况下只属于自在之物的、永远不会在现象中展现出来的自由，在这样的情形里也会显现出来。并且因为这取消了构成现象基础的本质，而与此同时，这本质本身仍在时间中持续，所以，那就导致了现象与自身的矛盾，也恰恰以此呈现了神圣性和自我克制的奇特现象。所有这些只是在这篇的结尾才能清楚理解。

暂时只是以此泛泛地指出人是如何就这一点有别于意欲的所有其他现象的：自由，亦即独立于根据律的、只属于作为自在之物的意欲的、与现象相矛盾的东西，但在人那里也可能会进入现象之中——而在现象 385
那里，自由必然会展现为现象的自相矛盾。在这一意义上，不仅是自在的意欲，而且人也当然可以名为自由的，并因此有别于所有其他存在物。但如何理解这一点，只有通过所有下面所说的才能变得清楚明白，现在我们暂时只能完全将这放到一边去，不予讨论。这是因为首先要小心不犯下这一错误：即认为个别、确定的人的行为并不受制于任何的必然性，亦即动因的力量并不如原因的力量，或者并不如从前提推论出结果那样的确切、可靠。意欲作为自在之物的自由，只要我们像所说的并不考虑上述始终只是例外的情形，就决不直接转移到意欲的现象，甚至在意欲达到了可见性的最高等级也不会这样；因而不会直接转移到具有个体性格的理性动物，亦即个人那里。个人是永远不会自由的，虽然他是一个自由意欲的现象，因为他恰恰已经是这自由欲求的确定的现象，并且当这人进入一切客体的形式，进入根据律时，虽然他以多样的行为展现出那意欲的统一性，但是，由于那自在之意欲在时间之外的统一性，这多样的行为就以一种自然力的合乎规律性表现出来。但既然在那人及其整个生活方式中可见到的，就是那自由的欲求，那欲求之于这个人犹如概念之于定义，那么，这个人的每一个别的行为也就可归之于那自由的意欲，并直接向意识表明这一点。因此，正如第二篇所指出的，每个人都先验地（在此是根据其原初的感觉）认为其个别的行为是自由的，其含义是：对他而言，在每一特定的情形里，每一个行为都是可能的。他只是后验地、从经验和事后对经验的仔细回想中才认识到：他的行为是从性格与动因的合一中完全必然地产生出来的。
386 这就是为什么每个粗人，紧随自己的感觉的话，都会至为激烈地为个别行为的完全自由而辩护，各个时期的伟大思想家，甚至那些最深刻的信仰学说都否认了这种自由。但谁要是清晰感觉到人的整个本质是意欲和他自己本身只是这意欲的现象，这样的现象却有根据律这样必然的，甚至从主体出发也可认识的形式，而这形式在这情形里表现为动因法则——那么，对这个人来说，怀疑在某一性格碰上动因的情况下会不可避免地出现行为，犹如怀疑三角形的三个内角之和等于两个直角一样。普利斯特利在他的《哲学必然性的学说》中非常充分地阐明了个别行为的必然性，这必然性是与自在的意欲的自由，亦即与这现象之外的意欲的自由并存，这已由首先在这方面作出巨大贡献的康德证明了[1]，因为他提出了悟知性格与验知性格的差别，这是我完全接受的，因为悟知性格是作为自在之物的意欲，只要其表现在某一等级的某一确定的个体；验知性格则是这现象本身，根据时间表现在行为方式和根据空间已经表现在形体上。为能够理解这两者的关系，对这关系的最佳表达我

[1] 《纯粹理性批判》，第 1 版，第 532—558 页；第 5 版，第 560—586 页；《实践理性批判》，第 4 版，第 169—179 页。罗森克兰茨版，第 224—231 页。

已在开场的文章中用过：每个人的悟知性格可被视为某一在时间之外的，因此是不可分的和不可改变的意欲行为；在时间、空间和根据律的所有形式中展开的和分散开来的现象是验知性格，一如其在这个人的整个行为方式和生活经历以依照经验的方式表现出来的样子。正如整棵树只是同样的一种欲望不断重复的现象——这欲望至为简朴地展现在那纤维中，并且在叶、茎、枝、树干的构成方面重复着，轻易就可认 387
出——同样，人的所有行为只是他的悟知性格不断重复的、带着某些交替发生的形式的表现，归纳这些总的表现，就给出了验知性格。顺便提一下，我在此并不会原封不动地重复康德出色的论述，而是假定读者对此是知晓的。

1840 年，我在我的获奖的应征论文《论意欲的自由》中，透彻和详尽地讨论了有关意欲自由的重要篇章，尤其揭开了那种错觉的原因，而由于那种错觉，人们误以为可在自我意识中发现一种经验上存在的意欲（意愿）的绝对自由，因而也就是一种“自由的、不受任何影响的意愿选择”，误认为那是自我意识中的事实，因为那有奖问题恰恰相当有见识地针对这一点。因此，既然我建议读者阅读那篇有奖征文和有奖征文《论道德的基础》§10——这两篇文章合并以书名《伦理学的两个基本问题》出版——我现在去掉我在第 1 版此处给出的、还不够完整的有关意欲行为的必然性的论述，取而代之的是我要通过一个简短的分析以说明上述错觉，这是以我们的第 2 卷第 19 章为前提的，因此也是无法在所说的有奖文章中给出的。

撇开这一点不论，即因为意欲作为真正的自在之物是一种真正原初的和独立的东西，所以在自我意识中，原初性和独断性的感觉也必然伴随着其行为——虽然其行为在此也已是被决定了的——一种来自经验的意欲自由的假象（而不是超验的、唯独归之于意欲的自由），因而是一种做出个别行为的自由，是产生于智力相对于意欲的分开和从属的地位，而这在第 2 卷第 19 章，尤其是其中第三点阐明了的。也就是说，
388 智力只是后验地和凭经验才得悉意欲的决定。因此，在智力面临一个选择时，对意欲所要做出的决定是不掌握任何事实资料的。这是因为悟知性格——由于悟知性格的缘故，在有了既定的动因的情况下，只有可能做出一个决定，这一决定因此是必然的——并不会进入智力的认知，而只是从经验、通过相继的行为而为其所知悉。因此，在认知意识（智力）看来，似乎在当前的一个情形里，意欲做出彼此相反的两个决定同样是有可能的。但这恰恰就类似于我们在看到一根垂直站立着、失去了平衡而在摇摆不定的杆子时，说出这样的话："这杆子既可以倒向右边，也可以倒向左边。"这"可以"却只有一种主观上的含义，意思其实是"在我们所知道的事实资料方面"，因为在客观上，杆子倒向的方向，从杆子进入摇摆的时候就已经被必然地决定了。因此，自己的意欲所做出的决定只是对其旁观者，对自己的智力而言是不确定的，因而只是对认知的主体而言是相对的和主观的；就其自身和客观上而言，在每个选择展示出来时，意欲的决定马上就是确定的和必然的。但这确定只是通过随后的决定才进入意识。当某一困难的和重要的选择摆在我们面前时，却连带着一个还没有出现的、仅仅只是寄望中的条件，以致我们暂时还无法做出些什么，只能被动地等待着，那我们甚至获得了一个来自实践经验的证据。现在，我们仔细思考一下，当那让我们可以行动和做出决定的情势出现时，将会做出什么样的决定。通

常，着眼于更长远的、理性的思考会赞成其中的一个决定，而直接的倾
向则赞成另一个决定。在我们被迫处于被动状态期间，理性的一边似
乎要占据上风；不过，我们能预见到，一旦行动的机会出现了，另一边
对我们会有多强的吸引力。直至那时为止，我们都是热切地努力通过
对正反两面的冷静权衡，把两方面的动因置于最明亮的光线之下，以便 389
时机一到，每个动因都能以其全力作用于意欲，而不至于让智力方面的
某一差错误导了意欲，让意欲作出了另外的、有别于意欲在所有的动因
都同样程度地对其发挥作用的情况下会做出的决定。这样清晰地展现
双方的动因，是智力在选择时所能做的一切。智力是那样被动地和带
着同样紧张的好奇等待着真正的决定，犹如等待一个陌生的意欲所做出
的决定。所以，从智力的角度看，两种决定在智力看来必然显得同样
的有可能：这恰恰是意欲自由的假象。那决定当然完全是在经验上作
为对事情的最终定夺进入智力的范畴，然而，那决定，却是出自个体意
欲的内在本质，出自个体意欲的悟知性格与当前动因的冲突，并因此伴
随着彻底的必然性。智力在这期间所能做的，不过是从各个方面清晰
地照亮动因的性质和情况，但智力却没有能力决定意欲本身，因为意欲
是智力完全无法接近的，正如我们所看到的，甚至是智力无法探究的。

假如一个人在同样的处境下，一会儿是这样的行事，另一会儿又是那样的行事，那他的意欲本身肯定是在这期间改变了，并因此存在于时间中，因为这变化只有在时间中才有可能。但如果是那样的话，要么意欲仅仅只是现象，要么时间是对自在之物的一种规定。据此，有关个别行为是否自由，有关自由的、不受任何影响的意愿选择的争论，其实就是围绕着这个问题：意欲到底是还是不是存在于时间之中。假如

意欲，就像不仅康德的理论，而且还有我的整个阐述所必然认为的，作为自在之物是在时间和根据律的每一形式之外的，这个体不仅在同样的处境中必然始终以同样的方式行事，不仅每一做出的坏事是这个体必然会做出的和无法不做出的无数其他坏事的坚实保证，而且正如康德所说
390 的，只要验知性格和动因是我们充分、彻底知道的，就可计算出人在将来的行为表现，与可计算出某一日食或者月食一样。正如大自然是前后一致的，性格也是如此；每一个别的行为都必然是与性格相符的，正如大自然的每一现象都必然与自然法则相符；在后一种情形里的原因和在前一种情形里的动因只是机会原因，正如在第二篇所指出的。意欲——其现象是人的整个存在和生命——是不会在个别情形里不忠实于自己的；人在总体上意欲的东西，也始终在个别情形里意欲着。

宣称意欲有一种经验上的自由，一种自由的、不受任何影响的意愿选择，是与这一看法密切相连的：人们认为人的本质在一个灵魂之中，而灵魂原初是一个认知的，并的确是一个抽象思维着的存在物，只是由于这样才是一个意欲着的存在物；人们也认为意欲是次一级的，而不是认为认知才是事实上次一级的。意欲甚至被视为一种思维行为，与判断力是同一的，尤其是在笛卡尔和斯宾诺莎那里。据此观点，每个人只是在其认知之后才成为他现在这样的人，他来到这一世界时在道德上是零，在这世上认识了事物，据此决定要成为这样或者那样的人，要这样或者要那样行事；他也可以因为新的认知而决定开始一种全新的行事方式，亦即再度成为另一个人。再者，依照此说法，他是首先认识到一样东西是好的，然后才欲求它，而不是首先欲求，然后因为这样才把这称为好的。根据我的整个基本观点，上述所有的一切把真实的情形都

颠倒了。意欲是首要的和原初的，认知只是为了意欲的现象而附加的，是属于意欲现象的一个工具。所以，每个人之所以是他这样一个人是因为其意欲，他的性格是原初的，意欲是他的本质的基础。透过所附加的认知，这个人在经验过程中体验到了自己是个什么样的人，亦即他逐渐了解了自己的性格。因此，他是随着和按着其意欲本质去认识自己的，并不是按照古人的观点，随着和按照自己的认知去意欲。 391
按照后一种观点，这个人只需仔细思考他最喜欢如何如何，那他就会是如何如何。这是他们的意欲的自由。那意欲的自由其实是说：一个人是在他的认知的照明之下他自己的作品。而我认为：一个人在一切认知之前就已是他自己的作品了，认知只是附加上去照明而已。这就是为什么他并不可以决定要成为这样的或者那样的人，他也不可以成为另外的一个人；他只能一次性地是他现在这样一个随后才逐渐认识到的人。在古老的观点看来，一个人是意欲他所认识到的东西，但在我看来，他是认识了他所意欲的东西。

希腊人称性格为 ηθos，性格的表现，亦即道德，是 ηθη；这个词出自 εθos——习惯：他们选取这个词，目的是要通过习惯的恒定性，以比喻的方式表达出性格的恒定性。“因为‘ηθos’（性格）是从‘εθos’（习惯）一词而来的，因为伦理学是从习惯一词得名的”，亚里士多德（《大伦理学》，第 1，6，第 1186 页；《欧德姆斯伦理学》，第 1220 页和《尼各马可伦理学》，第 1103 页）说。斯托拜乌斯引用说：“芝诺的追随者以形象的方式宣称伦理道德是生活的源头，单个的行为由此而出。”（第 2，第 7 章）在基督教的教义中，我们可以发现由于神恩选择和失去神恩选择（《罗马书》，9：11—24）的天命注定教义，明显源自这一深刻见解：人是不会改变的；他的生活和行为方式，亦即他的验知性格，只是那悟知性格的展开，是明确的、在孩提时就已看得出来的不变素质的发展和形成；因此，在其出生之时，他的行为方式就已经牢牢地确定了下来，并终其一生在本质上保持一致。对此观点，我们是赞同的，但当然，这完全正确的见解与存在于犹太教学说中的教义结合一道产生出来
392 的前后一致性问题，以及那永远无法解开的戈尔迪死结所造成的、也成了教会中最大多数争议的中心的最大困难，我是不会为之辩护的，因为甚至使徒保罗本人用他为此目的而提出的陶匠的比喻也难以取得成功，因为那结果到最后不外是：

敬畏神灵吧，
人类！
神灵永恒地统治着，
可以随心所欲地
运用其统治。

但这类考察对我们的主题其实是不相干的。现在，探讨一下性格与认知（性格的一切动因都在认知里面）的关系是更适宜的事情。

既然决定了性格的现象或行为的动因，是通过认知的媒介而作用于性格的，认知又是可变的，常常在谬误和真理之间摇摆不定，一般来说，在生命的进程中不断得到纠正——当然，纠正的程度非常不同——那么，一个人的行为方式可以明显地改变，而又不会让人们合理得出结论这是源自性格的改变。这个人真正和根本上所意欲的，他的最内在本质所争取的和他据此所追随的目标——所有这些，我们是永远无法通

过外在对其影响、通过教诲而改变的。否则，我们就可以重塑这个人了。塞涅卡说得太好了，意欲是教不会的——在此，塞涅卡喜欢真理更甚于他的斯多葛派哲学家，因为他们教导说“美德是可以教会的”。从外在看，只能透过动因对意欲本身发挥影响。这些动因却永远无法改变意欲本身，因为这些动因只有在这意欲恰恰是现在这个样子的前提下，才会对意欲产生威力。因此，动因所能做的一切，是改变意欲努力的路线，亦即让意欲采用与到此为止不同的另一条途径去争取其一直不 393
变地争取的东西。因此，教诲、纠正了的认知，也就是说，来自外部的影响，虽然教导他说：他用错了手段，并因此可以让他采用另一条路径，甚至在一个与之前的相当不一样的客体去谋求其永远追求的、与其内在本质相符的目标，但永远不会造成他欲求某些与他至此为止所欲求的真正不同的东西；这些是保持不变的，因为他事实上只是这欲求本身，否则，这欲求非得取消不可。前一种方法，即调整认知并以此调整行为，可以达到这样的程度，以致那意欲为追求其不变的目标，例如穆罕默德的天堂乐园，一会儿在现实世界，一会儿在想象世界去争取实现，依此而估量所采用的手段，并因此在现实世界里，使用机智、武力和计谋；在想象世界里，则用上节欲、公正、施舍、往麦加朝圣。意欲的追求本身却并没有因此而改变，意欲本身则更不曾改变。因此，尽管其行事在不同的时候当然是相当不同的，但是，其欲求仍然完全是那同样的欲求。意欲是教不会的。

要让动因发挥作用，不仅要求动因存在，而且需要动因被知道，因为根据经院哲学家的一个已曾提到过的非常美妙的说法：“最终原因并不是根据其真正的本质，而是根据其被认识的本质而发挥作用。”例

如，为了让某个人的自私自利与同情的比例显现出来，这个人仅仅拥有
一定的财富与看到别人的贫困和痛苦是不足够的，他也必须知道他用这
财富能为他自己也为别人做些什么；不仅需要把别人的苦难展现给他，
而且他必须知道苦难是什么，也知道享受是什么。 或许他在首次情
形，对这一切知道得并不如在第二次情形中；假如他在同样情形下的行
事已有所不同，这只是因为具体情形其实已经不一样了，也就是说，那
394 有赖于他对情形的认知的部分已不一样了，尽管情形看上去跟原来的一
样。 正如对真实存在的情形一无所知，就会让这情形无法发挥作用，
同样，在另一方面，完全想象出来的情形也会如同真实情形一样发挥作
用，不仅在个别的错觉之中，而且也在整体上和长久地发挥作用。 例
如，假如一个人被有力地说服了，认为做出每件善事都会在将来下辈子
获得百倍之多的回报，这样的确信会是有效的，其发挥的作用与一张可
靠的、相当长期的汇票完全一样。 这个人就会出于自私自利而付出，
正如在另一种观点之下，他会出于自私自利而夺取一样。 他并没有改
变：“意欲是教不会的。”由于认知对行为的这一巨大影响，尽管意欲不
变，性格只能逐渐地发展，性格特征也只能逐渐地显现。 因此，性格在
各个年龄段都展现出不同。 在激烈、恣肆的青年时代之后，接下来可
以是稳重、节制和男子气概的中年。 性格中的卑劣之处则尤其随着时
间而越加强劲地显现出来；但有时候，那在青年时代放任的情欲，会在
稍后自觉地得到约束，而这仅仅是因为那相反的动因只是到了现在才进
入认知中。 也因此，我们所有人一开始是纯洁无罪的，这只是意味着
无论我们还是他人，对我们自己本性中的坏和恶还不了解：这些东西只
在有了动因以后才会出现，而动因只随着时间才被我们所认识。 到最

后，我们才了解到我们自己与我们先验所以为的大不一样，然后，我们才会对我们自己感到震惊。

后悔（*Reue*）从来不是因为意欲改变了（这是不可能的），而是因为认知改变了。我以往曾经欲求的本质性的和真正的东西，必定仍然欲求（意欲），因为我就是这意欲——这意欲是在时间和变化之外的。我因此永远不会为我以前所欲求的感到后悔，却可能后悔我所做出的行为，因为我受错误想法的误导而做出了一些与我的意欲（欲求）不相符的事情。在有了更正确的认知以后，认识到这一点，就是后悔。这不仅扩展至为人处世的精明，扩展至手段的选择和对目标是否与我的意欲 395
相符的判断，而且还扩展至真正的伦理道德方面。例如，我可能过分自私地行事了，与我的性格不相吻合，被我当时那过分夸张的困苦的表象所误导，或者受到别人的狡猾、虚假和卑劣的迷惑，或者因为我太过匆匆行事而没有经过再三考虑，不是由在抽象中清晰认识的动因决定我的行事，而只是听凭直观的动因、由现时此刻的印象和由这些印象所刺激起来的激情所决定，而那些激情是如此的强烈，以致我实际上并没有应用我的理性；但恢复思考以后，在此仅仅只是认识得到了纠正，由此产生了后悔。然后，这后悔总是通过对所发生的事情尽可能地做出补救而表示出来。但要注意的是：人们为了欺骗自己，会预备好了似乎是在草率行事的假象，但其实所做出的事情是秘密的再三想好了的。这是因为我们用如此细腻的手法欺骗和迎合的不是别人，而是我们自己。与这所说的相反情形也会出现：我可能因为太过信任别人，或者因为并未认识到在生活中财产的相对价值，或者因为受到了某一抽象的、现在已不再信仰的教条的误导，而以并不那么自私的、以与我的性格并不吻合的方式行事，因此给自己带来了另一种后悔。因此，这种后悔始终是对所做出的行为与真正目的的关系有了纠正了的认识。正如意欲，只要它只是在空间，亦即只是通过形态显示出来，那已被其他理念、在此是自然力所控制了的物质就会反抗，甚少会让在此争取进入可视性的形体能够纯粹完满和清晰，亦即美丽地呈现出来；同样，那唯独在时间上，亦即通过多个行为而显示出来的意欲，也会在认知方面遭遇类似的阻碍，因为这认知甚少向意欲提供完全正确的资料，那行为或行动因此到头来与意欲并不完全精确相符了，也就因此导致了后悔。
396 后悔因此始终出自纠正了的认识，而不是出自意欲的改变，因为这是不可能的。对所做的坏事感觉良心不安（Gewissensangst）一点都不是后悔，而是在认识到他自己本身，亦即在认识到作为意欲的他以后所感受到的苦痛。这恰恰是基于我们肯定仍有那同样的意欲。假如意欲是改变了，良心不安因此只是后悔而已，那这良心不安就会被取消的，因为过去的东西不会再引起我们的不安，因为那些事情虽然是某一意欲的表现，但那一意欲已不再是这后悔者的意欲了。我们将在后面进一步探讨良心不安的含义。

认知作为动因的媒介虽然不对意欲本身产生影响，但对意欲在行为上的显现具有影响；这种影响奠定了人与动物在行为上的主要差别，因为人与动物的认知方式是不同的。也就是说，动物只有直观的表象，人则通过理性有抽象的表象、概念。尽管动物和人都是以同样的必然性由动因所决定的，但人优于动物的是具有一种完整的抉择力，而这也常常被人视为在个别行为中的意欲的自由，虽然这不过是在多个动因的冲突、较量之中，某一较强力者以必然性决定了意欲的可能性。为此，动因必须采用抽象思想的形式，因为只有借助这些抽象思想才可能有真正的深思熟虑，亦即才可能斟酌行为的各自相反的动因。在动物那里，选择只能是在直观的、就在眼前的多个动因之间发生，所以，这选择局限于它现时此刻的、直观理解的狭隘范围。因此，由动因确定意欲的必然性——这与由原因产生作用效果的必然性是一样的——唯独在动物那里是直观和直接表现的，因为在此，对旁观者来说，动因及其结果都同样直接地就在眼前；但在人那里，动因几乎始终是抽象的表象， 397
而这些是旁观者看不到的，甚至对于行为者本身，动因结果的必然性也被多个动因的冲突所遮蔽。这是因为只有在抽象中，才可以有多个表象作为判断和逻辑推导链条在意识中并排罗列出来，然后在摆脱一切时间规定下相互之间发挥作用，直至更强力的动因压倒了其余的动因和决定了意欲。这就是完整的抉择力，或说深思熟虑的能力，是人类优于动物的地方，也由于这一点，我们就以为人是有意欲自由的，误认为人的欲求只是人的智力运作得出的结果，其中并没有某一特定的欲望作为这智力运作的基础。事实上，动因只有在他的特定的天性和欲望（这天性和欲望在他那里是个体性的），亦即在某一性格的基础上和前提下才会发挥作用。对上述深思熟虑的能力和由此所导致的在人与动物的主观随意方面的差别，大家可在《伦理学的两个基本问题》第 1 版第 35 页及后面找到详细的论述，我建议大家阅读。此外，人这种深思熟虑的能力属于那些让人的存在变得比动物痛苦得多的东西，因为我们最大的苦痛根本不是作为直观的表象或者直接的感觉存在于现时此刻，而是作为抽象的概念，作为折磨人的想法而存在于理性之中，唯一只活在现实此刻并因此令人羡慕的无忧无虑的动物，却是完全没有这些东西的。

上述人的深思熟虑的能力依赖于抽象思维的能力，以及判断和推论的能力，似乎既误导了笛卡尔也误导了斯宾诺莎，让他们把意欲的决定与给予肯定的和否定的能力（判断力）等同起来——笛卡尔从中推论说：在他看来不受任何影响的、自由的意欲也承担着一切理论性谬误的责任；而斯宾诺莎认为意欲是由动因所必然决定的，正如判断是由根据
398 所必然决定的一样。[1]顺便一说，这后者有其道理，虽然那是从错误的前提引出的真实的结论。

那已被证明了的动物与人受动因推动的方式差别，对这两者本质的影响非常之广，最大程度上造成了两者存在的根本和明显的差别。也就是说，动物始终只是受到某一直观表象的动因推动，而人则力图完全排除掉这一类动因，仅由抽象的表象所决定，人就以此最大限度地利用了自己的理性特权，不受现时此刻的影响，不会选择或者逃避一时的快感或苦痛，而是考虑到这两者的后果。在大多数情形里，撇除那些完全不重要的行为不算，决定我们行为的是抽象的、思考过的动因，而不是现时的印象。因此，对我们每一个别的匮乏是相当容易将就的，但任何自愿的断念都是特别艰难的，因为前者只涉及匆匆而过的现时此刻，后者却涉及将来，并因此包含了无数的匮乏，因为自愿断念等同于无数的匮乏。我们苦痛的原因一如我们快乐的原因，因而大多数并不存在于真实的现在，而只在抽象的思想中：是这些东西让我们经常感到难以忍受，所制造出的烦恼折磨，动物世界的所有苦痛与之相比都是非

[1] 笛卡尔,《沉思录》,4。斯宾诺莎,《伦理学》,第2部分,命题第48和49。

常渺小的，因为我们常常由于这些烦恼折磨而一点都感觉不到自己肉体
上的苦痛，在剧烈的精神思想痛苦时，甚至会给自己制造出身体上的痛
苦，目的只是以此将注意力从精神上的痛苦转移到身体上的痛苦。因
此，人们在巨大的精神痛苦时会拉扯自己的头发，捶胸顿足、撕扯自己
的脸、在地上打滚——所有这些其实只是分散注意力的强力手段，以便
从某一让人难以忍受的想法中转移过来。正因为精神上的痛苦是巨大
得多的痛苦，让身体上的痛苦在相形之下感觉不到，所以，对于绝望之 399
人，或者饱受病态的忧郁煎熬的人，自杀是非常容易的事情，哪怕这人
之前在舒适、惬意的状态时，对自杀的想法感到害怕和震惊。同样，忧
虑和情欲，因而也是想法的飘动和交战，与身体上的辛劳相比，更经常
和更厉害地消磨我们的肉体。据此，爱比克泰德说得很对：让人忧虑
的不是那事情本身，而是人们对那事情的看法。(《爱比克泰德手册》，
5)，塞涅卡也说：让我们恐慌的东西比实际压迫我们的东西还要多，我
们更常因看法而不是因真实情形而受苦。(《信札》，第 5 篇）奥伊伦斯
皮格尔（Till Eulenspiegel）也相当精彩地揶揄了人性，因为人上坡时笑
下坡时哭。确实，那些把自己弄痛的小孩，其哭泣常常不是因为疼痛，
而只是在人们为其哀叹、难过的时候，他才因为由此引起的疼痛念头而
哭泣。动物与人的认知方式的差别在行为和苦痛上产生了如此之大的
差别。此外，清晰和明确的个体性格的显露，也同样以只有借助于抽
象概念才有可能在多个动因之间的选择为前提条件，而个体性格是首要
把人与动物区别开来的东西，因为动物几乎只具有种属的性格。这是
因为只有在做出了选择以后，那不同的个体所做出的不同的决定才成了
标示个体性格的一个标记，而个体性格在每个个体那里都是不一样的；

动物的行为只是取决于印象的有、无，假定这印象对其种属根本是一个动因的话。因此，在人那里，最终唯有那决定或决心，而不仅仅是愿望，才是一个人的性格的有效标记，无论对这个人自身还是对其他人而言，都是如此。但那决定唯有通过行为和行事才变得确凿无疑，对他本人是这样，对其他人也是如此。愿望只是现时此刻的印象的必然结果，无论那是来自外在的刺激，或者来自内在转瞬即逝的情绪，因此，那就是那样的直接必然和并不曾经过再三考虑，一如动物的行为：因
400 此，与动物的行为一样，只是表达了种属的性格，而不是表达个体的性格，亦即只表明人总体来说是什么，而不表明那感觉到这愿望的个体能够做出些什么。只有那行为，才是他的行为的悟知准则的表达，因为作为人的行为，总是需要某些考虑，也因为人一般来说能驾驭自己的理性，因此是审慎的，亦即能根据想好了的抽象的动因而决定，是其悟知准则的表达，是他的最内在的欲求的结果，就像字母，构成了表示他的验知性格的字词。所以，对具健康情感的人来说，只是所作所为，而不是愿望和想法，才会让其心情沉重。因为只是我们的所作所为才映照出我们的意欲。上面已经提及的、在完全没有考虑和的确是在盲目的激情之下所犯下的事情，在某种程度上是单纯的愿望与决心之间的一个中间事物，所以，只有通过真正的后悔——但这也就显示为做出的行为了——才能从我们意欲的图像（即我们的人生历程）抹掉，就像画错的一笔一般。此外，在此适宜加上这句话，作为一个奇妙的比喻：愿望和行为的关系，与电的分布和传导的关系有着一种完全偶然的、但却是精确的类似性。

根据所有这些有关意欲的自由及其相关东西的思考，我们发现虽然

意欲自身和在现象之外是自由的，甚至可称为万能的，但在其个别的、受到认知照明的现象中，亦即在人和动物那里，它是由动因所决定的；对这些动因，性格都始终以同样的方式合乎规律地和必然地做出反应。我们可看到人们由于有了附加的抽象或者理性知识，比动物拥有了抉择力的优势，但这只是让人成了动因争斗的战场，并没有让人摆脱动因的
控制；因此，这虽然可能使个体性格得以完整表现，但绝对不能被视为 401
就是单个意欲的自由，亦即独立于因果性法则，因为因果法则的必然性也扩展至人，一如其扩展至每一其他现象。因此，理性或说借助于概念的认识，所带来的人的欲求与动物的欲求之间的差别也只是到此所指出的为止。不过，假如人们抛弃那全部的、受制于根据律的、有关这样的个别事物的认识，并借助于对理念的认识而看穿了个体化原理，却可以产生出完全不一样的、在动物那里不可能产生的人的意欲的奇特现象！真是那样的话，意欲作为自在之物，其真正的自由是有可能出现的——这样的话，那现象就会与自身产生了某种程度上的、人们称作“自我否定”的矛盾，甚至最终取消了其本质本身。自在之意欲的自由，其真正的和唯一直接的表现，在此还不可以清楚地描述出来，要到最后才成为我们考察的对象。

通过现在的分析，我们清楚地了解了验知性格是不可改变的，因为验知性格只是超越时间之外的悟知性格的展开而已，还有验知性格与动因合在一起必然产生行为。在了解了这之后，我们首先就得清除一个为了有利于满足卑鄙的倾向而非常容易推论出来的结论。也就是说，既然我们的性格可被视为一个超越时间之外的，因此是不可分和不可改变的意欲活动，或者一个悟知性格在时间上的展开；所有本质性的东

西，亦即我们生活品行的伦理方面的内容，就由这不变地被决定下来，并必然与此相应地在其现象中，在其验知性格中表达出来，而只有这现
402 象中的非本质性东西，我们人生进程中的外在形态，才取决于动因所展现的形态——那么，我们就可以推论：要努力改良人的性格，或者抗拒恶倾向的力量是徒劳的，因此，更可取的做法是顺应那不可改变的东西和对每一个倾向——哪怕那是邪恶的倾向——都马上予以满足。但这完全是一如那命运无法避免的理论所说的情形，还有从那理论所得出的、人们以前称为懒惰理性，在近代则名为土耳其信仰的结论，而据说是克利西波斯对此的正确反驳，在西塞罗《论命运》第 12 和第 13 章得到了阐明。

虽然一切都可被视为由命运无可抗拒地预先决定了，但是，那只能通过原因的链条。因此，绝对不会有某一作用结果不需要原因就确定出现。因而并不是事件预先被决定了，而是这事件作为之前的原因的结果被决定了。所以，并非只是那结果，而是那手段也被命运预先决定了，那事件就是这手段的结果。据此，如果手段并不出现，结果也肯定不会出现，这两者始终遵循着命运的决定，但这命运的决定我们也永远只是在事后才知道的。

正如事件始终是根据命运，亦即根据原因的无尽串连而得出的结果，我们的行事也始终是根据我们的悟知性格而发生的；正如我们不会预先知道所发生的事件，同样，我们也不会对悟知性格先验地有所认识，只是后验地通过经验，我们才像了解其他人一样逐渐了解了我们自己。假如悟知性格导致我们只有在与某一邪恶倾向长时间争斗以后才能做出一项善良的决定，那这一争斗就必须先行发生和要等待的。有

关性格的不变性，有关我们的所有行为出自一体性源泉的思考，不应误
导我们预先认定性格会偏向于这一边或者哪一边而做出决定。从随之 403
发生的决定，我们会看出我们是什么样的人，我们就反映在我们的行为里。恰恰以此解释了我们在回顾所走过的人生道路时所感受到的满足或者心灵不安：这两者并不是因为那些过去了的行为仍然有其存在，这些事情其实已经过去了，现在已不存在了，但它们对我们的巨大重要性来自它们的含义，是因为这些行为是性格的复印件，是意欲的镜子。在这面镜子里，我们观看到我们最内在的自身，认出了我们意欲的内核。因为我们不是在事前，只有在事后才体验和得知这些，所以，恰当的做法是在时间中努力和奋斗，恰恰以此让我们通过我们的行为而造成的图像最后会是如此这般，能让我们尽可能地得到平静安慰，而不是惶恐不安。但这样一种满足或者心灵不安的含义，正如所说的，将在下面更进一步地探讨。在此，还有下面的自成一体的思考。

除了悟知性格和验知性格外，还要提及的是与这两者有别的、第三种的获得性格，这是人们只有在生活中通过世事历练才能获得的。假如有人被称赞有性格，或者被批评没性格，那说的就是这种获得性格。虽然人们会认为既然验知性格作为悟知性格的现象是不变的，并且一如每一种自然现象，其自身是前后连贯和一致的，那么，人也因此必然总是显现出相同和一致的样子，因此不需要通过经验和思考去人为地获得和掌握一种性格——但是，实际情形并不如此。尽管一个人始终是那同一个人，但他并非每一次都明白自己，而是常常对自己判断错误，直至他获得了某种程度上的真正自我认识为止。验知性格作为单纯的自然欲望，其本身是非理性的，事实上，其表现还会被理性所扰乱，而一个

人越能深思熟虑和越具思维能力，所受的扰乱就越大，因为这思维能力和思考总是把属于人在总体上的、作为种属性格的东西，把其在欲求和
404 成就上所可能的摆在他面前。这样他更难以认清在所有可能中他基于其个性而唯一意欲的和有能力做的。他发现自身对一切彼此大不相同的人的追求和能力是有资质的，至于他个人在这些方面不同的资质程度，没有经验的他是不清楚的。就算他开始那唯一符合他的性格的追求，他仍受着激发要进行恰恰相反的、与前一种追求无法协调的另一种追求，尤其是在某些个别的时候和处于某种心绪的情况下，而假如他不受打扰地致力于前者的话，就必须完全压制后者。这是因为正如我们的身体在这地球上走出的永远只是一条线，而不是一个面，同样，在生活中，假如我们想要抓到和占有某样东西，就必须克制自己，对那无数其他的、在左右两边的东西置之不理。假如我们不能为此下定决心，而是像在新年集市里的小孩子那样，对所到之处吸引我们的东西都想得到，那我们就是在错误地要把我们的道路的单线变成面了。这样的话，我们就得迂回曲折地走路，鬼火般忽闪忽闪地来来去去，到最后却一无所获。或者用另一个比喻吧，正如根据霍布斯的法学，每个人原初对所有的东西都拥有权利，对任何东西却没有专有的权利；但对个别某样东西的专有权利，是可以通过放弃对所有其他东西的权利而得到的，与此相对应，其他人在他们所选定的东西方面也同样这样做——那在生活中也恰恰如此：对于某一确定的追求，不管是对享受、荣誉、财富、学术、艺术还是美德的追求，只有当我们不再奢望所有其他东西，放弃了所有其他东西时，才可以认真地和带着运气地力求实现这追求。所以，仅仅只是欲求和仅只是能力本身仍是不足够的，一个人还必须知

道他想要（意欲）什么，必须知道他能够做什么。只有这样，他才展示
出性格；也只有这样，他才可以真正地有所成就。在达到这阶段之前，
尽管验知性格有自然的连贯一致性，他仍然是没有性格的；并且虽然他
总的来说必然是忠实于自己和走自己的道路，受到他的守护神的引领， 405
但他划出的并不是一条笔直的路线，而是一条颤抖的、不一致的路线，
会犹豫、偏差、折返，给自己造成后悔和苦痛。所有这些，是因为他不
管是在大事还是小事上，眼前所见的尽是许许多多的对人来说可能的和
可达成的东西，但他不知道这其中到底什么才是唯一适合他的和对他而
言是可行的，甚至什么是只有他才可以享受的。因此，他会羡慕不少
人的地位和景况，但这些只适合那些人的性格，与他的性格并不吻合；
处于那些人的地位和景况，他会感觉不快乐，甚至可能一刻都无法忍
受。这是因为正如鱼儿只在水里、鸟儿只在空中、鼹鼠只在地下才会
愉快，每个人也同样只在与其相宜的气氛环境中才会舒服。例如，宫
廷的空气就不是每个人都能呼吸顺畅的。由于缺少对所有这些的深入
认识，不少人就做出各种各样失败的努力，在个别方面会强行扭曲自己
的性格，但在总的方面仍不得不再度屈从于自己的性格。他在如此违
反自己天性的情况下辛苦获得的，并不会给予他丝毫的乐趣；他如此学
来的东西始终是死的。甚至在伦理方面，同样的行为，假如并非发自
纯粹的直接的动机，而是出自某一概念、某一教条，假如这行为对他的
性格而言太过高贵了，那这行为就通过接下来自私的懊悔失去一切价
值，就算在他自己的眼里也是如此。“意欲是教不会的。”正如我们只有
通过经验才会意识和察觉到别人性格中的那种不可弯曲性，而在此之
前，我们会小孩子般地相信通过理性的看法，通过请求和乞求，通过榜

样和高尚情操，就能让任何某个人脱离其天性，改变其行为模式，偏离其思维方式，甚至扩展其能力范围——同样，对我们自己也是如此。我们只能从经验中了解到我们欲求什么和我们能做什么：在此之前，我们对我们的这些是不知道的，我们是没有性格的，并且经常不得不被从外而至的残酷、强硬的冲击抛回到我们自己的轨道。假如我们终于了解
406 到了这些，那我们也就获得了这世上人们称为性格的获得性格。获得性格据此不过是对自己的个性尽可能的充分认识：那是对他自己的验知性格的不变素质，对他的精神和身体能力的方向，因而也是对他自身个性的长处和弱点，有了一个抽象的、因此是清晰的本质性认识。这让我们现在得以深思熟虑地和讲究方法地贯彻执行我们自己那本身永远不变的，但在此之前我们却是杂乱无章地自然表现出来的角色；我们就可以根据固定的概念的指引而填补情绪或者弱点在此所造成的漏洞。那由于个性缘故，而总归是必然的行为方式，我们现在已将其形之于清晰意识的、时刻在眼前浮现的格言规条——我们就根据这些规条，深思熟虑地实施我们的行为方式，就好像这行为方式是学来的，而不会在这期间受到心境的刹那间影响或现时印象的迷惑，不会由于在路途上碰见个别苦或甜而受阻，不会踌躇，不会摇摆，不会前后矛盾。现在我们再不会像新手一样等待、尝试、摸索，以便看出我们真正欲求什么和能做什么，而是永远地知道了这些，在每一次的抉择中，我们只需把普遍的原则应用在个别的情形，然后马上就可以作出决定。我们大致上了解到我们的意欲，并不会受到心境、情绪或者外在请求的误导而在个别事情上做出总体上与意欲相违背的决定。我们也同样了解到我们的力量和弱点的性质和程度，并因此避免了许多苦痛。这是因为真正给我们乐

趣的，不外是运用和感受我们的能力，最大的苦痛就是在我们需要能力
的时候感知到缺乏这些能力。 那么，我们在探究清楚我们的强项和弱
点所在以后，就将培养、运用和争取以一切方式利用我们突出的自然资
质，始终朝向让这些资质得以发挥、会具有价值的地方，但绝对地、自
我克制地避免在我们并没有多少禀赋的方面奋斗；小心不要尝试我们不 407
会有机会成功的东西。 只有达到了这一点，一个人才会随时相当谨慎
地完全成为他自己，永远不会让自己陷入困境，因为他始终知道可以对
自己有什么样的期待。 这样，他就会常常享受到感觉自己的力量的快
乐，甚少体验到回想起自己的弱点的苦楚，而后者是一种或许可造成最
大的精神痛苦的屈辱。 因此，清楚看到自己的不幸要比清楚地看到自
己的不行容易忍受得多。 所以，假如我们完全了解我们的长处和短处，
就不会试图展示自己并不具备的能力，不会虚张声势，因为这样的欺骗和
假冒最终还是不会达到目的的。 因为既然整个人就是他的意欲的现象，
那最颠倒的做法，无过于出于考虑想要（意欲）成为与自己不一样的人，
因为这是意欲与自身的直接矛盾。 模仿别人的素质和特性，比穿着别人
的衣服丢脸得多，因为那是自己自动宣读了这一判定：自己是毫无价值
的。 了解自己的思想意识和自己的各种能力及其不变的界限，是在这
方面对自己达到尽可能的满足的最可靠途径。 因为无论对内在的状况
还是外在的状况都是一样的，即没有什么比完全确信那不可改变的必然
性更能给予我们安慰。 在我们遭遇灾祸时，没有什么比想到本来可以
让灾祸避免的情形更让人难受了。 因此，让我们得到平静的，无过于
从必然性的角度考察所发生的事情，因为从这一角度看，一切偶然都表
现为某一统治着一切命运的工具，所以，我们认识到所发生的灾祸是由

内在状况与外在状况的冲突不可避免地引致的；那也就是命运论。其
408 实，我们诉苦或者狂怒，就只是在我们还希望以此能够要么对他人发挥
作用，要么刺激我们做出前所未有的努力的时候。但小孩和成年人却
很懂得就此屈服——一旦他们清楚地看出情况不可能是另外一种样子：

> 强力压制住内心的怨恨。
>
> ——荷马，《伊利亚特》

我们就像被捕获的大象，多日来都在可怕地咆哮和挣扎，直到它们看清这是徒劳的，然后突然乖乖地引颈就轭，从此永远被驯服了。我们就像大卫王，只要他儿子仍然活着，他就不停地恳求耶和华，表现出一副绝望的样子；但儿子一旦死了，他就不再想这事情。所以，无数持久的灾祸，例如残疾、贫困、丑陋、地位低下、讨厌的居住地，无数人都若无其事地忍受，不会对此还有感觉，就像伤口好了一样，因为这些人知道内在或者外在的必然性在此都不会允许任何改变，比较好运的人则无法明白人们如何能够忍受这样的状况。对待内在的必然性，正如对待外在的必然性一样，没有什么比清楚地知道这种必然性更有力地让人平静下来。假如我们像认清我们的优良素质和长处那样，一劳永逸地认清我们的缺点和弱点，据此定下我们的目标和满足于放弃所不能达致的，那我们就在我们的个性最大限度允许的情况下，最保险地逃过了所有痛苦中的最苦涩者：对我们自己的不满。这是对我们自己的个性的无知、虚假的自大和由此产生的放肆狂妄的不可避免的结果。奥维德的诗可以很好地应用在这劝诫人们要有自我认识的严酷一章：

> 一劳永逸地打碎诱惑心灵的、折磨人的枷锁，

是精神思想的最好帮助。

关于获得性格就谈这些。获得性格虽然对于真正的伦理学的重要性，不如对于俗世生活，但是，对作为第三种类的获得性格的探讨却是与 409
对悟知性格和验知性格的探讨并列的，对获得性格，我们必须允许稍微详细的考察，目的是要清楚地弄明白意欲在所有现象中是如何受制于必然性的，与此同时，意欲就自身而言却又是自由的，甚至可被称为万能的。

§ 56

这种自由，这种万能——这整个可视的世界及其现象就作为这自由的表现和反映存在着，并遵循着认知方式所导致的法则而向前发展——也可以，确切地说，在其最完美的现象中，在有了有关自己本质的充分、彻底的认识的时候，重新表现出来，因为它要么在此，在知觉和自我意识的顶峰，也仍然欲求它在盲目和并不知道自己的情况下所欲求的同样的东西，而假如是这样，那认知不管是在个别的还是在总体上，对这欲求就始终是动因；要么相反，这认知成了他的镇静剂，平息和取消了所有的欲求。这就是已在上面泛泛提出的对生命意欲的肯定和否定，而这种肯定和否定，作为在个体生活方式方面泛泛的、而不是个别的意欲表现，并不会扰乱地改变性格的发展，也不会在个别的行为中表达出来，而是要么通过愈加明显地突出显现那整个到此为止的行为方式；要么反过来，通过取消那同样的行为方式而充满活力地表示出依照现在所获得的认知，那意欲所自愿采用的生活准则。对所有这些，亦即对这最后一篇的主要话题更清晰的阐述，由于这其中所插入的有关自由、必然性和性格的思考而已经变得容易一些了，为此也作了某些准备工夫。但这些阐述将会更容易，假如我们将之再一次延迟，首先将我们的考察集中在生命本身——其意愿还是不意愿就是个巨大的问题——
410 而且要试图泛泛地认识到：那意欲本身，那无论如何都是这生命的内在本质的意欲，通过对意欲的肯定，到底会发生什么，这种对意欲的肯定能以什么方式和在多大程度上满足这意欲，一句话，意欲在它自己的和在每一方面都属于它的世界的状况，在我们看来，泛泛地和本质性地视为什么样子。

首先，我想要读者在此回忆起我们在第二篇结尾处的思考，那是由在那里所提出的就意欲的目的和目标的问题所引发的。在那里，我们眼前所见的，并不是对此问题的回答，而是意欲在其所有级别的现象，从最低级的一直到最高级的，是如何完全没有一个最终的目标和目的，永远在争取和追求，因为争取和追求就是其唯一的本质，并没有任何实现了的目标可以就此终结这种争取和追求。所以，这种争取和追求是不会有任何终极满足的，而只会因受到阻碍而被遏止，但就其本身而言，是会无穷无尽地进行下去的。我们从一切自然现象中最简单者，从重力就可看到这一点，因为重力是不会停止争取的，并且向着一个没有延伸的中心点挤去，而到达这中心点就将是这重力和物质的消灭；就算整个宇宙已经缩成了一个球，重力也不会停止争取。这一点，我们从其他简单的自然现象中就看得出来：固体要争取成为液体，不管是通过融化还是经由分解，因为唯独在液体中，它的化学力才可以是自由的，而刚性则是对那些化学力的囚禁，是以寒冷将其留在刚性中。液体的东西则要争取成为气态，而只要一旦摆脱了所有的压力，就会马上进入气态。没有什么物体是没有亲合力和相似性的，亦即没有追求或者没有渴望和欲望，就像雅各布·伯默（Jakob Böhme）说的。电将其内在的自我破裂永无尽头地传播出去，虽然地球的质量吞下了那作用效果。流电学，只要电源堆在工作，那就同样是一种没有目的的、不停更新的自我破裂与和解。植物的存在也是同样的这种不休止的、永远不会满足的争取和追求，一种不停的冲动和欲望，通过愈加提高了的形式，直至那植物的终点——结籽——然后这又重新成了始点：就这样直
至无穷无尽：永远没有一个目的，永远没有最终的满足，永远没有一个 411
休息处。与此同时，我们从第二篇中还记得：到处都是那各种各样的自然力和有机物形式在互相之间争夺物质，想要在物质那里显露出来，因为每一种力或每一种有机物形式只能占有它从其他的力或其他的有机物形式那里夺来的东西，所以就有了持续进行的生与死的斗争，而由此就主要形成了阻碍：那构成了每样事物的最内在本质的那种争取和追求因此而处处受阻、徒劳地挤迫，而又由于其本质而欲罢不能，不停地经受折磨，直至这现象灭亡为止；然后，其他的事物就贪婪地抢夺其位置和物质。

我们长久以来就已经认识到这种构成了每一事物的内核和自在本质的争取和追求，与我们身上的、在最完整的意识照耀之下显露出来的、被称为意欲的是同样的东西。然后，我们就把意欲由于在意欲与意欲的暂时目标之间的障碍所受到的妨碍名为痛苦；而意欲目标的实现则是满足、舒服、幸福。我们可以把这些名称也套用在那程度更弱、本质上则是同样没有认识力世界的现象，然后就可看到这些现象总是受苦受难，并没有什么持久的幸福。这是因为所有的争取和追求都源自匮

乏，源自对其状态的不满，因而只要这匮乏得不到满足，那就是痛苦。但任何满足都无法持久，更准确地说，满足始终只是一个新的争取和追求的始点。我们看到争取和追求到处都受到多方的阻碍，到处都是争斗，因此，在这期间始终就是痛苦：没有追求的最终目标，因而也没有痛苦的限度和终点。

但我们这样只有带着更敏锐的注意力和付出艰辛的努力才在没有认识力的大自然中发现的情况，在有认识力的大自然、在动物的生命中却清楚地摆在我们的面前：动物持续不断的痛苦轻易就可得到证实。但
412 我们不想在这些中间级别上逗留，而是转向人类生活——在此，因为得到了最明亮的认知照明，一切就都异常清晰地显露了出来。这是因为意欲的现象越完美，那痛苦就越明显。植物仍没有任何感知能力，因而没有任何痛苦。最低等的动物，纤毛虫和辐射虫，有某种非常低程度的痛苦，甚至昆虫的感觉和受苦能力也仍然是狭隘的。只是伴随着脊椎动物完整的神经系统，程度较高的痛苦方才出现，而智力越发达，痛苦的程度就越高。因此，随着认识力达至清晰，随着意识的提高，苦恼、折磨也以同样的比例增大和增多；所以，在人那里，苦恼和折磨达到了最高程度，而一个人的认识越清晰，智力越高，那苦恼和折磨就越甚。具天才者则是最受苦的。我是在这一意义上，亦即在总体认知的程度方面，而不是仅在抽象所知方面，理解和在此采用《传道书》那句话：多有智慧就多有愁烦。意识程度与痛苦程度的这种精确关系由那位哲学画家或绘画哲学家——蒂施拜因（Tischbein），在一幅图画里通过直观和一目了然的描绘，异常优美地表达了出来。在这幅画的上半部分描绘了被拐走了孩子的女人和这女人在不同的编组和姿势之下多方表

现出来的母亲的深切痛苦、恐惧、绝望；画面的下半部分则以同样的安排和编组展示了被拿走了羊羔的绵羊。这样，图画上部的每一个人头、每个人的姿势，都对应着图画下部的动物的类似情形；我们也就清楚地看到了在呆滞的动物意识中可能感受到的苦痛，与只有通过清晰认识和清楚意识才有可能感知到的强烈痛苦的关系。

为此原因，我们想要考察在人的存在中意欲的内在和本质性命运。每个人都会轻易在动物的存在中重又发现同样的东西，只是更弱地、在 413
不同等级上表现出来而已，并且在痛苦的动物那里，每个人都可以充分地证实这一点：一切生命在本质上就是痛苦。

§ 57

在得到认知照明的每一级，意欲就显现为个体。在那无限的空间和无限的时间中，人的个体发现自己是有限的，因此是一个与无限的空间和时间相比在不断消失的量；他被投进了这无限的时空中，而由于时空的茫无际涯，他拥有的始终只是他的存在的一个相对的、永远不是绝对的何时和何处，因为他存在的地点和持续的时间是一个无限时间和无限空间中的一个有限部分。他真正的存在只在现时此刻，其不可阻挡地流逝成为过去就是持续的向死亡过渡，就是持续的逐渐死亡，因为他那逝去了的生活（生命），除了其对现时的可能后果，以及在其中所留下的有关他的意欲的证明以外，就已是完全了结了的、死亡了的和不再存在了的，因此，那过去了的内容是烦恼折磨还是快活享受，对他来说，从理性的角度看，必然是无所谓的了。但现时此刻却持续在从我们手中化为过去，而将来是全然不确切的和总是短暂的。这样，一个人的存在，就算唯一从形式的一面考察，也已经是现时此刻在持续地冲向死亡了的过去，是某一持续的死亡。但假如我们从自然的、身体的一面察看，那很明显，正如众所周知我们走路只是持续地制止倒下来，我们身体的生命也同样只是持续地制止死亡，是不断推迟了的死亡；最后，我们精神思想的活跃也只是持续向后推移了的寂寞无聊。每一次呼吸都挡开了时时在发起攻击的死亡。我们也就以此方式在每一秒钟都与死亡作斗争。再者，在更长的间隙中，就是通过每一顿膳食、每一次睡眠、每一次取暖等与死亡作战。到最后，死亡必定会获胜，因为我们出生了就已经是归死亡所有了，死亡只是在吞噬猎物之前将其玩弄一番而已。在这期间，我们怀着巨大兴趣和小心翼翼地、尽可能长地继
414 续着我们的生命，就像吹肥皂泡的人，吹得尽量大、维持尽量长一些时间——虽然很确切地知道这肥皂泡是要爆破的。

我们在没有认识力的大自然中就已经看到其内在的本质是持续的争取和追求，没有目的，也没有休止；在考察动物和人的时候，这种情况更清楚地展现在我们的眼前。欲求和争取是其整个本质，完全可以与某一无法解决的口渴相比较。但所有欲求的基础是贫穷、匮乏，亦即痛苦，而欲求本来和由于其本质就是要听任痛苦的摆布。而假如没有欲求的对象，因为太过容易得到的满足马上就会夺走这些对象，那可怕的空虚和无聊就会降临在他身上，也就是说，他的本质和存在本身就会成为他的无法忍受的负担。他的生命因而就像一个钟摆一样，在痛苦和无聊之间摆动，而这两者事实上就是他的生活的最终组成部分。这只能非常古怪地以此方式表达出来：在人们把所有的苦难和折磨放进地

狱以后，在天空中，除了无聊，再没有其他任何东西了。

但那持续的追求，这构成了意欲的每一现象的本质的东西，在其客体化的更高等级上获得了首要的和普遍的基础，因为在此意欲表现为一副活生生的身体，伴随的是要供养它的铁则；而赋予这铁则以力量的，恰恰就是：这身体不是别的，而是客体化了的生命意欲本身。人作为意欲的最完美的客体化，也相应地是所有存在物中最多需求的，他完全、彻底地是具体的欲求和需要，是千百种的需求凝结在一起。他就带着这些需要生存在这地球上，仅有自己可供依赖，一切都是不确定的，只有自己的需求和自己的匮乏才是确定的。因此，要在这如此困难的、每一天都出现新的要求中维持这一存在，忧虑和不安一般来说就填充了人的整个一生。然后，与这直接相连的是第二个要求：繁衍种 415
属。与此同时，他受到来自四面八方的各种至为不同的危险的威胁，而要逃过这些危险则需要持久的警觉。他走着小心翼翼的脚步，谨慎地四处窥探着自己的路子，因为千百种偶然变故和千百种敌人在暗中守候着他。他就是这样行走在蛮荒中，也是这样生活在文明社会中。对他来说，并没有任何的安全保障：

> 生命，只要还在延续
>
> 就要在多么昏暗的存在、多么巨大的危险之中度过！
>
> ——卢克莱修，《物性论》，第 2 部，15

绝大部分人的生命只是为了这存在本身的持续斗争，而最终失去这生命则是确定无疑的事情。但让他们在这如此艰苦的斗争中坚持下去的，与其说是对生活的爱，还不如说是对死亡的恐惧；这死亡却是无可避免的，它躲在背后，随时都会扑上前来。生命或说生活本身就是一个遍布礁石和漩涡的大海，人们极尽小心和周密细致地避开这些东西，尽管人们知道就算是竭尽全力和发挥技巧，成功地迂回绕过了危险，那也不过是随着每一个步子而走近了最大的、彻底的和无法避免、无可挽救的翻船，并且那是径直向其驶去：这就是艰辛的旅行的最终目的地，这对他来说比所有他所躲过的礁石都要糟糕。

但接下来相当值得注意的是：一方面，生活的痛苦和烦恼很容易就可达致这样的程度，以致就算是死亡也是值得追求的，人们也自愿地奔赴死亡——而人的整个生命本来就在于逃离死亡。而另一方面，一旦困厄和苦难允许人们稍稍得以喘息，无聊马上就如此的靠近了，以致人们迫切地需要消遣。让所有的有生命之物忙碌和保持活动的，是对存在的追求。但它们有了这存在以后，却一点都不知道该如何作为。因此，那让它们活动起来的第二个动力，就是力求摆脱这存在的负担，不让我们感觉到这存在，要“杀掉时间”（直译，意思是“打发掉时
416 间”），亦即逃避无聊。所以，我们看到几乎所有不再受到匮乏和操劳之苦的人，在最终摆脱了所有其他的负担以后，现在自己就成了自己的负担，消磨掉的每一个小时，因而也就是他们生命的每一点减少，就都被视为赚了——而在这之前，他们却倾尽全力地要尽量延长这生命。但无聊这祸害却绝对不可以等闲视之：它最终把真正的绝望描画在了人们的脸上。无聊让彼此之间并没有多少爱意的生物，如人类，如此急匆匆地互相寻觅，并以此成了社交的源头。同样，无论何处，为应对无聊，就像应对其他的普遍灾祸一样，人们都出于政治上的精明考虑而采取了公共的防护措施，因为这种祸害，就几乎如其相对立的另一极

端——饥荒——一样，可以把人弄至极为放纵无度的地步。人们需要“面包与马戏”。严格的费城惩教制度透过单独监禁和无所事事，把单纯的无聊变成了一样惩罚工具，而这种惩罚工具是如此的可怕，以致已经导致囚犯自杀。正如匮乏是鞭打大众的鞭子，对于上流社会，那鞭子就是无聊。在大众市民的生活中，星期天就代表了无聊，正如匮乏由六个工作日所代表。

那么，人生完全就是在欲求和满足之间的流逝。愿望，就其本质而言是苦痛；愿望的满足很快就产生厌腻；那终点目标只是表面上是终点目标；占有了也就失去了其吸引力；愿望和需求又再度以新的形态出现。如果不是这样的话，那接踵而来的就是乏味、空虚、无聊，与这些的斗争和与匮乏的斗争一样折磨人。愿望与满足之间假如间隔不太短也不太长的时间就能相接，那就会把这两者所给予的痛苦减至最少的分量，并构成了最幸福的人生。这是因为我们一般称为生活中最美丽的部分、最纯粹的欢乐（只是因为这些东西把我们从现实生活中提升起来，并把我们转变为置身事外的对生活的旁观者），亦即纯粹的认知，
那与一切欲求都不相干的东西，对美的享受，对艺术感受到的真正欢 417
乐——这些，因为其已经是要求人们具备稀有的资质，所以就只赐予了极少数的人，甚至对这些人来说，这些赐予也只是作为某一转瞬即逝的梦幻一般。然后，也正是这极少数人，其更高的智力让他们感受到了比呆滞、麻木的人所能感觉到的巨大得多的痛苦，除此之外，也把他们孤独地置于与他们明显不同的人群中。这样的话，也就扯平了。但对人类的绝大多数来说，纯粹的智力享受是遥不可及的，纯粹认知的快乐，他们几乎是完全无能为力的。他们完全地受制于欲求。因此，假

如某样东西要得到他们的关心，成为他们感兴趣的，那必定是（这已经包含在字词的含义中）刺激了他们的意欲，哪怕只是与意欲有了遥远的和仅仅只是可能的关系，但与意欲却绝不可以是毫无关联的，因为他们的存在在于意欲远甚于认知。作用与反作用是他们的唯一要素。对这特性的天真的表达，我们可以从微小的和司空见惯的现象中观察到，例如，他们会在他们所参访的值得参观的地方写上他们的名字，目的就是以此方式作出反应，以作用于这地方，因为这地方无法对他们产生作用。此外，他们也不能轻易做到仅仅只是考察一只陌生的、稀有的动物，他们必须刺激它、逗弄它，与它玩耍的目的仅仅只是去感觉那作用与反作用，但这种需要意欲激动起来尤其表现在发明和维持纸牌游戏上面，这其实是人性可悲的一面的标志。

但无论大自然做了些什么，运气做了些什么，也无论一个人是谁，这个人占有什么，属于生活中本质上的苦痛是无法甩掉的：

> 珀琉斯之子悲叹着，抬眼看着天空。
>
> ——荷马，《伊利亚特》，21，272

再有：

> 虽然我是宙斯，是克洛诺斯的儿子，
>
> 但还要忍受无法言说的悲伤。
>
> ——荷马，《奥德赛》，11，620

418 那要赶走痛苦的不断努力，所能达成的不过就是改变痛苦的形态而已。这痛苦原先是匮乏、不足、为维持生活而忧心和操劳。假如我们有幸赶走了这一形态的痛苦——而这是非常困难的——那痛苦就会马上以千百种另外的形态出现，根据年龄和境况而变换成性欲、激恋、妒忌、羡慕、憎恨、恐惧、好胜、吝啬、疾病，等等，等等。假如痛苦到最后无法化身于任何其他形态，那痛苦就会披上厌倦和无聊的、悲伤的灰色外衣，然后，为对付这一痛苦，人们就要穷尽各式各样的办法。假设最终成功地赶走了这一痛苦，那就很难不让其再度进入之前的其中某一形态，然后，那舞蹈又从头开始了，因为每个人生都是在痛苦与无聊之间被抛过来抛过去的。这些思考是如此的让人泄气，所以，我就想附带请大家注意事情的另一面：由此人们会得到安慰，甚至由此或许让人们达致斯多葛派的无所谓的态度，以面对自己现时的霉气和不幸。这是因为我们之所以无法忍受这些不幸，很大部分是因为我们把这些不幸视为偶然的，导致这不幸发生的原因链条本来轻易就可以是另外一副样子。对于直接必然的和相当普遍的不幸，例如，必然的老去和死亡，以及每天都会有的许多令人烦恼的事情，我们往往不会苦恼。其实，那更多的是想到直接带给我们痛苦的情势是偶然的，才让这些痛苦如针刺般的难受。但假如我们认识到：这样的苦痛是生活本质上的东西，是不可避免的；仅仅只是这些痛苦的形态、形式才取决于偶然；因此，我们目前的痛苦要是没有了的话，那其他的在现在还不得其门而入的痛苦就会乘虚而入，取而代之；据此，在本质性方面，命运遭遇并不能基本上把我们怎么样——那这样的一番思考，假如成了鲜活的确信，就会导致某一显著程度的斯多葛式的镇定自若，就会大为减少对自己的幸福
的忧心关切。但事实上，面对直接感觉到的痛苦，这种如此有力的理 419
性控制是稀有的或是永远不会有的。

除此之外，通过对痛苦是不可避免的和一样痛苦被挤掉了又会导致

其他痛苦的思考，我们甚至会得出这离奇的但并不荒谬的假定：每一个人身上属于他的本质性痛苦的份额，是由他的本质一次性确定的；这份额既不是空的，也不会过满——尽管痛苦的形式可以有非常大的变换。他的痛苦和安乐据此根本不是由外在所决定的，而是由其痛苦的份额、天赋和素质所决定的，这些东西虽然会由于生理状况而在不同的时间遭遇某些增减起伏，但在整体上却是保持一样的。而这不是别的，正是人们所说的他的性情，或者正如柏拉图的《理想国》第 1 部所说的，他那轻松愉快或者忧郁不乐的程度。支持这一设想的不仅是这众所周知的经验：巨大的痛苦让我们感觉不到所有更小的痛苦；反过来，在没有巨大痛苦的情况下，甚至最微小的麻烦和不方便也会折磨我们，让我们生气。其实，经验也教导说：假如一个仅需想一想就会让我们颤抖的不幸现在真的发生了，一旦我们挺过了一开始时的苦痛，我们的心境在总体上却差不多没有改变；反过来也是如此：在某一渴望已久的幸福发生了以后，我们并没有觉得在总体上和持续地明显比以前更愉快和更舒服。只是在那些变化发生的瞬间才作为深深的悲伤或者真诚的欢呼异常强力地触动了我们，但这两者很快就会消失，因为它们是建立在错觉上的。这是因为它们并非由于直接和当前的乐趣享受或者痛苦而产
420 生，而只是由于开启了在此可以预期的一个新的将来。苦痛或者快乐只有在借自未来的时候，才会得到如此异常的提升，因此是不会维持长久的。根据这所提出的假定，无论是对痛苦或者幸福的认知还是感觉，其中相当大的部分是主观性的和先验确定了的；对于这一假定，我们还可以给出这些说明来证明：人的高兴或者沮丧，明显不是由外在的情形，由财富或者地位所决定的，因为我们起码在穷人中看到一如在富

人中同样多的高兴面容；再者，引起自杀的动因是千差万别的，因为我们无法给出任何某一足够巨大的不幸能大概率导致任何一个人自杀，也无法给出极少的一些如此微不足道的不幸，以致与其同样分量的不幸就不曾导致自杀。尽管我们的开朗、喜悦或者悲痛、忧伤的程度并非在任何时间都是一样的，但我们还是根据这一观点，并不把这归因于外在情形的变化，而是归因于内在状态、身体健康状况的变化。这是因为每当愉快的心情得到真正的，虽然是暂时的提升，甚至达到了欢欣的地步，那往往也是在没有任何外在原因的情况下发生的。虽然我们常常看到我们的痛苦只是由某一确定的外在情况而起，而且是因这痛苦而受压抑和悲伤而让这痛苦变得可见，然后，我们会以为只要这痛苦能够除掉，最大的满足就会来临，但是，这可是错觉。我们的痛苦和快乐的份额在总体上，根据我们的那一假定，在每一个时间点上，在主观（主体）上是确定了的，那引起悲伤的外在动因之于那痛苦的份额，就只是发疱药之于身体：这发疱药把所有的恶质汁液吸引到那疱发处，而要不是这样的话，那些恶质汁液就会发散于全身。那根源于我们本质中的、就在这时间段发生的，因此是无法转嫁的痛苦，在没有痛苦的确定的外在原因时，就会分散在数以百计的点上，并现身为对事情的诸多琐碎不满和忧郁情绪，而对这些事情，我们现在是完全忽略的，因为我们对苦痛的容量已经由于主要的不幸而饱和了。这主要的不幸把所有要 421
不是这样就会分散了的痛苦凝聚在一个点上。与此相吻合的还有我们观察到的这一事实：假如某一巨大的、压抑我们的烦忧最终由于幸运的结局从我们的胸中移走，那另一个烦扰就会马上占据其位置，其整个材料在这之前就已经在那里了，但那时候却无法作为担忧进入意识之中，因为这意识并没有多余的容量接纳这些。所以，这些担忧的材料仅在意识的最外围显现为昏暗的、不被察觉到的、雾一样模糊的东西。但现在既然有了空位，那这些现成的材料就会马上乘虚而入，坐上了现时统治着的烦忧的宝座。假如它在物质方面而言比那消失了的烦忧的材料轻了许多，它会懂得如何让自己膨胀起来，以便看上去在体积上与之等同，然后作为现时的主要烦忧完整地填充那一宝座。

过度的欢乐和非常剧烈的痛苦总是只发生在同一个人的身上，因为这两者是互为条件的，也是共同以精神的高度活跃为条件的。正如我们刚才看到的，这两者都并非纯粹由现时此刻的情况所造成的，而是由对将来的预期所造成的。但既然痛苦是生活本质性的东西，其等级也是由主体的天性所决定的，因此，突然的变化，因为其始终是外在的，所以并不会真正改变痛苦的等级——这样的话，过度的欢腾或者痛苦就始终是以某一谬误和错觉为基础的。所以，上述两种紧绷的情绪可以透过见识来避免。每一次过度的欢腾都总是建基于一个错觉，误以为找到了根本不可能在生活中找到的东西，亦即找到了对那些折磨人的、不断衍生出来的新的愿望或烦恼的持久满足。人们在以后不可避免地一定会从每一个这样的幻想中醒悟过来。然后，当这幻想消失时，他
422 们就会为此付出同样多的痛苦，一如当初这幻想出现时所造成的欢乐。就这点而言，这完全就像是某一高处：人们只有通过堕下才可以再度下来。因此，我们应该避免这些幻想，而每一个突如其来的、超常的痛苦，恰恰是从某一这样的高处堕下、这样一个幻想的消失，并因此是以这个幻想为条件的。所以，假如我们有能力清楚地总览那整体上的事物及其关联，坚决提防不要真的涂抹上人们渴望其具有的色彩，那我们就可以

避免这两者。斯多葛派伦理学首要的目的就在于让情感免除所有这一类幻象、幻想及其后果，取而代之的是给予人们不可动摇的平静镇定。贺拉斯在写作其著名的颂诗时，就已悟到了这一道理：

在艰难困厄之时，谨记要始终保持
镇定平静，一如在美好的日子
要控制住那忘乎所以的欢乐。

但通常，我们却是无视苦口良药一般的这样的认识：痛苦是生活的本质性东西，所以，对我们来说，痛苦并不是从外而至的，而是每个人在其内在都随身带着痛苦的永无枯竭的源头。我们毋宁说是在不断地为永远不会离开我们的痛苦找出某一外在的个别原因，就好比是要为此找出某一借口和托词，正如自由人会造出一个神像，好让自己有一个主人。这是因为我们不知疲倦地追求，从一个愿望到另一个愿望，虽然每一个得到了的满足，尽管其曾经许诺了许多，但却都无法让人满意，而是通常很快在我们眼里就成了一个让人惭愧的错误——但是，我们仍然没有认清我们是在用竹篮打水，仍是急匆匆地追逐总是崭新的愿望：

我们所愿望的东西，只要是我们没有的，
就会显得价值胜过一切，
但一旦得到了它，
就会变成另一副样子；
一种类似的渴望，始终牢牢抓住我们，
让我们热切盼望生活。

——卢克莱修，《物性论》，第 3 部，1095

如此要么就这样永无尽头，要么就是——这情况比较少有，并且以某种性格力量为条件——直到我们碰上了一个无法实现，但也无法放弃
423 的愿望，然后，我们仿佛有了我们所要寻觅的东西，亦即有了某样我们可以随时归咎为我们的痛苦的根源——而不是认为我们自己的本质才是这方面的源头。 在后一种情形里，我们与我们的命运是不和的，但作为补偿，我们却与我们的存在和解了，因为这一认识再度离我们而去：痛苦是这存在本身的本质，真正的满足是不可能的。 这后一种发展的结果是某种忧郁的情绪和心境，持久地背负着一个单一的、巨大的痛苦和由此产生的鄙视一切更小的痛苦和欢乐。 所以，这已是一个比不断追逐着永远不一样的幻象更可尊敬的现象，但不断追逐永远不一样的幻象却是平常得多的情形。

§ 58

一切满足，或者我们一般称为幸福的，事实上和本质上只是否定性质的，一定不是肯定性质的。 那并不是一种原初的和自动降临在我们那里的快乐、喜悦，而只能永远是对一种愿望的满足。 这是因为愿望，亦即欠缺，是每一快乐享受的先行条件。 但随着满足，愿望和因此快乐的享受就终止了。 因此，满足或幸福永远不过就是解除了某一痛苦、某一匮乏：因为这所说的痛苦和匮乏不仅包括每一实际存在的、显而易见的悲伤和痛苦，而且也包括每一纠缠不休、扰乱我们的宁静的愿望，甚至包括那把我们的存在变成负担的、让人窒息的无聊。 但要成功完成某样事情、实现某一目的却是如此的困难：每一计划和打算都会

面临数之不尽的艰难和阻挠。 迈出的每一步都遭遇重重的困难。 但当最后克服了一切阻力和达成了所有的一切，我们所赢得的不过是解除了某一痛苦或者达成了某一愿望，因此也还是一如在这痛苦或愿望没出现之前的状况。 直接让我们感觉到的永远只是欠缺，亦即痛苦。 但满足和享受，我们却只能间接地认识，是透过回忆起那过去了的痛苦和匮乏——而这些痛苦和匮乏在满足出现之时就已停止了。 因此就出现了这样的情形：我们根本不会确实意识到我们真正拥有的财富和有利条 424
件，也不会珍惜它们，而是把这当作是理所当然的，因为享受和满足始终只是以否定性的、以制止痛苦的方式使我们快乐。 只有在失去了这些以后，我们才会感觉到它们的价值：因为欠缺、匮乏、悲伤是肯定性的东西，是直接出现的。 因此，回想到从困境、疾病和匮乏中挺了过来，也让我们感到高兴，因为这样的回想是让人享受到现时好处的唯一手段。 还有一点不可否认：在这方面和从这一自私的角度——而这就是生命意欲的形式——目睹或者描述别人的痛苦，恰恰是以上述方式给予我们满足和愉快，一如卢克莱修在《物性论》第 2 部的开首所美妙和直率表达的：

> 看到海上狂风肆虐，
> 站在岸边的我们高兴地看到水手们陷入困境
> 并非看到被人如何受苦让我们高兴，
> 而是因为知道自己并没有受此苦楚，会让人愉快。

但这也向我们展示了如此一种通过认识自己的安乐的方式而感受到的欢乐，与真正的肯定性恶毒的源泉已相差不远了。

至于所有的幸福只是否定性的，而不是肯定性的，也正因此，持久
的满足和幸福是不会存在的，那永远只是解除了我们的某一痛苦或者匮
乏而已，但接下来的必然要么是新的痛苦，要么是倦怠、空泛的渴望和
无聊——这在那真实反映这世界和生活的本质的镜子，在艺术，尤其是
在诗歌那里得到了证明。也就是说，每一叙事诗或者戏剧性文学永远
只可以表现某一为了幸福的奋斗、追求和斗争，却永远不会表现长久的
和完美的幸福本身。它们会让作品中的主人公历经诸多艰难险阻直至
达到目的，但一旦目的达到了，就会赶紧降下帷幕。这是因为现在剩
下的不过就是展示：那让主人公误以为找到了幸福的光辉闪亮的目标仅
425 仅只是嘲笑了他，在他达到这目标以后，并不比以前更好过。因为某
一货真价实的、长久的幸福是不可能的，所以，这不会是艺术的表现对
象。虽然田园诗的目标其实就是描写这样一种幸福，但是，我们也看
到这样的田园诗是无法延续的。那么，在诗人的手里，要么成了叙事
的，然后那就只是非常微不足道的叙事诗，由渺小的悲伤、渺小的快乐
和渺小的努力奋斗组合而成，而这是最常发生的情形。要么它就成了
仅仅是描述性的诗歌，描绘大自然的美，亦即纯粹的、摆脱了意欲的认
知，而这当然是事实上唯一纯粹的幸福，既没有在这之前发生的痛苦、
需求，也没有必然紧随之后的后悔、痛苦、空虚、厌倦：只不过这种幸
福无法填充整个一生，而仅仅是填塞这一生中的一些瞬间。我们在诗
歌中所看到的，在音乐中重又找到。在音乐的曲调中，我们再度认出
了自我意识到的意欲所普遍传达出来的最内在的历史，人心中最秘密的
生活、渴望、悲伤、快乐、潮起和潮落。曲调始终是一种从基音的偏
离，经过千百个奇妙的错综复杂的迂回，直至达到了最痛苦的不谐和

音，然后，最终回到表达出意欲的满足和平静的基音。 但这之后，就再没有什么文章可做了，延续更长的时间只会变成令人厌烦的和再没有内容的单调东西，与无聊无异。

这些思考所要清楚说出的一切，那持久满足的无法实现，以及一切幸福的否定性质，在第二篇的结论中所指出的找到了解释：意欲——人的生命，一如每一个现象，都是这意欲的客体化——是既没有目的也没有终结的争取和追求。 我们在其全部现象的所有部分都可发现刻着这种无限性的印记：从这现象的最普遍形式——无尽的时间和空间——开始，一直到所有现象中的最完美者，即人的生命和追求。 我们可以理论上假定人生的三个极端，并将其视为真实人生的组成部分。 第一是 426
强有力的意欲活动、狂热的激情（梵文的“激情性能量”，又译“苦性”）。 这在伟大的历史人物中表现了出来，在史诗和戏剧中得到了描写，但在小的领域范围也会展现出来，因为目标的大小并不只是根据其鼓动意欲的程度而定，并不是根据其外在情况而定。 第二是纯粹的认知、对理念的把握，是以认知从为意欲的服务中解放出来为条件的，是灵性的生活（梵文的“喜悦的能量”，又译“悦性”）。 第三，意欲的冷淡、冷漠及与之相关的认知的冷淡、冷漠，空虚的渴望、僵化生命的无聊（梵文的“暗黑的能量”，又译“暗性”）。 个体的生命，远非保持在这其中的一个极端，而只是很少有地接触到这些极端，大多数时候是无力和摇摆着靠近这一边或者那一边，是对鸡毛蒜皮的东西的热切欲求，且永远在重复，并以此摆脱无聊。 的确让人难以置信的是，绝大多数人所度过的一生，从外在的一面看，是多么的不知所云和毫无意义；从内在的一面感觉，是多么的呆滞和浑噩。 那是一种无精打采的渴望和烦恼，梦幻般晃晃悠悠地走过了四个人生阶段直至死亡，伴随的是一连串渺小的想法。这样的人生就像钟表的机械装置：上了发条以后就走动起来，并不知道是为了什么；而每一次一个人孕育和出生以后，人生的钟表就重新上了发条，以便再一次重复无数次演奏过的老调，乐段接着乐段，拍子接着拍子，伴随着毫无意义的变奏。每一个个体，每一张人脸及其经历，就只是无限的大自然精灵的一场短梦，是坚持不懈的生命意欲的一场短梦；就只是它玩耍一样地在其无边的纸页、时间、空间画下的又一个匆匆消逝的形体，其得以存在——与这些时空相比——就是那么快速消失的一小会儿，然后就被抹去，腾出新的位置。但是——在此就是生活让人忧虑的一面——每一个这样匆匆消逝的形体，这些乏味的想法和念头，却必须由那激烈的整个生命意欲，以诸多的、深刻的
427 苦痛，并最后以让人害怕已久、终于到来的苦涩死亡予以支付。这就是为什么看到了一具尸体后，我们会突然变得严肃起来。

每一个别人的生活，假如我们整体上和大致上对其总览，并且只突出其最具意味的特征的话，那实际上总是一部悲剧；但假如详查其中的个别细节，这生活却又有着喜剧的特质。这是因为那每日的繁忙和劳累，那无休止的瞬间戏弄，每周的愿望和担忧，每时每刻的不幸，借助于那总是一心要搞出一些恶作剧的偶然性，完全就是喜剧中的场景。但那从来不曾实现的愿望，遭受挫败了的努力，被命运无情践踏了的希望，整个一生中犯下的令人遗憾的错误，以及不断加剧的痛苦和最终的死亡，给出的却总是一出悲剧。所以，就好像命运要给我们的苦楚添加点嘲笑似的，我们的生活必定包含悲剧中的所有酸楚，但我们却无法守住悲剧人物的尊严，而是在琐碎繁复的生活中，不可避免地成为愚蠢

的滑稽闹剧的角色。

但尽管大大小小的劳累、烦恼充满着每一个人生，并使人生始终处于不安和运动之中，这些东西却无法掩藏得了生活并不足以填充精神思想、无法掩藏得了存在的空虚和浅薄，或者无法排除得了无聊——而无聊总是随时准备着填充担忧、犯愁所留下的每一间歇。由此产生了这种情形：人的精神思想，仍不满足于真实世界所加之于他们身上的担忧、苦恼和忙碌，而一旦真实的世界愿意赐予他们那根本无法消受的安定和平静，他们就还要为自己创造一个带着千百种不同的迷信形态的虚幻世界，然后以各种方式忙于应付，把时间和精力花在这上面。这因此原先大都是那些居住在温和的气候、土地让其生活得更加容易的民族的情形，尤其是印度人，然后是希腊人、罗马人，稍后是意大利人和西班牙人，等等。人们按照自己的图像制作魔鬼、神祇和圣人；然后必须 428
给这些连续不断地呈上牺牲、祈祷、庙宇装饰、许愿及还愿，以及朝圣、迎神、修饰美化画像，等等。他们的礼拜仪式处处与现实生活交织在一起，甚至前者遮盖了后者：生活中的每一事件都被视为那些神灵的反作用，与那些生灵的交往占去了生命中一半的时间，也持久地维持着希望，并且由于错觉的吸引而常常比与现实中人的交往更为有趣。那是人的双重需要的表现和征候，一是对帮忙和救助的需要，二是对有事可做和消遣的需要——尽管第二种需要会常常直接阻碍了第一种需要，因为在事故和危险即将发生时，宝贵的时间和力量并不是投放于防止和阻止其发生，而是无用地花费在祈祷和献祭上面。为此，作为补偿，这通过与一个幻想出来的神灵世界的虚幻交谈更好地服务了第二种的需要，而这是所有迷信行为给予人们的绝对不可轻视的好处。

§ 59

假如说我们已经通过至为泛泛的考察，通过对人生的首要基本特质的探讨，就这方面已经先验地确信：人生，就其整个素质而言，是不会有能力得到什么真正的幸福的；相反，人生从本质上就是各式各样的痛苦，是无例外的糟糕状态——那么，如果我们现在更多地采用后验的方法，研究更具体的情形，把图像呈现给想象力，把无论是我们往哪里看和在哪一方面调查，经验和历史都会提供的无以名状的苦难作为例子来描绘，那我们就能更强烈地激发起这一确信。只不过，这一章将会没完没了，将会让我们远离普遍性的角度，而普遍性的角度对哲学而言却是关键性的。除此之外，人们很容易就会把这样的描绘仅仅当作早就常常有过的有关人生不幸的高谈阔论而已，人们就会责怪其作为这样的
429 谈论的片面性，因为这样的描绘是从个别的事实出发。对基于生命（生活）本质的不可避免的痛苦，我们这相当冷静的和哲学性的、从普遍性出发和先验进行的说明和证明，与诸如此类的指责和嫌疑是不相干的。但对我们这先验进行的说明和证明，后验的确认却是随处轻易就可得到的。每一个人，假如从年轻时候的初次梦幻中醒来，留意过自己和他人的经验，在生活中，在过去的和自己时代的历史中，最后在伟大文学家的著作中增长了见识，只要他不曾被某一无法消除的定见刻在了脑海、瘫痪了判断力，就会清楚地确认这一结论：这人类世界就是意外和错误的王国，在此，这些意外和错误毫无怜悯地地支配着一切，无论大事还是小事；此外，还有愚蠢和恶毒在挥舞着鞭子。所以，每一更

优秀的东西只能艰难地突围，高贵的和智慧的东西甚少能够露出头角和发挥出作用，或者找到听众；但荒谬的和颠倒的东西在思想的领域、无聊乏味的东西在艺术的领域、卑劣和狡猾的则在行为的领域事实上把持着统治——除了偶有一些短暂中断以外。相比之下，每一种卓越的东西就永远只是例外，是百万分之一的情形，因此，假如这样的东西表现在某一传世的作品中，那在挺过了其同时代人的怨恨以后，也就只是孤立地存在着，就像一个来自另一个的、有别于现行的事物秩序的陨石被保存起来。至于个别人的生活，那每个人的生活史都是一部痛苦史，因为每一人生经历一般来说都是一系列延续着的大大小小的不幸事故。这些不幸事故虽然是每个人都想掩盖起来的，因为他知道其他人极少会对这些感兴趣或者同情，但却几乎永远会是满意的，因为他们看到了现在此刻他们侥幸没有受到的这些折磨——但是，一个人在其生命的尽头，假如他是深思熟虑的和与此同时是真诚的，或许就永远不会希望再一次忍受这生活，而更宁愿选择完全的不存在。《哈姆雷特》中举世闻 430
名的独白的本质性内容，概括来说就是：我们的情形是如此不幸，相比之下，完全的不存在肯定是更好的。假如自杀真的把这不存在提供给我们，以致把“存在还是不存在”的抉择以其完全的含义摆在我们面前，那这不存在就会是无条件的选择，因为那是“真诚愿望的圆满结局”。只不过，在我们身上的某样东西告诉我们，事情并非如此；自杀并非就是结束了，死亡并非就是绝对的毁灭。同样，历史学之父[1]早就说过的话一直以来也不曾遭到反驳，即不曾有过一个人，不止一次地

[1] 希罗多德，第7卷，46。

希望不再活过接下来的每一天。据此，人们经常抱怨的生命短暂，或许恰恰是对这生命的最好安排。假如我们最后把每个人在生命中随时遭遇到的吓人的苦痛和折磨摆在他的眼前，他就会被恐惧所攫住；假如我们让最冥顽不化的乐观主义者巡视一下病人医院、野战医院和外科手术室，巡视一下监狱、刑讯室、奴隶棚圈、杀戮战场和处决场所，然后，公开给他所有苦难的阴暗所在（在此，苦难在冷静的好奇目光之下躲藏了起来），并且最后，让其瞧一瞧乌格里诺的城堡中饿死犯人的地牢，那么，他就会肯定最终认识到这是个什么样的“可能世界中的最好的世界”。这是因为但丁又是从何处取来他的《地狱篇》的材料呢，如果不是从我们的真实世界？但我们这真实的世界真的成了一个很像样的地狱了。相比之下，在但丁着手描绘天堂及其欢乐时，他却有着无法克服的困难，因为我们的世界并没有任何这样的素材可以提供。因此，但丁能做的并不是再现乐园的欢乐，而是向我们再现在乐园中他的
431 男祖先、他的碧雅翠丝和不同的圣者给予他的教诲。但由此可让人清楚地看出这世界是个什么样的世界。当然，人生，就像每一件劣质商品一样，都在外表涂上一层虚假的光彩：凡是所受的痛苦都要掩藏起来；而每个人所能搞到的光鲜、豪华，都要拿来炫耀一番，而一个人越是欠缺内心的满足，就越希望在别人的心目中是一个幸福的人。这种愚蠢甚至到了如此地步，他人心目中的看法成了每个人追求的一个主要目的，虽然这种做法是完全虚无的，因为这早就表现在几乎所有的语言中：“虚荣”一词原意是空虚的、无实质内容的。只不过，在所有这些假象的后面，生活的痛苦轻而易举就达至这样的程度——而这的确是司空见惯的事情——以致那在一般情况下让人们恐惧甚于一切死亡，都成

了人们渴望以求的。事实上，假如命运展示其全部的阴险和狡诈，那甚至这条后路也被堵死了，而受苦者就在恼怒的敌手那里，受尽残忍的、缓慢的折磨而无法获得解救。那饱受痛苦者徒劳地求助于其神灵：他只能是听天由命，得不到半点怜悯。但这种无可解救却恰恰是他的无法压抑的意欲的一面镜子，他这个人就是这意欲的客体性。正如任何某一外在的力量都无法改变或者消除这一意欲，同样，任何某一陌生的力量也无法把他从生活的痛苦中解救出来，而这生活就是这意欲的现象。人始终是要返求于自身的，无论是在每一件事情，还是在主要的大事方面。他徒劳地要为自己制造出神祇，目的是从那些神祇那里乞求和用甜言蜜语骗得只有自身的意欲力量才有能力造成的东西。假如说《旧约》认为世界和人是神创造的，那《新约》为了教导要从这世界的悲苦中获得解脱和解救，就只能从其自身出发，而被迫让那神变成了人。对他来说，一切都是并且永远是取决于人的意欲的。各种信仰和名目的托钵僧、烈士、圣者，都自愿和乐意地忍受每一种折磨，因
为在他们身上，那生命意欲已自行取消了；然后，甚至意欲现象的慢慢 432
毁坏也是受到他们的欢迎的。但我不想提前作更深入的阐述。另外，我忍不住要在这里声明：对我来说，乐观主义，如果不是出自诸如此类的人的没有思想的话语——寄宿在这些人扁平额头后面的，除了字词以外，别无任何其他——那就不仅仅是荒谬的思想，而是真正卑鄙的思想的观念，是对人类无以名状的痛苦的尖刻嘲讽。我们可不要认为基督教是倾向于乐观主义的，因为恰恰相反，在《福音书》里，这世界与祸害几乎就是同义语。

§ 60

我们在这中间有必要插入两个分析讨论，亦即关于意欲自身的自由和与此同时意欲现象的必然性的讨论，然后是关于意欲在那反映了其本质的世界中的命运的讨论，因为基于对此世界的认识，意欲就得肯定自身或者否定自身。在完成了这些讨论之后，我们现在就可以对这肯定和否定本身——有关这“肯定”和“否定”，我们在上面只是泛泛地提到和讲解——予以更加清楚的阐述，因为我们会展示那“肯定”和“否定”唯一表达出来的行为方式，会依照其内在含义予以考察。

对意欲的肯定是不受任何认知的干扰而持续地欲求，而这种持续的欲求大体上来说充满着人们的生活。既然人的身体已是意欲的客体化，是意欲在这一等级和在这一个体身上的显现，那么，他在时间上所展开的欲求就好比是对这身体的释意，对其整体和各个部分的含义的讲解和说明，是对那同一个自在之物的另一种描述方式，而这身体本身就已是这自在之物的现象。因此，我们也可以说对身体的肯定，以代替对意欲的肯定。所有各式各样的意欲活动的主题就是满足与身体的健
433 康存在密切相关的需求。这些需求在身体上已经表达了出来和可以还原为维持个体和繁衍种属。不同的动因可是借此间接地得到了对意欲之力引发出各式各样的意欲活动。这每一个意欲活动根本上只是有关在此显现的意欲的一个样品、一个实例；至于这样品是什么样的性质，那动因具有和传达给了意欲活动什么样的内容，并不是关键性的东西；只有根本上有所欲求，并且欲求的强烈程度，在此才是关键的问题。

意欲只有通过动因才可得见，正如眼睛只有通过光线才能展现其视力。动因在意欲面前根本上就是个普鲁特斯：动因总是许诺完全的满足、消除意欲的干渴；但一旦这满足达到了，它就马上以另一形态出现，并以这一形态重新鼓动起意欲——但始终是依照这意欲的强烈程度和以符合这意欲与认知的关系的方式。这意欲也恰恰通过这样品和实例显现为验知性格。

自一个人的意识出现以后，这个人就发现自己是个欲求着的人，他的认知一般来说与他的意欲是持续相关的。他会首先试图充分了解他的欲求的客体对象，然后了解针对这些客体的手段。现在，他知道了他需要做的是什么，对其他的知识，一般来说，他也就不再追求了。他行动起来：那意识就尽力让他挺直朝着他欲求的目标保持努力；他的思维涉及的是手段的选择。这就是几乎所有人的一生：他们欲求着，知道他们所欲求的，并为此而奋斗，所取得的成功足以让他们免遭绝望，所遭遇的失败也足以让他们免遭无聊及其后果。由此就产生了某种快乐，至少是处之泰然，而对此，无论是财富还是贫穷其实都是无法改变的，因为富人和穷人并非享受着他们所拥有的——因为这些东西，正如所指出的，是否定性地发挥作用——他们享受的是他们通过其努力所希望争取得到的。他们一副严肃、认真的态度，全力以赴地争取，而小孩子在游戏中也是一样地在争取。假如这样的人生由于认知摆脱了为意 434
欲的服务和转向探究世界的本质而受到了扰乱，产生了要么静思默想的美学要求，要么放弃、断念的伦理学要求，那就永远是例外的情形。大多数人在生活中都为匮乏所迫，并不曾得到片刻的时间去思考；另一方面，意欲却经常被燃烧至远远超出肯定生活的程度，然后就展现出剧烈的冲动和狂热的激情——在这状态之中，那个体就不仅仅是肯定其自身的存在了，而是还试图否定和消除任何阻挡其前路的东西。

以身体自身之力来维持身体，是程度非常轻微的对意欲的肯定，以致假如这对意欲的肯定自愿保持在这样的程度，那我们就可以认为随着这身体的死亡，那在其身上显现的意欲也就一并消亡了。不过，性欲的满足却已超出了对自己这如此短暂的存在的肯定，那是对个体死亡以后在某一不确定的时间里的生命的肯定。永远真实和前后一致的大自然在此甚至是天真地和完全坦白地把性行为的内在含义展示在我们的面前。我们自己的意识，那强烈的性欲，向我们表明：通过这一行为，最明确的对生存意欲的肯定纯粹地和没有更多添加（例如对别的个体的否定）地表达了出来；现在，在时间上和因果序列中，亦即在大自然，一个新的生命作为结果出现了：被生育者就展示在生育者的面前，这被生育者在现象里与生育者是有别的，但就其自身而言，或者依照那理念，被生育者与生育者是同一的。因此，正是透过这一行为，活着的每一种属都联成了一个整体并作为这样的整体而永久存在。生殖在生育者方面而言，就只是一种表示、一种标志，表现了生育者对生存意欲的明确的肯定；生殖在被生育者方面而言，那并不是意欲的原因显现在被生
435 育者身上，因为意欲本身并不知道什么原因，也不知道什么结果；生殖就像所有的原因一样，只是这一意欲现象在这时间在这一地点出现的机会原因。作为自在之物，生育者的意欲与被生育者的意欲并没有不同，因为只有现象而不是自在之物才受制于个体化原理。伴随着那超出了自己的身体以外的对生存意欲的肯定和直至表现为一个新的身体，痛苦和死亡作为属于生命现象的东西也重新一并得到了肯定，那由最完

美的认识能力所带来的获得解救的可能性在这一次宣布不会有什么结果。在此也就是对性行为感到羞耻的深层原因。以上观点在基督教教义中以神话的方式是这样描述的：我们所有人都参与了亚当的原罪（这明显只是满足了性欲）并由此对痛苦和死亡是罪有应得的。基督教教义在此超越了依照根据律对事情的思考，认识到了人的理念，而这理念的一体性，从其分散在无数的个体那里通过把一切都黏合在一起的生殖而再一次地建立起来。据此，这一教义把每一个体在一方面与亚当——这肯定生存意欲的代表——视为都是同一的，并且因为那是原罪，所以，是要遭受痛苦和死亡的；在另一方面，对人的理念的认知也让其把每一个体与救世主——这是否定生存意欲的代表——视为同一，并在这方面都有份参与其自我牺牲，通过救世主的功德而获得解脱，从罪恶与死亡的纽带中——亦即从这世界中——解救出来（《罗马书》，5：12—21）。

对我们的这一观点——即性的满足是超出了个体生命以外的对生命意欲的肯定，是一种以此才可完成的归生命意欲所有，或者就好比是一种更新了的、转让了的生命——的另一个神话表述，就是有关普洛塞庇涅的希腊神话。普洛塞庇涅从阴间归来仍然是有可能的，只要她并没有尝试过阴间的果子；但只要她尝过了那石榴的乐趣就会完全归阴间所有。这个中的含义，从歌德对这神话的无与伦比的表述中清楚地表现 436
出来了，尤其是当她尝了石榴以后，那隐身的命运女神的合唱队就突然歌唱了：

你是我们的了！

空腹的话你就会回来：

尝过了果子就让你成为我们的一员！

值得注意的是，亚历山大的克莱芒（《杂记》，3，第15章）用那同样的图像和用语表达了这道理：那些为了天国的缘故从所有的罪孽中自我割舍的人，是有福的，因为他们空腹没吃这世界的东西。

性欲也就证实了是对生活最坚决、最强烈的肯定，因为对自然人来说，正如对于动物一样，性欲就是其生命的最终目的和最高目标。维持自身是他的首要追求，而一旦他操办妥了这事情，他就会一心追求繁殖其种属。作为单纯的自然生物的他，无法还争取更多的东西。大自然——其内在本质就是生存意欲本身——也以全力驱使人们繁殖，正如其驱使动物繁殖一样。在这之后，大自然就以个体达到了大自然的目的，而对个体的消亡是完全无所谓的，因为大自然作为生命意欲，关心的只是保护和保存种属，个体对它来说什么都不是。因为大自然的内在本质、生命意欲在性欲中表现得至为强烈，古老的诗人和哲学家——赫西俄德和巴曼尼德斯——就意味深长地说，厄洛斯就是首位的，是创造者、源泉，一切事物都由此而出（读者可参看亚里士多德的《形而上学》，1，4）。费雷西底说过，宙斯在想要创造世界时，就变身为厄洛斯（普罗克洛斯，《柏拉图〈蒂迈欧篇〉疏解》，第3卷）。最近，我们从G.F.舍曼（*G.F. Schoeman*）那里得到了对此话题的一个详细论述：《论
437 宇宙论的爱欲》，1852。印度人的摩耶之幕——其作品和组织就是那整个的假象世界——也以爱神丘比特进行了释义。

生殖器比身体的任何其他某一外在部分都更甚地仅仅受制于意欲，而根本不会受制于认知。的确，意欲在此显示几乎是独立于认知的，正如那些依靠刺激作用而为植物性生命、为再生服务的身体部分；在此，意欲是盲目的作用，一如其在没有认知的大自然。这是因为生殖

只是向一个新的个体转移的再生，好比是二次方的再生，正如死亡只是二次方的排泄。根据所有这些，生殖器就是意欲的真正焦点，所以，是脑髓的对立一极，而脑髓则是认知，亦即作为表象的世界的代表。生殖器是维持生命、向时间保证永恒生命的本原；生殖器就是以这样的属性受到希腊人对男性性器官的崇拜，而在印度人那里，受到崇拜的是阴茎——这因此就是肯定意欲的象征。相比之下，认知则提供了消除意欲活动、通过自由而获得解脱、克服和消灭这世界的可能性。

我们在第四篇的开首已经详尽地考察了生存意欲在其肯定中要如何看待与死亡的关系。也就是说，死亡并不会侵扰意欲，因为死亡已包括在生命之中，属于生命的某样东西；其对立面，生育，完全取得与之的平衡，并且，尽管有个体的死亡，也为生存意欲永远保证和保障了生命。为了表达这一点，印度人就让死神湿婆有了阴茎作为标志。我们在第四篇中也详细说明了一个有完全缜密的思考、站在明确肯定生活的立场的人，是如何无惧地面对死亡的。所以，就此在这里没有更多要说的了。站在此立场和永远肯定生活的大多数人是没有清晰、缜密的思考的。这一世界，就作为反映这种肯定的镜子而存在着，连带着无 438
数个体，在无尽的时间和无尽的空间中，以及无尽的痛苦，在没完没了的生育与死亡之间。但就此，从任何一面都没有更进一步的怨言：因为意欲以自身为代价上演巨大的悲剧和喜剧，并且也是其旁观者。这世界正好是这个样子，因为意欲就是这个样子，而意欲的现象就是这世界，因为意欲就是意欲这样。对那些痛苦的辩解理由就是意欲本身也在这现象中肯定自己；而这种肯定被证明是合理的，也得到了抵消，因为意欲承受着痛苦。在此，已经让我们得以一瞥整体上的永恒的正义；我们在后面的个别情形中将更详细和更清晰地认出这种正义。但首先，我们必须还要说一下时间性的或人的正义。[1]

§ 61

我们记得在第二篇中所说的：在那整个的大自然，在意欲的所有等级的客体化中，在所有的种属的个体之间，必然有着不停的争斗，生存意欲的一种与自身的内在冲突也正是以此方式表达了出来。在那客体化的最高一级，那种奇特的现象也一如所有其他的奇特现象一样，以更高的清晰度表现出来，并因此让我们可以更进一步地解读。为此目标，我们想要首先对自私自我——这一切争斗的出发点——来一番寻根究源。

我们已经把时间和空间称为个体化原理，因为只有通过和在时间和空间中，同类的许多性才有可能。时间和空间是自然的，亦即出自意欲认识的基本形式。因此，意欲到处都在许许多多的个体那里呈现出来。但这许许多多却无关作为自在之物的意欲，而只涉及意欲的现象：意欲是完整和不可分地存在于这每一个现象中，在其周围都可看到其自身本质的无数重复的图像。但这本质本身，亦即那真正现实的东
439 西，却只是在其内在才可直接发现。所以，每个人都想为自己得到一切，想要占有、起码是控制一切，凡是抗拒他的，他都要去之而后快。再者，在有认知的生物那里，个体是认知主体的承载者，而认知主体就是这世界；也就是说，除了认知主体以外的整个大自然，因而就是一切

[1]《作为意欲和表象的世界》第2卷第45章接此处。

其他的个体，只是存在于他的设想、表象之中，他所意识到的其他一切，始终只是作为表象，亦即仅仅只是间接地和作为某样独立于他的自身本质和存在的东西，因为对他来说，随着他的意识的消亡，这世界对他来说必然也是一并消亡的，亦即这世界的存在和不存在就是一样的意思和无法区分了。因此，每一个有认知的个体在事实上是、也发现自己就是整个的生存意欲，或者是这世界自身的本体，他自己也是这表象世界的补充条件，所以就是一个微观世界，是与宏观世界等量齐观的。那时时处处都是率真的大自然本身，早就让他原初地和独立于一切反省思考地、以简朴和直接确定无疑的方式有了这认识。从所给出的有关个体的两个必要的规定，解释了为何每一个会完全消失在无边的世界和渺小至无物的个体，却将自己变成了这世界的中心点，会考虑自己的存在和幸福先于任何其他的一切；的确，从这一自然立场出发考虑，这其他的一切都随时可为了他自己的存在和幸福而牺牲掉，这世界随时尽可毁灭，目的仅仅只是维持他那自己本身，维持这沧海之一滴稍稍更长一些的时间。这种思想意识就是自私自我，是这大自然的一切事物的本质特性。但也正是由于这自私自我，意欲与其自身的内在对立、冲突就如此可怕地暴露了出来。这是因为这种自私自我，其存在和本质，就在于微观世界与宏观世界的那种对立，或说就在于意欲的客体化是要以个体化原理为形式，意欲因此就在无数的个体那里以同样的方式显现出来，而且在每一个体那里是完全、全面地向着两面（意欲和表象）显
现出来。因此，每一个个体自身都直接有整个意欲和整个表象，但其 440
他的外人在他看来就只是他的表象而已；所以，对他而言，他自己的本质及其维持和保存比起其他一切加在一起都要更优先。对于他自己的

死亡，每一个人都视为就是在这世界上的终结，而对于他所认识的人的死亡，他则大约视为无关痛痒的事情——假如不是他个人牵涉其中的话。在最高一级的意识，即人的意识中，正如认识、痛苦、快乐那样，自私自我也达到了最高一级，以这自私自我为条件的个体与个体之间的对立冲突也就显现出最可怕的样子。而这是我们随处可见的，无论是小事还是大事，我们时而看到其中让人震惊的一面：那是透过那些暴君和恶棍的生平及那些摧毁这世界的战争；时而又看到其中可笑的一面：那是喜剧的题材，尤其是在自负和虚荣中凸显出来。而对这些的了解，可以说拉罗什富科是无人能及的，他也给予了抽象的陈述。我们在世界历史中和自己的经验中看到过这些。但这些至为清楚凸显的时候，就是某一群人一旦被解除了法律和秩序的束缚：因为那马上就展现为所有人与所有人的战争，正如霍布斯在《论公民》第 1 章所出色描绘的。那不仅展示了每一个人都试图从他人那里抢夺他想要的东西，而且还让我们看到一个人常常会为了增加毫不起眼的点点幸福而破坏其他人的整个幸福或者一生。这是自私自我的至高表现，其现象在这方面就只稍逊真正的恶毒现象：后者完全是无私地要造成别人的伤害和痛苦，而自己从中并没有任何得益；下面会对此有更多的论述。读者可以比较一下我这所披露的自私自我的源头与我在应征论文《论道德的基础》§ 14 中对自私自我的论述。

我们在上面已经看到对一切生命而言那本质性的和无可避免的痛苦的主要源泉——一旦生命真实地和以某一确切的形态出现的话——就是
441 那争执女神厄里斯，就是个体与个体之间的争斗、生命意欲在内在所带有的矛盾的表现，而这通过个体化原理而达到了可见的程度。动物间的搏斗则是直接和刺眼地以形象阐明这些残忍手段。这原初的冲突就是痛苦的一个永不枯竭的源头——尽管人们为此已采取防护措施。我们马上就要更仔细地考察这些。

§62

我们已经深入地阐明：对生命意欲首要和简朴的肯定只是对其自己的肉身的肯定，亦即通过在时间上的行为把意欲显示出来，就这点而言，肉体已在其形式和符合目的性方面在空间中把同样的意欲显示了出来，这种肯定也就仅此而已。这种肯定展现为通过应用这身体自己的力量而维护和保存这身体。与这直接相连的是对性欲的满足，事实上，对性欲的满足属于这种维护和保存这身体，因为生殖器官就属于身体。因此，自愿的和并非基于任何动因放弃对性欲的满足，已经是对生命意欲某种程度的否定，是在出现了作为镇静剂而发挥作用的认知以后的一种对生命意欲自愿的自我消除。据此，对自己身体的这种否定已经表现为意欲与其自身现象的一种矛盾。这是因为虽然在此，身体把那繁殖的意欲客体化在生殖器官那里，但现在却不欲求繁殖了。也正因此，就是说，因为那是对生命意欲的否定或消除，所以，这样的放弃满足性欲是一种艰难的和痛苦的自我征服，但这一点我们下面再详细说。那么，因为意欲把那种对自己身体的自我肯定表现在无数并列的个体那里，又由于所有个体都会有的自私自我，所以，意欲很容易就会在某一个体那里超出了这种自我肯定，到了否定在另一个体那里显现的同一个意欲的地步。前一个个体的意欲侵犯了其他个体的肯定意欲的

界限，因为那前一个个体要么破坏或伤害了其他个体的身体本身，要么
442 是因为这个体强迫那些其他个体的身体力量为他的意欲，而不是为在那些其他个体身上显现的意欲服务，亦即假如那个体从对他而言显现为其他的、陌生的身体的意欲那里拿走了那身体的力量，并因此除了自己身体力量之外，还增加了为自己的意欲服务的力量，借助于否定在某一别的肉身那里显现的意欲而肯定自己的意欲超出了自己的身体以外。这种对别的个体的肯定意欲的界限的侵犯，向来都得到人们清楚的认识，并以不义标示出来。这是因为双方马上就认识到这样的事情，虽然并不是像我们在此那样以清晰的抽象，而是以感觉认识到的。遭受了不义的受害者，由于被别的个体否定了他对自己身体的肯定而感觉到了他对自己身体的肯定范围被侵犯了；那是一种直接的和精神上的痛苦，与那一并感受到的、由于那行为所造成的身体上的痛苦，或者与那由于损失而引致的恼怒，是截然分开和完全不同的。在另一方面，认知会向那实施不义者显示：他自己与在那另一个身体中显现的和在一个现象中如此激烈地肯定自身的意欲，就是同一个意欲；他逾越了他自己身体及其力量的界限，甚至否定了在另一显现中的这同一意欲，所以，他，作为自在的意欲考虑的话，正是由于其激烈性而在啃咬着、撕碎着自己——这认知，我说了，是马上向那不义的实施者并非在抽象上，而是作为某种模糊的感觉显示这些，我们就称这为良心的责备，或者对这种情形，更准确地说，是对所做出的不义的感觉。

不义的概念我们已经最泛泛地抽象分析过了；不义在具体上，最彻底、最真实和最明显地表现在食人肉的恶习上：这是最清楚和最显而易见的样品，是展示意欲在其客体化的最高一级，亦即到了人的一级，意

欲与其自身的最大冲突的恐怖图像。除此之外，就是谋杀。因此，在
实施谋杀以后，良心的责备就迅即清晰可怕地紧随而至，而有关良心责 443
备的含义我们刚刚已作了抽象和枯燥的陈述；这给我们内心的平静造成了一个一辈子都不会愈合的伤口，因为对所犯下的谋杀我们所感受到的战栗，一如我们将要犯下谋杀时的畏缩，是与一切具生命之物作为生命意欲的现象都充满着的对生命的无限依恋相吻合的。（顺便提一下，我们将在后面对伴随着不义和恶行的那种感觉，或说良心责备，做更详细的剖析，并提升为清晰的概念。）就本质而言，故意地伤残或者仅仅只是伤害别人的身体，甚至对他人的每一击，都可被视为与谋杀是同一类的，也只是在程度上与谋杀有别。不义还表现在欺压其他个体，强制性奴役其他个体。最后是侵犯别人的财产，而只要这财产可被视为别人的劳动成果，侵犯财产在本质上就与奴役别人是同一类的，两者的关系犹如伤害与谋杀的关系。

这是因为财产，假如不会被人夺走而又不构成不义的话，那根据我们对不义的解释，就只能是这人出力劳动所得的；因此，夺走了别人的财产，我们也就是从客体化在这身体的意欲那里夺走了这身体的力量，目的是让其服务于客体化在另一个身体的意欲。这是因为只有以这样的方式，那实施不义者，通过其侵犯行为——那并不是侵犯了别人的身体，而是侵犯了一样没有生命的、完全有别于别人的身体的东西——仍然是强行侵入了别人肯定生命意欲的范围，因为别人身体的精力、劳动好比是与这东西连生在一起的，已成一体了。由此可得出结论：一切真正的，亦即道德上的财产权利，当初是唯一基于为此所付出的加工和整理完善的劳动，一如在康德之前人们也相当普遍认为的，甚至一如最

古老的立法者清晰和优美地说的："熟悉远古时代的智者宣告：一处开垦了的田地，属于那铲除了木头、清除了杂质和细耕了这块田地的人，正如那羚羊只属于将其重伤的第一个猎人。"（《摩奴法典》，第9，
444 44）。只能从康德的高龄衰弱，才可以解释为何他的整套法学是这样古怪地由一个谬误引出另一个谬误地交织在一起；也才可以解释为何他要把财产权以先占者先得为理由。这是因为怎么可以单凭我的意欲宣示其他人不可以使用某样东西，就马上给了我对此东西的权利？很明显，这宣示本身首先需要某一权利根据，而不是像康德所认为的这宣示已是权利根据了。而谁要是并不理会那只是基于那宣示而别无其他根据的对一样东西的声索，又怎么会就此在道德上做出不义呢？他的良心又怎么会因这样的事情让他不安？因为如此清楚和容易就可看出：根本不会有对一样东西合法的强占、独占，而唯独只有合法的获得权、通过劳动而获得的拥有权，是经过当初在此所花费的自己的劳动。也就是说，假如一样东西经过别人的一番辛劳而得到了加工、整理、改善和保障其免遭意外而保存以后，尽管那只是微不足道的工夫，哪怕那只是采摘或者从地上捡起一个野生的果实——那么，侵犯者从别人那里再夺走这东西的话，就明显是夺走了别人在那上面花费了精力而得出的结果；因而也就是让别人的身体不为别人的意欲服务，而是为了他的意欲服务，他就是在肯定他自己的意欲时超越了其现象范围，到了否定了别人的意欲，亦即给别人做出了不义的程度。[1]在另一方面，只是享用

[1] 因此，要说明自然财产权利的理据，所需要的并不是假定了两个并排的法律根据：一个是基于"占有"，另一个是基于"形成"，而后者就已经足够了。不过，"形成"的名称并不很贴切，因为费心劳力在一样东西上并不一定是要塑形。

了一下这东西，而并没有为此付出任何劳作或者做出任何事情保护其免
受破坏，也不会给予我们对此的权利，就像其意欲所宣示的独占一样。
因此，尽管一户家庭只在一处领地狩猎了一个世纪，而又不曾做出点点
改善此领地的事情，那么，一个新来者想要在那领地狩猎的话，那根本
不可能在阻止他的同时又不会做出道德上的不义。因此，那所谓的先 445
占的权利——根据此权利，仅是因为享用过了一样东西，所以，除此之
外，还再要求报酬，亦即对其更多地享用专有权利，在道德上是完全没
有根据的。单纯以这权利作理由的话，那新来者可以对其这样回应，
并且有理由得多："正因为你已经享用了那么长时间，所以，现在你也让
别人享用才是合理的。"无论从哪一方面看，根本没有能力进行加工、
改善或者保障其免遭意外的话，那就不会有任何具道德上的依据的独占
权利，除非所有其他人都自愿退出，例如作为对其他服务的报酬，但这
已假定了有一个通过协定而安排的公共实体、国家了。具有道德理由
的财产权，正如上面所推论的，根据其本质，给予了拥有者对其犹如对
自己身体一样的不受限制的权利；由此得出结论：他可以把他的财产经
由交换或者赠予别人，然后，别人也就以与他一样的道德权利占有这
东西。

在涉及实施不义方面，要么通过强力，要么通过诡计，而这些在道德本质方面是一样的。首先，在谋杀方面，我是用了匕首还是用了毒药，都是一样的；每一种伤害身体的情形，在性质上也是相类似的。不义的另外别的情形都可以还原为：我在实施不义的时候，就是强迫别的个体为我的意欲而不是为他的意欲服务，强迫别的个体依照我的意欲而不是依照他的意欲行事。采用强力的方式的话，我就是通过身体的因

果性而达到这一目的；采用狡诈的方式的话，则是借助于动因，亦即通过经由认知而发生的因果作用，因此也就是采用这样的方法：我把虚假的动因呈现给他的意欲，由于这些动因，他就以为是在遵循他的意欲的情况下遵循了我的意欲。因为动因的媒介是认知，所以，我只能通过歪曲他的认知才可以达到我的上述目的。而这就是撒谎。撒谎的目的
446 始终就是作用于别人的意欲，并不是作用于他的认知本身，而是要作用于那只是作为媒介的认知——亦即只要那认知规定着他的意欲的话。这是因为我的谎言本身，发自我的意欲，是需要某一动因的，而成为这样一个动因的，只有别人的意欲，而不是别人的认知本身，因为这样的认知绝对不会对我的意欲产生影响，因此，绝对不会鼓动我的意欲，绝对不会成为我的意欲目标的一个动因；其实，只有别人的欲求和行动才可以是这样的一个动因。因此，别人的认知只是间接地成为这样的动因。这一点不仅适用于所有明显出自自私自利的谎言，也适用于那些发自纯粹恶毒的谎言，因为这恶毒乐于旁观由那些谎言所导致别人犯错的痛苦后果。甚至那些仅仅只是轻率的吹牛，也是旨在通过以此提高了别人对己的尊敬或者对己更好的看法，对别人的意欲容易发挥或者发挥出更大的影响。只是拒绝说出某一实情，亦即拒绝给予某一陈述，就其本身并不是什么不义，但以谎言实施欺骗就肯定是不义的。谁要是拒绝为迷路者指示正确的路线，并没有对这迷路者做出任何不义；但把这迷路者指向错误的方向，则肯定是做出了不义。由这所说的，可以得出结论：每一个谎言，正如每一个暴力行为，其本身就是不义，因为谎言的目的就是把我的意欲的统治权扩展至其他个体，因而就是透过否定其他人的意欲来肯定我的意欲，就跟暴力差不多。最完全的谎言

是被撕毁的合约，因为在此，所有提及的定义和限定都清楚地齐集了。这是因为在我接受一个合约的时候，别人所承诺履行的事情直接地和公开无疑地是从现在起我就要履行的事情的动因。人们是经过考虑和正式地交换了承诺。根据人们的假定，所做出的陈述的真实性是在合约中的每一方的掌控之中的。另一方打破合约的话，他就是欺骗了我，通过加之于我的认知的那些只是虚假的动因，他依照他的目的引导了我的意欲，把他的意欲的统治权扩展至其他个体，亦即做出了完全的不义。合约的道德合法性和约束力就建基于此。 447

利用强力实施不义，对实施者而言，并不如利用狡诈实施不义那样的可耻，因为强力证明了体格力量，这在任何情况下都会让人类敬佩，而狡诈则因为拐弯抹角而暴露了弱处，这因此也就同时把实施不义者作为体格上和道德上的生物降格了；再者，因为谎言和欺骗也只有在那实施这些行为的人与此同时也必须对这种行为表示厌恶和蔑视以争取别人的信任时才能成功，而他的胜利是基于人们相信他是诚实的，而其实他并不是这样。那奸诈、言而无信和背叛激发起人们的厌恶，是因为诚信和老实是把分散在了许许多多个体中的意欲从外在再度维系为一体的纽带，并为出自那种分散意欲的自私自我所造成的后果设置了限制。毫无信义和背叛扯断了这最后的、外在的纽带，并因此给了自私自我的后果以无限的活动空间。

与我们的考察方法连贯起来，我们发现了假如在一个行为中，这个人是如此肯定显现在他的生命中的意欲，以致到了否定显现在别人身体的意欲的地步，那这样的行为本质就是不义概念所包括的内容。我们也通过完全是泛泛的例子证明了这不义的范围起始的界限，因为我们与此同时通过不多的主要概念确定了这不义从最高到最低的各个等级。据此，不义的概念是原初的和肯定性质的，而与之相对立的正义概念则是派生的和否定性质的。这是因为我们必须抓住概念，而不是字词。事实上，假如没有不义的话，那就永远不会谈论起正义。也就是说，正
448 义的概念仅仅只是包含了不存在不义，任何不曾越过上述界限，亦即任何不会否定别人的意欲以强化肯定自己的意欲的行为，都可纳入这个概念之下。因此，那所说的界限，在某一纯粹只是道德定义方面，把可能的行为的整个领域就分成了不义的和正义的。只要一种行为并没有以上面所阐明的方式干涉别人肯定意欲的地盘、否定别人的意欲，那就不是不义的。因此，例如，看到别人处于紧迫的困境而拒绝施以援手，无动于衷地旁观别人饥饿至死而自己却有充足的盈余，虽然是残忍的和与魔鬼一样的，但却不是不义；我们只能完全确切地说：谁要是能够把这冷酷无情推到这极致的程度，只要他的愿望有所要求和没有任何约束地对其加以制止，那他肯定会做出种种的不义。

但正义的概念，即不存在不义，其主要应用于和毫无疑问首次形成于为阻止人们试图做出不义事情而使用武力的情形，而这种阻止武力本身不可能同样是不义的，所以是正义的，虽然在这期间所实施的暴力行为就其自身而言和单独看是不义的，在此也只能以这暴力行为的动因来证明其是合理的，亦即正义的。假如一个人在肯定自己的意欲时做得如此过分，以致侵入对我这人身而言是本质性的意欲肯定的范围，并因此否定了我这意欲肯定，那我阻止那种侵入就只是我对他的否定予以了否定，并且就此而言，从我的一方看，不过就是对在我的身体本质性的和原初显现的，并通过其单纯的现象而固有地表达出来的意欲的肯定。

所以，并不是不义，而是正义。这意思就是：我随后就有权消除别人的否定所需的力量，以否定别人的否定，而这轻易就可看出甚至是可以杀死这个别人的：这人对我的妨碍和损害，作为侵犯性的外在强力，是可以采用某种比这约略更强的抵抗而不会有任何的不义，因而就是正义的，因为我这一方所发生的一切，始终只是在我肯定意欲的范围（这就是争斗的场所）内，而这肯定意欲对我这人身而言是根本性的和已经通 449
过我这人身表达出来了；这并没有侵入别人肯定意欲的范围，所以只是对否定的否定，因此也就是肯定，其本身并不是否定的。因此，我也可以——而这并不是不义——强制别人的意欲放弃否定我的意欲，而我的意欲就显现在我的身体，这身体的力量也就花费在维持这个身体上面；我这样做的同时却并不会否定任何一个守住其界限的别的意欲。也就是说，我在这方面而言有一个强制权。

在我拥有强制权、拥有对他人使用武力的完全的权利的所有情形里，我根据情形也可以使用狡诈以对抗别人的武力而不会做出了不义；所以，我有使用谎言的权利——只要那是在我有采取强制行动权的范围。因此，假如一个人向搜查他的拦路抢劫者保证他身上再没有更多的东西，他的做法是完全正确的；同样，谁要是把晚上入侵的一个强盗用谎言诱进一个地窖里并把他关起来了，那他也是做得对的。谁要是被强盗，例如野蛮的海盗捉住和带走，那为了挣脱他们，他不仅有权公开使用武力杀死他们，而且也可以使诈这样做。这就是为什么在受到直接的身体暴力之下而被强迫做出的承诺是完全没有约束力的，因为遭受这样强制的人，有充分的权利去杀死施暴者以获得解脱，更不用说可以使诈了。谁要是无法通过武力取回自己被人夺走的财产，假如他使诈做到了这一点，他并没有做出任何不义之事。 的确，假如某人是以从我那里夺去的钱与我下注赌钱，那我是有权对其使用假骰子的，因为我从他那里赢得的钱本来就是属于我的。 谁要想否定这一点，那也就必须否定战争计谋的合法性，因为那就是一个要使用暴力的谎言，也是对瑞典克里斯汀女王所说的这句话的证明：“人的话可被视为毫无价值的，人的行为则更加不应信赖。”因此，正义与不义的界限是泾渭分明
450 的。 此外，我认为要证明所有这些与上述有关说谎，以及使用武力的不合法性的说法完全吻合，是多此一举了；所有这些也可以有助于澄清关于为顾及某人面子的应急谎言的古怪理论。[1]

因此，根据至今为止这所有所说的，不义和正义只是道德上的修饰语，亦即通用于考察人的这样的行为和在涉及这些行为的内在含义本身的时候。 不义和正义会直接出现在意识中，因为一方面，不义的行为和事情会伴随一种内在的苦痛，亦即只是实施不义者意识中的这样一种感觉：他对其自身意欲的肯定是超常的强烈，已到了否定别的意欲现象的程度；同时也因为实施不义者虽然作为现象与遭受不义者是有别的，但就自在本身而言，与遭受不义者却是同一的。 对所有的良心不安的内在含义的进一步分析，只能在稍后的下文进行。 遭受了不义者在另一方面则痛苦地意识到了别人对他的意欲的否定，而他的意欲已经通过他的身体及其自然的需求表达了出来，大自然也已指引他这身体的力量去满足其自然的需求；与此同时，他也意识到了他可采用一切方式阻止别人对他的意欲否定——假如他缺乏力量的话——而又不会做出不义之

[1] 对在此所提出的权利的法学理论，读者可参看我的《论道德的基础》§17，第1版第221—230页。

事。这种纯粹道德上的含义，是“正义”和“不义”对于人作为人而不是作为公民所具备的唯一含义；所以，这一含义在自然状态中、在没有任何成文法律的情况下也是持续保留的，并构成了一切人们因此称为自然权利的基础和内容，虽然把这称为道德权利会好一些，因为道德权利并不通用于痛苦、外在的现实，而只是有效地通用于行为和由此行为而产生的人们对自己的个体意欲的自我认识——而这就称为良心；但在自 451
然状态中，这道德权利却不能在每一种情形里也向外，也对别的个体产生效果和阻止得了是武力而不是正义说了算的情形。也就是说，在自然状态中，有赖于每个人的仅仅只是在每一种情况下都不做不义之事，而根本不是在每一种情况下都不会遭受不义，因为不遭受不义有赖于他那偶然的、外在的强力。因此，“正义”和“不义”的概念虽然在自然状态中也是通用的，根本就不是习俗、协定，但是，这些概念在那种状态下却仅仅作为道德性的概念而通用，是为了自我认识在每个人的自身意欲。这些概念是生存意欲在人的个体中肯定其自身的强度刻度表上（在这表上，强度之间极为不同）一个固定不变的点，就像在温度计上的冰点，也就是说，到了这一点，肯定自己的意欲已到了否定别的意欲的地步，亦即其肯定意欲的剧烈程度与认知囿于个体化原理（而这是那整个为意欲服务的认知的形式）的程度结合在一起，通过做出不义之事而确定下来了。但谁要是把对人的行为的纯粹道德上的考察撇在一边，或者否认，只想依照其外在的效果和后果来考察行为，那当然可以像霍布斯一样宣称正义和不义为传统世俗的、任随人意假定的修饰语，所以是在成文法之外根本就不存在的，我们也永远无法通过外在经验教会他们并不属于外在经验的东西，正如对上述的霍布斯——这人以如此方式至为奇特地标示了其完美的、以经验为依据的思维方式，即在其《论几何原理》中，他否认所有纯粹的神学，并顽固地断言点有延伸性和线有宽度——我们永远无法向其出示一个没有延伸性的点和一条没有宽度的线，因而无法教会他数学的先验性，也无法教会他权利的后验性，因为他对任何并非以经验为依据的知识都一概视而不见。

452 纯粹的法律(或权利)学说，因此是道德学的一章，直接涉及的仅是人们所做出的，而不是所遭受的。这是因为只有做出的行为才是意欲的表现，道德学也只考察这些。所遭受的仅仅只是发生的事情，道德学仅仅可以间接地考虑所遭受的伤害，也就是说，唯一想要表明的：那仅仅是为了不受任何不义的伤害而做出的事情，并不是不义。道德学这一章的草拟就是以这些为内容的：精确定出界限，好让一个个体在肯定已客体化在其身体上的意欲时，并不会越过界限而否定在另一个个体中显现的意欲；然后是精确定出那些越出这些界限的行为，这些行为因而就是不义的，人们也因此可以阻止这些行为而又不会做出不义。所以，自己本人所做出的始终是考察的着眼处。

遭受不义却显现为在外在经验中的事情，在这事情中，正如所说的，生命意欲与其自身冲突的现象要比在任何别的地方都更清楚地表现出来，这是出自个体的众多和自私自我，而这两者是以个体化原理为条件的，这个体化原理对个体认知而言就是世界作为表象的形式。我们在上面也看到了人生那根本性的痛苦，其相当大的部分的不绝源头，就是个体与个体之间的那种冲突。

那为所有这些个体所共有的理性，让他们并不像动物那样仅仅只是认识到个别的情形，而是也可以在抽象中认识到联系起来的整体；那理性很快就教导人们看出受苦的源头，让他们想出办法以减少那些苦头，或者如可能的话，通过共同作出牺牲来消除这些痛苦，而由此所带来的共同的好处则超过了所作出的牺牲。也就是说，在做出不义之事的情形里，尽管做出不义之事对那个人的自私自我是多么的惬意，但是，这不义的行为在遭受这不义的另一个体那里不可避免地对应着对这一个体而言的巨大的痛苦。那么，因为通盘考虑到整体的理性跳出了其所属 453
的个体的片面角度和暂时脱离了对这个体的依附，所以，这理性就看到了在一个个体那里因不义的行为而得到的乐趣，每次都被遭受此不义者的相对更大的苦痛所超过，并且还发现：因为在此一切都是听命于偶然，所以，每一个人都不得不担心这不时做出不义的乐趣会比遭受不义的痛苦少得多。理性由此认识到：为了减轻那遍布一切的苦痛，也为了尽可能均匀地分摊，最好的和唯一的方法就是避免给所有人造成不义的痛苦，所采用的方式就是让所有人都放弃通过做出不义而获得享受。因此，这一出自人的自私自我、通过运用理性、讲究方法和放弃个体片面的角度而轻易设想出来的和逐渐变得更完善的手段，就是国家契约，或法律。我在此所提出的国家契约或法律的起源，柏拉图早在《理想国》中就已经描述了。事实上，这起源是根本上唯一的起源，是由这事情的本质所决定的。在任何地方，没有任何一个国家还会有另一个起源，因为正是这种形成方式、这一目标让其成为了一个国家。但至于每一特定的民族，在其成立国家之前的状态是一群各自互不依赖的未开化的人（无政府的状态），抑或一群奴隶被更强者专横地统治着（专制状态），却是无所谓的。在这两种情形里，都还没有什么国家：只有通过那所说的共同的协定，国家才形成了，而根据这一协定或多或少地并不掺杂着无政府状态或者专制状态，这国家就相应地越完美或越不完美。共和国趋向于无政府状态，君主制则趋向于专制状态，那因此而设想出来的中间路线，即君主立宪制，则趋向于政党统治。要建成一
454 个完美的国家，我们就必须先要产生出这样的人：他们的本性允许他们为了公众而牺牲自己的幸福安乐。但在这之前，我们也可以通过这样的方式达成某些目的：即要有一个家庭，其幸福安乐是与国家的幸福安乐密不可分的，以致起码在主要方面，是一荣俱荣的。世袭的君主制的强项和优势就在于此。

假如道德学只专注于正义或者不义的行为，可以为那些大概下定了决心不做出任何不义行为的人精确标明他的行为的界限，那国家学说，即关于立法的学说，则是反过来，是完全只专注于遭受不义，而从来不会关心做出不义行为的问题——假如不是因为其永远不可避免地对应着遭受不义的话——而遭受不义之事是立法所要对抗的敌人，是立法所要关注的着眼处。的确，假如设想出某一不义的行为并没有与另一方遭受不义相连结，那国家就会始终如一地根本不会禁止这样的事情。再者，因为在道德学里，只有意欲、思想意识才是考察的对象，是唯一真实的东西，所以，要做出不义之事的坚决的意欲、唯独只有外力才能制止和让其无法发作的意欲，对道德学来说，与真正做出了不义之事是同一的，道德学在其法官席上谴责这样的意愿是不义的。相比之下，单纯是这样的意欲和思想意识根本上是与国家无关的，而只有行动（无论那只是尝试行动抑或已经实施了的行动），由于这行动所对应的、在另一方遭受的痛苦，才是国家操心的，因此，对国家来说，只有行动、事件才是现实和实际的东西；思想意识、目的，也只有在从中可了解行动

的意义时，才会予以探究。因此，国家不会禁止任何人总是在头脑里想着谋杀和毒害他人，只要国家确实知道对剑与轮的恐惧将会持续发挥着阻止上述意愿的作用就行了。国家也根本不会有愚蠢的计划去根除做出不义的倾向和恶毒的思想意识，而只是针对每一个可能的实施不义的动因设置一个更有力的动因，以迫使其放弃实施不义，亦即制定出不可避免的惩罚；据此，刑罚法典就是一部尽可能完备的相反动因的汇 455
集，所针对的就是所有估计有可能发生的犯法行为——这两者都是在抽象之中的，目的就是在所出现的情形里可以具体应用。国家学或说立法，就会为了这一目标而从道德学那里借来这一权利学或法学的一章：这权利学的一章除了讲述正义和不义的内在含义以外，还在这两者之间定下了精确的界限；但这样做唯一只是要利用其反面，对道德学认为不能逾越的界限——假如我们不想做出不义的话——从另外一边审视，将其视为不容别人逾越的界限，假如我们不想遭受不义的话；对这些逾越界限的行为，我们因而有权将其赶回去。因此，这些界限就尽可能地从被动的一面通过法律而得到巩固。结果就是：正如人们相当风趣地把历史作者称为倒转过来的先知，那法律学者就是倒转过来的道德学家，那真正意义上的法律学，亦即关于人们可以伸张的权利的学说，在这教导人们不可以侵犯的权利的一章，因此也就是倒转过来的道德学。不义的概念和不义的否定——亦即正义——的概念，原初是道德上的概念，现在因为出发点从主动的一边转移到被动的一边，亦即因为倒转过来而成了法律上的概念。这连同康德的法权学说一道在最近的时期不时地造成了相当古怪的谬误，认为国家是一个促进道德的机构，是出自对这道德性的追求，因此是要针对和克服自私自我的，而康德的法权学说是从康德的绝对命令出发，非常错误地推导说国家的建立是一个道德义务。就好像道德或者不道德唯一所属的内在思想品质，那永远自由的意欲，是可以从外在更改和通过影响而变化似的！ 这一理论，即国家就是在
456 道德意义上的自由的条件，因而也就是道德性的条件，就更是荒谬，因为自由可是在现象的彼岸，在人为机构的彼岸就更是不用说了。 正如所说的，国家并不是针对这样的自私自我的，相反，国家恰恰是出自所有人的自我：所有人都很明白自己的自我是怎么回事，现在，人们就讲究方法地行事，从片面的视角进入总体的视角，以这样的方式通过总括人们都有的自私自我而成立了国家，其存在唯独是为任何人都有的自私自我而服务，其建立起来是依照这一正确的前提：我们并不可以期待人们具有纯粹的道德性，亦即会做出发自道德原因的公正行为，否则的话，国家就是多余的。 因此，那目标旨在幸福、安乐的国家，其建立根本就不是反对自私自我，它只是针对这自私自我所带来的不良后果，而这些不良后果是在许许多多的自私自我的个体相互之间造成的，并扰乱这些个体的幸福安宁。 所以，亚里士多德（《理想国》，第3）早就说过：国家的目的就是人们生活得好；意思就是人们生活得幸福和美满。霍布斯也完全正确和出色地阐述了国家的这一起源和目的。 还有那一切国家秩序的古老原则，普遍大众的幸福应该成为首要的法则，也描述了同样的意思。 假如国家完全达到其目的，那所造成的现象就跟假如完全公正的思想品质占据了主流时的现象一样。 但这两种现象的内在本质和起源却是彼此相反的。 也就是说，在后一种情形中，是无人想要做出不义之事；但在前一种情形，却是无人想要遭受不义，并且为达到此目的人们充分用上了所需的手段。 所以，那同样的界限可以从对

立相反的方向划出，一只被系上了口套的食肉猛兽或猛禽就跟一只吃草动物一样的没有危险。但国家也就只能做到这个份上了：也就是说，国家无法示范一种类似由人们普遍相互间的良好祝愿和爱意而产生的现象。这是因为，正如我们所看到的，国家根据其性质不会禁止一样并没有任何对应的受害方的不义行为，并且仅仅只是因为不可能阻止每一不义的事情，所以，国家是反过来的做法，即依照其为了一切人的幸福 457
安乐的方向，非常乐意设法让每一个人都体验到各种各样仁爱的友好和行动——假如这些不是不可避免地也有其对应的要做出好事和善行的话；但这样的话，每一个国民都想要接受被动的角色，就没有任何人会想要承担主动的角色，而苛求这一个人而不是那一个人去承担主动的角色却又是没有任何理由的。所以，强制人们的就只是否定性的东西（而这恰恰就是法律），而不是肯定性的东西（而这就是我们所理解的爱的义务，或者“不完全义务”所包括的内容）。

立法，就正如所说的，是从道德学中借来纯粹法学，或说有关正义和不义的本质和界限的学说，以便把道德学从其反面应用在与道德学无关的目的上，并据此进行实际性的立法，设立维护这法律的手段，亦即国家。这实际性的立法（或说成文立法）因此就是反过来应用的纯粹的道德法学。这方面的应用可以是考虑到某一特定民族的独特情形和处境而进行。但也只有当这实际性的立法本质上是完全依照纯粹法学的指导而确定，其每一条例都可证明有纯粹法学的某一理据，那所产生的立法才真正是一条成文法，那国家也才是一个法律的联合体、一个真正意义上的国家，是一个在道德上许可的，而并非不道德的机构。否则，那成文立法就是为某一成文的不义奠定了根据，这本身就是公开承认强制执行的不义。类似这样的是每一种专制政体、大部分伊斯兰教王国的宪法，甚至许多国家宪法中的不少内容，例如农奴制度、佃农制度等也属于此类。纯粹的法学或者自然法，或更准确的称谓，道德上的法，是每一法律的成文立法的基础——虽然那总是以倒转的方式——正如纯
458 粹的数学是每一应用数学分支的基础。纯粹法学的最重要几点，就像哲学那样，为了那一目的要向立法提供的是下列几点：(1) 对不义和正义概念内在的和真正的含义与起源的说明，以及这些概念在道德学中的应用和地位；(2) 财产权的引申；(3) 合约的道德有效性的引申，因为这是国家契约的道德基础；(4) 对国家的形成和目的的说明，对这一目的与道德学的关系的说明，对由于这一关系以符合目的的方式从道德的法学通过倒转转到立法的说明；(5) 刑法的引申。法学的余下内容就只是应用那些原则，对在生活中所有可能的状况中正义和不义的界限更仔细的规定；所以，这些在某些视角和标题之下是可以集合起来和一一划分的。在这些特别的学说中，纯粹法学的教科书都是彼此相当协调一致的，只是在原则上听起来非常不同而已，因为这些原则始终是与某一个哲学体系连结在一起的。在我们以与我们的哲学体系相称的方式简短和泛泛地，但明确和清晰地探讨了那四个首先的要点以后，我们还同样要讨论刑法。

康德提出了这根本上错误的说法：在国家之外，是不存在完整的财产权的。根据我们上面的引申，在自然状态中，也还是存在对财产完全自然的，亦即道德上的权利；侵犯这种权利就免不了做出不义，而就算是以最极端的方式捍卫这一权利也不会做出不义之事。相比之下，在国家之外却肯定没有任何的刑法。一切惩罚权唯独是由成文法提出

根据的，而这在犯法行为之前就已为此犯法行为确定了某一惩罚，其震
慑作为相反的动因本应是比要做出此犯法行为的一切可能的动因都要强
力的。这成文法可被视为经过了国家全体公民的批准和承认。这成文
法因此是建立在一个共同的合约上，这一合约无论在何种情形下都是要
履行的，也就是说，国家的成员都有义务一方面要执行惩罚，另一方面 459
则要忍受这惩罚，因此，强制性忍受惩罚是合理的。所以，在单个情形
里，惩罚的目的就是履行作为合约的法律。法律的唯一目的就是吓阻
人们不要去侵害别人的权利：为了让每一个人都受到保护、免遭不义，
人们联合组成了国家，放弃做出不义之事，并接受了维持国家的重担。
具体而言，法律和法律的执行，亦即惩罚，本质上是着眼于将来，而不
会是针对过去。这就把惩罚与报复区分开来了，而报复的动因仅仅是
发生了的事情，亦即那过去了的事情。一切因为遭受了不义，所以通
过施加某一苦痛而报仇，其中并没有着眼于未来的目的的，就都是报
复，其目的不外是通过看到我们自己给别人所造成的苦痛，能为自己所
遭受的找到安慰。这样的做法就是恶毒和残忍，在伦理道德上是无法
表明合理的。某人对我做出了不义，却一点都没有让我有权对其做出
不义。以恶毒报复恶毒而别无其他的目的，既不是道德的，也无法透
过任何某一理性根据证明是合理的；把报复权设为惩罚权独立的、最终
的原则是毫无意义的。因此，康德关于惩罚只是为了报复而报复的理
论是一种完全没有根据和荒谬的观点。但这观点却总是幽灵般地出现
在许多法律学者的文章中，用上了各式讲究的、流于空洞废话的辞藻，
例如通过惩罚，罪行就得到弥补或说中和与消除了，等等。但没有任
何人有权自命为道德的法官和复仇者，可以给别人施加痛苦以打击他们

所做出的不轨事情，亦即因为他们的犯罪而给予他们惩罚。更准确地说，这是至为狂妄的自以为是：也正因此有了《圣经》中的这句话：“申冤报应在我，上帝说，我要报仇。”但人们却有权确保社会的安全，而
460 要这样做，就只能禁止所有被标示为“犯法”的行为，以便通过相反的动因，亦即通过威慑性的惩罚去防止这些行为的发生。这些威慑也只有在这些行为仍然发生时就会付诸实施，这些威慑才是有效的。据此，惩罚的目的，或者更准确地说刑法的目的，就是吓阻人们不要犯罪，则是一个得到了如此普遍承认，甚至清楚易懂的真理，以致在英国，甚至在现在的刑事案件中，这也仍在御用律师提供的相当古老的起诉书中表达了出来，因为这样的起诉书是这样结尾的：假如这些得到了证实，你，$N.\ N.$，就应该受到法律的惩罚，以便在将来吓阻人们犯下类似的罪行。[1] 是着眼于未来的目的把刑罚与复仇区别了开来，而刑罚只有在为履行某一条法律而实施的时候才是有其目的，也只有这样，这惩罚才可以宣告对每一个将来的情况是不可避免的，才可以为法律获得吓阻的力量——而法律的目的就在于此。那么，一个康德主义者肯定会提出异议：根据此观点，那被惩罚了的罪犯就“仅是作为手段”被应用了。但这被所有的康德主义者不知疲倦地重复的论题，“我们应该把人永远只作为目的、永远不能作为手段应用”，虽然是一个响亮的、似乎富有内涵的和因此对所有喜欢能有一个可以免除他们更进一步思考的公式的人，是极其适宜的论题，但仔细考察一番，这一论题却是至为模糊、并

[1] 假如一个君主想要赦免一个被判刑的罪犯，那他的大臣就会提出异议：那样做的话，这罪行很快就会再一次发生。

不明确，只是相当间接地达到其目的的话语，在每一次应用的时候，都
需要一番外加的解释、定义和修正，但作普遍性理解的话，却又是不足
够的，是言之无物的，并且还是成疑的。那根据法律遭受了死刑的杀
人犯现在必须当然并且完全合理地仅是作为手段被应用。这是因为公 461
众安全，国家的这一首要目标，受到了这个人的破坏，而假如这法律并
没有被执行的话，甚至会荡然无存。这谋杀犯、他的生命、他的人身，
现在就必须成为手段以执行法律和因此重建公共安全；他成为这样的手
段以履行国家合约是完全合理的，因为只要他是国家中的公民，那就已
订立了这一合约。所以，为了享受他生命的安全、他的自由和他的财
产，也为了所有人的安全，他把他的生命、他的自由和他的财产作了抵
押物，而这抵押物现在就被没收了。

这在此所提出的、健康的理性直接就可明白的惩罚理论，基本上当然不是什么新的思想，而只是一个被新的谬误几乎排挤掉了的思想。就这方面而言，我们有必要最清晰地阐述这一思想。这同样的理论，就其本质而言，也包含在普芬道夫的《论人和公民的自然法义务》第 2 篇第 13 章就此所说的内容。同样，霍布斯在《利维坦》第 15 章和第 28 章所说的也与此理论相一致。在我们当代中，人们都知道费尔巴赫捍卫了这一理论。事实上，这早就见之于古老哲学家的言论中。柏拉图在《普罗塔戈拉篇》（比蓬蒂尼版，第 114 页），也在《高尔吉亚篇》（第 168 页），最后是在《法律篇》（第 165 页）清楚阐明了这一点。塞涅卡以为数不多的字词充分地表达了这一思想：有智慧的人并不是因为这犯错而受惩罚，只是为了以后不会再有犯错。（《论愤怒》，第 1，16）

因此，我们已经了解了国家就是手段，装备了理性的自私自我的人

以此手段力图避开那种自私自我反过来给自己造成的糟糕后果；这样的话，每个人就可以促进所有人的安乐，因为每个人都看到了自己的安乐也包含在这所有人的安乐之中。假如国家完美地实现其目标，那么，国家就在某种程度上实现了接近极乐乡的东西，因为国家通过联合众人的力量，懂得越发地利用大自然，并且最终消灭了各式各样的邪恶。
462 不过，一来国家仍远没有实现这一目标；二来仍有无数的祸害一如既往地让生命（生活）处于痛苦之中，而这些祸害属于生命（生活）的本质，就算拿走了所有的祸害，最终仍由无聊马上占据了别的祸害所留下的位置；三来个体之间的纷争也永远不会经由国家而完全消除，因为这些东西在大处被禁止的话，就会在小处挑起事端；最后，有幸把纷争女神厄里斯从内部驱逐了，她就最终转向了外部：这些被国家机构驱逐了的个体之间的争斗，就再度从外部以民族（国家）之间的战争的形式折返，并且现在就变本加厉地和一次性地索取流血的牺牲以清偿那累积了的债务，而那些流血牺牲是人们由于精明的防护措施而在单个情形中并没有付出的。事实上，假设所有这一切由于人们基于千百年的经验支撑的精明思想而最终克服和排除，那到最后，结果就将是整个星球的人口过于密集，其可怕的祸害只有大胆的想象力才有能力具体想象了。

§ 63

我们了解到了一时的、非永恒的正义，这在国家中有其位置，那是报复性的或惩罚性的正义；我们也看到了这样的一种正义唯独只是着眼于将来而成了正义，因为假如没有了这方面的考虑，对一桩罪行的一切惩罚和报复就始终是没有合理理由的，并的确就会是在已发生的祸害之外再增加又一祸害，并没有任何的意义。但永恒的正义就完全不一样了；这永恒的正义在之前已经提到过了，并且这种正义不是主宰着某一国家，而是主宰着世界；并不依赖于人为的机构，并不受制于偶然和假象，并不会有欠确切、摇摆不定和错漏百出，而是肯定、有力和可靠的。复仇的概念里已经包含了时间，因此，永恒的正义不可能是复仇的正义，因此不可能像复仇的正义那样允许推迟和有某一期限，并且也只有借助于时间，那坏事才与坏后果扯平，这是需要时间去完成的。463
惩罚在此必须与罪行紧连在一起，以致两者就是同样的东西。

你们相信罪行会振翅
飞到神祇那里，并且还会有神祇
把那些罪行记在宙斯的写字板上，
而宙斯则看着这些向人们作出宣判？
整个天空之大都不足以容纳人的罪恶，
如果宙斯在那里一一记录下它们，
他也不会审视
并逐一惩罚。不！
惩罚已在这里发生，只要你们想要看见的话。

——欧里庇得斯（出自斯托拜乌斯，《牧歌》，1，4）

至于这样一种永恒正义确实就在世界的本质之中，那些把握了我们的整个到此为止所阐释的思想的人，从这思想很快就会充分和清楚地明白这一点。

这一生存意欲的现象、客体性，就是这世界及其众多的部分和形态。那存在本身和那存在的样式，在总体上，一如在每一个部分，都唯独出自意欲。这意欲是自由的，这意欲是全能的。这意欲在每一事物中的显现，恰恰是那自在的和在时间之外的它本身对其自身所规定的。这世界只是这意欲和这欲求的镜子：这世界所包含的一切有限性、一切痛苦、一切烦恼折磨，都属于表达意欲的欲求，之所以如此，就是因为意欲要这样。据此，每一生物都最严格合理地背负着那存在，然后背负着他（它）的物种和他（它）的独特个体性的存在，那是完全按照其样子和处于其所处的环境，由偶然和错误所控制，短暂和倏忽，持续地
464 承受着痛苦；他所遭遇的，甚至他所能遭遇的一切，都是合理发生的。这是因为意欲就是他的意欲：意欲是何种样子，世界就是何种样子。对于这世界的存在和性质，也只有这一世界本身才能背负起个中责任，并没有任何其他别的可以为此担责，因为其他别的又如何能够为这些负责？假如我们想要知道，从道德的角度看，人在总体上的价值，那我们就要看看人在总体上的命运。这就是匮乏、不幸、悲伤、烦恼和死亡。永恒的正义在主宰着：假设人在总体上看并不是没有价值的，那人的命运在总体上看就不会是如此悲惨了。在这一意义上，我们可以说，这世界本身就是末日审判。假如我们能把这世界的所有悲伤放在一个秤盘里，而这世界的所有罪孽放在另一秤盘里，那天平的指针肯定会站起来。

但当然，这世界呈现给认知的样子——这认知也是出自意欲，是为意欲服务的，是这样的个体所得到的那种认知——并不像其向探究者最终暴露出的那样：这世界呈现给后者的，是作为一个和唯一的生存意欲

的客体化，而这探究者本身就是这一生存意欲；相反，粗糙个体的目
光，就像印度人所说的，被摩耶之幕模糊了：展现给这个体目光的，不
是自在之物，而只是在时间和空间中的、在个体化原理中的和在这充足
根据律的其余形态中的现象；而在具局限性的认知的这一形式中，他就
不会看到事物的本质——而那就是一体性——而是看到了事物的现象，
是分散的、分开的，是无数之多、差异很大，甚至是互相对立的。因为
对他来说肉欲看上去是一样事情，烦恼折磨则又是完全另一样事情；这
个人是个折磨者和杀人犯，而那个人则是个受难者和受害者；恶毒是一
回事，祸害则又是另一回事。他看到一个人生活欢乐、饱暖淫欲，与此
同时，也看到在这个人的家门前，另一个人则因为饥寒交迫而痛苦地死
去。然后，他就问了：报应何在呢？他本人呢，在剧烈的意欲冲动
中——而意欲冲动就是他的起源和他的本质——他攥住肉欲和生活中的
快感乐趣，紧紧地抱着这些东西不放，并不知道正是因为他的这意欲行
为，他也就是攥住和紧抱着他看着就会颤抖的生活中的苦痛和烦恼折 465
磨。他看到了恶毒，他看到了祸害，但他却远没有看出这两者只是一
个生命意欲的现象的两面而已。他把它们视为大不一样，甚至是完全
相对立的，并常常试图通过恶毒行为，亦即通过造成他人的痛苦，以逃
脱他自己个体的祸害和苦难，深陷于个体化原理，受着摩耶纱幕的迷
惑。这是因为正如在咆哮的、无边的大海中，怒吼着的山一样的巨浪
此起彼伏，坐在小船上的一个船员就信赖着那单薄的承载工具，同样，
在一个充满烦恼折磨的世界里，个体的人就安静地坐在那里，给予他保
护的是他所信赖的个体化原理，或说个体用以认识作为现象的事物的方
式。那无边的世界及其无尽的过去和无尽的将来，到处都充满着苦

难，对他而言是不相干的，甚至是无稽之谈：他那在不停消失着的个人，他的没有延伸的现时此刻，他的瞬间即逝的惬意，唯有这些对他才是具有真实性的；只要还没有一种更好的认知张开了他的眼睛，那为了获得这些，他就会做出一切。在没有获得更好的认知之前，他就只是在意识的最内在深处，有着这一相当模糊的预感：所有其他一切其实与他并不是如此不相干，而是与他有着某种联系，而对此，个体化原理是无法防备得严严实实的。从这一预感，生发出了那如此难以根除的，也是所有人（或许还有聪明的动物）都共有的恐惧：他们突然之间感受到了这种恐惧——假如他们由于某种偶然而对个体化原理起了疑心，因为那某一形态的根据律似乎遭遇了例外，例如，假如某一变化似乎在没有原因的情况下发生了，或者某一死去了的人又再出现了，或者过去的，或者将来的事情以某种方式在现在此刻出现了，又或者遥远的东西成了近距离的东西。对类似事情的非同寻常的惊恐是由于他们突然对
466 现象的认知形式感到了疑惑和不安，而唯独是这种认知形式把他们自己的个体与其余世界分开了。但这种分开恰恰只是在现象方面，而不是在自在之物方面：永恒正义恰恰就建立于此。事实上，一切暂时的幸运都建立于、一切精明都运作于消蚀了的基础之上。这幸运和精明保护着个人免于事故和让他得到享受，但个人只是现象，其与别的个体的不同和免受别的个体所背负的痛苦，是以现象的形式、个体化的原理为基础的。依照事物的真正本质，每个人都要把世界上的所有苦难视为他的苦难，甚至要把所有可能的苦难视为对他而言是真实的——只要他就是那坚定的生命意欲，亦即以其全部力量去肯定生活。对于看穿了个体化原理的认知而言，在时间上的某一幸福生活，这拜偶然所赐或者

通过精明而争取得到的、夹在无数其他人的苦难中的东西，仅仅只是一个乞丐的黄粱美梦：在这梦中，他成了一国之君，但他却终须要从梦中醒来，然后就体验到：把他与他生活中的痛苦分离开来的仅仅是瞬间即逝的幻觉。

那些紧随根据律、囿于个体化原理的人，是无法得见永恒的正义的：假如不是通过虚构加以挽救的话，那他们是完全看不到这种正义的。他们会看到卑鄙、恶毒之人在做出各种恶行和残忍的事情以后，仍然生活愉快和毫发无伤地离开这世界。他看到受尽压迫之人一生中充满着痛苦，费力地走至生命的尽头，而并没有出现某一复仇者、某一报复者。也只有那些超越了在根据律指导下进行的和与个别事物紧连在一起的认知，只有认识到了理念、看穿了个体化原理且觉察到现象的形式并不属于自在之物的人，才能理解和明白永恒的正义。也只有这些人，借助于那同样的认识，才会明白美德的真正本质，而这真正本质，联系起现在所作的思考，很快就会透露给我们——虽然要实施这些
美德，却是根本不需要在抽象上的这一认识。因此，谁要是达致上述 467
认识，就会清楚：因为意欲是一切现象的本体，那施之于别人的和自己体验的苦恼折磨、那恶毒和那祸害，永远只是触及那同样的一个本质，虽然现象——这一个体和那一个体就展现在这其中——表现出他们是不同的个体，甚至由距离遥远的时间和空间所分开。他就会看出：那施加痛苦者与不得不忍受这痛苦者只是现象，并不涉及自在之物，而这自在之物就是活在这两者之中的意欲；这意欲在此由于受到为其服务的、与其连在一起的认知的欺骗而并不曾认出自身，所以，在其一个现象中追求更多的安逸、幸福，在另外的现象中则造成极大的痛苦。这样的

话，在剧烈的冲动中，牙齿咬进了他自己的肌肉里，并不知道他永远只是伤害着自己，就这样通过个体化的媒介，把他内在所承载着的与自身的冲突暴露了出来。折磨者与被折磨者就是同一者。折磨者错在他以为并不是共有这些痛苦，而被折磨者则错在以为他不是共有这些罪孽。假如他们的眼睛张开了，那施加痛苦者就会认出：他就活在这广阔世界上所有的受苦者那里，并且假如他具备了理性，就会徒劳地思考为什么他会被召唤进入存在而承受如此巨大的痛苦，为此他到底是犯下了什么样的过错，却又是他无法看清的；而遭受痛苦折磨者会看出：一切在这世上所实施的或以往曾经实施的恶毒，都出自那也构成了他的本质的同一种意欲，也在他那里显现出来了；他通过这现象及对其肯定也就承担了所有出自那一意欲的痛苦，并理应忍受它们——只要他就是这一意欲的话。正是发自这一认识，那充满灵感的诗人卡尔德隆在《人生就是一场梦》中这样说：

> 人的最大罪过，
> 就是他诞生了。

468 那又怎么不是一种罪过呢，既然根据一条永恒的法则，死亡就紧随这之后？卡尔德隆只是以这些诗句说出了基督教关于原罪的教义。

对永恒正义、对把罪孽与惩罚这两害不可分地联结起来的天平的活生生的认识，需要完全超越个体性和其可能性原理，因此，这对大多数人来说是永远不可及的。与这认识相关联的、我们马上就要讨论到的对所有美德的本质的纯粹和清晰认识，也是如此。所以，印度人民的智慧祖先虽然把这认识表达在只有历经再生的三个种姓才被允许接触的

《吠陀》，或者，在深奥难解的智慧学说中，用直接的方式表达出来，亦即在概念和语言能够理解，在其仍总是形象的、片段式的描述所允许的范围内——但是，在大众宗教里，或者在公开、大众化的智慧教义中，则只用神话的方式传达。这种直接的描述，我们可见之于《吠陀》；这是人类最高智慧的果实，其核心在《奥义书》中作为这世界的最大礼物终于给予了我们，并且是用多种方式表达出来的，尤其是通过把世界的所有存在物，不管是有生命的还是没有生命的，都按顺序在学子们的眼前一一掠过，对着其中每一个都说上，这已成了一个公式并被名为“无上真言”的*这就是你!*[1] 但为了尽量让很有局限性的大众可以把握那一伟大的真理，这一真理就被转换成遵循根据律的认知方式，而这种认知方式，虽然就其本质而言，是完全不能领会那纯净的真理本身的，甚至是与那真理恰恰相矛盾的，但以神话的形式，却获得了这真理的一个替代品，而这代替品作为对行为的规范也是足够了，因为那神话采用与这始终是不相干的、遵循根据律的、却通过形象描述的认知方式，让行为的伦理含义变得明白易懂。而这也是一切宗教教义的目 469
的，因为它们全都是神话的外衣，里面包裹着对粗糙的人类思想意识而言难以明白的真理。在这一意义上，我们也可以把那神话，以康德的语言称为实践理性的一道公设；但视为这样一道公设的话，这神话所具有的巨大优势就是除了在真实王国中在我们眼前的成分以外，它再没有任何其他成分，所以，可以用直观证明一切它的概念。这里所指的是有关灵魂转生的神话。这神话教导说：我们在这一生中对其他生物所

[1] 拉丁文本《奥义书》，第1卷，第60页及后面。

施加的一切痛苦，接下来在这世上的一生中，就不得不精确经由那同样的痛苦而抵罪。甚至到了这样的地步：谁只要是杀死了一只动物，也将在无尽的时间里降生为一只这样的动物和遭受同样的死亡。它教导：卑鄙、恶毒的生活方式所导致的后果就是将来在这世上会成为受苦受难、遭人鄙视的生物，因此就会转生在低下的种姓，或转生为女人，或转生为动物、贱民、麻风病患者、鳄鱼，等等。那神话所威胁的种种苦楚，都可得到来自真实世界的直观所见、可经由痛苦的、但却懵然不知为何遭受这些苦难的生灵而得到证明，也不需要借助于扯上地狱。但在另一方面，作为奖励，它许诺会转生为更好、更高贵的形体，转生为婆罗门、智者、圣者。至于最高贵的行为和完全的死心断念可得到的最高奖励——这奖励是在连续七世中自愿死于其丈夫的木柴堆上的女人也可得到的，那些在其纯净的嘴中从没有说过谎言的人也一样——则由神话用这个世界的语言只能否定性地表达出来，采用那常有的不再转生轮回的许诺，*你不再重回现象的存在之中*，或者正如既不认可《吠陀》也不认可种姓的佛教徒所说的："你就将达致涅槃，亦即达致一种并没有生、老、病、死的状态。"

470 从来不曾有过，也永远不会有这样一种神话能像最高贵和最古老的民族的这古老学说那样，紧密地接通了只有极少数人才可接触、才可明白的哲学真理。这民族现在退化为许多碎块了，但这学说对于他们却仍然作为普遍的大众信仰占据着主流，对今天的生活仍发挥着决定性的影响，一如其在四千年以前。因此，毕达哥拉斯和柏拉图怀着赞叹领会到了那*无法超越*的神话式表述，从印度或者埃及那里拿了过来，尊崇地应用，也在我们所不知道的多大程度上虔信这一表述。而我们现在却派遣英国的教士和摩拉维亚教会的亚麻纺织工到婆罗门那里，为的是出于同情心要教给他们更好的东西，向他们表示他们是无中生成的，并应为此心存感激和高兴。但我们所遭遇到的就像把子弹射到了岩石上面。在印度，我们的宗教是绝不会扎下根子的：人类的远古智慧不会被在加利利（Galiläa）所发生的事情排挤掉。与此相反，印度的智慧流回到了欧洲，并将在我们的所知和所想方面带来根本性的变化。

§ 64

但我们现在要从我们对永恒正义的、并非神话式的，而是哲学的描述，继续到与这相关的对行为和良心的伦理学含义的考察，而良心是对行为的伦理学含义单纯感觉到的认知。但我想在这一点上，首先还请大家留意人性的两个特性，这会有助于弄清每个人是如何至少朦胧地感觉意识到那永恒正义的本质和意欲在所有它的现象中的一体性和同一性——而那永恒的正义就奠基于此。

在某一恶劣行为发生以后，不仅对受了伤害的、大多也有了报复欲望的人而言，就算是对于完全没有牵涉其中的旁观者，在看到那给别人造成了苦痛的人恰恰也遭受了同样程度的苦痛时，都会感到满意，这是与国家基于刑法而实施惩罚的已论证了的目的完全无关的。这在我看 471
来不是别的，恰恰是对那永恒正义的意识，但这意识却马上被不纯净的想法曲解和歪曲了，因为这种不纯净的想法受到个体化原理的束缚，犯下了概念歧义的错误，向现象要求得到只能属于自在之物的东西，并没有看清在多大程度上那伤害者和被伤害者其实是同一的——而正是那同一的东西，在其自身的现象中并没有重又认出自身，既承担着痛苦折磨也承担着罪责——而是要求在那承担着罪责的同一个个体的身上，也再看到痛苦折磨。因此，大多数人都会希望和要求：这样一个有很高程度的恶毒的人（这恶毒虽然也见之于许多人那里，但却不像这人那样还有其他素质与那恶毒相伴），也就是说，这样一个人由于有着不同寻常的精神思想能力而远胜于其他人，并因此给数以百万计的民众带来了巨大痛苦，例如一个世界的征服者——对这样一个人，大多数人就都希望和要求他能在某时和某处以同样分量的苦痛为所有的那些苦难赎罪，因为他们认识不到折磨者和受折磨者其实是同一的，后者得以存在和生活的意欲，也是在前者显现的同一个意欲；也恰恰是通过前者，这同样的意欲才至为清晰地暴露其本质；在这折磨者那里的意欲也像在被压迫者那里的意欲一样的受苦，甚至受苦更多，因为其意识更清晰，其意欲更剧烈。至于那更深刻的、不再囿于个体化原理的认识——一切美德和高贵就由此而来——不再怀有要求复仇的思想态度，那早就由基督教的伦理学证实了。基督教的伦理学绝对禁止以恶毒报复恶毒，这伦理学让永恒的正义统治在与现象有别的自在之物中。（“主说：申冤在我；我必报应。”《罗马人书》，12:19)

472 人性中的一个更让人印象深刻、但也稀有得多的特征，表达了要把永恒正义拉进经验的范畴，亦即拉进个体性中的那个要求，与此同时也勾勒出了所感觉到的这一意识：正如上面所说的，生命意欲以自身为代价上演着悲喜剧，那同样的意欲就活在一切现象中。这样的一种人性特征，就是如下所说的。我们有时候可看到一个人会对他所遭受的、或许他只是作为证人所目睹的某一不义之事感到极为愤慨，以致他在深思熟虑之下，毅然决然地将其生命用于向做出了如此恶行的人复仇。我们看到他长年累月寻找那强横的压迫者，并最终将其杀掉，然后自己也死在了断头台上——如此结局是他所预见到的，事实上也是他常常根本就不曾尝试去避免的，因为他的生命对他来说就只有作为复仇的手段的价值。我们尤其在西班牙人那里找到这一类的例子。[1]假如我们现在仔细地考察这种报仇渴望的思想意识，我们就会发现这与普通的复仇是相当不同的，因为普通的报仇是想要看到所造成的痛苦以减轻自己所承受的痛苦；的确，我们发现这种报仇渴望的思想意识所着眼的，更应被称为惩罚而不是复仇：因为在此其目的就是要透过这个例子为将来造出一个效果，而且在此并没有夹杂着任何自私的目的，无论对于复仇者——因为这个体已经在这过程中死去了——还是对于通过法律为自身提供安全的社会，因为那惩罚是由个别人实施的，而不是由国家实施的，其实施也不是为了执行法律；相反，这所要惩罚的始终是一桩国家不想也无法惩罚的事情，对此惩罚，国家也是不赞成的。在我看来，这样一种愤慨，把这样一个人逼迫至远远超出了一切自爱的界限，是发自对此最深层的意识；他本身就是整个生命意欲，其显现在一切生物之
中、历经一切时间，因此，至为遥远的将来就如同现在此刻那样以同样 473
的方式属于他，这对于他不会是无所谓的：他肯定这生命意欲，却要求在这呈现出他的本质的戏剧里，不能再度出现如此骇人听闻的劣行，并想要通过这复仇的例子，吓阻将来的作恶者，因为对这种复仇是没有任

[1] 在上一次的战争中，那位把自己与法国将军同时毒杀在他那餐桌上的西班牙主教，以及在那战争中发生的几件事都属于此类例子。在蒙田的《随笔集》第2卷，第12章，我们也可读到这些例子。

何防御墙的，因为死亡的恐惧并不会阻止得了复仇者。这生命意欲，尽管仍在肯定自身，但在此却并不再是依赖于个别的现象、个体，而是拥抱着人的理念和想要保持其现象纯净，免受这样骇人听闻的、让人愤慨的劣行。这是一种稀有的、意味深长的，甚至是一种崇高的性格特征；由于这一性格特征，个体就贡献出自身，争取让自己成为永恒正义的臂膀。但对于这永恒正义的真正本质，他却仍然没有正确的认识。

§ 65

通过至今为止对人的行为所做的种种考察，我们也就为这最后的考察做好了准备，让这工作容易很多了，亦即把行为的真正伦理学意义，把人们在生活中以“好”“坏”的字词形容并以此互相完美沟通的东西，提升至抽象的和哲学的清晰，并证明是我们的主要思想的一个组成部分。

但我准备首先对上述好和坏的概念的真正含义做一番究本溯源，而这好和坏的概念，在我们当今的哲学作者的手里，至为奇怪地被当作是简单的，亦即无法对此再作任何分析的概念。这样，人们就不会囿于这一含糊的臆想之中，认为这些概念包含了比真实所包含的更多的内容，这些概念就其本身已经说了一切在此所需要表达的意思。我之所以可以这样做，是因为我自己无意在伦理学中利用好这个词以寻求一个藏匿之处，就像在这之前我无意搬出美和真的字词以隐藏在其后面，然后通过大概加上一个“*heit*”*——这一后缀时至今日有着某一特别的尊

* 后缀。通常将一个形容词转化成一个名词，并常常指示了这一形容词词根的某种抽象特性。

严，并因此据说在多种情形里可以应急帮助——通过一种庄重的表情，好让人们相信：我在说出了这样的词以后，并不只是说出了三个非常广 474 泛和抽象的，因而并没有什么内容的、各有相当不同的起源和含义的概念，而是说出了更多的东西。事实上，谁要是了解当今的那些文字，在千百次看到了每一个无力思考的人，大张着嘴巴，以一只狂热的绵羊的表情，在搬出了这三个词以后——尽管这些词原先指示着如此卓越、非凡的东西——就以为谈论了伟大的真理，又怎能不最终看到那三个词就想呕吐呢?

对真的概念，已经在《论充足根据律的四重根》第5章§29及以下给出了解释。美的概念则在我们的整个第三篇首次得到了真正的解释。现在，我们就准备对好（善）的概念的含义进行溯源，而这是三言两语就可完成的。好（善）的概念根本上是相对的，表示了某一客体符合意欲的某一明确的追求。因此，一切合乎意欲在随便某一方面的表现、实现了其目标的，都可用好的概念思维——尽管这些东西在其他方面是大不相同的。所以，我们说好的饮食、好的道路、好的天气、好的武器、好的预兆，等等。一句话，把所有恰如我们所愿的样子的一切都称为好；因此，对一个人来说是好的东西，对别的人却是恰恰相反。关于好的概念可分为两个亚种：一种是对每一次意欲直接的、现时的满足，另一种只是间接的、涉及将来的满足，亦即让人愉快的和有用的东西。与此相反的概念，只要我们谈论的是没有认识力的存在物，那就用坏（*schlecht*）一词标示，很少用的和抽象上说的则是祸害（*Ubel*），这也就是形容一切并不迎合我们每一次意欲争取的东西。如同一切其他的会与意欲形成某种关系的存在物那样，人们也把有利于、有助于和

支持他们恰好所意欲的目标的人，称为好人，所包含的是同样的含义，
475 始终保留着那相对性，例如这就显现在这个惯用语里，“这对我是好的，但对你则不是”。但那些生来性格就是不会妨碍别人的意欲追求，而是帮助他人的人，亦即乐于助人、有良好的意愿、容易相处、乐善好施的人，由于其行为方式与别人的意欲的这种关系，所以就被称为好人。表示与此相反的概念的词语，在德语和自大概两百年来的法语，对于具认知的生物（动物和人）所采用的词语，是有别于对不具认知的存在物所用的词语的，亦即用坏一词（德语是 böse；法语则是 méchant）；而在几乎所有其他的语言里，都没有这种差别，χαχοζ（古希腊语）、malus（拉丁语）、cattivo（意大利语）、bad（英语）既用于人，也用于没有生命的、妨碍某一特定个体意欲的目标的东西。也就是说，这考察完全要从好的被动一面出发，只是在稍后才能够过渡到好的主动的一面和对被称为好的人的行为方式不再与其他人联系起来看，而是与这个好人本身联系起来探究，尤其要给自己定下这样的任务：一是解释为什么这些行为方式在其他人那里所引起的纯粹客观的尊敬，二是解释为什么这些行为方式在这人那里明显产生的对自己的一种独特的满意，因为这是他付出另一种奉献所换取的，一如在与此相反的这种情形中：解释为什么伴随着坏的思想意识的是内心的苦痛，尽管这坏的思想意识给怀着这种思想意识的人带来了许多的外在好处。由此就产生了伦理学体系，既有哲学的伦理学体系，也有以教义作支撑的伦理学体系。这两者总是试图把幸福与美德以某种方式联系起来，哲学的理论体系要么通过矛盾律，要么通过根据律，因而要么把幸福说成是与美德同一的，要么说成是美德的结果，始终是以诡辩的方式；以教义作支撑

的伦理学则声称除了经验可能认识的世界以外，还有其他的世界[1]。而根据我们的考察，美德的内在本质表明就是一种朝着与幸福，亦即与 476
安乐和生命相反的方向的追求。

根据上述，好依照其概念，是 τωυ προξτι，亦即每一个好本质上都是相对的，因为其本质只在于其与某一渴求着的意欲的关系。绝对的好因此是一个矛盾的说法：至好则意味着同样的东西，亦即对意欲的某一终极的满足，从此以后就不会有任何新的意愿；这是一个最终的动因，其实现会给予意欲以牢固的满足。根据我们在这第四篇到此为止的考察，这样的满足是无法想象的。意欲并不由于某一满足就会停止和不再重新欲求，正如时间不会终止或者开始一样：因为对意欲来说，并不存在对其追求的一种持久的、完美和一劳永逸的满足。那是达纳伊得斯 (Danaiden) 姐妹的无底圆桶。对于意欲，并不存在什么至好、绝对的好，而永远只有某一暂时的好。假如我们喜欢为了给予一个古老的

[1] 在此顺便一说：让每一套实在、具体的教义有其巨大力量，给予其依据以牢牢俘获人们情感的，完全就是这些教义的伦理学的方面的内容，虽然这并非直接就是伦理学本身，而是采用这伦理学是与其他的、每一套教义所特有的神话式的信条紧密联系和交织在一起的方式，而这伦理学就好像唯独只能以这些信条才解释得过去。甚至到了这样的地步：尽管行为的伦理学含义根本无法对应根据律而解释得过去，但每一神话都遵循根据律，信众也仍然把行为的伦理学含义与它的神话视为完全不可分，甚至视为绝对一体，而对那些神话的攻击就会被视为对正义和美德的攻击。对一神教的人民来说，无神论或者没有上帝的说法，甚至就是丧尽一切道德的同义词。这些概念混淆是受到教士欢迎的，也只是由于这样，那可怕的怪物——那种盲目的信仰狂热——才会形成，并且不是控制着个别特别颠倒的和卑劣的人，而是统治着整个民族，并最终在这西方体现为宗教裁判庭。这彰显了人类荣光的事情在人类的历史上就只出现了一次，而这宗教裁判庭，根据最新的最终可靠资料，单是在马德里(在西班牙的其余地区则有更多这样的宗教谋杀窝点)，300 年间就有 30 万人因为信仰的事情而在火刑柴堆上满是痛苦地死去。每一个狂热者都要马上记住这些——一旦他想大声嚷嚷的话。

477 用语一个名誉地位，就好比是荣誉头衔（这一古老用语，人们出于习惯并不想要完全弃置不用），那我们就可以比喻性地和形象地把完全取消自我和否定意欲、真正的没有欲求——而这是唯一一劳永逸地让意欲冲动安静和平息下来，唯一给予那种不再会受到破坏的满足，是唯一解救世界的，并且是我们现在很快就在我们的整个考察的结尾处讨论的——称为绝对的好（善）、至好，并将之视为对那疾病的唯一根本治疗手段，而与此至好（至善）相比，所有其他的好，亦即所有实现了的愿望和所有达到了的幸福，就只是暂时的止痛药。在这一意义上，古希腊语的顶点和拉丁文的*至善*（或*至好*）就更好地对应那种情形。关于好和坏，就谈论这些。现在我们谈论那事情本身。

假如一个人，一旦有了诱因和一旦没有了任何外力能够控制得了他，就总是倾向于做出不义的事情，那我们就称他为坏人。根据我们对不义的解释，这坏意味着：这样一个人不仅仅肯定在他的肉身上显现的生命意欲，而且在这肯定的过程中做得如此太过，以至于否定了在其他个体那里显现的意欲。这表现为他要求别人的力量为他的意欲服务，而一旦别人妨碍了他的意欲的追求，他就试图消灭别人的存在。这其中的最终源头就是高度的自私自我，其本质我们在上面已经分析过了。不同的两点在此马上是清楚易见的：第一，在这个人身上，表露出了一种极其强烈的生命意欲，它远远地超出了仅仅肯定他自己的身体；第二，他的认知完全地信赖根据律和受着个体化原理的束缚，固守着由这后者所定下的他自己本人与所有其他人的差别；因此，他就唯独寻求他自己的利益，对所有其他人的利益是一副漠然的态度，别人的生存与他毋宁说是完全不相干的，因为一条鸿沟把他与其他人分开了。的确，在他眼中，其他人只是假面具而已，并没有任何现实性。这两种素质就是坏人的基本要素。

那种强烈的意欲，其本身已直接是一个持续不断的痛苦之源。第 478
一是因为一切意欲和愿望，都来自匮乏，亦即来自痛苦。[因此，正如我们从第三篇中还记得的，意欲的暂时安静——一旦我们作为纯粹的、不带意欲的认知主体（这是理念的对应物）投入审美中就会出现的状态，已是美感快乐的一个首要组成部分。] 第二，因为经由事物的因果关联，大多数的欲望肯定是无法满足的，意欲更常是遭遇挫折而不是得到满足，所以，也正因为这样，强烈的和众多的欲求带来了许多强烈的痛苦。这是因为所有的痛苦绝对不是别的，而是欲求不曾实现和遭遇挫折，甚至当身体受伤或者遭受毁灭时的苦痛之所以可能，只是因为身体不是别的，而是成了客体的意欲。由于这一点，因为许多强烈的痛苦是与许多强烈的意愿分不开的，所以，非常坏的人的脸部表情就都带着内在痛苦的印记：就算他们得到了一切外在的幸福，一旦他们不是正处于短暂的欢庆之中，或者假如他们不是在假装的话，那他们看上去就始终是不幸福的。从这种对他们而言是完全直接的、本质性的内在源头，最终甚至生发了那种对别人的痛苦感受到了快乐，而这种快乐并非出于单纯的自私和自我，而是非自私自利的。这也就是真正的恶毒，并可一直发展为残忍。对于这种人，别人的痛苦已不再是为达到自己意欲的目的的手段了，而是成了目的本身。下面是对这现象更详细的说明和解释。因为人是意欲的现象，得到了认知最清晰的照明，所以，他不断地将他的确感觉到的意欲的满足，与认知所呈现给他的、仅仅只是可能得到的满足两相对照和量度。由此就产生了嫉妒：自己的每一匮乏都会由于别人的享受而无尽地增加和由于知道别人也忍受着同样的匮乏而得到减轻。所有人都共同承受的、与人生密不可分的祸害，并
479 不会怎么烦扰我们，正如属于气候的、属于这个国家的祸害那样。想起别人承受着比我们更甚的痛苦，会消解我们的痛楚；看到别人的痛苦，自己的痛苦就减轻了。假如一个人有着特别强烈的意欲冲动，带着灼热的贪欲想要吞并一切以冷却自私自我的那种干渴，而与此同时，他不可避免地体会到：一切满足就只是表面上的满足，所得到了的东西永远不会兑现当初这些被渴望之物所允诺，亦即为剧烈的意欲渴望提供最终的宁静，而是愿望在实现了以后只是改变了形态，而现在就在某一改换了的形态之下折磨人；事实上，最终假如所有的愿望都穷尽了，那意欲冲动本身，即使没有了被认知到的动因，也仍然持续并显现为至为可怕的乏味和空虚感觉，伴随着的是糟糕透顶的痛苦折磨——假如由于所有这些（一般程度的意欲的人，只会在轻微程度上感受到这些，这些也只会造成一般程度的悲伤、忧郁的情绪和心境）；在那已到了突出卑劣、恶毒程度的意欲现象那里不可避免地产生了某种超常的内在折磨、永远的躁动不安、无可排解的苦痛，那他就会寻求间接地减轻他无法直接减轻的痛苦，亦即以看到别人的痛苦来减轻自己的痛苦；而别人的痛苦，与此同时就被他认为是他的力量的一种表现。别人的痛苦现在就成了他的目标本身，看到别人的痛苦，对于他会是赏心乐事。真正的残忍、嗜血的现象就是这样产生的，而这样的事情在历史上屡见不鲜，例如，尼禄和多米提安大帝、非洲的土耳其近卫步兵官员和罗伯斯庇尔，等等。

与卑劣、恶毒密切相关的是报复欲望。那是以恶毒报复恶毒，并

非是着眼于将来，而着眼于将来就是刑罚的特征。那种报复仅仅只是因为所发生了的、过去了的事情，因此并非出于自私的动机，并非作为手段，而是作为目的，为的是以报复者亲自给那冒犯者造成痛苦来取得快乐。把报复与纯粹的恶毒区别开来并在某种程度上原谅的，是报复所带有的某种貌似的正义。也就是说，只要那现在就是报复的同样行为是合乎法律的，亦即根据某一之前确定的和众所周知的规条而得到命令的，并且是在认可了这一规条的团体里面，那就是刑罚，亦 480
即正义。

除了所描述过的、与恶毒出于同一根源，亦即出于非常强烈的意欲并因此是与恶毒不可分离的痛苦以外，与恶毒结伴的还有完全不一样的和特别的苦痛，而这是在做出每一个卑劣、恶毒的行为时都会感觉到的——不管这行为出于自私自我而做出的单纯的不义，抑或纯粹的卑劣、恶毒；而根据这痛苦所持续的时间，这就称为良心不安或者良心悔恨。谁要是还记得第四篇到此为止的内容，尤其是在第四篇开首所分析的这一真理：生命（生活）本身作为生命意欲的单纯写照和镜子永远是生命意欲所保有的；然后还记得对永恒正义的阐述——那么，他就会发现：依照那所作的思考，良心不安不过就是具有这下面的含义，亦即其内容，要抽象表达的话，就是下面所说的——我们可以将其分为两部分，但这两部分却也可再度重合一致和必须被认为是完全合并一起的。

也就是说，无论摩耶之幕多么严密地蒙蔽了坏人的感觉，亦即无论坏人多么受着个体化原理的束缚，坏人据此视其本人与其他任何人都是绝对有别的，是经由一道宽阔的鸿沟所分开的，而这种认知，因为符合他的自私自我，并且是这自私自我的支柱，所以，他用尽全力死死紧抱这一认知，以致这认知几乎总是被收买了一样——但是，在他的意识的最内在处，仍激发着这种隐秘的模糊感觉：事物的这种秩序就只是现象而已，事物本身应是完全的另一回事；无论时间和空间如何将他与其他个体及其所遭受的，甚至通过他所遭受的无数痛苦分开来，并把其他个体的痛苦表现为与他毫不相干，但就其本身而言和撇除那些表象及其形式，那仍是在所有它们当中显现的同一种生命意欲，但这生命意欲在此并没有认出自身，而是将武器掉转对着自己，并且因为它在其一个现象
481 中追求更多的幸福，所以就恰恰因此把巨大的痛苦加之于其他人；他这个坏人恰恰就是这整个的意欲，他因此不仅是加害者，恰恰也是受害者，将其痛苦与他分开、让他免受其痛苦的，只是那欺骗性的梦幻，其形式就是时间和空间，但这梦幻消失了的话，真实的情形就是他必须以苦痛偿付他的感官欲望，他认为只是可能的痛苦就的确伤害到作为生命意欲的他，因为只是对个体的认知而言，只是借助于个体化原理，那可能性和真实性、时间和空间中的远和近才是有差别的，本体的自身却并非如此。这也就是通过神话，亦即以符合根据律的方式，并因此转换成现象的形式，通过那灵魂转生所表达的真理。但这真理在人们模糊感觉到的，却无可慰藉的痛苦——我们称为良心悔恨——中不带任何杂质地、最纯净地表达出来了。但这良心悔恨除此之外也出自另外的、与第一种认知紧密相联的第二种直接的认识，也就是对生命意欲在坏的个人身上肯定自身的强度的认识：生命意欲的这种肯定自身远远超出了其个体的现象，已经是完全否定那同样的、在别的个体身上显现的生命意欲。所以，坏人对自己的行为在内心感到的惊恐——而这是他想要掩

藏起来的——其所包含的，除了隐约感觉到个体化原理和经由个体化原理而设定的他与其他人的差别是虚无的和徒具表面的，同时还有认识到他自己的激烈的意欲，认识到他是那样强力地抓住生命（生活）、紧紧地吸附着生命（生活）；而这生命（生活），其可怕的一面是他在受他的压迫者的痛苦中所看到了的，他与这些受压迫者的痛苦是如此紧密地交织在一起，以致恰恰因为这样，那至为恐怖的东西就是出自他本身，是他充分肯定他自身意欲的手段。他认出自己就是生存意欲的浓缩现象，感觉到了他在多大程度上沦为生命（生活）的牺牲品和一并沦为生命本质上的无数痛苦的牺牲品，因为生命有无尽的时间和无尽的空间以消除可能性与真实性之间的差别，以把一切他现在仅仅只是认识到的痛 482
苦变换为感受到的痛苦。千百万年持续的重生虽然只存在于概念之中，就像整个过去和将来那样唯独存在于概念之中，但具有内容的时间，意欲现象的形式，唯独就是现时此刻：对于个体，时间永远是新的，那在它看来似乎是崭新出来的。这是因为生命与生命意欲是不可分的，而生命的形式唯独就是现在。死亡（请大家原谅反复适用此比喻）就像太阳的西沉，这太阳似乎是被黑夜所吞没了，但实际上，太阳本身是一切光明的源头，不间歇地燃烧着，给新的世界带来新的日子，始终在升起，始终在沉落。起始和结束只涉及个体，所借助的是时间——这是对表象而言的现象的形式。在时间之外的，唯独就是意欲，是康德的自在之物，其充分的客体化就是柏拉图的理念。所以，自杀并不就予以解救：每一个人在最内在意欲什么，他就必然是什么；每一个人是什么，他就恰恰意欲什么。因此，除了这仅是感觉到的认识以外，亦即把个体分开来的表象形式是虚假的和虚无的，还有那对自身意欲及其程度的自我认识，共同造成了良心的折磨。生活的过程编织出了验知性格的图像，其原型则是悟知性格，而那坏人则在看到这图像时感受到了惊吓。至于这图像是以粗大的线条编织而成，以致这世界与他一道感受到了惊吓，抑或那些线条是那样的细小，也只有他自己才看得出来，因为那只直接涉及他本人，那都是无所谓的。过去了的事情，作为单纯的现象，本应是无所谓的了，应该不会让良心不安——假使那性格并不曾感觉到其实并不受时间的束缚和无法透过时间而改变——只要他并不否定自身的话。这就是为什么过去已久的事情仍然压抑着良心。"不要让我陷入诱惑"的祈祷，说的就是"不要让我看到我是谁"。从那坏人肯定生活中所使用的、通过他所加之于别人的痛而向他展现出
483 来的暴力，他可以测量出放弃和否定那种意欲与他之间的距离，而放弃和否定那意欲是从这世界及其苦难中唯一可能的解救。他看到了他属于这世界的程度和他多么紧密地与这世界纠缠在一起：认识到了别人的痛苦并不就能够刺激他行动起来，因为他深陷于生命（生活）和感受到的苦痛中。这个人是否会挫败和克服其激烈的意欲，则是很难确定的。

对坏（或"卑劣"或"恶"）的含义和内在本质——而这单纯作为感觉，亦即不是作为清晰的、抽象的认识，就是良心悔恨的内容——的这一分析，会通过对好（或"善良"）作为人的意欲的素质和最后对完全的死心断念和圣者状态（后两者是"好"或"善良"达到了至高的程度而产生出来的）进行同样的考察而更清晰和完整。这是因为相反、对立的两面总能相互说明，白天与黑夜是在同一时间暴露出来的，正如斯宾诺莎精彩地说的。

§ 66

一套并没有什么理据的道德行为规范，亦即仅仅只是进行道德说教，是不会产生作用的，因为这道德行为规范并不会激发人们行动起来。但一套能激发人们行动起来的道德行为规范，却只能通过作用于人的自私心而发挥作用。但出自这自私心的东西，却并没有任何道德上的价值。由此得出结论：通过道德行为规范和通过总体上抽象的认知，是不会产生出任何真正的美德的；真正的美德必然来源于直观的认知：这认知在别的个体认出了与在我们自己身上的同样的本质。

这是因为美德虽然出自认知，但不是出自抽象的、通过字词来传达的认知。假设美德是出自抽象的认知，那美德就是可以教导的了，并且因为我们在此抽象地表达出美德的本质和那作为美德基础的认知，我们也就可以让理解这些的每一个人甚至在道德上得到改善。但情形可一点都不是这样。其实，我们无法通过道德学的报告或者布道而产生一个道德高尚的人，正如从亚里士多德以降的所有美学家都无法造就一个诗人一样。这是因为对美德的真正和内在本质，概念是不会有结果的，正如概念对艺术是不会有结果的一样；概念只能作为工具完全从属地提供帮助，以实施和保存用其他方式认知到的和决定了的东西。意 484
欲是教不会的。对美德，亦即对善良的思想品质，抽象的教条事实上是不会发挥影响的：虚假的教条不会破坏、真实的教条也很难促进善良的思想品质。假如人生中的首要大事，人的伦理道德的、永恒有效的价值，是取决于某样听命于偶然才能获得的东西，诸如教条、信仰学说、哲学观点等，那情形就的确相当不妙了。教条对于道德仅有这样的价值：由于以其他方式获得的、我们很快就要谈到的那种认知，那已是具有美德的人，通过教条而获得了一种模式、一套成规：他就根据此模式和成规，向自己的理性给出通常只是虚拟的说明，以解释他的那些非自私的行为，因为这些非自私行为的本质，是他的理性，亦即他自己所不理解的。而对这些说明解释，他已习惯性感到满意了。

教条虽然对行为、对外在的行动能有强力的影响，正如习惯和榜样那样（榜样，是因为常人并不怎么信任自己的判断，因为自己判断力的弱点是他意识到的，他就只仿效自己的和别人的经验），但那思想意识却并没有因此而改变。[1]一切抽象知识只提供动因，正如上面所说的，但动因只是改变了意欲的方向，而不是改变了意欲本身。一切可传达的知识只能作为动因对意欲发挥作用，正如教条也引导着意欲，但人所真正和根本上意欲的，却始终保持不变。仅仅只是在涉及采用何种途径以获得他所意欲的方面，他得到了其他的想法，而想象的动因就如同真实的动因一样引导着他。因此，例如，在这人的伦理道德价值方面，他送给无依无靠者大笔的礼物，因为他完全被人说服了，相信在下一辈子，他将十倍地重新获得这一切；抑或他把这同样数额的钱财花费在整修一处庄园，这样，所带来的租金虽然迟了些，但更稳妥和更可
485 观——这两者都是差不多的；而信奉正宗的信众，把异端者投进火堆中去，就跟那为了得到酬金而谋杀的歹徒一样都是杀人犯；的确，根据内

[1] 这些只是“做出的工夫”，教会会说，假如神恩没有赐予信仰以引往重生，这些工夫都是没有用的。这些后文再谈。

在的事实，那在应许之地屠杀了土耳其人的人，也是杀人犯——假如他们也像那些烧死异端者的信众那样，之所以做出这样的事情，是因为他们误以为做出这样的事情，就可以在天堂赢得位置。因为这些人所关心的，只是他们自己、他们的自我，就跟那些歹徒没有什么两样，他们之间的差别只是手段的荒谬而已。正如我已经说过的，要从外在对付意欲，始终只能通过动因：但这些动因只是改变了意欲表现出来的方式，却永远不会改变那意欲本身。意欲是教不会的。

至于善良的行为，其行为人会搬出教条来解释；但我们必须每一次都区别清楚这些教条是否真的就是行为人做出善良行为的动因，抑或就像上面所说的，那些不过是表面的解释理由——那行为者试图以此理由满足自己的理性，去解释他那其实是发自完全另一个源头的善良行为，而他做出了这一好事，是因为他是一个好人，他并不懂得如何恰当地去解释，因为他并不是哲学家，但他又想就此给出些说法。这区别可是非常难以发现的，因为这深藏于内在的情感之中。因此，我们就会永远无法对别人的行为，也很少能对我们自己的行为作出正确的道德评判。个别人乃至一个民族的做事和行为方式，可以经由教条、榜样和习惯而大幅修改。但就其自身而言，所有的行为（做出的工夫）只是空洞的图像而已，唯独是那引导他们做出这些行为的情感，才让这些行为有了道德上的含义。但在相当不同的外在现象中，这情感却可以的确是完全一样的。具同等程度的卑鄙、恶毒的人，一个可以亡于死亡轮上，另一个人却可以死于他的家人的怀抱之中。那同等程度的卑鄙、恶毒，在一个民族那里可以表现出粗犷的特征，表现为谋杀和人吃人，在另一个民族中则会细腻和静悄悄地“微型”表现为宫廷阴

谋、压迫和各式各样的精巧诡计：但那本质始终是一样的。一个完美
486 的国家，或者，人们坚信的一条有关在死亡的彼岸会得到的奖、惩的教义，能够阻止每一犯罪，这是可以想象的：在政治上，这已取得了不俗的成绩；但在道德上，却并没有取得任何的进步，更准确地说，这只是意欲无法在生活中反映出来。

因此，真正善良的思想意识、无私的美德和纯粹的高尚情操并非发自抽象的认识，而是发自某一直接的和直观的认识，这认识不是用推论就可抹杀，也不是用滔滔不绝的辩论就可获得；这一认识正因为不是抽象的，所以是无法传达的，而是要每个人自己去领悟的；因此，对这一认识的真正充分的表达并不在言词，而唯独只在人的行动、行为和人的一生。我们在此是要探求美德的理论，因此也就是要抽象表达那构成了美德基础的认识的本质，但我们在这一表达中却无法提供这一认识本身，而只能给出有关这一认识的概念；在这过程中，我们始终从行为出发，因为这一认识只显现在这行为上，并提到和涉及行为，因为行为是这一认识的唯一充分的表现。我们只是对此说明和解释，亦即抽象说出在此到底是怎么一回事。

我们已说明了卑劣、恶毒，在我们谈论与这些相对照的真正的善良和好意之前，需要一提的是作为中间地带的仅仅只是对卑劣的否定：这就是公正。至于什么是公正和什么是不义，在上文已经充分分析过了。因此，我们在此就可以寥寥几句这样说：谁要是自愿承认和同意不义与公正的道德界限，就算是在没有任何国家或者其他武力能确保这界限的时候也能做到这一点，因此，依照我们的阐述，永远不会肯定自己的意欲到否定在某一别的个体身上显现的意欲的程度——那这样的一

个人就是公正的。他也不会为了增加自己的幸福安逸而把痛苦加诸别人身上，亦即不会犯法、犯罪，他会尊重每一个人的权利和每一个人的财产。我们就会看到：这时候，对这样一个公正的人来说，个体化原理已不再像对卑劣之人那样是一道绝对的分隔墙；他并不像卑劣之人那样只肯定自己的意欲现象和否定所有其他人；对他来说，其他人不只是假 487
面具而已，其本质与他自己的本质是完全不同的；相反，他通过他的行为方式宣布：他在别人的、对他而言就是作为表象而出现的现象中，再次认出了他自己的本质，亦即作为自在之物的生命意欲，因而在别人的现象中再度发现了自己，直至达到了一定的程度，亦即达到了不做出不义行为的程度，亦即不会伤害别人。也恰恰到了这一程度，他看穿了个体化原理、摩耶之幕；就此而言，他把自身以外的本质与他自己的本质一视同仁了：他不会伤害这自身以外的本质。

假如我们审视这公正的最内在之处，那这公正已包含了这样的决心：在肯定自己的意欲时不要做得太过，以致否定了别的意欲现象，亦即不要强迫他们为自己的意欲服务。因此，我们会愿意同样多地给予别人我们从别人那里所享受到的。这种公正的思想意识，其最高程度往往已经和真正的善良、好意结合在一起了，因为后者的特性不再仅仅只是否定性质的。这最高程度的公正走得如此之远，以致有人对继承过来的财产是否拥有权利起了怀疑，只想以一己之力，无论是精神思想的还是身体上的，去养活自己，把所接受的每一来自别人的服务、每一奢侈享受视为某种丢脸的事情，并最终自愿选择清贫。所以，我们看到帕斯卡（*Pascal*）在有了禁欲苦行的倾向时，就不再想要忍受别人的伺候，虽然他有足够多的仆人；尽管自己缠绵病榻，他仍然自己铺床叠被，自己从厨房拿来自己的食物，等等（参阅《帕斯卡姐姐眼中的帕斯卡的一生》，第 19 页）。与此相应，有报道说，不少印度教徒，甚至印度王公，尽管拥有众多的财富，却把这财富花费在养活他们的人、维持他们的宫廷和他们的佣人身上，并严格地、一丝不苟地遵守诫言而不吃任何并非他们自己亲手播种和收割的东西。但在这里面存在某种误解：因为一个人，正因为他有财又有力，所以才能为整个人类社会做出如此之大的贡献；这样的人是配得上他所继承的财富的。而社会对这
488 财富的保障，他是心存感激的。事实上，这些印度人的那种超出了常规的公正已经不止是公正了，那已是真正的断念，是否定生命意欲、禁欲苦行。我们在最后将讨论这些。相比之下，通过他人之力、由于所继承的财产而纯粹无所事事地生活、没有任何点点的建树，在道德上已被视为不义——尽管根据成文法，这肯定是合法的。

我们已经发现，那自愿自觉的公正，其最内在的源头就是某种程度上看穿了个体化原理，而不义的人却完全彻底地受着这个体化原理的束缚。这种看穿个体化原理不仅可以达到在此所需的程度，而且也可以达到更高的程度，而这更高程度地看穿个体化原理会推动人们实在的善意和善行，促进仁爱；就算在这样一个个体那里显现的意欲本身非常的强而有力，这种事情还是会发生的。那种认识对他而言始终会有保持平衡的作用，会教导他抵制不义的诱惑，甚至产生出各种程度的善良乃至各种程度的放弃、断念。由此可见，好人、善良的人一点都不可以被视为一个在原初上较坏人弱的意欲现象，毋宁说是那种认识抑制了他的盲目的意欲冲动和渴望。虽然有一些个体仅仅是因为显现在他们身上的意欲较弱而显得脾气好、热心肠，但他们到底是什么样的人很快就从

这一点表现出来：他们并没有能力自我征服以做出某一公正的或者善良的事情。

假如我们碰上一个稀有的例外，遇到一个拥有一笔巨大财富的人，但很少花在自己身上，把所有余下的给予有需要者，而他自己却缺少众多的乐趣和享受；假如我们想要解释清楚这个人的行为，那完全撇除那些想用以向其理性解释他的行为的教义，我们就会发现这句话是有关他的行为模式至为简朴的表达和本质性特征：他比通常情况下的人们更少 489
地作出人与我的分别。假如说这种人、我之别在不少人的眼里是如此之大，以致别人的痛苦对卑劣恶毒的人就是直接的快乐，对不义者就是增进他们自己的幸福安逸的、求之不得的手段；假如说单纯的公正者并不做出伤害别人的事情；假如说大部分人都知道在他们附近或周围，其他人都受着无数的痛苦，却不会下决心要减轻这些痛苦，因为这样做的话，他们就肯定要承受某些牺牲；因此，假如说在这每一个人看来，人、我之间似乎存在极大的分别——那么，相比之下，对于我们设想中的高贵者，这种分别并不是那么的显著；那现象的形式，个体化原理，不再是那么牢牢地束缚着他，他所看见的别人所承受的痛苦，却是那样牵动着他，几乎是他自己的痛苦一样：因此，他试图在两者间取得平衡，放弃享受，接受匮乏，目的就是要减轻别人的痛苦。他意识到：他与别人之间的分别——这种分别被卑劣之人视为一道巨大鸿沟——只是属于某一转瞬即逝的迷惑人的现象。他直接不用推论就认识到：他自身现象的本体也是别人的现象的本体，也就是构成了一切事物的本质、活在一切中的生命意欲；确实，这意欲甚至扩展至动物和整个大自然。

因此，他也不会施加痛苦给任何动物。[1]

490 他现在就不会听任别人忍饥挨饿，而与此同时他自己却有着盈余，正如某一人并不会在一天忍饥挨饿，目的是在接下来的一天能有多于自己所能享受的东西。这是因为对于那些做出爱的行动、业绩的人来说，摩耶之幕变透明了，个体化原理的幻觉舍他而去了。他在每一生物，因而也就是在每一受苦者那里认出了他自己本身、他的意欲。他的颠倒的错误逐渐消失了，而生命意欲就是带着这颠倒的错误，在错误认识自己本身的情况下，在一个个体那里享受着转瞬即逝的、迷惑人的情欲，为此，在那另一个个体的身上受苦和忍饥挨饿；就这样施加痛苦和承受痛苦，并不曾认识到他就像梯厄斯忒斯（Thyestes）那样贪婪地啃噬着自己的肌肉。然后，一方面哀叹无辜受难，另一方面又毫不畏惧惩罚和报应地犯罪。这始终只是因为他无法在别人的现象中认出自身，因此对永恒的正义是没有感知的，仍然受着个体化原理的束缚，亦即受着那种受根据律控制的认知方式的束缚。从摩耶之幕的错觉和假象中解脱出来，与做出爱的业绩是同样的事情。但这后者却是上述那一认识的不可避免的表现。

---

[1] 人们对于动物的生命和力气的权利认识基于这一点：因为随着意识的清晰度的提高，痛苦也就相应地提高，动物经由死亡或者劳动所承受的痛苦，并不如人们在缺少了肉食或者动物的力气时所承受的那样大的痛苦。所以，人们会在肯定自己的存在时达到否定动物存在的地步，而总体的生命意欲以此方式遭受了比假如是相反的情形所遭受的更少一些的痛苦。与此同时，这决定了人们可应用动物的力气到什么程度而又不至于做出不义的事情。但人们可是常常超越了这个界限，尤其是在对待驮载牲口和猎犬方面。因此，动物保护协会就是特别针对这些而展开活动的。上述人们对动物的权利，在我看来，并不扩展至解剖，尤其是对于高等动物。相比之下，昆虫却在死亡时并没有遭受人在经受死亡的刺痛时那样多的痛苦。印度人并没有看出这一点。

与良心的苦痛——其起源和含义在上面已经说明了——相反的是问心无愧，是我们在做出每一无私的行为时所感觉到的满足。之所以产生这样的满足，是因为正如这样的行为是源自我们甚至在别人的现象中也直接再度认识到我们自己的自在本质，这样的行为也再一次向我们确认和证实了这一认识：我们的真正自身并不仅仅只在我们自己本人——这一单个的现象——而是存在于一切有生命之物中。这样的话，心就感觉扩大了，正如心由于自私、自我而收缩了。这是因为正如自私、自我 491
把我们的关注和兴趣集中在我们个体的单个现象中，在这同时，认知总是把持续威胁着这单个现象的无数危险呈现给我们，同样，担惊受怕和忧心忡忡就成了我们心境的基本低音；同样，认识到所有有生命之物，正如我们自己本人一样也都是我们自身的自在本质，会把我们的关注和同情遍布于一切有生命之物，我们的心也因此扩大了。由于我们对自己减少了关注，那对自己的惶恐的操心就会从根子上受到削弱和限制，所以就有了道德高尚的思想意识和清白的良心所给予的平和、心安的喜悦，而这在每一次做好事的时候，都会更加清晰地展现出来，因为这做出的好事向我们自己证实了那种心情的理由。自私自利者感觉自己的周围都是陌生、有敌意的现象，他的所有冀望都在于自己个人的安逸和幸福。好人则生活在一个充满友好现象的世界：这其中的每一个现象的安逸和幸福就是他自己的安逸和幸福。所以，虽然对人的命运的认识并不会让这好人的心情变得愉快，但对他的在所有有生命之物中的本质的持久认识却给予了他某种程度的情绪的均衡性，甚至愉快。这是因为那遍布在无数现象的关注和兴趣不会像集中于一个现象那样让人担惊受怕。涉及所有个体的变故与偶然得到了平衡和缓解，而个别人遭受的变故和偶然却带来了幸或者不幸。

因此，虽然其他人提出了道德原则，把这些当作美德的规定和需要遵守的法则，正如已经说了的，但我却不可以这样做，因为我面对永恒的自由意欲既没有任何的什么“应该”也没有任何的法则；但在另一方面，联系我的考察，我所提出的那纯粹理性真理就是在某种程度上与其他人的那些企图和计划相吻合的和相类似的东西，而我这整个的论述可以被视为只是对那一个纯粹真理的阐述和说明，亦即意欲就是每一现象
492 的本体，但这样的意欲本身，却是不受这些现象的形式并因此不受许多性的束缚的；这一真理在涉及行为方面，我不知道是否还有比《吠陀》已经提到过的这句话——“这就是你！”——还更相称的表达。谁要是能够以清晰的认识和坚定的内在信心，关于他所接触的所有生物对自己说出这一句话，那他就正因此而确实具有了所有的美德和至福，是走在通往解救的直路上。

但在我更进一步之前，在作为我的论述的最后部分指出这一点之前，即爱——其源头和本质，我们认识到是看穿了个体化原理——是如何通往解救，亦即完全地放弃生存意欲，亦即放弃一切欲求，以及另一条道路，一条更少些温柔，但却是人们更常走的路，是如何引导人们通往那同样的目的地——在这些之前，我必须首先在此说出一个似乎怪诞的说法，并对此说明。这并不是因为这说法似乎怪诞，而是因为这说法就是真的，并且属于补足我要论述的思想的部分。这就是——“一切爱都是同情”。

§ 67

我们已经看到，公正是如何在较低程度上看穿个体化原理的，而真正善良的思想意识则是在较高程度上看穿个体化原理的，而后者就表现为对他人纯粹的，亦即无私的爱。这种爱变得完美的话，就会把陌生的别人及其命运与自己一视同仁；比这还更进一步就永远不可以了，因为并不存在任何理由要把陌生的别人优先于自己。但大多数别的个体的整个幸福或者生命假如是处于危险之中，那就会压倒了对单个自身幸福的考虑。在这样的情形里，达到了至善和至为高尚情操的人，就会为了许多其他人的幸福而完全奉献出自己的幸福和生命。科德鲁斯（Kodros）就是这样捐躯的，莱昂尼达斯（Leonnidas）、雷古勒斯（Regulus）、迪乌斯·穆斯（Decius Mus）、阿诺德·冯·温克里德（Arnold von Winkelried）也是如此，还有每一个为了他的亲人或朋友，为了他的祖国而自愿和自觉地迎向确切的死亡的人，都莫不如此。每一个为了捍卫造福于整个人类和为整个人类所应有的东西，亦即为了普遍的、重要 493
的真理和剔除巨大的谬误而甘愿接受痛苦和死亡的人，也是处于这一等级。苏格拉底就是这样死的，布鲁诺也是如此，还有不少真理的英雄们也是这样在教士的手下死于柴堆上。

但现在，我却必须在涉及上述似乎怪诞的说法方面，提醒各位这些：我们之前已经发现痛苦对整体上的生活而言是本质性的，是与生活不可分的；我们也看出了每一个愿望都是出自某一匮乏、某一需要、某一痛苦，因此，每一次的满足只是某一苦痛消除了，并不就是带来了实在的幸福；虽然快乐向愿望撒了谎，好像快乐是某一实在的好处似的，但其实，它们却只是否定性的本质，只是某一祸害的结束而已。所以，不管善良、仁爱、高尚为其他人能做什么，那也只是减轻他们的痛苦而已，因此，能够推动他们做出善良行为和仁爱事情的，都是*对他人痛苦的认知*，而这是从自己的痛苦中直接理解到的，并与自己的痛苦等同看待。但由此可以得出结论：纯粹的爱（αγαπη，caritas)，根据其本质，就是同情；那同情所减轻的痛苦则既可以是大的也可以是小的，而不曾得到满足的每一个愿望也都属于痛苦。因此，我们毫不犹豫地提出与康德恰恰相反的意见，因为一切真正的善良和一切美德，只有当它们出自抽象的反省思维，甚至只有出自有关义务和绝对命令的概念的时候，才会得到康德的承认，而感觉到同情则被康德解释为软弱，根本就不是美德。我们的说法与康德恰恰相反：单纯的概念，并不会为真正美德带来结果，对于真正的艺术也同样如此。一切真正的纯粹的爱，就是同情；一切并非同情的爱，就是利己和自私。利己和自私是ερωξ，同情则是αγαπη。这两者的混合是经常发生的。甚至那真正的友谊也总是自利和同情的混合：自利就在于喜欢那些个性与我们相投合的朋友的陪伴，而这一点构成了绝大部分的友谊；同情表现为真诚地关注朋友的甘
494 苦和为此做出无私的奉献。此外，斯宾诺莎也说了：*仁慈不是别的，而是一种产生自同情的欲望*。(《伦理学》第3部分，命题27，推论3，附释）证实我们的似是而非怪诞说法的，我们可看到纯粹仁爱的语调、语词和爱抚，与同情的语调是完全吻合的；顺便一说，在意大利语中，同情和纯粹的爱是用同一个词 *pietà* 来表达的。

在此也是时候解释一下人性中的一个至为值得注意的特点：*哭泣*。哭泣和笑一样，属于把人与动物区分开来的现象。哭泣一点都不是苦

痛的直截了当的表现，因为就算是至为轻微的苦痛，人们都可因此哭泣。据我认为，人们甚至从来不会因为直接感受到苦痛而哭泣，而始终只是对苦痛在反省思维中的重演而哭泣。也就是说，我们从所感受到的苦痛——就算那是身体上的苦痛——转到有关这苦痛的想法，然后发现自己的处境是如此值得同情，以致假如那受苦者是另一个人，我们真心确信会充满同情和爱地对其施予援手。但现在，我们自己就是自己真心同情的对象：带着最乐于助人的思想意识的时候，我们自己就是最需要帮助的人；我们感觉到我们遭受的苦痛，甚于我们所能见到的别人所遭受的。处于这奇特、交织的心绪之中——亦即那直接感觉到的痛苦只是以某一双重的迂回才重回到知觉，在我们的头脑中是作为别人的痛苦，是作为这样的东西而得到我们的同情，然后，这痛苦突然再度作为我们自己的痛苦被我们直接感知到了——大自然就通过那种奇特的身体的抽搐来缓解。因此，哭泣就是对自己的同情，或说反射回其出发点的同情。所以，哭泣是以爱和同情的能力及以想象力为前提条件的：因此，铁石心肠的人和没有想象力的人，是轻易哭泣不起来的，而哭泣甚至总被视为某种程度的善良性格的迹象，并消除人们的愤怒，因为人们感觉到：谁要是还能哭 495
泣，那就必然还有爱的能力，亦即还能同情别人，恰恰因为同情以上述的方式进入那导致哭泣的情绪。彼特拉克的描述就与这所提出的解释完全吻合。他淳朴和真实地表达了对他自己流泪的感觉：

我沉思着漫步，袭来一阵
对自己如此强烈的同情，
我自己常常忍不住大哭起来，
而这是我一般不会做的事情。

这所说的也得到了这一事实的证实：感受到疼痛的小孩子，在大多数情况下只有在我们对此表现出难过的时候才会哭泣；由此可见，小孩并不是因为疼痛，而是因为这疼痛的想法、疼痛的表象而哭泣。当我们不是因为自己的，而是因为别人的痛苦而哭泣的时候，那个中所发生的情形就是：我们在想象中栩栩如生地把我们自己置于遭受痛苦者的位置，或者在遭受痛苦者那里，看到了全人类的命运和因此首先看到了我们自己的命运，也因此通过更远一点的迂回曲折就我们自身而哭泣，就是感觉到对我们自己的同情。这似乎也就是在有人死去的时候，人们普遍地、因而自然地哭泣的主要原因。哀悼者所为之哭泣的，并不是他的损失：这样自私自我的眼泪才是人们应该感到羞愧的，而不是有时候因不哭泣人们就应感到惭愧。首先，他当然是为了死去的人的命运而哭泣，但他在这逝者经过长时间的、强烈的和无可救治的痛苦以后获得盼望着的解脱以后，也还是哭泣的。由此可见，他首要感受到了对整个人类命运的同情：人是逃不脱那有限性的，据此，每一生命，无论多么的勤奋、有抱负，常常还做出了如此之多的成就，都必然会消逝和化为虚无。但在这人类的命运中，他看到的首要是他自己的命运，这逝者与他关系越接近，那他就越看清这一点。因此，当那逝者是其父亲的话，那哀悼者
496 对此就看得最清楚。尽管对他的父亲来说，他那生命由于年老和疾病已成了苦痛和折磨，由于他没有了自理能力而成了儿子的一个负担，但他的儿子还是因为其父亲的死亡而痛哭流涕，原因就是这所说的。[1]

---

[1] 《作为意欲和表象的世界》第 2 卷第 47 章连接这里。可能也没有多少必要提醒读者这一点：从 §61 到 §67 的整个内容所粗略提出的伦理学，在我的获奖论文《论道德的基础》中有更详细和更完整的论述。

§ 68

在偏离了话题而讨论纯粹的爱与同情（同情返回到自身个体就有了哭泣的奇特现象作为表征）的同一性以后，现在，我重拾我们解释行为的伦理学含义的主线，以便从现在起展示从产生出一切善良、爱意、美德和高尚情操的同一个源泉，如何最终甚至产生出我所说的否定生命意欲。

正如我们之前看到憎恨和恶毒是以自私自我为前提条件的，而自私自我则是基于认知受到个体化原理的束缚；同样，我们发现公正，还有——假如这公正更进一步——仁爱和高尚，直至其最高程度，其源头和本质就是看穿了个体化原理，而唯独看穿了个体化原理——因为这消除了自己与别的个体的差别——才有可能产生和解释完美的善良思想意识，直至那无私的仁爱和为了他人而最慷慨做出的自我牺牲。

但假如这种看穿了个体化原理，这种直接认识到意欲在其所有现象中的同一性，达到了很高的清晰度，那就会马上展现出对意欲的更进一步的影响。也就是说，假如在一个人的眼前，那摩耶之幕、个体化原理被掀起来了，以致这个人不再是在他自己与其他个体之间作出分别，而是对其他个体的痛苦就像对他自己的痛苦那样上心，并因此不仅在最大程度上乐于助人，而且还准备着牺牲自己——只要这样做就能拯救更多 497
的别人——假如是这样的话，那就自然得出这样的结论：这样的一个人，在所有的存在物中都认出自身、认出自己最内在的和真实的本质，也必然会把所有具生命者的无尽痛苦视为他的痛苦，也因此把整个世界的苦痛化为自己的苦痛。对他来说，并没有什么痛苦是与他不相干的。所有他所看到的和甚少能够缓解的别人的痛苦烦恼，所有他只是间接获悉的，甚至只是他认为有可能的痛苦烦恼，都犹如是他自己的痛苦烦恼一样作用于他的精神思想。他眼中所关注的，不再是他本人的交替变换着的苦与乐，就像那些仍然囿于自我的人那样；相反，因为他看穿了个体化原理，所以，一切都是与他同样贴近的。他认识到那整体，把握了那整体的本质，并发现其处于不断的消亡、虚无的追求、内在的冲突和持久的痛苦之中。举目所见，尽是受苦受难的人类和受苦受难的动物，以及一个不断消逝中的世界。但他现在却如此关心所有这一切，犹如一个自私自我者只关心他自己这个人。那么，在对这世界有了这样的认识以后，他又怎么会以持续不断的意欲活动来肯定这样的生活，并恰恰因此将自己与这生活愈加紧密地连结起来，愈加紧密地依偎着这生活？因此，假如那些仍然囿于个体化原理、囿于自我的人，就只认得个别的事物及其与他本人的关系，而这些个别的事物就成了他的欲求不断更新的动因，那相比之下，上述对整体、对自在之物的本质的认识，就成了一切欲求的镇静剂。意欲现在就从生活中转过头来：此时，面对那些他认识到就是肯定生活的快感乐趣，他是不寒而栗的。这个人已达到了自愿放弃、断念、死心、真正的冷静和完全的无欲无求的状态。仍被摩耶之幕笼罩着的我们，尽管在深切感受到自己的痛苦或者在鲜活地认识到别人的痛苦的一些时候，我们接近认识到生活的虚
498 无和苦涩，我们就想要完全和永远地放弃欲望，从而拔出那毒刺，堵死所有痛苦的来路，纯净和神圣化我们自身——但那欺骗性的现象很快就重又缠绕着我们，其动因又重将意欲活动起来。我们无法挣脱这一切。希望的诱惑、现时的顺意恭维、快感乐趣的甜美，我们在这一个悲伤的、痛苦的、由偶然和错误把持的世界中所获得的舒适安逸，都把我

们拉回到这生活中去，并重又加固了那些联系。因此，耶稣说：“骆驼穿过针的眼，比财主进神的国还容易。”

假如我们把生活比之于布满灼热的燃煤，间或有几处阴凉的地方，我们必须不停地快步穿过的环形轨道，那给予囿于幻象中的人一丝安慰的就是他现在所站着的或者他所看到眼前不远处的附近的阴凉之处，然后他就会继续走完这一轨道。但那看穿了个体化原理、自在之物的本质和由此认识到整体的人，就不再感受到这些安慰了：他在这轨道的所有点上都同时看到自身，并要脱离这轨道。他的意欲背转过来，不再肯定他自己的反映在现象中的本质，而是否定它。从美德过渡到了禁欲和苦行，就是让这些得以表现出来的奇特现象。也就是说，对他而言，爱别人如同爱自己，并尽其所能地为了他人就如同为了自己，已经不再足够了；在他那里，已经对他自己的现象所表现出来的本质、对那生命意欲、对构成了他所认识的充满悲伤的世界的核心和本质产生了厌恶。因此，他否定的恰恰是这显现在他那里的和已经通过他的身体表现出来的本质，他的所为现在证明他的现象就是谎言，他的所为是与他那现象明显相矛盾的。那本质上不是别的，而只是意欲的现象的他，就停止欲求任何东西，谨防让自己的意欲与任何东西联系在一起，力求在自身巩固对一切事物都无所谓的态度。他的身体健康和强壮的话，会通过其生殖器表示出性欲；但他否定那意欲和证明那身体是不真实 499
的：他想无条件地不要任何的性欲满足。自愿的、完美的禁欲、贞洁，是迈向苦行或否定生存意欲的第一步。这以此否定了那超越个体生命的对意欲的肯定，并与此同时宣示：连同这躯体的生命，那意欲（他就是这意欲的现象）也一并消除了。那总是真实和天真的大自然表明：假如这成了人们普遍奉行的准则，人类就会灭绝，而根据我在第二篇关于一切意欲现象都是互相关联的说法，我相信可以设想：与最高级的意欲现象一道，意欲稍弱一些的反照、那动物界，就会消亡，一如连带那全部的日光的消失，那半影也随之消失。随着认知的全部消除，其余的世界也就自动消失不见了，因为没有了主体，也就没有任何客体了。就这方面，我想援引《吠陀》里面的一段话："正如在这世界上，饥饿的孩子会团团围住其母亲，同样，所有的生灵都期望着神圣的牺牲品。"（《亚洲研究》，第8卷，科尔布鲁克，《论吠陀》，《娑摩吠陀》节选；也见之于科尔布鲁克的《杂文》，第1卷，第88页）牺牲就意味着放弃，其余的世界只能期待从人类那里得到解脱，而人在同一时间既是教士也是牺牲品。确实，这一点是至为值得注意和值得一提的：这一思想也由让人惊叹和深不可测的安吉奴斯表达了出来，就在题目为"人把一切都带到上帝那里"的小诗里：

人！一切都爱着你，你的周围十分的拥挤：
一切都奔向你，以便抵达上帝那里。

但一个更伟大的神秘主义者，埃克哈特大师——其奇妙的文字，我们现在终于（1857）可以通过弗兰茨·普法艾佛（Franz Pfeiffer）编辑的版本接触到了——也在那版本第439页，说出了与在这里同一意义的话："我与基督一道证实这一点，因为他说：我若从地上被举起来，就要吸引一切来归我（《约翰福音》，12:32）。这样，好人就会把一切提送到上
500 帝那里去，到他们的第一源泉中去。大师向我们证实了这一点：所有的创造物都是为了人的缘故而创造出来的。这一点可验之于所有的创造物：一个创造物利用另一个创造物，牛利用草、鱼利用水、鸟儿利用空气、野兽利用森林。所以，所有的创造物都为好人所用：一个好人把

一个创造物连带着另一个创造物带至上帝那里。”他想说的是，因为人就其本身和与其一道，也解救动物，所以，作为回报，人在这一生中利用它们。在我看来，在《罗马书》中 8:21—24 的难懂段落可被理解为这里所说的意思。

在佛教中，也不乏表达这真理的说法，例如，佛陀还是菩萨的时候，在他最后一次给他的马上鞍子时，亦即从他父亲居住的地方逃往沙漠时，他对这马说出了这些诗行：“你已经长时间的生生死死，但现在你就要停止载重和费力前行。就再这一次吧，马儿啊，载我离开这里，我一旦得道（成佛）我是不会忘记你的。”（《佛国记》，雷慕沙翻译，第 233 页）

禁欲、苦行也进一步表现为自愿的和故意的贫穷，而这贫困不仅不是因偶然所致，不是为了缓解别人的痛苦而捐出了财产，而是在此，贫穷本身已是目的本身了，是用以持续地克制意欲，以免愿望的满足、生活的甜蜜再度刺激起意欲，而对这意欲，自我认识已感到了厌恶。达到了这一程度的人，作为活生生的身体，作为具体和真实的意欲现象，他仍感觉有各种欲求的自然倾向，但他是故意地抑制这倾向，他会强迫自己不要做一切他想要做的事情；在另一方面，则去做一切他不想去做的事情，即使这样做，除了克制意欲以外，并没有其他别的目的。既然他否定显现在他个人的意欲本身，那假如别人做出同样的事情，亦即对他做出不义的事情，他是不会反抗的。所以，对他来说，每一来自外在的、由于偶然或者别人的恶毒而降临在他身上的痛苦，就都是受欢迎的，每一伤害、每一羞辱、每一中伤，他都愉快接受，就当作机会，好 501
让自己有确切把握自己不再是肯定意欲，而是愉快地与那意欲现象——亦即他本人——的敌人站在一边。他因此容忍这样的羞辱，怀着无穷的耐心和温顺，并没有任何炫耀地以善报恶，不会在身上重新唤起愤怒，就如同不会重新唤起欲望一样。正如他克制意欲本身，同样，他克制着意欲的可见一面、意欲的客体现实，亦即身体：他极为微薄地供养这身体，以免其蓬勃、繁盛的活力会重新活跃起和更强地刺激起意欲——而他仅仅只是那意欲的表达和镜子而已。所以，他采用禁食，甚至清苦的和折磨自己的方式，目的是通过持续不断的缺衣少食和痛苦越来越挫败和杀死那意欲，因为他认出意欲就是他自己的和这世界的痛苦存在的源头并为此感到厌恶。假如解除了意欲的这一现象的死亡终于来临，而此时，这现象的本质在此由于对其自己本身的自由否定而早就死去了——除了那微弱余下的显现为这身体的存活部分——假如是这样，那死亡作为渴望已久的解脱，是求之不得和被愉快接受的。在此，与死亡一道结束的，并不像其他人那里的情况，仅仅只是现象，而是那本质本身也一并消除了，而这本质在此原本只是在现象中并通过这现象有微弱的存在。[1]但现在这最后的软弱纽带折断了。对于以此方式结束的人，这世界与此同时也就结束了。

我在此以无力的语言和只是泛泛的词语所描绘的东西，并不是由我
502 发明出来的某一哲学童话，也不是今天才有的。不，这是如此之多的圣者和美丽的灵魂的令人羡慕的生活，遍布在基督教徒和更多的在印度教徒和佛教徒中，其中也不乏其他宗教的信众。尽管印刻在他们理性中的是非常不一样的教义，但那内在的、直接的、直观的认识——唯独

---

[1] 这一思想在远古的哲学梵文著作《数论颂》中通过一个优美的比喻表达了出来："但那灵魂仍裹在身体之中好一会儿，就正如陶工旋盘在完成陶器以后，因为之前所得到的推力，所以仍继续旋转。只有在那顿悟了的灵魂与肉体分离了，大自然对其来说已是停止了，其解救才完全开始。"（科尔布鲁克，《论印度的哲学：杂文》，第 1 卷第 259 页）同样，也在何瑞斯・威尔逊翻译的《数论颂》，§67，第 184 页。

由此才能产生出美德和神圣性——却以相同的方式通过生活品行而表达出来的。这是因为直观认识和抽象认识的巨大差别也在此展现了出来，而这差别在我们的整个考察中是如此的重要和无论在哪里都是如此的有力，但至今为止却很少受到人们的注意。上述两种认识之间有着巨大的鸿沟，在对这世界的本质的认识方面，也只有哲学才唯一能够跨越。因为在直观上或在具体方面，每一个人其实都意识到一切哲学的真理，但把这些哲学真理化为他们抽象的知识、引入反省思维之中，却是哲学的任务；哲学所能做的不应超过这些，也无法超过这些。

因此，在此或许是第一次抽象地和不含任何神话成分地把那神圣性、自我克制、扼杀自身的意欲、禁欲苦行的内在本质表达为对生命意欲的否定，而这是在对其自身本质的完美认识成了一切欲求的镇静剂以后出现的。相比之下，所有的那些圣者和禁欲苦行者都是直接认识到这一点并通过行动表达了出来；他们对这同样的内在认识使用了相当不一样的语言，采用了与他们曾经在理性中接纳了的教义相符的方式；所以，一个印度教的、一个基督教的、一个喇嘛教的圣者，对自己的行为，每个人都一定会给出相当不一样的理由，但这对这整桩事情却是完全无关紧要的。一个圣者可以在头脑中充满最荒谬的迷信想法，或者与此相反，他可以是一个哲学家。这两者都是无关紧要的。只有他的所作所为才表明和证明他就是圣者，因为他的所作所为，在道德方面而言，并非出自抽象的知识，而是出自直观把握的、直接对这世界及其本质的认识，他只是为了满足其理性而采用了某一教义对此的解释。所
以，圣者并不需要是个哲学家，哲学家也同样不需要是个圣者，正如一 503
个极为美丽的人并不需要是个伟大的雕塑家，或者一个伟大的雕塑家也不需要是一个美丽的人。要求一个道德学家不应推荐任何他本人并不

具备的美德，根本就是一件很奇怪的事情。把世界的本质用概念抽象地、普遍地和清晰地加以重复，并为了理性把这作为一个反射的映像记录在持久的和随时备用的概念里：这恰恰就是哲学。我提请读者注意在第一篇中所引用的培根的一段话。

但我上面的关于否定生命意欲，或者对一个优美的灵魂，对一个断念放弃、自愿吃苦受罪的圣者的生活方式的描述，也恰恰只是抽象的和泛泛而言的，因此是冰冷的。正如产生否定生命意欲的认识是直觉、直观的而不是抽象的，那这认识就不会在抽象概念中得到完美的表达，而唯独只能在行为和生活方式中表达出来。因此，为了更充分地理解我们在哲学上表达为否定生命意欲，就必须从经验和现实的例子中了解。当然，我们不会在日常的经验中碰上这些例子：优秀的东西既稀有又难得，斯宾诺莎说过这样的妙语。所以，假如我们并不曾交上特别的好运得以目睹这些事情，那就只能满足于阅读有关这些人的生平。印度文学，从至今为止我们通过不多的译本所了解的，有着相当丰富的关于圣者，亦即称为赎罪受苦者、沙门、托钵僧等的生活描绘。甚至那著名的、但完全不是在每一方面都值得赞许的由德·波利尔夫人所著的《印度的神话》，也包含了许多这一类的出色例子（尤其是在第 2 卷第 13 章）。在基督徒中，也不乏例子可以提供我们所要的说明。我们只
504 需阅读那大多写得很糟糕的有关时而称为圣洁的灵魂，时而称为教士、虔信主义者、寂静派信徒、虔诚的狂热教徒等的传记。在不同的时间曾有过这样一些传记的合集，诸如特斯提根的《神圣灵魂的生活》、赖茨的《转世者的故事》。在今天，卡恩的合集虽然里面有许多糟糕的部分，但还是有好些不错的东西，尤其是《比塔·司徒敏的一生》。亚西西的圣方济各的一生就更是完全属于这一类了。亚西西的圣方济各就

是禁欲苦行的真正化身，所有托钵僧的典范和样板。他的一生由他的更年轻的同时代人，也是以经院哲学家闻名的圣文德撰写，即《亚西西的圣方济各的生平》（索斯特，1847）最近又重新出版了。而在这之前不久的法国，在利用了所有来源的资料以后，一部精心写成的、详尽的亚西西的圣方济各的传记——沙万·德·马兰著的《亚西西的圣方济各的一生》——出版了。东方的类似这种修道院著作，我们有斯宾塞·哈代所著的很值得一读的《东方僧侣生活，有关如来佛祖所奠定的托钵僧规矩的论述》（1850）。这本书向我们展示了同样的东西，只是换了另一件外衣而已。我们也看到这到底是出自一种一神论的宗教，抑或出自一种无神论的宗教，是无关紧要的。但我尤其推荐盖恩夫人的自传作为一个专门的、至为详细的例子和一个事实的讲解，以说明我所提出的概念。盖恩夫人这美丽和伟大的灵魂，对其追思每每让我肃然起敬。了解这美丽和伟大的灵魂，对其非凡的思想意识和那些需要宽容看待的理性中的迷信想法予以公正的对待，是每一个本性更加优秀的人都必然高兴去做的事情，正如这本书对思维平庸者，亦即对大多数人而言始终名声不好，因为无论在哪里，每个人都只会欣赏与他在某种程度上类似的、对此他至少有着某种轻微的天赋才能的东西。这道理不仅适用于智力的东西，也适用于伦理道德方面。在某种程度上，我们可以把斯宾诺莎的著名法文传记视为这方面的一个例子，假如我们把他那 505
有欠缺的论文“知性改进论”的精彩开头用作解读这部传记的钥匙。我也可以把这处地方的文字推荐给各位，因为那是我所知道的让激情的风暴安静下来的最有效的手段。最后，甚至伟大的歌德，虽然他是相当希腊化的人，但他仍不会认为在文学艺术说得清楚明白的镜子中为我们展示了人性的这最美好的一面，就是有失他的体面，因为他在《一个美丽的灵魂的自白》中把冯·克莱腾伯格小姐的一生理念化地表现出来，并在这之后，在他自己的传记中，也给出了有关这方面的历史信息；他也甚至两次讲述了圣人费立波·那利（Philippo Neri）的一生。世界史总是会和必然会对这样一些人保持沉默的：而这些人的行止为我们考察的这重要一点唯一提供了充足的和最好的讲解和说明。这是因为世界史的题材是某种相当不一样的，甚至与此相反的东西，亦即不是否定和放弃生命意欲的，而恰恰是肯定生命意欲和生命意欲在无数个体中的现象——在此，生命意欲与其自身的不和在其客体化的最高一级至为清楚地突显了出来；历史题材呈现在我们眼前的，时而是由于精明而处于优势的个人，时而是透过其人多势众而展现出强力的群众，时而又是化身为命运的偶然所具有的威力，但万变不离其宗的是一切奋斗和追求都是徒劳无功和化为虚无的。但对我们来说，因为我们在此并非追踪这些现象的线索，而是作为哲学家要去探究行为、行动的伦理学含义，并把这在此当作衡量对我们是有意义的和重要的行为及行动的唯一标准，所以，我们确实不会被庸俗和卑鄙的多数票所吓倒而不敢坦承：这世界所能展示的最伟大的、最重要的和最富含义的现象，并不是这世界的占领者、征服者，而是这世界的克服者，亦即事实上不是别的，而
506 正是这样一些人的宁静和不为人注意的一生：由于他们有了那些认识，所以他们就放弃和否定那占据着所有一切和在这一切中驱动着和追求着的生命意欲，其自由也只是在此、也唯独在这些人那里显现出来——由此，他们的行事从现在开始就与一般人的行事恰恰相反。所以，对哲学家来说，在这方面，有关那些神圣的、自我否定的人的生平描述，尽管写得大多很糟糕，甚至夹杂着迷信和荒唐的想法，但却由于其素材是意味深长的，所以，甚至比普卢塔克和李维乌斯的作品都更有教育意义

和重要得多。

要更仔细和透彻地了解我们以抽象和普遍的表述方式所表述的否定生存意欲，那另外考察在这一意义上的、由充满这种精神的人所给出的伦理方面的准则，会给予我们相当大的帮助，而这些准则将与此同时显示我们的观点是多么的古老——尽管表达这些纯粹哲学的用语可以是那么的新颖。与我们最接近的是基督教，其伦理学完全秉承着我所说的精神，并且不仅引往最高程度的仁爱，而且也引往放弃和断念。这最后的一个方向虽然作为种子已经非常清楚地就在使徒的文章里，但只是在晚些时候才完全萌发、生长和毫不含糊地表达了出来。我们发现使徒们规定了这样的准则：爱邻人就像爱自己一样，以爱意和善行回应仇恨，行善、忍耐、温和、忍受各种可能的侮辱和伤害而不反抗，节制饮食以抑制享乐、拒绝性的冲动——假如可能的话，则是完全的拒绝。我们在此已看到禁欲、苦行或说否定生命意欲的第一步，而否定生存意欲恰恰就意味着《福音书》所称的否定自我和背起十字架（《马太福音》，16:24、25；《马可福音》，8:34、35；《路加福音》，9:23、24，14:26、27、33）。这种倾向很快就愈演愈烈，并成了赎罪者、隐修士和修道院修士的起源。这起源本身是纯净和圣洁的，但也正因为这 507
样，与绝大多数人是格格不入的；因此，由此产生的只能是虚伪和丑行，因为滥用最好的东西是最恶劣的滥用。到了更进一步发展了的基督教，我们看到禁欲苦行的种子，在基督教圣者和神秘教徒的文字里全面开花。这些人除了宣讲纯粹的爱以外，还宣讲完全的死心放弃、自愿的和彻底的贫穷、真正的泰然自若、对待一切世俗的事物完全的漠然不争、让自己的意欲渐渐死去和在上帝那里重生、完全忘记自己个人和沉浸于观照上帝。对这些的完整描述，可见之于费讷隆（Fénelon）的

《对有关内在生活的准则的解释》。但这如此进化了的基督教的精神在德国神秘主义者的文字里得到了更甚于任何别处的完美和有力的表述，亦即在埃克哈特大师的著作和在理应是出名的《德国神学》里。对《德国神学》一书，路德在序言中说：除了《圣经》和奥古斯丁的著作以外，没有任何一本书像这本书那样让他学到了更多有关上帝、基督和人到底是什么，而这本书真实的和未经篡改的文本，我们只是在 1851 年由菲弗尔（*Pfeiffer*）校订的斯图加特版本中获得。在这本书中所给出的准则和理论是最完整、充分的，是源自对我所表述为否定生命意欲的最深切的内在确信。因此，人们需要更深入地了解书中的这些，而不是带着犹太教加新教的自信对其否定。秉承着同样杰出的精神写出的作品，是陶勒的《仿效基督贫穷的生活》和他的《灵魂之髓》，虽然这些还不能完全与上述著作相提并论。据我看来，这些真正的基督教神秘主义者的学说之于《新约》的学说，犹如酒精之于酒；或者在《新约》中，犹如隔着一层纱和雾让我们所看到的，在神秘主义者的著作中
508 是不加遮掩地、完全清楚明白地呈现了出来。最后，我们也可以把《新约》视为第一次的圣礼，而神秘主义者的著作则是第二次的圣礼——小奥秘和大奥秘。

但我们看到，我们所说的否定生命意欲，在用梵文写成的远古著作中，却比在基督教教会和西方世界中得到更进一步的展示，从更多的方面表达出来和表述得更生动。至于对人生的那一重要的伦理学观点在梵文著作中能够得到更进一步的发展和更明确的表达，或许首先归因于这一观点在此并没有受到对其而言完全是不相干的因素的局限，就像基督教所受到的那种犹太教信条的局限：基督教高贵的、杰出的创始者迫不得已地、有时是有意识地、有时则是无意识地只能去迁就和补充犹太

教的信条。基督教因此由两种相当不同的部分组合而成，我尤其想要把这其中的纯粹伦理学部分和唯独这一部分，称为基督教的东西，并把这些东西与犹太教义区别开来。假如就像当今人们常常担心的那样，那杰出的和降福的宗教有朝一日会完全没落和衰败，那原因无非就是这基督教并非由某一单一的元素组成，而是由两种本来不同的、也只是由于世事发展而结合在一起的元素组成的，由于它们不一样的渊源和对即将来临的时代精神的反应而产生的分化，在这样的情形里必然会随之出现基督教的解体。但就算是在这解体之后，那纯粹的伦理学部分仍必然会安然无恙地保留下来，因为它是牢不可破的。尽管我们对印度人的文献记载的知识仍非常不足，但印度的伦理学，正如我们现在已经看到在《吠陀》《往世书》、诗歌作品、他们的圣者的神话和传奇、格言和生活准则以多种多样和最有力的方式表达了出来。[1]——在这伦理学里面，我们看到这样的规定：爱邻人的同时完全否定一切自爱；爱根本 509
上并不局限于施之于人类，而且还包括一切有生命之物；乐善好施到了捐出自己每天艰难挣得之物的地步；以无尽的耐心忍受一切侮辱和伤害；对一切卑劣行为，不管其多么恶毒，都一概报之以善良和爱意；自愿和愉快地忍耐每一侮辱；戒绝一切肉食；对于力求真正圣洁的人，则要完全的贞洁和放弃所有的肉欲和快乐；抛弃所有的财产，抛弃每一处住所和所有的亲属，深居简出保持孤独，花时间静默观想，自愿的赎罪

[1] 我们可参看，例如，安奎特尔·杜·佩赫隆的《五十奥义书》，第 2 卷，第 138、144、145、146 章。《印度的神话》，德·波利尔著，第 2 卷，第 13、14、15、16、17 章。卡拉普洛特的《亚洲杂志》第 1 卷：《论佛教》；在同一卷里，《薄伽梵歌》《克里斯纳与阿周那的对话》；在第 2 卷《莫哈·穆德加》。然后，参看《梵文中的印度法律概要，或者，摩奴法令》，威廉·琼斯著，由休特纳翻译成德语(1797)，尤其是第 6 和 12 章；最后，《亚洲研究》的许多段落(在过去的四十年，印度的文献在欧洲增长了如此之多，假如我现在要完成这第 1 版的脚注的话，就要填满好几页纸才行)。

与可怕的和缓慢的自我折磨，目的就是完全抑制意欲，而这最终发展至采用饥饿，采用走向鳄鱼，采用从喜马拉雅山的圣洁峰顶跳下来，采用活埋，也采用在舞姬的歌唱、欢腾和舞蹈中投身于载着神像巡游的巨车的轮子下面的手段而自愿死亡。这些起源超过四千年之久的规定和准则，直至今天，尽管那些人民已四分五裂，却仍然是人们的生活准则和榜样，在个别例子中甚至得到了最极端的遵守。[1]这在如此长的时间里，在一个有着数以千万计人口的民族中仍在实施的东西，并且它还要求其信众做出最艰难的奉献——这不可能是随意虚构出来的奇想，而必
510 定在人性中有其根据。除此之外，还有这一点：假如我们阅读一个基督教的忏悔者或圣人的生平和一个印度的忏悔者或圣人的生平，我们就会对那种完全一致感到无比的惊讶。尽管那些教义、风俗和周围环境是如此的根本不同，但这两种人的追求和内在生活却是完全一样的。这两种人所奉行的准则，也是同样完全一致的。例如，陶勒谈到我们应该追求完全的贫穷，那就是我们要完全摆脱和放弃一切人们由此可得到某些安慰或者世俗满足的东西，显然，就是因为所有这些给予意欲越加新鲜的饲料，而让这意欲逐渐完全死去本来是他们的目标。而我们看到印度方面的对应者，根据佛教徒的守则，出家人除了要做到没有居所和完全没有财产以外，还被劝告不要经常在同一棵树下打坐，以免对这棵树产生偏爱或者好感。基督教的神秘主义者和吠陀哲学的教授者也在这一方面是一致的：他们都认为对要达致圆满的人来说，所有的外在工夫和宗教练习都是多余的。如此不同的时期和民族，却在如此多

[1] 在1840年6月举行的战车节巡游中，有11个印度人投身于车轮底下，并当场丧生（《泰晤士报》，1840年12月30日，一个东印度地主的来信）。

的方面相一致，就是事实上的证明：在此所表达的，并非如乐观的浅薄者所喜欢宣称的，是乖僻和荒诞的思想意识，而是人性的本质性的一面，只是因为其优秀而甚少显现出来而已。

我现在已说出这些源泉：从这些源泉我们可以直接地和从生活中了解到那些表现为否定生命意欲的奇特现象。在某种程度上，这是我们整个考察的最重要的一点，但我对此只是泛泛地和大概地作了阐述，因为让大家去看看那些谈论自己的直接经验的，比只是无力的重复他们所说过的话和毫无必要地增加这书的厚度要好。

我只想补充一点点有关他们的状态的大致描述。正如我们在上面 511
看到那些卑劣之人，由于他们激烈的意欲而承受着持续的内心煎熬的痛苦，并且假如欲求的所有客体都已穷尽，最终就通过看见别人受苦而冷却一下自身意欲的燥渴，相比之下，那些领悟到否定生命意欲的人，尽管其状态从外在看来是如此贫穷、缺少欢乐和充满匮乏，但却充满着内心的喜悦和真正的天界宁静。这并不是那种令人不安的生活欲望和欢呼雀跃，是以剧烈的痛苦为前提或者后续条件的，正如其构成了渴望生活之人的生活方式；相反，这是一种无法动摇的平和，一种深沉的安宁和内心的喜悦。这种状态一旦呈现在我们的眼前或者交付给想象力，我们就忍不住心生无比的向往，因为我们马上就看出这才是唯一正确的，是无限优于任何其他一切的。对此状态，我们更优秀的心灵部分向我们喊出了那伟大的*要勇敢地去认识*！然后，我们就感觉到在这世上所争取到的对我们的每一个愿望的满足，就只能比之于一个乞丐今天所得到的施舍，但明天他又会再度挨饿。相比之下，死心断念则好比继承过来的庄园田产：这一劳永逸为这占有者解除了一切忧虑。

我们还记得第三篇中对美的东西所感受到的美学上的愉悦，就其大部分而言，是因为我们在进入纯粹观照的状态时，暂时摆脱了一切欲求，亦即摆脱了所有的愿望和担忧，我们就好比摆脱了自身，不再是为其持续的欲求服务的有认识力的个体，不再是个别事物的对应物——对这样的个别事物的对应物而言，物体、客体都成了动因——相反，我们成了不带有意欲的、永恒的认知主体，是理念的对应物。我们也知道：在我们从剧烈的意欲的冲动中解脱出来的这些瞬间，就好比是从浊重的苍穹中冒出头来，是我们所知道的最极致的幸福。由此我们可以推断：一个人的生活该是多么的幸福——假如这个人的意欲并不只是暂时
512 地、例如只是在审美时那样安静下来，而是永远地安静下来，甚至完全熄灭，直至那维持着身体的最后一点闪烁着的火花随着这身体一道熄灭。一个这样的人，在经过与自己本性的诸多愤懑的斗争以后，最终完全克服了一切，剩下的只是纯粹认识着的生物、这世界的不受任何影响的镜子。再没有什么还可以让他害怕，再没有什么还可以驱使其活动起来：因为把我们与这世界连结起来的所有千百条的线绳，那作为欲望、恐惧、嫉妒、愤怒把我们在持续的苦痛中来来去去牵扯着的东西，都已被他剪断了。他现在安静地带着微笑回望这世界的幻象：这些东西曾几何时却能搅动其情绪，让其心绪不宁，但现在，这些对于他已不再重要了，如同棋局结束以后的棋子，或者如同在早上那些脱下的假面舞会的衣服——其外形和形象在狂欢节的晚上却戏弄着我们、让我们不安。生命及其形体在他的眼前晃悠着，只是犹如一道匆匆逝去的现象，犹如轻微的晨梦之于半醒的人，而从这晨梦中已经隐约透射出了现实，这晨梦已无法再欺骗人了，也恰恰如这晨梦一样，那些形体也最终

消失，并不会经受任何剧烈的转换。从这些考察，我们可以终于理解盖恩夫人这些话的含义——在其生平自述的临近结尾处，她不止一次地说：“一切对于我都是无所谓的了：我可以不再有任何愿望。很多时候我都不知道我还存在与否。”为了表达如何在意欲逐渐死亡以后，身体的死亡（身体不过就是意欲的现象，伴随着意欲的结束，身体也就失去了其所有的含义）也就不再有任何痛苦和苦涩的东西，而是求之不得，请允许我把那一位神圣的赎罪者的原话引用在这里，虽然这些话并不是那么妩媚动人：*荣耀的正午；这是不再有黑夜的白天；生而不再惧怕死亡，甚至已在死亡之中：因为死亡已战胜死亡，已经承受了第一次死亡的人，不会再品尝第二次死亡。*（《德·盖恩夫人的一生》，第 2 卷，第 13 页）

但是，我们却不要误以为，由于那成了镇静剂般的认识，否定生命 513
意欲一旦出现了以后，就不会再有摇摆、犹豫，我们也就可以安寝无忧，就像已稳妥赚取了的财产。其实，这是必须经过不断的、一次又一次的斗争才能赢得的。这是因为既然身体就是意欲本身，仅仅在于客体的形式，或者仅仅只是作为现象中的表象，那么，只要身体还活着，那整个生命意欲——就其可能性而言——就仍在那存在着，并始终在力争进入现实的世界和重新以其余火和激情爆发出来。因此，我们在圣者的生活中所发现的所描述的平和与幸福，只是持续克服了意欲以后的花朵；我们也看到，这花朵所出自的土壤，就是与生命意欲的永恒斗争：因为在这地球上无人可以拥有持久的平和。所以，我们看到圣者内在生活的故事充满着灵魂的交战、诱惑和遭到神恩的抛弃，亦即被这种认识所抛弃：这一认识让所有的动因失效，作为普遍的镇静剂让所有的欲求平息下来，给予人们最深沉的欢乐，并开启了自由之门。因此，我们看到那些一度达致否定意欲的人全力以赴坚持走在这条道上，通过各种方式强迫自己死心断念，采用一种赎罪的、严苛的生活方式并自找让自己不快的东西：这所有的一切，目的就是要削弱那一次次重又抬头的意欲。因此，最后，因为他们已经知道解救的价值，所以就小心翼翼地守护得来不易的福气，对每一无害的乐趣或者虚荣心的每一小小的激动，都感到良心的责备，而虚荣心在此是最后才消亡的，因为虚荣心是人性中最无法消灭、最活跃和最愚蠢的倾向。我所常用的字词，苦行，指的就是狭义上的这种有目的地克服和挫败意欲，采用的方式就是拒绝让人舒适愉快的东西和寻找让人不快的东西，自动过着赎罪性的和清苦修行的生活，以持续地克制意欲。

514 假如我们看到那些已经达到了否定意欲的人为了在这方面坚持下去所实施的这些手段，那么，痛苦——正如命运所施加的那些痛苦——根本上也就是达致否定意欲的第二条道路。[1]事实上，我们可以认为，大多数人也只能通过这条道路达致否定意欲的目标，而那些最常导致完全死心断念的，是自己亲身感受到的、而不仅仅是认识到的痛苦，经常也只是在临近死亡的时候。这是因为只有在很少的情形里，那单纯的、看穿了个体化原理的认识——这首先会产生出最完美的善良思想意识和普遍的仁爱，并最终让他们认识到这世界的所有痛苦就是他们自己的痛苦——会足以导致他们否定意欲。就算是对那些已经接近这一阶段的人，那还可忍受的个人状况、一时或瞬间的恭维、希望的诱惑和一

[1] 关于“第二条道路”，参看斯托拜乌斯的《选集》，第2卷，第374页。

再对意欲提供的满足，亦即对情欲的满足，始终都在妨碍着否定意欲和持续诱惑着人们重新肯定意欲。这就是为什么人们在这方面把所有的那些诱惑都拟人化为魔鬼。所以，在大多数时候，必须通过自身承受最大的痛苦以断绝意欲，其自我否定才会出现。然后，我们就看到人们在经历了各级不断加剧的折磨、伴随着最激烈的反抗，并最终到了绝望的边缘以后，会突然内省、认识了自己和这世界，他们的整个本质会发生变化，超越了自身和一切痛苦，并且就像被那折磨纯净和神圣化了一样，带着无可争辩的平和、幸福喜悦和庄严崇高的心情，心甘情愿地放弃之前他最强烈欲求的一切，愉快地迎接死亡。那是从痛苦的净化火焰中突然显现的否定生命意欲——亦即解救——的银光闪烁。就算是那些非常卑劣的人，我们有时候也会看到他们由于最深切的苦痛而被净化到这一程度：他们成了另一个样子和完全地转变了。所以，之前做 515
过的坏事和恶行现在已不再让他们良心不安；但他们却乐意以死亡为此赎罪，并甘愿看到那意欲现象的终结：现在，这意欲现象对于他们已成了陌生的和厌恶的东西。对这种经由巨大的不幸和对一切解救都已绝望而导致的否定生命意欲，伟大的歌德在不朽的巨作《浮士德》中，通过格雷琴的凄苦故事，给了我们一个清晰的和直观的描述，而就我所知，这类似的描述在文学中还不曾有过。这说明通往否定意欲的第二条道路的一个完美典型。这并不像第一条道路那样，是经由单纯认识到我们自愿获得的有关这整个世界的痛苦，而是通过自己亲身感受到的、异常剧烈的苦痛。虽然非常多的悲剧最终把强力意欲着的主角引致这完全死心断念的地步，而那生命意欲及其现象通常也就一并完结了，但是，没有任何我所知的描述能像我所提到的《浮士德》的部分，如此清晰地和去除一切枝节地把那发生转变的关键性的东西呈现在我们的眼前。

在现实生活中，我们看到那些不幸的人，那些要饮尽最大分量的痛苦的人，因为他们在被夺走了所有的希望以后，在仍是精神力量饱满的时候，要走上断头台迎向那羞耻的、暴力的和常常是痛苦不堪的死亡，所以就非常频繁地以这样的方式发生了转变。我们虽然不能认为在他们的性格与大多数的性格之间存在着他们的命运所显示的如此之大的差别，而是把命运的差别大都归因于环境，但是，他们却是有罪的，并且在很大程度上是卑劣的。但我们看到他们中的许多人，在完全没有了希望以后，就以上述方式转变了。他们现在就展现出真正的善良和淳朴的思想意识，对做出最轻微恶劣程度的坏事或者残忍的行为都感到真心的厌恶；他们原谅其敌人，哪怕就是因为这些人，他们才无辜受难，
516 并且不仅只是以言词和只是例如出于对地下世界的判官的虚假敬畏，而是事实上的确如此，是真心实意的，也根本不会想要做出任何报复。的确，他们的痛苦和死亡对于他们终于是受欢迎的，因为否定生命意欲出现了：他们常常断然拒绝别人向他们实施营救，愿意平和地、幸福地死去。在他们的异常苦痛中，生命的最终秘密透露给了他们：祸害和卑鄙，痛苦和憎恨，受折磨者和折磨者，尽管展示给遵循着根据律的认知是如此的不同，但本身却是同样的东西，都是那个生命意欲的现象，而这生命意欲通过个体化原理把其与自身的冲突和矛盾客体化了。他们终于充分了解到了这两面——卑劣和祸害；又因为他们终于看出了这两者的同一性，现在，就在同时断然拒绝这两者的时候，否定生命意欲。至于他们用什么样的神话和教义向他们的理性就这直观和直接的

认识及他们的转变做出解释，那正如已经说了的，是完全无关紧要的。

马蒂亚斯·克劳迪乌斯在写下了标题为《某某人的皈依故事》的文章时，毫无疑问就是这样一种感觉、知觉变化的见证人。那篇值得我们注意的文章登在《万茨贝克信使报》(第1部分，第115页)，其结论是：“人的思维方式可以从圆周线的一点跳跃到对立相反的另一点，并又再度返回到之前的一点——假如情势给他划出到达那点的弧线的话。这些变化对人来说可不算是多了不起和多有趣的事情。但那值得注意的、天主教的、超验的变化，那无可挽回地打破了整个圆圈和让所有的心理学法则都变得空洞和无用的变化，那种脱下了毛皮外套、至少是把毛皮外套翻转了过来的变化，那种让人茅塞顿开、恍然大悟的变化，却是类似于这样的东西：每一个人，只要鼻子还意识到气息，只要能够听到或者体验到与这相关的某些确切的东西，都会不惜抛弃父亲和母亲去了解个究竟。”

此外，死亡的临近和完全的绝望，对于这种通过痛苦而获得纯净的方式并不是绝对必不可少的。就算没有上述两者，通过巨大的不幸和 517
苦痛，也会身不由己对生命意欲与其自身的矛盾有了认识，也会看穿了一切追求的毫无意义。因此，我们经常看到一个因受到情欲的驱动而过着激荡生活的人，不管是国王，还是英雄、冒险家，会突然大为改变，从此死心断念和忏悔赎罪，成为隐居者和修士。所有真正的皈依故事，例如，甚至雷蒙·卢尔的皈依故事，也属于此类。雷蒙·卢尔一直在追求一个美丽的妇人。他最终获邀到其闺房，他也期望着实现他所有的愿望。她解开胸部的前襟，给他看那被癌症蚀损得至为恐怖的样子。从那一刻起，就好像他看见过地狱一样，他皈依了。他离开了马略卡王宫，到沙漠中忏悔赎罪。[1]这个皈依故事与朗赛教士的皈依故事非常的相似，而这故事我在第 2 卷第 48 章* 扼要讲述了。假如我们考虑到在这两个例子中，从兴高采烈转换到人生的恐怖残忍成了诱因，那这就为我们解释和说明了这一值得注意的事实：欧洲最享受生活、最快乐、最感性和最轻浮放荡的民族，亦即法兰西民族，却产生出了在所有的修道会中严苛得多的特拉普会；而在其没落以后，由朗赛再度恢复过来，并且尽管经过了革命，经过了教会改革和怀疑上帝的蔓延，时至今日仍保持着其纯洁性和可怕的严苛性。

但上述那种对这存在的本质的认识，却也可以再度连同其契机一齐远去，而生命意欲和与其一道的之前的性格会再度出现。所以，我们看到激情的本韦努托 · 切利尼一次是在身陷囹圄，另一次则是在身患重
518 病之时就以此方式转变了，但在痛苦消失以后，就又故态复萌。从痛苦中产生出否定意欲，根本不是带着那种从原因产生出结果的必然性；其实，意欲仍然是自由的。这是因为在此，恰恰是意欲的自由直接进入现象的唯一的点：因此，才有了马蒂亚斯 · 克劳迪乌斯对“超验的转变”强烈表达出来的惊讶。对每一所遭遇的痛苦，都可设想一个在激烈程度上压倒了这一痛苦的和因此是不可征服的意欲。所以，柏拉图在《斐多篇》中谈到了这样的一些人：直至他们被执行死刑的一刻，仍在津津有味地吃吃喝喝，享受着性的乐趣，到死为止都在肯定生活。莎士比亚通过博福特红衣主教[2]向我们展示了一个恬不知耻者的骇人

---

[1] 布鲁克,《哲学史》,第 4 卷,第 1 部分,第 10 页。

* 即《作为意欲和表象的世界》第 2 卷第 48 章。

[2] 《亨利六世》,中部,第 3 幕第 3 景。

结局：他在绝望中死去了，因为既没有什么痛苦、也没有什么死亡可以削弱他那激烈的、已发展为极度卑劣的意欲。

意欲越激烈，其自相矛盾的现象就越刺眼，痛苦就越巨大。假如有一个世界，是一个激烈得多的生命意欲的现象——与构成现在的这世界现象的生命意欲相比——那这样的世界就会产生相应更大的痛苦：那也就是一个地狱了。

因为所有的痛苦——痛苦就是某种抑制，痛苦就是要求我们死心断念——就其可能性而言，具有某种圣洁性的力量，所以，由此可以解释：巨大的不幸、深刻的苦痛本身就已唤起我们的某种敬畏。但是，只有当那受苦者将其一生通观为一串的苦难，或者哀叹其一生为某种巨大的和无可补救的苦痛，却并不只盯着恰好将其一生陷于悲痛之中的那连串的事件和情形，并不会只停留在他所遭遇的个别的巨大不幸——只有在这时候，这样的受苦者才是值得我们尊敬的，因为直至这位受苦者能够这样做之前，他的认知仍旧遵循着根据律和仍旧紧抓住个别的现象不放，他还很意欲这生活——只要这生活不是附带那些发生在他身上的条件就可以了。只有当这位受苦者的目光从个别的事件提升至普遍的情形，当他把自己的痛苦视为只是整体中的一个例子，并且因为他在伦理 519
道德方面有了如此出色的见识，这样的痛苦对他来说也就一件事例代表了成千上万的其他事例，所以，那被理解为本质上就是痛苦的整体生活导致了他的死心断念——只有到了这时候，他才是真正值得尊敬的。由于这一原因，在歌德的《托尔夸托 · 塔索》中，公主在讲述自己的一生和她的亲属的一生是如何的悲惨和凄凉时，她是让人肃然起敬的：她在讲述的时候，完全是着眼于普遍的情形。

在我们的想象和理解中，一个品格高贵的人，永远带着某些平静忧伤的气质，而这并不就是对每天都有的不如意的和反感的事情总是闷闷不乐、心怀不满（这样的一种闷闷不乐却是一种有欠高贵的品质，让人担心是否是卑劣、恶毒的思想意识所致），而是出于认识而意识到一切身外之物的空洞和一切生活（生命）所具有的痛苦，而并不就只是意识到自己的痛苦。但这样的一种认识却只能通过自己亲身体验过的痛苦而首先唤起，尤其是在经受了某一巨大的痛苦以后，正如彼特拉克所受到的仅仅一桩无法实现的愿望就让彼特拉克对整个生活都有了那种万念俱灰的悲哀，而这就从彼特拉克的著作中如此感人地表达了出来：因为他所追求的达芙妮一定是他不会得到的，然后才会为此留给他不朽的月桂花冠。假如由于遭受命运的某一如此巨大的和不容改变的拒绝，意欲在某种程度上被挫败了，那也就几乎再没有什么可欲求的了，这人的性格也就会显示出柔和、悲哀、高贵、死心断念的样子。最后，当悲伤已不再有任何确定的对象，而是扩展至生活的整体，那就是某种程度上的返回自身、某种隐退和意欲的逐渐消失，而意欲的可见一面——身体——则更是近乎悄无声息地、但却在最内在深处遭到侵蚀，同时，这人会感觉到他的束缚在某种程度上正在消除，会有了对死亡的一种轻微的预感：这死亡同时宣布身体和意欲的解体。因此，伴随着这悲哀的是某种隐秘的喜悦，而我认为这就是最忧郁的民族所说的 *the joy of grief**。但恰恰在此也有过分多愁善感的暗礁，无论是在生活本身，
520 还是在描述生活的文学作品里。也就是说，如果老是在哀叹和抱怨，

* 英语，悲哀中的愉悦。

但又不提升和鼓起勇气至死心断念，那我们就会同时失去天和地，剩下的只是眼泪汪汪的多愁善感而已。只有在痛苦地接受了纯粹认知的形式，然后，这作为意欲的镇静剂导致了真正的放弃和死心断念，那才是通往解脱之路和因此值得尊敬的。在这方面，我们在看到每一个相当不幸之人的时候，却都会有某种敬意，就类似于美德和高尚情操让我们不得不产生的那种敬意；与此同时，我们自己的幸运状况显得就像是一种指责。我们几乎无法不把那些痛苦，无论是我们自己感受到的还是别人的，都视为起码是可能的往美德和神圣性的靠近，而声色享受和世俗的满足则被视为对美德和神圣性的偏离。甚至会有这样的情况：每一个承受了肉体上巨大的或者精神上严酷痛苦的人，甚至每一个只是汗流浃背地和明显是筋疲力尽地完成某一需要竭尽全力工作的人，但在如此努力的同时却带着忍耐、不发一声牢骚——每一个这样的人，假如我们细心留意观察他，在我们看来他就像是一个使用一种引起痛苦疗法的病人：他自愿地，甚至满意地承受由此疗法所带来的苦痛，因为他知道，他承受的苦痛越多，那疾病物质就越受到破坏，因此，此刻的苦痛就是衡量他治愈的尺度。

根据至今为止所说的一切，否定生命意欲，亦即我们所说的完全的死心断念和圣洁化，始终是发自意欲的镇静剂，而这就是对意欲的内在矛盾冲突和意欲本质性的无意义的认识，而这些内在冲突和毫无意义在所有生物的痛苦那里表达了出来。被我们表述为两条道路的区别，就在于是单纯认识到痛苦，通过自由的吸收、借助于看穿那个体化原理的方式，抑或自己直接感受到的痛苦唤起了那种认识。真正的解救，从
生活和痛苦中获得解脱，没有完全否定意欲的话，是不可想象的。在 521

真正的解救之前，每一个人都不过是这意欲本身，其现象是某一很快就会消失的存在，一种始终是无意义的和总是受挫败的追求、一个我们已经加以描述的充满痛苦的世界，而一切都不容改变地和以同样的方式属于这意欲。这是因为我们在上文发现：生命意欲总是确定保有生命的，其唯一的真实形式就是现时，是它们所永远无法逃脱的，正如出生和死亡统治着现象一样。印度的神话就以这一说法表达了这一道理，他们将会重生。性格所具有的巨大伦理学差别意味着：坏人距离获得这一生发出否定生存意欲的认识无限遥远，因此事实上的确听任在这生命中可能出现的痛苦折磨，因为即使他个人现时的幸运状态也只是一种经由个体化原理所促成的现象和摩耶之幕的幻觉，是乞丐的黄粱一梦。他在激烈和愤怒的意欲冲动中所加之于其他人的痛苦，就是一个尺度，用以测量其亲身经历也无法挫败其意欲和引导其最终否定意欲的痛苦程度。相比之下，一切真正的和纯粹的爱，甚至一切自愿做出的公正，都已经是出自看穿了个体化原理，而这看穿了个体化原理，假如是带着其全副力量出现的话，结果就是完全的神圣化和解救，其表现出来的奇特现象就是上述死心断念的状态、与此相伴的不可动摇的安宁和面对死亡的至高欣喜。[1]

§ 69

没有什么比真正消除意欲的个别现象，亦即自杀，更有别于至今在

[1] 参见《作为意欲和表象的世界》第2卷第48节。

我们的考察方法范围内所充分描述的否定生命意欲，而这否定生命意欲是唯一在现象中出现的意欲自由的行动，也因此是如马蒂亚斯·克劳迪乌斯所称的“超验的转变”。自杀远不是否定生命意欲，这其实是强烈肯定生命意欲的一个奇特的现象。这是因为否定生命意欲的本质并非 522
在于我们憎恶生活中的痛苦，而在于我们憎恶生活中的享受。自杀者是意欲（想要）这生命或说生活的，仅仅只是不满于这生活所伴随的条件而已。因此，他根本不是放弃了生命意欲，而只是放弃了那生命，因为他毁灭的是个别的现象。他意欲（想要）生命（或说生存），意欲身体不受妨碍的存在和肯定。但错综交织的情况不允许这样的情形，并造成了他的巨大痛苦。生命意欲自己发现在这单个的现象中是如此的受掣肘，以致无法展开其追求。所以，它根据其自在本质做出决定，而它的自在本质是处于根据律的各个形态之外的，因此，对这自在本质而言，每个单个现象都是无关重要的，因为这自在本质不受所有的生、灭的影响，是一切事物的生命的内核。这是因为那让我们所有人都不会持久生活在对死亡的恐惧之下的同一个坚实的、内在的确信，亦即对意欲是永远不会缺少其现象的确信的，也在自杀方面为这行为提供了支持。也就是说，生命意欲既显现在这自杀（湿婆）之中，也显现在自我保存的舒服惬意（毗湿奴）和显现在繁殖的性欲（梵天）之中。这就是三相神的一体性的内在含义，而每个人就完全是这样的三位一体，虽然这一会儿显现三个头中的这一个头，另一会儿又显现其另一个头。自杀与否定生命意欲的关系，就如同单个的事物与事物的理念的关系：自杀否定的仅是个体，而不是种属。我们在上文已看到，因为生命对生命意欲是确定的，而对生命而言，痛苦又是本质性的，所以，自杀，那任意地破坏某一个别的现象，却是一桩相当徒劳和愚蠢的行为，因为那自在之物并不受自杀所干扰，就像彩虹扎实地悬挂在那里，无论那暂时支撑着这彩虹的小水珠如何快速地转换。除此之外，这还是摩耶之幕
523 的杰作，是生命意欲与其自身的矛盾至为刺眼的表现。正如我们在意欲最低等的现象里，在自然力的一切表现和一切有机个体为争夺物质与时间和空间的永恒斗争中就认识到了这种矛盾，也正如我们看到这种冲突在意欲的更高一级的客体化中更多地、也更清晰地显现出来，那这种矛盾最终在最高的一级，亦即在人的理念的一级，就达到了这样的程度：不仅那些表现了同一理念的个体们互相消灭对方，甚至那同一个个体也向其自身宣战；这个体渴望（意欲）生命和对妨碍其渴望（意欲）生命、对痛苦所发起的攻击，那种激烈性甚至发展至毁灭自身的程度，以致那个体的意欲通过意欲行动，在痛苦挫败那意欲之前消除了那身体——而这身体就只是意欲自己的可见一面。正因为自杀者无法停止意欲，所以他就停止活下去，而意欲在此正是通过消除其现象而肯定其自身，因为他无法以别的方式肯定自己了。但正因为他要如此逃避的痛苦，就是作为对意欲的克制可以引往否定他的自身和引往解救的东西，所以，自杀者在这方面就像这样一个病人：在开始了一个从根本上可以治愈他的手术以后，却不让这手术完成，而是宁愿保留这疾患。痛苦在接近并且作为痛苦提供了否定意欲的可能性，但自杀者却撵走了这可能性，因为他破坏了意欲的现象、那身体，这样，意欲也就继续不曾受到克制。这就是为什么几乎所有的伦理学——不管是哲学的还是宗教的——都谴责自杀的原因，虽然他们自己对此除了给出古怪的、诡辩的理据以外，再无法给出别的原因。但假设一个人出于纯粹的道德

的动机而控制住自杀行为，那这种自我克制（不管其理性用了什么样的概念作包装）的内在含义就是这一点：“我不会逃避痛苦，这样就有助于
消除生命意欲——其现象却是如此的悲苦——因为这会强化我已开始有 524
的对这世界真正本质的认识，以致这认识能够成为我的意欲的最终镇静剂和让我得到永远的解救。”

众所周知，不时就重复会有自杀扩展至小孩的事情：父亲首先杀了他很爱的小孩，然后自杀。我们只要想想：良心、宗教和所有传承过来的观念都让他认识到杀人是至为严重的犯罪，但他在自杀的一刻做出这样的犯罪行为，而且并没有任何的自私动因夹杂在里面，那对这样的行为就只能这样解释：在此，个体的意欲在孩子那里重又认出了自己，虽然囿于幻想而把现象当作自在的本质，与此同时又深感于所认识到的一切生命的悲惨，现在就误以为与那现象一道把那本质本身也一并消除了，因此，他就想将自己和孩子——在孩子那里他直接看到自己再度活着——从那存在及其惨况中拯救出来。与这相当类似的错误，就是人们误以为通过在授精时挫败大自然的目的就能实现自愿贞洁所能成就的同一样东西；或者在人们考虑到生活那不可避免的痛苦时，促成新生儿的死亡，而不是做出一切来保障力争进入生命者以生命。这是因为假如意欲在那里存在，那就任何暴力都无法挫败它，因为它是唯一形而上的东西或说自在之物；暴力只能破坏它在这一地点、这一时间的现象。意欲本身不会通过任何东西所取消，除了通过认识以外。因此，解脱的唯一的途径是：意欲不受妨碍地显现，以便在这现象中能够认识其自身本质。只是由于获得了此认识，意欲才可以取消其自己，并一并终结了与其现象不可分离的痛苦。但这可不是通过使用自然物质暴力就

525 可能成事的，正如毁坏种子、杀死新生儿或者自杀那样。大自然恰恰就是引导意欲走向光明，因为意欲只有借助于光明才可以得到解救。因此，要以各种方式促成大自然的目标——一旦生命意欲，即大自然的内在本质做出了抉择。

一种特别性质的自杀看上去与一般的自杀是相当不一样的，但这种自杀或许只是还没有得到足够的查证而已。那是由于高度的苦行而自愿选择的饥饿之死，但其现象却始终伴随着许多宗教狂热乃至迷信，并因此而变得含混不清。但看上去，那完全否定生命意欲似乎已到了这样的级别：甚至通过吸收食物以维持身体的植物性生命的意欲都已经没有了。这种性质的自杀远不是出自生命意欲，其实，这个完全死心断念的苦行者单纯是因为他根本就不再意欲（愿望）活下去而停止了活下去。在这种情况下，除了饥饿而死以外，难以想象还有另一种其他死亡方式（除非那是出自某一特别的迷信），因为要把苦痛缩短的目的的确就已经是某种程度的肯定意欲。这样一个赎罪者的理性中所充塞的教义在这期间给他这样的臆想：存在着一个更高一级的生物命令他禁食——而其实，是他的内在倾向驱使他禁食的。这一类的旧例子可见之于在布雷斯劳出版的《自然和医学故事集》，1799 年，9 月，第 363 页；比尔编辑的《学问共和国的消息》，1685 年，2 月，第 189 页及后面；在齐默尔曼的《论孤独》，第 1 卷，第 182 页；在《科学学士院的故事》中的一篇由乌图恩写的报道，而这又转载在《实践医生的合集》，第 1 卷，第 69 页。此后更多的报道，我们可见之于胡夫兰的《实践医术杂志》第 10 卷，第 181 页和第 48 卷，第 5 页；也见之于纳瑟的《精神医生杂志》，1819 年，第 3 期，第 460 页；在《爱丁堡医学和外科杂志》，

1809，第 5 卷。1833 年，所有大小报纸都报道了英国历史学家，林加 526
德，1 月份在都佛自愿绝食死亡；根据后续的报道，死亡的并不是林加德本人，而是林加德的一个亲属。但是，在这些消息的报道中，这些人大都被描述为精神失常，也再没有什么办法可以查明这些在多大程度上是真的。但我想把这一类事情的最新一则报道记录在此，虽然只是为了稳妥保存一个例子，以说明这所说的人性中那值得注意的和异乎寻常的奇特现象，而这人性的奇特现象，起码根据其表面看来，是属于我想要将其纳入的范围，除此之外，就很难对其解释。这所提到的新近的报道登在 1813 年 7 月 29 日《纽伦堡通信者》，文字如下：

> 伯尔尼发来的报道：在图恩（Thurnen）附近一处繁密的森林中，人们发现一间小茅舍，并在里面找到一具大概已死了一个月的男性腐烂尸体，其所穿的衣服并没有提供多少有关那穿着者情况的信息。两件非常细薄的衬衣摆在尸体旁边。最重要的物品就是一部《圣经》，里面夹着一些白纸，其中一些白纸上被死者写上了一些东西。他在白纸上报告了他从家里（但家在哪里却没有说）启程的日子，然后，他说，他是受到神的精灵的驱使，赶往荒野中去祷告和绝食。他在到此的旅途中已经绝食了 7 天；然后，他再度进食。在这安顿下来以后，他又再度开始绝食，并且是绝食同样多的天数。现在，则是每过一天就写下一划，在纸上共有 5 划。而在这之后，那朝圣者估计就已经死亡了。被发现的还有一封写给一位牧师的信，是有关死者从那牧师那里所听过的某一传道。但这封信却没有写上地址。

在这种出自极端的苦行与一般由于绝望而萌生的自愿死亡之间，或许有

多种多样的中间阶段和交织阶段，虽然这些是很难说明的，但人的情感、
527 气质是深邃、模糊和复杂的，要弄清和阐明这些本来就是极为困难的。

§ 70

人们或许会认为我们到此已经结束了对我称为否定意欲的整个描述，与我之前对必然性的分析并不一致，而那所说的必然性同样属于动因因素，一如其属于根据律的每一其他形态；根据此必然性，动因一如所有的原因，就只是机会原因，而有了这些机会原因以后，在此性格就发挥和展示其本质，伴随着某一自然法则的必然性把这表露出来；所以，我们在之前的分析中直截了当地否认作为“不受任何影响的意愿选择”的自由。我非但不是要在这里取消这一点，反倒是要提起这事情。事实上，真正的自由，亦即独立于根据律，就只属于作为自在之物的意欲，而不属于意欲的现象，而意欲现象的根本形式无论在哪里都是根据律，是必然性的组成部分。但让那种自由也可以直接在现象中看得见的一种情形，就是当意欲终结其所显现的现象，并且因为在这期间，那单纯的现象（只要其仍是因果链条中的一环）、那有生命的身体，仍继续存在于包含着现象的时间之中，所以，那通过这现象而表现出自身的意欲，就会与这现象形成矛盾，因为这意欲否定现象所要表达的东西。在这种情形里，例如，生殖器，作为可见的性冲动，在那存在着并且是健康的，但在最内在深处却不欲求任何的性欲满足；那整个身体就只是生存意欲的可见表达，但顺应与这意欲相符的动因却再也无法发挥作用了；事实上，这身体的解体、这个体的终结及以此对自然意欲的最大阻

碍，对这意欲来说是受欢迎的和巴不得如此的。这一现实的矛盾产生于并不晓得任何必然性的意欲的自由本身直接介入意欲的现象的必然性；而我们一方面所宣称的意欲根据其性格而受到动因的左右和决定的必然性，另一方面又宣称的完全消除意欲的可能性（这样，动因也就变 528 得无能为力了）——这后一种矛盾，就只是在哲学反省思维中对上述现实的矛盾的重复而已。但是，统一这对矛盾的钥匙却在于：那让性格摆脱了动因的威力的状态，并不是直接发自意欲，而是发自某一改变了的认识方式。也就是说，只要认知仍受到个体化原理的束缚，对根据律是绝对的亦步亦趋，那动因的威力就是不可抗拒的；但当个体化原理已被看穿了，那些理念、自在之物的那些本质，已被直接认识到就是在所有事物中的同一个意欲，并且从这一认识产生了对欲求的某一普遍的镇静剂，那个别的动因就不再对意欲发挥作用了，因为顺应意欲的认知方式，就完全被另一种认知方式所掩盖，变得不重要了。因此，性格虽然从来不会部分地、零碎地改变，而是肯定带着某一自然法则的一贯性在个别之处实施和执行那意欲——而这性格就是这意欲的整个现象——但恰恰是这整体，这性格本身，是可以通过上面所说的认知的改变而完全消除的。这样的意欲消除也就是马蒂亚斯·克劳迪乌斯以上面所引的天主教式的、超验的转变所标示和赞叹的东西，这恰恰也就是在基督教教会中非常准确地名为重生的东西，而这重生所出自的认识，就名为“神恩作用”。也正因为这说的不是某一改变，而是对性格的一种全部消除，所以，在那性格消除之前，尽管所涉及的性格是不同的，但在消除之后，在行为方式上却展现出极大的相似性，虽然每一个人仍根据其概念和教义而说着非常不同的东西。

在这一意义上，具体地说，那古老的、一直受到争议的和一直有人
529 宣称的意欲是自由的哲学观点，就不是没有根据了，教会有关神恩作用和重生的教义也不是没有意思和没有含义的。但我们现在却意想不到地看到上述两者重叠为一了，从现在起能够理解杰出的马勒伯朗士是在什么意义上说的这句话了，自由是个神秘之谜，并且他说得很对。这是因为恰恰是基督教神秘主义者所称的神恩作用和重生，对于我们是对意欲是自由的唯一直接的表达。只有当意欲终于认识到了其自在的本质，并由此认识获得了某种镇静剂，也恰恰因为这样摆脱了动因的作用——因为动因是处于另一别的认知方式的地盘，其客体就只是现象——只有到了这时候，自由才会出现。以此方式表现出自由，这样的可能性是人的最大的特权，这一特权是动物永远不会有的，因为理性的深思熟虑是这特权的先决条件，这理性的深思熟虑不受现时的印象的影响，让我们得以纵览生活、生命的整体。动物并没有自由的一切可能性，正如动物没有某一真正的，也就是深思熟虑之下、先期经过了动因与动因之间的一番完整的较量（为此目的，这些动因必须是抽象的表象）的选择的可能性。因此，正是以石头掉向地面的同样的必然性，饿狼的牙齿咬进了其猎物的肉里，而没有认识到它既是撕咬者，也是被撕咬者的任何可能性。必然性是大自然的王国，自由则是神恩的王国。

正如我们已看到的，因为那种意欲的自我消除是发自认知的，但像这样的一切认知和识见却并非有赖于人意的，所以，那种否定欲求、那种进入自由，并不是通过意图和打算而勉强得到的，而是发自人的认知与欲求的最内在的关系，因此是突如其来的，犹如从外飞至。这就是为什么教会把这名为神恩作用：正如教会仍然把这视为有赖于接受神

恩，同样，镇静剂的作用最终也是意欲的一个自由行动。正是由于这样的神恩作用的缘故，人的整个本质从根本上改变了和翻转了过来，以 530 致他不再意欲他到此为止一直强烈意欲着的东西，因而的确就好比是一个新人取代了旧人，所以，教会就把这神恩作用的结果名为重生。这是因为教会所名为的自然人，这些被教会否认具有向善的一切能力的人，恰恰就是生命意欲，是必须否定的——假如要实现从类似我们的存在这种存在中获得解救的话。也就是说，在我们的存在的背后隐藏着某种别样的东西，这也是只有通过摆脱了这世界才可接近的。

基督教的教义并非在遵循着根据律考察个人，而是在考察那一体的人的理念的情况下，在亚当身上象征了自然、肯定生命意欲；而亚当遗传给我们的罪孽，亦即在理念中我们与他的一体性——这在时间中通过生殖的纽带表现出来——让我们所有人都共有了痛苦和永远的死亡。相比之下，基督教的教义在道成肉身（或说神成人）那里象征了神恩、否定生命意欲、解救，而这由神所成的人，脱离了一切罪孽，亦即脱离了一切生命意欲，就不可能像我们那样是出自最坚决的肯定生命意欲，也不可能像我们那样具有一具肉身，而这肉身完全、彻底地只是具体的意欲，只是意欲的现象；相反，他是诞生自纯粹的处女，也只具有一个幻影般的身体。这最后一点是依照幻影说教派的说法，亦即依照某些在此问题上前后非常一致的神学大师的说法。阿彼利斯尤其表明这一点，而德尔图良则对阿彼利斯及其追随者持反对意见。甚至奥古斯丁本人也对《罗马书》8:3这一段“神就差遣自己的儿子，成为罪身的形状”，作了这样的评论：“这不是罪恶的肉身，因为那不是诞生于肉欲的；但他却是与罪恶的肉的形体连在一起的，因为那是可朽的肉身。”（《学道友发蒙》，83，问题66）奥古斯丁也在他的著作《驳朱利安残篇》，第1，47教导说："原罪是罪的同时也是罚。那在新生儿那里就已经有了，但却只是在他们长大以后才展现出来。但这罪恶的起源来自罪人
531 的意欲。这罪人就是亚当，但我们所有人都存在于他那里：亚当是不幸的，存在于他那里，我们所有人都成了不幸的。"的确，原罪（肯定意欲）学说和解救（否定意欲）学说是构成了基督教内核的伟大真理；而其余的则大都只是外衣和包裹物，或说附件和装饰物。据此，我们应该始终在普遍性中理解和解释耶稣基督，当作一种象征或者拟人化的否定生命意欲，但不是当作一个个体——无论是根据在《福音书》中有关他的神话式的故事，还是根据那构成了《福音书》基础的或许是真实的故事。这是因为无论是前者还是后者都不会轻易完全满足我们。这仅是承载前一种理解的工具，是为大众服务的，因为大众始终要求某些事实性的东西。至于在新时期，基督教忘记了自己的真正意义并沦为肤浅的乐观主义，那与我们这所说的无关。

此外，奥古斯丁在得到教会首脑赞同的情况下，对抗伯拉纠派的陈词滥调而作出辩护的，是基督教的一个原初的和福音的学说；路德也把清理其谬误和再度加以强调作为追求的首要目标的，正如路德在《论意志的束缚》中所直截了当说了的。这一学说就是：意志（意欲）并不是自由的，而是从原初就屈从于作恶的倾向；因此，意欲的事功始终是罪恶的和有缺陷的，是永远无法满足公正的；最后，由此可见，根本就不是这些事功，而是信仰，才是唯一让人进入天国的；这信仰本身并非出自决心、意图和自由的意志（意欲），而是通过神恩作用产生的，并没有我们的参与，就像是从外而至降临我们身上。不仅之前所提过的教

义，甚至这后一种真正的福音教义，也被时至今日的一种粗陋和肤浅的观点当作是荒谬的的东西而遭摒弃或者隐藏起来，因为当今的这些肤浅观点，就算有了奥古斯丁和路德，也还是与伯拉纠家庭主男的思维（而今天的理性主义就是这样的东西）更投缘，而这些观点恰恰把这些深刻的、最狭义的基督教所特有的和基督教本质性的教义贬为陈旧和过时的东西，而在另一方面，却唯独紧抱源自犹太教和被保留了下来的、只是 532
在历史过程中与基督教结合在了一起[1]的教义，并奉为圭臬。 但我们

---

[1] 情形的确如此，这可以从这一点看得出来：一旦人们不予考虑犹太教的基本教义并认识到人并不就是别人的产物，而是人的自身意欲的产物，那由奥古斯丁前后一致地系统整理和归类的基督教教义中所包含的所有矛盾和让人费解之处——这些恰恰导致了相对立的伯拉纠的陈词滥调——就烟消云散了。然后，一切马上就清晰无误了，那就不再需要任何的"行动"之中的自由了，因为这自由就在"本质"那里，而罪孽，作为原罪，也恰恰就在那里；但神恩作用却是我们自己的。相比之下，对今天的理性主义观点来说，许多奥古斯丁的奠基于《新约》学说的教义学看上去是完全站不住脚的，甚至是让人气愤的，例如"天命注定"。因此，人们就摒弃真正的基督教和返回到粗糙的犹太教。不过，基督教教义学的失算或说原初缺陷的地方，是人们永远不会去探究一番究竟的地方，亦即恰恰就是人们认定是既定和确实的、不需任何检验的地方。把这地方抽掉的话，那整个教义学就变得合理了，因为那些教义，正如其破坏所有其他的科学，也破坏了那神学。也就是说，假如有人细究一下在《上帝之城》（尤其是第 14 卷）奥古斯丁的神学，他就会有类似于想要把一个重心在外的物体站立起来时的感觉：无论人们如何这里或者那里摆放，那物体就始终再次倒下来。那么在这里，尽管奥古斯丁用尽一切努力、搬出了诡辩，这世界的罪孽及其苦痛始终是要返回到上帝那里的，因为上帝创造出所有这一切和一切中的一切，此外，上帝也知道事情是要如何发展的。至于奥古斯丁本人也意识到个中的困难和对此感到蹊跷，我在我的获奖论文《论意欲的自由》（第 1 版，第 4 章，第 66—68 页）中已经证明了。同样，上帝的至善与世界的苦况的矛盾，一如意欲的自由与上帝的先知先觉的矛盾，是在笛卡尔派、马勒伯朗士、莱布尼茨、贝尔、克拉克、阿尔诺等之间展开的一场几乎长达百年的争议的永不枯竭的话题。但争论者唯一固定的教义就是上帝的存在连带上帝的特质。他们就不停地绕着圈子，因为他们试图让那些东西和谐相处，亦即解决一道永远无法除尽的算式：那余数在别的某处隐藏好以后，一会儿在这里一会儿又在那里冒了出来。但要在那根本的前提中探究这困境之源，却恰恰是没有人想到的，尽管这已清楚无误地显现出来了。只有贝尔让人们看到他留意到了这一点。

533 在上面提过的学说中认出了与我们的考察结果完全吻合一致的真理。也就是说，我们看到了思想意识中真正的美德和神圣特质，其首要起源并不是反复思考以后的随意选择（事功），而在于认识（信仰），这恰好也是我们从我们的主要思想中所阐明的道理。假如发自动因和经思考以后的决心与意图的事功是将人引往极乐的东西，那无论人们想要怎么转来兜去，美德就只不过是精明的、讲究方法的、眼光长远的自私自利。但基督教教会许诺以天福、极乐的信仰是这样的：正如我们由于第一个人的原罪而所有人都共有了其罪孽并遭受死亡和毁灭，我们也只有通过神恩和通过神的中介人担当起我们的惊人罪责而获得解救，并且是在我们并没有做出任何功德的情况下，因为那出自一个人带有目的的（是由动因所决定的）行为的东西，亦即事功，是永远无法为我们赦免罪孽的，根据其本质就是完全不可以的，恰恰因为这是带有目的的，是由动因所引致的行为，是"因功生效"。因此，这一信仰的含义首先是：我们的处境从原初和本质上看，是不可救药的，我们需要从中获得解脱；其次，我们本身是属于恶的并与恶如此紧密地联系在一起，以致我们根据规律和规定，亦即根据动因而做出的事功，是永远无法满足公正的要求的，也不会让我们解脱；其实，要获得解脱，就只能通过信仰，亦即通过某一改变了的认识方式，而这信仰本身就只能通过神恩，因而就像是从外而至的。这意味着得救、解脱对一个人来说是相当陌生的，这指示着要否定和放弃这一人格、个性的个人——这对得救是必不可少的。事功、遵循诸如此类的规律，是永远无法赦免罪孽的，因为这些始终是随动因而做出的行为。路德在《论一个基督徒的自由》中要求：在信仰出现了以后，良好的作为完全自动地由此而出，是信仰的

标志，是信仰的果实，但其自身却绝对不据此就可以邀功、可以赦免罪 534
孽或者得到报酬；相反，这些良好的作为是完全自愿和无偿地发生的。这样，在越来越清晰地看穿个体化原理的过程中，我们首先产生的只是自愿做出的公正，然后是仁爱，直至完全地放弃自私自我，而最终就是死心断念，或说否定意欲。

我把这些基督教信仰学说的教义，把这些本来与哲学并不相干的东西拉到这里来，目的只是要展示：那出自我们整个的考察，并与其各个部分都精确吻合一致和联系在一起的伦理学，尽管其表达方面是崭新的和闻所未闻的，但就其本质而言，却一点都不是这样，而是与基督教真正的教义相当吻合一致的，在本质性方面，甚至包含和存在于这些教义本身中，正如其也与用完全不一样的形式所陈述的学说和印度圣书中的伦理学规定同样精确吻合一样。与此同时，回忆起基督教教会的教义会有助于阐述和说明这两者之间似乎的矛盾，即一方面，有了动因（自然的王国）以后，性格的所有表现的必然性；另一方面，意欲本身否定自己和消除（神恩的王国）那性格，以及一切建基于那性格的动因必然性的自由。

§ 71

在此，就在我结束对伦理学的基本特点及与其连带的、旨在传达的那个思想的整个论述之时，我一点都不想隐瞒与这最后一部分阐述相关的一个责难；相反，我想要指出：这责难涉及了问题的本质，是绝对不可能消除的。这责难就是：在我们的考察最终走到了这一步以后，亦即我们在所说的圆满的神圣性中看到的就是否定和放弃所有的欲求，并正以此从这世界（其整个的存在展现给我们的就是痛苦）中得到解救，那正是这状态，在我们看来就是化为一种空无了。

535 对此，我首先要说的是，无的概念本质上是相对的，始终只是涉及某一确定的、它要否定的东西。人们（主要是康德）只把这特性赋予缺失的无，由符号“-”标示，与符号“+”相对；这个“-”，从相反的视角看，却可以成为“+”；并且与这缺失的无相对应，人们提出了绝对的无（或说“否定性的无”），而这也就是在任何一个方面都是无，对此，人们用了逻辑性的、自相抵消的矛盾作为例子。但更仔细地考察一下，任何完全的无、任何真正的绝对的无，只是想象一下都根本不可能；其实，任何这一类的无，从某一更高的角度看，或者纳入某一更宽泛的概念之下，都始终只是某一缺失的无。每一个无之所以是这样的无，都只是在与某一其他东西的比较和关系中，因而是以其他东西为前提条件的。就算是一个逻辑上的矛盾，也只是某一相对的无。逻辑上的矛盾并非理性中的任何思想；但那并非因为这样就是绝对的无。因为这是一种字词组合，是说明空洞无物的思维的一个例子，而这种东西人们在逻辑学中是必然需要的，目的是证明思维的法则。因此，假如我们为了这一目的而找出一个这样的例子，那我们就会抓住那些胡说八道的瞎扯，将其作为恰恰是我们要找的明确、实在的东西，就会跳过有意义的想法，将其当作否定的东西。由此可见，每一个否定性的无，或说绝对的无，假如是要将其纳入一个更高的概念之下，那就会显现为仅仅只是缺失的无，或说相对的无，而这就始终可以与其否定的东西交换符号，以致那作为否定的东西就会被思维成实在、具体的东西。这也与柏拉图在《诡辩派》(第 277—287 页，比蓬蒂尼版）所给出的对“无”的艰难的、辩证的探究的这一结果是吻合一致的：当我们证明了：另一种存在，其性质就在于和分散处于相互关系之中的所有存在物，当我们把这一性质的每一个别部分与存在物相对照的时候，我们就敢断言：恰恰是这存在物，其实是不存在的。

一般被认为是明确的、实在的东西，我们所称的存在物、对其否定要 536
以最普遍含义的无的概念来表达的东西，恰恰就是表象的世界，而这我已经证明就是意欲的客体化、意欲的镜子。我们本身也恰恰就是这意欲和这一世界，那表象根本上也是作为这世界的一面属于这世界：这些表象的形式就是空间和时间，因此，一切对这一视角来说是存在的东西，就必然在某一处地点和在某一个时间。此外，概念、哲学的材料，还有标示概念的符号字词，也都属于表象。* 对意欲的否定、消除和意欲的转向，也就是这世界、这意欲的镜子的消除和消失。假如我们在这面镜子中再看不到它了，那我们就会徒劳地询问它转向何方了，并且因为它再没有了某一处地点和某一时间，我们也就哀叹它已化为了无。

一个倒过来的视角——假如这是可能的话——就会替换掉标志，对我们来说就会将存在的显示为无，而将那所说的无显示为存在。但只要我们是生存意欲本身，那个无就只能以消极、否定的方式为我们所认识和所形容，因为恩培多克勒说的古老道理，即一个人只能认识与他相类似的东西，正好在此使我们失去了任何的认知，正如反过来，我们的一切现实的知识的可能性，亦即作为表象的世界或说意欲的客体性，最

---

* 在此版本中这一句是没有的，但都出现在后来出版的其他版本中。

终恰恰就是基于这一古老道理。因为这世界就是意欲的自我认识。

但假如对哲学只能用消极、否定的方式表达为否定意欲的东西，一定坚持要以某种方式达致某种明确的、实在的认识，那就别无他法，而只能指出这样一种状态：所有达到了圆满否定意欲以后的人都会体验到这种状态，是人们形容为狂喜、神思缥缈、澄明顿悟、与上帝合一等状态。但这种状态却是不能真正名为认识的，因为这不再具有主体和客体的形式；此外，也只有自己才可体验，而无法进一步传达给他人。

537 但我们这些完全站在哲学的立场、角度的人，不得不在此满足于那否定性质的认识，满足于已经抵达肯定、实在东西的最终边界石。也就是说，假如我们认识到了世界的自在本质就是意欲，其所有的现象就只是意欲的客体化，并且追踪着这些现象，从昏暗的自然之力的不具认识力的冲动，一直到人的最充满意识的行为，那我们就根本不会回避这一结论：随着自愿地否定、放弃意欲，那么，意欲所有的那些现象也就一并消除了，那些持续的、并没有目标、也不会休止的在客体化的各个等级上的冲动和熙攘（这世界就以此构成的），那在等级上紧接着的各式各样的形式、形状，也就消除了；伴随着意欲，意欲的整个现象消除了；最终，这些所具有的普遍形式，时间和空间，还有那最终的基本形式——主体和客体——也都消除了。没有了意欲，就没有了表象，没有了世界。

在我们的面前，确实就只是无，但那对抗这种化为无的，亦即我们的本质，的确恰恰就只是生命意欲，而我们自己就是这生命意欲，一如生命意欲就是我们的世界。至于我们如此极度憎恶这个无，不过就是以另一种方式表示：我们极度意欲（欲求）生存，除了是这一意欲以外，我们就什么都不是了，并且除了知晓意欲以外再也不知道任何其他。但假如我们把目光从我们自己的贫乏、束缚和偏见转向那些克服了这世界的人：在他们那里，意欲达致了圆满的自我认识，所有的一切重又认出了自己，然后自由地否定自身；然后，它就只是耐心等着看到意欲的最后痕迹连带其赋予了生命的肉身一道消失——那么，展现给我们的，就不是永无休止的欲望冲动和忙碌活动，不是不间断地从愿望到害怕和从高兴到悲伤的转换，不是永远无法满足的和永远不会消失的希冀（而这就构成了意欲着的人们的人生梦想）；我们所看到的，是那种高于一切理性的平和，那种完全是大海般宁静的心情，那种深沉的安宁，不可动摇的信心和喜悦，仅仅是这些在容貌上的痕迹，正如拉斐尔
和柯勒乔所描绘的，就是完整和可靠的福音：剩下的只有认知，意欲已 538
经消失了。但我们是怀着深切的和苦痛的渴望憧憬着这种境界，而相形之下，我们自己那无可救药的苦况通过对照而完全清晰地展现出来了。尽管如此，这样的思考却是唯一能够持续地予以我们安慰的，假如我们一方面认识到不可救药的痛苦和无尽的悲伤对意欲的现象、对这世界是本质性的，另一方面看到随着对意欲的消除，这世界也就分崩离析了，在我们面前只保留了空空的无。因此，以这样的方式，通过观察和思考圣者的生活和行止——在我们自己的经历中这些当然是绝少有机会遇到的，但这些却可以由他们记载下来的历史、故事，以及带着可靠的内在真实印记的艺术，展现在我们眼前——我们必须驱除那种“无”的阴暗印象：这“无”作为一切美德和圣洁的最终目的漂浮在它后面，而我们则像小孩子惧怕阴暗一样地惧怕这“无”。我们甚至不要回避这“无”，就像印度人那样通过神话和含义空洞的字词所做的那样，例如

吸收梵天，或者佛教的涅槃。我们毋宁敞开直言：在完全消除了意欲以后，所剩下的，对所有仍充满着意欲的人来说，确实就是无。但反过来，对那些意欲扭转了方向和否定了自身的人来说：这对我们是如此现实的、连带其日月星辰和银河的世界，也一样是无。[1]

[1] 这也正好是佛教徒的《般若波罗蜜多心经》的“一切认知的彼岸”，亦即在那主体和客体都不复存在的那一点（参看I.J.施密特，《论大乘和般若波罗蜜多心经》）。

附录　康德哲学批判

真正的天才，尤其是开辟了新路的天才，有犯下大错而不受责罚的特权。

——伏尔泰

指出一个伟大思想家的著作中的错误，比起清楚和完整地阐明这著 541
作的价值要容易得多。 这是因为那错误是个别的和有限的，因此是可以一目了然的。 相比之下，天才给他的作品打下的印记却是：这些卓越的作品是深不可测的和探讨不尽的，因此，这些作品也会成为绵延多个世纪的永不衰老的大师。 一个真正伟大的思想家的完美巨作总会对全体人类产生深刻、有力和决定性的作用与影响，以致要计量那启发性和阐明性的影响可以抵达多么遥远的世纪和国度，是不可能的事情。 这是永远都会有的情形，因为那作品本身所产生的时代，无论是多么有文化和丰富多样，但那天才就像一棵棕榈树一样仍然高出其所扎根的土壤。

但这样一种深刻和流传广远的作用的影响，却不可以一蹴而就，这是因天才与普通常人之间的巨大壕沟所致。 一个天才在其一生中直接从生活和世界中所吸收和获得的、向他人所展示和阐明的这所获得的和整理好的知识，却不会马上就成为人类的财产，因为人类甚至还没有足够的能力接受天才所能给予的。 相反，就算这天才战胜了不够格的对手——这些对手，在天才的不朽作品刚诞生之时，就对其挑战并想要把人类的解脱扼杀于萌芽之中（这可比喻为在大力士赫拉克勒斯摇篮边的毒蛇）——那些知识还仍要走完一段弯路，遭受无数的曲解和不当的应用，必须经受住要将之与古旧谬误结合起来的企图，并就这样活在斗争之中，直至一代不带偏见的新人成长起来，而这一代人逐渐地、早在青少年时代就从千百条渠道慢慢接受部分这些知识内容，就这样潜移默化和分享了那位伟大
思想家带给人类的教益。 对人类的教育，对天才人物的那些虚弱的但同 542
时又是桀骜不驯的学生的教育，就是这样进展缓慢。 康德的学说也同样只有通过时间才能显现其全部的力量和重要性——当以后有朝一日，那时

代精神本身由于受到那学说的影响而逐渐地得到了改造，在最重要和最内在之处改变了，就那超级杰出思想的威力给出了活生生的证词。我在此一点都不想大胆地抢在这时代精神之前，承担预言家卡尔卡斯和卡桑德拉的不会得到任何感谢的角色。人们就尽管允许我，由于上面所说过的话，将康德的著作视为仍然是非常新的东西，而与此同时，在今时今日，许多人将之视为已经过时了，甚至不重要而被搁置一旁，或者就像他们所说的，已经将其甩在身后了。而更有其他人，由此而变得胆壮和嚣张，根本无视康德的著作，厚颜无耻地以古老的实在主义教条及其经院哲学为前提，继续就上帝和灵魂进行哲学论辩，而这就好比在现代化学中坚持古老的炼金术。此外，康德的著作也不需要我的微弱的赞美之词，而自会永恒赞美其主人，并且，或许虽然或许不是以其字母文字，但仍以其思想精神而永远活在这地球上。

当然，假如我们回顾康德学说最直接的结果，因而回顾自康德以来过去的时期在哲学领域的尝试和所发生的事情，那在我们看来就证实了歌德那一段非常让人沮丧的话："正如水被船只排开以后，马上就重又在船的后面合拢，同样，那些被杰出的思想家撵到了一边并让出了位置的谬误，在这些思想家之后又非常迅速地依照自然规律集结在一起。"（《诗与真》，第 3 部分，第 521 页）但这一时期却只是一个插曲，可说是一切新颖的和伟大的认识都会有的上述命运；这一时期现在显而易见是临近其终点了，因为那如此持续不断膨胀起来的肥皂泡终于爆破了。
543 人们普遍开始意识到：真正和严肃的哲学仍然停留在康德时代。不管怎么样，从康德到我这时期，我不承认在哲学中发生了什么事情；所以，我是直接连接着康德的。

我在这部著作的“附录”中打算做的，严格说来只是申述我这著作所阐述的学说中许多与康德哲学并不一致，甚至互相矛盾之处，表明我的学说是正确的。对康德哲学的讨论是必不可少的，因为很明显，我的思想脉络，尽管其内容有别于康德的思想，却完全受着康德思想的影响，是必然以之为前提的，是从康德思想出发的，并且我承认：我的哲学的形成和发展，其最好的部分，除了得益于直观世界的印象以外，我还要归功于康德的作品以及印度的圣典和柏拉图著作的熏陶。但要就我与康德那仍存在的矛盾之处作出申辩的话，我只能通过批评康德在那些地方的谬误和指出康德的偏差。因此，我必须在这篇“附录”里对康德完全是论战式的写法，而且是严肃和全力以赴的，因为只有这样，那黏附在康德著作中的谬误才会去掉，其著作中的真理才会更闪耀明亮和更稳妥长存。所以，人们不要期待我在内心对康德确实感受到的敬重也会扩展至他的弱点和谬误，因此我只是以至为小心谨慎的爱护和照顾揭露其弱点和错误——因为假如我真的是这样做的话，那我的陈述就会由于躲躲闪闪、转弯抹角而变得无力和暗淡。对于一个仍然在世的人，这样的爱护和照顾是必需的，因为这是人性的弱点：就算是对某一错误最公正的反驳，那也只能是在软话和恭维的情况下进行，并且即便如此，也还是那样的难以接受；而一个数个世纪的导师和一个人类的恩主，起码是值得人们照顾他的人性的弱点，以免给他造成任何的苦痛。但是，逝去的人则摆脱了这些弱点：他的贡献是扎实地摆在那里的，时
间越来越清除掉对其任何过高评价和诋毁贬损。他的错误必须与其贡 544
献区分开来，让其变得无害，然后付诸遗忘。所以，我在这里要开始的对康德的笔战中，我眼中就只盯着他的错误和弱点，带着敌意直面这些

东西，对其进行不留情面的清剿，时刻记住不要出于体谅而对其有所隐瞒，而是要将其置于最明亮的光线之下，以便更稳妥地消灭它们。出于上述理由，我在这样做的时候就既不会感觉到对康德不公正也没有那种不知感恩。甚至为了避免在其他人的眼中任何恶意的假象，我想首先以这一方式显示我对康德的尊崇和感谢之情：我简要地说出在我眼中的康德的功绩和贡献，而且是从如此普遍的视角出发，以致我在这之后要反驳他的时候，用不着触及那些要点。

康德最伟大的贡献是将现象与自在之物区别开来——根据的是这一证明：在事物与我们之间还永远隔着智力，因此，事物并不可以依照其自身可能的样子而为我们所认识。康德被洛克（参看《任何一种能够作为科学出现的未来形而上学导论》，§13，注释 2）引往了这条路子。洛克已经证明了：事物的第二性质，诸如声音、气味、颜色、硬度、软度、光滑度等，作为建基于感官感受的东西，并不属于客观物体，并不属于自在之物本身；洛克只将第一性质，亦即仅仅只是假设了空间和不可透入性的前提条件之下的东西，因而也就是广延性、形体、坚固性、数目、运动性，归于自在之物。不过，洛克所做的这很容易就可发现的、只停留在事物表皮的区别，与康德所做的区别，就好比只是一个年轻、幼稚的前奏。也就是说，康德从一个无可比拟的更高立足点出发，
545 将所有洛克所认为的第一性质的，亦即自在之物的性质的东西，解释为同样只是自在之物的现象，是属于我们的理解功能的，而且这恰恰是因为那理解功能的条件，即空间、时间和因果关系，是我们先验就认识的。因此，洛克从自在之物那里移除了感官功能在现象中所具有的份

额；康德则继续从自在之物那里移除了脑髓功能的份额（虽然不是在这一名下）；这样，现象与自在之物的区别就有了无限加大的意味和深刻得多的意义。为此目的，他必须着手把先验的认识与后验的认识区别开来，而在他之前还没有人以应有的严谨和完整性，也没有人以清晰的意识做过这样的工作。所以，这就成了他深刻探究的主要素材。在此，我们想要马上指出：康德的哲学与其先行者有三重关系：第一重，与洛克的哲学是一种证实了的和扩展了的关系，正如我们刚刚所看到的；第二重，与休谟的哲学是一种修正的和利用的关系，而这一点人们在《任何一种能够作为科学出现的未来形而上学导论》（这些在所有康德的主要著作中最美的和最容易把握的文字，人们读得太少了，因为这会大大减轻研究康德哲学的难度）的“前言”中可看到最清楚地表达了出来；第三重，与莱布尼茨—沃尔夫哲学是明确论战性的和毁灭性的关系。我们在着手学习和研究康德哲学之前，应该先要了解所有这三种学说。那么，根据上述所言，假如现象与自在之物的区别，亦即有关观念（理念）的东西和实在的东西的彻底差异性的学说，就是康德哲学的根本特征，那在康德之后很快就有人宣称这两者绝对的同一性，就为我之前所提过的歌德的话提供了悲哀的证明，尤其是这同一性所依赖的基础，不过就是那胡吹的智力直观，因此就只是在利用煞有介事的表情、浮华夸张的言词和胡言乱语而伪装出的令人敬佩的印象之下重又回到粗糙、庸俗的观点。那成了与迟钝和没有思想的黑格尔的那些更粗糙的荒唐想法相称的出发点。那么，正如康德以上述方式所理解的现象与 546
自在之物的区别，在其理据的深意和思虑周详方面远远超出了在其之前者，那在其结果方面也是同样的无限丰硕。这是因为这完全是自主地、以一种全新的方式、从崭新的一面和在一条崭新的路径上发现的东西，康德在其中表现了柏拉图早就不遗余力反复说过的和以其语言通常是这样表达的真理：这显现给感官的世界并没有任何真实的存在，而只是不停地形成和变易；它是存在的，也是不存在的，对其的把握与其说是一种认识，不如说是一种幻象。这也是在本著作第三篇所提到过的柏拉图著作中最重要的段落、在《理想国》第七部的开首以神话的方式所说的。柏拉图说：人，被绑在一个阴暗的洞穴里，既看不到那真正、原初的光亮，也看不到现实的事物；而只是看到了在洞穴中那点点微弱的火光和在他们背后走过那火堆的真实物体的影子。但人们却认为那些影子就是现实，而决定这些影子相继出现的就是真正的智慧。那以完全另外的方式重述的同一个真理，也是《吠陀》和《往世书》上的主要学说，是摩耶之幕的学说，我们对它的理解也不是别的，而恰恰就是康德所命名的现象，是不同于自在之物的，因为摩耶之幕的作品据称恰恰就是我们所在的这个可见的世界，一个变出来的魔术，一个不会持久的、本身是空洞无实质的假象，就好比视力错觉和梦幻，一道缠绕着人的意识的纱幕，一样说其存在或者不存在都既可以说是对的也可以说是错的东西。但康德不仅以完全崭新的和原创的方式表达了这同样的学说，而且还通过最平静的和最干巴巴的阐述将其变成被证明了的和毫无争议的真理，而不管是柏拉图还是印度人，都只是将其宣称奠基于对这世界的一般的直观之上，将之作为他们意识的直接看法表达出来，更多
547 地是以神话的和诗意的方式，而不是以哲学的方式清楚地表述。在这方面，他们与康德的关系，犹如宣称地球的运动是围绕着静止不动的太阳的毕达哥拉斯门徒希塞塔斯、菲洛劳斯和阿利斯塔克与哥白尼之间的

关系。对这整个世界的幻梦般性质的这种清晰的认识和平静、审慎周详的描述，是整个康德哲学的真正基础，是其灵魂和其最伟大的贡献。康德达致这一成就，是凭借令人惊叹的清醒头脑和技巧，通过细分和逐一展示我们认知功能的整个机制，而客观世界的幻象就是借助于认知功能而产生的。所有这之前的西方哲学，与康德哲学相比，显得难以形容的笨拙；而前者都没有认识到上述真理，并恰恰因此就始终在说着梦话。只有康德将他们突然从这梦中唤醒，所以，那些最后的睡眠者（门德尔松）就称康德为“粉碎一切的人”。康德指出：那在存在，亦即在经验中以牢不可破的必然性统治着的法则，是不可用以推论和解释那存在本身的；因此，那些法则的有效性就只是相对的，亦即只是在存在、在经验世界早已确立和存在了才开始的；所以，当我们着手对这世界存在和对我们自身解释时，这些法则不可以是我们的指南。所有更早时候的西方哲学家都误以为这些法则——依照这些法则，现象与现象互相联结起来，这所有的法则，时间和空间，以及因果律和推论，我都总括在“根据律”的名下——是绝对的和完全没有条件的法则，是“永恒的真理”，这世界本身的存在，就只是依照和符合那同样的法则的结果，因此，依照那些法则的指引就必然可以解开这世界的整个谜团。为此目的而做出的假定——康德在理性的观念的名下对此予以了批评——真正说来，就只是有助于将单纯的现象、摩耶之幕的作品、柏拉图所说的 548
影子，拔高为唯一的和至高的现实，将其置于事物最内在的和真实的本质的地位，并因此使得对事物最内在的和真实的本质的认识成为不可能，亦即一句话，让梦中人继续沉睡下去。康德表明：这些法则和因此这世界本身，是受到主体的认知方式的条件制约的，而由此得出的结论就是：尽管人们沿着那些法则指南继续探究下去和做出更进一步的推论，但在主要的问题上，亦即对这世界自在的和表象之外的本质的认识，不会有任何的进步，而只是像一只在轮子上跑动的松鼠。因此，我们可以将所有武断的教条主义者比之于以为只要他们径直往前走上够长的时间，就会抵达世界终点的人；而康德则可说是环绕过这地球的人，这个人还指出了：因为这地球是圆的，我们横向沿水平运动的话，是不会走得出去的，但通过垂直运动，那或许并非不可能。我们也可以说，康德的学说给予了我们这一深刻的见解：这世界的终点和始发地，并不是要在我们的自身之外，而是要在自身之内寻找。

但所有这些，都是基于教条主义哲学与批判性哲学或超验哲学的区别。谁要想弄清楚这一点和用一个例子具体想象，那他只需通读莱布尼茨的一篇文章作为教条主义哲学的样品，就可以最简捷地达到目的。这篇文章名为《事物的最终起源》，首次印刷在埃尔德曼主编的《莱布尼茨的哲学著作》第 1 卷第 147 页。在此，莱布尼茨是如此彻底地运用实在论和教条主义的方式，在利用了本体论和宇宙论的证明的情况下，对这世界的起源和优秀本质作了先验的阐述，并且是基于“永恒的真理”。在这里，莱布尼茨也附带着又一次承认：经验所显示的是与在此所表明的这世界的优秀特性恰恰相反的情形，但就此问题，莱布尼茨向经验示意说：经验是根本理解不了这些事情的，一旦哲学先验地发话，经验就要闭嘴。现在，作为这整套方法的敌人，批判性哲学伴随着康
549 德出现了。这批判性哲学恰恰把构成了所有这些教条主义大厦基础的“永恒的真理”当作要解决的问题，要调查其起源，然后就发现它是在人的头脑里。也就是说，在此，这是产生于为人的头脑所独有的形式，

而这些形式是人们随身带着的、目的是要把握那客体世界的东西。所以，在此，在这脑髓里就是个采石场，提供了建造那高傲的教条主义大厦的物质材料。但由于批判性哲学为了取得这一结果而必须超越所有至今为止的教条主义所奠基的“永恒的真理”，目的就是把这些当作探究的对象，所以，批判性哲学也就成了超验的哲学。由此又进一步得出这一结论：我们所认识的这一客体世界，并不属于自在之物的本质本身，而只是这本质的现象，受着那先验存在于人的智力（亦即脑髓）的形式的条件制约，因此这世界所包含的，除了现象以外，别无其他。

康德虽然并没有最终认识到这世界的现象就是表象和自在之物就是意欲，但是，他指出了现象的世界也同样是以主体为条件的，正如其以客体为条件一样；并且通过将其现象的至为普遍的形式，亦即表象孤立起来，他阐明了我们不仅从客体出发，而且也从主体出发认识到这些形式，并根据其全部的规律性予以纵览，因为它们其实就是在客体与主体之间的共同分界线；他也得出结论：紧盯着这些分界线，我们既无法深入到客体和无法深入到主体，因此永远无法认识到这世界、自在之物的本质。

康德并非以正确的方式推论出自在之物——这我很快就会说明——而是借助于一个前后不一致的地方，而他就不得不为此受到惩罚，他的学说中的这一主要部分也就受着频繁的和难以抵抗的攻击。他并没有直接认出意欲就是自在之物，然而却为达致这一认识迈出了伟大的、开
创性的一步，因为他描述了人的行为所具有的无可否认的道德含义，显 550
示了人的行为是完全有别于和并不依赖于现象的法则，也无法依照这些现象法则来解释，而是作为某样东西直接触及自在之物。这是评估康德的贡献的第二个主要观察角度。

我们可以将完全推翻经院哲学视为第三个主要观察角度，而以经院

哲学的名称，我在此是泛指从神学大师奥古斯丁开始至临近康德之前结束的整个时期。这是因为经院哲学的主要特征就是由泰纳曼非常准确地给出的：占统治地位的国家宗教对哲学实施监护，而哲学余下所能做的，其实不过就是去证明和粉饰由国家宗教指定了的主要教义。真正的经院哲学家，直至苏亚雷斯，都毫不隐瞒地承认这一点。后来的哲学家则更多的是无意识地承认，或者并不是坦白地承认。人们同意经院哲学只是走到了大约在笛卡尔之前的一百年，然后，就伴随着笛卡尔开始了一个完全崭新的、自由的、并不依赖于一切成文的宗教信条而进行探究的时代；
551 只不过，这样的一种探究事实上并不可以归功于笛卡尔及其追随者[1]，笛

[1] 布鲁诺和斯宾诺莎在此完全是作为例外而被排除的。他们每一个人都独自地孤零零地活着，既不属于其世纪，也不属于他们的大陆，而后者对这其中一个人奖以死亡，对另一个则奖以迫害和羞辱。他们在这西方世界的可怜存在和死亡就像是一株热带植物在欧洲的存在和死亡。他们真正的精神家园是神圣恒河的岸边：在那里，他们会与有着与他们相似的思想和意识的人一道生活，度过平静和受尊敬的一生。布鲁诺在下面的诗句中——他的《论原因、本原与太一》就以这些诗句开首，而正是由于这部著作，他被带上了木柴堆——清晰和美丽地表达了他在他的世纪感觉到多么的孤独，也与此同时展现了对其命运的预感：这预感让他犹豫不决是否要发表有关他所专注的事情，直至高贵的思想者会有的那种要传达他所认识为真实东西的强烈冲动取得了胜利：

我的病态的心情，是什么阻挡你分娩，
你要给予这不配的时代你的著作？
尽管大地上晃动着阴影
但昂起你的峰顶，我的高山，在那苍穹之上！

谁要是读过他这部主要著作，以及他的其余著作——这些以前是那样的稀有，但现在，通过德语版本，每一个人都可以阅读所能接触的意大利作品——那就会像我一样发现：在所有的哲学家中，他是唯一在某些东西上与柏拉图相近的，除了哲学的能力和倾向之外，还附加了很强的诗歌文学能力和倾向，而这哲学能力也尤其以戏剧化的方式展现出来。我们从其著作中可看到的温柔、有思想才智的这样一个人，人们想象一下落在了充当其法官和刽子手的粗野、暴怒的教士手中，会是这样的情形；也感谢时间带来了一个更光明的和更温和的世纪，以致后世——其发出的诅咒对准了那些魔鬼般的狂热分子——现在已是我们当代人了。

卡尔仅仅只是貌似自由地探究和充其量对此争取而已。笛卡尔是一个至为出色的思想家，并且假如我们考虑到他所处的时代，那他是取得了非常多的成就的。但假如我们把这些考虑放在一边，依照他所受到的赞誉——即思想摆脱了一切禁锢和开始了一个不带偏见的、独立探索的时期——而衡量他，那我们就不得不发现：他那仍缺乏真正严肃的怀疑态度——正因此，又是那样迅速和那样差劲地重又屈服了——虽然表露出的样子似乎是要一劳永逸地甩掉那些早年就灌输给人们的、属于时代和国家的看法，但他只是表面上一刹那间是这样做的，他马上就会重又捡起这些东西，越加紧紧地抓住不放，直至康德时期他的所有追随者也是同样的做法。因此，歌德的诗句非常适用于这一类型的自由独立思想者：

那在我看来，如蒙您的恩准，
就像一只长腿的鸣蝉，
总是在那又飞又跳，
在草丛中唱其老调。

康德有其理由做出样子，似乎他也只是这样的意思。他获准可以跳跃，因为人们知道他会折回草丛中去，但他这一次的所谓跳跃却成了飞行，现在，在他下面的人就只能目送着他，而无法再捉住他了。

康德因而大胆地以他的学说阐明所有那些声称每次都被证明了的教义是无法被证明的。思辨神学和与其联系在一起的理性心理学，从康德那里得到了致命的一击。自那以后，它们就从德国哲学中消失了， 552
我们也不要因为以下这种情形而受误导：在人们放弃了这事情以后，那字词和说法还不时地保留了下来，或者某一个可怜的哲学教授对其主子心生畏惧，就听任那真理自生自灭了。要评估康德这一贡献的大小，那只有注意到了那些概念对自然科学、对哲学及在各个方面，甚至对 17 和 18 世纪最优秀的作者所产生的不利影响的人才可以做到。自康德以来，在德国自然科学文献上所出现的语气上的和形而上学背景方面的变化让人印象深刻：在康德之前，那情形一如现在英国的样子。康德的这一贡献是与这一事实相关的；那种失去理智地紧跟现象的法则，将现象法则抬高为永恒的真理并因此把匆匆即逝的现象当作世界的真正本质，一句话，那未经任何深思的沉迷于臆想之中的实在论，在古代、中世纪和现代所有之前的哲学中完全取得了统治地位。柏克莱，就像他之前的马勒伯朗士，认出了那其中的片面性，甚至错误，但却没有能力将其推翻，因为他的攻击只局限在一个点上。因此，这就给康德留下任务，去帮助那观念论的基本观点在欧洲、起码在哲学方面占得主流，而观念论的基本观点在整个还没有伊斯兰化的亚洲是主流观点，而且在本质上甚至也是宗教的基本观点。在康德之前，我们是在时间之中；现在，时间则是在我们之中，等等。

伦理学也被上述那些实在论哲学依照现象的法则炮制，而现象的法则被实在论视为绝对的、对自在之物也是适用的。伦理学因此一会儿建基于幸福学说，一会儿建基于造物主的意志，最后则建基于“完善”的概念，而“完善”的概念，就其自身而言，是相当空泛和没有内容的，因为那只是标示了一种关系，而这关系只有从这概念所应用上的事物那里才获得含义，因为“成为完善”不过就是表明了“符合某一假定
553 的和既定的概念”，这一概念因而必须预先提出来，没有了这一概念，

那“完善”就是一个未知数，所以，只这样说的话，等于什么都没有说。但假如人们在此想要秘而不宣地把“人类”的概念作为前提条件，并因此把争取完善的人性设定为道德原则，那人们以此就只是说了，“人应该成为人的样子”，那我们也就仍像之前那样不得要领。也就是说，“完善”差不多就是“足数、全体”的同义词，因为“完善”意味着在某一既定的情形或者个人那里，代表了、因而的确是存在着其种类概念中所具有的所有本质和属性。因此，“完善”的概念，假如是绝对地和在抽象中应用，那就是一个空无思想的字词，而谈论“最完善的生物”等也是同样如此。所有这些就只是字词垃圾。但是，在前一个世纪，这一“完善””和“不完善”的概念却是流行的钱币，并的确就是几乎一切的道德说教，甚至神学讨论所围绕转动的枢纽。每一个人都将其挂在嘴边，以致最终被弄成了一句真正的蠢话。我们看到就算是时代的最好的作者，例如莱辛，也是以最让人可怜的方式陷入“完善”和“不完善”之中而纠缠不清。与此同时，任何一个有思想头脑的人，都起码暗中感觉到：这概念是没有任何实在内容的，因为那就像一个几何符号一样，只是显示抽象中的一种关系。康德，就像我们已经说过的，将行为无可否认的巨大的伦理学含义与现象及其法则分隔开来，指出前者为直接的自在之物，涉及这世界最内在的本质，而后者，亦即时间和空间，以及填塞时间和空间、在时间和空间中依照因果法则而形成序列的一切东西，则可被视为没有持续性和没有实质的梦幻。

我所说的这不多的和根本无法详尽阐明这一话题的一些话，或许足以在此为我作证：我是承认康德的功绩和贡献的；这让我自己感到满意，并且因为公平正义也要求每一个想要跟着我一起不留情面地指出康

554 德的错误的人，都要记得康德的那些功绩。现在，我就要开始指出康德的错误了。

至于康德的巨大成就肯定也是伴随着巨大的谬误，这单纯根据历史就已经可以得出判断，因为尽管康德在哲学中引起了最伟大的革命，终结了经院哲学——而这经院哲学，在我们所指出的更广泛意义上理解的话，已经持续了十四个世纪——以致真正开始了一个全新的哲学的第三世界纪元，但是，康德的出现所造成的直接结果却几乎只是消极的，而不是积极的。这是因为康德并没有提出一个完整的、崭新的体系，以让其追随者哪怕只是在某一个时间段里能够有所依附和遵循；虽然所有人都留意到发生了某些伟大的事情，但无人真正知道那到底是什么。他们固然看清楚所有一直以来的哲学都是毫无结果的梦幻，现在新世纪已从中醒来了，但是，他们现在对要追随和遵循什么，却是不知道的。一个巨大的空白、一个巨大的需要也就出现了：甚至大众的普遍注意力也被刺激起来了。由此导致不少并没有任何过人才能的人去做各种各样软弱无力的、杂乱无章的，甚至不时是疯狂的尝试，而这可不是由于受到内在冲动和力量感觉（这些东西甚至在最不利的时候也会表现出来的，就像斯宾诺莎的那种情形）的驱动，而对这些人这样的尝试，那一下子被刺激起来的公众仍给予了关注，并且抱着最大的耐性洗耳恭听，而这种情形也只有在德国才得一见。

一如这所发生的情形，很久以前在大自然也是必然发生过的，那就是当一次巨大的公转改变了地球的整个表面，当大海与陆地变更了位置，开阔地为了新的创造物而被平整了。因为在大自然能够推出新

的、一系列持久的、每一样都与其自身和与其他的相和谐的样式之前，
会有长的延续时间，所以，古怪、畸形的有机体就出现了。这些有机体
与其自身和在彼此之间都不相和谐，无法长久维持下去，但恰恰是其至
今仍存在的遗骸带给我们怀念，也纪念着那新形成中的大自然的犹豫和 555
尝试。至于在哲学中，康德带来了一个与此相似的危机和一个奇形怪
状的怪念头时代，正如我们所有人都知道的，那由此已经可以推论：康
德的贡献肯定是不完美的，肯定带有巨大的缺陷，肯定是消极的和片面
的。现在，我们就来探究这些缺陷。

首先，我们要向我们自己清楚解释康德的基本思想——这就是整部《纯粹理性批判》的目的所在——并对其加以检验。康德站在他的前辈——教条主义哲学家——的立场，并因此跟他们一样从下面的这些前设出发：(1) 形而上学是有关一切经验可能性以外的事物的科学。(2) 这种科学是永远无法根据本身只是从经验中提取的公理而获得的（《任何一种能够作为科学出现的未来形而上学导论》§1）；而只有我们在经验之先、因而不依赖于一切经验所知道的东西，才可以走得比可能的经验更远。(3) 在我们的理性中，的确可找到某些这类公理：人们将之理解为出自纯粹理性的知识。康德与其前辈一道也就走到这里，但在此，康德就与他们分道扬镳了。他们说："这些公理，或说出自纯粹理性的知识，是表达事物的绝对可能性的用语，是'永恒的真理'，是本体论的源泉：它们高高在这世界秩序之上，正如命运高高在古老的神祇之上。"康德说，它们只是我们智力的形式，并不是事物实存的法则，而只是我们有关事物表象的法则，因此，它们只适用于我们对事物的把

握，因此并不能超出经验的可能性，而根据第一个前设，我们所着眼的就是经验的可能性以外的东西。这是因为正是这认知形式的先验性，因为其只能建立于那主体的源头，所以就永远地切断了我们对事物的自在本质的认识，并将我们局限于一个仅仅是现象的世界，以致我们并不
556 能够先验地、更不用说后验地认识到事物本身的样子。因此，形而上学是不可能的，取而代之的是对纯粹理性的批判。面对古老的教条主义哲学，康德在此取得了完全的胜利。因此，所有自那以后的教条主义的努力，都不得不采用了与之前的体系完全不一样的别的路径。现在，我就要根据这篇批判所说的目的，给出我采用我的路径的合理理由。也就是说，在对上述立论作出更精确的检验以后，人们就不得不承认：那其中的首要基本假设是“以待决之问题作论据”；它在于（尤其是在《任何一种能够作为科学出现的未来形而上学导论》§1 清楚地提出的）这一命题：“形而上学的源头完全不可以是经验的东西，其公理和基本概念永远不可以取自不管是内在的还是外在的经验。”但对于这特别基本的宣称，却并没有提出任何的根据理由，除了出自那“形而上学”字词的词源学的论据以外。其实，事情是这样的：这世界和我们自己的存在，在我们看来，必然就是一个谜团。这样的话，人们就会毫不犹豫地认定：并不可以通过透彻明白这一世界本身来解开这一谜团，而是必须从某一与这世界完全不同的东西（因为那称为“超出一切经验的可能性之外”）着手探究；并且从那解答中，必须排除掉一切我们能够以某种方式直接认识的东西（因为那就称为可能的经验，无论是内在的还是外在的）；这一解答其实只能通过我们仅仅是间接地，亦即借助于从先验的普遍定理的推论而达致。在我们以这种方式排除掉一切知识

的主要源头和堵死了通往真理的直路以后，我们就不会为教条主义尝试的失败和康德能够阐明这失败的必然性而感到奇怪了，因为人们从一开始就将形而上学和先验的知识视为同样的东西。但真要这样认为的话，就必须首先证明那要解开这世界之谜的材料，绝对不会包含在这世 557
界中，而只能在这世界之外去寻找，那是人们只能在我们先验意识到的形式指引下才能达到的地方。但只要这还没得到证明，那我们就没有任何根据在面对最重要的和最困难的问题时，要堵塞一切知识源头中内容最丰富的源头，那内在的和外在的经验，仅仅只是去运作内容空洞的形式。因此，我认为：对这世界之谜的解答，必须出自对这世界本身的理解；形而上学的任务因而并不是要飞越这世界所存在的经验，而是要从根本上理解这经验，因为经验，无论是内在的还是外在的，确实就是一切认识的首要源头。因此，只有通过恰当的和在正确的点上所实施的外在经验与内在经验的连接，并因此让这两种如此不同的认识源头结合起来，才有可能解开这世界之谜——尽管这可能性也只是在某些局限之内，而这些局限是与我们有限的本质分不开的，以致就算终于正确理解了这世界本身，但仍无法达致对其存在的一个完结性的解释，并就此一举消除了继续有的难题。所以，“直达边界线是正确的”，而我的路径就在早期的教条主义的全知学说与康德的批判性绝望的中间。但由康德所发现的、重要的和以此推翻了之前的形而上学体系的真理，却为我的体系提供了资料和素材。人们可比较我在第 2 卷*第 17 章就我的方法所说的。对于康德的基本思想，就谈这些，现在，我们就要考察这

---

* 即《作为意欲和表象的世界》第 2 卷。

基本思想的阐发及个别的细节。

康德的风格自始至终都带着这样的印记：深思熟虑的头脑、货真价实的和不可动摇的独特性、相当不寻常的思维能力。这风格的特征或许可以很贴切地形容为一种卓越的枯燥。借助于这种枯燥的风格，康
558 德很稳妥地掌控他的概念，然后极为自由地将其扔过来、抛过去，让读者为之惊讶。在亚里士多德那里我也发现这同样卓越的枯燥风格，虽然亚里士多德的要简单得多。尽管如此，康德的陈述常常是不清晰、不确定和不充分的，有时候则是晦暗难明的。确实，这昏暗之处一部分是由于讨论的题材和思想的深度所致，并且可以谅解，但谁要从根本上清楚地理解其个中情形，就会很清楚地知道他所想的和要表达的是什么，就永远不会模糊地写作，永远不会提出摇摆不定、有欠明确的概念，不会为了描述这些东西而从外国语那里组合出极其难懂、复杂的用语，以便在以后应用上它们，正如康德从古老的，甚至经院哲学那里取来字词和名称，然后互相联结起来以服务于他的目的，例如，“统觉的超验合成一体性”和“综合的一体性”就总是用在仅用“结合”就足以表达的地方。再者，一个人一旦解释清楚了一样事情以后，就不会总是重复地解释，而康德对例如“理解力”“范畴”“经验”及其他主要概念就是这样地重复解释。这样一个人，根本上不会不停地重复自己的话，也不会在每一次重新阐述已经说了百次之多的思想时，却再度让其留在恰恰同样模糊之处，而会一次性清晰、透彻和详尽地说出自己的看法，这样也就够了。“我们对一样事情越是明白，就越是下定决心以独特的方式将其表达出来。”笛卡尔在第五封信中说。但康德局部地方的模

糊陈述，其最大的坏处就是成了“让人模仿其缺点的范本”，甚至被误解为权威而发挥了坏的作用。公众被迫看到：模糊并不总是不知所云的：那些不知所云的东西就马上躲到模糊表述的后面去了。费希特是第一个攥住这一新的特权和使劲运用的人；谢林在这方面与费希特比也不遑多让，而一大群没有思想、也不诚实的饥饿的写作匠很快就超越了这两位。但若论搬出纯粹的瞎说以飨读者、胡写一气编织空泛无意义 559
的和疯狂的词网，就像在此之前也只是在疯人院才可听到的东西，那终于达到放肆的极致的，就是黑格尔写的东西，这些也成了至今所曾有过的至为臃肿的普遍故弄玄虚的工具，其结果在后世人看来显得虚幻、难以置信，并将成为德国人幼稚的纪念碑。与此同时，约翰·保罗（*John Paul*）徒劳地写下他的优美的段落，“对讲台上的哲学疯癫和在剧院中的文学疯癫更高的赞赏”（《美学训练》），因为歌德也已经徒劳地说了：

> 人们高谈阔论和好为人师，而不受打扰
>
> 谁又能与疯子一道研讨？
>
> 人们习惯相信：假如听到了字词，
>
> 那话里就总会有某些让人思想的东西。

但我们回到康德的话题吧。人们不得不承认他相当缺乏那种古典的、宏大的单纯、朴实，缺乏率真、坦诚、纯朴。他的哲学没有与希腊建筑艺术的任何相似性：后者呈现给我们巨大的、简朴的、可一眼尽览的比例关系；而康德的哲学却相当有力地让我们想起哥特式建筑风格。这是因为康德头脑思想的一个相当个人的特色就是他对对称性的独特喜好，也就是喜爱丰富多样以便将其整理有序，在从属关系中重现这秩序，就这样地持续不断，恰如人们在哥特式教堂所做的那样。的确，康德有时候做得过分以致变成瞎闹了——在这时候，为顺应他的天性，康德甚至明显歪曲了真理，对待真理就像老式的园林师对待大自然那样，这些园林师所做的就是那些对称的林荫道、四方形和三角形，还有金字塔和球形的树木，以及有着太过和谐匀称曲线的弯曲的矮树篱。我以事实来证明吧。

在康德分开讨论了空间和时间，然后以什么都没有说的“直观中的经验内容就提供给了我们”打发掉这整个我们生活和存在于其中的、填
560 塞了空间和时间的直观世界以后，他马上就一个跳跃，到了他的整个哲学的逻辑基础，得出了判断的表式。从这一表式，他演绎出恰恰一打的范畴，对称地划定在四个标题之下，而这四个标题在这之后就成了可怕的生搬硬套的模式，康德就把这世上的一切事物和在人那里所发生的一切，都强行塞了进去，并未顾虑到任何的强力粗暴，也不会鄙弃任何的诡辩，目的就只是在任何地方都能够重现那表式的对称性。从其对称性中推引出来的首要东西，就是有关自然科学的普遍原则的纯粹生理学表式，那也就是直观的定理、感知的预期、经验的类比和经验思维的假定。在这些原则中，首要的两个是简单的，但最后两个其中每一个，则对称地生发出三条嫩枝。单纯的范畴就是我们所称的概念；自然科学的这些原则却是判断。依据康德有关一切智慧的最高指南，亦即对称性，那排列现在就要在逻辑推论中证明是有成果的，而且要对称地与合乎节拍地这样做。这是因为，正如通过将范畴运用于感官的敏感性，经验及其先验的原则一道对理解力而言就产生了，同样，通过将逻辑推论运用于范畴——这工作由理性依照其所谓的要寻求绝对东西的原

则而完成——就产生了理性的理念。这是以这样的方式进行的：关系的三个范畴给了逻辑三段式推论三种唯一可能的大前提，而三段式推论据此同样可以分为三种，其中的每一种都可被视为一只蛋：理性从这蛋孵出一个理念，亦即从定言推论孵出灵魂的理念，从假言推论孵出世界的理念，从选言推论孵出上帝的理念。在这第二者，在这世界的理念，那范畴表式的对称性又再一次重现了，因为从其四个标题产生了四个论题，而这每一个论题都有其作为对称物的反论题。

我们虽然向造成这纤细建筑物的、的确至为敏锐的组合给予我们的赞叹，但是，我们仍要进一步就透彻检查其基础和其他部分。不过，我 561
要先行给出下面的考察。

令人惊讶的是康德如何不作更进一步思考遵循自己的路子，遵循他的对称性，依照这对称性而把一切都安排得井井有条，却从来不会将被如此处理的某一对象物单独纳入思考。我会更详尽地说明我的意思。在康德仅仅只是在数学中考察了直观知识以后，就完全忽略了其他的、这世界得以在我们眼前呈现的直观知识，仅仅只是抓住抽象的思维，而抽象的思维只是从直观世界那里取得其所有的含义和价值。直观的世界比我们知识中的抽象部分有意味得多、普遍得多和内容丰富得多。事实上，康德从来没有——而这是关键的一点——清楚地将直观知识与抽象知识区分开来，也正因此，正如我们以后会看到的那样，康德就缠绕在与自身的无法解决的矛盾之中。在他以一句空洞的、什么都没有说的“那是现存、既定的”打发掉整个感官世界以后，正如所说的，他制作了判断的逻辑表式作为他的大厦的基础。但在此，他甚至一刻都没有思考过现在事实上就在他眼前的东西。判断的这些形式的确就是字词和字词的组合。但本来首先就应该问：这些东西直接标示了什么？那就会发现这些东西就是概念。然后，第二个问题是有关概念的本质。对这些问题的回答就会表明这些概念与直观表象（这世界就存在于这直观表象之中）的关系，因为直观和反省思维就会被分别开来。现在必须探究的，并不单纯是纯粹的和先验的形式上的表象如何进入意识之中，而且还包括其内容、经验的直观是如何进入意识之中的；但那样的话，就会显示出理解力在此有多大的参与份额，理解力因而根本上是什么，而相比之下，理性事实上又是什么——在此康德写的就是对这
562 理性的批判。至为值得注意的是，他对这理性甚至没有做过一次像样的和足够的定义，而只是偶尔地和在当时的关联需要的情况下对理性作了并不完整和并不准确的解释，完全有违上面所引述的笛卡尔规则。[1]例如，在《纯粹理性批判》第 11 页、第 5 版第 24 页，理性是先验原则的能力；但在第 299 页、第 5 版第 356 页，又一次是这样说的：理性是原则的能力，是与理解力相对立的，而理解力则是规则的能力！那么，人们就会想，在原则与规则之间，必定有着天渊之别了，因为这才让人有合理理由为了这原则或者规则要采用一个特别的认知能力。不过，这巨大的差别据称就只在于：那从纯粹直观中或者通过理解力的形式所先验认识的是规则，也只有从单纯的概念先验得出的才是原则。对这种主观任意的和不能允许的区分，我们以后在讨论辩证法的时候会

[1] 在此请注意：我所引用的《纯粹理性批判》一书是依照第 1 版的页码，因为在《康德全集》罗森克兰茨版本，这一页码始终是一并给出的；除此之外，我这里还补充了第 5 版的页码；所有其他版本，从第 2 卷开始，与第 5 版都是一样的，因此页码也是一样的。

再回头细说。在第330页和第5版第386页，理性是推理的能力；单纯的判断则被康德常常（第69页、第5版第94页）解释为理解力的任务。但他这样说其实就是：判断是理解力的任务——只要判断的根据是经验的、超验的或者超逻辑的根据（《论充足根据律的四重根》，§31，32，33）；但假如那根据是逻辑的根据，正如在逻辑推导中那样，那在此要工作的是一种相当特别的、优异得多的认知能力，是理性。的确，更有甚者，在第303页、第5版第360页，还分析说：从一个命题得出直接结论就仍是理解力的事情，也只有在运用一个中介的概念时，那才是由理性完成的。而例子可从这一命题得到，“所有人都是要死的”， 563
那这一结论“某些要死的是人”仍可通过单纯的理解力推论出来，而要推出这一结论，“所有有学问的人都是要死的”，则要求一种完全不一样的和一种优异得多的能力，即理性。一个伟大的思想家，怎么可能会写出这些东西！在第553页、第5版第581页，理性一下子就成了一切主观任意行为的永恒条件。在第614页、第5版第642页，理性就在于我们能够对我们所宣称的给予说明和解释。在第643页和644页、第5版第671和672页，理性就是能够将理解力的概念联合起来成为理念，一如理解力将多种多样的客体联合起来成为概念。在第646页、第5版第674页，理性不是别的，正是从普遍引申特殊的能力。

理解力同样总是一再地重新得到解释：在《纯粹理性批判》中的七处，在第52页、第5版第75页，理解力是能够产生表象本身的能力。在第69页、第5版第94页，理解力是判断的能力，即思维的能力，亦即通过概念而认识的能力。在第137页、第5版第197页，总的来说理解力是认识的能力。在第132页、第5版第171页，则是规则的能力。

在第 158 页、第 5 版第 197 页，却是这样说的："理解力不仅是规则的能力，而且是基本原则的源泉，而依照那基本原则，一切都在规则之下。"但在上文理解力与理性是相对立的，因为理性才唯一是原则的能力。在第 160 页、第 5 卷第 199 页，理解力就是概念的能力，在第 302 页、第 5 卷第 359 页，那是通过规则让现象一体化的能力。

对这样一些（尽管这些是出自康德的）就上述两种认知能力确实混乱和没有根据的说法，我并没有必要就我所提出的有关上述两者扎实的、深刻的、明确的、简朴的和总是与各个民族和各个时期的语言运用相一致的解释作辩护。我列举了这些是作为证据，因为我指责康德遵循他的对称性的、逻辑的体系，而并没有充分思考被他如此处理的对象物。

正如我上面说的，假如康德认真地探究这两种如此不同的认知能

564 力——这其中之一种就是将人区分开来的特性——是怎么让我们得以认识的，并且根据所有民族和所有哲学家的语言使用，理性和理解力是什么意思，那康德就永远不会在除了经院哲学家用于完全另外的含义的"理论性理智"和"实践性理智"以外，别无其他的权威的情况下，将理性分为理论理性和实践理性，并将实践理性作为美德行为的源泉。同样，在康德如此仔细分开理解力概念（在此名下，一部分是他的范畴，一部分是所有的普通概念）和理性概念（在此名下，是他所谓的理念），并将两者作为他的哲学材料之前——他的哲学的绝大部分就只是有关所有这些概念的有效性、运用、起源——他应该调查一个概念从根本上是什么。不过，这些有必要的调查却遗憾地被完全忽略了，而这就很大程度上促成了直观认识与抽象认识的糟糕混合。这我很快就会

证明。康德忽略这些问题（什么是直观？什么是反省思维？什么是概念？什么是理性？什么是理解力？）时欠缺充分思考，也让他忽略了下面这些如此不可避免的调查和探究：我将之与表象作区别的东西，我称为什么？什么是存在？什么是客体？什么是主体？什么是真理、假象、谬误？但他就只顾着追循他的逻辑模式和他的对称性，既不停下来细想也不四下张望一番。判断的表式就应该是和肯定是一切智慧的钥匙。

我在上面已经提出：康德的主要贡献就在于将现象与自在之物区分开来，宣布这完全可视的世界就是现象，因此否认这世界的法则在现象之外的有效性。确实引人注目的是，康德的所谓现象仅是相对的存在，并不是从这简单的、近在眼前的、无可否认的真理——“没有主体就没有任何客体”——中推论出来，以便用此方式从根源上展示：客体，因为彻头彻尾只是在与主体的关系中存在，所以，客体是依赖于主 565
体的，是以主体为条件的，并因此仅是现象，并不是独自地、也不是无条件地存在。这一重要的命题，柏克莱——对柏克莱的功绩，康德并没有公正对待——早已将它弄成其哲学的奠基石，并因此为自己建成了一座不朽的丰碑，尽管柏克莱本人并没有从这一命题中得出应有的结论，然后就既没有得到人们的理解，也没有得到人们足够的注意。对康德绕开柏克莱的这一命题，我在第 1 版里已经以明显害怕明确的观念主义来解释。与此同时，另一方面，我在《纯粹理性批判》的许多段落中却发现观念主义清楚地表达了出来。因此，我就指责康德自我矛盾。这指责可是有根据的，因为那时候，人们仅仅只了解《纯粹理性批判》第

2 版或者根据此第 2 版印刷的接下来的五个版本。但后来我在读到已成珍本的康德主要著作的第 1 版本时，我异常高兴地看到所有的那些矛盾之处都消失不见了，并发现康德虽然并没有用上“没有主体就没有任何客体”的简明语句，却如柏克莱和我一样明确地宣布：那在空间和时间中呈现在我们面前的外在世界，仅仅是认识到这外在世界的主体的表象而已。因此，例如，他在第 1 版第 383 页中无保留地说道：“假如我拿走了那思想的主体，那整个物体世界就会坍塌，因为那物体世界不是别的，而是在我们的主体感官性中的现象而已，是我们主体的某种表象。”但从第 348—392 页的一整段——在这一段里，康德尤其优美和清晰地表达了他明确的观念主义——却在第 2 版里被他删除了，作为替代，好些与此相矛盾的说法就被塞了进去。以这样的方式，从 1787 年到 1839 年间通行的《纯粹理性批判》文本，就是变形了和破坏了的，这一版本也就成了一本自相矛盾的书，其意义也就因此而变得不清晰和无
566 法理解。对此有关细节，以及对能够促使康德如此损害其不朽著作的原因和弱点，我在给罗森克兰茨教授先生的一封信中写下了我的猜测，其中的主要部分就由他登在其编辑的《康德全集》第 2 卷中他所写的“前言”里。我建议大家参阅。也就是说，由于我的那些看法，在 1838 年，罗森克兰茨教授先生接受劝说，将《纯粹理性批判》恢复其原来的样子，因为在第 2 卷将《纯粹理性批判》依照 1781 年的第 1 版印刷了出来，他也就此为哲学作出了不可估量的贡献，甚至是将德国文献中最重要的著作从或许的毁灭中拯救了过来。而这是人们将永远不会忘记他的。但我们千万不要只是读了《纯粹理性批判》第 2 版或者随后出的某一版以后，就以为了解了它和对康德的学说有了清晰的概念。这是绝

对不可能的，因为我们只是读了残缺的、损坏了的、在某种程度上失真了的文本。 把这在此明确说出来，以警示每一个人，是我的责任。

但康德引入自在之物的方式与在《纯粹理性批判》第 1 版中清楚表达出来的明确的观念论基本观点却无可否认是矛盾的，并且毫无疑问，这就是为什么他在第 2 版删除了我所说的观念论的主要段落和直接表明反对柏克莱的观念主义的首要原因，但这样的话，他就只会把前后矛盾引入他的著作里，而无法纠正其主要缺陷。 这一缺陷就是人所周知的引入自在之物及他所选用的方式，而这种方式是不被允许的——这由 G. E.舒尔策在《埃奈西德穆》中详尽阐明了的——也很快被承认是康德体系中站不住脚的地方。 这问题三言两语就可以说得清楚。 康德的自在之物的假定，虽然隐藏在各种各样的用语之下，但却是建基于根据因果 567
法则的一种推论：经验的直观，更准确地说，我们的感觉器官所接收的感觉——经验直观就由此而出——肯定有着一个外在原因。 但是，根据他自己的和正确的发现，因果法则是先验为我们所知的，所以是我们智力的一种功能，因而是具主体源头的；再者，我们在此对其应用上因果法则的感官感觉本身，无可否认是主体的；最后，甚至空间——我们借助于这应用而将感觉的原因作为客体置于这空间之中——也是我们智力的一种既有的、所以是主体的形式。 因此，整个经验直观无一例外是在主体的根基之上，只是在我们身上发生的事情，并没有什么与此完全不同，并不依赖于此的东西可以拿来作为自在之物，或者可被证明为必要的假定。 经验直观的确是和永远只是我们的表象：那是作为表象的世界。 要到达这表象世界的自在本质，我们就只能走一条完全不一样的、我所选择的途径，借助于自我意识的参与，而这自我意识表明意欲就是我们自身的现象的自在之物。但这样的话，那自在之物就将是完全不同于表象及其组成部分的东西，就正如我所解释了的。

正如所说的，在这一问题上，康德体系那很早就被指出来的巨大缺陷，就是对这美妙的印度谚语的一个证明：“没有不带茎柄的莲花。”那对自在之物的错误推论在此就是那茎柄；但也只是那推论的方式，而不是承认某一自在之物属于既定的现象。但费希特就是以这后一种方式产生了误解，而这只有费希特才做得出来，因为他并不是关心真理，而只是要引人瞩目，以服务于自己个人的目的。据此，他就大胆放肆地和没有头脑思想地否定自在之物，并提出了一套体系：在这体系中，并不像在康德体系中那样，仅仅是表象的形式部分，而且还有那表象中的
568 物质部分，表象的全部内容，也据称是先验地从主体中推导出来的。在这样做的同时，他相当正确地算准了公众是缺少判断力和愚蠢的——这些公众将拙劣的诡辩，将变戏法时所用上的咒语和没有任何意义的含糊其辞当成证据——以致他如愿以偿地将公众对康德的注意力引到他的身上，将德国哲学引往一个方向：在这之后沿着这一方向，谢林就继续发扬光大，并最后在黑格尔的那些不知所云的伪智慧里登峰造极。

我现在回到上面已提到过的康德的巨大失误：他并没有对直观知识和抽象知识作出应有的区分，由此就产生了那糟糕的混乱，我们现在就不得不仔细地对此考察。假如康德清晰地区别直观的表象与仅仅是抽象之中的表象，那他就会将两者彼此分开，人们每一次都会知道他说的是这两者中的哪一者。但遗憾的是，情形并不是这样，虽然就此的指责仍没有声张出去，亦即或许是未曾意料的。他总是谈论的“经验的客体”、范畴的真正对象物，并不是直观的表象，但也不是抽象的概

念，而是与这两者有别的、却同时又是这两者的东西。那完全就是一个荒谬之物。这是因为说来似乎难以置信，但康德就是缺乏思考，或者缺乏意愿要就此与自己取得一致的意见，为自己和为别人清楚解释他的“经验的客体，亦即通过运用范畴所达致的认识”，是在空间和时间中的直观表象（我的第一类表象），抑或抽象的概念。奇怪的是，漂浮在他脑海中的，始终是这两者中的某一中间物，那糟糕的混乱就由此而来，而这就是我现在要揭露出来的。为达到这一目的，我就不得不在大体上详细检查康德的整个基本学说。

“先验的感性学”是一部如此功勋卓著的著作，以致仅仅这一部著作就可以让康德的名字不朽。其论据具有如此充分的说服力，以致我 569
将其中的命题视为颠扑不破的真理，它们无疑属于最富有成果的真理，所以也是这世界上最稀有的真理，即在形而上学中一个真正的、伟大的发现。经他严格证明了的事实，即我们认知的一部分是先验就为我们所知的，除了这构成了我们智力的形式以外，不再允许还有任何其他的解释；事实上，这与其说是一种解释，不如说只是清楚地表达了事实本身。这是因为“先验”的意思不是别的，而是“并非从经验的途径获得的，亦即并非是我们从外在得到的”。但并非从外在而至、是存在于智力的东西，恰恰就是原初属于智力本身的东西，是智力的自身本质。那么，假如这样存在于智力的东西，就在于智力的一切对象物所必然呈现给智力的普遍方式，其实也就等于说那是智力的认知形式，亦即智力发挥和运作其功能的一劳永逸确定下来的方式。据此，“先验的知识”和“智力的自身形式”从根本上就只是对同一事情的两个用语，因而是在某种程度上的同义语。

因此，对先验感性学的学说，我认为是没有什么东西要去除的，要补充的只有几点。也就是说，康德尤其在这方面并没有将其思想透彻完成：他并没有摒弃整个欧几里得的演示方法，哪怕他在第 87 页、第 5 版第 120 页说了：所有几何知识都具有来自直观的直接的证据。很值得注意的是，甚至康德的一个对手，而且是最具刁钻眼光的一个，G.E. 舒尔策（《理论哲学批判》，2，第 241 页）也得出了这一结论：从康德的学说会产生出对几何学的一种与所真正应用的完全不同的处理；这样，舒尔策就误以为给了康德一个反证，但事实上他只是在不知情的情况下，开始向欧几里得的方法开战了。大家可参阅本书第一篇 § 15。

570 经过在先验感性学中所给出的对直观的普遍形式的详尽探讨以后，我们必然期待获得对直观的内容的某些说明，对经验的直观如何进入我们的意识，对这整个对我们来说如此真实和如此重要的世界是如何在我们那里形成的，给出某些解释。不过，就此问题，康德的整个学说除了这一经常重复、什么都没有说的说法以外，其实就没别的了，“直观的经验部分由外在所给予”。所以，康德在此从直观的纯粹形式一跳就跳到了思维，跳到了先验的逻辑。就在那（《纯粹理性批判》第 50 页、第 5 版第 74 页）开首，在此康德不得不触动经验直观的物质部分，迈出了错误的第一步，他就“在前提上”犯错，说：“我们的认知有两个源头，也就是接受印象的能力和自发产生概念的能力：第一种是感受到表象的能力，第二种是通过这表象而认识这对象物的能力；通过第一种能力，给了我们一样对象物；通过第二种能力，我们思考了这一对象物。”这是错的，因为据此，我们有接收能力接收的、因而是来自外在的和唯一真正是“给予的”印象，已经是表象了，甚至已是一个对象物了。但那不过就是在感官感觉中的一个单纯感受罢了，也只有通过应用理解力（亦即因果律）与空间和时间的直观性形式，我们的智力才将这单纯的感受转变成一个表象，而这表象现在就作为在空间和时间中存在的对象物而存在，这表象是无法与对象物区别开来的，除非我们探询那自在之物，否则，那表象与那对象物就是同一的。对这一过程，我在《论充足根据律的四重根》§21 中已详尽说明了。但理解力的任务和直观认知的任务也就此完成了，也为此再不需要任何概念和任何思维：因此，就算是动物也具有这些表象。假如添加了概念，添加了思维——而这些当然是 571
伴随着自发性——那直观的认识就被完全抛弃，一种完全别样的表象，亦即一种并非直观的抽象概念就会在意识中出现：这是理性的活动，但这理性的思维的全部内容，却唯一只能得之于在此之前的直观和这些直观与其他直观和概念的相互比较。但这样的话，康德就已经把思维带进直观里面了，为直观知识与抽象知识糟糕地混为一谈铺下了基础，而这种混为一谈正是我在此着力批评的。他认为直观，就其自身而言，是不具理解力的，纯粹是感官的，因而是完全被动的，也只有通过思维（理解力范畴），才可以把握一个对象。如此一来，康德就把直观带进了思维。但那思维的对象也就再度是某一个别、真实的客体，思维因此也就失去了其本质性的普遍性和抽象性特征；思维所获得的就不再是普遍的概念作为其客体，而是个别的事物，他因此又将直观引入思维里面。由此产生了上述糟糕的混为一谈，而这错误的第一步所造成的后果就扩展至认知的整个理论。通过他的整个理论，直观表象与抽象表象完全混为一谈就抽缩成了这两者的某一中间混合物，康德将其描述为通过理解力及其范畴的认知对象，并把这些认知名为“经验”。很难相信康德本人在思考这理解力的对象时，头脑中想到了某些完全确定的和事实上清晰的东西。我现在就要通过那些巨大的矛盾之处证明这一点，而这些矛盾贯穿那整个先验逻辑，成了那围绕其中的晦暗模糊的真正源头。

也就是说，在《纯粹理性批判》第67—69页、第5版第92—94页；第89、90页、第5版第122页、123页；再就是第5版第135、139、153页，康德再三重复和提醒：理解力并不是直观的能力，其认识并不是直观的，而是推理的；理解力是判断的能力（第69页、第5版第94

572 页），一个判断是间接的认识，是一个表象的表象（第68页、第5版第93页）；理解力是思维的功能，思维是通过概念而进行的认知（第69页、第5版第94页）；理解力的范畴一点都不是对象物出现在直观的条件（第89页、第5版第122页），直观不需要任何形式的思维功能（第91页、第5版第123页）；我们的理解力只能思维，而不能直观（第5版第135、139页）。再就是在《任何未来的形而上学的序言》§20中：直观、感知，只属于感官；判断则唯独属于理解力；在§22中，感官的任务就是直观，理解力的任务则是思维，亦即判断。最后，在《实践理性批判》第4版第247页，在罗森克兰茨版第281页：理解力是推理的，其表象是思想，不是直观。所有这些都是康德的原话。

由此可得出结论：就算我们没有任何理解力，这一直观世界对我们来说仍然会是存在的；这直观世界会以一种完全无法解释的方式进入我们的头脑，而他恰恰是频频通过他的古怪的用语——那直观是既定、给予的——来标明这一点，但又不更进一步地解释这一有欠确定的和形象性的用语。

但康德有关理解力、有关理解力的范畴和有关经验的可能性的全部其余学说，正如他在先验逻辑学有关这些所讲的，却与所有这些引述的说法极其刺眼地相互矛盾。也就是说，《纯粹理性批判》第79页、第5版第105页，理解力通过其范畴将统一性带进了多种多样的直观之中，纯粹的理解力概念先验地指向直观的对象。在第94页、第5版第126页：“范畴是经验的条件，不管那是经验中的直观抑或思维。”在第5版第128页，范畴规定了对对象物的直观。在第5版第130页，所有我们在客体（那还仍是一个直观之物，不是抽象之物）上想象为连结一起的，是通过一个理解力行为才连结在一起的。在第5版第135页，理解 573
力重新被解释为先验去连结和将多种多样的既定的表象纳入统觉一体性之下的功能，但是，依照所有的语言用法，统觉（Apperception）却不是对一个概念的思维，而是直观。在第5版第136页，我们看到与理解力相关的一切直观的可能性的最高原则。在第5版第143页，甚至有这样的标题：一切感觉的直观都以范畴为条件。也是在那里，判断的逻辑功能也让既有的直观的多种多样性纳入一个统觉之下，而一个既有的直观的多种多样性必然地处于范畴之下。在第5版第144页，一体性由于理解力而被纳入直观。在第5版第145页，理解力的思维非常古怪地以这样的方式解释：理解力合成、结合和整理直观的多种多样性。在第5版第161页，经验就只是通过范畴而成为可能，并在于将所感知的——而这些却是直观——联系起来。在第5版第159页，范畴就是对直观对象的先验认识。再有，在这里和在第5版第163、165页，陈述了康德的这一个主要理论：理解力首先让大自然成为了可能，因为理解力为大自然规定了先验的法则和规律，大自然就遵循着这理解力的规律性，等等。但既然大自然是一个直观的东西而不是抽象之物，那理解力就据此必然是直观的一种能力。第5版第168页说道，理解力概念是经验可能性的原则，这些原则就是对在空间和时间中的现象的规定，而现象却肯定是在直观之中。最后，在第189—211页、第5版第232—265页中，有长长的证明（其不准确之处，我在我的《论充足根据律的四重根》§23已详细指出了）：客体的接续和经验对象的并存并不是在感觉上感知的，唯独只有通过理解力带进大自然的，而大自然本身也只有以
574 此方式才成为可能。但确切的是，大自然、事情的次序和状态的并存，都纯粹是直观的，并不仅仅是抽象的想法。

我请各位和我一样尊敬康德的人士整合与协调这些矛盾之处，并指出康德在其有关经验客体和有关经验客体由理解力的活动及其十二种功能所规定的方式的学说中，所思考出的相当清晰和确定的东西。我确信：那所指出了的、贯穿着整套先验逻辑学的矛盾之处，就是那造成极为含糊不清的陈述的真正原因。康德本身也是模糊地意识到这些矛盾，在内在深处也与之作斗争，但却不想或不能将其引入清晰的意识，因此就向自己也向他人掩盖起来，以各式各样的隐秘小道绕开了事。或许也可由此推断康德为什么把认知功能弄成一个如此古怪、复杂的机器，带有如此多的轮子，有十二个范畴，那想象力、内在感官的先验的综合，对统觉的先验的统一，再就是纯粹理解力概念的表格公式，等等。但尽管有着这巨大的装置，康德却根本没有做过努力去解释对外在世界的直观，而这可是在我们认知中的首要问题；他只是相当贫乏地以这同样的、什么都没有说的、形象的词语拒绝这迫切的要求：“那经验

的直观是既有的、给予的。”在第5版第145页，我们还获悉：直观是由客体给予的，所以，这客体必然是与直观有别的某样东西。

假如我们要尽力去探究康德内在深处的、并没有清晰表达出来的看法，那我们会发现：这样一个与直观有别的、但又根本不是一个概念的客体，的确对他来说就是理解力的真正对象；事实上，据称存在着有关这样一个无法设想的对象的一个古怪假设，也只有借助于这一假设，直观才能成为经验。我相信康德一个古旧的、根深蒂固的、无视一切调 575
查的先入为主的定见是那根本原因，让他认定一个这样绝对的客体，认定一个自在的，亦即没有主体而存在的客体。那一定不是被直观的客体，而是将之通过概念考虑到直观中去，作为某样与直观相吻合的东西，而从现在开始，直观就是经验，就获得了只是通过与某一概念的关系才获得的（这与我所说的完全相反，因为根据我所说的，概念唯独是从直观中获得价值和真实性）价值和真实性。将这无法直接表象的客体考虑到直观中去，也就是范畴的真正功能。“只有通过直观才会给出对象物，这对象物也才依照范畴而被思维。”（《纯粹理性批判》第1版，第399页）这一点，在第5版第125页中的一段说得尤其清晰：“那么，问题就是：先验的概念是不是先行的，是作为条件的，而唯独是在这条件之下，某样东西虽然不是被直观到的，但却是作为对象物被思维了。”而对此问题，康德是给予肯定回答的。在此，那谬误和围绕着那谬误的诸多混乱的根源就清晰展现出来了。这是因为如此这般的对象物始终只是对直观而言和在直观中存在：那直观可以由感官，或者在没有感官的情况下，由想象力所完成。而所思维的，就总是一个普遍的非直观概念；这当然可以是有关某一对象物的概念，但那思维只是间接的、借助于概念与对象物有关，因为对象物本身是和始终是直观的。这是因为我们的思维无助于赋予直观以现实性，而直观是有这现实性的——就直观通过自身有这能力（经验的现实性）而言；其实，我们的思维是用于总结直观中共同性的东西和结果，以便保存它们和能够更容易地使用它们。但康德将对象物本身归之于思维，以便由此让经验和
576 客体的世界依赖于理解力，而又不认为这理解力是直观的能力。在这一关系中，康德确实将直观与思维区别开来，却将个别的事物弄成有时候是直观的、有时候是思维的对象物。而事实上，个别的事物只是直观的对象物：我们的经验直观马上在当下就是客观的，恰恰是因为经验直观是从因果关联出发的。经验直观的对象直接就是事物，而不是与这些事物有别的表象。个别事物在理解力中和通过感官被直观：留在这些片面印象中在这时候马上就得到了想象力的补充。而一旦我们转入思维，就离开了个别事物，就要与并没有直观性的普遍概念打交道，虽然我们在之后立刻将我们思维的结果应用在个别事物中。假如我们坚持这一点，那就可看清这样的看法是行不通的，即认为事物的直观只有通过运用十二个范畴的思维，才能获得现实性和成为经验。其实，直观本身就已经有了经验的现实性，因而也就是有了经验，只不过要完成那直观本身，就只有借助于将因果关联的知识——而这是理解力的唯一功能——运用在感官感觉方面。直观因此的确是智力的，而这恰恰是康德否认的。

康德在此受到批评的看法，除了在所引用的地方以外，在《判断力批评》§36一开始的地方也尤其清楚地表达了出来；同样，在《自然科学的形而上学基础》，在对《现象学》的初步解释的脚注中，这也清楚

表达出来了。但人们在康德的门徒的一本书里，发现这带着某种直白和率真至为清晰地展示了出来，而康德在这一棘手问题上是最没有胆量做到如此直白和率真的。即在基塞韦特（Kiesewetters）的《一种普遍逻辑学的纲要》第 3 版，“说明”第一部分第 434 页和第二部分 §52 和 §53；同样的情形还在蒂夫特伦克的《披着纯粹德国外衣的思维学说》（1825）里。那清楚展示了每一个思想家的那些并不怎么思考的门徒， 577
是如何放大了这些思想家的缺点的。康德在阐述他的这已经确定下来的范畴学说时，总是小心翼翼的，相比之下，他的门徒却相当的大胆放肆，并因此披露其错误。

根据以上所说，在康德看来，范畴的对象虽然不是自在之物，但那也是与之极为接近的东西了。那就是自在的客体，是一样并不需要主体的客体，是某一单个的东西，但不是在时间和空间里面，因为那不是直观的；是思维的对象，但却不是抽象的概念。据此，康德实际上做了三层区别：(1) 表象；(2) 表象的对象；(3) 自在之物。(1) 是感官的敏感性问题，对康德来说，与感觉一样，也包括了空间和时间的纯粹直观形式。(2) 是理解力的问题，是理解力另外还通过其十二范畴考虑进去的。(3) 则是超越了一切的可认知性（作为这方面的证据，人们可参看《纯粹理性批判》第 1 版，第 108 和 109 页）。但表象与表象的对象的区分却是没有充足根据支撑的，这已为柏克莱所证明，也是从我在第一篇的整个论述，尤其是从对第 1 章的补充中得出的结论；甚至是从康德自己在第 1 版中完全是观念主义的基本观点中得出的。但假如我们不想把表象的对象看作是表象，并与表象混为一谈，那就必须把它拉到自在之物那边去：到最后这还是有赖于人们对“对象物”这词所赋予的含义。这一点是始终肯定的：在清晰思考的时候，除了表象和自在之物以外，就再没有其他了。那没有根据地插入雌雄同体——表象的对象——就是康德的错误的根源，但拿走了这东西以后，有关范畴作为先验概念的学说也就倒塌了，因为它们并没有有助于直观，据称并不适用于自在之物；相反，我们借助于它们只会思维那些“表象的对象物”，并因此将表象转变为经验。这是因为每一个经验直观已经是经验了：
578 每一个从感官感觉出发的直观就是经验了，理解力借助其唯一的功能（对因果法则的先验认识）将这感官感觉与其原因联系起来，而这原因也就恰恰以这方式在空间和时间（纯粹直观的形式）中表现为经验的对象，在空间中历经一切时间的物质客体，但作为物质客体就始终仍是表象，恰如空间和时间本身。如果我们想要越过这表象之外，那我们就是诘问自在之物了，而对此给予回答就是我的全部著作的主题，一如这也是一切形而上学的主题。在此展示的康德的这一错误，是与之前所批评过的下面这些错误相关的：他并没有给出任何有关经验直观的起源的理论，他不假思索地说这是被给予的，将其与单纯的感官感觉等同起来，他只是在单纯的感官感觉那里再另加上直观形式，即空间和时间，将这两者包括在感官的敏感性名下。但从这些物质材料，却不会产生任何客观表象，更确切地说，表象是绝对需要感觉与其原因的关系，那也就是需要运用因果法则，因而是需要理解力的，因为没有了这理解力，那感觉就始终仍然是主观的，并不会将某一客体置于空间之中，哪怕空间是一并给予这客体的。但在康德看来，理解力是不可以应用于直观的，理解力据称只是思维的，以便保持在先验逻辑学的范围。同样，与此相关联的还有康德的另一个错误：他把对正确认识了的因果法则的先验性唯一有效的证据，亦即从客观经验的直观本身的可能性而来的证据，留下由我去追补；康德所给出的是明显错误的证据，正如我在《论充足根据律的四重根》§23中所阐明的。从上述可清楚看出：康德的“表象的对象”(2) 是由他部分从表象（1）、部分从自在之物（3）中偷来的东西组装起来的。假如经验真的只有以此方式才能实现，亦即我们的理解力必须运用十二个不同的功能，以便通过同样多的先验概念，思维之前单纯是直观到的对象物，那每一个这样的真实事物就必然 579
具有众多的规定，而这些作为先验给予的规定，恰如空间和时间一样，是绝对无法以思维去掉的，而是本质上属于事物的存在，却又不是从空间和时间的特性中引申出来的。但也只有一项这样的规定是可见到的：因果性的规定。物质性就建立在这因果性的基础上，因为物质的本质就在于作用，而这作用彻头彻尾就是因果性（参看《作为意欲和表象的世界》第2卷，第4章）。但唯有物质性，才可区别出真实的事物与想象的图画，而后者就只是表象而已。这是因为物质作为恒存的东西给了事物历经一切时间的恒存性（就其物质而言），形式却是遵循因果性而变化的。事物中的其他一切，要么是空间的规定，要么是时间的规定，要么是其经验特性的规定——这一切都可回溯至其作用性，因而回溯至因果性的更细致的规定。但因果性已经作为条件出现在经验直观中，据此，直观已是理解力的事情，是这理解力让直观成为可能的；但除了因果性法则以外，理解力却并没有为经验及其可能性带来任何东西。那充塞古旧的实体论（或本体论）的，除了在这里所说的以外，不过就是事物与事物之间或者事物与我们的想法之间的关系状况和胡乱凑在一起的大杂烩。

康德的范畴学说是没有根据的，其标志已经表现在对其表述中。在这方面，先验感性学与先验分析学，两者之间有着多大的距离！ 在先验感性学中，那是多么的清晰、确定、确切和坚定确信，这些都是不加掩饰地表示和肯定地传达出来的。 一切都是那样的明亮，并没有留下任何藏匿处：康德知道自己想要表达什么，也知道自己是对的。 而在先验分析学中，一切都是晦暗的、混乱的、不确切的、不肯定的、摇摆不定的，那表述是谨小慎微的，满是申辩和援引将来要说的或者保留还没说的作依据。 还有《纯粹理解力概念的先验演绎》整个第二和第
580 三章在第 2 版全都改变了，因为那并没有让康德感到满意，并且是与第 1 版相当不一样、但却没有变得更加清晰的东西。 我们的确看到康德与真理较量，以便贯彻他那已经决定下来的学术观点。 在先验感性学中，他的一切命题都确实得到了意识中无可否认的事实的证明；而在先验分析学中，假如我们在明亮光线中审视它，就会发现那些仅仅只是如此和必然就是如此的一类宣称。 因而在此，一如在任何地方，那表述都带有其出处思维的印记，因为风格就是精神思想的面相。 还要指出的是，康德每当为了更仔细地阐述而想要给出例子的话，几乎每次都拿出因果性的范畴，那所说的也就显示是正确的，这恰恰是因为因果性法则是真实的，但也是理解力的唯一形式，而其余 11 个范畴只是不透明的窗户。 范畴的演绎在第 1 版比在第 2 版更简单和更开诚布公。 他努力阐明理解力是如何根据由感官感觉所提供的直观，借助对范畴的思维而形成经验。 在这过程中，诸如再认知、再生、联想、统觉、把先验的统觉的统一性等用语一再重复，直至人们厌倦却仍然无法清晰起来。但至为值得注意的是，在这样的分析里面，并没有一次提及每个人首先

必然会想到的东西，即感官感觉与其外在原因的关系。假如他不想认可这关系，那他就应该明确地否认这关系，但他又没有这样做。因此，他就悄悄地绕过这一点，而所有的康德主义者也都同样暗地里跟随他这样做。这里的秘密动因就是他把在“现象的根据”名下的因果联系留作他错误引申自在之物之用；然后，通过与原因的关系，直观就成了智力方面的东西——而这是他所不承认的。除此之外，他似乎害怕假如人们认可了感官感觉与客体的因果联系，那客体就会马上成了自在之物， 581
就会引进洛克的经验主义。但这些困难是可以通过思考而清除掉的，而这思考使我们看到因果性法则有其主体的根源，与感官感觉本身差不多，除此之外，我们的身体，只要是在空间中呈现，那就是属于表象的。但康德对柏克莱的观念主义的恐惧妨碍了他承认这一些。

“直观的多种多样的事物的结合”被反复陈述为理解力借助十二个范畴的关键性运作，但这从来没有得到应有的解释，也没有说明那直观的多种多样的事物在被理解力结合之前是什么。但时间和空间，这些以其所有的三维，就是“连续的统一体”，亦即其所有部分在原初都不是分开的，而是结合的。但它们却是我们的直观的普遍形式，因此，在它们那里显现的（既有的）一切，在原初就是“连续的统一体”，亦即其部分已是结合出现的，并不需要任何添加的多种多样的东西的结合。但假如人们想大概以这样的方式解释直观的多种多样的东西的结合：我将一个客体所给予的不同的感觉印象只是与这一客体联系起来，因此，例如，在直观一口钟的时候，认识到那刺激我的眼睛而表现为黄色、刺激我的手而表现为光滑和坚硬，刺激我的耳朵而表现为发出声响的，仍是同一个物体，那么，这更准确地说是对因果关联的先验认识（理解力这一真正的和唯一的功能）的结果，而由于这一先验认识，在我的不同的感觉器官所产生的所有那些不同的作用效果，就会只把我引往它们的共同原因，亦即在我面前的物体的特性和状态，以致我的理解力，无视作用效果的不同和多样性，仍然将原因的统一体理解为唯一的一个正以此方式直观表现出来的客体。在康德对其学说优美扼要的复述
582 中——这在康德的《纯粹理性批判》第 719—726 页，或者在第 5 版第 747—754 页——他对范畴的解释或许比在任何其他地方都要清晰，那也就是“有关后验感知所给予的东西的单纯综合规则”。那就好像是在他的脑海中浮现着某样东西，犹如在建构三角形时，那角就会给出线条的组成；起码人们可以通过这图形，最好地说明他就范畴的功能所说的话。《自然科学的形而上学基础》的“前言”包含了一个长的注释，那同样提供了对范畴的解释，并表明它们是“与在判断中的形式方面的理解力行为并没有任何差别的”，除了在判断中，主语和谓语无论如何都是可以换位的以外；然后，在那同一段，判断被定义为“所给出的表象借此首先成为认识的一种行动”。照此观点，动物，由于它们并不会判断，那也就必然根本不认识任何客体了。根本上，依照康德，对于客体就只有概念，没有直观。而我则认为，客体最初只是对直观而存在，概念始终是从这些直观中得出的抽象。因此，抽象的思维必须精确地依照直观中存在的世界而进行，因为仅仅只是与这世界的关系才给予了概念以内容，我们不应该假定概念还有任何其他先验规定了的形式——除了反省思考的能力，其本质就是形成概念，亦即能形成抽象的、并非直观的表象，而这构成了理性的唯一功能，正如我在本书第一篇中所指出的。因此，我请求大家把范畴中的十一个抛出窗外，只保留因果性的

范畴，但要认清：这因果性范畴的活动已是经验直观的前提条件，经验直观因此并不仅仅是感官的，而且还是智力的；那被如此直观的对象是经验的客体，是与表象同一的，只有自在之物才与表象有所区别。

在不同的人生阶段中经过对《纯粹理性批判》的反复研究，我不禁 583
对先验逻辑学的起源有了确切的看法。我在此就告知大家这一起源，而这对理解先验逻辑学是很有帮助的。那奠基于客观把握和人的至高深思的发现，唯一就是这一顿悟：时间和空间是人们先验认识的。受到这幸运发现的鼓舞，康德就想沿着这方面的脉络更进一步，而他对结构严谨的对称性的喜爱给予了他指引。也就是说，正如他发现了在经验直观的背后，有一种先验的纯粹直观作为其条件，那同样，他认为从经验中获得的概念，也肯定在我们的认知功能中有作为前提条件的某些纯粹概念作基础，而经验中的真正思维，也只有通过某种先验的纯粹思维才有可能，但这后者本身是没有任何思维对象的，而只能从直观中取得对象；这样，正如先验感性学证明了数学的一个先验的基础，那对逻辑学来说，也必然存在这样的一个基础；那样的话，先验感性学在先验逻辑学那里就对称地有了一个对应物。从现在开始，康德就不再是不偏不倚、不带成见的了，不再是处于纯粹探究和观察意识中所存在东西的状态，而是任由一个前提的牵引，追随某一目标打算，亦即去发现它所预先设定的东西，以便在那幸运发现的先验感性学那里，加建与此相类似的，亦即与此对称吻合的先验逻辑学作为第二层楼。为此，康德想到了判断的图表，他就从中尽其所愿地构建范畴的图表作为有关十二个纯粹的先验概念的学说，而这据称就是我们思维那些事物的条件，而对那些事物的直观是先验以感觉性的两个形式为条件的。那么，现在，纯粹的感觉性就与纯粹的理解力对称吻合了。在这之后，他又有了想法，这给了他手段，借助于纯粹理解力概念的系统性组合提高了事
584 情的合理性——但以此方式，恰恰是他所不曾意识到的操作过程至为清晰地暴露了出来。也就是说，因为康德旨在为认知能力的每一功能找出一个类似的先验东西，所以，他看出在我们的经验直观与我们经验的、以抽象的和非直观的概念所进行的思考之间，仍有某一中介虽然不总是、但却仍是非常频繁地发生，因为我们不时地试图从抽象思维返回到直观；但我们试图这样做，其实仅仅是为了让我们确信我们的抽象思维并没有大大偏离了直观这一可靠基础，并没有或许飞上了高空，甚至成了字词垃圾。情形就大概像我们在黑暗中走路时，不时地伸手摸索着沿途的墙壁。那么，我们也就恰恰只是试探性地和片刻地返回到直观，因为我们在想象中唤起与恰好在他们头脑中的概念相符的直观，但这直观却永远无法完全充分地与那概念相应，而只是这概念的一个临时代表。我在《论充足根据律的四重根》§28 就这问题已经提供了所需的印证。康德称这一类飘忽幻象为一种图式，与想象中的完整图像相反；康德说这就好比是想象力的一种标记式的徽记，并宣称：正如我们对在经验中获得的概念的抽象思维与我们清晰的、通过感官感觉发生的直观之间存在这样一个图式，那在纯粹感觉性的先验直观功能与纯粹理解力的先验思维功能（也就是范畴）之间也存在着同样的纯粹理解力概念的图式，而康德将这些图式作为纯粹先验的想象力的标记式徽记而一个一个地描述，并在那奇妙的一章"纯粹理解力概念图式的主要方面"分配给了这其中每一个与之相符的范畴，而这一章又是出了名的极为晦
585 涩，因为没人能够清楚明白这到底说了什么；但假如人们从这所给出的

视角审视，那这一章的晦涩不明就会变得清楚明白了。但在此，比在任何其他地方都更凸显了康德操作方法的那种带有目的性和暴露了他预先就已经下定决心要找出与那类似性相吻合的和有助于那结构严谨的对称性的东西。的确，在此在某种程度上这已接近了滑稽的地步。这是因为在他设想与经验的图式（或通过想象的我们的真正概念的代表）类似的纯粹（没有内容的）先验的理解力概念（范畴）的图式时，他忽略了这样的图式的目的在此是完全不存在的。这是因为在经验思维中那图式的目的是完全唯一与这样的概念的物质内容有关：也就是说，既然这些概念是从经验直观中抽取的，那我们在抽象思维时就以这方式得到帮助和指引：不时地向这些概念所出自的直观投去匆匆一瞥，以确保我们的思维仍有现实的内容。但这样做不可避免地假定了萦绕在我们头脑里的概念是从直观中来的，那只是回头看一看其物质内容而已，并的确只是对我们的弱项的一个辅助工具。但在先验概念的情形里，因为这些先验概念还没有任何内容，很明显，类似内容的东西是必然不存在的，因为这些先验概念并不是出自直观，而是从内在迎向直观，以便从直观那里先获得某些内容，因而并没有任何可以回看的东西。我在此说得很详尽，因为恰恰是这些揭示了康德哲学论辩的秘密过程。因此，这秘密过程就是：康德在幸运地发现了两个先验的直观形式以后，就在那类似性的指引下力求阐明：我们的经验认识的每一个规定都有一个先验的类似东西，而这最终在图式上甚至延伸至一个单纯的心理学事实。同时，那看上去深奥的思想和阐述的难度恰恰就是服务于向读者掩藏这一事实：这里面的内容是完全无法证明的，仅仅只是主观任意的设想而已；但终于钻进这样的阐述的含义的人，就会轻易受到诱导，误 586

以为这如此辛苦终于明白过来的是康德所确信的事情的真相。而假如康德正如他在发现先验的直观时那样，在此不偏不倚地和纯粹地观察和思考，那他就必然发现：对空间和时间的直观之外所增添的东西，假如由此产生了一个经验的直观的话，一方面是感觉，另一方面则是对因果关系的认识，而这对因果关系的认识将单纯的感觉转化为客观的经验直观，但这对因果关系的认识却恰恰因为这样而不是从这经验直观中借用的和学来的，而是先验存在的，并恰恰就是纯粹理解力的形式和功能，是其唯一的、然而却是如此富于成果的形式和功能，以致所有我们的经验认识都是以此为基础的。假如正如常常所说的，批驳一个谬误，只有在心理上表明这谬误是如何形成的才算是完整，那我相信上述对康德的范畴及其图式的批驳，已经做到了这一点。

在康德就表象功能理论初步的、简单的基本特征中引入了如此巨大的错误以后，他陷入了形形色色的、相当错综复杂的假设。属于这方面的首先是那统觉的综合统一性：一个非常古怪的东西，以非常古怪的方式表述出来。"我思考必须能够伴随着所有我的表象。"必须、能够：这是一种有问题的和不容辩驳的阐述。明确直白地说，这是一个一只手给予而另一只手拿回来的命题。那在这尖梢上保持平衡的命题到底是什么意思呢？所有的表象都是思考？情形并不是这样，真要是这样就太糟糕了；那除了抽象概念以外，就将没有任何其他东西了，尤其更没有一种纯粹的、不带反省思考的和不带意欲的直观，就没有了类似于对美的直观，而这是对事物的真正本质，亦即对事物的柏拉图式理念的至深领会。并且，那样的话，动物要么会思考，要么就根本不会有表

象。 或者那命题是否大概是这意思：并不存在不带主体的客体？ 那这 587
样的表达就会非常的糟糕，并且说得也太迟了。 假如我们概括康德所表达的意见，那我们就会发现他所理解的统觉的综合统一性，就好比是我们所有表象这一球体的无广延的中心，而这球体的半径就会聚在这中心。 那就是我所称的认知的主体，一切表象的对应物，与此同时，我在《作为意欲和表象的世界》第 2 卷第 22 章也将之详尽描述和解释为脑髓活动的光线会聚于其中的焦点。 因此，我建议大家参看，以免在此重复。

至于我摒弃整个有关范畴的理论，并将之列为康德的有害于认知理论的、没有根据的假设，是来自上述对它的批评，也同样来自对在先验逻辑学中的矛盾之处的证明——而那些矛盾之处，其原因就在于将直观认识与抽象认识混淆在了一起；再就是来自对其欠缺有关理解力和理性的本质的清晰和确定概念的证明，因为我们在康德的文章中，看到的只是有关上述两种精神能力并不相干的、并不吻合一致的、不充足的和不准确的说法。 最后，那是来自我本人在第一篇及其增补就那同样的精神能力所给出的解释，而这解释在《论充足根据律的四重根》§21、§26 和§34 则更详尽。 这些解释非常明确和清晰，明显是对我们认知本质的考察所得出的结果，是与各个时期和各个民族在语言运用和文字写作中出现的有关上述两种精神能力的概念完全吻合一致的，这些概念只是还没有那么清晰而已。 就其与康德那些非常不同的表述所提出的
辩护，大部分已经在揭露康德表述中的错误时一并给出了。 但既然判 588
断的表式——康德将这作为其思维理论，甚至其整个哲学的基础——就

其自身在整体上是正确的，那我就仍有责任指出一切判断的这些普遍形式是如何在我们的认知功能那里产生的，并将之与我对此的阐述协调起来。我在这探讨中，始终是将理解力和理性的概念与我的解释所给予它们的意义连结在一起的，我因此是假定读者们对此是熟悉的。

康德的方法与我所遵循的方法，其差别就在于他是从间接的、经过了思考的认识出发，而我则是从直接的、直觉的、直观的认识出发。他就好比是从一个高塔的影子去丈量这一高塔的高度，而我则好比直接丈量这高塔本身。所以，对康德来说，哲学是一门来源于概念的学科，而对于我，哲学则是应用了概念的学科，这些概念汲取自直观认识——这是一切证据的唯一源头——并被表达和固定为普遍的概念。康德跳过了这整个围绕着我们的、直观的、形态多样的、含义丰富的世界而紧抓住抽象思维的形式；与此同时，尽管他从没有明言，但构成这样做的基础的是这样的假定：反思是一切直观的复制品，因此，直观中的一切本质性的东西都必然地表现在反省思维那里，而且是带着非常浓缩的、集中的、因而轻易就一目了然的形式和基本特征。据此，抽象认识中的本质性和合乎规律性的东西，将会为我们提供那牵动了我们眼前的直观世界的五彩缤纷的木偶戏的所有线绳。假若康德将他的这些至高原则清楚地表达出来，然后一以贯之，那他起码就必须将直观的东西与抽象的东西完全分开，我们也就不会不得不纠缠于无法解决的矛盾和混乱之中。但从康德解决其难题的方式，我们就能看出他的方法的那一基本
589 原则在他脑海中是非常不清晰的，因此，我们在彻底研究了他的哲学以后，对其仍然是要猜测一番的。

至于康德所陈述的方法和基本准则本身，那有许多可取之处，就是

一个卓越的思想。所有科学的本质就已经在于：我们将直观现象无穷的多样性概括在相对并不多的抽象概念之下，并从这些概念中总结和整理出一个体系；从这一体系出发，我们将所有那些现象充分掌握在我们的知识之下，能够解释所发生的事情和测定将来要发生的事情。但科学将宽阔领域的现象根据其特别的、多样的类别在它们之间瓜分了。那么，将这样的概念中的、除去其内容的绝对本质性的东西分离开来，以便从如此发现的一切思维的形式，看出对所有直觉和直观认识而言，因而也就是对作为现象的世界而言的本质性的东西到底是什么——这可是一个大胆的和美妙的想法。并且因为这些本质性的东西由于那些思维形式的必然性而被发现是先验的，所以，这些东西是有主体起源的，并正是引往康德的目的。但在此，在更进一步之前，本来是要探究反省思维与直观认识是一种什么样的关系（这当然就假定了这两者是完全分开的，而这一点是康德所忽略了的），那反省思维其实是以什么样的方式再现和代表了直观认识，这反省思维是完全纯粹的，抑或由于将直观认识纳入了其（反省思维）自身的形式已是有所改变和部分地变得难以辨认；抽象的、反省思维认识的形式是否更多地受到直观认识的形式，抑或更多地受到与其自身，亦即与反省思维不可改变地联系在一起的特性的左右，以致那甚至在直观认识中非常不同的东西，一旦进入了反省思维中去，就再无法分辨出来了，或者反过来，我们在反省思维认识方式中感知的不少差别，也是从这反省思维认识本身产生的，根本不是指示了在直观认识中与之相应的不同。这种探究会得出这样的结果：直观认识在被纳入反省思维中就如同食物被纳入动物性机体中发生 590
了几乎同样多的改变，其形式（形状）和混合是由那有机体本身所决定的，从其组成根本就不再可以认出食物的成分；或者（因为这就说得有点过了）起码就会得出结果：反省思维与直观认识的关系一点都不是如同水中的映象与所反映的物件的关系，而勉强只是影子与这物件本身的关系，因为影子虽然只是重现了某些外在轮廓，却把这形态最多种多样的特性集于一体和通过那同样的轮廓表现出最不相同的东西，以致根本上不可能从这出发，就可以完整充分和可靠地建构起事物的形态。

那整个反省思维的认知，或说理性，就只有一个主要形式，而这就是抽象的概念：这是为理性本身所独有的，与直观的世界并没有直接的、必然的联系，这直观的世界因此也是完全没有抽象概念地为动物而存在；就算这是一个完全不一样的世界，但反省思维的那些形式也同样很好地与这世界相吻合。 但结合概念来判断却有某些特定的和规律性的形式，而这些通过归纳而发现的形式就构成了判断的形式。 这些形式大部分是从反省思维的认知方式本身推导出来的，因而是直接产生自理性，主要是因为它们是经由四种思维法则（我称为“超逻辑的真理”）和经由全和零原则（*dictum de omni et nullo*）所产生的。 另外的这些形式，其根据却是在直观的认知方式之中，因而是在理解力之中，但却并不因此就指示了理解力同样多的特别形式，而是完全可以从理解力所具有的唯一功能中，亦即从对原因和结果的直接认知中推论出来的。 最后，那些形式中还有一些出自反省思维的认知和直观认知的会
591 合和结合，或者本来就是由于这些直观认知被纳入反省思维的认知而产生的。 我现在开始就要逐一探讨判断的要素和从上述的源头介绍每一个判断的起源；由此就自动产生了这一推论：从它们那里推论范畴是落空的，有关范畴的设想是同样没有根据的，对范畴的描述也是混乱的和

自相矛盾的。

(1) 判断的所谓量产生于概念的本质，因而仅仅只在理性中有其根据，与理解力和直观认知并没有任何直接的联系。也就是说，正如在第一篇中详细说过的，这一点对概念来说是本质性的：即它们必须有一个范围、一个领域，更广泛的、各个不确定的概念包含了更狭义的、更确定的概念，而后者因此也可以被剔除出前者；甚至要么可以以这样的方式发生：我们只是将更狭义的概念标注为总起来说更广义概念的不确定部分，要么就是借助所给予的一个特别名称将其定义和完全剔除。那判断——也就是完成这的运作程序——在第一种情形里称为“特称判断”，在第二种情形里称为“全称判断”。例如，“树”的概念范围的一个部分，可以通过一个特称的判断和一个全称的判断而分离出来，那也就是“一些树结出五倍子”，或者“所有的橡树都结出五倍子”。我们可看到：这两种运作程序的区别是非常小的，事实上，这区别的可能性取决于语言是否字词丰富。尽管如此，康德宣布了这种区别揭示了纯粹理解力两种根本不同的行动、功能和范畴，而纯粹理解力正是通过这些先验地决定了经验。

最后，我们可以运用一个概念以便借此获得一个确定的、个别的、直观的表象——而这个概念本身正是从此表象和同时从许多其他表象那里提取出来的；这是通过单称判断完成的。这样一个判断标示了仅仅是抽象认识转向直观认识的界限，而抽象认识是直接过渡到直观认识 592
的：“这里的这棵树结出五倍子。”康德也由此造出了一个特别的范畴。

在说出以上这些以后，在此也就不需要更进一步的论战了。

(2) 同样，判断的质完全就在理性的范围之内，并不是理解力（理解力让直观成为可能）的某一法则的阴影，亦即并没有在这方面给予指示。抽象概念的本性（而这正是被客观理解了的有关理性本身的本质）导致了概念含义圈的结合和分开的可能性，正如我也在第一篇中所阐述的，而建立在这可能性基础上的，作为其前提条件的，是同一律和矛盾律的普遍思维法则。这些法则，因为它们纯粹出自理性和无法更进一步得到解释，所以，我就赋予它们以超逻辑的真理性。它们决定了那结合的必须继续结合，那分开的必须继续分开，也就是说，那确立了的就不会与此同时又是取消的，它们因而是以概念含义圈结合和分开的可能性——亦即判断的可能性——为先决条件。但依照其形式，这仅仅只在理性之中，这形式并非像判断的内容那样是从理解力的直观认识中带过来的，因此，在理解力的直观中，并不会找到其对应物或者类似物。在直观经由理解力和对理解力而言产生了以后，它就完整存在了，不会屈从于任何怀疑或者谬误，因此既不知肯定也不知否定，因为它就表达了其自身，并不像理性的抽象概念那样，仅仅是在与某样在其之外的东西的关系中，依照认知的根据律有其价值和内容。直观因此完全就是现实，一切否定与其本质是不相干的，也只是通过反省思维才会另外想到，但也恰恰因此而始终停留在抽象思维的范围。

在肯定的和否定的判断之外，康德利用古老的学院派哲学家的一个
593 古怪念头，另外还加上了无限判断，一个钻牛角尖想出来的填补品，它甚至不需对此多加分析，是一个假窗，一如康德为了促成他的对称性的严谨结构而搬来了许多这样的东西。

(3) 在关系非常广泛的概念之下，康德将三种完全不同性质的判断拼凑在了一起。为了认清其起源，我们必须个别对其说明和阐述。

a. 假言判断根本上就是对所有我们认知的那些最普遍的形式、对根据律的抽象表达。至于这假言判断具有四种含义，在这其中的每一种意义都源自另一种别的认识力，也涉及另一类别的表象——这我已经在1813年讨论根据律的论文中就阐明了。由此已足够得出结论：假言判断，这普遍的思维形式，其起源并不仅如康德所主张的那样会是理解力及其因果范畴；其实，因果性的法则——这根据我的表述，就是纯粹理解力的唯一的认知形式——仅仅只是包含了所有纯粹的或者先验认知的根据律的其中一种形态而已，而这根据律在其每一种含义上，都以这假言判断作为表达。但我们在此却很清楚地看到：那依照其起源和含义是全然不同的认知，假如是由理性在抽象中思维，就会以概念与判断结合的同样形式出现，然后，在这一形式中就根本无法有所区别，而为了区别它们，就必须完全抛弃抽象认识而返回到直观认识。因此，康德所选择的路子，从抽象认识的立场出发，去发现直观认识的要素和最内在的装置，是彻头彻尾颠倒的。此外，在某种程度上，我的整个导言式的论文《论充足根据律的四重根》，可被视为对假言判断含义透彻的讨论，因此我在此就不再多说了。

b. 定言判断的形式不是别的，就是判断的形式，是总起来说和在最 594
本来的意义上而言的。这是因为，严格说来，判断的意思不过就是思考概念含义圈的连结性或者不可协调性，因此，假言的和选言的连结根本就不是判断的特别形式，因为它们只是应用于已经完成了的判断——在这些判断中，概念的连结是保持不变和定言的；但它们却再度连接起这些判断，因为那假言形式表达了它们互相之间的依赖性，那选言形式则表达了它们之间的不可协调性。但单纯的概念却只有一类互相之间的关系，也就是在定言判断中表达出来的关系。对这关系更详细的规定或者这关系的亚种，就是那些概念含义圈的相互交叉和完全分开，亦即肯定和否定；由此，康德造出了特别的范畴，就在一个完全不同的名下，即质的名下。相互交叉和分开又同样有亚种，亦即根据含义圈而全部或者部分互相交叉，而这规定就构成了判断的量，由此，康德又再度造出了一种特别类别的范畴名号。这样，他就把相当接近的同属，甚至同一的东西，亦即把仅仅是概念之间唯一可能的关系轻易就一览无余的变化分开，而在另一方面将这关系名下相当不同的东西集合起来。

定言判断有同一律和矛盾律的思维法则作为其超逻辑的原则。但连结了概念含义圈的根据——这给了判断以真实性，而判断恰恰只是连结——可以是相当不同的种类，并且根据此种类，判断的真实性要么是逻辑性的，要么是经验的；要么是形而上学的，要么是超逻辑性的，正如在我的导言式的论文 § 30—33 中所详细阐述的，在此也就不必重复。但由此却表明：所有那些在抽象中通过两个概念的含义圈结合作为主项
595 和谓项表现出来的直接认识可以是非常不同的；我们根本不能提出理解力的一个唯一的功能是与这结合相吻合和产生这结合的。例如，这些判断，“水煮沸了；正弦测量出角度；意欲做出了决定；工作可以解闷；做出区别是困难的。”通过同样的逻辑形式表达了至为不同的关系，由此我们再一次获得了证实：为了分析直接的直观认识，而把自己置于抽象的立场，是多么颠倒的事情。此外，从一种真正的、在我所说的意义上的理解力认识产生定言判断，那只有在通过其表达了一种因果关系的情况下；但这也是所有标示了一种物理属性的判断的情形。这是因为，假如我说“这物体是重的、坚硬的、液态的、绿色的、酸性的、碱

性的、有机的，等等”，这所标示的永远是这物体的作用效果，因而是一种只有通过理解力才有可能的认识。那么，在这认识中，正如许多与之完全不同的（例如至为抽象概念的居于从属地位）认识一样，在抽象中通过主语和谓语表达出来以后，人们就将单纯的概念关系再度转回为直观的认知，并认为判断的主项和谓项必须在直观中有一个特有的、特别的对应物，实体物质和偶然。但我稍后将在下面讲清楚：实体物质的概念，除了具有“物质”概念所具有的内容以外，并没有任何其他的真正内容。但偶然与作用方式却是完全相同的意义，以致对实体物质和偶然误认为的认识，仍就只是纯粹理解力对原因和结果的认识。但物质的表象其实是如何产生的，部分在第一篇 §4 和更清楚地在《论充足根据律的四重根》§21，第 77 页结尾处进行了探讨，部分则是在我们探究实体物质是长存的原则时更进一步看到的。

c. 选言判断产生于排除第三者的思维法则，而这是一个超逻辑的真 596
理：因此，它们完全是纯粹理性的财产，其起源并不是在理解力中。但从它们那里引申出共同性或者相互作用的范畴就是一个刺眼的例子，说明了康德不时允许的对真理的暴力行为，目的只是满足其对严谨结构的对称性的喜欢。至于那种引申不被允许，已经合理地受到指责，并且从多个理由得到了证明，特别是在舒尔策所写的《理论哲学的批判》和伯格的《哲学的后批判》中。在对一个概念由于彼此排斥的谓语而没确定的定义与相互作用的思想之间，有什么样的真正类似性？这两者甚至是完全对立的，因为在选言判断中对这两部分之一者的真正确立就与此同时是对另一者的必然取消；相比之下，假如我们想象两样事物处于相互作用的关系之中，那对其中之一者的确立就恰恰是对另一者的必然确立，反之亦然。因此，相互作用的真正逻辑类似物无可争辩地就是循环论证——在这循环论证中，正如所谓的在相互作用的情形中，那要被证明的东西又成了根据，反之亦然。正如逻辑学抛弃这循环论证，同样，相互作用的概念也应被逐出形而上学。这是因为我现在很严肃地要证明：根本就没有真正意义上的相互作用；这一概念，如此极受欢迎恰恰就是因为那思想的不确定性，但仔细审视之下，这概念却展现为空的、假的和无价值的。首先，我们可以回想一下因果关系是什么，并可辅助性地查看我在导言式的论文§20中有关这问题的阐述和我的获奖论文《论意欲的自由》第3章第27页及后面，以及最后在《作为意欲和表象的世界》第2卷第4章。因果关系就是这样的法则：依照此法则，那所出现的物质的状态决定了其在时间中的位置。因果关系所
597 谈的就只是状态，并且的确就只是有关变化，既不是有关物质，也不是有关无变化的恒存性。物质本身并不受制于因果关系的法则，因为物质既不会生成也不会消灭，因而那整个的事物，正如我们通常所说的，也不会受制于因果关系的法则，而只有物质的状态才会受制于因果关系的法则。再者，因果关系的法则与恒存无关，因为没有改变的话，就没有作用效果和没有因果关系，那就是一种持久静止的状态。但现在假如这种状态改变了，那新形成的状态要么是恒存的，要么不是恒存的，而是马上就造成某一第三种状态，而发生这些的必然性也恰恰就是因果性关系的法则，而这因果关系的法则就是根据律的一种形态，因此是无法更进一步解释的，因为根据律恰恰就是所有的解释和所有的必然性的本原。由此可清楚地明白：原因与作用结果是精确结合的，也与时间次序必然相关。只有A状态在时间上在B状态之前，其接续才是必然

的和一点都不是偶然的，亦即不仅是顺序上的接续，还是一种结果——只有在这种情况下，A状态才是原因，B状态才是作用结果。但相互作用的概念却包含了这一点：两者都是相互的原因和两者都是相互的作用结果。但这就等于说这两者中之每一者都是更早的、也是更晚的，这因而就是一个荒谬的想法。这是因为这两种状态是同时的，而且必然是同时的看法，是无法设定的，因为它们作为必然共属一体和同时间存在的东西，就只是构成了一种状态，而要让这一状态恒存的话，虽然要求其所有的规定保持恒久——但这样的话，就不是谈论改变和因果关系法则了，而只是涉及持久和静止了；其所说的不过就是：假如对那整个状态的一个规定改变了，那由此所形成的新的状态是无法持续存在的，而会成为一个原因，导致那原先状态的所有其他规定的改变，这样的话，一个新的第三种状态也就此出现。所有这些只是遵循简单的因果关系的法则而发生的，并没有为一个新的、相互作用的法则给出了 598
根据。

我也要直截了当地申明：相互作用的概念并没有得到哪怕是一个证据的证明。人们想要说成是这方面例子的要么是一种静止的状态——对此，那只是在变化的情况下才具有意义的因果关系概念，是根本应用不上的——要么就是交替连续出现的、名同实异的互为条件的状态，而对此的解释，简单的因果性关系是完全足够的。说明这前一种情形的一个例子就是由同等重量而使天平静止：在此，并没有任何的作用效果，因为在此并没有任何的变化，那是静止的状态。重力在均匀分布开来地发挥作用，正如其在每一个支撑在重心上的物体所做的，却无法将其力量通过其作用效果而表现出来。至于拿走了一边的某一重量就会造成第二种状态，这状态马上就会成为原因而导致第三种状态（另一边天平的下沉），那是依照原因与结果的简单法则而发生的，并不需要理解力的任何特别的范畴，甚至不需要一个特别的名称。说明后一种情形的一个例子则是某一堆火的持续燃烧。氧气与可燃物的结合就是热的原因，而这热则又是那种化学结合的新一轮出现的原因。但这些不过就是一条原因与结果的链条，其中的环节却交替着有同一个名称。燃烧 A 造成了游离的热 B，热 B 造成了新的燃烧 C（亦即一种新的作用结果，与原因 A 有同一名称，却不是个体上同样的东西），这燃烧 C 造成了新的热 D（这热与热 B 并不是真正同一的，而只是依照概念是同样的东西，亦即有同一个名称），并就这样不断继续。洪堡（《大自然的肖像》第 2 版，第 2 卷，第 79 页）的一种有关沙漠的理论，就为我们提供了人们在日常生活中称为相互作用的一个不错的例子。也就是说，在沙漠里并不下雨，但与沙漠邻接的长有树木的山上却是有雨的。原
599 因并不是山上吸引云雾，而是那从沙漠平地上升起的柱式热空气妨碍了雾气水泡的分解，并把云雾驱赶到高空中去。在山上，那垂直上升的气流更弱一些，云层就下沉，降水就在冷空气中发生了。因此，在沙漠中缺少降雨和没有植物是与相互作用有关的：沙漠不下雨，因为那受热的沙漠平地散发出更多的热；沙漠没有成为草原，因为那里并不下雨。但明显地，我们在此再度只是就像上面的例子一样，有某一连串同一名称的原因和作用结果，完全没有任何与简单的因果关系本质上不同的东西。这与钟摆的摆动是一样的关系，甚至也与机体生命的自我维护是一样的，在后一种情形里，每一个状态都同样导致了一个新的状态，而这新的状态与导致其产生的先前那一状态，是同一种类的，但在个体上

却是一种新的状态。只不过在此，事情更加的复杂，因为那链条并不是由两种环节、而是由许多种环节组成的，以致一个带着同一名称的环节，只是在多个另外的环节在这中间出现了以后才重又出现的。但我们眼前总是只看到所应用的、唯一的和简单的因果关系的法则——这法则给予这些状态顺序以规律，但却没有给予某些必须通过理解力的一个新的和特别的功能才能理解的东西。

或者，人们想要提出作用力与反作用力是相等的，来佐证相互作用的概念？但这作用与反作用恰恰就是我所极力主张的和在《论充足根据律的四重根》论文中详细阐明的这一点：原因与作用结果并不是两个物体，而是物体的两种连续状态，所以，这两种状态中的每一种因而包含和牵涉了所有相关的物体；因此，那作用结果，亦即那新出现的状态——例如在撞击的情形里——会同等比例地扩展至两个物体，以致被撞击的物体的变化与撞击物的变化是一样的（各按其质量和速度的比例关系）。要称这为相互作用的话，那每一个作用也完全就是相互作用了，这样的话，就不会出现任何新的概念了，也更不会为此有了理解力 600
的一个新功能。其实，我们只是有了有关因果关系的一个多余的同义词。这一观点却是由康德以有欠谨慎的方式在《自然科学的形而上学基础》中开始证明力学第四定律时直率地说了出来："这世界上所有的外在作用都是相互作用。"那么，对于简单的因果关系和对于相互作用的不同功能，又是如何先验地存在于理解力，甚至那事物的真实连续又如何只是借助于因果关系、事物的同时并存又如何只是借助于相互作用才成为可能和被认识呢？据此，假如所有的作用都是相互作用，那连续和同时并存就会是同样的事情，因此，世界上的所有一切就都是在同一时间发生了。假如真正的相互作用是存在的，那永动机就是可能的，并且是先验就可确定的；但相反，断言永动机是不可能的，其基础就是先验地确信并不存在任何真正的相互作用，也不存在对这种东西的任何理解力形式。

亚里士多德也否认真正意义上的相互作用，因为他说虽然两样事物可以彼此互为原因，但那只是在人们以另一种不同的意义去理解这每一种事物才如此，例如，一样事物是作为动因对另一样事物发挥作用的，但这另一样事物对前者却是作为其运动起来的原因发挥作用。也就是说，我们在两处地方发现那同样的文字（《物理学》第 2 卷第 3 章和《形而上学》第 5 卷第 2 章）："也存在不少的事物，是互相之间的原因，例如，操练是身体力量的原因，身体力量也是操练的原因，却并不是以同一的方式，而是一样是目的，另一样是这事情的发起。"假如他另外还接受了一种真正的相互作用，他就会在此将其列举出来，因为他在那两处地方都专注于列举种种可能的原因。在《后分析篇》第 2 卷第 11 章，他谈论了原因与结果的循环，但没有说过相互作用。

601 (4) 样式的范畴相对于所有其余范畴有这样的优势：通过这其中的每一个所表达的东西，是确实与那判断的形式——这就是从这判断形式推论出来的——相吻合的，而其他的范畴几乎不是这样的情形，因为它们大部分都是至为主观任意地强行从判断形式中推断出来的。

因此，就是"可能的""真实的""必然的"概念，导致了判断或然的、实然的和断言的形式——这种说法完全是真的。但是，说那些概念是理解力特别的、原初的和无法进一步追溯的认知形式，则不是真的。相反，那些概念来源于一切认知的唯一原初的和因此是为我们所先验意识到的形式，来源于根据律，并且是直接从这根据律产生了对必然性的认知。相比之下，只有反省思维应用在这上面，才会产生偶然性、可能性、不可能性、真实性的概念。所以，所有的这些根本不是产生自理解力的一种精神力，而是通过抽象认知与直观认知的冲突而形成，正如我们马上就要看到的。

我强调这一点：必然性和从某一既定的原因得出结果绝对是可互换的概念，完全就是同一的。我们永远不可以认知或者只是想象某样东西是必然的——除了我们只是将其视为出自某一个原因的结果——而必然性的概念除了这依赖性、这种由另一个事物所决定和由此所产生的不可避免的结果以外，就绝对没有包含更多其他的东西。这概念因此唯独只是通过运用根据律而产生和存在的。因此，根据这根据律的不同形态，存在着一种物理的必然性（由某一原因所导致的作用结果）、一种逻辑的必然性（经由认知的根据，再分析的判断、逻辑推论，等等）、一种数学的必然性（依照在空间和时间的存在根据）和最后一种实际的必然性——以这所说的实际的必然性，我们想要标示的并不是某种由所谓的绝对命令所决定，而是在某一经验性格那里根据当时的动因而必然出现的行为。但所有必然的东西却只是相对的必然，亦即在这 602
导致其发生的根据的前提下的必然，因此，绝对的必然性是一个矛盾说法。此外，我建议大家参看《论充足根据律的四重根》§49。

那矛盾性的相反观点，亦即对必然性的否定，是偶然性。这概念的内容因此是消极的，亦即不过就是这一点：缺乏通过根据律表达出来的联系。所以，偶然性的东西只是相对的，亦即在与某样并非其根据、原因的东西的关系中，它才是偶然的。每一客体，不管其是何种类，例如，在这真实世界中的每一桩事件，都同时总是必然的和偶然的：与一样是其原因的东西联系起来，那是必然的；与所有其他东西联系起来，都是偶然的。这是因为它在时间和空间中与所有其他东西的接触只是单纯的巧合，并没有必然的联系，因此就有了偶然这个词的德语、希腊语和拉丁语。因此，正如某一绝对必然的事情那样，某一绝对偶然的事情也是难以想象的。这是因为这绝对偶然的事情就会是某一这样的客观现象：它不会与任何其他的客观现象有结果与原因的关系。但是，这样一种客观现象，其不可想象就恰恰是对根据律内容的消极性表达，而这根据律首先必须推翻，才可以想象出某一绝对的偶然性。但到了这时候，这绝对偶然的事情本身也失去了所有的意义，因为偶然性的概念只是在与那根据律的关系中才有其意义，其含义就是两个客体并不存在原因与结果的关系。

在大自然中，只要那是直观的表象，那一切就都是必然的发生，因为那是发自其原因。但假如我们在考察个别的东西时，与并非其原因的其他东西联系起来，那我们认识到那个别的东西是偶然的，但这已经是一种抽象的反省思维了。现在，我们更进一步，对大自然的某一客体，我们完全不考虑它与其他东西的因果关系，因而不考虑其必然性和偶然性，那包揽这种认识的就是“真实”的概念；就此概念，人们只考
603 察作用效果，而不会察看其原因——与其原因联系起来的话，人们就得通常称其为必然的，而与所有那其他联系起来，就得称为偶然。这所有的一切归根到底建基于这一点：判断的样式标示了与其说是事物的客观本质，不如说是我们的认识与其的关系。但既然在大自然中，每一样事物都是出自一个原因，那么，每一个真实的东西也就是必然的，但

也只有在这一时间和这一地点，才是这样，因为通过因果关系的法则所决定的只涉及这些。但假如我们离开直观的大自然，并进入抽象的思维，那我们就能在反省思维中想象那些部分为我们先验所知、部分只是后验为我们所知的所有的自然法则，这些抽象的表象也包含了一切在大自然中在任何某一时间和在任何某一地点的东西，但随着排除掉每一特定的地点和时间，并恰恰是以此方式，通过这样的反省思考，我们进入了可能性的广大王国。但在此也找不到任何立足之地的是不可能的事物。很明显，可能性和不可能性就只是对反省思考、对理性的抽象认识而存在，而不是对直观认识而存在，尽管是这认识的纯粹形式，给理性提供了可能的和不可能的规定。依照大自然的法则——我们在思考可能的和不可能的时候就从这些法则出发——是我们先验地抑或后验地认识到，那可能性或不可能性也就相应的是一种形而上的或者就只是一种物理的可能性或不可能性。

从这阐述——这阐述是不需要证明的，因为这是直接以根据律的认识和“必然的”“可能的”“不可能的”概念的发展为基础的——就可足够看出康德有关理解力的三种特别功能以应付那三种概念的设想，完全是多么的没有根据，而他为了实施其严谨结构的对称性，在此再一次地不会有什么顾忌。

除此之外，还有他那非常巨大的错误，亦即他把“必然的”概念与
“偶然的”概念互相混淆了，而这当然是他仿效之前的哲学先例所致。 604
也就是说，之前的哲学以下面的方式错误地应用了抽象。很明显，在其原因确定了以后，那结果就会不可避免地出现，亦即不会不存在，因而是必然的存在。但人们只抓住这最后的定义（规定）说：必然不可能

是另外一种样子，或者与此相反是不可能的。但人们并不考虑这种必然性的原因和根源，忽略了由此产生的一切必然性是相对的，并因此炮制出了那有关某一“绝对必然性”的完全无法想象的神话，亦即有关某一这样的东西：其存在是无法避免的，犹如某一原因所引出的某一结果一样，但其本身却不是出自某一原因的结果，因此是不依赖于任何东西的。而后面的附加语恰恰是一个荒谬的以本身尚待证明的论据作为证明问题的论据，因为这与根据律是相矛盾的。那么，人们从这一神话出发，完全违反真理地宣布：所有通过一个原因而确定的东西或事情，都是偶然的，也就是说，人们这时所着眼的是事物必然性的相对性，并将这相对性与上述那来自空气的、在其概念中就已是自相矛盾的“绝对必然性”作比较。[1]这对偶然的根本上错误的定义，则由康德保留了下来，并把这当作说明和解释：《纯粹理性批判》第5版第289—291页、第1版第243页；第5版第301页、第1版第419页；第5版第447、486、488页。他在这问题上陷入了最明显的自我矛盾，因为他在第301页上说“一切偶然的东西都是有原因的”，然后补充说“偶然的东西，其不存在是可能的”。但有着某一原因的东西，其不存在是完全
605 不可能的，因而这东西是必然的。此外，对必然的和偶然的这完全错

[1] 参看克里斯蒂安·沃尔夫的《有关上帝、世界和灵魂的理性思想》§577—579。奇怪的是，他只是把那些依照变易的根据律而必然发生的，亦即由于原因而发生的东西，宣布为偶然的，而那些依照根据律的其他形态而必然发生的，则被认为是必然的，例如，那些从本质（定义）得出的推论，因而是分析判断，还有数学的真理。他给出的这方面的根据就是：只有因果关系的法则才会产生出无限的系列，而其他种类的根据则只有有限的系列。但对于在纯粹空间和时间中的根据律形态，可根本不是这种情形；这只是适用于逻辑的认知根据，但他认为数学的必然性也是这样的逻辑认知根据。参见《论充足根据律的四重根》§50。

误的解释，其根源早在亚里士多德那里，甚至在《论生成和毁灭》第2卷第9章和第11章就可发现，因为在那里，“必然的”被解释为这样的东西：其不存在是不可能的；与其相对立的，就是其存在是不可能的东西。而在这两者之间，是既可以存在也可以不存在的东西，因而是生成的和消灭的东西，而这些就是偶然的东西。根据上面所说的，很清楚，正如亚里士多德所给予的许多解释那样，这些解释是出自固守抽象概念而不返回到具体的和直观的东西，而后者是一切抽象概念的源泉，抽象的概念也因此必须经受其检验。“某样东西，其不存在是不可能的”——这当然可以在抽象中如此想象，但假如我们以此验之于具体的、现实的、直观的东西，就会发现并没有什么是证明这想法的，哪怕只是证明是有可能的，证明为只是从一个给出的根据原因所得出的上述结果，其必然性就只是相对的和有条件的。

我利用这一机会补充有关样式的那些概念的一些看法。既然一切必然性都建基于根据律，并正因此是相对的，那一切定言判断在原初和根据其最终的含义都是假言判断。它们只有通过加入一个肯定的小前提，因而只是在逻辑结论中，才成为定言判断。假如小前提仍是未定的，这未定也表达了出来，那这就产生了或然判断。

一般来说所谓的定言判断（一条自然法则），在涉及某一个别情形时，就仍只是或然判断，因为将那情形纳入规则之下的条件首先必须真的出现。反过来，在这样的个别情形中是必然的（断言判断）东西（每一个别的变化都是由于其原因而成为必然），那总的来说和泛泛表达出来的就只是或然的，因为所出现的原因只涉及个别的情形，那定言的、始终是假言判断的总是只表达了普遍的法则，而不是直接表达了个别的 606

情形。所有这些根据就在于：那可能性只存在于反省思维的领域和只是对理性而言存在；那真实的东西存在于直观的领域和对理解力而言存在；必然的东西则对这两者而言都是存在的。此外，必然的、真实的与可能的之间的差别，其实就只在抽象中和依照概念而存在；而在现实的世界中，所有这三者都融为一体。这是因为一切所发生的，都必然地发生，因为那都是有原因的，但这些原因本身也有其原因，以致世界的全部事情，无论大小，就是必然发生的事情被严谨地连在了一起。据此，一切真实的事情同时也是必然的事情，在现实中，真实性与必然性是没有差别的，同样，在真实性与可能性之间也是没有任何差别的，因为那没有发生的事情，亦即不曾成为现实的事情，也就是不可能的事情，因为那些原因本身在那巨大的连串原因中并没有出现，也不可能出现，而没有这些原因，那些事情是永远不会发生的；因此也就是一桩不可能的事情。每一桩事情因此要么是必然的，要么是不可能的。这所有一切仅仅只适用于经验的现实世界，亦即个别事物的复合体，因而仅仅适用于如此这般的个别事物。在另一方面，假如我们借助于理性，在总体上考察事物，在抽象中把握它们，那必然性、真实性和可能性就再度分离了，然后，我们就把与属于我们智力的法则先验相吻合的一切都认为是可能的，那与经验的自然法则相吻合的东西在这世界上就是可能的（哪怕那永远不曾成为真实），因而就把可能的与真实的清晰地区别开来。那真实的就其本身虽然总是必然的，但只有知道了其原因的人才了解这一点。不考虑其原因的话，这就称为偶然了。这一思考也就给了我们一把钥匙，以解决西塞罗在《论命运》中所陈述的在麦加拉学派的狄奥多罗斯（Diodoros）与斯多葛派的克利西波斯之间进行的

“有关可能性的争论”。狄奥多罗斯说：“只有那真实的东西，才是可 607
能的，而所有真实的东西，也是必然的。”对此，克利西波斯说：“有许多可能的东西是永远不会成为真实的，因为只有必然的东西才会成为真实。”我们可以对此这样说明：真实性是一段三段论的结论，可能性为此提供了前提。但要得到这一结论，不仅需要大前提，而且还需要小前提，只有这两个前提才能给出完全的可能性。也就是说，大前提仅仅只是给出理论上的、在抽象中的普遍的可能性，但这种理论上的可能性就其自身却并没有让任何事情成为可能，亦即无法让事情成为现实。除此之外，还需要小前提，因为小前提给予了个别情形以可能性，因为它将个别情形纳入规则之下。这个别情形也就因此而马上成为现实了，例如：

大前提：所有屋子(因此也包括我的屋子)都可以被烧毁。

小前提：我的屋子着火燃烧了。

结论：我的屋子被烧毁了。

这是因为每一个普遍的命题，亦即每一个大前提，都在真实性方面规定了事情总是只在一个前提之下才能发生，因此是假设性的，例如，可以被烧毁是有着火燃烧的前提条件的。这前提条件是由小前提所提供的。大前提每次都是给大炮装上炮弹，但只有在小前提提供了导火索以后才会发射，才会得出结论。这一道理无一例外地适用于可能性与真实性的关系。那么，既然结论——这是对真实性的陈述——总是必然地作为结果而出现，那就由此可看出：所有真实的东西，也是必然的东西，这一点也可以由此看得出来：必然性也就只是意味着从某一根据得出结果，这某一根据在现实中就是某一原因，因此，一切真实的东西就都是必然的。据此，我们在这里看到有关可能的、真实的和必然的概念是汇聚在一起的，并不只是后者以前者为前提，而且也是反过来的。让这些概念分开的，是我们的智力受到了时间形式的局限，因为时间是可能性和真实性的促成者。个别事情的必然性可通过对这事情的全部
608 原因的认识而看得完全清楚，但这全部的、不同的和互相独立的原因凑到了一起，在我们看来是偶然的；事实上，这些原因相互之间的独立性，恰恰就是"偶然性"的概念。但由于这每一个原因都是从其原因所得出的结果，其链条并没有始点，所以，很明显，偶然性就只是一种主观的现象，是我们理解力视野的局限所致，就跟我们眼睛的视野一样的主观，因为在后者看来，天空与地面是相接触的。

既然必然性与从某一原因得出结果是一样的东西，那它也就非得在根据律的每一形态中以一种特别的方式显现，也在可能性和不可能性方面有其反面，而这些始终是只有通过将理性的抽象思考应用在对象物那里才产生出来的。因此，与上述四种必然性相对立的是这四种不可能性，亦即物理的、逻辑学的、数学的和实践的不可能性。除此之外，还需指出的是，假如人们只完全停留在抽象概念的领域，可能性就总是与更普遍的东西、必然性就与狭义的概念联系在一起，例如，"一只动物可以是一只鸟、一条鱼、一只两栖动物，等等"。"一只夜莺肯定是一只鸟，这鸟肯定是一只动物，这动物肯定是一个有机体，这有机体肯定是一个躯体。"这其实就是因为逻辑的必然性——对其的表达就是三段论——是从普遍的东西到特殊的东西，从来不是反过来。相比之下，在直观的大自然（第一类表象），一切都是通过因果关系的法则而成为必

然的，只有那附加的反省思维才会在同一时间视其为偶然，将它与并非其原因的东西相比较，也由于撇开了所有的因果关联而视其为单纯真实的东西。只有对这一类表象，才会真正有“真实”的概念，正如那有关因果性概念的字词的源头所显示的。在第三类表象中，在那纯粹数学直观的表象中，假如人们停留在这直观里面，那就是全然的必然性：可 609
能性在此只是由于与反省思维的概念的关系而产生，例如，“一个三角形可以是直角的、钝角的、等角的；那必然以其三个角，加起来等于两个直角”。我们因而在此就只是由于从直观的过渡到抽象的才达到那可能的。

在这论述之后——这论述假定了人们还记得我在《论充足根据律的四重根》和在本著作第一篇中所说过的——我希望人们对由判断表式摆在我们眼前的那些判断形式，对其真正的和不同的起源，再也没有任何疑问；对理解力具有十二个特别功能的设想，对其完全没有根据和对其无法允许，也同样再没有了疑问。不少个别的和非常容易就有的觉察已经指出了这最后一点。所以，为了设想和认定一个肯定的、一个定言的和一个断言的判断就是三个如此根本不同的事物，以致有正当理由认定理解力的每一个完全独特的功能对应着这其中的每一者，那需要对对称性的热爱和对由此拿来的指南极为信任才行。

康德本人就以这样的方式暴露了他意识到他的范畴学说是站不住脚的：他在第二版时删去了对基本命题（现象和本体）分析的第三部分中的多个长段落（也就是在第 241、242、244—246、248—253 页）——这些段落因为暴露了他那学说的弱点。所以，例如，他在那里（第 241 页）说，他并没有定义个别的范畴，因为他无法定义它们，哪怕他愿意这样做，因为它们是无法定义的——此时，他忘记了在第一版第 82 页，他是这样说的：“对范畴的定义，我是故意免除的，尽管我可能大概有了这定义。”这也就是——请原谅这用词——空话而已。 但康德却保留了这最后一段。 这样，那在后来被聪明地删去了的所有那些段落就暴露
610 了这一点：所谓的范畴，并没有让人想到任何清晰的东西，这整个学说只是建基于薄弱的基础。

这范畴表式现在据称就成了指引，每一种形而上学的，甚至每一种科学的考察都可据此指引而进行（《任何一种能够作为科学而出现的未来形而上学导论》，§39）。 事实上，这不仅是整个康德哲学的基础和模式——依照此基础和模式，康德到处实施其对称性，正如我在上文已经指出了的——而且，这也确实成了生搬硬套的模式：康德把每一可能的考察都塞进里面去，不惜强行造成歪曲和破坏，而对此我现在就要更为仔细地考察。 但有了这一良机以后，又有什么是那些“模仿者、奴性的群氓”做不出来的！ 我们已看到过这些了。 那些歪曲和破坏是这样强行造成的：人们把标示判断的名称、形式和范畴用语的含义，完全放在了一边和忘掉了，就只保留着这些用语本身。 这些用语一部分起源于亚里士多德的《前分析篇》1，13（关于三段论用语的质和量），但却是主观任意挑选出来的，因为概念的范围，除了用“量”这个词以外，也可以用其他字词标示，虽然这个词比起范畴的其他名称与其对象物更加的贴切。 人们选择了“质”一词时，已是明显出于将量与质相对照的习惯，因为对肯定和否定来说，选取质的名称是太过于主观任意了。但现在，在康德所进行的每一次考察，在时间和空间中的每一数量，事物的每一可能的性质，物理的、伦理道德的，等等，都被置于范畴的名

称之下，虽然这些事物与那些判断形式的名称之间，并没有任何共同之
处——除了那偶然的、主观任意的命名相同以外。我们必须时刻想到我
们对康德在其他方面所应有的尊重，才不至于对他的这些做法表达出尖
刻的看法。有关自然科学的普遍原则的纯粹生理学表式就给了我们一 611
个最近的例子。那判断的量与每一直观都有其广泛的范围到底又有什么样的关系？判断的质与每一感觉就其某一程度又有何关系？前者更多的是基于空间是我们外在直观的形式，后者则不过是每一经验的，并且是主观的感知，仅仅是从考察我们的感觉器官的性质而获得的。再者，在为理性心理学奠定基础的表式上（《纯粹理性批判》，第 344 页；第 5 版第 402 页），灵魂的单一性被列在了质的下面，但这灵魂的单一性却恰恰是一个量的特性，与判断中的肯定或者否定没有任何关联。不过，“量”据称要由灵魂的统一性来完成，而这统一性已经包含在单一性里面了。这样，样式就以一种可笑的方式被塞进去：灵魂也就与可能的对象相关，但相关就属于关系，只不过这关系已经被实体物质所据有了。然后是那四个宇宙论观念，而这就是二律背反的素材，归结到范畴的名下；但这些我们在下面检查这些时将作进一步的讨论。更加离谱的例子——如果还有可能的话——由《实践理性批判》中的“自由的范畴”的表式提供给我们，还有在《判断力批判》中根据范畴的四个名称审查趣味判断的第一篇；最后在《自然科学的形而上学基本知识》，而这是完全根据范畴表式而剪裁的，或许也正因此，主要造成了那些与在这部重要著作中正确的和杰出的思想不时混杂在一起的错误东西。我们只需看看在第一篇的结尾，线的方向的统一性、许多性、统一体是如何据称符合按照判断的量而命名的范畴。

612 实体物质恒存的原则是从实体存在和内在固有性的范畴引申出来的。但我们只是从定言判断的形式，亦即从两个作为主语和谓语的概念的结合才认识这些范畴的。因此，让那伟大的形而上学的原则依赖于这简单的、纯粹逻辑学的形式，那该有多牵强才可做到！而这仅仅只是为了形式和那对称性。在这里为此原则所提供的证明，完全不理会那误以为出自理解力和出自范畴的起源，是从对时间的纯粹直观中提出来的。甚至这一证明也是相当不准确的。认为在单纯的时间中有着某种同时存在和某种持续，是错误的；这些表象仅仅只是出自空间与时间的结合，正如我在《论充足根据律的四重根》§18 中所指出和在本著作§4 更进一步讨论了的。要明白下面所说的，我必须以上面两者的分析为前提条件。认为在一切变化的同时，时间保持不变是错误的。其实，恰恰是时间本身在流淌，“永恒不变的时间”是自相矛盾的说法。康德的证明是站不住脚的，尽管他竭力借助诡辩以支持它，事实上，康德在此陷入了再明显不过的自相矛盾。也就是说，在他（第 177 页，第 5 版第 219 页）错误地提出同时存在为时间的一种模式的时候，他相当正确地说了（第 183 页，第 5 版第 226 页）：“‘同时存在’并不是时间的一种模式，因为在这时间里面，并没有任何部分是同时存在的，而是一切都是前后相继的。”事实上，空间就如时间一样被包含在“同时存在”里。这是因为，假如两样事物同时存在、但又不是同一样东西，那它们就是由于空间而不同；假如一样事物的两种状态是在同一时间存在（例如铁块的发光和发热），那它们就是一样事物的两种在同一时间的作用效果，因此是以物质为前提条件的，而物质则是以空间为前提条件的。严格来说，同一时间是一种否定性的定义，那只是意味着：两样事物或者两样状态，并不是由于时间而不同，它们的不同因而是在其他方面。但当然，我们对于实体物质的恒存性，亦即对物质的恒存性的认识，肯定是基于一种先验的洞察，因为那是超越了一切的疑问，因此并 613 不可能是从经验中得来的。我推断这一认识是由此而来的：所有生灭的原理、我们先验就意识到的因果关系的法则，本质上只涉及变化，亦即物质前后相继的状态，因而只局限于那形式，但那物质却是不曾触及的，这物质因此在我们的意识中是一切事物的基础，不会受制于任何的生灭，因此是永远曾经存在和永远继续存在。对实体物质更深一层的、根本上是从我们对这经验世界的直观表象分析而汲取的理据，读者可在我们的这本著作第一篇 §4 中读到，因为在那里，我指出了：物质的本质就在于空间和时间的完全结合，这种结合只有借助于因果关系的表象才有可能，因而只是对理解力而言，而理解力不是别的，正是因果关系的主体性对应物，物质因此也就被认识为作用（wirkend），亦即完完全全的因果性，存在和作用在物质那里是一体的。这已经由 *Wirklichkeit*（现实）一词勾画出来。空间和时间的内在结合——因果关系、物质、现实——因而是一体的东西，而这一体的主体对应物就是理解力。物质必须在其自身背负两个要素彼此矛盾的特性——物质也就由此产生——并且是有关因果关系的表象消除了这两者中矛盾的地方，让这两者的共存为理解力所把握，而通过理解力并且唯独对理解力而言，物质才是存在的，理解力的全部能力就在于认知原因与结果：也就是说，对理解力而言，在物质那里，时间的无常的流动（这呈现为偶然属性在变化）与空间的僵硬不动（这展现为实体物质是恒存的）结合在一起了。这是因为假如实体物质也与偶然属性那样消逝，那现象就与空间完全脱离而仅仅属于时间，现象的世界就会由于物质的消灭而解散和湮灭。因此，那有关实体物质是恒存的原则，这每一个人都承认
614 是先验确实的道理，必须从空间在物质，亦即在现实现象中的份额推论和解释——因为空间是时间的反面和对立面，因此，就其自身和脱离了与时间的联系的话，是并不晓得变化的——而不是单纯从时间中推论和解释，而康德则为了这一目的，完全不合情理地将永恒强加给时间。

现在接下来的从事情的单纯时间顺序证明因果关系法则的先验性和必然性，其做法的不正确，我已经在我的《论充足根据律的四重根》§23 详尽地阐明了；所以，我在此只需提及这一点就可以了。[1]对相互作用的证明也恰恰是同样的情形，其概念我在上文甚至必须说成是无价值的。对于样式，需要说的也已经说了，现在接下来的就是说明其原则。

在更进一步研究《先验分析学》中，我本来还有不少的细节部分是要进行驳斥的，但我害怕这会消磨读者的耐心，因此，我就把这留给读者自己去细想了。但是，在《纯粹理性批判》中，我们不时就重新碰到康德那些首要的和根本的、我在上文已经批评得够多的错误，那种完全无法分清抽象的、推理的认识与直观的认识。正是这一点，让康德有关认知能力的整套理论永远变得模糊，也永远不让读者知道他每一次到底是在谈论什么，以至于读者不是去明白，而是要去猜测那所说的意思，因为读者试图理解那每一次变换着所说的思想和直观的东西，而一切始终就是在云里雾里、悬而未决的状态。难以置信地缺乏对直观表

[1] 读者可随意将我对康德证明的反驳与菲德尔在《论时间、空间和因果性》§28 和 G.W.舒尔策在《理论哲学批判》中对康德证明的抨击作一比较。

象和抽象表象的本质的思考，正如我马上要更详细分析的，竟让康德在
《论区分一切对象为现象和本体》一章中，做了这一荒谬的宣称：没有 615
思考，亦即没有抽象的概念，就根本没有对一样对象的认识；直观，因为不是思考，所以也就不是任何的认识，根本上就什么都不是——除了只是感官的刺激、单纯的感觉以外！ 更有甚者，没有概念的直观，完全就是空的；但没有直观的概念则仍是某些东西（第 53 页，第 5 卷第 309 页）。 这可是与事实真相恰恰相反，因为概念恰恰唯独是从其与直观表象的关系中获得所有的含义、所有的内容，而概念是从这些直观表象中抽象、提取出来的，亦即去掉所有的非本质性的东西而形成的，因此，假如抽掉了概念的直观基础，那概念就会是空洞没有实质内容的。 相比之下，直观自身有直接的和非常巨大的含义（事实上，意欲、自在之物就客体化在直观中）：它们代表自身、表达自身，有着并不仅仅只是借来的内容，就像概念那样。 这是因为根据律只是作为因果法则而统治着直观，并作为因果法则规定着它们只是在空间和时间中的位置，但并没有以它们的内容和它们的含义为先决条件，就像概念那样的情形——在概念那里，根据律对其认知的根据是有效的。 此外，看上去似乎康德恰恰是在这里确实想要区别直观的表象与抽象的表象：他批评莱布尼茨和洛克，说莱布尼茨把一切都弄成了抽象表象，而洛克则把一切弄成了直观表象。 但康德也没有区别；虽然洛克和莱布尼茨确实犯下了那些错误，但康德本身也犯下了第三种错误，即让那两种错误成了他的负担，也就是把直观表象与抽象表象混杂到了这样的程度，以致从这两者生成了一个怪异的杂种，一种不可能让人有清晰想象的胡闹荒谬的东西，这因此只会使学习者混乱麻木和陷入争拗之中。

也就是说，在上述《论区分一切对象为现象和本体》一章中，思维
616 与直观确实比在任何其他别处都更加的分别开来，只不过这种区别在这里是根本错误的。在第 253 页、第 5 卷第 309 页是这样说的：“假如我将所有的思维（通过范畴）从某一经验的认识中拿走，那就不会剩下对一样对象物的任何认识，因为通过单纯的直观，是不会思维到任何事情的，在我身上的这感官刺激，并不曾造成了这样一些表象与任何某因客体的关系。”这一句话在某种程度上包含了康德的所有谬误，因为这一句话清楚显示了他错误理解了感觉、直观和思维的关系，并因此将直观——其形式据称就是空间，而且是向着三个维度的空间——与感官的单纯、主观的感觉等同起来，但只认为对一样对象物的认知只有通过与直观不同的思维才可添加进去。但我则认为：客体首先是直观的对象，而不是思维的对象，对对象的一切认知在原初和就其自身而言就是直观，但这直观却一点都不仅仅只是感觉，那理解力在直观中就已经显示出在运作着，那唯独添加给人、而不会添加给动物的思维仅仅只是从直观中作出抽象，并没有从根本上给予新的知识，并没有首先确定了在这之前并不存在的东西，而只是改变了那经由直观已经获得的知识的形式，也就是让其变成一种抽象的概念。这样一来，那直观性就失去了，但概念的组合却成为可能，而这就将知识的应用难以评估地扩大了。而我们思维的材料不是别的，正是我们的直观本身，并非不包含在直观中的、只有通过思维才添加进来的某样东西，因此，在我们的思维中出现的一切，其材料必须在我们的直观中得到展示和核实，因为假如不是这样的话，那就会是空洞的想法。虽然这材料经由思维得到了多种多样的加工和改造，但这材料仍要能够再度恢复过来，那思想能够还原为

这材料。这就好比人们将一块黄金从所有的分解、氧化、蒸发和化合 617
中最终再度还原过来，将其本来面目不变地呈现出来。假如思维本身是给对象物添加了某样东西，甚至是主要的东西，情形就不会是这样的。

在这之后有关歧义的一整章就只是对莱布尼茨哲学的批判，而这在整体上是正确的，尽管其式样是为了严谨结构的对称性而做出来的，这对称性在此也就提供了指引。因此，为了取得与亚里士多德的《工具论》的类似性，康德就提出了一种先验的推论法。即我们应该从四个方面思考一个概念，以便首先搞清楚这概念要放置于哪种认知能力之下。但那四个方面则完全是随意认定的，并且可以同样合理地添加十个其他方面；但那四的数目与范畴的标题对应吻合，因此，莱布尼茨的主要学说就尽力而为地分在这些范畴的名下。经过这一批判，那些仅仅只是莱布尼茨的错误抽象，就在某种程度上被打上了理性的自然错误的印记；而莱布尼茨并没有向他的哲学上伟大的同侪——斯宾诺莎和洛克——学习，而是宁愿端上他自己的古怪发明。在有关反省思维的歧义一章，最终是这样说的：可能有某种与我们的直观完全不同的直观，但我们的范畴也可以应用在这种直观。因此，那所假定的直观的客体就是本体的东西，仅仅只是让我们思维的东西，但由于赋予这思维以含义的直观是缺失的，并且这种直观根本就是大有疑问的，所以，这种思维的对象也就只是一种相当不确定的可能性。我在上文已经通过所引用的段落指出：康德在极度自我矛盾的情况下，一会儿说范畴是直观表象的前提条件，一会儿又说范畴只是抽象思维的功能。在此，范畴就唯
独现身为后一种含义，看上去他似乎是想要把单纯的一种推理思维归之 618

于范畴。但假如这真的是他的看法，那他必然在其先验逻辑学的开首，在他如此不厌其烦地详细列举那些不同的功能之前，就应该从根本上定义思维，以此将其与直观区别开来，应该表明直观提供了哪一种认知，在思维里添加了什么样的新东西。然后，我们就会知道他到底是在说些什么，或者更准确地说，他可能就会有另一种说法，也就是一开始谈论一下直观，然后就谈论思维，而不再是现在这样老是说着这两者的混合物，而这混合物也就是一个四不像。这样的话，在先验感性学与先验逻辑学之间就不会有那巨大的漏洞——因为在他阐述了直观的单纯形式以后，对直观的内容，对那整个的经验感知，只是以一句"那是给予的和既定的"就打发了事，并不查问这又是如何发生的，这里面是否有或者没有理解力的参与，而是一下子就跳到抽象思维那里，并且根本不是过渡到总体上的思维，而是马上就转到某些思维形式，至于思维是什么、概念是什么、抽象和推理与具体和直观的关系是什么、人的认知与动物的认知的差别、理性是什么，则一概只字不谈。

但被康德所忽略了的抽象认知与直观认知之间的差别，恰恰就是古老哲学家用"现象"和"本体"所标示的差别[1]，这"现象"与"本体"的对立和无法比较给他们制造了那么多的麻烦，这反映在伊利亚学派的哲学命题、柏拉图的有关观念（理念）的学说、麦加拉学派的和稍后学院派的辩证法、唯名论与实在论之间的争论中，而导致唯名论和实在论争论的、后来才生长发芽的种子，早就包含在柏拉图和亚里士多德

[1] 参看塞克斯都·恩培多克勒的《皮浪主义纲要》第1篇，第13章，《阿那克萨哥拉把所思维的与所显现的对立起来》。

的对立相反的思想倾向里面。但康德以一种不负责任的方式，完全忽 619
略了那希腊词“现象”和“本体”已经标示出的问题，霸占了那些字词，似乎它们是无主的一样，以便标示其自在之物及其现象。

在我不得不摒弃康德有关范畴的理论以后——正如康德本人摒弃了亚里士多德的范畴理论——我想在此建议性指出达到该理论的目的的第三条路径。康德和亚里士多德在范畴的名下所追求的无非最普遍的概念，人们必须把所有无论是多么不同的事物都纳入这些概念之下，通过这些概念，也就可最终思维一切存在的事物。所以，康德将范畴理解为一切思维的形式。

对逻辑来说，语法犹如衣服之于身体。因此，这些最高的概念，这些理性的基本低音——这些就是所有更特殊思维的基础，不应用这些的话，任何思维都无法进行——难道不应最终就存在于这样的概念中：这些概念恰恰由于其过分的普遍性（先验性）而不会表达在个别字词里，而是通过一整类的字词表达，因为每一个别的字词，无论这字词是什么，人们都会思维到其一整类词语；据此，人们并不会在词典中、而是在语法中寻找那些概念的标示？因此，难道最终不就是概念的那些差别，而导致那表达概念的字词要么是一个名词，要么是一个形容词、一个动词，或者一个副词、一个代词、一个介词，要么是别的分词，一句话，导致了各词类？这是因为这些词类毫无争议地标示了一切思维首先采用的和思维赖以直接活动的形式；正因为这样，词类就是每一种语言的基本语言形式、基本的构成要件，以致我们无法想象哪一种语言不是起码由名词、形容词和动词所组成的。然后，那些通过词类的词性

变化，因而通过词的变格和变位表达的那些思想形式，就从属于这些基
620 本形式，而在这同时，人们是否也用上冠词或者代词以标示它们，那并不是关键性的事情。然而，我们还要更仔细地检验这事情，并重新提出这一问题：什么是思维的形式？

(1) 思维完全是由判断所构成的：判断是整个思维网的线。这是因为不运用到一个动词的话，我们的思维就会踏步不前，而每当我们用到了动词，我们就是在作判断了。

(2) 每一个判断就在于认识主语与谓语的关系，这主语和谓语就由判断以多种多样的限制所分开或者结合起来。判断将这两者结合，开始于认识到这两者的真正同一性，而这只能发生在可互换的概念那里；然后就在于认识到，其中之一总是与另一者一并思维——虽然这并不可以反过来——例如在一般的肯定命题里；直至认识到这其中之一有时候在另一者那里被一并思维，例如在特称肯定命题里。否定的命题则是相反的路径。据此，在每一个判断中，都必然找到主语、谓语和系词，后者可以是肯定的或否定的——虽然并不是这些中的每一项都由一个特有的字词标示出来，但在大多数情况下却是如此。通常，一个字词标示了谓语和系词，例如，“凯厄斯老了”；有时候，一个字词标示着所有三者，例如，*concurritur* 指的是军队交战了。由此可见：人们并不是要直接在字词中，甚至也不是在词类中找出思维的形式，因为那同样的判断在不同的，事实上甚至在同样的语言中也可以通过不同的字词，甚至通过不同的表达法表达，但那思想仍然是那同样的思想，因此，那形式仍是同样的形式，因为那思想在不同的思维形式下不可能仍是同样的。但假如是同一思想和同一思想形式，那字词的形体却可以是不同的，因

为那只是思想的外衣，而思想是与其形式不可分的。因此，语法仅仅
只是讲解了思维形式的外衣。词类因而是来自原初的、独立于一切语 621
言的思维形式本身，把这些思维形式及其所有的变化表达出来，就是它们的使命。它们是思维形式的工具，是其衣服，必须精确吻合其肢体构造，以致这肢体构造可以在这些思维形式中认得出来。

(3) 思维的这些真正的、不变的、原初的形式，确实就是康德的判断的逻辑表中的形式，只不过在这表中有着有利于对称性和范畴表的盲窗；而这些东西因而必须去除，还有那错误的排序也是如此。因此，那大概应是这样：

a. 质：肯定或者否定，亦即概念的结合或者分离：两种形式。这与系词联系在一起。

b. 量：主语概念会全部或者部分被采用：统一体或者许多性。属于第一类的还有个体性主语，苏格拉底，就意味着“所有的苏格拉底”。因而只是两种形式。它们与主语联系在一起。

c. 样式：确实有三种形式。它们决定了那质为必然的、真实的，抑或偶然的。它们因而是同样与系词联系在一起的。

这三种思维形式出自矛盾律和同一律的思维法则。但从根据律和从排中律却产生了：

d. 关系。关系只是在对现成的判断作出判断时才出现，并仅仅在于要么陈述一个判断对另一个判断（也可以是两者的复数）的依赖性，并因此将这两者在假设性命题中联系起来；或者陈述那些判断是互相排斥的，因而将它们——在推理性命题中——分开。关系是与系词联系在一起的，而系词在这里分开或者联系其现成的判断。

词类和语法形式是判断的这三个组成部分的表达方式，亦即主语、
谓语和系词，也表达了这三者可能的关系，亦即表达了刚刚所列举的思
622 维形式，以及对这些思维形式更详细的规定和变化。名词、形容词和
动词因此根本上是语言关键性的基本组成部分，所以，这些是在所有语
言中都必然会有的东西。但也可以设想有这样一种语言：在这里面，
形容词和动词总是互相融为一体的，正如在所有语言中不时都有的情
形。我们暂时可以说：用以表达主语的，是名词、冠词和代词；表达谓
语的，是形容词、副词、介词；表达系词的，是动词，但动词除了 *esse*
以外，也包含了谓语。思维形式的表达，其精确的工作原理，是哲学语
法学必须教导人们的，正如思维形式本身的运作是逻辑学要告诉我
们的。

说明：为了提醒大家不要进入歧途和为了说明上述，我要提到 S.斯泰恩的《语言哲学初基》，1835。这本书是一次失败的尝试，其目的是要从语法的形式中构建起范畴。也就是说，作者把思维与直观完全混淆了，所以，从语法形式中，他想要推演的并不是思维的范畴，而是所谓的直观范畴，因此就将语法形式说成是与直观有直接关系的。斯泰恩囿于一个巨大的谬误，认为语言是与直观直接相关的。其实，语言只是直接与思维本身，亦即与抽象概念相关，并且只有借助于这些抽象概念才与直观产生了关系，而与直观的这一关系就造成了形式的一种完全的改变。在直观中存在的，亦即从时间和空间中产生的关系，确实成了思维的对象，因此也必然有了语言形式以表达它，但那始终只是在抽象之中作为概念。概念始终是思维的最先材料，逻辑的形式就只与这样的概念相关，而永远不是直接与直观相关。直观永远只是决定了

材料，而永远不会决定了命题的形式上的真实，而这后者是唯一由逻辑规则决定的。

我回到康德的哲学，要谈论的是先验辩证论。康德是以对理性的 623
解释开场的，而理性这能力据称在先验辩证论中扮演着一个主要角色，因为到现在为止，在舞台上只有感官的敏感性和理解力。我在上面对理性的不同解释中，也谈到了在此所给出的“理性是原理的能力”。康德在此教导各位的是：一切在此之前被考察过的先验的认识——这些也就让纯粹数学和纯粹的自然科学成为可能——就只是给出了规则而已，但没有给出任何原理，因为那些先验认识是来自直观和认知的形式，但却不是来自单纯的概念，而要称为原理的，则需要概念才行。这样的原理因此应该是一种出自单纯概念的认知，但是综合的认知。而这却是绝对不可能的。单纯只是从概念中不会产生除了解析的命题以外的别的东西。假如概念是综合的，而又是先验结合的，那这结合就必然是通过某一第三者而达成的，通过对经验形式的可能性的某一纯粹直观，正如后验的合成判断是通过经验的直观而达成的。所以，一个先验合成的命题永远不会产生于单纯的概念。但根本上我们先验意识到的，不过就是根据律及其不同的形态，因此，从给予这根据律以内容的东西中产生的那些先验综合判断以外，不可能存在任何其他的先验判断。

但是，康德最终拿出了一条与其要求相吻合的所谓的理性原理，但也仅仅只是这一条原理，稍后从这条原理就派生出其他的结果命题。那也就是克里斯多夫·沃尔夫在《宇宙论》第 1 部分第 2 章 §93 和在《本体论》§178 中所提出的和所说明的命题。正如上文在双关歧义的题目之下，单纯的莱布尼茨哲学命题被视为理性自然和必然的歧路，并受

到了批评，那在此，这同样的事情也发生在沃尔夫的哲学命题中。康

624 德仍是有欠清晰、有欠明确和支离破碎地在朦胧的光线下陈述这理性的原理（第 307 页，第 5 卷第 364 和 322 页，第 5 版第 379 页）。清晰表达的话，那就是："假如那带条件的东西是既定的，那其条件的总和就必然也是既定的，那不带条件的东西因此也必然是既定的，也只有这样，其条件的总和才是足数齐全的。"假如我们将条件和带条件的东西想象为某一下垂的链条的环节，而这链条上面的终端是看不见的，以致其可以延伸至无限，那我们就会至为强烈地感觉到这命题的表面的真实；既然这链条并没有掉下来，而是悬挂在那里，那上面就肯定会有一环是第一环和以某一方式固定下来的。或者更简短地说：理性希望这一无限地回溯的因果链条有一个切入点，那这对于理性倒是很方便的。但我们希望不是在图像方面检验这命题，而是就其自身对其检验。那命题确实是综合性的，因为分析性的话，那从带条件的概念就没有什么可以推论出来，除了那条件的概念以外。但这命题并没有先验的真理，也没有后验的真理，那只是以某一个我现在必须揭露的非常精巧的方式骗得了真理的假象。我们直接和先验地掌握着根据律以其四种形态所表达出来的认识。所有对这根据律的抽象表达，都是从这直接的认识中引进过来的，因此是间接的，其由此推论出的东西则更是如此。我在上文已经讨论过抽象认识是如何经常以一种形式或者以一个概念与多种多样的直观认识结合在一起的，以致它们再难分别开来；因此，抽象认识与直观认识相比，犹如影子之于实物，实物的多种多样性则由影子通过一样包含了这所有多样性的轮廓重现出来。那所谓的理性原理就是利用了这影子。为了从根据律中推断出与根据律恰恰相矛盾的无条件

的东西，它就聪明地抛弃了根据律在其个别形态内容的直接、直观认
识，只是利用了抽象概念——而这些抽象概念就是从这些直观认识中汲
取而来的，并且只是由于这些直观认识而具有价值和含义——以便将他 625
的无条件的东西以模糊方式偷带进那些概念的广阔范围中去。其做法透过那辩证法的外衣而变得至为清楚可见，例如，那是这样说的："假如带条件的东西是存在的，那其条件也必定是存在的，而且是全部存在，因而是完整存在，亦即其条件的总和是存在的，所以，假如那构成了一个系列，那整个系列也是存在的，所以，这系列的第一个开始，因而就是那无条件的东西，也是存在的。"在此，这看法已是错误的，即对一个带条件的东西的各个条件能够构成一个*系列*。其实，每一个带条件的东西，其各个条件的总和必须包含在其*最近的*根据中（而这带条件的东西也就直接由此产生出来），这最近的根据也只有这样才是*充足*根据。所以，例如，对那作为原因的状态的不同规定都必须具备齐全了，结果才会出现。但那系列，例如，诸原因的链条，其产生却只能以此方式：刚刚还是条件的东西，现在则又被我们视为一个带条件的东西，然后，那整个的运作程序又马上重新开始了，根据律带着它的要求重新出现了。但对一个带条件的东西来说，永远不会存在真正连续的条件*系列*——这些条件是单纯作为这系列，是因为那最后的带条件的东西的缘故而存在的——而永远只有某一变换着的、带条件的东西和条件的系列；但越过了某一个环节，链条就会中断，根据律的要求整个被消除了；根据律就会重新开始，因为那条件已变成了带条件的东西。由此可见，充足根据律永远只要求*最近的完整的条件*，而永远不会要求完整的*一系列*条件。但这有关完整条件的概念却没有明确定义这样的完整

性应该是同时的，抑或连续的；并且因为现在选择了后者，那就产生了对一完整系列的、互相连续的条件的要求。仅仅只是通过某一种主观任意的抽象，一系列的原因和结果才会被视为一系列的原因，就仅是因
626 为那最终的结果的缘故而存在，并因此是作为那结果的充足根据而被要求的。在更仔细和更审慎的考察之下，并且从高高在上抽象、不确定的泛泛之谈下来回到个别的确定的东西，那就可发现：对充足根据的要求只及于有关最近原因的完整规定，而并非要求一个完整的系列。根据律的要求在每一个出现的充足根据那里就会完全消失。但根据律的要求又马上重新开始了，因为这一根据又再被视为结果，但那永远不会直接要求一系列的根据。但假如人们不是进入事情本身，而是维持在抽象概念的范围之内，上述那些区别就会消失。然后，一系列变换着的原因和结果，或者变换着的逻辑上的根据和结果就会被声称是纯粹原因或者根据与最终结果的链条，而那完整的条件——一个根据只有借此才能成为充足根据——就会呈现为那所认为的完整的一系列纯粹原因，而这些就只是由于最终结果而存在。然后，就有了那抽象的理性原则及其对不带条件之物的非常鲁莽的要求。但是，为认识这要求的无效性，我们并不需要借助于二律背反及其解决任何对理性的批判，而只需要在我的意义上理解的对理性的批判，也就是说，探究一下抽象认识与直观认识的关系，从抽象认识的不确定的普遍性降落到直观认识的扎实的确定性。然后，由此探究可得出这样的结果：理性的本质一点都不在于要求某一不带条件之物，因为一旦理性以深思熟虑行事，那理性自身就会发现：一样不带条件之物就是胡说八道而已。理性作为一样认知能力，永远只是与客体打交道，但所有的客体对主体而言，就都必然

和最终受制于根据律，不管是在事前还是在事后。根据律的有效性就在那意识的形式那里，以致我们简直无法客观想象出任何的客体，是再 627
无法更进一步要求知道“为什么”的；因此，是无法想象出任何绝对的“绝对”，对此我们是一窍不通的。至于这个人或者那个人出于方便而停止在某一点上，随意地认定这样的一个点就是“绝对”，那面对无法辩驳的先验确切性，这无论如何都是行不通的，就算人们为此摆出一副非常高贵的面孔，也是无济于事的。事实上，那有关“绝对”的所有空话，这几乎就是自康德以后的哲学所追求的唯一话题，不过就是隐匿了身份的宇宙论证明。这些证明，由于康德对其的官司，结果已是失去了一切权利和被剥夺了公民权，再也不可以展现真身，所以就披上各式各样的乔装，一会儿穿上高贵的外衣，通过“智力的直观”或者“纯粹的思维”掩饰；一会儿又现身为可疑的流浪汉：半乞求、半软磨硬泡地以朴素简单的哲学命题要求他所要的东西。假如那些先生绝对地想要某一绝对，那我愿意把一样东西交到他们手里，以满足对这样的一种绝对的所有要求，这可比他们的云里雾里的东西要好得多：那就是物质。物质不是生成的，是不灭的，因而是真正独立的，是“透过其自身而存在和包含在其自身”，一切都出自其母腹，一切都回归于其中。对这样的绝对之物，人们还能有什么更多的要求吗？但对于那些《纯粹理性批判》并不会发挥作用的人，我们更应该冲其喊道：

> 你们不就像那些女人吗？
> 就算已经对其说了老半天道理，
> 始终还是回到原来的那句话。

——席勒，《瓦伦斯坦之死》，2，3

至于回溯到某一不带条件的原因，回溯到某一原初的开始，根本就不是基于理性的本质，这一点事实上也得到了这样的证明：我们人类的原初宗教——这些宗教直至今天也有这地球上的最大数目的追随者——亦即婆罗门教和佛教，并不晓得也不承认诸如此类的设想，而是将互为条件
628 的现象系列引致无限。有关这一点，我建议大家参看稍后在下面的对第一个二律背反的批判时紧接着的注释，人们还可以查阅厄珀姆的《佛教教义》（第 9 页）和有关亚洲宗教的每一真实的报道。我们可不要把犹太教与理性等同起来。

康德根本就没有想要宣称其所谓的理性原则是客观有效的，而只是想说那是主观必要的；他只是通过一个肤浅的诡辩（在第 307 页和第 5 版第 364 页）推断出这一原则。也就是说，因为我们寻求尽可能地将我们所知晓的每一个真理归并于一个更普遍的真理之下，所以，这不是别的，应该恰恰就是追求我们预先假定了的不带条件者。但其实，我们这样的寻求，所做的不过就是我们在应用理性，亦即应用那种抽象、普遍知识的能力——而这能力就将深思熟虑的、具语言禀赋的，并且是有思想能力的人，与动物、与局限于现时此刻的奴隶区分开来——并且是合乎目的地利用这理性以便通过总览而简化我们的知识。这是因为应用理性恰恰就在于：我们通过普遍性的东西来认识特殊的东西，通过规律来认识个别的情形，而认识这规律则是通过更普遍的规律。我们因而就是寻求最普遍性的视角：透过这样的总览，我们的认识就变得容易很多和更加的完美，以致由此产生了动物的一生与人的一生之间的巨大差别，还有同样的在有文化的人与粗俗的人的生命中的差别。那么，唯独只存在于抽象的，亦即理性的领域的认知根据系列，确实总是可以

在无法证实的东西中，亦即在某一并不再受到根据律这一形态的条件制约的表象中，因而是在推论链条的最高命题的先验或者后验直接直观的根据中找到一个终点。我在《论充足根据律的四重根》§50中已经表明：在此，那认知根据的系列其实是转成了变易根据，或者存在根据。但想要认可这一情形，以便证明有某一依照根据律的不带条件者——尽 629
管只是作为要求——那只有在人们还无法区分根据律的形态，而只是在固守抽象用语的情况下把一切都混杂了才会这样做。康德甚至试图通过只是字词游戏，在第322页和第5版第379页，以*Universalitas*（普遍）和*Universitas*（全体）而为其找出根据，所以，这一说法是根本上错误的，即我们寻找更高的认知根据、普遍的真理，是因为我们假定了存在着某一就其存在而言是不带条件者，或者有某些与此共同之处的东西。并且，理性又怎么会本质性地假定存在某样东西，而只要理性思考一下这东西，就必然会认识到这根本就是胡闹？毋宁说那些有关不带条件者的概念，其起源永远不过就是个人的懒惰——他想要以此摆脱他人的和他自己的一切更进一步的问题，虽然他这样做并没有任何的合理理由。

虽然康德本人否认这所谓的理性原则有其客观有效性，但他将之说成是一个必要的主观的假定，并因此把某一无法解决的不相一致带进我们的认识里，而这不相一致，他很快就让其更清楚地凸显出来了。为了这一目的，他进一步地说明那理性原则（第322页，第5版第379页），所依照的是他所喜爱的严谨结构的对称性方法。从关系的那三个范畴，产生了三种推论，这每一种推论都提供了寻找一个特别的不带条件者的指引，而不带条件者因此又同样给出了三者：灵魂、宇宙（作为自在的客体和封闭的总体）、上帝。但与此同时，我们可是留意到了一个巨大的矛盾，而康德对此可是不予任何理会的，因为这矛盾对他那对称性是非常危险的。这其中的两个不带条件者事实上本身也是以第三个不带条件者为条件的，也就是说，灵魂和世界是以上帝为条件的，而上帝就是造成它们的原因；前两者与这第三者根本就不是共有不带条件这一称号（而这在此是非常关键的），这三者只是共有依照经验的原则、超出了经验可能性的领域以外而被推论出来的称号。

撇开这些不论，我们在那三个不带条件者那里——根据康德，每一
630 个理性的人，只要遵循其本质性法则，就必然会达到这三个不带条件者——再一次发现了在基督教影响之下的整个哲学，从学院派开始，一直到克里斯蒂安·沃尔夫，都围绕着三个主要对象。尽管那些概念经过所有的那些哲学家，现在对单纯的理性而言是易接受的和流行，但这并不就确定无疑地意味着：就算没有上帝的启示，这些概念肯定也会作为这理性本质的独特结果从每一个理性的发展那里生发出来。为解决这一问题，就需要借助于历史研究，并探究古老的和非欧洲的民族，尤其是印度斯坦的和许多最古老的希腊哲学家是否真的达致那些概念，抑或只是我们太过热心地认为他们有这些概念，就像希腊人到处都重又见到他们的神祇，因为我们完全错误地将印度教的“梵天”和中国人的“天”翻译成“上帝”；是否更准确地说，那一神教只是在犹太教和从这犹太教中产生的两种宗教中才可看到，其信仰者也恰恰就是因此原因把这地球上所有其他宗教的信仰者统统归于异教徒的名下，而“异教徒”一词，顺便一说，却是至为头脑简单和粗糙的，起码应该从学者的著作中被驱逐出去，因为这词将婆罗门教徒、佛教徒、希腊人、罗马

人、日耳曼人、高卢人、易洛魁人、巴塔哥尼亚人、加勒比人、塔西提岛人、大洋洲人等视为同一并混为一谈。对教士来说，这用语是很贴切的，但在学术界，却必须马上送其出门。它仅仅可以去英格兰，在牛津定居下来。至于佛教，这在地球上代表着最多信众的宗教，根本就不包含任何一神教，甚至厌恶一神教，则是完全确凿无疑的事情。至于柏拉图，那我的看法是：他不时突然感受到的一神教是得之于犹太人的。努美纽斯（*Numenius*）就是因为这样（根据亚历山大的克罗门特的《希腊文论》第 1 卷第 22 章；优西比乌的《福音初步》第 8，12；以及在努美纽斯名下的《苏伊达斯》）将柏拉图称为讲希腊语的摩西： 631
“因为柏拉图除了是个说雅典的希腊语的摩西以外，还会是个其他什么？”并且指责柏拉图从摩西的作品中窃取了有关上帝和创世的学说。克罗门特常常提及柏拉图知道和利用了摩西的著作，例如，在《希腊文论》第 1 卷第 25 章和第 5 卷第 14 章 § 90 等；《教育学》第 2 卷第 10 章和第 3 卷第 11 章；以及在《劝勉希腊人》第 6 章——在本书第 5 章中修士般地责骂和嘲笑了全部希腊哲学家以后，因为他们都不是犹太人，他就唯独赞扬柏拉图，在为其欢呼中滔滔不绝地说道：柏拉图，正如其从埃及人那里学到了几何学，从巴比伦人那里学到了他的天文学，从色雷斯人那里学到了魔法，也从亚述人那里学到了许多东西，那他同样从犹太人那里学到一神教：“我知道你的师傅是谁，尽管你不想让人家知道他们。你是从希伯来人那里获得对上帝的信仰的。”这是相认时的感人一幕。但我是在下述文献中找到对此事的证实的。根据普卢塔克（在《皮洛斯-马略传》）和根据拉克坦提乌斯（Laktanz，第 1 篇，3，19）所述，柏拉图感谢了大自然，因为生而为人而不是动物，是个男人而不是个女人，是一个希腊人而不是一个未开化的人。在伊萨克·优切尔的希伯来文的《犹太人祈祷文》1799年第2版第7页中的早祷文，人们感谢和赞颂上帝，因为感谢人生而为犹太人和不是异教徒，是自由的人而不是奴隶，是个男人而不是女人。这样的一番历史探究就免除了康德现在非常糟糕地需要去做的事情，因为他同意那三个概念必然地出自理性的本质，却又表明其站不住脚，理性也无法为其奠定根据，康德因此把理性本身搞成了一个诡辩者，因为他在第339页、第5版第397页说了："有一些诡辩，并不是人的诡辩论证，而是纯粹理性本身的诡辩；这些诡辩，就算是最智慧的人也是无法摆脱的，或许虽然经过诸多努力防止犯下错误，但还是始终无法逃脱得了那不停折磨和愚弄人的假象。"
632 所以，这些康德的"理性的观念"，可以比之于这样的焦点：在这焦点里面，从凹面镜聚集以后反射回来的光线就汇合在其表面之前的几寸处，其结果就是由于一种不可避免的理解力程序，在那里向我们展现出了一样并没有真实性的东西。

但非常不幸的是，康德为纯粹的理论性理性的三个所谓的必然产物选择了"理念"的名称，并且这名称是从柏拉图那里强行拿来的。柏拉图以"理念"来形容永恒的形态，这些形态通过时间和空间的复制，在无数的、个体的、短暂的事物中有欠完美地看得出来。柏拉图的理念据此完全是直观的，正如他所选取的字词是那样确切地标示，我们也只能通过直观或者可视的事物才能够对应地翻译过来。康德将这"理念"据为己有，以标示距离直观可能性如此之远的东西，而就算是用上抽象的思维也只可以半完成标示的任务。柏拉图最先采用"理念"一词，自他使用以后，历经了22个世纪，仍始终保留着柏拉图所采用的含义，因为不仅是古老的所有哲学家，而且所有的经院哲学家，甚至神学大师和中世纪的神学家，都唯独以柏拉图的意思使用这一字词，亦即采用拉丁语 *exemplar*（意为写照、反映）的意思，正如苏亚雷斯在他的第25篇论辩第一节中所直接提出的。至于在这之后，英国人和法国人由于其语言的贫乏而无用和滥用这个词，那已是非常糟糕的了，但却是无关紧要的。康德对这词的误用，是将一种新的含义强加于其中，通过非经验客体的微小线索牵扯进来，这一种新的含义与柏拉图的“理念”有共同之处，但与一切可能的幻象也有共同之处，因此是完全没有说得过去的理由的。既然误用了一些年与使用了数千年的权威相比是无足挂齿的，我也就始终采用这个词古老的、原初的、柏拉图的原意。

对理性心理学的驳斥在《纯粹理性批判》第1版比在第2版及此后各版都要详细得多和透彻得多，因此，我们在这里绝对要使用第1版。就总体而言，这驳斥有非常大的贡献和许多真实的东西。但是，我完全认为康德就只是出于对对称性的喜好而从那错误结论中，借助于把对不带条件者的要求运用在实体的概念（而这是关系中的第一类范畴）上，将灵魂的概念作为必然的东西推论出来；并因此宣称：有关灵魂的概念就是以此方式在每一思辨的理性中形成。假如这灵魂的概念真的起源于假设一样事物的所有谓语属性有一个最终的主语，那人们就确实不仅是在人那里，而且还在每一个没有生命的东西那里同样必然地认定有某一灵魂，因为这样一个东西也要求其所有的谓语属性中的一个最终主语。但总起来说，康德假如谈论某一样仅仅只是作为主语，而不是作为谓语属性而存在的东西，他会用上一个完全不被允许的词语（例如， 633

《纯粹理性批判》，第 323 页、第 5 版第 412 页；《任何一种能够作为科学出现的形而上学导论》，§4 和 §47)，尽管早在亚里士多德的《形而上学》第 4，第 8 章中已有这方面先例。根本没有什么东西是作为主语和谓语而存在的，因为这样的表达唯独属于逻辑学和标示抽象概念互相之间的关系。在直观世界中，它们的对应物或说代理者就是实体和偶然属性了。但对那就只是作为实体和从来不是作为偶然属性而存在的东西，我们不需要更作进一步的寻觅，而是直接在物质那里就可找到。物质是对事物的一切特性的实体，因为事物的一切特性都是事物的偶然属性。如果人们想保留康德在上面已被批评过的用语，那物质的确就是每一经验事物的一切谓语属性中的最终主语，亦即在减去所有各种特性以后所剩下的东西。这适用于人，也适用于动物、植物或者石头，并且如此显而易见，以致要看不出这点的话，那就要决意不看到才行。
634 至于这的确是实体概念的原型，我很快就会说明。但主语和谓语与实体和偶然属性的关系，毋宁说就是在逻辑学中的充足根据律与在大自然中的因果法则的关系，正如把这后两者的关系混淆或者等同起来是不被允许的，前两者的关系也是不能混淆和等同起来的。但在《任何一种能够作为科学出现的形而上学导论》§46 中，却把这种混淆和等同做到了极致，以便从所有谓语的最终主语的概念和从定言推论的形式中产生出灵魂的概念。为了阐明这一节里的诡辩招数，我们只需回忆起主语和谓语是纯粹的逻辑上的规定，唯一只涉及抽象的概念，而且是根据它们在判断中的关系：实体物质和偶然属性却是属于直观的世界及在理解力中对其的把握，但这些在理解力那里却只是与物质和形式或者性质等同。对此，我马上会做更多的论述。

导致人们认定有两种根本上不同的实体的对立，即肉体与灵魂的对立，事实上就是客体之物与主体之物的对立。假如一个人在外在直观中客观地理解自己，那他就会发现一个在空间中延伸的和总的来说完全是躯体一样的存在物，但假如这人单纯是在自我意识中，亦即纯粹主观地理解自己，那他会发现一个只是意欲着和有着头脑表象的存在物，没有一切直观的形式，亦即也没有任何一样属于躯体的属性。现在，他就以这样的方式塑造有关灵魂的概念，一如所有超验的、被康德名为“理念”的概念：他将根据律、一切客体的形式，应用到并不是客体的东西上面，甚至在这里应用到认知和意欲的主体。他也就是将认知、思维和意欲视为结果，其原因是他要去寻找的，他也无法认定身体就是这些的原因，因而就设定一个与身体完全不同的原因。那第一个和最后一个教条主义者就以这方式证明灵魂的存在：亦即柏拉图早就在《斐德罗篇》，还有沃尔夫，他们都是从思维和意欲作为结果引往那一原因 635
来证明的。只有在以这样的方式，通过将一个与结果相吻合的原因拟人化，有关一个非物质的、简单的和不灭的存在物的概念产生以后，这学派才从实体的概念发展和论证这一概念。但这实体概念本身是他们在这之前特地为此目的而塑造出来的，采用的是下面这值得注意的小诡计。

物质的表象是与第一类的表象，亦即直观的、现实的世界，一并给出的，因为在后者中占统治地位的因果关系法则决定着各种状态的变换，而这些状态本身又是以某一恒存不变的东西为前提条件的，这些状态就是这东西的变换。在上文谈论实体物质恒存定律时，我曾以所援引的之前的有关段落表明：产生这有关物质的表象，是因为在理解力中——物质的概念唯独对理解力而言是存在的——时间和空间是通过因果关系的法则（这是理解力的唯一的认知形式）而紧密结合的，而空间在这产物中的份额就表现为物质的恒存，时间的份额则表现为物质状态的变换。纯粹就其自身而言，物质只可以在抽象中思维，却无法被直观，因为那已在形式和物性中呈现给直观了。实体的概念又是从物质的概念中抽象出来的，因而是一个更高的种属，并且是以此方式产生的：对于物质的概念，人们只允许其留有恒存的谓语称号，但所有其他本质性的属性，延伸性、不可穿透性、可分性，等等，却在思维中去掉了。因此，就像所有更高种属那样，实体的概念自身也包含了比“物质”的概念更少的内容，但并不因此像其他更高的种属概念那样通常在其下面有更多的概念，因为在其下面，除了物质，并没有涵盖更多的更低一级的种属；相反，这物质始终就是实体（或说实体物质）概念的唯一真正亚种，唯一可被展示、以此方式其内容可以实现和获得证据的东西。因此，理性一向通过抽象以产生出一个更高的概念的目的，亦即以此概念在同一时间思维更多的、通过次要的规定而有所不同的亚种的
636 目的，在这里根本就没有实现。所以，从物质概念中抽象出实体的概念要么是不带目的和闲着无事而作出的，要么是私下带有秘密的意图。这一秘密意图现在暴露出来了，因为在“实体”的概念之下，与其真正的亚种——“物质”——一道并列的，还有第二个概念，即非物质的、简单的、不灭的实体——灵魂。“灵魂”这一概念是早在形成实体这一更高概念时就已经以不合乎规律和违反逻辑的方式骗来的。理性以其合乎规律的步骤总是只以此方式形成一个更高的属概念：先把多个种概念并列在一起，在比较中进行推理，并且通过去掉那些种概念的差别和保

留相互一致的东西以获得包含了所有那些种概念、但内容少很多的类概念。由此可得出这样的结论：种概念必须始终先于类概念。但在现在这一情形里，所发生的却恰恰相反。在实体概念之前的是单纯的“物质”概念，而这实体概念是没来由的和因此是没有合理性的，是闲着没事从那“物质”的概念形成的，所采用的方式就是随心所欲地去掉其所有的规定，只留下一个规定。只是在这之后，那第二个非真正的亚种概念才与物质的概念并列在一起和就这样塞了进来。但为了造出这一概念，现在所需要做的不过就是明确否定那些在这之前不声不响地在高级的属概念中去掉的东西，亦即延伸性、不可穿透性、不可分性等等。因此，实体的概念塑造出来只是要成为一个工具，以便歪曲事实骗来非物质的实体的概念。所以，那是远远不能算作一个范畴理解力的必然功能；其实，那就是一个极为多余的概念，因为其唯一的真正的内涵已经存在于物质的概念中，并且与“物质”的概念相比，实体的概念还有一个巨大的空洞，是任何东西都无法填充的——除了骗来的这一亚种（非物质的实体）以外；建构出实体概念，就只是为了接受这非物质的实体的概念。所以，严格来说，实体的概念是要完全摒弃的，在任何地方都要以物质的概念取而代之。

范畴对每一可能的事物来说都是生搬硬套的模式，但那三种逻辑推 637
论方式只是对那三个所谓的理念来说是如此。灵魂的理念被迫要在定言推论形式中找到其起源。现在轮到一系列有关宇宙的武断表象了——只要这宇宙被想象为一个自在的客体，处于最小的（原子）和最大的（在时间和空间中的宇宙界限）这两个界限之间。这些界限就必须从假言推论的形式中产生。这事情本身并不需要任何勉强。这是因为假言判断有从根据律而来的形式，由于毫无理智地和无条件地应用这些根据律，然后又随意地中断它们，事实上就产生了所有那些所谓的理念，而并不仅仅是宇宙论的理念。也就是说，以符合那些根据律的方式，就只一味寻求一样客体对另一样客体的依赖，直至疲倦的想象力最终造出这种旅行的一个目的地，与此同时，并不再注意到：每一个客体，事实上客体的整个系列和根据律本身处于一种紧密得多和巨大得多的依赖性，亦即依赖于认知的主体，只是对认知主体的客体来说，亦即对表象来说，根据律才是有效的，因为它们在空间和时间中的单纯位置是由根据律所决定的。那么，既然认知的形式（在此，宇宙论的理念就由此引申出来的），亦即根据律，是那一切貌似明智实质肤浅的三位一体的源头，那在这情形里并不需要为此进行任何诡辩，但要将那些理念依照范畴的四个标题而分类的话，那就需要诡辩了。

（1） 在时间和空间方面的宇宙论观念，亦即有关这宇宙在这两者的界限，被大胆地视为由量的范畴所规定，而那些观念与量的范畴明显没有任何共同之处，除了在逻辑学中偶然通过的“量”的字词，通过一个形象的表达以标示在判断中主观概念的范围以外，而选用另一个字词取而代之也是一样可以的。但对康德对对称性的热爱来说，这就足以方便利用
638 这命名的巧妙偶然，将世界延伸的超验教义与这名字连结起来。

（2） 康德更大胆地将“质”，亦即在一个判断中的肯定或者否定，与关于物质的超验观念联系起来，而这样做，甚至没有某一字词的相似性为基础，因为其机械的（而不是化学的）可分性恰恰是与物质的“量”，而不是与物质的“质”相关的。更有甚者，有关这可分性的整

个观念，却根本不属于依照根据律的推断，而一切宇宙论的观念作为假言形式的内容本应由此而产生。这是因为康德在此所立足的命题，即各部分与整体的关系就是条件与带有条件的东西的关系，因而是一种依照根据律的关系，虽然说得相当的巧妙，却没有根据的诡辩。那种关系毋宁说基于矛盾律。这是因为那整体并不是通过各部分，各部分也不是通过整体，而是两者都是必然地合在一起，因为它们就是一体的，它们的分开只是一个随意的行为（行动）。基于此，依照矛盾律，假如部分是在思维中去掉了，那整体也会在思维中去掉，反之亦然；那根本就不是说：各部分是根据，整体则是结果，前者是后者的前提条件，以便由此作为其根据去理解那整体。我们因此就会依照根据律被迫去寻求最后的部分，以便由此，作为其根据，理解那整体。对对称性的热爱在这里克服了如此巨大的困难。

(3) 有关这世界的首要原因的观念其实应该属于关系的标题之下。
但康德却必须把这观念留在第四个标题之下，亦即在模式的标题之下，
否则，第四个标题之下就再没有留下什么东西了。他就以这方式强行
把那观念放置于第四个标题之下：说那偶然的东西（亦即依照他的直接
与真理相反的解释，每一个出自其根据的结果）是由那第一原因变成了
必然的东西。因此，在这里，自由的概念就作为第三个观念和为了对
称性的缘故出现了，但这概念所指的只是那唯一适合于这里的有关世界 639
原因的观念，正如为第三个二律背反的正题给出的解释所清楚说明的。
第三个和第四个二律背反因此从根本上是同义反复的。

但就所有这些，我认为和断言这一点：那整个二律背反就只是一个骗局而已，是貌似的打斗。只有对那些反命题的主张才确实是建基于

我们认知能力的形式，亦即假如我们要客观表达出来，那就是建基于必然的、先验确切的、最普遍的自然法则。因此，唯有它们的证据，才是从客观根据中提出来的。相比之下，对那些正命题的主张和证明，其具有的不过就是主观的根据，完全只是建基于貌似理智论述的个人的弱点：这个人的想象力在没完没了的回溯中疲倦了，因此通过主观任意的、争取尽量美化一番的设想而给这种回溯制造出一个末端；此外，这个人的判断力还由于早期深深打下的偏见烙印而丧失了活力。由于这原因，对在这所有四个矛盾之中的正命题的证明处处都只是诡辩，而对反命题的证明则是理性从我们先验意识到的、作为表象的世界的法则出发而无法避免得出的推论。康德也只有费尽工夫和技巧才得以维护那些正命题，才能让其对禀赋着原初力量的对手发出貌似的攻击。在此，他的首要和一贯的绝招是：他并不像那些意识到自己的命题是真理的人所做的那样，并不是突出和强调其“论证的要点”，尽可能地让其单独地、赤裸裸地和清晰地呈现在人们的眼前，而是将其从正反两边引出来，遮盖和混杂在一大堆多余的和絮絮叨叨的句子里面。

在此所出现的相互矛盾的正命题和反命题，让人想起了希腊文的“正义之事”和“非正义之事”，而这由阿里斯托芬（Aristophanes）的《云》中的苏格拉底表现为相冲突的。但是，这种相似性只涉及形式，
640 不涉及内容，虽然那些把对道德的影响归之于这在理论哲学的一切问题中最思辨性的问题，并因此认真地认为正命题就是“正义之事”，反命题就是“非正义之事”的人，很喜欢宣称那种相似性涉及内容。但我可不会迁就和顾及如此狭隘、颠倒和渺小思维的人，我要说出真心话，要揭发康德对个别正命题所给出的证明就是诡辩，而对反命题的证明则是

诚实、准确和出自客观根据的。 我假定读者在阅读对康德的二律背反的这些检验时，对那些二律背反是很熟悉的。

假如人们想要认为对在第一组矛盾中的正命题的证明是有效的，那证明就证明得太多了，因为那也同样可应用于时间，正如其可应用于在时间上的变化，并因此可证明时间本身必然有其开始——而这一点可是不合情理的。 此外，那诡辩就在于：一开始所谈论的系列状态是没有始点的，突然，取而代之的是这状态系列的没有终点，并证明了没有人会怀疑这一点：这种没有终点是与完结性在逻辑上相矛盾的，然而每一个现时此刻都是这过去的一个终点的。 一段没有始点的系列总可以想象其有一个终点，并不会与其没有始点相抵触，正如反过来，一段没有终点的系列是可以想象其有一个始点。 但针对反命题提出的真正正确的论辩，即这世界的变化一定和必然地假定了回溯的一系列无尽的变化，却根本拿不出任何的反驳。 那因果系列在将来某一天会绝对地终止，这可能性我们是能够想象的，但一个绝对的开始的可能性，却是我们无论如何都无法想象的。[1]

---

[1] 至于认为这宇宙在时间上有一界限，这无论如何都不是理性的一个必然的思想——这一点甚至也可通过历史而得到证明，因为印度人从来没有在大众宗教中教导这事情，更不用说在《吠陀》里了。他们以神话的方式、通过怪异的周期表达出这现象世界的无限性，摩耶的这不持久的和无实质的纱幕，因为它们同时以下列神话含义非常深刻地突出了一切时间长度的相对性（波利埃，《印度神话》，第 2 卷，第 585 页）。那四个劫——我们就生活在这最近的第四劫——囊括了 4 320 000 年。那造物的梵每一个白天都有 1 000 个，而每一晚又同样有 1 000 个由这四劫所组成的时期。他的一年有 365 个白天和同样之多的晚上。他活了他的 100 年，始终在创造着。如果他死去了，一个新的梵就会马上诞生，就这样从永恒到永恒。这一特别的神话也表达了时间的同样的相对性，这在《波利埃著作》第 2 卷第 594 页中，复述自《往世书》。在那里，一个王公拜访了在天上的毗湿奴几个瞬间以后，在其返回到地上时，发现已经过去了好几百万年，一个新的时期出现了，因为毗湿奴的每一天就等于四个时期的 100 次重复。

641 至于这世界的空间界限方面，康德证明了：假如那就是一个既定的整体，那它就必然有其界限。这结论是正确的，只不过恰恰那前面的环节是需要证明、却又不曾得到证明的东西。整体就假定了界限，但这两者一起在这里却是被任意预先假定了。反命题并没有为这第二点提供任何像为第一点所提供的那样让人满意的证明，因为因果关系的法则只是在时间方面，而不是在空间方面给予我们必要的规定，并且因果关系的法则虽然先验地给予我们这方面的确切性：并没有任何一段充满了的时间紧接着一段在这之前的空空的时间，并没有任何变化是最先的变化，但是，因果关系的法则并没有先验地让我们确切认为：一个充满了的空间并不会在其旁边有一个空空的空间。就此而言，对于这后者，先验就可定夺是不可能的。但是，想象这世界在空间中有其界限，其困难之处就在于空间本身必然是无限的，因此，一个有界限的有限世界，无论其有多大，在空间中都会变成无限小的体积；这种不相匹配是想象力无法逾越的一道坎，因为与此相应，想象力就只有这样的选择：要么想象那世界无限大，要么无限小。古老哲学家已经看出了这一点：迈特罗多鲁斯，伊壁鸠鲁学派的导师，教导说：相信这一点是不合情理的：在一大块田野里就只有一株植物，在一个无限大的空间中就只有一
642 个世界。(斯托拜乌斯，《文选》第 1 卷，第 23 章）所以，他们中的许多人教导说（这是紧接着迈特罗多鲁斯所说的）：在无限的空间有着无限多的世界。这也是康德为那反命题提供的论辩的含义，只不过他用经院哲学的、不自然的陈述歪曲了意思。那同样的论辩我们也可用于反驳这世界在时间上的界限，假如我们不是已经在因果关系的线索那里有了好得多的论辩的话。再者，在设想一个在空间中有其界限的世界的

时候，就产生了这无法回答的问题：那被充满了的空间，比无限的、空荡荡的空间，又有什么样的优势？乔尔丹诺·布鲁诺在他的《论无限、宇宙和诸世界》第5篇对话中，给出了支持和反对这世界是有限的、详尽的、非常值得一读的论辩展示。除此之外，康德本人在《自然通史和天体论》第2部分第7章中严肃地和出于客观根据地宣称这宇宙在空间中是无限的。亚里士多德也承认这同一观点（《物理学》第3，第4章）。这一章与接下来的一章在这二律背反方面是值得一读的。

在第二个二律背反中，那正命题马上就犯下了一个根本就不精巧的错误，即“将未经证实的问题视同真实来进行辩论”，因为它是这样开始的，“每一种组合而成的实体物质都是由单一的部分组成的”。从这里所任意设想的组合，随后就当然非常容易地证明那些单一的部分。但是，恰恰是这一命题，“一切物质都是组合而成的”——这是一切关键所在——却是没有得到证明的，因为这命题恰恰是一个并没有根据的设想。也就是说，与“单一”相对立的，并不是组合的，而是伸延的、有着各部分的、可分的。但在此其实就是严守秘密般地认定：各个部分是存在于整体之前的，是堆集在一起的，然后那整体就此产生，因为这就是“组合”一词的意思。但这话可不能这样说，正如与此相反的话也不能这样说一样。可分性只是表示将那整体分拆的可能性，而根本没有这整体是由各个部分组合的并因此而形成的意思。可分性仅仅只是
说“在那之后”的部分，那组合而成的东西说的是“在那之前”的部 643
分。这是因为在部分与整体之间根本上是没有时间关系的；毋宁说它们是互为条件的，并且在这方面始终是同时存在的，因为只有这两者在那里存在着，那才组成了空间中伸延的东西。所以，康德在对这正命

题作的注释中所说的，“我们并不应将空间称为‘复合体’，而应称为‘整体’，等等”——这也完完全全适用于物质，因为这物质仅仅只是成了可被认知的空间。相比之下，那正命题所主张的物质的无限可分性，却是先验地和无可辩驳地出自填塞这空间的物质。这个命题并没有任何自相矛盾之处，因此，康德在第513页、第5版第541页——在那里，康德认真地和出于真心地，而不再是作为“非义之事”的代言人而说话——将其作为客观的真理表达了出来。同样地，在《自然科学的形而上学基本知识》（第1版，第108页）中，这一命题，“物质是无限可分的”，是作为确凿无疑的真理排在了对力学第一原理的证明之首，而在这之前，这命题是作为第四原理在动力学中登场并得到了证明。但在此，康德却破坏了对反命题的证明，因为康德的表述极度含糊混乱和无用地堆砌字词，其狡猾的目的就是不让反命题的确凿证据使得正命题的诡辩太过相形见绌。原子并不是理性必然有的思想，而只是为了解释物体比重不同的一个假设。但我们却可以以别的方式，甚至比用原子学更好和更简单地解释——这是康德本人在《自然科学的形而上学基本知识》的动力学中已经展示出来的。但在他之前，普利斯特利在《论物质和精神》第一部分中已说过这一点。事实上，早在亚里士多德的《物理学》第四篇第9章中就可看到与此有关的基本思想。

为第三个正命题所作的论证是非常精巧的诡辩，其实就是康德所谓的纯粹理性原则本身，完全没有掺杂也没有更改。这论证想要以此方
644 式证明原因系列的有限性：一个原因，要成为*充足*原因的话，就必须包含产生出紧接着的状态、结果的诸条件的总和。在那状态（这是原因）

中完整和同时存在的种种规定，现在就被那论证说成是那状态本身最初得以成为现实的完整系列原因，并且因为完整性是以自成一体的封闭性为前提的，而这封闭性又以有限性为前提，所以，那论证就由此推断出一个最初的、闭合了系列原因的、因而是一个无条件的原因。但这种戏法轻易就可看穿。为把A状态看作造成B状态的充足原因，我就假定了A状态是包含了B状态得以无可避免地随后出现所需的、完整的、齐备的规定。这样的话，我对A状态作为充足原因的要求是完全满足了，它与这问题——A状态本身是如何成为现实的——并没有任何直接的关联，更准确地说，这问题属于完全另一种考虑了，因为在那另一种考虑中，我把那同样的A状态不再视为一个原因，而是又看作结果了，那样的话，另一种状态与A状态的关系，必然就像A状态与B状态那样。对系列原因和结果的有限性的假定，因此也就是对一个最初开始的假定，在这种情况下一点都不显现为必然的，正如现在此刻的出现并不就假定了时间自身有某一个开始一样。其实，那种假定只是由于思辨个体的懒惰而添加上去的。至于那一个假定就存在于对一个作为充足根据的原因的认可，那因此就是骗取得来的和错误的说法，正如我在上面考察康德的与此正命题重叠在一起的理性原则时所详细展示的。为说明这种错误命题的宣称，康德竟敢在对那的注释中给出了一个从凳子上起来作为一个无条件开始的例子：似乎在没有动因的情况下从凳子上起来，对他来说，如同一个球没有原因就可以滚动起来，都不是那么不可能的事情。至于康德由于感觉到自己的弱处而援引古老的哲学家，其没有根据我是用不着从奥克洛斯·卢坎诺斯、埃利亚学派等去证 645
明，更不用说印度教了。对于反命题的论证，一如这之前的情形，我是没有什么反对意见的。

第四对二律背反，正如我已经指出的，其实是重复了第三对二律背反。对正命题的证明也根本像之前的证明那样是同一个。他所宣称的——即每一个带条件的东西都假定了这一前提条件：某一完整的和因此是以某一不带条件的东西为终端的系列原因——是“以未经证实的问题视同真实来进行辩论”，是人们必须断然否定的。每一个带条件的东西，除了假定其条件为前提条件以外，并没有假定任何东西为前提条件；至于一个带条件的东西的这些条件又是带有条件的，那是另外新的考虑，并不直接包含在前一种考虑之中。

不可否认，这二律背反看上去似乎有某些真实性；但值得留意的是：康德哲学的任何一个部分都不像这些极为自相矛盾的学说那样遭遇如此之少的异议，而且获得了如此之多的认同。几乎所有的哲学派别和教科书都承认了这些二律背反，重复着它们，甚至对其加工润色，而康德的几乎所有其他学说则都遭受异议，事实上从来就不乏个别扭曲的头脑，甚至摒弃康德的先验感性论。相比之下，康德的二律背反所得到的众口一词的赞扬，说到底可能就是由于某些人内心喜欢看到理解力到了某一点上会完全地停顿下来，因为理解力碰上了某样既存在又不存在的东西，他们因此就看到了利希滕贝格的广告单中雅各布·菲拉德尔菲会表演的第6项绝技会真的上演。*

* 德国科学家和格言作家利希滕贝格一向反对雅各布·菲拉德尔菲错误展示科学，因为利希滕贝格认为菲拉德尔菲是个魔术师而已，而并不是个物理学家。1777年，为阻止菲拉德尔菲到哥廷根表演，利希滕贝格制作了一个讽刺性的广告单，上面夸张地描绘了菲拉德尔菲将要上演的各种精彩绝技。菲拉德尔菲后来并没有按计划在该市表演。

康德接下来对有关宇宙论的争论的批判性判定，假如我们探究其真正的含义，并不就是康德所说的那样，亦即透过展示争论双方从错误的假定出发，在第一和第二二律背反中都是错的，但在第三和第四二律背反中却是对的，并就此解决了争论。相反，康德的判定，事实上透过说明反命题的陈述而证实了那些反命题。

首先，康德在解决这争论中声称——而康德是明显错的——双方从 646
这一假定作为首要原则出发：伴随着带条件的东西，是其完整的（因而是封闭的）系列条件。仅仅只是正命题以此命题、以康德的纯粹理性原则作为其宣称的基础；而反命题则在任何情况下都明确地否认这一命题，并宣称事实恰恰相反。再者，康德指控双方都设定了这一假定，即这世界（宇宙）是就其自身而存在，亦即独立于被认知和独立于认知形式而存在的。但这一假定也只是由正命题所设定的；这一命题并不会成为反命题的基础，因为那甚至是与反命题完全不可调和的。这是因为这一说法——既定的全部——与一个无限系列的概念是直接矛盾的。所以，这无限系列的存在，本质上永远只是就讨论这系列而言，而并不是独立于此而存在的。在另一方面，假定了特定的界限，也就假定了一个就其自身和独立于对其进行测量而存在的一个整体。因此，就只是正命题错误地假定了一个独立存在的，亦即在一切认知之前就已有的宇宙，而认知只是附加的东西。反命题则自始至终都反对这一假定：因为那系列的无限性，那只是依照根据律的引导而宣称的东西，只有在回溯完结了才可以存在，而不是独立于这回溯而存在。也就是说，正如客体根本上以主体为前提，那受到无尽的条件链条的规定的客体也必然地以与此相对应的在主体中的认知为前提，亦即以对那链条上的环节的不断追溯为前提。但康德对那争论所给出的解决，并且如此经常重复的就是这一点：“宇宙的无限之大只是通过回溯，而不是在回溯之前。”他的这种解决争论因而其实只是偏向于对反命题的判定，反命题
647 的真理就已在其主张中，正如这判定与对正命题的主张是格格不入的。假如那反命题主张：这世界是由无限系列的根据和结果所组成，但仍是不依赖于表象及其回溯的系列，亦即就其自身而存在和因此成了一个既定的整体，那主张就不仅与那正命题相矛盾，也与其自身相矛盾。这是因为一个无限的东西，永远不可以是一个完全既定的东西；一个无尽头的系列也不会存在的——除非无尽地将这系列走过一遍；一个无界限的东西也永远不会构成一个整体。由此可见，康德声称误导了正反命题双方的上述那一假定，只是正命题才有的。

亚里士多德早就教导过：一个无穷尽的东西是永远不会实际上，亦即真实地和已有地存在，而只是可能会存在。“无穷尽的东西不会在现实中存在……在现实中无穷尽的东西是不可能的。”（《形而上学》，第10章）再就是：“在现实中，并不会有任何无穷尽的东西，但在可分的方面是有这可能性的。”（《论生成和毁灭》，第1篇，第3章）他在《物理学》第3篇第5和6章中不厌其烦地讨论了这一点；在那里，甚至在某种程度上对所有的那些二律背反给出了正确解答。他以简短的方式描绘了那些二律背反，然后说，“这需要有一个中介”，据此他就给出了这解答：那无穷尽的东西，不管是宇宙在空间中还是在时间中，抑或在可分性中，都永远不是存在于回溯或者前进之前，而是存在于这回溯之中。所以，这一真理已经就在对无限性的正确理解了的概念之中。因此，假如人们误以为无穷尽的东西，不管那是什么样的东西，就是想象

为某样客观存在的和现成完备的、某样独立于回溯的东西，那他们就是误解了。

事实上，假如人们反过来，将康德所给出的对这些争论的解决当作出发点，那就由此恰恰得出了反命题的说法。也就是说，假如这世界并不是不带条件的整体，并不是就其自身而存在，而只是存在于表象之中，其根据和结果的系列并不是在对表象的回溯之前就存在了，而只是 648
通过这回溯才存在，那么，这世界就不会是包含了确定的和有限的系列，因为这些的确定和界限必然是独立于后来才添加的表象，相反，所有其系列都必然是无尽头的，亦即不会通过任何表象而耗尽。

在第 506 页、第 5 版第 534 页，康德试图从双方都是错的来证明现象的先验观念性，并且是这样开始的：“假如这宇宙是一个就其自身而存在的整体，那它要么是有限的，要么是无限的。”但这说法是错的：一个就其自身而存在的整体无论如何都不可能是无限的。其实，上述观念是以下面的方式从在这宇宙的系列无限性中推论出来的：假如在这宇宙的根据和结果系列是根本没有尽头的，那这宇宙就不会是一个独立于表象的既定整体，因为一个这样的宇宙永远是假定了确定的界限，一如在另一方面，无尽的系列永远假定了无尽的回溯。所以，那假定了的无限系列必然是由根据和结果的形式所规定了的，而根据和结果的形式则必然是由主体的认知方式所规定了的，由此可见，我们所认知的宇宙，就只是存在于主体的表象之中。

至于康德本人是否意识到他对那争论的批判性判定其实是有利于反命题的，我可无法定论。这是因为这取决于谢林曾经在某一处地方相当准确地称为“康德的迎合体系”如此广泛地发挥作用，抑或康德的精神在此无意识地迎合和囿于他的时代和环境的影响。

康德如何解决第三个二律背反——其对象就是自由的观念——是值得我们特别考察一番的，因为相当值得我们注意的是康德恰恰在此处，在谈到自由的观念时，不得不更详细地谈论了自在之物，而在此之前，

649 这自在之物我们只是在背景中才可看到。在我们认识到自在之物就是意欲以后，这对于我们就很好解释了。根本上，在这里，就是康德哲学通向我的哲学之处，或者说是我的哲学从作为其根子的康德哲学生发之处。只要我们细心阅读《纯粹理性批判》第356、537页，第5版第564、565页，然后比较一下这些段落与第3版《判断力批判》“引言”第18、9页，或者罗森克兰茨版第13页，就可对我这所说的深信不疑。在罗森克兰茨版第13页，康德是这样说的：“自由的概念可以在其客体（这就是意欲）让人设想到一个自在之物，但那不是在直观中；相比之下，自然的概念虽然可以让人在直观中设想其对象物，但不可以让人设想到自在之物。”我们要尤其阅读在《任何一种能够作为科学出现的形而上学导论》§53中对二律背反的解决，然后真诚地回答这问题：所有在那里所说的是否听来就像个谜面，而我的学说就是对此谜面的谜底。康德并没有将其思考进行到底，我仅仅只是完成那未竟之事。所以，康德只就人的现象所说的，我将其套用到一切现象，而后者与前者也只是在程度上有所差别。也就是说，这些现象的本质本身是一个绝对自由的东西，亦即一个意欲。而我的这一观点与康德有关空间、时间和因果关系的观念性的学说结合在一起，结出了多么丰硕的成果，从我的著作就可看得出来。

康德从来没有把这自在之物作为其特别分析或者清楚推论的主题。
相反，每当他需要这自在之物时，他就马上结论式地得出这一点：现
象，亦即那可见的世界，一定还有一个根据、一个可以悟知的原因，而
这根据和原因并不是现象，因此并不属于任何可能的经验。他说出这
些，是在他不知疲倦地一再叮嘱了这些之后：范畴，因而也就是因果关
系的范畴，完全只能应用于可能的经验，仅仅是理解力的形式，用以帮
助解读那感官世界的现象，而一旦超越了那些现象，就不会还有任何含
义，等等，因此，康德至为严格地禁忌其应用于经验之外的事情，并非 650
常正确地以违反这一法则来解释和与此同时推翻了所有之前的教条主
义。康德在此说出的令人难以置信的、不相一致的话，很快就被其对
手发现了，并被用作攻击的手段，而康德哲学对此却完全无法招架。
这是因为我们虽然确实是完全先验地和在一切经验之前把因果关系的法
则应用在我们的感官所感受到的变化中，但恰恰因为这样，那些因果关
系的法则就如同那些感受本身，都具有主体（主观）的根源，因而并不
会通往自在之物。事实就是我们循着表象之路是永远无法走出表象之
外的：那就是一个封闭的整体，其自身的方法中并没有任何线索通往与
其完全不同的自在之物的本质。假如我们仅仅只是能生成表象的生
物，那通往自在之物的路径对我们就是完全封闭的。只有我们自身本
质的另一面才会给予我们有关事物的自在本质另一面的情况。我就选
择了这一条路子。但康德本人所禁忌的对自在之物的推论，却通过下
面所说的得到了某些美化。他并没有像真理所要求的那样简单和直截
了当地确定客体就是以主体为条件的，反之亦然，而只是确定客体现象
的方式方法是以主体的认知形式为条件，这认知形式因此也是先验地来

到意识中的。但相比之下，只是后验认识的东西，对他来说，已是自在之物的直接作用结果，这自在之物只有通过那先验给予的形式才成为现象。由此观点，可以在某种程度上解释康德如何忽略了这一点：成了客体根本上就已是属于现象的形式了，根本上是以主体为条件的，一如客体的现象形式同样地以主体的认知形式为条件；因此，假如要设想一样自在之物的话，那就绝对不会是客体，但人们却总是预设了自在之物
651 就是客体；其实，这样的一种自在之物必然是在一个与表象（与认识和被认识）完全不同的领域，并因此不会依照客体互相之间的连结法则就能推断出来的。

康德对那自在之物的证明，就如同他对因果关系法则的先验性的证明那样遭遇恰恰同样的情形：他的两个理论都是正确的，但其论证却是错的：它们因此是属于从错误的前提得出正确的结论。我保留了这两个理论，但是以完全另外的方式稳妥地予以了证明。

这自在之物，我既不是偷偷摸摸地蒙混进来，也不是依照那不包括自在之物的法则而推论出来的，因为那些法则已属于其现象；我也不是以迂回曲折的方式达致自在之物，而是直接地、就在其直接所在之处、在意欲那里予以了证明，而这意欲向每一个人直接透露了作为其现象的自在本体。

那也正是从这对自身意欲的直接认识，产生了在人的意识中的“自由”的概念，因为确实，那作为创造世界的、作为自在之物的意欲，是不受根据律和因此不受任何必然性的限制的，因而是完全独立的、自由的，甚至全能的。但这事实上却只适用于自在的意欲，而不适用于意欲的现象、个体，因为这些个体通过这意欲本身作为其在时间上的现象

是确定不变的。但在普通人的不曾经过哲学净化的意识里，意欲却马上就与其现象相混淆，那就只属于意欲的东西，却被归之于意欲的现象。这样一来，就产生了个体是无条件自由的假象。正因为这样，斯宾诺莎说得很对：那被扔出去的石头，假如石头是有意识的话，就会相信自己是自愿飞出去的。这是因为甚至那石头的自在成分，也确实就是那唯一自由的意欲，但正如在意欲的所有现象中那样，意欲在此作为石头而显现时，却是完全被确定了的。但就所有这些，在本著作中的主要部分已足够讨论了。

康德，由于错误认识和忽略了自由的概念在每一个人的意识中这种直接的起源，所以，他就（在第 533 页和第 5 版第 561 页）认定自由的 652
概念的根源在于某一非常微妙的思辨，也就是说，通过这一思辨，那不带条件的东西——理性据称是以这不带条件的东西为目的——就促成了自由概念的人格化，自由的实践性概念据称也是首先建基于自由的这一超验观念。在《实践理性批判》§6 和第 4 版第 185 页、罗森克兰茨版第 235 页，康德又以另外的方式推论出自由的概念，亦即绝对命令是这自由概念的前提条件：所以，为了此前提条件的需要，那思辨性观念只是自由概念的首要起源；但在此，自由的概念获得了真正的含义和应用。这两者却都不是真实发生的情形。这是因为这一幻想——个体在其个别的行为中有着完全的自由——在那些从不作细想的粗人的信念中却是最生动强烈的，因而并不是建基于任何思辨，尽管很多时候被拿到了思辨中去。相比之下，只有哲学家，而且是最深刻的哲学家，还有教会中最深谋远虑和最清楚明白的作家们才会免于这一幻想。

因此，根据所有这所说的，自由概念的真正起源，无论在哪一方面而言，都既不是从对一个不带条件原因的思辨观念推论出来的，也不是因为绝对命令是其前提条件而得出的结论。这自由的概念其实是直接产生自人的这一意识：在这意识中，每一个人都不用多加思索就认识到自己本人就是意欲，亦即作为自在之物这样的东西：并没有根据律作为形式，其自身并不依赖于任何一切，所有其他反倒依赖于他。但人们并没有在同一时间以哲学的批判和深思将这意欲已经进入了时间和已经确定了的现象——我们可以说是意欲的活动——与那生命意欲本身区分开来，因此，他并没有认识到他的整个存在是生命意欲的自由活动，而是试图在他的单个行为中寻觅这一自由。有关此话题，我建议大家阅读我的获奖论文《论意欲的自由》。

653 那么，假如康德——正如他在此所声称的，并且似乎是在更早有机会时所做的——仅仅只是推论得出了自在之物，此外，还因为他本人所完全摒弃的推论而伴随着巨大的不相一致，那么，康德在这里，在他首次更加详细地阐述这自在之物的一刻，就能马上认出这当中的意欲，那自由的、在这世界仅仅只通过时间上的现象来表明自身的意欲——这可是多么奇怪的偶然！我因此真的认为（虽然我无法证明）：每当康德说起自在之物的时候，在其最内在的思想深处，他已隐约地想到了意欲。对此证明就是在《纯粹理性批判》第 2 版“前言”与第 27、28 页，罗森克兰茨版本“附录”第 677 页。

此外，正是对所谓第三对二律背反的针对性的解决，为康德提供了机会美妙地表达了其整套哲学中最深刻的思想。那整个“纯粹理性的二律背反”第 6 节是这样，而在第 534—550 页、第 5 版第 562—578 页中对经验性格与悟知性格的对立分析就更是如此，我认为这是人类曾经说过的最了不起的话（在《实践理性批判》第 4 版第 169—179 页，或者罗森克兰茨版第 224—231 页与此类似的段落，可被视为对上述段落的补充说明）。很可惜的是，这样的论述放在此处并不很适宜，一个原因是这并非在那叙述所告知的途径发现的，因此也可以另外的方式引申出来；另一个原因则是这并没有完成将其放在那里所要完成的目标，亦即解决那所谓的二律背反。这是从现象推论现象的悟知根据、自在之物，所采用的方式就是已被我们批评得够多的不相一致地将因果关系的范畴应用到超越一切经验以外的地方。就此情形，确立为这自在之物的，就是人的意欲（康德以不被允许的、以不可原谅地损害一切语言应
用的方式，将这命名为“理性”），连带着所援引的、不加思索就被假定 654
了的、一个不带条件的应该、绝对的命令。

但更加开诚布公的做法并不是所有这些，而是直接从意欲出发，证明这意欲是不需任何媒介就可认识到的我们自身现象的自在本体，然后给出那有关经验性格和悟知性格的描述，阐明所有的行为是如何虽然以动因为条件，但却被无论是行为的发起者还是对行为的外来评判者必然地和绝对地就只归之于那行为人本身，认为那所有的行为只取决于他，与这些行为相应的罪业和功德因此就归之于此人。只有这样才是认识那并非现象、因而不会依照现象法则就能发现的东西的直路；这东西其实是通过现象而显露出来、而被认识和成为客体，那就是生命意欲。这意欲然后就不得不只是通过类比而被描述为每一个现象的自在本体。但那当然不可以（第 546 页，第 5 版第 574 页）说：在那些没有生命的自然界，甚至在动物性的自然界那里，除了受感官条件制约的能力以外，再无法设想其还有其他能力。在康德的语言里，那就只是说：根据

因果关系法则所作的解释透彻阐明了那现象的内在本质，但以此方式，非常矛盾地，自在之物却是在现象中被剔除的。由于对自在之物的描述在康德的著作中所获得的错误位置和与此相应的拐弯抹角的推论，关于自在之物的整个概念也就被歪曲了。这是因为通过对一个不带条件的原因的探索而被发现的意欲或说自在之物，在此是以原因与结果的关系出现在现象中。但这种关系只发生在现象的范围之内，因此是已经以这现象为前提条件的，是不可以把这现象与在现象之外的、与现象完全不同的东西联系起来的。

再者，那假定了的目标，即通过这一判定（即双方中的每一方都在某一另外的意义上是对的）而对第三个二律背反的解决，却根本没有达
655 到。这是因为无论是正命题还是反命题，一点都没有谈论到自在之物，而是自始至终都在谈论现象、客体的世界、作为表象的世界。正命题通过被我所揭露的诡辩想要说明的就是这一点，而完全不是任何其他：这客体的和作为表象的世界包含了不带条件的原因，而这不带条件的原因也就是那同一个二律背反的反命题以正当理由否认了的。所以，那为了给正命题辩护而在这里给出的、有关意欲的超验自由的描述，只要那意欲是自在之物，尽管这描述本身非常的出色，但在此却完全是“逻辑上错误地跳进了另一个领域”。这是因为那所描述的意欲的超验的自由，一点都不是正命题所宣称的一个原因的无条件的因果性，因为一个原因本质上必然就是现象，而不是一个存在于超越了所有现象的、彼岸的、完全不同的东西。

假如所谈论的是原因和结果，那意欲与其现象（或说悟知性格与验知性格）的关系绝对不可以牵扯进来，就像在此所发生的那样，因为这

是与因果性关系完全不一样的。但是，在此，在解决二律背反中，这所说的是与真理相符的：人的验知性格，一如在大自然中的每个其他原因中的一个，都是不变地被确定了下来，所以，从他那里，就根据外在的影响而不可避免地生发出他的行为；也因此，尽管所有的超验自由（亦即自在的意欲并不依赖于其现象的关联法则），并没有人有能力自发地开始一系列行为，而这最后者却是正命题所宣称人能自发做到的。所以，自由是没有任何因果性的，因为只有意欲才是自由的，意欲是在这大自然或现象之外的，而这现象恰恰只是意欲的客体化，但现象与意欲并没有一种因果性的关系，因为这因果性的关系只是在现象的范围之内才可发现，因而是已经以这现象为前提，而不是包括了现象本身、可以与那肯定不是现象的东西联系起来。这世界本身唯独只能以意欲（因 656
为这世界就是意欲本身——只要意欲显现为现象的话）解释，而不是通过因果性。但在此世界，因果关系是唯一的解释原则，一切都不过是依照大自然的法则而发生。因此，道理完全是在反命题一边，这反命题抓住所谈论的要点，并应用了对此有效的解释原则，所以并不需要任何辩护；而正命题据称要通过某种辩护而为这事情解套，这辩解首先跳到了某样与问题所探究的完全不一样的东西，然后又采用了那并不适用于其中的解释原则。

第四个二律背反，正如已经说过的，就其最内在的意义而言，与第三个二律背反是用词重复。康德在解决这二律背反时，更多的是阐明正命题是如何站不住脚的；相比之下，对于其真理性和其所谓与反命题的吻合一致，康德并没有提出任何根据，正如他并没有为反对反命题而提出任何根据一样。康德只是以请求的方式引进正命题的设想，却将之

（第562页，第5版第590页）命名为一个主观任意的假定，其主题本身大概也是不可能的，只是显示了他相当无力地努力为此在随便某处营造安全的一处小地方，以面对强而有力的反命题，目的只是不要暴露出他曾喜欢的有关人类理性中必然会有的二律背反的说法其实是空洞无物的。

接下来是有关超验理想的一章，这把我们一下子带回到中世纪僵硬的经院哲学。我们还以为是听到坎特伯雷的安瑟伦本人在说话呢。那"最现实的存在物"、一切现实的缩影、一切肯定性命题的内容出现了，而且还声称是理性的一个必不可少的思想！就我这方面，我必须坦白说：对于我的理性，这样的一个思想是不可能的；标示那思想的字词无法让我想起任何明确的东西。

657 此外，我毫不怀疑康德写出这古怪和有失他身份的一章，只是其对严谨结构的对称性的喜好所致。经院派哲学（正如所说的，在更宽广意义上理解的话，人们可以认为经院哲学延伸至康德哲学）的三个主要题材，灵魂、宇宙和上帝，据称是引申自三段论的三个可能的大前提，尽管很明显的是：它们是唯一通过无条件应用根据律而产生的，也只有以此方式才能产生。那么，在灵魂被强行塞进定言判断和假言判断用于这宇宙以后，剩下给第三个理念除了选言的大前提以外，就没别的什么了。幸运的是，在这一方面还有一些前人的准备工夫，亦即经院派哲学家的"最现实的存在物"，以及对上帝存在的本体论证明——这些由坎特伯雷的安瑟伦并不完整地提出来，然后由笛卡尔完善。康德很高兴地利用了这些，连带些许对他年轻时一部早期用拉丁语写的作品的回忆。但是，康德对严谨结构的对称性的喜爱通过这一章让他作出的牺牲是异常巨大的。他无视一切真理，将我们必须说是有关一切可能现实的缩影的怪诞设想，弄成一个理性的本质性的和必不可少的思想。为了推论出这一东西，康德抓住了这错误的声称：我们对个别事物的认知，是出自对普遍概念、因而也是对一个其自身包含了一切现实性的至为普遍的概念的更进一步的限制。在这一点上，康德不仅与他自己的学说，而且也与事实真相同样的相抵触，因为恰恰相反，我们的认知是从个别事物出发，然后扩展至普遍的东西；所有普遍的概念都是从现实的、个别的、直观认识到的事物中经抽象产生出来的，而这普遍的概念可以一直发展为最普遍的概念，然后这最普遍的概念就将一切囊括其概念之下，但几乎并不包含任何东西。康德因此在这里将我们认知功能的做法恰恰颠倒了过来，也正因此提供了机会给在我们当今已著名的一种哲学江湖骗术，并因此而受到指责，因为这种江湖骗术并不承 658
认概念是从对事物的抽象中得出的思想，而是相反，认为概念是第一位的，在事物那里就只看到具体的概念，并以这种方式将这颠倒了的世界、这已成了哲学胡闹的把戏推出市场，而这样的闹剧当然会得到巨大的掌声。

尽管我们假定：每一个人的理性都必须或者起码能够就算没有启示也达到有关上帝的概念，但是，很明显，这种事情唯独只有在因果性的指引下才可以发生。这是如此清楚明白的事情，以致根本就不需要证明。因此，克里斯多夫·沃尔夫（《一般宇宙论》，序言，第 1 部分）说：“我们在自然神学中合乎逻辑地证明了从宇宙论的基本原则得出了至高存在物的存在。宇宙和自然秩序的偶然性，以及与此同时一个纯粹的偶然的不可能性，是引领我们从这可见的世界达至上帝的台阶。”

在沃尔夫之前，莱布尼茨已经就有关因果性法则说过：“没有这一伟大的原则的话，我们就不会知道该如何得到有关上帝存在的证明。”（《神正论》，§44）同样，在与克拉克的争论中，在§126中说：“我敢说没有了这一伟大的原则，我们就不会知道该如何得到有关上帝的证明。”在另一方面，在这一章中所说明的这样的思想远远不是一个理性本质上的和不可少的思想，那其实更应被视为一个年代的怪异产品的真正典范：这一时代由于奇特的情形而步入至为古怪的歧途和弯路，一如经院派哲学的时代，在历史上是前无古人、后无来者的。这经院派哲学，在其发展到完美无缺的时候，确实是从“最现实的存在物”的概念中得出了证明上帝存在的主要证据，而其他证据则只是附带着使用，只是附件。但这只是教学方法，并没有证明任何有关在人类精神思想中的神学的起源。康德在这里把经院派哲学的做法当作理性的做法，而这对他根本就是常有的事情。假如这是真的，即有关上帝的观念是依照理
659 性的本质性原则从选言推论中产生出来的，是以一个至为现实的存在物的形态出现的，那这一观念也就会在古老的哲学家那里发现，但有关这最现实的存在物，却在古老哲学家那里到处都找不到任何痕迹，尽管其中的一些古老哲学家会确实教导我们一个创世者，但只是作为物质的形式给予者，因为没有他，那些物质仍然是存在的，而这样的创世者，他们仅仅只是根据因果性关系推论出来的。虽然塞克斯都·恩培多克勒（《反对数学家》第9，§88）引用了克里安特斯的一个被某些人认为是本体论证明的论证，但这可不是本体论的证明，而只是从类比得出的一个推论。也就是说，因为经验教导我们：在这地球上，总是一个存在物比另一个存在物更优秀，而且人，作为结束这系列的最优秀的存在物，

却还有许多缺陷，所以，肯定还有更优秀的和最终的一个最优秀的、最好的存在物，而这就会是上帝。

至于那接下来的康德对思辨神学的详细批驳，我只有这简短要说的：这批驳，正如总的来说那对三个所谓理性的观念的整个批判，亦即纯粹理性的整个辩证法，虽然在某种程度上就是那整部作品的目标和目的，但这论战性的部分却并不具有真正的、就像之前的理论学说部分，亦即先验感性学和分析学那样一种普遍的、持久的和纯粹的哲学趣味，而是更多地有着一种暂时性的、一时一地的吸引力，因为这论战性部分与一直到康德为止的欧洲主流哲学的主要瞬间处于一种特别的关系，通过这篇论战性部分完全推翻了这主流哲学却让康德做出了不朽的贡献。他将一神论从哲学中剔除出去，因为这哲学，作为一门科学，而不是一门信仰学说，只有那要么是经验给予的东西，要么是经过可靠的证据而确定下来的东西才可以占有一席之地。当然，我们这里指的仅仅只是真正的、严肃的、目标指向真理而不是任何其他的哲学，而绝对不是大 660
学中的笑话一样的哲学，因为大学哲学，无论是在康德之后还是在康德之前，思辨神学都扮演着主要的角色，一如在大学的哲学，灵魂作为一个熟悉的角色而一点都不客气地登堂入室，无论是在康德之前还是之后。因为这是被配备了薪水和酬金，甚至还有枢密顾问头衔的哲学；这哲学高高在上地俯视着，在长达四十年里，根本就不会觉察到像我这样的小人物，这哲学也真心地喜欢摆脱老旧的康德及其各个“批判”，以便能发自全部真心地恭祝莱布尼茨长命百岁。在此还需要多说一句：正如康德承认他得出有关因果性概念的先验性的学说，是由休谟在这概念方面的怀疑所促成的，或许同样，康德对所有思辨神学的批判也是由休谟对所有的大众神学的批判所促成的。休谟在他的很值得一读的《宗教的自然历史》《有关自然宗教的对话》中阐明了他的批判，康德甚至想要给这些书作某种程度上的增补。这是因为休谟的《宗教的自然历史》实际上就是批判大众神学，其可怜和可鄙就是这书所要展示的，而在另一方面，这书又想指出理性神学或思辨神学是真正的、十分值得尊敬的神学。但康德却揭露了思辨神学是没有根据的，而对大众神学则不曾触及，不，康德甚至将其以更完美高尚的形态、作为建基于道德感情的信仰竖立起来。这在后来被假冒哲学家歪曲成理性的审问、对上帝的意识，或者对超感觉东西，对上帝、神灵的智力直观，等等；而康德，因为他破除了古老的、受人尊敬的错误，并且又知道这事情的危险性，所以就宁愿通过道德神学，暂时支起一些脆弱的支柱，好让那倒塌不会伤及他，让他争取到一点时间得以避开。

至于具体的实施，要反驳上帝存在的本体论证据，根本就不需要任何理性的批判，因为就算是没有先验感性论和分析论的前提，也很容易弄清楚那本体论的证据不过就是钻牛角尖的玩弄概念，是没有点点让人
661 信服之力的。在亚里士多德的《工具论》中早就有一章完全足够地反驳了本体论的证据，似乎那是为此目的而写的：《后分析篇》第 2 卷第 7 章。在那里还直接说了：“实有并不属于一样事物的本质。”

对宇宙论的证据的反驳是到那时为止将所陈述的理性批判学说应用到一个既定的情形，对此我可没有什么要反对的。那物理神学的证据则只是对它所假定的宇宙论证据的润饰而已，而宇宙论的证据就只在

《判断力批判》中得到详尽的批驳。我建议我的读者在这方面阅读我的《论大自然的意欲》中的“比较解剖学”。

康德，正如我所说的，在批判这一证据时只是专注于思辨神学，只局限于学派。假如康德还着眼于生活和大众神学的话，他就会在那三个证据之外，还不得不另补充第四个证据。这在大众那里的第四个证据是真正有效的，用康德的术语，就是最贴切地命名为“基于畏惧”的证据。那是建基于人在面对无限胜过自己的、无法探究的和在大多数时候威胁着造成祸害的自然力量时那种需要帮助、无能为力和依赖性的感觉；加上人的一种自然的要拟人化一切的倾向，以及最后还有希望通过恳求和奉承，也通过礼物以达成某些目的。也就是说，人所从事的每一项计划都有某些并非是我们的能力和估算范围之内的东西：要为自己争取得到这一部分就是神祇的起源。“畏惧最先造成了对神祇的信仰”，是佩特罗尼乌斯的一句古老的真话。休谟主要批评的就是这一证明，而休谟在上面所提到的著作中，完全就是康德的先行者。但康德通过对思辨神学的批判而将哲学教授们置于持久的尴尬境地。他们接 662
受基督教政府的薪水，不应该丢下那主要的信条不管。[1]那么，这些先生是如何自救的呢？他们只是宣称上帝的存在是不言自明的。真的

[1] 康德说过：“既要从理性那里期待得到启蒙，却又预先就为理性规定它必须站往哪一边，是非常荒谬的事情。”（《纯粹理性批判》，第747页，第5版第775页）在另一方面，下面是我们这一时代的一个哲学教授幼稚的话语，“假如一种哲学否认基督教的基本观念的现实性，那这种哲学要么是错的，要么就算其是对的，但也是没有用处的……”，亦即对哲学教授而言。那是已故的巴赫曼教授在《耶拿文艺杂志》1840年7月第126期，非常有欠谨慎地无意中说出了他的所有同行的准则格言。但这之于大学哲学的特性却是很值得注意的，即这真理假如并不是要适应和顺从的话，就会被毫不客气地扫地出门，“走吧，真理！我们用不上你。我们欠你什么了？你付钱给我们了？所以，走吧！”

吗？ 在旧世界以其良心为代价做出了奇迹的证据和新世界以理解力为代价搬出了本体论的、宇宙论的和物理神学的证据证明以后，对于这些先生们那是不言自明的了。 然后，他们就以这不言自明的上帝解释这世界：这就是他们的哲学了。

直至康德为止，在唯物论与一神论之间存在着一种真正的窘境，亦即在认为是由一种盲目的偶然，或者认为是由一种从外而至的、根据其目的和目标而整理的智慧创造了这一世界之间，并没有第三种可能性。所以，无神论与唯物论是同样的东西，因此就有了这一疑问：是否真会有一个无神论者，亦即是否真有一个人会相信盲目的偶然能够做出大自然的，尤其是有机大自然的如此异常符合目标的安排。 我们只需看看，例如，《培根杂文集》第 16 篇有关无神论的文章。 在人众和英国人看来——英国人在这些事情上完全就是属于大众（群氓）——甚至于英国人中最著名的博学者，也是一样的看法。 我们只需看看 R.欧文的《比较骨学》，1855 年，“前言”第 11 和 12 页——在那里，欧文始终在
663 面对那古老的窘境：一边是德谟克利特和伊壁鸠鲁，另一边则是一个这样的智者：在这智者那里，有关一个像人这样的存在物的认识，在这个存在物出现之前就已经存在了。 所有的合乎目的性都肯定出自一个智者，对此产生怀疑是他连在做梦时都不会想到的。 但在 1853 年 9 月 5 日，在科学院举行的根据这稍经改动的“前言”的讲座时，欧文带着小孩子般的天真稚气说，“目的论，或说科学的神学”（《科学院记录》，1853 年，9 月），对他来说直接就是同样的东西！ 假如在大自然中的某样东西是合乎目的的，那就是意图、思量和智力的产物。 当然了，《判断力批判》与一个英国人和科学院有什么相干？ 或者我的《论自然界

的意欲》与他们有什么相干？ 这些先生并不会往下看得那么深。 这些“杰出的同事”鄙视形而上学和德国哲学：他们紧抱着的是妇人哲学。那选言的大前提的有效性，那在唯物论与一神论之间的窘境，却建基于这一看法：眼前所见的世界就是自在之物的世界，所以，除了经验的事物秩序以外，并不存在任何其他的事物秩序。 但在由于康德这世界及其秩序成了只是现象、其法则首要地建立在我们的智力形式之上以后，事物和世界的存在与本质就不再需要根据在这世界中我们所认知到的或者所造成的变化的类比来解释，我们所理解为手段和目的的东西，也不必再是从这种认识而产生的。 也就是说，在康德通过对现象和自在之物的重要区分抽走了一神论的基础的时候，他也就在另一方面开辟了一条道路，对实际存在进行完全不同的和更深刻的解释。

在有关理性的自然辩证法的最终目的一章，康德声称那三个超验的观念作为增进对大自然的认识的调节原则是有其价值的。 但康德在如此声称时，很难是认真的。 起码那相反的说法——亦即那些假设对于一 664
切对大自然的探索都是妨碍性和具有扼杀作用的——对每一个大自然的研究者来说，则是毫无疑问的。 要以某一例子检验的话，那我们就仔细想一下：认为一个灵魂是非物质的、简单的、有其思想的实体——这样的看法，是否对卡巴尼（*Cabanis*）所美妙阐述的真理，或者对弗卢朗斯、马绍尔·哈尔和查尔斯·贝尔的发现有所帮助，抑或肯定构成最大程度的阻碍。 确实，康德本人就说了（《任何一种能够作为科学出现的形而上学导论》，§44）：“理性观念是与对自然的理性认识的准则相反的，并且对后者是起妨碍作用的。”

这肯定少不了腓德烈大帝的功劳，即在其统治政府之下，康德能够发展自己，斗胆发表了《纯粹理性批判》。在另一个统治政府之下，一个领取工资的教授胆敢做出这样的事情，是几乎不可能的。到了那伟大君主的继任者，康德不得不承诺不再写作了。

我认为可以在此免去对康德哲学的伦理学部分的批判，因为我在写作这部著作22年以后，在《伦理学的两个基本问题》中写出了比本批判更详细和更透彻的批判。但是，从第一版中在此所保留下来的，就算是为了完整性的缘故也是不应该被删去的，这可以作为实用的预习，以方便阅读上述那在晚些时候写出的和透彻得多的批判。我因此要求大家在主要和基本的方面阅读那部著作。

由于康德对严谨结构的对称性的喜爱，那理论性的理性也就必须有一对应物。经院哲学的“实践性智力”——而这字词又源自亚里士多德（《论灵魂》第3部分，10；《政治学》第7部分，第14章，“因为理性既是理论性的也是实践性的”）。但康德在此的“实践性理性”所指的却是某样完全不同的东西，并不像在亚里士多德那里指的是投向技艺的理性。其实，在此，实践性理性表现为一种源头和起源，是人的行为、一切美德、一切高尚情操和一切所能达致的神圣性中不可否认的伦理道
665 德意味的源泉。所有这些行为、美德、高尚情操和神圣性，因此都仅仅只是出自理性，所需要的，除了这理性以外别无其他。理性地行事与具有美德地、高尚地、圣人般地行事就是同样的事情；而自私地、恶毒地和道德败坏地行事就只是非理性地行事而已。但是，一切时期、一切民族、一切语言都始终将这两种事情截然分开，将其视为完全两码事；时至今日对现代学派的语言仍一无所知的人，亦即除了很小一部分

德国学者以外的全世界的人，也都是这样认为的。这所有其他人都明白道德高尚的生活方式与具有理性的生活根本就是完全不同的两样东西。假如说基督教的崇高发起者——其生平向我们树立起了所有美德的典范——是最有理性的人，那人们会认为这是一个非常欠尊严的、很有可能是亵渎性的说法，就几乎等于说他的戒律就只是如何过上完全理性生活的最佳指示。再者，谁要是遵守这些戒律，并不预先就想着自己和自己将来的需要，而总是只接济别人此刻更大的需要，并没有更多其他的考虑；这个人甚至将其全部所有送给了穷人，然后身无分文地向其他人宣扬他自己也在践行的美德——对这种事情，每一个人都有理由敬重，但谁又会胆敢称赞这就是理性、明智的顶峰？最后，谁又会表扬阿诺德·冯·温克里德（Arnold von Winkelried）的事迹特别的理性：温克里德怀着过人的高尚气概以自己一己之躯，挡住了敌人的枪矛，好让其同胞们取得胜利和解放？在另一方面，假如我们看看这样一个人：从年轻时开始，这个人就以少有的深思熟虑着眼于如何获得轻松的收入，如何维持老婆孩子的生活，如何在人群中获得良好的名声，如何得到外在的荣誉和勋章，而与此同时又不会由于现时享受的诱惑，或者由于反抗强有力者的狂妄自负的兴奋欲望，或者由于为所受到的侮辱或者为受到不当的屈辱而产生报复的愿望，或者由于无用的美学或者哲学的精神 666
活动的吸引力和对向往已久的国度的旅游，以及由于如此的种种而受到扰乱，也不会在任何时候忽略了自己的目标，而是极为坚定地为其唯一目标而努力——这样的一个人，谁又敢否认这样的一个腓力斯丁人是相当理性的？尽管他采用了某些并不值得赞许的、却是危险的手段？事实上，更有甚者，假如一个坏人以其深思熟虑和狡猾，按照某一考虑周详的计划，为自己获取财富、荣誉，甚至王座和王冠，然后以极其巧妙的阴险诡计笼络周边的国家，逐个征服它们并成为了世界的征服者，在此期间并不会由于对公理，或者对人性的顾虑而让自己有所疑惑，而是相反，敏锐、专注和坚定不移地践踏和压碎阻碍其计划的一切，毫无怜悯之心地让数以百万计的人陷入各种各样的不幸，将数以百万计的人推进鲜血和死亡之中，但却慷慨地酬劳他的追随者和帮助者，总是保护他们而从来不会有所遗漏，然后最终达到其目的——对这样的一个人，谁又会看不出：这必定是一个极其理性地做其大事的人？ 谁又会看不出正如要构思计划需要有力的理解力，同样，要实施计划就需要理性的完全掌控——而这理性其实也就是实践性理性？ 抑或那精明的、贯彻始终的、深思熟虑的和目光长远的马基雅弗利给予君王们的规条和戒律，是不理智的？[1]

667 正如卑劣与理性非常合得来，并且也只有这样的结合才真正可怕，那反过来，有时候，高贵的情操是与非理性结合在一起的。 我们可以将科利奥兰纳斯（Koriolanus）的事迹归入此类。 科利奥兰纳斯在经过多年竭尽努力要对罗马人实施报复以后，现在，时机最终到来之际，却由于元老院的恳求和他的母亲与妻子的眼泪而软化了，放弃了自己长时间以来费力准备好的报复，并且因为这样做，自己就招致了福尔斯克人

[1] 顺便一说，马基雅弗利要解决的难题是：君王要如何才能在有内在的、外在的敌人的情况下无条件地保住其王位。所以，他的难题一点都不是伦理道德的难题：即一个君王作为人可以意愿做出这样的事情，抑或不可以；他的难题其实是纯粹政治学的难题：他，**假如是这样意愿的话**，那要如何才能付诸实施。他对此给出应对的办法，就像指导别人如何下棋一样。如果因马基雅弗利在给出应对办法时并没有回答这样做在道德上是否可取而感到惋惜，那就是愚蠢的。指责马基雅弗利的作品不道德，恰如指责一个击剑大师没有在教授击剑之前在道德上宣讲一通不要谋杀和害命一样。

合理的愤怒，所以他就为了那些罗马人死去了，而对这些罗马人的忘恩负义他是知道的，并且是他想要狠狠惩罚的。最后，为了叙述完整，需要指出的是，理性是很可以与缺乏理解力结合在一起的。诸如此类的情形就是选择了一个愚蠢的准则格言，却始终如一地贯彻到底。其中的一个例子就是伊萨贝拉公主，菲利普二世的女儿。她发誓说，只要还没有攻下奥斯坦德，她就不会穿上一件清洁的内衣，并且信守其誓言长达三年之久。总的来说，一切誓言都属于这一类别，其起源始终是缺乏对根据因果法则的见识，亦即缺乏理解力；但实践这一誓言——假如人们的理解力是如此的有限而作出誓言——却仍然是理性的。

与上述不谋而合，我们看到在康德不久之前的作家们都将良心作为道德冲动的所在，并与理性相对立。所以，卢梭在《爱弥儿》第 4 部说了，理性欺骗了我，但良心却永远不会欺骗我们，并且还进一步说：要以我们天性的结果解释那独立于理性本身的良心的直接原则，是不可能的。还有：我的自然情感是为了公众的利益而发声，但我的理性将一切与我联系起来。……人们尽可以希望借助理性而建立起美德，但人们又能为此给予什么坚固的基础呢？在《一个孤独散步者的遐想》第 4 篇中，他说，在所有困难的道德问题中，我发现自己更多的是运用良心作出裁决，而不是用理性之光来解决这些问题，事实上，亚里士多德早就已经直截了当地说过（《伦理学》，1，5）：美德在灵魂的没有理性的部 668
分有其位置，并不存在于理性之中。与此相应，斯托拜乌斯（《文选》第 2 部分，第 7 章）在谈论逍遥学派中说过：有关伦理美德，他们相信是与灵魂的非理性部分相关的，因为就现在所考察的相关的所言，他们认为灵魂由两部分组成，一个理性的部分和一个非理性的部分；属于理性部分的是慷慨无私、考虑周详、机敏、智慧、好学、记忆力及类似的，等等；而属于非理性部分的则是节制、正义、勇敢和其他所谓的伦理美德。西塞罗（《论诸神的本性》，第3部分，第26—31章）则详细地分析理性是做出一切坏事的必不可少的工具。

我曾宣称理性就是概念的能力。正是这独特的一类普遍的、并非直观的，仅仅只是通过字词以象征和固定起来的表象，将人与动物区别开来，让人成了地球上的主宰。假如动物是现在此刻的奴隶，除了认知直接的感官动因以外，就不晓得任何其他动因，因此，假如这些动因呈现给动物的话，它们就必然地受其吸引或者对其排斥，就像铁之于磁石，那么，相比之下，人由于禀赋了理性，也就有了周详的考虑。这让人得以瞻前顾后，轻易地从整体上纵览其一生和这世界的进程，使人独立于现时此刻，让人深思熟虑地、有计划地和谨慎地做事——不管那所做的是坏事还是好事。但人所做出的事情，是带着完全的自我意识做的：他确切地知道意欲是如何做出决定的，他每一次所做出的选择和就那事情而言其他可能的选择；从这自我意识到的意愿，他了解了他自
669 身，他自身就反映在这些行事上。在涉及人的行为的所有这些方面，理性被称为实践性的；只有在理性所关注的对象是与这思考着的人的行为并不相关的，这思考着的人仅仅对此有理论性的兴趣而已——也只有极少数人有这能力——只有在这时候，那理性才是理论性的。在这一意义上所称的实践性理性，就跟拉丁语的 prudentia（意为谨慎、精明）差不多，而这，根据西塞罗（《论诸神的本性》，第2部分，22）是拉丁语 providentia 的缩写，而“ratio”，假如用于精神力方面，那大都是真正的理论性理性的意思，虽然古人对那样的区别并不那么严格讲究。几乎

所有的人，其理性都朝着几乎是专门的实践性方向；但假如这实践性理性也放弃了，那思维就失去了对行为的控制，那就叫做“我知道何为更好的，也称其为更好的，但我还是跟随着更拙劣的”（奥维德《变形记》，7，20），或者，“早上，我订下了计划，晚上，我则做出蠢事”，人们也就是不让自己的思想指挥自己的行为，而是让现时此刻的印象，几乎就像动物那样的方式，指导自己的行为，那我们就称其为非理性的（并不因此就指责其为道德拙劣），尽管他其实并不缺乏理性，而只是并没有运用那理性在行为上面。人们也在某种程度上可以说他的理性仅仅只是理论性的，而不是实践性的。他可以在这同时是很好的一个人，就像不少那样的人：看见别人的不幸不会袖手旁观，甚至会不惜为此付出些牺牲，但也会赖账不还。一个这样不理性的人并没有能力犯下大罪，因为那所需要的有计划性、伪装和自我控制，对他来说是不可能的。但是，要达致一个相当高程度的美德对他也是困难的，因为尽管他天性很倾向于做善行，但是，每一个人都会有的个别不良的和恶毒的冲动是不可避免的，假如理性不是实际显示出来，以不变的准则和坚定的决心对抗它们，这些冲动就必定会化为行动。

最后，理性作为实践性理性事实上表现在这些真正理性的人物身 670
上：人们也因此在日常生活中称其为实践哲学家。这些人的突出之处就是在遭遇无论是令人不快还是让人高兴的事情时，都保持着非比一般的沉着、平静；在做出决定以后是稳定的情绪和毫不动摇的坚持。事实上，那是理性在他们那里占得了主导地位，亦即更多的是抽象的而非直观的认识和因此是对生活的纵览，通过概念在大体上和总体上，让他们一劳永逸地认识到了眼前印象的欺骗性，以及一切事物反复无常的特性，还有生命的短暂、快感的空虚、运气的变换、偶然的大大小小的阴险伎俩。所以，没有什么对他们来说是出乎意料的，他们在抽象中所知道的东西，如果在现实中和在个别事物中遭遇到了，并不会让他们吃惊和失措，就像并非那么理性的人所表现的那样。对于并非那么理性的人，现时此刻，那直观的、真实的东西，会发挥出这样一种强力，以致冰冷的、不具色彩的概念都会退居意识的后面，这些人会忘掉既定的计划和原则而听任各种激情和冲动的摆布。我在第一篇结尾处已分析过，我的观点是斯多葛派的伦理学原初不过就是对如何过上一种在这意义上的真正合乎理性的生活的指引。这样的一种生活也得到了贺拉斯在非常多处的反复称赞。类似的就是他的不因任何事情而失去镇定（*Nil admirari*）和德尔菲神庙的“一切都不要过度”。把“Nil admirari”翻译成“不要赞叹任何东西”是相当错误的。这句贺拉斯的格言与其说是理论性的，还不如说是实践性的，其想要说的是：“不要无条件地高估一样东西，不要爱上任何东西，不要相信拥有某一样东西就可以给你带来幸福：对某一对象物的每一强烈的渴望只是嘲弄式的幻想，人们除了以得到和占有的方法，也可以用清晰的认识，更加轻易地
671 摆脱这一幻想。”西塞罗也是在这意义上，在《论占卜》中使用了“admirari”这词。贺拉斯所指的，因而就是“无惧”和“镇定自若”，而德谟克利特早就将此赞誉为至高的善（参看亚历山大的克莱芒，《文选》，第2，21；参看《斯特拉波》，第1卷，第98和105页）。在这样的行为理性的问题上，其实并没有涉及善恶，但这样实践性地应用理性却让人有了相对于动物的真正特权和优势，也只是从这一方面考虑才有其意义，也才可以谈得上人的尊严。

在所有描述过的和所有尽可能想得到的情形里，理性的行为与非理性的行为的差别，归根到底就在于行为的动因是抽象的表象，抑或直观的表象。因此，我给出的有关理性的解释正好与所有时期和所有民族的语言运用精确吻合，而这种吻合本身我们还的确不会视为偶然的或者主观任意的事情，相反，我们会看出这是产生自每个人所意识到的不同的精神能力之间的差别，人们也就根据这种意识来说话，但当然还没有将之提高至清晰的抽象定义。我们的祖先并没有造出些字词而又不曾赋予其确定的含义，好让这些字词等着哲学家在多个世纪以后和确定在运用这些字词时应该想到些什么；相反，我们的祖先在运用这些字词时，表达了相当确切的概念。字词因而并不是无主之物，对这些字词作出与其至今为止的含义完全别样的解释，那就是对它们的误用，就是发放许可，好让每个人都可以以随心所欲的一种含义使用这字词，由此也就必然产生无尽的混乱。洛克早就详尽证明了：哲学中的大多数分歧就来自错误使用字词。为了说明清楚，我们只需看看今时今日那些思想贫乏的假冒哲学家是如何可耻地乱用物质、意识、真理等词的。此外， 672
各个时期的哲学家，除了最近代的以外，对理性的看法和解释都与我对此的解释相吻合，也与在各个民族中占主流的有关人的这一特权的概念相一致。我们只需看看柏拉图在《理想国》第 4 部和在无数分散的段落所称的“灵魂中的思维部分”，西塞罗在《论诸神的本性》第 3 部分，26—31 中所说的，还有莱布尼茨和洛克对此在本著作第一篇已经引用的地方所说的话。假如要引用康德之前的所有哲学家就理性在大体上以与我一样的意思所说过的话，那在此的引语就会没完没了，虽然他们还不懂得完整、确切和清晰地透过将理性溯源至一个点上来解释理性的本质。在康德出现之前不久，人们所理解的理性，大体上就在苏亚雷斯的《哲学杂文》第1卷的两篇论文里了，一篇名为“对理性概念的剖析”，另一篇则是“论理性和语言的相互影响”。假如相比之下，我们阅读一下在这最近的时期，由于受到康德谬误的影响——而这影响在那之后则雪崩式地扩大了——人们是如何谈论理性的，那我们就不得不认为古代的所有智者和在康德之前的所有哲学家，都是根本没有任何理性的，因为现在所发现的理性的直接感知、直观、耳闻、预感对他们是陌生的，一如蝙蝠的第六感对我们是陌生的。至于我，那我必须承认：对那些超感觉的、绝对的东西，以及与其一道发生的冗长故事、那直接感知的、获悉的或者在智力上直观的理性，我也同样地由于自己的局限，除了理解和表象为蝙蝠的第六感以外，再无法理解为其他的任何东西。但人们必须赞扬发明和发现了这样一种马上和直接地感知到随意的一切
673 理性：这理性是一种无可比拟的方法，可以不顾任何康德及其《纯粹理性批判》，让自己和固定了的喜爱观念，以这世界上最简易的办法巧妙地摆脱困境。这发明和所获得的反应给这时代争光了。

因此，虽然理性的本质性东西得到了所有时代的哲学家大体上和普遍正确的认识，尽管并没有足够清晰地定义下来，也没有溯源到一个关键点上，但是，相比之下，理解力是什么，对他们却是不清晰的。因此，他们将理解力与理性混为一谈，也正因此无法达致对这理性的本质任何完美的、纯粹的和简单的说明与解释。在基督教哲学家那里，理性的概念通过与启示的对立还获得了一个完全奇特的附带含义；然后，由此出发，许多人就合理地宣称：单纯从理性，亦即用不着启示，就认知到对美德的义务是可能的。这一方面的考虑甚至对康德的叙述和字

词运用产生了某些影响。不过，上述对立其实具有的是一种实际的、历史的含义，并因此是一种对哲学来说不相干的、哲学必须摆脱的含义。

人们本来期待康德在对理论性和实践性的理性的批判中，要从阐述理性的本质开始，并且，在他界定了属之后，就要进入对两个种的解释，证明那同一个理性是如何以如此不同的方式表现出来的，但由于保留了主要的特征而表明就是同样的东西。不过。我们看不到任何这些东西。我已经证明了康德在《纯粹理性批判》中对他所批判的能力，他在这处地方或者那处地方所附带给出的对此解释，是多么的不充分、摇摆不定和不相协调。实践性理性在《纯粹理性批判》中已是未打招呼就出现了，然后就待在那专为其而写的批判里，作为一个既成的事实， 674
并不作更多的说明，那被踩在脚下的所有时期和所有民族的语言用法，或者最伟大的更早时期的哲学家对这些概念的规定，都不可以发言。总体来说，我们可以从个别段落中得出结论，康德的看法是：先验原则的认知就是理性的本质性特征，因为对行为的道德含义的认识，其起源并不是经验上的，所以，那是一个先验性的原则，并因此出自理性，而这理性就这方面而言是实践性的。这对理性的解释的不正确之处，我已经说得够多了。但除却这些，在此利用不依赖于经验的这唯一特征，以便将极不相同的东西结合在一起，而在此同时无视其他的根本本质性的、无法测量的差别，这是多么的肤浅和多么的有欠缜密。因为就算——虽然这并不就是承认——对行为的道德含义的认知发自在我们身上的道德命令、那无条件的应当，那这样的东西，与认知的普遍形式，却是从根本上多么的大不相同！康德在《纯粹理性批判》中证明了认知的普遍形式是我们先验就意识到的，由于这先验的意识，我们就能够预先表达一个无条件的必然，对于一切可能的经验都是有效的。但这必然——这在主体已经确定了的客体的必需的形式——与那道德上的应当，这两者有如此的天壤之别和如此的明显，以致人们可以把这两者的非经验认识方式的标志作俏皮的比较，却不可以作为一种哲学上的理由以识别这两者的源头。

除此之外，实践性理性这一孩子，这绝对的应当，或说绝对的命令，其诞生地并不是在《实践理性批判》，而是早已经在《纯粹理性批判》第 802 页和第 5 卷第 830 页了。实践性理性的诞生是暴力和强制的，也只有用上一个“所以”的产钳才能成功，而这“所以”，鲁莽地、唐突地，我们甚至可以说是毫无羞耻地站到两个彼此完全陌生的和没有
675 任何关联的命题之间，目的就是将它们作为根据和结果连结起来。也就是说，并不仅仅是直观的动因决定了我们，抽象的动因也是如此——这命题是康德的出发点，并用以下方式表达出来：“并不仅仅是刺激的东西，亦即直接影响了感官的东西，决定了人的随心任意；其实，我们具有一种能力，可以通过有关那些以更遥远的方式是有用的或是有害的东西的表象，来克服给我们感官的渴求功能所造成的印象。那些在我们的整个状况方面是值得渴求的东西，亦即好的和有用的东西，对其考虑依赖于我们的理性。”（完全正确，他说起理性时，假如总是那样的理性就好了！）“理性所以（！）就给予了法则——这些就是命令，亦即自由的客观法则——并说出什么是应当发生的，虽然这或许永远不会发生。”——！就这样，在没有更多公证的情况下，绝对命令就闯进了这一世界，以便在这世界上以其无条件的应当——一个木头的铁造成的权

杖——说了算。这是因为在“应当”的概念里，本质上和一定有对所威胁的惩罚或者所许诺的奖赏的考虑，而这些惩罚和奖赏是其必不可少的条件；要分开这些条件的话，就免不了废除了这一概念和剥夺了其所有的含义，因此，一个无条件的应当就是一个自相矛盾的形容词。这一错误是必须批评的，尽管这一错误在其他方面是与康德为伦理学所做出的巨大贡献紧密相连的。康德所作的贡献恰恰就在于他让伦理学摆脱了经验世界的一切原则，尤其是摆脱了一切直接的或者间接的幸福学教义，并且实际上展示了美德的王国并不是属于这个世界的。这贡献是更加的巨大，因为所有的古老哲学家（柏拉图是唯一的例外），亦即逍遥派哲学家和斯多葛派、伊壁鸠鲁主义者，都通过相当不同的手法，让美德和幸福时而依照根据律相互依赖，时而依照矛盾律将美德与幸福等同起来。近代直至康德为止的所有哲学家也分毫不差地要遭受那同样的批评。所以，康德在这方面的贡献是非常巨大的，但出于公道，在此 676
需要记住：(1) 康德的叙述和解释很多时候与他的伦理学的倾向和精神并不吻合一致；(2) 就算是这样，康德也不是第一个将美德清除掉所有的幸福原则的。这是因为柏拉图，尤其是在那主要倾向恰恰就是这一倾向的《理想国》中，早就直截了当地教导说：选择美德，唯独就是因为这美德本身，就算不幸和耻辱不可避免地与其连在了一起。基督教则更甚，所宣扬的是一种完全非自私的美德，做出这美德也就恰恰不是为了要在死后的另一生命中获得奖赏，而是完全无偿的、出于对上帝的爱而做出的，因为事功并不就能在上帝那里称义，而只有因信仰称义，而美德伴随这信仰犹如是这信仰的外征，并因此是完全无偿的和自动出现的。读者可参看路德的《论基督徒的自由》。我还没想要将印度人考虑进去呢。在印度人的圣书里，到处都将希望为自己所做的获取报酬描绘为通往黑暗之路，是永远不会引领我们迈向幸福的。我们看到康德的美德学说并没有如此的纯净，或者更准确地说，他的论述远远地落后于上述精神，甚至陷入前后矛盾之中。在他后来所讨论的至善，我们发现美德与幸福是结合在一起的。原初是如此无条件的应当，在后来却假定了一个条件，目的其实就是要摆脱内在的矛盾，因为带着这矛盾，这“应当”是无法存活的。至善中的幸福虽然并不真的就是美德的动因，但是，它就在那里，像一条秘密的条款，其存在就让所有其他的成了一纸虚假合约：美德，在熬过了那艰辛以后，暗中张开手掌要的，并不真的是美德的报酬，而是那自愿给予的礼物。我们可以阅读《实践理性批判》(第 4 版第 223—266 页，或者罗森克兰茨版第 264—295 页）以确信这一点。康德的整个道德神学有着同一个倾向，通过这道德神学，那伦理学也就恰好因此而消灭了其自身。这是因为我要重
677 复这一点：一切美德，假如是为了奖赏而做出的，那都是建基于一种精明的、讲究方法的、目光长远的、自私的自我。

那绝对应当的内容、那实践理性的基本原则，就是那著名的“你要如此地行事，好让你所意愿的准则能够在每一次也同时被视为普遍立法的原则”。这原则给予那些为了自己的意愿而要求某一规则的人一个任务，那就是去寻找符合所有人的意愿的一个规则。然后，问题就来了：要如何才能找到这样的一个规则呢。很明显，为了找出我的行事的准则，我应该不仅考虑到我，而且还要考虑到所有人。那么，所有人的安逸舒适，而不是我自己的安逸舒适，就无差别地成为我的目标。然而这目标始终就是安逸舒适。这样的话，我发现：每个人只有将别人的

自我和利己设为他的自我和利己的界限，那所有人才可以同样地安逸舒
适。 由此当然就得出结论：我不应该伤害任何人，因为这原则被普遍
采用的话，那我就不会受到伤害，但这就是唯一的原因，以解释为什么
在我还没有某一道德原则，在还只是寻找道德原则的情况下，会希望这
一原则能成为普遍的原则。 但很明显，这样的话，那希望安逸舒适的
愿望，亦即利己，就仍是这伦理原则的根源。 假如作为国家学说的基
础，那将会是很独到的；作为伦理学的基础，则是毫无价值的。 这是因
为要定下那道德原则所嘱咐的符合所有人的意欲的某一规则，那寻求这
样做的人自己本身就必然需要一个这样的规则，如果不是这样的话，那
一切对他来说就都是无所谓的。 但这样的规则只能关乎他的自我和利
己心，因为他人的行为就只是触及和影响到他的自我和利己心，因此只
有通过这一规则和只有顾虑到这自我和利己心，那人才会对他人的行为
有某一意愿，他人的行为才不会对他来说是无所谓的事情。 康德本人
就非常天真直白地在《实践理性批判》第 123 页（罗森克兰茨版第 123
页）让人认识到这一点，他在那里是这样解释他寻找符合意愿的准则
的：“假如每一个人看待其他人的困境都是一副无所谓的态度，而你是
属于这样的一种事物秩序，那你会愿意吗？”“我们是多么轻率地设定了 678
一样不利于我们自己的东西！”就会是那所询问的同意与否的准则。 同
样，在《道德形而上学奠基》第 3 版第 56 页、罗森克兰茨版第 50 页：
“不想对处于困境中的任何人予以援手的意愿（意欲），与自身是相矛盾
的，因为我们需要别人的爱和关心的情形是会发生的。”伦理学的这一
原则，经过清楚的考察，不是别的，而是间接地和委婉地表达了这古
老、简单的原则，“你不想别人对你做出的事情，也不要施之于别人”，

因而是首要和直接地与被动的、受苦的一方相关，然后，只有通过这才与行为相关。因此，正如所说的，这作为建立国家的指南是有用处的，而国家的目标就是防止人们遭受不公义的事情，并希望为所有人和每个人谋取最大的安逸、幸福；但对伦理学来说，因为伦理学所探究的对象是就事论事的行为本身，是行为对于行为人的直接含义，而不是行为的后果、那造成的痛苦或者与他人的关系，所以是完全不允许那一方面的考虑的，因为这种考虑根本上就仍是导向幸福原则，因而也就是导向自我、利己这一结果。

所以，我们无法分享康德的那种欢乐：康德的欢乐是由于其伦理学原则并没有任何材料性的东西，亦即并不是设定某一客体为动因的，而是单纯形式上的，因而是与康德在《纯粹理性批判》中教导我们的形式法则对称性吻合的。这当然并不是一个法则，而只是找到这一法则的一个公式而已，但一是因为我们在“你不想别人对你做出的，也不要施之于别人”那里已经有了这一个更加短小和更加清晰的简明公式；二是因为对此公式的分析显示其内涵也就唯一只是对自己幸福的考虑，因此这公式就只能服务于理性的自我，而所有的法律原则也都源自此。

另一个错误则因为引起每个人的反感情绪而常常受到批评和在席勒的一首讽刺小诗中受到嘲笑；那就是这迂腐的规定：一样行为要是真正
679 善良的和可嘉的，就只能是发自对所认识到的法则和义务的概念的尊重，并且是遵照某一在理性中抽象意识到的准则完成的，而不是某种出自对他人的倾向，不是出自感觉到的对他人的友善，不是出自软心肠的体察、同情或者内心的冲动而做出的行为——而这些后者（根据《实践理性批判》第 213 页；罗森克兰茨版第 257 页）对善于思维的人甚至是非常令人厌烦的，因为这些东西扰乱他们经深思熟虑以后定下的格言准则；真正善良的和可嘉的行为必须是心不甘情不愿和自我强制地发生的。我们要注意：做出这样的行为时，据称并没有渗入任何获得报酬的希望；这样，我们就可以看出这要求是多么的荒谬。更有甚者，这种要求恰恰是与美德的真正精神背道而驰的：这行为之所以是可嘉的，并不就是那行为，而是行为人乐意做出这行为、那行为所出自的爱——没有了这一点，那这行为就是死的。因此，基督教也正确地教导说：所有外在的行为都是没有价值的——假如它们不是出自真挚的情操，而这也就是由真正的愿意和纯粹的爱所构成的意识情感；并不是那所做出的事情，而是那信仰、那真挚的情操会使人重生、获得极乐和解脱，而那信仰和情操是唯独圣灵所赋予的，而不是那自由的和经过深思熟虑的、眼睛只盯着法律的意欲产生出来的。康德的那一要求，即每一个美德的行为都应出自纯粹的、经过深思熟虑对法律的尊重和依照其抽象的准则，冷静地、甚至并没有要对抗一切的倾向发生，恰恰犹如主张每一件真正的艺术作品都必须经过精心运用美学规则以后的产物。这两个说法是一样的荒谬。对早就由柏拉图和塞涅卡思考过的问题，即美德是否可以教会，回答是否定的。我们最终必须下定决心看清基督教学说就恩选所给出的根源，即就其主要的内在的特质而言，美德在某种程度上就跟天才一样，是与生俱来的，正如所有的美学教授一起努力都无法
教会一个人创造出天才的作品，亦即创造出真正的艺术品的能力，那同 680
样，所有的伦理学教授和宣扬美德的人都无法将一个不道德的人改造成一个具美德的、高尚的人，其不可能要比将铅变成金还要明显得多；寻求会有实际影响和的确会改造与改良人类的一套伦理学和这伦理学的某

一最高原则，就完全等同于寻求那智者之石。但至于说完全改变人的感觉（重生）并不是通过抽象的认识（伦理学），而是通过直观认识（神恩选择）——这我在第四篇的末尾已经详细讨论过了。那一篇的内容总的来说免除了我更多谈论这一事情的必要性。

至于说康德一点都没有深入行为的伦理学内涵的真正含义，他最终通过有关至善就是美德与幸福必不可少的结合的理论展现了出来，而且那美德据说是与这幸福相匹配的。在此，他已经受到逻辑上的责难：在此成了衡量标准的“匹配”的概念，已经假定一套伦理学就是其衡量标准，因而也就不得不以这伦理学为出发点。在我们这著作的第四篇得出了这一结果：一切真正的美德，在达到最高等级以后，最终会引往一种完全的放弃、断念：一切意欲在这里到了终点；相比之下，幸福则是意欲得到了满足。这两者因此从根本上是互不相容的。对那些明白了我的论述的人来说，并不需要对康德这些有关至善的观点中的整个颠倒和错误作出任何更进一步的分析。我在此并没有独立于我的正面论述的更多的反面论述可以提供。

在康德的《实践理性批判》中，我们也看到了他对严谨结构的对称性的喜爱，因为他给了这作品以《纯粹理性批判》的式样和再度套用了
681 同样的题目和形式，这里面明显带着主观任意。这一点在自由的范畴表中尤其看得出来。

*法学*是康德最后期的著作之一，这作品是如此的差劲、无力，以致尽管我完全不赞成其说法，就此进行论战，我认为也是多余的，因为这部作品就好像不是由这个伟人所写，而是出自一个凡夫俗子之手。这

样的话，它就必然因为其自身的差劲、乏力而自然死亡。所以，对康德的法学方面，我放弃了反面的论证方式，而援引正面论证，因而是援引在我们这著作第四篇中所给出的有关这法学简短的基本要点。在此我只说几句有关康德法学的看法。我在考察《纯粹理性批判》中所批评过的、始终伴随着康德的几个错误，再度出现在他的法学中，并且是那样的夸张，以致我们常常以为读的是讽刺、模仿康德文风的作品，或者至少是在听着一个康德信徒说话。两个主要的错误如下。康德想要（许多人自从那以后也想要）将法学与伦理学截然分开，然而又不会让法学依赖于成文的立法，亦即任意的强制，而是让法律的概念纯粹和先验自为地存在。但这是不可能的，因为行为除却其伦理学的重要性和意义，除却其与其他人的物理关系并因此与外在强制性的关系，根本就不允许哪怕是可能的第三种看法。所以，在他说“法律义务就是可以强制作出的义务”时，这可以要么是康德所理解的物理上的可以，那样的话，一切法律就是成文的和任意的，那同样，一切的任意，可允许实施的话，就是法律了；要么，这“可以”要理解为伦理学的可以，那我们就又在伦理学的领域了。所以，在康德的著作中，法理权利的概念就漂浮在天与地之间，并没有可以驻足的实地；但在我这里，法理权利是属于伦理学的。其次，康德对法律概念的定义是完全否定性的和因此是不足够的[1]：“法理权利就是与各个体相互之间依照某一普遍法 682
则而并存的自由相安无事的东西。”自由（在这里是经验的自由，亦即

[1] 虽然法理权利的概念真正说来是一个否定性的概念，与非法和不义的概念相对立，而后者是具有实在、肯定的出发点的——但是，对这些概念的解释并不因此就是完全彻底否定性的。

物理的自由，而不是意欲的道德性自由）意味着不存在阻碍，因而单纯是一种否定；那“并存”也有这同样的含义：我们因此就停留在纯粹的否定，并没有得到任何实在、肯定的概念，根本体验不到所真正谈论的东西——假如我们不是早就以其他方式对此已有所了解的话。在这论述中，随后就产生了至为荒谬的观点，例如，在自然状态中，在国家之外，是没有任何对财产的法理权利的，而这也就是说，一切法理权利都是实在性的，这样的话，自然法就是以成文法为支撑的，而不应该是相反的情形；再就是通过强占而奠定了合法获致；制定公民宪法准则的伦理义务；刑法的根据，等等——而所有这些荒谬观点，正如我所说的，我都视为不值得予以任何特别的反驳。但是，康德的这些谬误已经显示出了某种非常有害的影响，再度扰乱和模糊了长久以来已认识到的和已成定论的真理，促成了稀奇古怪的理论和造成了大量的写作与纷争。这当然是难以持久的，我们也已经看到真理和健康的理性如何重回正轨——就这后者，J. C. F. 迈斯特的《自然法理权利》就是明证，而这著作与那如此之多乖僻的理论恰成对照。但我并不因此就认为这著作达致了完美的典范。

关于《判断力批判》，在说了到此为止的话以后，我非常简短地就可以说完。我们也不由得惊讶：艺术对康德而言是非常陌生的，而康德，无论如何看上去，对美都只有很小的敏感性，除此之外，或许还从
683 来没有机会观看一样重要的艺术作品；最后，他对歌德似乎一无所知，而歌德是无论在他那世纪还是在他那国家的唯一能够与康德并排的巨人兄弟——我们感到惊讶的是，尽管所有这些，康德仍然能够对艺术和美

的哲学考察做出了伟大的和永恒的贡献。 这一贡献就在于：尽管人们
对美和艺术做了许多思考，但真正说来却始终只是从经验的角度考察这
事情，并且是以事实为支撑去探究到底是什么特性将被称为美的某一种
东西与其同类区别开来。 沿着这一路径，人们一开始得到了一些专门
的原理，然后扩展至更普遍的原理。 人们试图将典型的艺术美与虚假
的艺术美分开，去发现这种典型性的特征，然后这些又可以用作规则。
什么是让人愉悦的美，什么不是，因此，什么是要去仿效、去争取的，
什么是要避免的，要奠定什么样的规则，至少是消极性的规则，一句
话，什么样的手段会刺激起美感愉悦，亦即存在于客体的、要达到这目
的的条件是什么——这些是对艺术的所有考察和思考的几乎唯一题材。
亚里士多德就采用了此路径，而采用这同样路径的，在我们近代，还有
霍姆、伯克、温克尔曼、莱辛、赫尔德等其他人。 虽然这些所发现的美
学原理的普遍性最终也还是溯源到主体，人们也看出假如人们知道得足
够清楚在主体中所产生的作用效果，那人们也就可以先验地确定存在于
客体的这一作用效果的原因，也只有通过这样，这些思考和考察才能够
达至一门科学的可靠性——但是，这又会不时地引起心理学的探讨，尤
其是亚历山大·鲍姆加登以这一目的提出了有关一切美的一套普遍的美
学，其出发点是感官的、因而是直观的认知的完美性概念。 但在鲍姆
加登那里，在提出了这一概念以后，那主体的部分也就马上被搁置一
旁，他也就着手于客体的和与客体相关的实践性部分。 但在此，康德 684
的功劳，就是认真和深度地探究那刺激本身（由于此刺激，我们就将造
成这些刺激的东西称为美的），以便可能的话，在我们的情感中发现这
刺激的成分和条件。 他的探究因此采用了完全主体的方向。 这条道路

明显是正确的，因为为了解释在其效果中给出的现象，那么我们，为了从根本上确定这原因的性质，就必须首先精确了解这作用效果本身。但除了指出正确的路子和通过一个临时性的尝试给出一个例子，提出人们要大概如何走这条路以外，康德的功劳在此其实也就差不多了。这是因为康德所给出的，并不可以视为客观的真理和实际的收获。他给出了这种探究的方法，扫清了前路，却没有击中目标。

在“美感判断力批判”中，我们首先不由得发觉：康德保留了为他的整个哲学所独有的和我在上文详细考察了的方法：我指的是从抽象的认知出发以探究直观的认知，这样就可以将抽象认知比作暗箱之用，以便在这暗箱中截住和了解直观的认知。正如在《纯粹理性批判》中，判断的形式据称给予他有关我们的整个直观世界的说明，同样，在这“美感判断力批判”中并没有从“美”本身，从直观的、直接的“美”出发，而是从对“美”的判断出发，从那非常让人讨厌地被称为“趣味判断”出发。这些就是他要处理的难题。特别引起康德注意的是这样的情形：一个这样的判断明显是在陈述主体中所发生的事情，但这判断与此同时却是如此的普遍有效，就好像这涉及客体的一种特性。让康德惊愕的是这一点，而不是美本身。他永远只是从别人的陈述，从对于美的判断出发，而不是从美本身出发。所以，这就好像康德完全只是
685 听别人所说，而不是直接地了解美。一个理解力甚高的盲人也几乎同样可以从他所听到的别人有关色彩的陈述中，组合出一套有关色彩的理论。我们的确应该将康德有关美的哲学观点几乎只能视为这样的情形。然后，我们就会发现他的理论是含义非常深刻的，事实上，他不时会给出中肯的和真实、普遍的意见，但他对问题实际上的解决却是非常

不可接受的，是如此远远够不上这题材的尊严，以致我们是不会想到要将其视为客观真理的，因此，我认为我用不着对康德的这部著作给予某一反驳，在此也建议大家阅读我的著作中的实证部分。

至于他的这整部著作的形式，需要指出的是，那是出自这样的想法：要在目的性的概念中找到解决有关美的问题的答案。这想法是演绎出来的，而这在任何情况下都不是困难的，正如我们从康德的追随者那里所了解到的。这样，就产生了对美的认知与对自然物体的目的性的认知奇怪结合，这一认知能力就被命名为*判断力*，而对这不同种类的两个题材的论述就合在一本书里。然后，就奉上与这三种认知能力——亦即理性、判断力和理解力——相关的各种各样的对称和严谨结构的娱乐玩意儿；对这些业余爱好总的来说是多方展现在这本书里的，而在整体上强行套用了《纯粹理性批判》的样式，尤其是在牵强附会引入的美学判断力的二律背反那里就已经表现了出来。我们也可以因为这一点而指责其严重的不相一致：在《纯粹理性批判》中不厌其烦地重复了理解力是作出判断的能力以后，在其判断的形式被视为一切哲学的基石以后，现在却又出现了一个相当特别的、与理解力完全不同的判断力。顺便提一下，我所名为判断力的，亦即将直观认识转为抽象认识，并又将这抽象认识正确地应用到直观认识的能力，在我的著作的正文部分里已作讨论。

在"审美判断力批判"中至为出色的，是有关崇高、壮美的理论： 686
这理论要比有关美的理论成功得多，并且不只是说明了探究的普遍方法，而且还指出了一部分正确的路子，以致这虽然并没有给出解答问题的真正答案，但那也已经是相当接近了。

“目的论判断力的批判”，由于其题材的简单，我们或许可以比任何其他别处都要多地认出康德那种奇特的才能，亦即可以将一个思想翻来覆去和使用多种多样的法子表达出来，直至将此弄成了一本书。那整本书就只想表达这一点：尽管有机体必然向我们显现为似乎是按照一个在它们之前就已有的目的概念而构成，但我们并不就有理由认定这客观上就是如此。这是因为事物是从外在和间接地呈现给我们的智力，这智力因而永远无法认识事物的内在，以及事物如何由此形成和存在，而只是认识其外在的一面，只能通过类比一途才可以理解有机的自然产物所独有的某些特性，因为人的智力会将这特性与人们有目的制造出来的作品的特性相比较，后者是由人的那一个目的及其概念所决定的。这种类比足以让我们理解其所有部分与整体的协调一致，甚至以此给予我们对其探究的指南；但这类比根本不能因此就成了这些物体的起源和存在的解释根据。这是因为作如此理解的必要性有其主体的源头。我这样大致概括了康德就这方面的学说。大致而言，康德在《纯粹理性批判》第 692—702 页、第 5 版第 720—730 页阐明了这一点。但就算是对这真理的认识，我们发现大卫·休谟其实是康德的值得称誉的先行者：休谟也在《有关自然宗教的对话》第二部分严厉地驳斥了上述那个假
687 定。休谟对那假定的批判与康德的批判，其差别主要是这一点：休谟把这假定看作是基于经验的假定来批判，而康德则将之视为一个先验的假定而批判。两人都是对的，他们的阐述互为补充。事实上，康德就这方面的学说，我们发现在辛普利希司（Simplicius）对亚里士多德的《物理学》的评论中早就说出来了：他们（德谟克利特和伊壁鸠鲁）的谬误就是由此产生的：他们以为一切为了一个目标而发生的事情，就只能是

基于意图和思考;但他们却又注意到:大自然的产品并不是以此方式产生的。(《亚里士多德全集》柏林版,第354页注释)康德在此事上是完全正确的,在指出这一点以后,即对大自然的整体,就其存在而言,作用效果与原因的概念是应用不上的,康德也指出了:大自然就其本质而言,并不可以想象为由动因所指导的原因的结果。假如我们考虑到物理神学证据的巨大的显然性(而这甚至伏尔泰都认为是无可辩驳的),那极其重要的就是要指出在我们理解中的主体部分(康德将空间、时间和因果性归之于这主体部分)也扩展至我们对自然物体的判断,因此,我们不得不感觉到要将它们想象为根据目的概念而预先计划,亦即其形成方式是有关它们的理念先于它们的存在,也同样有主体的源头,一如对如此客观表现出来的空间的直观,所以,是不可当作客观真理的。康德对这问题的分析,除了累人的冗长、反复以外,是出色的。他正确地主张:我们永远不会只是通过机械原因而成功解释有机物体的本质,而所谓的机械性原因,他所理解的是一切普遍大自然力没有目的的和符合规律的作用效果。但我在此却发现了一个漏洞。也就是说,他否认这样一种解释的可能性,仅只是在有机体的合乎目的性和看上去有意图的方面。不过,我们发现,就算在并没有合乎目的性和看上去有意图 688
的地方,大自然的一个领域的解释根据,也不能搬到另一个领域中去,而是一旦我们踏进了一个新的领域,这些解释根据就会舍我们而去,取而代之所出现的是新的基本法则,对其根本就不可以寄望能以原先的解释根据来解释。于是,统治着真正机械性、力学领域的引力、内聚力、固体性、液体性、弹性的法则,其本身(姑且不论我对一切自然力解释为意欲的更低一级的客体化)就是无法再作更进一步说明和解释的力的表现，但这些本身却构成了作更进一步说明和解释的原理，而这些进一步的说明和解释仅仅只是归因于这些无法更进一步说明的力而已。假如我们离开这一领域而来到化学、电、磁、结晶的现象，那上述原则就完全不再应用得上了，事实上，上述原理已不再有效，那些力被其他力制服了，那现象根据新的基本法则与那些力直接发生了矛盾，而新的基本法则，就跟之前的基本法则一样，是原初的和无法解释的，亦即无法归因于和还原为任何更加普遍的基本法则。所以，例如，根据真正机械的、力学的那些法则是永远无法成功解释哪怕是一种盐在水里的分解的，更不用说去解释化学中更加复杂的现象了。在本书第二篇，所有这些都已经详尽阐述。这样一种讨论，在我看来，会在“目的论判断力的批判”中有巨大用处，也会让在那里所说的清晰许多。这样的讨论会有助于康德的这出色的提示：对自在本质——其现象就是大自然的事物——的更深一点的了解，无论是在力学方面（合乎规律），还是在大自然的有目的的作用方面，都会重新发现那同一个最终的原理，而这原理都可以用作这两者的共同解释根据。我希望我所提出的意欲就是真
689 正的自在之物已经给出了这样的一个原理，与此相应，在第二篇及其补遗中，尤其是在我的著作《论自然界的意欲》，那对整个大自然看上去的目的性与和谐的内在本质的认识或许变得更加的清楚和更加的深刻。因此，我在此就没有必要多说了。

读者对这《康德哲学批判》感兴趣的话，可不要忘了阅读我的《附录和补遗》第 1 卷第 2 篇文章中在“对康德哲学更多的一些解释”题目下所给予的补充。这是因为人们必须考虑到我的写作虽然并不多，却不是同时写就的，而是连续地、在漫长的一生中完成的，中间还有间隔的时间。

所以，人们不应期待我就一个题材所说过的，都齐集在一处地方。

附 录 690

以下是在上面第566页、被叔本华引用的他给罗森克兰茨教授的信，这是在其编辑的康德作品版本中第2卷第11—14页：

众所周知，康德在《纯粹理性批判》第2版中做了很重要的变动，而所有接下来的版本就都依照这第2版印刷。经过我对康德著作的反复研究，基于可靠理由地坚信：康德由于他的那一处变动而篡改了、破坏了、败坏了其著作。促使他这样做的，是对人的畏惧，是由于年老衰弱而形成的；这年老衰弱不仅削弱了头脑，而且有时候还夺去了一个人心中的那种坚定，而要依照同时代人的贡献而蔑视同时代人及其目的和打算，是需要这心中的坚定的；没有了这种坚定的心意，就永远不会有伟大的人。人们指责过他，说他的学说不过就是翻新了的柏克莱观念论：康德由此产生了畏惧，而这会损害一个体系的创始人的那种价值无比和无可替代的原创性（参看《任何一种能够作为科学出现的形而上学导论》第70和202页及后面）；与此同时，在另一方面，他推翻了被旧教条主义奉为神圣的理论，尤其是理性心理学，这也让人愤慨。除此之外，还有外来的因素：那伟大国王，那光明的朋友和真理的保护者，也刚刚去世了，而那继承人——康德很快就必须向其允诺不再写作——已经继承了王位。康德被所有这些恐吓了，就软弱地做出了与其不相称的事情。即他完全改动了第2篇“先验辩证论”中第一主要段落（在第1版第341页，第5版第399页），并从中完全删除了57页，而这恰恰包含了为有助于清楚理解整部著作而必不可少的部分；由于这一删除，也由于取而代之新加入的东西，
691 康德的整个理论就陷入了自相矛盾之中。这些我在《康德哲学批判》（第612—618页）中批评过并特别强调了其矛盾之处，恰恰只是因为我在那时候，在1818年，还从来没有看过那第1版，而在那第1版中并没有任何矛盾之处，而是与整体吻合一致的。事实上，第2版就像是一个人被人截去了一条腿、现在是以木制假肢代替。在第2版“前言”第42页，康德为删除他书中关键的和异常优美的部分给予了空洞的，甚至不真实的辩解，因为他并不愿意坦诚地将所删去的部分看作是撤回的东西。他说，人们可以在第1版中查阅这部分，他需要空间放置新加插进去的东西，所做的一切都只是为了更好的阐述。但这种行为并不正直和诚实是清楚明白的，假如我们就将那个第1版与第2版两相比较一下。因为康德在第2版并不单是删除了所提到的关键的和优美的主要段落，为此在那同一个题目之下插入了一半长度的、并不重要得多的东西，而且他还在第2版（在第5版第274—279页，我除了第1版以外就只有这些，并不知道其页码是否与第2版相符）掺进了对观念论的明确批驳，而这所说的与被删除的段落却是恰恰相反的，甚至是为那删除的部分从根本上驳斥了的所有谬误作辩护，因而是与其整个学说相矛盾的。那在此新给出的对观念论的所谓反驳是如此的糟糕，是如此明显的诡辩，部分甚至是如此混乱的胡说八道，它们完全不配在康德的不朽著作中有其位置。他意识到了其不足和缺点，但仍然在“前言”第39页，想用一个段落的改动以作改善和用一段长长的混乱说明来作辩护。但那老人已经忘记

了:现在,那出自第2版的所有一切与许多段落是相连的,而这些段落与新加进去的东西是矛盾的,但与那被删去的部分是和谐一致的。尤其是《纯粹理性批判》中的二律背反的第6段,就是类似这样的东 692
西。还有我在我的《康德哲学批判》(第615页)中犹如惊奇般引用的段落,因为他以此是自相矛盾了,而我(在1818年)对第1版和因此那个中的隐瞒仍然一无所知。至于那是对人的畏惧促使这衰弱的老者将对理性心理学改成丑陋的样子,那你可以由此看得出来:他在新的阐述中,与第1版相比,对被旧的教条主义奉为神圣的学说的攻击减弱、畏缩和有欠彻底了许多;并且为了缓和这攻击,他马上以暂时的、却还没与此相关的、那从关联上看仍是根本无法理解的、出自实践理性和作为实践理性假定的根据的对灵魂不朽的讨论替换。这畏惧的退缩因而导致他走到了这一步:在64岁年纪时,以晚年所特有的轻率和胆怯,就有关一切哲学的要旨,亦即就观念的东西与实在的东西的关系,他其实是收回了他在年富力强时所把握的和在他整整一生中所持有的思想,虽然他是出于羞愧,而不是坦诚地这样做;其实是通过后门悄悄地抛弃了其体系。所以,这样的话,那《纯粹理性批判》第2版就是一个自相矛盾的、被篡改了的、被破坏了的书。这在某种程度上不是货真价实的。众所周知,康德的继承者、对手和追随者在相互之间都指责对方误解了《纯粹理性批判》,并极有可能各有其道理——这毫无疑问要归咎于康德自己将自己的著作越改越糟糕的做法,因为谁又能明白这著作本身是自相矛盾的东西呢?

图书在版编目(CIP)数据

作为意欲和表象的世界. 第 1 卷 / (德) 阿图尔 · 叔本华著 ; 韦启昌译. -- 上海 : 上海人民出版社, 2025.
ISBN 978-7-208-19096-2

Ⅰ. B516.41

中国国家版本馆 CIP 数据核字第 2024NE3215 号

责任编辑 任俊萍
封面设计 陈 楠

作为意欲和表象的世界(第 1 卷)
[德]阿图尔 · 叔本华 著
韦启昌 译

出　　版 上海人民出版社
(201101 上海市闵行区号景路 159 弄 C 座)
发　　行 上海人民出版社发行中心
印　　刷 上海盛通时代印刷有限公司
开　　本 635×965 1/16
印　　张 45
插　　页 5
字　　数 509,000
版　　次 2025 年 1 月第 1 版
印　　次 2025 年 1 月第 1 次印刷
ISBN 978-7-208-19096-2/B・1780
定　　价 198.00 元

Authur Schopenhauer

Die Welt als Wille und Vorstellung

根据 Insel 出版社，1920，莱比锡翻译